Tarek Badawia / Said Topalović (Hg.)

# Islamunterricht im Diskurs

Religionspädagogische und
fachdidaktische Ansätze

Vandenhoeck & Ruprecht

Mit 11 Abbildungen und 3 Tabellen

Bibliografische Information der Deutschen Nationalbibliothek:
Die Deutsche Nationalbibliothek verzeichnet diese Publikation in der
Deutschen Nationalbibliografie; detaillierte bibliografische Daten sind
im Internet über https://dnb.de abrufbar.

© 2023 Vandenhoeck & Ruprecht, Robert-Bosch-Breite 10, 37079 Göttingen,
ein Imprint der Brill-Gruppe
(Koninklijke Brill NV, Leiden, Niederlande; Brill USA Inc., Boston MA, USA;
Brill Asia Pte Ltd, Singapore; Brill Deutschland GmbH, Paderborn, Deutschland;
Brill Österreich GmbH, Wien, Österreich)
Koninklijke Brill NV umfasst die Imprints Brill, Brill Nijhoff, Brill Hotei,
Brill Schöningh, Brill Fink, Brill mentis, Vandenhoeck & Ruprecht, Böhlau,
V&R unipress und Wageningen Academic.

Alle Rechte vorbehalten. Das Werk und seine Teile sind urheberrechtlich
geschützt. Jede Verwertung in anderen als den gesetzlich zugelassenen Fällen
bedarf der vorherigen schriftlichen Einwilligung des Verlages.

Umschlagabbildung: © Rachael Arnott/Adobe Stock

Satz: SchwabScantechnik, Göttingen
Druck und Bindung: ⊕ Hubert & Co. BuchPartner, Göttingen
Printed in the EU

**Vandenhoeck & Ruprecht Verlage** | www.vandenhoeck-ruprecht-verlage.com

ISBN 978-3-525-71156-9

# Inhalt

Religionspädagogische und fachdidaktische Ansätze im Islamunterricht .... 7

## I. Der Islamunterricht im Kontext

Erkenntnistheoretische Grundlagen der Islamischen Religionspädagogik ... 21
*Cemal Tosun*

Religiöse Pluralität aus fachdidaktischer Perspektive:
theoretische und empirische Aspekte .................................. 39
*Friedrich Schweitzer*

Die Islamische Religionspädagogik in Tradition und Theologie –
eine Spurensuche nach Merkmalen ................................... 55
*Dina Sijamhodžić-Nadarević*

Die Qualitätsentwicklung und Qualitätssicherung im islamischen Religionsunterricht. Aneignungskompetenz bei Lernenden systematisch entwickeln ... 73
*Karl Klement*

## II. Der Islamunterricht im Ansatz

»*Sei du kein Anwalt den Betrügern!*« Ein kritisch-interaktionistischer Ansatz
religionsethischen Lernens im Islamunterricht ......................... 91
*Tarek Badawia*

Gießener Ansätze einer kritisch-reflexiven Religionspädagogik ............ 119
*Yaşar Sarıkaya/Déborah Kathleen Grün*

Kultivierung des Charakters als Selbstverständnis des islamischen
Religionsunterrichts ................................................ 133
*Tuba Isik*

Trialogische Religionspädagogik. Didaktische Perspektiven für Judentum,
Christentum und Islam .............................................. 157
*Georg Langenhorst*

Konturen einer interreligiösen Fachdidaktik. Beiträge aus einem Grazer
christlich-islamischen Forschungsprojekt ............................. 173
*Agnes Gmoser/Michael Kramer/Mevlida Mešanović/Wolfgang Weirer/
Eva Wenig/Şenol Yağdı*

»Wissen ohne Tat ist Torheit und eine Handlung ohne Wissen ist undenkbar« –
der kompetenzorientierte Ansatz für den Islamunterricht ............... 195
*Said Topalović*

Identitätskohärentistische Didaktik als Elementarisierungsansatz
für den islamischen Religionsunterricht . . . . . . . . . . . . . . . . . . . . . . . . . . . . . 213
*Amin Rochdi/Hakan Turan*

Was heißt religiös gebildet? Vergleich von drei religionspädagogischen
Konzepten religiöser Bildung im deutschsprachigen Raum . . . . . . . . . . . . . 241
*Naciye Kamcili-Yildiz*

Professionwerden und Professionellwerden der islamischen Religions-
lehrer*innen . . . . . . . . . . . . . . . . . . . . . . . . . . . . . . . . . . . . . . . . . . . . . . . . . . . . 261
*Mehmet H. Tuna*

## III. Der Islamunterricht im fachdidaktischen Konzept

Elementares Erinnern in der Korandidaktik . . . . . . . . . . . . . . . . . . . . . . . . . 283
*Bernd Ridwan Bauknecht*

Handlungsordnungen im islamischen Religionsunterricht. Eine pragmati-
sche Perspektive auf kritische Kompetenzen muslimischer Schüler*innen im
Angesicht von Islamkritik . . . . . . . . . . . . . . . . . . . . . . . . . . . . . . . . . . . . . . . . 303
*Marcel Klapp*

Islamunterricht digital – digitale Bildung im Islamunterricht . . . . . . . . . . . 319
*Said Topalović*

Ästhetisches Lernen – ein didaktischer Ansatz mit Potenzial . . . . . . . . . . . 335
*Dorothea Ermert*

Anikonismus im islamischen Religionsunterricht. Ein Beitrag zur Bilderdidaktik unter besonderer Beachtung der heterogenen Schüler*innenschaft
im islamischen Religionsunterricht . . . . . . . . . . . . . . . . . . . . . . . . . . . . . . . . 355
*Osman Kösen*

»Was heißt es denn für dich, gläubig zu sein?« Das didaktische Konzept
einer »bedeutungszentrierten Religiositätsbildung« (BZRB) . . . . . . . . . . . . 365
*Jörg Imran Schröter*

Concept Cartoons im islamischen Religionsunterricht – Theorie und Praxis 383
*Ryan Hennawi*

Islamunterricht im Diskurs – Ertrag, Aussicht und Perspektive . . . . . . . . . 395
*Tarek Badawia/Said Topalović*

Autor*innen . . . . . . . . . . . . . . . . . . . . . . . . . . . . . . . . . . . . . . . . . . . . . . . . . . . . 401

# Religionspädagogische und fachdidaktische Ansätze im Islamunterricht

## Einleitende Anmerkungen zum dynamischen Diskurs

Der Islamunterricht[1] an öffentlichen Schulen ist in den verschiedenen Bundesländern Deutschlands juristisch pluriform aufgestellt und befindet sich nach gut zwei Jahrzehnten der Erprobungsphase gegenwärtig in einer systemsensiblen Wandelphase der Absicherung und Verstetigung. Ein Streifzug durch eine Auswahl der bisher erschienenen Sammelbände (siehe beispielsweise Mohr/Kiefer 2009; Polat/Tosun 2010; Ucar 2010, 2012; Sarıkaya/Bäumer 2017) zeigt die Facetten der Implementierungs- und Etablierungsprozesse des Islamunterrichts an öffentlichen Schulen im deutschsprachigen Raum auf. Solche Publikationen nehmen wir als Vertreter des jungen Faches in Wissenschaft und Praxis als Manifeste einer langjährigen diskursiven Konstituierung eines Schulfaches und dessen Religionspädagogik als wissenschaftliche Disziplin wahr, an denen wir mit diesem vorliegenden Band zu religionspädagogischen und fachdidaktischen Ansätzen im Islamunterricht anschließen wollen.

Nach einer längeren Phase der strukturellen Debatten setzt sich zunehmend die Überzeugung durch, das religiöse Bildungsangebot (Islamunterricht) im schulischen Kontext in erster Linie im Interesse der muslimischen Schüler*innen abzusichern und zu verstetigen. Die aktuelle Situationsanalyse[2] bestätigt das zunehmende Interesse junger Muslim*innen an einem schulischen Islamunterricht nach transparenten Bildungsstandards und pädagogischer Schullogik,

---

1 Vor dem Hintergrund unterschiedlicher Bezeichnungen des islamischen Unterrichts an öffentlichen Schulen in Deutschland (wie »Islamischer Unterricht«, »Islamischer Religionsunterricht«, »Islamunterricht«) bezieht sich die verwendete Bezeichnung »Islamunterricht« auf alle Formen des religiösen Bildungsangebots an öffentlichen Schulen unabhängig seiner bekenntnisorientierten oder religionskundlichen Form.
2 Die ersten Evaluationsergebnisse zur Etablierung des Islamunterrichts an öffentlichen Schulen in Deutschland zeigen eine hohe Akzeptanz und Zufriedenheit der muslimischen Schüler*innen mit dem Islamunterricht (vgl. Zusammenfassung der Ergebnisse bei Engelhardt/Ulfat/Yavuz 2020, S. 6–7). Außerdem eröffnet sich mit dem Islamunterricht – nach den Ergebnissen der eigenen empirischen Studie – ein neuer Bildungsraum, in welchem die Schüler*innen die Möglichkeit bekommen, über alltagsnahe religiöse Inhalte zu reflektieren und wo ihre Erfahrungen in die Reflexionen miteinbezogen werden (vgl. Badawia/Topalović/Tuhčić 2022).

in dem sie im Rahmen ihrer allgemeinen Schulbildung der eigenen Religion in einer für sie verständlichen Sprache und unabhängig von ihrer ethnischen Herkunft begegnen können. In schulischen und wissenschaftlichen Kreisen tritt demnach die bisher dominante Strukturdebatte schrittweise zugunsten fachlicher Debatten in den Hintergrund, sodass neue Diskursräume für inhaltliche und konzeptionelle Themenschwerpunkte entstehen. In Wissenschaft und Praxis wachsen als Folge des professionellen Handelns in der konkreten Praxis des Islamunterrichts mit jedem Tag die Ansprüche an die Fachwissenschaft und die Fachdidaktik dieser vergleichsweise jungen Fachdomäne (vgl. beispielsweise Klement et al. 2019; Möller et al. 2014; Sarıkaya et al. 2019; Sarıkaya/Aygün 2016; Schröter 2020; Sejdini 2016; Solgun-Kaps 2014; Ulfat/Ghandour 2020).

Die wachsenden Ansprüche beziehen sich genauso auf das Fachprofil des schulischen Islamunterrichts. Der hat sich zunehmend mit seinem etwas »anderen Charakter« (vgl. Badawia/Topalović 2022a; 2022b) durchgesetzt und grenzt sich in religionspädagogischer und didaktischer Hinsicht eindeutig von dem herkömmlichen traditionellen Gemeindeunterricht (oder sog. Moscheeunterricht) ab. Wir bestätigen diese Grenzziehung und betrachten sie im Sinne einer wertneutralen Geste der Anerkennung beider Bildungsangebote für junge Muslim*innen. Damit betonen wir, dass es weder um eine Auf- noch um eine Abwertung des einen oder anderen Bildungsangebots geht bzw. gehen soll. Der schulische Islamunterricht ist allerdings im Vergleich zu den bisher etablierten Formen traditioneller Bildung nicht nur konzeptionell anders gestaltet, sondern findet gleichzeitig in einem anderen Kontext statt und unterliegt durch seinen Rechtsstatus in einem Kooperationsmodell zwischen Staat und Religionsgemeinschaft den in einem öffentlichen Bildungssystem für alle Fachdomänen geltenden Bildungsstandards.

Thesenartig stellen wir einige zentrale Eckpunkte eines staatlichen Islamunterrichts vor (vgl. auch Badawia/Topalović 2022a, 2022b), zu dessen weiterer Entfaltung und Konkretisierung die einzelnen Autor*innen im vorliegenden Band ihren jeweiligen Beitrag geleistet haben.

Der schulische Islamunterricht ist mehr als nur eine bildungspolitische Maßnahme zur Integration von muslimischen Schüler*innen. Er verfolgt dabei das zweifache Ziel, a) das Leben sowie die Selbst- und Weltbezüge im Lichte eines aufgeklärten Verhältnisses von (göttlicher) Offenbarung und (menschlicher) Vernunft zu deuten und b) durch den Aufbau von Wissensstrukturen, Einstellungen, Qualifikationen und Werthaltungen junge Menschen darin zu befähigen, ihr Leben selbstbestimmt und reflexiv mithilfe religiöser Kompetenzen zu gestalten.[3]

---

3   Mit dem Kompetenzbegriff sind hier im weitesten Sinne jene Fähigkeiten, Fertigkeiten und Haltungen gemeint, die das Individuum darin befähigen, variable Konflikt- und Problem-

Der moderne Islamunterricht stellt in seinem Status als Teil der allgemeinen Bildung an staatlichen Schulen weder eine systematische Einführung in die Grundlagen des Islam dar, noch soll er muslimische Schüler*innen in die konkrete Ritualpraxis im Sinne einer Orthopraxie einführen. Er ist kompetenzorientiert ausgerichtet und will elementare Kompetenzen fördern.[4] Mit der Förderung von Kompetenzen, wie etwa religions- und vielfaltssensiblem Wahrnehmen, Verstehen, Beschreiben, Deuten und Begründen, sollen Schüler*innen in die Lage versetzt werden, mit (religiösen) Alltagskonflikten selbstständig und reflexiv umzugehen bzw. Problemlösungsansätze in variablen Situationen erfolgreich und verantwortungsvoll zu entwickeln und umzusetzen.

Die Zielsetzung des schulischen Islamunterrichts will durch die Kompetenzförderung zu einer bejahenden Identifikation mit der Religion bzw. mit dem Glauben ermutigen, indem Schüler*innen in die Lage versetzt werden, eine verantwortliche und verantwortete Position gegenüber dem Glauben einzunehmen (vgl. Badawia 2022, S. 336). Gerade um dieser Aufgabe gerecht zu werden, muss sich der Islamunterricht den »Inhalten konkreter Religion, den Inhalten ›gelebter Religion‹ stellen« (Porzelt 2013, S. 106 f.).

Aus didaktischer Perspektive liegt der Auftrag des Islamunterrichts darin, einen Rahmen zu schaffen, in dem die kritische Reflexion religiöser Tradition vor dem Hintergrund des aktuellen religionspädagogischen Diskurses im europäischen Kontext erfolgt. Bei der Betrachtung religiöser Tradition bzw. religiöser Quellen entsteht ein Raum, in dem die religiöse Tradition und soziale Wirklichkeiten aufeinandertreffen und unter dem Blickwinkel der lebensweltlichen Bedeutung reflektiert werden. Die Frage nach der Lebensweltorientierung muslimischer Schüler*innen – so der Religionspädagoge Harry Harun Behr – ist dabei nicht »künstlich herbeigerufen, sondern sie tritt jedem, der vor allem in den höheren Jahrgangsstufen Islam unterrichtet, als reale Herausforderung für die fach- und bezugswissenschaftliche Begründung seines pädagogischen Handelns entgegen« (Behr 2010, S. 132). Dementsprechend liegt die Aufgabe einer auf Kompetenzerwerb ausgerichteten Bildung auch darin, die Schüler*innen zu befähigen, ihre eigenen (religiösen) Erfahrungen und Perspektiven einzubringen und auch individuelle Lernwege bzw. Reflexionen einzuschlagen.

---

situationen lösen zu können (vgl. Weinert 2001, S. 27 f.). Religiöse Kompetenzen im engeren Sinne und in religionspädagogischer Hinsicht äußern sich dagegen in verschiedenen Dimensionen, wie beispielsweise religiöse Wahrnehmung, Beschreibung, Deutung, Begründung und Gestaltung, und umfassen immer kognitive, emotionale und spirituelle Dimensionen der Wissens- und Handlungspraxis (vgl. Topalović 2019, S. 28–31; Sajak 2021, S. 344–345).

4  Inzwischen sind alle Lehrpläne in den einzelnen deutschen Bundesländern, in denen Islamunterricht an öffentlichen Schulen angeboten wird, kompetenzorientiert.

Im Vergleich zu einer ausschließlichen inhaltlichen Wissensvermittlung und etwaigen Belehrung der Schüler*innenschaft durch die Lehrkraft stellen wir Interaktion bzw. Kommunikation als didaktische Leitbegriffe in den Mittelpunkt unseres religionsdidaktischen Denkens und Handelns.[5] Damit rücken für uns der Mensch, das Subjekt, sprich die Schüler*innen als sinnverstehend miteinander Handelnde in den Fokus unterrichtlicher Analyse, Planung und Gestaltung. Eine kritische und kontextorientierte Reflexion religiöser Fragen und Inhalte geschieht dabei in einer engen Kooperation zwischen den Lehrenden und Lernenden; sie bilden gemeinsam – um an dieser Stelle begrifflich an Hartmut Giest und Joachim Lompscher anzuschließen – ein »pädagogisches Gesamtsubjekt« (Giest/Lompscher 2006, S. 25). Damit wird in der Folge gearbeitet, um (traditionelle) religiöse Inhalte und die Lebenswirklichkeit der Schüler*innen in Verbindung zu bringen, diese im kritischen Kommunikations- und Arbeitsprozess zu reflektieren und in alltägliche Handlungsperspektiven zu transformieren.

Im systematischen Horizont von Interaktionen nimmt der Begriff der Kommunikation einen zentralen Stellenwert ein. Damit geht für unser Grundverständnis religiöser Bildung einher, dass der Sinn der Wissensvermittlung auf der Ebene des Verstehens in den Vordergrund rückt. Das Verstehen avanciert in diesem Konzept zur tragenden Säule. Die unterrichtliche Kommunikation ist dabei kein Selbstzweck. Sie steht in einem engen Zusammenhang mit der Förderung des kritischen Denkens als einer essenziellen religiösen Kompetenz. Kritisches Denken wird im Kontext religiöser Bildung als ein Sammelbegriff für eine Reihe von Fähigkeiten verstanden, die im Rahmen des Islamunterrichts gefördert werden sollen. Beispielsweise handelt es sich dabei um kognitive Fähigkeiten wie Interpretation, Analyse, Erklärung, systematisches Schlussfolgern etc. Ferner handelt es sich beim kritischen Denken um eine allgemeine Haltung im Umgang mit Wissen und Alltag, die unter anderem durch Neugier, Offenheit, Klarheit, Sorgfalt und Durchhaltevermögen geprägt sein sollte (vgl. Kruse 2017, S. 14–40; Pfister 2020, S. 13–19).

Aus der Langzeitperspektive steuert der Islamunterricht auf die religiöse Mündigkeit als Entwicklungsziel zu. Diese bedeutet im islamischen Sinne vor allem,

> »die Menschen in die Lage zu versetzen, wenn sie glauben, zu wissen, warum sie glauben und eigenständig im Glauben zu handeln. Die Freiheit, ob ein Mensch überhaupt glaubt oder nicht bleibt davon unberührt. Die religiöse

---

5  Siehe dazu insbesondere unsere Beiträge im vorliegenden Band.

Mündigkeit als Denk-, Sprach- und Handlungsfähigkeit sowie als Moment des Bewusstseins in der Religion setzt einen Glauben voraus. Insofern ist sie auch eine religionsimmanente Fähigkeit, das Herausbilden und Entwickeln eines Bewusstseins, wodurch ein Individuum zur eigenen Deutungshoheit gelangt, seine Bedingungen, Orientierungen und sein Engagement eigenständig gestaltet und nicht zuletzt seine Reflexionsgabe nutzt und übt.« (Polat 2010, S. 187)

Schließlich findet der schulische Islamunterricht in einem gesellschaftlichen Kontext statt, der durch religiöse und weltanschauliche Pluralität gekennzeichnet ist. An kaum einem anderen Ort im öffentlichen Raum begegnen sich Menschen mit so unterschiedlichen religiösen und weltanschaulichen Einstellungen und Überzeugungen wie in der Schule. Im Rahmen schulischer Lehr- und Lernprozesse erleben die Schüler*innen teilweise sehr unterschiedliche Deutungshorizonte und haben die Möglichkeit, sich mit religiösen und/oder weltanschaulichen Wissensbeständen interaktiv auseinanderzusetzen und dabei zu erfahren, wie multiperspektivische Zugänge aussehen können. Ziel solcher Interaktionen ist es auch, sie bei der Entwicklung interreligiöser und pluralitätsfähiger Kompetenzen zu begleiten (vgl. beispielsweise Schambeck 2013; Willems 2011; Ballnus 2017).

Mit diesem Sammelband verbinden wir das Anliegen, einen konstruktiven Beitrag zur religionspädagogischen und fachdidaktischen Konkretisierung und Gestaltung von Facetten des skizzierten Fachprofils eines schulischen Islamunterrichts zu leisten. Die Publikation dient in erster Linie der Profilbildung der Religionspädagogik und Fachdidaktik des Islam im europäischen Kontext und soll Impulse für Lehre und Forschung liefern. Für Studierende und Lehrkräfte soll diese möglichst konkrete Hinweise und Anregungen für die Reflexion und Gestaltung der Unterrichtspraxis des Islamunterrichts anbieten.

Der Band ist in drei Abschnitte gegliedert, in denen die Autor*innen thematisch vielfältige Zugänge zum Vorhaben des Sammelbandes gestalten: Im ersten Teil erfolgt dies unter der Überschrift »Der Islamunterricht im Kontext« in Form von aktuellen Einbettungen religiöser Bildung in Geschichte und Gegenwart. Unter der Überschrift »Der Islamunterricht im Ansatz« findet dies in Form von theoretischen Ansätzen religionspädagogischen bzw. religionsdidaktischen Denkens und Handelns mit exemplarischen Beispielen statt. Im dritten Teil sind unter der Überschrift »Der Islamunterricht im fachdidaktischen Konzept« konkrete fachdidaktische Konzepte für den Islamunterricht gesammelt. Dabei wurden die Autor*innen insbesondere im zweiten und dritten Teil gebeten, sich möglichst am folgenden Format bei der Verfassung der

Beiträge zu orientieren: Diskussion der Ausgangslage, Darstellung und Reflexion theologischer, religionspädagogischer und fachdidaktischer Prämissen des jeweiligen Ansatzes, Umsetzung in der konkreten Praxis des Islamunterrichts.

Im ersten Teil eröffnet *Cemal Tosun* den Diskurs: Ausgehend von den Fragen nach erkenntnistheoretischen Grundlagen einer Islamischen Religionspädagogik als Fachdisziplin sowie einer notwendigen Bildungstheorie für den schulischen Religionsunterricht unternimmt der Autor zunächst eine kritische Analyse über den Ursprung der sogenannten islamischen Wissens- bzw. Erkenntnistheorie und fragt u. a. danach, ob es eine rein Islamische Religionspädagogik und Religionsdidaktik geben kann, ohne dabei auf bereits im westlichen Kontext etablierte Erkenntnistheorien zurückzugreifen. Auch wenn die Islamische Religionspädagogik im Wesentlichen auf ihre eigene religiöse Tradition zurückgreifen kann, eröffnen sich damit gleichzeitig methodologische Fragen sowie Fragen zu ihrer inhaltlichen Ausrichtung. Der Autor plädiert dafür, die genannten Fragen stärker im gegenwärtigen religionspädagogischen Diskurs zu verankern, und stellt einige Perspektiven vor.

Ausgehend von der Tatsache, dass religiöse und weltanschauliche Vielfalt eine übergreifende Signatur der Gegenwart darstellt und damit inzwischen zum zentralen Thema der Religionsdidaktik geworden ist, beschäftigt sich *Friedrich Schweitzer* in seinem Beitrag mit den Aufgaben und Zielen des Religionsunterrichts angesichts dieser Entwicklungen und im Sinne einer Bildung zur Pluralitätsfähigkeit. Im Weiteren wird die Frage der Wirksamkeit von Religionsunterricht in Bezug auf solche Ziele erörtert. Perspektivisch hebt er die Bedeutung einer ergiebigen Zusammenarbeit islamischer und christlicher Religionsdidaktik hervor.

In ihrem Artikel geht *Dina Sijamhodžić-Nadarević* auf die Spurensuche nach Merkmalen der Erziehungs- und Bildungslehre in der islamischen Tradition. Dabei setzt die Autorin an den primären Quellen des Islam (Koran und Sunna) und an Bildungskonzeptionen aus der Tradition muslimischer Gelehrter an. Sie beleuchtet das Verhältnis von Tradition und Gegenwart kritisch aus der Zielperspektive der Begründung einer (neuen) Disziplin der Islamischen Religionspädagogik im wissenschaftlichen Kontext. Zwar kann die Islamische Religionspädagogik auf reichhaltige pädagogische Traditionen zurückgreifen, dennoch wird die wissenschaftliche Aufgabe sein, ihre Autonomie als eigenständige Fachdisziplin innerhalb eines großen Korpus an islamischen Wissensdisziplinen zu behaupten.

*Karl Klement* erarbeitet und diskutiert aus der Perspektive der allgemeinen Didaktik Strategien, wie ein bewusstes und beabsichtigtes Training exekutiver Funktionen die Aneignungskompetenzen bei Lernenden des Islamunterrichts fördern kann. Die Förderung bzw. Entwicklung einer solchen Kompetenz auf der Basis der Aneignungsdidaktik bildet die Grundlage für das im Beitrag präsentierte didaktische Modell der Qualitätssicherung des Islamunterrichts. Dabei dient das Modell als Orientierungshilfe für die erfolgreiche Umsetzung der Kompetenzorientierung.

Der zweite Teil, der Diskurs um religionspädagogische und didaktische Ansätze, beginnt mit dem Beitrag von *Tarek Badawia*. In diesem stellt er seinen eigens entwickelten didaktischen Ansatz zum religionsethischen Lernen im Islamunterricht vor. Der Fokus liegt auf der Förderung der Urteilskompetenz im Umgang mit ethischen Fragen des Zusammenlebens in einer religiös-weltanschaulich pluralen und demokratischen Gesellschaft. Die religionspädagogische und didaktische Methodik orientiert sich an Fallszenen aus der Lebensbiografie des Propheten Muhammad *(sīra)* in historisch-theologischer Betrachtung. Dabei werden theoretische Prämissen des Ansatzes sowie die methodische Umsetzung in Bezug auf die Gestaltung von Lehr-Lern-Prozesses im Islamunterricht behandelt.

*Yaşar Sarıkaya* und *Déborah Kathleen Grün* stellen in ihrem Artikel den Gießener Ansatz einer kritisch-reflexiven Religionspädagogik vor. Dabei werden theologische und religionspädagogische Merkmale des Lehramtsstudiums in Gießen vorgestellt sowie der didaktische Zugang im Kontext der universitären Lehre. Im zweiten Teil des Beitrags erfolgt eine konkrete Darstellung des religionsdidaktischen Ansatzes für den Islamunterricht, welcher anhand eines Beispiels näher veranschaulicht wird.

*Tuba Isik* beschäftigt sich in ihrem Beitrag mit der Kultivierung des Charakters als Profilmerkmal eines Islamunterrichts. Ausgehend von der Frage, was islamisch-religiöse Bildung überhaupt bezweckt, legt sie aus einer theologisch-anthropologischen Perspektive den Fokus auf ethische Dimensionen religiöser Bildung. Ein auf theologisch-anthropologischen Grundlagen ausgerichteter Religionsunterricht möchte das Kind und seine Befähigung, Probleme zu bewältigen, in den Mittelpunkt stellen. Die reiche islamische Bildungstradition stellt hierfür theoretische und praktische Grundlagen dar, die von der Autorin im Beitrag dargestellt und diskutiert werden.

*Georg Langenhorst* befasst sich mit dem Konzept der Trialogischen Religionspädagogik, welche sich auf Begegnung, Austausch und Annäherung zwischen den drei monotheistischen Religionen Judentum, Christentum und Islam bezieht. Ausgehend von der Annahme, friedliche und konstruktive Religionsgespräche zwischen Jüd*innen, Christ*innen und Muslim*innen seien keine Erfindung bzw. Entwicklung der gegenwärtigen Zeit, werden im Beitrag in Anknüpfung an historische Entwicklungen religionspädagogische Herausforderungen und Perspektiven diskutiert. Am konkreten Beispiel werden schließlich didaktische Perspektiven und Umsetzungsoptionen vorgestellt.

Das *Grazer Team* unter der Leitung von *Wolfgang Weirer* stellt das christlich-islamische Forschungsprojekt mit dem Schwerpunkt der interreligiösen Bildung vor, dass seit dem Jahr 2017 an der Universität Graz läuft. Das Forschungsinteresse widmet sich verschiedenen Aspekten interreligiöser schulischer Bildungsprozesse und der Entwicklung einer Fachdidaktik interreligiöser Bildung. Im Beitrag werden die ersten Einblicke in das Projekt gewährt, wobei das Team im Einzelnen (*Agnes Gmoser, Şenol Yağdı, Mevlida Mešanović* und *Eva Wenig*) die Teilprojekte vorstellt. Genauso werden auf der Grundlage vorläufiger Forschungsergebnisse Überlegungen für eine interreligiöse Fachdidaktik formuliert.

Ausgehend von bildungspolitischen Veränderungen in Bildungssystemen im deutschsprachigen Raum mit dem Fokus auf die Förderung, Entwicklung und Messung von Kompetenzen bei Schüler*innen diskutiert *Said Topalović* die Relevanz kompetenzorientierter Bildung für den schulischen Islamunterricht. Dabei reflektiert er den allgemeinen Bildungsgedanken der Kompetenzorientierung aus islamischer Perspektive heraus und skizziert anschließend religionspädagogische und didaktische Prämissen kompetenzorientierter Bildung für den Islamunterricht. Diese münden in einem eigens entwickelten didaktischen Modell, welches mithilfe eines Beispiels näher veranschaulicht wird.

*Amin Rochdi* und *Hakan Turan* widmen sich in ihrem Beitrag dem Elementarisierungsansatz. Sie zeigen auf, dass eine Anwendung auf den islamischen Religionsunterricht Anpassungen und Akzentverschiebungen gemäß den Spezifika der Schüler*innenschaft in diesem Fach erfordern. Dabei werden Fragen der Identitätsbildung im Kraftfeld exkludierender Identitätskonzepte sowie der Einfluss islambezogener Diskurse und Narrative als besondere Herausforderungen ausgewiesen. Das Ergebnis ist ein den Bedürfnissen des islamischen Religionsunterrichts angepasster Elementarisierungsansatz, den die Autoren als *identitätskohärentistische Didaktik* bezeichnen und der die Dimensionen der elementaren Erfahrungen und Zugänge aus dem Elementarisierungsmodell auf eine die genannten Aspekte integrierende Islam-Pragmatik erweitert.

*Naciye Kamcili-Yildiz* rekonstruiert in ihrem Beitrag die theoretischen Überlegungen zu religiöser Bildung von drei muslimischen Religionspädagogen: Harry Harun Behr, Bülent Uçar und Mouhanad Khorchide. Die Analysekriterien entnimmt die Autorin der bildungstheoretischen bzw. kritisch-konstruktivistischen Didaktik von Wolfgang Klafki. Somit liegt der Fokus des Beitrags auf der Frage der Anschlussfähigkeit von Bildungsvorstellungen der drei genannten Religionspädagogen an die Allgemeindidaktik von Klafki.

*Mehmet Tuna* beschäftigt sich in seinem Beitrag mit der Professionalisierung islamischer Religionslehrer*innen. Er greift dabei auf die empirischen Ergebnisse seiner qualitativen Studie im Rahmen des Dissertationsprojekts zurück und legt den Fokus auf die Diskussion der Professionalisierungsprozesse im Islamunterricht. Tuna zeigt anhand der gewonnenen Daten auf, wie die persönliche professionelle Entwicklung und daraus erfolgte Wahrnehmung von Islamlehrkräften gleichzeitig die Professionalisierungsprozesse des Lehrer*innenberufes einer Islamlehrkraft befördern kann.

Der dritte und abschließende Teil des Bandes beginnt mit dem korandidaktischen Diskurs von *Bernd Ridwan Bauknecht* mit Fokus auf das elementare Erinnern in der Korandidaktik. Neben einer knappen Einführung in den Diskurs und Ansätze der Koranexegese diskutiert der Autor den Koran als das Buch des Erinnerns. Unter dem Rückgriff auf das didaktische Elementarisierungsmodell wird schließlich ein konkretes Beispiel für die konkrete Praxis des Islamunterrichts vorgestellt.

*Marcel Klapp* versucht mit seinem Beitrag eine empirische Lücke zu schließen, nämlich den Mangel an konkreter Unterrichtsforschung im Kontext des Islamunterrichts. Dabei stellt und diskutiert er eine Fallstudie mit dem Fokus auf »Gewalt im Islam« aus dem Forschungsprojekt zur Selbstpositionierung junger Muslim*innen in islamischen Bildungsräumen. Er zeigt dabei nicht nur die Komplexität des kritischen Handelns von Schüler*innen im Islamunterricht auf, sondern genauso die Notwendigkeit qualitativ-empirischer Forschung im Islamunterricht.

Ausgehend von der zunehmenden Digitalisierung und ihrer Bedeutung für die Bildung bzw. für die Gestaltung von schulischen Lehr- und Lernprozessen diskutiert *Said Topalović* die Konsequenzen, Chancen und Herausforderungen für die Islamische Fachdidaktik und den Islamunterricht. Dabei liegt der Schwerpunkt der Diskussion einerseits auf didaktischen Möglichkeiten und der Frage, wie sich mithilfe digitaler Medien ein qualitativer Mehrwert für den Islamunterricht schöpfen lässt. Anderseits geht es im Beitrag um die Förderung eines kritischen und reflexiven Umgangs mit den digitalen Angeboten im Internet. Schließlich mündet die Diskussion in didaktischen Überlegungen für die konkrete Praxis des Islamunterrichts.

*Dorothea Ermert* beschäftigt sich in ihrem Artikel mit dem im Kontext des Islamunterrichts noch wenig bekannten und bisher kaum rezipierten Ansatz des Ästhetischen Lernens. Die Autorin knüpft dabei an die allgemein- sowie religionsdidaktischen Überlegungen zum Ästhetischen Lernen an und reflektiert deren Anwendbarkeit im Islamunterricht. Neben konkreten Handlungsempfehlungen für die Praxis des Islamunterrichts veranschaulicht Ermert den Ansatz des Ästhetischen Lernens anhand eines Beispiels.

In der pädagogischen und didaktischen Arbeit wichtige Instrumente, wie Bilder, Symbole und Zeichen, bilden den Diskursrahmen des Beitrags von *Osman Kösen*. Dabei reflektiert der Autor den vielschichtigen Diskurs zum Bilder- und Zeichenverbot innerhalb der Islamischen Theologie und stellt Herausforderungen und Perspektiven für die religionspädagogische Handlungspraxis vor. Den Diskurs schließt Kösen mit konkreten Herausforderungen und Überlegungen für die Praxis des Islamunterrichts.

*Jörg Imran Schröter* präsentiert und diskutiert die Teilergebnisse seiner Studie zur Religiosität von jungen Muslim*innen. Die kritische Reflexion der Ergebnisse mündet in konkreten Handlungsempfehlungen für die Praxis des Islamunterrichts. Der Autor entwickelt vor dem Hintergrund der Ergebnisse ebenfalls ein didaktisches Konzept der »bedeutungszentrierten Religiositätsbildung« und veranschaulicht dieses durch die Darstellung eines Beispiels für den Islamunterricht.

Den Abschluss macht *Ryan Hennawi* mit der Darstellung und religionsdidaktischen Modifikation des didaktischen Lehr- und Lernkonzepts »Concept Cartoon«. Concept Cartoon wurde vor dem Hintergrund konstruktivistischer Lehr- und Lerntheorien entwickelt und hat zum Ziel, kognitive und emotionale Lernprozesse anzuregen sowie Wahrnehmungs- und Deutungskompetenzen zu fördern. Der Autor stellt die Handlungsschritte des Konzepts vor und diskutiert mithilfe eines Beispiels die Umsetzung im Islamunterricht.

Der vorliegende Sammelband endet mit einem resümierenden Ausblick.

Martin M. Weinberger gilt unser besonderer Dank für das Lektorat und die professionelle Gestaltung des Manuskripts. Genauso gebührt Frau Elisabeth Schreiber-Quanz aus dem Vandenhoeck & Ruprecht Verlag für die professionelle Begleitung beim gesamten Buchprojekt unser herzliches Dankeschön.

Den Autor*innen danken wir als Herausgeber für ihre Beiträge und für die Bereitschaft, mit ihren Ideen den Diskurs um den Islamunterricht bereichert zu haben.

Den Leser*innen wünschen wir eine ertragreiche Lektüre.

Erlangen, August 2022
Tarek Badawia & Said Topalović

## Literatur

Badawia, T. (2022): »Wer ist bereit, diese ethischen Maximen zu übernehmen!?« Zur Lernbarkeit von Moral als Auftrag religionsethischer Bildung an den öffentlichen Schulen. In: E. Aslan (Hg.): Handbuch Islamische Religionspädagogik (S. 335–352). Göttingen.

Badawia, T./Topalović, S. (2022a): Kontextbezogen – Vernunftbasiert – Lebensweltorientiert. Bildungstheologische und didaktische Bestimmungen des Islamischen Religionsunterrichts. In: A. Kubik/S. Klinger/C. Saglam (Hg.): Neuvermessung des Religionsunterrichts nach Art. 7 Abs. 3 GG. Zur Zukunft religiöser Bildung (S. 291–316). Göttingen.

Badawia, T./Topalović, S. (2022b): Comics im Islamunterricht – pädagogische und didaktische Perspektiven. In: H. Ammerer/M. Oppolzer (Hg.): Was kann der Comic für den Unterricht tatsächlich leisten? Fachdidaktische Perspektiven auf ein subversives Erzählmedium (S. 213–230). Münster.

Badawia, T./Topalović, S./Tuhčić, A. (2022): Von einer »Phantom-Lehrkraft« zum »Mister Islam«. Explorative Erkundungen strukturtheoretischer Professionalität von Islamlehrkräften an staatlichen Schulen. Forum Islamisch-Theologische Studien, 1, 25–46.

Ballnus, J. (2017): Kooperationen am Lernort Schule und interreligiöse Kompetenzen im islamischen Religionsunterricht. HIKMA – Zeitschrift für Islamische Theologie und Religionspädagogik, 8 (2), 188–204.

Behr, H. H. (2010): Islamische Religionspädagogik und Didaktik: Eine zwischenzeitliche Standortbestimmung. In: M. Polat/C. Tosun (Hg.): Islamische Theologie und Religionspädagogik. Islamische Bildung als Erziehung zur Entfaltung des Selbst (S. 131–144). Frankfurt am Main.

Engelhardt, J.-F./Ulfat, F./Yavuz, E. (2020): Islamischer Religionsunterricht in Deutschland. Qualität, Rahmenbedingungen und Umsetzung. Herausgegeben von der Akademie für Islam in Wissenschaft und Gesellschaft (AIWG). Frankfurt am Main.

Giest, H./Lompscher, J. (2006). Lerntätigkeit – Lernen aus kultur-historischer Perspektive. Ein Beitrag zur Entwicklung einer neuen Lernkultur im Unterricht. Berlin:

Klement, K./Shakir, A./Topalović, S. (2019): Kompetenzorientierung im islamischen Religionsunterricht. Impulse für Theorie und Praxis. Linz.

Kruse, O. (2017): Kritisches Denken und Argumentieren. Konstanz.

Pfister, J. (2020): Kritisches Denken. Stuttgart.

Möller, R./Sajak, C. P./Khorchide, M. (2014): Kompetenzorientierung im Religionsunterricht. Münster.

Mohr, I. C./Kiefer, M. (2009): Islamunterricht – Islamischer Religionsunterricht – Islamkunde. Viele Titel – ein Fach? Bielefeld.

Polat, M. (2010): Religiöse Mündigkeit als Ziel des islamischen Religionsunterrichts. In: M. Polat/C. Tosun (Hg.): Islamische Theologie und Religionspädagogik. Islamische Bildung als Erziehung zur Entfaltung des Selbst (S. 185–202). Frankfurt am Main.

Porzelt, B. (2013): Grundlegung religiöses Lernen. Bad Heilbrunn.

Polat, M./Tosun, C. (2010): Islamische Theologie und Religionspädagogik: Islamische Bildung als Erziehung zur Entfaltung des Selbst. Frankfurt am Main.

Sajak, C. P. (2021): Kompetenzorientierung. In: U. Kropač/U. Riegel (Hg.): Handbuch Religionsdidaktik (S. 341–352). Stuttgart.

Sarıkaya, Y./Aygün, A. (2016): Islamische Religionspädagogik. Leitfragen aus Theorie, Empirie und Praxis. Münster.

Sarıkaya, Y./Bäumer, F. J. (2017): Aufbruch zu neuen Ufern. Aufgaben, Problemlagen und Profile einer Islamischen Religionspädagogik im europäischen Kontext. Münster

Sarıkaya, Y./Ermert, D./Tunc, E. Ö. (2019): Islamische Religionspädagogik: didaktische Ansätze für die Praxis. Münster.

Schambeck, M. (2013). Interreligiöse Kompetenz. Göttingen.

Schröter, J. I. (2020): Islam-Didaktik. Praxishandbuch für Sekundarstufe I und II. Berlin.
Sejdini, Z. (2016): Islamische Theologie und Religionspädagogik in Bewegung. Neue Ansätze in Europa. Bielefeld.
Solgun-Kaps, G. (2014): Islam. Didaktik für die Grundschule. Berlin.
Topalović, S. (2019): Der kompetenzorientierte Unterricht – Bausteine zur Entwicklung einer Didaktik für den islamischen Religionsunterricht. HIKMA – Zeitschrift für Islamische Theologie und Religionspädagogik, 10 (1), 26–48.
Uçar, B. (2010): Islamischer Religionsunterricht in Deutschland. Fachdidaktische Konzeptionen: Ausgangslage, Erwartungen und Ziele. Göttingen.
Uçar, B. (2012): Islamische Religionspädagogik zwischen authentischer Selbstverortung und dialogischer Öffnung. Perspektiven aus der Wissenschaft und dem Schulalltag der Lehrkräfte. Berlin.
Ulfat, F./Ghandour, A. (2020): Islamische Bildungsarbeit in der Schule. Theologische und didaktische Überlegungen zum Umgang mit ausgewählten Themen im Islamischen Religionsunterricht. Wiesbaden.
Willems, J. (2011): Interreligiöse Kompetenz. Theoretische Grundlagen – Konzeptualisierungen – Unterrichtsmethoden. Wiesbaden.

# I. Der Islamunterricht im Kontext

# Erkenntnistheoretische Grundlagen der Islamischen Religionspädagogik

Cemal Tosun

## 1 Einführung: Philosophie, Bildungsphilosophie und philosophische Grundlagen der Islamischen Religionspädagogik

Philosophie wird kurz als »Liebe zur Weisheit« definiert. Philosophieren bedeutet, nach Weisheit zu streben und dadurch Erkenntnis zu erlangen. Bildungsphilosophie hingegen ist Cevizci zufolge eine Form der Philosophie, die sich mit der Bildung auf Grundlage von philosophischen Ansätzen und Methoden auseinandersetzt und nach pädagogischen Erkenntnissen sucht (vgl. Cevizci 2018, S. 11). Mit anderen Worten: Bildungsphilosophie ist eine Disziplin, welche die Bildungsbegriffe analysiert und u. a. die Grundelemente, die Prinzipien, die Ziele und die Probleme der Erziehung, der Bildung und des Unterrichts mittels philosophischer Methoden untersucht.

Ausgehend von diesen Ausführungen kann »die Philosophie der Religionspädagogik« als eine Teildisziplin betrachtet werden, die sich u. a. mit den Konzepten, Fragen und Problemen der religiösen Erziehung, der Bildung und des Unterrichts philosophisch befasst. Um den konkreten Aufgabenbereich dieser Teildisziplin zu bestimmen, ist es empfehlenswert, dem in der Bildungsphilosophie allgemein eingeschlagenen Weg zu folgen und auf den grundlegenden Dimensionen der Philosophie, das heißt der Ontologie, der Erkenntnistheorie, der Axiologie und der Politik, aufzubauen. Bei dieser Auseinandersetzung befasst sich die ontologische Dimension der Philosophie der Religionspädagogik mit der Frage des Daseins bzw. des Menschen, der erzieht und erzogen wird, und seiner Stellung in sowie sein Verhältnis zu der Schöpfung in religiöser Hinsicht. Die epistemologische Dimension hingegen konzentriert sich auf Themen wie Wissen, Wissensquellen, Wissensprozesse und Prinzipien sowie Methoden dieser Prozesse in der Religionspädagogik. In axiologischer Hinsicht treten zwei Dimensionen in den Vordergrund: die Werte, die gelehrt bzw. gelernt werden sollen, und die Werte, die beim Erziehen beachtet werden müssen, wie z. B.

Mündigkeit, Freiheit, Demokratie usw. Bei der politischen Dimension stehen eher die Ziele im Vordergrund. Cevizci stellt fest, dass die ersten beiden dieser vier Dimensionen, nämlich die ontologische und die erkenntnistheoretische Dimension, mit den theoretischen Aspekten der Bildungsphilosophie zusammenhängen (vgl. Cevizci 2018, S. 13). Der Mensch als lehrender und gebildeter Adressat der Bildung bzw. der religiösen Bildung ist das Thema der Ontologie. Und die Frage, *was* gelehrt und gelernt werden soll, gehört zur Epistemologie. Diese bilden die Hauptdeterminanten eines Lehrplans und umfassen u. a. die Ziele und die Inhalte (vgl. Akpınar 2019). Gleiches gilt für die Philosophie der Religionspädagogik.

Im Grunde genommen bilden diese vier Dimensionen des philosophischen Inhalts ein Ganzes. Aufgrund des Themas und des begrenzten Umfangs des Beitrags wird sich die vorliegende Studie im Folgenden auf die Problematik der erkenntnistheoretischen Grundlagen der Islamischen Religionspädagogik bzw. auf die erkenntnistheoretische Dimension der islamischen Bildungsphilosophie konzentrieren.

Bei der Auseinandersetzung mit der epistemologischen Dimension der islamischen Bildungsphilosophie sollte vorab auf die Stellung der Philosophie im muslimischen Denken und damit zusammenhängend auf die Bedenken hinsichtlich der Annäherung an das bildungsphilosophische Themenfeld hingewiesen werden. Halstaedt verweist etwa zu Beginn seines Artikels »An Islamic Concept of Education« auf den Widerstand mancher Muslim*innen gegen die Philosophie. Darüber hinaus bezieht er sich auf die negativ besetzte Beziehung zwischen Philosophie und Bildung im muslimischen Denken, indem er erklärt, wie die antike Philosophie durch Übersetzungstätigkeiten den muslimisch geprägten Kulturraum durchdrang und später Einwände gegen die Philosophie, insbesondere durch al-Ġazālī, erhoben wurden (2004, S. 273).

## 2 Beziehung zwischen Wissenstheorien und Bildungssystemen

Wissenstheorien sind einer der wichtigen Bausteine, auf denen die Bildungssysteme aufgebaut werden. Bildungssysteme stützen sich auf einen oder mehrere philosophische sowie bildungsphilosophische Ansätze, seien es Idealismus, Realismus, Naturalismus, Pragmatismus und Existenzialismus oder auch Perennialismus, Essentialismus, Konstruktivismus etc. Idealismus und Realismus – und basierend auf diesen beiden – Perennialismus und Essenzialismus haben die Bildungssysteme weltweit seit vielen Jahren maßgeblich beeinflusst. Pragmatische und rekonstruktive Bildungsbewegungen waren ebenfalls einflussreich. Im Bereich der religiösen Bildung haben insbesondere Ansätze des Idealismus und Essenzialismus sowie des Realismus und Perennialismus ihre Wirksamkeit gezeigt. Existenzialistische und konstruktivistische Ansätze gehören in den letzten Jahrzehnten zu den allgemein bekannten und einflussreichen philosophischen Zugängen, auf denen die Bildungssysteme basieren.

Grundsätzlich basiert ein Bildungssystem als Ganzes auf der gleichen Erkenntnistheorie bzw. den gleichen Erkenntnistheorien. Alle Elemente und Lehren des Systems werden davon betroffen. Dasselbe gilt auch für das Fach Religion in den öffentlichen Schulen. Dies besagt, dass auch der Religionsunterricht auf einem bestimmten erkenntnistheoretischen Ansatz aufbaut, auf dem ein Bildungssystem als Ganzes basiert. Selbstverständlich ist es möglich, in Sachen der religiösen Bildung auch diversen Ansätzen zu folgen.

Sollte hier nach dem dem Bildungssystem zugrunde liegenden erkenntnistheoretischen Ansatz gefragt werden, so könnte die Kernfrage dieses Beitrags wie folgt lauten: Mit welcher Erkenntnistheorie kann der islamische Religionsunterricht vereinbar sein oder nicht? Wir werden uns jedoch nicht mit dieser Frage befassen. Allerdings werden wir die Existenz dieses Problems stets im Auge behalten. Denn die Frage, ob der IRU eine epistemologische Grundlage braucht oder bereits eine hat, rührt aus der kritischen Diskussion der wissenschaftstheoretischen Grundlagen des islamischen Religionsunterrichts in gegenwärtigen, allgemeinen Bildungssystemen und über deren Vereinbarkeit mit dem Islam. Im Grunde genommen bildet die »Islamkonformität« des islamischen Religionsunterrichts einen wesentlichen Teil der Debatte um die »Islamisierung des Wissens« (Uyanık 2014). Allerdings würde die Auseinandersetzung mit dieser Thematik in dem beschriebenen Umfang den Rahmen des Beitrags sprengen.

Der Grund, weshalb ich mich mit dieser Thematik befasse, rührt zunächst von der Tatsache her, dass mir, sei es in Deutschland, in Österreich oder in der Türkei, oft folgende Frage gestellt wird:»Die an den Universitäten gelehrten Inhalte über allgemeine Bildung und Religionspädagogik und Religionsdidaktik sind größtenteils westlichen Ursprungs. Der Westen ist christlich geprägt. Konzentriert sich also die im westlichen Bildungssystem gelehrte religiös-moralische Bildung und Erziehung auf die christliche Kultur und christliche Werte? Wenn dem so ist, besteht dann nicht Bedarf einer islamisch konstituierten Religionspädagogik und Religionsdidaktik?« Zum Beispiel wird in der Türkei ständig nach dem islamisch-religiösen Charakter der an den Schulen angebotenen Religionskunde gefragt. Die Folgen sind weitreichend, denn deren ganze Konzeption wird in dieser Hinsicht hinterfragt: ihre Ziele, Inhalte, Methoden und Medien.

Ob der konstruktivistische Ansatz auch in religiöser Bildung anwendbar ist, bildet in der Türkei eine der in diesem Bereich zur Diskussion gestellten Fragen seit etwa zwei Dekaden. Die Türkei verfolgt seit Anfang der 2000er Jahre u. a. auch diesen konstruktivistischen Ansatz im Bildungssystem. Lehrpläne für Religionskunde und Ethik wurden dementsprechend erneuert und die Lehrpläne der weiterführenden Kurse im Bereich der Religion wurden ebenso entsprechend angepasst. Ob und inwiefern der konstruktivistische Ansatz angemessen ist, wird jedoch seit über einem Jahrzehnt heftig diskutiert. Während einige diesen Ansatz nicht für angemessen halten, betrachten andere ihn als teilweise anwendbar (vgl. Okumuşlar 2008; Zengin 2017). Dass man darüber debattiert, ist ganz selbstverständlich und von Nutzen. Die Eignung des konstruktivistischen Ansatzes für den christlichen Religionsunterricht war auch für die Kirchen eine ernsthafte Frage. Darüber wurde viel diskutiert und geschrieben (vgl. Mendl 2005). Auch mit Bezug auf die Islamische Religionspädagogik sollte diese Thematik gründlich untersucht, bearbeitet und wissenschaftlich begründet werden. Denn in so manchen muslimischen Kreisen, in den Gemeinden, aber auch unter den Studierenden der Islamischen Theologie, wird unaufhörlich hinterfragt, ob es angemessen sei, islamische Religion mit einer westlich bzw. christlich geprägten Religionspädagogik und Religionsdidaktik zu unterrichten. Gibt es in der islamischen Tradition keine religionspädagogischen/-didaktischen Ansätze, sodass die Muslim*innenauf die westlichen Methoden und Ansätze zurückgreifen müssen? Solche Fragen werden insbesondere durch den oben angedeuteten Ansatz der »Islamisierung des Wissens« bzw. »der Wissenschaft« gerechtfertigt und gestärkt. Darüber hinaus ist zu berücksichtigen, dass die Wahl der angewandten Wissenschaftstheorie bzw. der angewandten Wissenschaftstheorien den ganzen Bildungsprozess, von der Festlegung der Bildungsziele bis hin zur Messung und Bewertung, also all dessen Elemente und Prozesse beeinflusst. Alle Prozesse des Lehrens und Lernens, die Planung sowie die Durchführung des Unterrichts richten sich nach diesem Verständnis von Wissen.

Eine Kernfrage lautet hier, ob eine rein »islamische« Religionspädagogik und Religionsdidaktik überhaupt möglich ist. Diese Frage führt unmittelbar zu einer weiteren, nämlich der, ob es eine als universal geltende Religionspädagogik bzw. Religionsdidaktik geben darf, wie es beispielsweise Lee (vgl. Kızıltan 2021) oder Esser (1971) fordern. Würden Bestrebungen in Richtung der Entwicklung einer »reinen« oder »genuinen« islamischen Wissenschaftstheorie für die Islamische Religionspädagogik bzw. Religionsdidaktik bedeuten, von einer universellen Wissenschaft der Religionspädagogik bzw. Religionsdidaktik abzuweichen und die Existenz eines universellen Ansatzes für die Religionspädagogik und Religionsdidaktik abzulehnen? Meines Erachtens eher nicht. Denn, wie

Esser (1971) betont, die Existenz eines universellen anthropologischen Verständnisses der Religionspädagogik kann eine Wissenschaft der Religionspädagogik, die nach den jeweiligen Religionen und Konfessionen ausgerichtet ist, nicht ausschließen. Daher ist es für die muslimischen Religionspädagog*innen nicht nur selbstverständlich, sondern auch notwendig, über die erkenntnistheoretischen Grundlagen der Islamischen Religionspädagogik nachzudenken. Wichtig ist dabei nur, dass dieses Sinnieren auf wissenschaftlicher Basis erfolgt, nicht nach einem einseitigen, ideologischen Ansatz (siehe Tosun 2021).

## 3 Die Frage der »Islamisierung« des Wissens, der Bildung und der religiösen Erziehung

Um das Problem der erkenntnistheoretischen Rechtfertigung der Islamischen Religionspädagogik ganzheitlich betrachten zu können, ist es erforderlich, in einem ersten Schritt auf die Diskussionen über die Problematik der islamischen Erkenntnistheorie einzugehen. Zu diesem Zweck fokussiert sich der Beitrag im Folgenden zunächst auf die Frage nach der »Islamisierung von Wissen und Bildung«. Anschließend wird die Problematik der »Islamisierung«[6] der Islamischen Religionspädagogik erörtert.

### 3.1 Islamisierung von Wissen und Bildung

Die Vorstellung, dass die zeitgenössischen Wissenschaften mehrheitlich westlich geprägt sind und dass diese auf einem positivistisch-humanistisch-säkularen Ansatz basieren, was wiederum nach dem positivistischen Wissenschaftsparadigma ein absolutistisches Verständnis von Wissen impliziere, erweckte unter Muslim*innen und insbesondere bei manchen muslimischen Intellektuellen Bedenken und Zweifel gegenüber den westlichen Wissenschaften im

---

6   Die »Islamisierung des Wissens« bzw. die »Islamisierung der Wissenschaft« (türk.: *Bilginin İslamileşirilmesi*; engl.: *Islamisation of Knowledge*) sind Bezeichnungen, die auf die islamischen Denker Ismail Raji al-Faruqi und Syed Naquib al-Attas zurückgeführt werden. Den Ausgangspunkt ihrer Annäherung bildet die Annahme, dass die Wissenschaft im Westen von der Religion getrennt wird und es daher einen Bruch zwischen den modernen Wissenschaften und dem Göttlichen bzw. der Theologie gibt. Diese Annäherung hält ein solches Wissen aus der Sicht des Glaubens und der religiösen Werte für unvollständig und gefährlich. Deshalb vertritt sie die Ansicht, dass die Wissenschaft und somit auch das Wissen durch die islamischen Wissenschaftler*innen aus einem muslimischen Bewusstsein heraus produziert werden sollten. Die »Islamisierung« der Bildung bzw. der religiösen Bildung, die von al-Attas angeführt wird, wird auch in diesem Sinne verwendet.

Allgemeinen und den Sozialwissenschaften im Besonderen. Das führte so manche Muslim*innen zu der Suche nach einem islamischen Wissenschaftsverständnis, das stärker in Opposition zu dem westlichen steht (siehe Attas 2019, S. 196–221). Bei der Suche nach diesem islamischen Wissenschaftsverständnis spielen verschiedene Faktoren eine Rolle, wie etwa die wissenschaftliche Rückständigkeit der Muslim*innen gegenüber dem Westen und ihre Abhängigkeit von westlicher Wissenschaft und Technologie sowie das mitunter geradezu verpflichtende Bedürfnis, westliche Wissenschaften mit all ihren westlichen Konzepten zu importieren. Manche konservativen muslimischen Gelehrten, die einen Ausweg aus dieser Rückständigkeits- und Abhängigkeitssituation suchen, sehen die Lösung darin, die Wissenschaft dem Islam anzupassen, indem sie ihr eigenes islamisches Wissen produzieren und entsprechende Bildung anbieten. Al-Attas ist der Meinung, dass man dies durch eine Reinigung des Wissens der westlichen Moderne erreiche. Nach al-Attas bedeutet die Islamisierung des Wissens »die Befreiung des Wissens von seinen Interpretationen, Bedeutungen und Ausdrücken, die auf einer säkularen Ideologie beruhen«. Diese und ähnliche Denkweisen führten auf die Suche nach einer »Islamisierung des Wissens« und einer »Islamisierung der Bildung« (vgl. Osmanoğlu 2007, S. 56–63). Laut Osmanoğlu war Tibawi der Erste, der den Begriff »islamische Erziehung« in diesem Sinne verwendete. In seiner im Jahre 1972 veröffentlichten Arbeit mit dem Titel »Islamic Education. Its Traditions and Modernization into the Arab National Systems« (London) untersuchte er die Geschichte der islamischen Erziehung und die Modernisierungserfahrung, indem er das Bildungssystem von vierzehn arabischen Ländern analysierte (vgl. Osmanoğlu 2007, S. 57).

Der Hauptfaktor, der die Idee einer Islamisierung von Wissenschaft und Bildung auslöste, ist die Vorstellung, dass die Religion und damit Gott im westlichen Wissenschaftsprozess völlig ignoriert werden und das in voller Absicht. Dieser Auffassung nach hat der Ansatz der positivistischen Wissenschaft, der auf der Trennung zwischen Religion und Wissenschaft beruht, bei der Wissensproduktion die Religion und Gott beiseitegeschoben. Infolgedessen sei behauptet und angenommen worden, dass die vom Menschen auf Grundlage von Beobachtungen und Experimenten gewonnenen Informationen wissenschaftliche, vollständige und zuverlässige Erkenntnisse seien. Parallel dazu sei außerdem angenommen worden, dass der Weg, vollständige und zuverlässige Erkenntnisse zu lernen und zu lehren, durch säkulare Erziehung möglich werde. Dieser logische positivistische Wissenschafts- und Wissensansatz des Westens wurde im historischen Prozess diskutiert und zeitigte Entwicklungen, die von Affirmation über Falsifikation (Karl Popper) und wissenschaftliche Revolution (Thomas Kuhn) bis hin zur Relativitätstheorie und zu quantenwissenschaftlichem Verständnis reichen.

Daher ist das strenge logisch-positivistische Verständnis von absolutem Wissen umstritten und die Geisteswissenschaft als Wissenschaft anerkannt. Doch die Trennung zwischen Religion und Wissenschaft, mit anderen Worten der weltliche Ansatz in der Wissenschaft, setzt sich fort. Diejenigen, die die starre logisch-positivistische Sichtweise verteidigen, sind ebenfalls noch präsent.

Muslimische Denker*innen, die die Idee der Islamisierung von Wissenschaft, Wissen und Bildung vertreten, streben danach, dass die Religion und Gott ihren verdienten Platz in Wissenschaft und Bildung einnehmen (vgl. al-Attas 2019, S. 200). Mit anderen Worten, sie wollen den positivistisch-säkularistischen Ansatz, der die Trennung von Religion und Wissenschaft in Erkenntnis und Bildung bewirkt, durch einen religiös-islamisch orientierten Ansatz ersetzen.

Das Ausmaß der Idee der Islamisierung von Wissen und Bildung ist ziemlich breit und deckt fast alle Bereiche ab, die mit Wissenschaft und Bildung zusammenhängen. Das erste und grundlegende Paradigma dieser Idee ist der Glaube daran, dass alles wahre Wissen zu Gott gehört (vgl. al-Attas 2019, S. 199). Alles, was der Wissenschaft, dem Wissen und der Bildung unterliegt, gehört zu Gott; Er hat sie alle erschaffen. Gott schuf ihre Natur, das heißt ihre Wahrheit, die durch die Wissenschaft erlangt werden soll. Sie sind das Werk von Gottes Wissen. Daher ist es nicht möglich, genaue Erkenntnisse des Seienden zu erhalten, ohne diese mit Gott in Verbindung zu bringen (vgl. Khouj 2011, S. 279). Selbst wenn diese Erkenntnisse durch Beobachtungen und Experimente erreicht wurden, ist es unmöglich, zu beweisen, dass diese Erkenntnisse dasselbe sind, was Gott weiß.[7] Daher ist es von fundamentaler Bedeutung, die Wissenschaft so zu betreiben, dass man sie mit Gott, dem Besitzer des Wissensobjekts, in Verbindung bringt, um genaue Erkenntnisse zu erringen. Es ist auch unvermeidlich, diesen Zusammenhang in der Bildung zu berücksichtigen. So erklärt al-Attas:

»Der Koran ist die ultimative Kontrollinstanz für die Prägnanz und Richtigkeit unserer rationalen und experimentellen Forschungen. Was wir meinen, ist folgendes: das Wissen bedeutet, ›die entsprechende Verortung der Objekte in der Schöpfungsordnung zu kennen‹, wodurch dieses Wissen, das Erkennen des richtigen Platzes Gottes in der Existenzordnung (Maratib al-Wuǧud) mit sich bringen wird.« (al-Attas 2019, S. 200 f.)

---

7   Eine nähere Betrachtung wird zeigen, dass es sich hier eher um das Verständnis der Existenz handelt. Wissens- und Wissenschaftsansatz werden auf einem Verständnis der Existenz aufgebaut. Aufgrund des Umfangs des Artikels wird auf das Verständnis der Existenz jedoch nicht im Detail eingegangen.

Der Zweck, Wissenschaft in Verbindung mit Gott zu betreiben, besteht darin, die Wahrheit der Dinge zu erkennen. Dieser Zweck spiegelt die Überzeugung wider, dass das absolute Wissen über die Dinge nur durch eine Wissenschaft erreicht werden kann, die in Bezug auf Gott betrieben wird. Daher ist das Wissen, das »islamisiert« wurde, absolut. Denn Wissen ist, so al-Attas, eine Gnade Gottes für den, der es verdient (vgl. Nor 1994, S. 50–53, S. 61). Wenn sich herausstellt, dass das Wissen nicht absolut ist, wird das Problem bei dem*der Produzent*in des Wissens und darin, ob und inwiefern das Wissen mit Gott in Verbindung gebracht wurde, gesucht.

Die Idee der Islamisierung von Wissen und Bildung stellt bei den grundlegenden Themen, wie der Sicht auf die Schöpfung und dem Ziel der Wissenschaft, den Glauben an Gott in den Mittelpunkt der Wissenschaft und der Bildung. Dabei werden neben den Sinnesorganen und dem Verstand auch die zuverlässigen Berichte *(aḫbar)* und die Intuition als Mittel zur Erlangung der wahren Erkenntnisse angenommen (vgl. Nor 1994, S. 36 in Bezug auf al-Attas 1930, S. 130). Dies impliziert, dass die Beobachtung und das Experimentieren allein nicht ausreichen, um die Wahrheit der Dinge zu finden, und zusätzlich die Berichte *(aḫbar*, d. h. Koran, Sunna) und die Intuition einbezogen werden müssen. Dieses Einbeziehen von islamischen Primärquellen und Intuition bedeutet im Wesentlichen, dass man bei seinem wissenschaftlichen Bemühen an Gott glaubt, ihm vertraut und gewillt ist, die Wahrheit der Dinge durch ihn zu erreichen. Des Weiteren bedeutet es, zu akzeptieren, dass die sich so orientierenden Muslim*innen Zugang zu wahrem Wissen haben werden. Oder konkret ausgedrückt: Sie werden entweder von Gott zu wahrem Wissen geleitet (so wie die Philosoph*innen meinen) oder erhalten wahres Wissen von Gott geschenkt (so wie die Sufis behaupten). Wie aus den bisherigen Ausführungen hervorgeht, dreht sich alles um das absolute Wissen Gottes und den Erwerb dieses absoluten Wissens durch die muslimischen Wissenschaftler*innen, die ein islamisch orientiertes Verständnis von Wissen und Bildung haben. Der gemeinsame Punkt der säkularen Wissenschaft und der islamisierten Wissenschaft besteht in dem Ziel der Erkenntnis und der Suche nach der Wahrheit der Dinge. Was sie aber unterscheidet, ist der Glaube der Wissenschaftler*innen an Gott, ihre jeweilige Sicht auf die Existenz und ob sie die islamischen Primärquellen und Intuition als Mittel zur Erlangung des Wissens verwenden.

Es gilt dabei anzumerken, dass durch die islamisierte Wissenschaft produziertes Wissen sich unmittelbar auf die Bestimmung des Inhalts und der Methode der islamischen Erziehung auswirkt. Wenn schon das islamisierte Wissen wahr und absolut ist, muss es auch, unabhängig vom jeweiligen Wissenschaftsbereich, die Lehre eines Wissenschaftszweiges bestimmen. Es wäre nicht sinnvoll und akzeptabel, Inhalte zu vermitteln, die nicht im Sinne einer islamisierten Wissenschaft produziert wurden, d. h., deren Richtigkeit nicht garantiert ist. Dies kann dazu führen, dass bei der Vermittlung des Inhalts Methoden verwendet werden (müssen), die auf Übertragen und Auswendiglernen basieren und somit auf einer inhalts- und lehrer*innenzentrierten Trichtermethode. Wissensvermittlung nach der Übertragungsmethode basiert normalerweise auf einem geschriebenen Text. Er wird auswendig gelernt und durch den*die Lehrende*n für die Lernenden interpretiert. Al-Attas sagt diesbezüglich gar Folgendes: »Wenn gefragt wird: ›Was ist Bildung?‹, so kann ich antworten: ›Bildung beschreibt den Akt, Menschen etwas einzugeben‹‹ (al-Attas 2019, S. 195). Dieser Erziehungsansatz würde eine inhalts-, text- und lehrer*innenzentrierte Bildung mit sich bringen.

Natürlich ist es nicht möglich, die Definition, den Prozess und die Aspekte der Islamisierung des Wissens und der Bildung, die hauptsächlich von al-Attas und seinen Schüler*innen zum Ausdruck gebracht wurden, auf das ganze islamische Denken zu generalisieren. Diese Sichtweise, die das Wissen und die Erziehung mit dem Sufi-Ansatz stark vernetzt und somit die Intuition (*ilhām*; Eingebung) und die seelische Entdeckung *(kašf)* miteinbezieht, hat eine lange Tradition und ist seit dem Theologen al-Ġazālī weit verbreitet. Diese Perspektive kann nicht unabhängig vom Ansatz der *waḥdat al-wuǧūd* (»Einheit des Seins«) des ibn ʿArabī verstanden werden, obwohl sie nicht die einzige und dominierende Ansicht im muslimischen Denken darstellt. Nichtsdestotrotz ist der Gedanke von islamischem Wissen und islamischer Bildung, besonders im Volksislam, weit verbreitet. In Bezug auf die islamische Bildungsphilosophie zeigt sich jedoch, dass die islamische pädagogische Erkenntnistheorie mehrdimensional ist. Die Quellen und die Verfahren zur Gewinnung von Erkenntnissen aus diesen Quellen sind in dieser Hinsicht zentral.

Die Sinnesorgane, die Überlieferungen sowie die Vernunft sind die drei Haupterkenntnisquellen im muslimischen Denken. Manche Gelehrt*innen zählen die Intuition auch als eine weitere Erkenntnisquelle. Es gibt jedoch Unterschiede in ihrer Reihenfolge, Wirkung und Funktionsweise. Wissen wird im islamischen Denken als ein Urteil bzw. eine Überzeugung wahrgenommen, die sich durch die Beziehung zwischen dem*der Wissenden (Subjekt) und dem Gewussten (Objekt) bei dem*der Wissenden bildet. Der muslimische Philosoph al-Kindī hat Wissen als »Dinge mit ihrer Wahrheit zu verstehen« definiert (Taylan o. J., S. 169).[8] Al-Fārābī sagte: »Wissen ist das Zustandekommen eines bestimmten Urteils im Verstand in Verbindung mit der Existenz von Wesen,

---

8 Bezugnehmend auf Rasaʾil, Band I.

deren Bestehen und Fortbestehen nicht von der menschlichen Handlung abhängig ist« (Taylan o. J., S. 51). Die *iḫwān aṣ-ṣafā'* (»die lauteren Brüder«) definierten es als »die Bildung der Form des Gewussten im Gedächtnis des Wissenden« (Taylan o. J., S. 385).[9]

Die Interessen und Ansätze der islamischen Wissenschaften in Bezug auf das Wissen und die Wissenschaft waren unterschiedlich. Es zeigt sich, dass die Theologen bzw. Kalam-Gelehrten ihre erkenntnistheoretischen Studien in erster Linie auf die Frage der Möglichkeit des Wissens konzentrieren und dann die Quellen des Wissens untersuchen. Philosoph*innen hingegen untersuchten erkenntnistheoretische Fragen im Rahmen der rationalen Psychologie. Das erste, was bei der Herangehensweise der Sufis auffällt, ist, dass dem *ladunī*-Wissen (mystische Intuition, von Gott eingegebenes Wissen) mehr Bedeutung beigemessen wird als dem »angeeigneten« *(kasb)* Wissen. Intellektuelle Debatten unter den Mitgliedern dieser drei Hauptbewegungen spielen bei der Entwicklung der Erkenntnistheorie im islamischen Denken in der Geschichte eine wichtige Rolle.

Laut Ğābarī (el-Câbirî 2000) gibt es im islamischen Denken drei starke Traditionen in Bezug auf die Quellen und Methoden des Wissens: *bayānī*[10], *burhānī*[11] und *'irfānī*[12]. Es gibt auch binäre Kombinationen, die von diesen drei gebildet werden: *bayānī-'irfānī, bayānī-burhānī, burhānī-'irfānī* (vgl. el-Câbirî 2000). Von diesen stellt die *bayānī*-Methode einen *naḥw*-zentrierten, linguistischen und kulturellen Ansatz beim Verständnis des Textes dar. Die *burhānī*-Methode hingegen ist eine rationale, auf die Vernunft ausgerichtete Herangehensweise an die antike griechische Philosophie. Die *'irfānī*-Methode wiederum ist eine Methode, die mit hermetischen Effekten entstanden ist und auf Intuition und Entdeckung basiert.

---

9   Bezugnehmend auf Rasa'il, Band III.
10  Bei der *bayānī*-Methode wird das Wissen durch eine Methodik erzeugt, bei der die Sprache im Mittelpunkt steht. Diese basiert auf Wort und Sinn *(lafẓ–ma'nā)*, Substanz und Akzidenz *(ğawhar– 'araż)* sowie Haupt und Nachkomme *(aṣl- far'*-Dichotomie). Gleichzeitig basiert die *bayānī*-Erkenntnistheorie auf der literalen Lesart des Verses, da sie »sprachzentriert« ist (Ulutürk 2012, S. 69). Nach Ğābarī gehören *fiqh*, *kalām*, *naḥw* und Rhetorik sowie *uṣūl al-fiqh* zu den *bayānī*-Wissenschaften und der Ursprung aller Wissenschaften ist die arabische Sprache (vgl. el-Câbirî 2000, S. 17–313).
11  Bei der *burhānī*-Methode wird das Wissen auf Grundlage der natürlichen Wissensquellen des menschlichen Geistes, wie etwa die Sinne, die Experimente und das mentale Denken, erzeugt. Auf diese Weise wird versucht, Informationen über das Universum und seine einzelnen Teile zu erhalten (el-Câbirî 2000, S. 483–593).
12  Die *'irfānī*-Methode hingegen ist ein Wissenssystem, das alle seine Ansichten, von der Ontologie bis zur Erkenntnistheorie, auf der Unterscheidung von äußerer Wortbedeutung und innerem Textsinn *(ẓāhir–bāṭin)* aufbaut (el-Câbirî 2000, S. 329–479).

Welcher dieser methodischen Ansätze als Grundlage für die Islamisierung von Wissen und Bildung herangezogen wird, ist eine wichtige Frage. In dieser Hinsicht vertritt al-Attas ein Verständnis, das die Sichtweisen von Theologen, Philosoph*innen und Sufis kombiniert und integriert (Nor 1994, S. 36). Der von al-Attas und seinen Anhänger*innen vertretene Ansatz reicht bis zu al-Ġazālī zurück. Dieser Ansatz gibt die verschiedenen Ansichten über die Quellen des Wissens wieder und führt sie zusammen, wobei er das intuitive Wissen (ʿirfānī-Wissen) besonders hervorhebt. Allerdings ist diese Annäherung umstritten. Dieselbe Debatte zeigt sich auch im Hinblick auf die Frage nach der »Islamisierung« der religiösen Erziehung. Der Ansatz ist bei der Islamisierung der Bildung nicht ohne Weiteres anwendbar.

Al-Ġazālī, einer der großen Synthetisierer in der islamischen Ideengeschichte, scheint die grundlegenden erkenntnistheoretischen Ansätze von Kalam, Philosophie und Sufismus in einem einzigen System vereint zu haben. Er versuchte, eine verlässliche Quelle für das Wissen zu finden, indem er für die Erkenntnisse eine Grenze setzte, damit die Wissensfelder nicht verwechselt werden. Außerdem kritisierte er solche Erkenntnisquellen wie die Intelligenz, die Sinne und die Inspiration (vgl. Taylan o. J.). Es zeigt sich, dass sich al-Ġazālī, der auf der Suche nach dem absoluten Wissen war, nach dem, was er als »unzweifelhaftes Wissen« (al-munqiḏ min aḍ-ḍalāl) definiert, der Thematik eher aus der Perspektive des Werts des Wissens annäherte.

Die Kalam-Frage, ob der Mensch der Schöpfer/Hervorbringer seiner eigenen Werke sei oder nicht, kann auch in Bezug auf das Wissen behandelt werden. Die Antwort, die in den Diskussionen darüber angenommen werden muss, ob die Person der Hervorbringer ihrer eigenen Werke ist oder nicht, kann auch in Bezug auf Wissen behandelt werden. Hierfür gibt es unterschiedliche Ansichten im islamischen Denken: Nach einer theologisch-deterministischen Deutung (Ǧabrīya) erschafft Gott die Handlung eines Menschen und dieser vollzieht diese gezwungenermaßen. Nach Aš'arī geschehen alle Handlungen und Werke der Menschen nur deshalb, weil Allah das schon immer so wollte und weil Er sie schafft. Nach Māturīdī erschafft Gott erst die Handlung eines Menschen, wenn der Mensch mit seinem freien Willen etwas tun möchte, damit er diese tun kann. Nach den Mu'taziliten ist der Mensch der Agent seiner eigenen Handlungen (siehe Stieglecker 1983, S. 97–110). Beispielsweise vertritt Halstaedt (2004, S. 278) auf Basis der Sure 35, Vers 28 im Koran die Meinung, dass die Gesamtheit des Wissens von Gott ist, unabhängig davon, ob es durch die Offenbarung bzw. die Intuition oder durch die menschliche Vernunft zustande kommt.

Auch nach all diesen Ausführungen bleibt die Hauptfrage offen: Wie eignet sich der Mensch das Wissen an? Woher weiß der Mensch? Selbst in Bezug auf die Intuition und die seelische Entdeckung gibt es Meinungsverschiedenheiten unter den Philosoph*innen sowie zwischen Philosoph*innen und Sufis. Ich frage mich, ob die Anstrengung des Menschen, über die Wahrheit der Dinge zu erfahren, am Ende als Segen Gottes verwirklicht wird? Oder ist es Gott möglich, seine geliebten und geschätzten Diener*innen über die Wahrheit der Dinge zu informieren? All diese theologischen und philosophischen Debatten sind für die Islamisierung von Wissen und Bildung und insbesondere für die Dimension der erkenntnistheoretischen Rechtfertigung wichtig.

### 3.2 Islamisierung der Religionspädagogik und Religionsdidaktik

Möchte man sich mit der Frage der Islamisierung der Religionspädagogik befassen, sollten zunächst die folgenden Fragen beantwortet werden: Was bedeutet die »Rereligiosierung« der Religionspädagogik? Ist das ein universelles Problem? Oder ist es ein spezifisches Thema für die Islamische Religionspädagogik und damit auch für die Muslim*innen? Die Antwort auf die erste Frage kann im Rahmen der o. g. Fragen zur Islamisierung von Wissen und Bildung gegeben werden. In diesem Sinne versteht es sich, dass eine Religionspädagogik nur dann »religiös« ist, wenn sie ihre Theorie mit einem religiösen bzw. theologischen Blick aus den rein religiösen Quellen und mittels theologischer Methoden schöpft. Mit anderen Worten bedeutet die »Religionisierung« der Religionspädagogik, dass sie ihr Wissen nicht aus den säkularen Wissenschaften wie der Psychologie, der Erziehungswissenschaft oder den Sozialwissenschaften bzw. den sozialwissenschaftlichen Methoden etc. schöpft oder gewinnt. Was die zweite Frage betrifft, kann gesagt werden, dass diese sich als eine universell geltende Frage darstellt. Eine der wichtigsten Gründe der Entstehung dieses Problems ist, dass insbesondere der Religionsunterricht in der Schule in der modernen Zeit auf einem sozialwissenschaftlichen Ansatz basiert und sich von seiner religiös-traditionellen Linie entfernt. In diesem Sinne bedeutet die »Religionisierung« des Religionsunterrichts die Suche nach einer Rückkehr des Religionsunterrichts zu seinen traditionellen Verständnissen und Formen. Es kann daher mit einigem Recht behauptet werden, dass das empfundene Unbehagen, dass der moderne Religionsunterricht sich von seinem traditionell-theologischen Ursprung entfernt hat und auf den säkularen Wissenschaften basiert, das Hauptproblem darstellt. Die religiöse Tradition und religiöse Bildung bildeten seit Jahrhunderten den Kern der (allgemeinen) Bildung in islamisch geprägten Ländern. Durch die Eröffnung von öffentlichen Schulen nach dem westlichen Vorbild, die Verstaatlichung des Bildungswesens und die Schulpflicht usw. wurde der religiöse Charakter der allgemeinen Bildung aufgehoben und zudem auch die Tradition des Religionsunterrichts teilweise beeinträchtigt. So ist die Religion beispielsweise im türkischen Bildungswesen bereits in der Tanzimat-Phase (ab 1839) zu einem Fach unter den Schulfächern in den öffentlichen Schulen geworden, die neben der Medrese etabliert wurden.

Ab der Republikphase der Türkei wurde die Bildung selbst im Zuge dieses Wandlungsprozesses zu einer Wissenschaft und in Unterdisziplinen unterteilt. Es wurden Hochschulen gegründet, die sich auf die Theorie der Pädagogik und der Didaktik spezialisierten. Die Religionspädagogik hingegen wurde für eine Weile aus diesem Prozess ausgeschlossen, da die Vertreterinnen der beiden Seiten, Theologie und Religionspädagogik, sich gegenseitig ablehnten.

Im Laufe der Zeit erhielt die Religionspädagogik ihren Platz im akademischen Bereich. Je nach Land und Institution wurden die Forschung und die Lehre im Bereich der Religionsbildung in den Fakultäten und den Hochschulen für Bildungswissenschaften und Theologie angesiedelt. Somit wurde eine weitere Debatte entfacht, nämlich die Verortung der Religionspädagogik innerhalb der Wissenschaftsdisziplinen. War Religionspädagogik eine Wissenschaft der Theologie oder eher der Erziehung? Generell herrschte anfangs die Ansicht, dass die Religionspädagogik mit säkularen Wissenschaften nichts zu tun haben sollte. Nach dieser Auffassung wurde sie als eine rein theologische Wissenschaftsdisziplin angesehen. Um mögliche negative Auswirkungen auf die Religionspädagogik zu verhindern, waren manche Vertreter*innen dieser Position der Ansicht, dass sozialwissenschaftliche Disziplinen, wie die Psychologie und die Bildungswissenschaft, nicht mit der Religionspädagogik vernetzt werden sollten. Selbst die katholische Kirche hat eine solche interdisziplinäre Vernetzung der Religionspädagogik bis zum Zweiten Vatikanischen Konzil abgelehnt. Es gab auch diejenigen, die die Religionspädagogik als Teildisziplin der Theologie betrachteten und trotzdem erklärten, dass die Religionspädagogik von anderen Wissenschaften bedingt profitieren könnte. Man kann sagen, dass dieser Ansatz inzwischen vermehrt Zuspruch findet.

Es gibt jedoch auch Wissenschaftler*innen, die Religionspädagogik und Religionsdidaktik als Erziehungswissenschaft betrachten. Unter ihnen gibt es diejenigen, die Religionspädagogik nur als eine Wissenschaft der Erziehung ansehen, indem sie dafür oft den Begriff »Religionsdidaktik« verwenden. Professor Lee aus den USA ist ein Paradebeispiel dafür. Laut Lee ist Religionsdidaktik eine sozial- bzw. erziehungswissenschaftliche Disziplin und hat auf der Ebene der Forschung nichts mit der Theologie zu tun. Sie ist nur die Wissenschaft des Lehrens und Lernens in Religion und befasst sich mit der Vermittlung des theologischen Wissens (siehe Kızıltan 2021).

In jüngster Zeit gibt es ebenso Stimmen, die die Religionspädagogik als eine interdisziplinäre, eigenständige Disziplin betrachten, die sich mit ihren eigenen

Methoden sowohl mit pädagogischen Wissenschaften als auch mit theologischen Disziplinen befasst (Stachel/Esser 1971). Die Tatsache, dass die rein-theologische Auseinandersetzung oft auf intellektueller Ebene stattfindet, die den praktischen Bezug wenig im Auge behält, wobei das produzierte Wissen für die religiöse Bildung meistens nicht relevant ist, führte zur Herausbildung von Vertreter*innen des Religionsunterrichts, die einen theologischen Ansatz verfolgten, der sich auf unterrichts- bzw. bildungsrelevante theologische Erkenntnisse fokussierte. Praktische Theologie ist ein Produkt dieser Bestrebungen.

Die in der islamischen Welt über die Verortung der Religionspädagogik angeführten Debatten ähneln dem oben beschriebenen Diskurs. Debattiert wird unter den Muslim*innen auch, ob Religionspädagogik, auch wenn sie keine lange Tradition hat, ein Fachbereich der Bildungswissenschaften oder der Theologie ist (so auch in der Türkei; siehe Tosun 2021). Einige betrachten die Religionspädagogik als ein Wissenschaftsfeld unter den Erziehungswissenschaften. Andere sehen darin eine Wissenschaft der Theologie. Die ersteren betrachten sie als eine Vermittlungswissenschaft, die sich nicht für die »Weisheit« der Religion interessiert, sondern nur versucht, das religiöse Wissen, das von den theologischen Wissenschaften produziert wird, mit Blick auf seine Lehr- und Lernbarkeit zu untersuchen und für den Unterricht verwendbar zu machen. Diejenigen, die Religionspädagogik als Wissenschaft der Theologie betrachten, sind der gleichen Meinung. Es gibt jedoch Unterschiede zwischen ihnen hinsichtlich der Quellen und Methoden zur Wissensproduktion in der Religionspädagogik. Diejenigen, die die Religionspädagogik als eine erziehungswissenschaftliche Disziplin betrachten, meinen, dass sie ihr Wissen sowohl aus den Erziehungswissenschaften als auch aus der Theologie beziehen soll. Sie verwenden in der Forschung, je nach Forschungsfeld, theologische und erziehungswissenschaftliche Methoden. Die Vertreter*innen der theologisch orientierten Religionspädagogik gehen unterschiedliche Wege. Einige legen den Schwerpunkt auf die theologischen Wissenschaften und heben die theologischen Methoden für die Produktion des religiösen Wissens hervor. Sie vertreten die Ansicht, dass keine Notwendigkeit besteht, die Forschung im Bereich der Religionspädagogik mit pädagogischen bzw. sozialwissenschaftlichen Methoden durchzuführen.

Zum Beispiel argumentiert al-Attas, dass ausschließlich der Koran und die Sunna des Propheten Muhammad die Erkenntnisquellen der islamischen Erziehung sind. Ein*e muslimische*r Erziehungswissenschaftler*in muss, so al-Attas (1975), sämtliches Wissen aus diesen Quellen erlernen und anwenden. Auch Khouj vertritt in seinem Artikel über Bildung im Islam die Ansicht, dass, unabhängig davon, ob die Bildung als Wissenschaft oder Kunst betrachtet wird, letztendlich das islamische Wissen über Bildung mit dem Koran, der Sunna und dem *iğtihād* vermittelt werden muss. Ihm zufolge kann man »die notwendigen Materialien aus diesen beiden Quellen (dem Koran und der Sunna) extrahieren, um Lerntheorien zu entwickeln, die für alle Kulturen und Gesellschaften gelten (aus dem Koran und der Sunna)« (Khouj 2011, S. 308). Halstaedt ist der gleichen Meinung (2004, S. 277). Es gibt auch Personen, die die Ansicht vertreten, dass man über den Koran und die Sunna als religiöse Erkenntnisquellen hinaus (Khouj 2011, S. 280) bei Bedarf auch auf das Wissen anderer Wissenschaften zurückgreifen sollte. Die hier angeführten unterschiedlichen Ansätze zu der Thematik haben vergleichbare Ähnlichkeiten mit beispielsweise Hofingers theologischem Ansatz zum Religionsunterricht (siehe Asaroğlu 2019).

Wie diese Ausführungen zur Islamischen Religionspädagogik zeigen, gibt es islamische Denker, welche die Meinung vertreten, dass die Islamische Religionspädagogik »islamisiert« werden sollte. So gibt es Bestrebungen, die »säkularisierte« Islamische Religionspädagogik von westlichen, wissenschaftlichen Einflüssen zu befreien und sie aus der Wissenstradition des Islam heraus neu zu schöpfen. Am Beispiel von al-Attas und Faruqi zeigt sich diese Bestrebung in der Islamisierung des Wissens und der Bildung im Allgemeinen. Darüber hinaus gibt es auch Personen aus politischen, gesellschaftlichen, aber auch akademischen Kreisen und Gemeinden, die argumentieren, dass sowohl das fachwissenschaftliche Wissen als auch die Methoden des Lehrens und Lernens im islamischen Religionsunterricht ausschließlich aus den islamischen Quellen und mit islamischen Methoden erzeugt werden sollten. Ich habe erlebt, dass diese Suche häufig in den sich neu entwickelnden Bereichen des islamischen Religionsunterrichts in westlichen Ländern vorkommt. Bei meinen Veranstaltungen zum Religionsunterricht in Deutschland und Österreich wurde mir oft folgende Frage gestellt: »Herr Professor! Die Theorie der allgemeinen Bildung und Religionspädagogik ist hier westlichen Ursprungs. Sie sind also westlich-christlich geprägt. Ist es dann nicht notwendig, eine islamische Theorie der Islamischen Religionspädagogik zu etablieren, die auf dem Islam basiert?« Das ist eine ernste Frage und ein ernstes Problem. Was erwartet wird, ist ein islamisch-religiöses Erziehungswissen, das durch die islamischen Erkenntnismethoden und aus den Hauptquellen des Islam, nämlich aus dem Koran und der Sunna sowie der Tradition hergeleitet wird.

Allerdings existieren auch andere Stimmen, die fragen: »Wie kann ein theologisches Wissen (islamisch, christlich etc.) erzeugt werden, das den religiösen Bedürfnissen und Erwartungen der gegenwärtigen Menschen gerecht wird? Was können die religiösen Hauptquellen in dieser Hinsicht leisten? Welche Ansätze und Methoden können verwendet werden?« Diese verschiedenen Stimmen neigen dazu, miteinander zu konkurrieren. Ein Blick auf die Veröffentlichungen und die Entwicklungen an den islamisch-theologischen Institutionen an westlichen Universitäten zeigt, dass neue Ansätze und neues Wissen angestrebt werden. Diese Entwicklungen werden einerseits staatlich, politisch, akademisch und sogar teils religionsgemeinschaftlich unterstützt. Sie werden aber andererseits auch als eine Verzerrung des Islam betrachtet und kritisiert. Ähnliches gilt für die Produktion von Wissen für die Islamische Religionspädagogik.

## 4 Aus welchen Quellen und mit welchen Methoden sollte das Wissen einer Islamischen Religionspädagogik gewonnen werden?

Es zeigt sich, dass Muslim*innen vor allem in Mitteleuropa einen islamischen Religionsunterricht befürworten und erwarten. Ihre Vorstellung vom Religionsunterricht unterscheidet sich jedoch je nach Konfession, Gemeinschaftszugehörigkeit und Weltanschauung. Etliche traditionelle Kreise wollen einen traditionellen Katechismus-Unterricht *(ilmihal)*, ohne zwischen Schulen und Moscheen zu unterscheiden. Einige Kreise hingegen befürworten eine intra- oder überkonfessionelle religiöse Bildung. Einige sind auf der Suche nach einem kognitiv orientierten religionskundlichen Unterricht mit einem offenen Bildungsbegriff, der den Glauben und die Praxis den Lernenden überlässt. Andere befürworten einen dialogisch orientierten Unterricht zur Unterstützung des interkonfessionellen Dialogs. Auch gibt es solche Annäherungen, die eine Notwendigkeit und Möglichkeit darin sehen, die Lehre des Sufismus und ihr Verständnis von religiöser Bildung als Grundlage für den Religionsunterricht heranzuziehen. Beispielsweise beschwert sich der bekannte islamische Religionspädagoge Ashraf über das Fehlen von sufischen Grundlagen und Werten in der gegenwärtigen islamischen Erziehung (Osmanoğlu 2007, S. 58). Während sich die Madrasa, das heißt die traditionellen Bildungseinrichtungen, auf die inhaltsorientierte Vermittlung *(naql)* der religiösen Lehre konzentrieren, tendieren moderne islamisch-theologische Fakultäten dazu, bei der Wissensproduktion und Lehre von hermeneutischen Ansätzen Gebrauch zu machen (Ören 2019). Der Kampf um die Dominanz dieser beiden Ansätze bei der Hochschulbildung geht ebenfalls weiter.

Die Vielfalt der Ansätze bzw. der Erwartungen wirft folgende Fragen auf: Auf welchen erkenntnistheoretischen Grundlagen sollte die Islamische Religionspädagogik basieren? Aus welchem Ansatz und aus welchen Quellen sollte die Theorie des islamischen Religionsunterrichts entwickelt werden? Auf welchem erkenntnistheoretischen Ansatz sollte die Islamische Religionspädagogik basieren? Sollte sie normativ-deduktiv oder hermeneutisch ausgerichtet sein? Sollte sie koranzentriert oder sunnaorientiert sein? Sollte sie eine traditionelle, lehrer*innen- bzw. inhaltszentrierte Linie verfolgen oder schüler*innenorientiert ausgerichtet sein? Wird das religionspädagogische Wissen mit dem (linguistischen) *bayānī*-Ansatz, dem (rationalen) *burhānī*-Ansatz oder dem (intuitiven) *ʿirfānī*-Ansatz erzeugt?

Dies sind Fragen, die ernst genommen werden sollten, weil sie auf den Erwartungen basieren, die unter Muslim*innen diskutiert werden. Ein islamischer Religionsunterricht, der auf einer Theorie basiert, die ohne Rücksicht auf die Fragen und Erwartungen der Adressat*innen entwickelt wurde, wird gewiss ständig Debatten auslösen. Wie aus der bisherigen Analyse hervorgeht, kann ein synthetisierender Ansatz, wie er bei al-Ġazālī und al-Attas zu sehen ist, das Problem nicht lösen. Das Allerwichtigste dabei ist, dass diese Suche einen wissenschaftlichen Charakter haben muss und nicht ideologisch betrieben werden kann und darf.

## Literatur

Akpınar, B. (2019): Müfredat Kaynağı Olarak Felsefe. In: F. Tanhan (Hg.): Türkiye Eğitim Vizyonu Üzerine Değerlendirmeler (S. 22–29). Ankara.
Al-Attas, S. M. N. (1990): The Intuition of Existence. A Fundamental Basis of Islamic Metaphysics. Kuala Lumpur.
Al-Attas, S. M. N. (1991): İslami Eğitim-Araçlar ve Amaçlar. Çeviren: Ali Çaksu. İstanbul.
Al-Attas, S. M. N. (2018): İslam Metafiziğine Prolegomena. 2. Baskı. İlker Kömbe (Çev.). İstanbul.
Al-Attas, S. M. N. (2019): »İslam'da Eğitim Kavramı«. İslam Sekülerizm ve Geleceğin Felsefesi. 6. Baskı. Çeviren: M. Erol Kılıç. İstanbul.
Altaş, N. (o. J.): Nakib El Attas ve Fazlurrahman'da Eğitim Kavramı. http://altas.50megs.com/attas.htm (Zugriff am 16.06.2022).
Asaroğlu, H. (2019): Teolojik Din Eğitimi Örneği: Johannes Hofinger Örneği. Bursa Uludağ Üniversitesi, Sosyal Bilimler Enstitüsü, Felsefe ve Din Bilimleri Anabilim Dalı. Bursa.
Camcum, A. S. (1991): Sunuş. İn: S. M. N. el-Attas: İslami Eğitim (S. 7–10). İstanbul.
el-Câbirî, M. A. (2000): Arap-İslam Kültürünün Akıl Yapısı (Burhan Köroğlu, Hasan Hacak, Ekrem Demirli, Çev.). İstanbul.
Esser, W. (1971): Bestimmungsversuch eines fundamentalen Religionsbegriffs und Entwurf einer anthropologischen Religionspädagogik. In: G. Stachel/W. G. Esser: Was ist Religionspädagogik? (S. 32–63). Zürich/Einsiedeln/Köln.
Göçeri, N. (2002): Dini Eğitim İle Din Eğitimi Kavramları Üzerine Bir Analiz Denemesi. Çukurova Üniversitesi İlahiyat Fakültesi Dergisi (ÇÜİFD), 2 (1), 49–78.
Halstead, J. M. (2012): İslam Eğitim Anlayışı. Semra Çinemre (Çev.). Ondokuz Mayıs Üniversitesi İlahiyat Fakültesi Dergisi (OMÜİFD), 32, 273–291.

Kalın, İ. (2007): »Seyyid Muhammed Nakib el-Attas«. İn: C. Karadaş (Hg.): Çağdaş İslam Düşünürleri. İstanbul.

Khouj, A. M. (2011): İslam'da Eğitim. Semra Çinemre (Çev.). Ondokuz Mayıs Üniversitesi İlahiyat Fakültesi Dergisi (OMÜIFD), 30, 277–308.

Kızıltan, G. (2021): Din Öğretiminde Sosyal Bilim Yaklaşımı: James Michael Lee Örneği. Bursa Uludağ Üniversitesi, Sosyal Bilimler Enstitüsü, Felsefe ve Din Bilimleri Anabilim Dalı. Bursa.

Mendl, H. (Hg.) (2005): Konstruktivistische Religionspädagogik. Ein Arbeitsbuch. Wien.

Noaparast, B. K. (2014): İslam And Philosophy Of Education. The Three Approaches. https://www.academia.edu/7271388/Islam_and_Philosophy_of_Education_The_Three_Approaches (Zugriff am 01.06.2022).

Nor, W. M. (1994): Al-Attas'ın Eğitim Felsefesi ve Metodolojisinin Genel Hatları. İslami Araştırmalar Dergisi, 7 (1), 35–72.

Okumuşlar, M. (2008): Yapılandırmacı Yaklaşım ve Din Eğitimi. Konya.

Ören, M. F. (2019): Türkiye'de Dini Bilginin Üretimi. Medrese ve İlahiyatlar. İstanbul Üniversitesi, Sosyal Bilimler Enstitüsü, Felsefe ve Din Bilimleri Anabilim Dalı. İstanbul.

Osmanoğlu, C. (2007): »'İslâm Eğitimi' Kavramı Üzerine Bir Literatür İncelemesi. DEM Dergi, 3, 56–63.

Sanusi. I. (2017): Al-Attas' Philosophy Of Islamic Education. Aricis Proceedings, 341–350.

Stieglecker, H. (1983): Die Glaubenslehren des Islam. Paderborn.

Taylan, N. (o. J.): Bilgi. https://islamansiklopedisi.org.tr/bilgi (Zugriff am 22.03.2021).

Tosun, C. (2020): Din Eğitimi Bilimine Giriş. Ankara.

Ulutürk, M. (2012): Çağdaş İslam Düşüncesinde Yeniden Yapılanmanın Dilsel Şartları: M. Arkoun, M. Hanefi ve M. A. Cabiri Örneği. YB Akademi, 4, Çağdaş İslam Düşüncesi, S. 55–76.

Uyanık, M. (2014): Bilginin İslamileştirilmesi ve Çağdaş İslam Düşüncesi. Ankara.

Zengin, M. (2017): Din Eğitimi ve Öğretiminde yapılandırmacı Yaklaşım. İstanbul.

# Religiöse Pluralität aus fachdidaktischer Perspektive: theoretische und empirische Aspekte

Friedrich Schweitzer

Religiöse und weltanschauliche Vielfalt ist ein zentrales Thema der christlichen wie auch der islamischen Religionsdidaktik. Weithin gilt diese Pluralität als eine übergreifende Signatur der Gegenwart, die sich mit spezifischen Herausforderungen gerade für Religionsunterricht und Religionsdidaktik verbindet (vgl. Nipkow 1998; Schweitzer/Englert/Schwab/Ziebertz 2002; Aslan 2017). Der Bezug auf die religiöse Gegenwartssituation und die Erfahrungen von Kindern und Jugendlichen ist für die Religionsdidaktik konstitutiv. Aber welche Ziele soll der Religionsunterricht angesichts der religiös-weltanschaulichen Vielfalt verfolgen und welche Aufgaben stellen sich in dieser Hinsicht genau?

Auch diese Fragen werden in der Religionsdidaktik inzwischen intensiv diskutiert (vgl. die Diskussion in Englert/Schwab/Schweitzer/Ziebertz 2012 oder Pohl-Patalong/Woyke/Boll/Dittrich/Lüdtke 2016 sowie EKD 2014). Noch keine vergleichbare Aufmerksamkeit hat dabei jedoch die ebenfalls zentrale Frage nach der tatsächlich feststellbaren Wirksamkeit von Religionsunterricht mit Blick auf diese Ziele erfahren, obwohl aus heutiger Sicht eine theoretische Zieldiskussion allein didaktisch nicht ausreichen kann (vgl. Schweitzer 2020, auch Schambeck/Riegel 2018). Deshalb soll die Frage nach der Wirksamkeit von Religionsunterricht im Folgenden ebenfalls eigens erörtert werden. Am Ende des Kapitels wird darüber hinaus versucht, einige Aufgaben für die Weiterarbeit speziell im Hinblick auf die Zusammenarbeit zwischen der islamischen und der christlichen Religionsdidaktik aufzuzeigen.

## 1 Herausforderungen der religiös-weltanschaulichen Vielfalt mit Blick auf Religionsunterricht und Religionsdidaktik

Warum wird die religiös-weltanschauliche Vielfalt überhaupt als religionsdidaktische Herausforderung wahrgenommen? Es lohnt sich, auch diese Frage genau zu prüfen. Ein erster Grund liegt sicher darin, dass diese Vielfalt besonders in Deutschland und Zentraleuropa eine vergleichsweise neue Erfahrung darstellt. Zwar lässt sich nicht behaupten, dass es sich geschichtlich gesehen ganz allgemein um ein neues Phänomen handelt – schon in der Antike herrschten, wie etwa das Neue Testament belegt, auch in Europa sowie an anderen Orten plurale religiöse Verhältnisse. Doch die meisten der heute im Religionsunterricht tätigen Lehrkräfte sind selbst in einem religiös homogenen Umfeld aufgewachsen, sei es in Deutschland oder, vor allem im Falle des islamischen Religionsunterrichts, in anderen Ländern. In Zentraleuropa sind die Multikulturalität und Multireligiosität der Gesellschaft erst seit ungefähr zwei Jahrzehnten in den Vordergrund getreten. Für Deutschland gesprochen hat dann die deutsche Vereinigung zudem zu einer Situation geführt, für die der Anteil der Konfessionslosen eine immer stärkere Rolle spielt (vgl. zuletzt EKD 2020). Die Kinder und Jugendlichen hingegen, die heute die Schule besuchen, sind ganz selbstverständlich mit dieser religiös-weltanschaulichen Vielfalt aufgewachsen und vertraut. Religionsdidaktisch ergibt sich daraus die Aufgabe für die Religionslehrkräfte, ihren Unterricht in einem veränderten Umfeld zu positionieren und zu gestalten. Dabei muss auch die Dynamik zwischen den unterschiedlichen Wahrnehmungen von Pluralität bei Erwachsenen auf der einen und Kindern und Jugendlichen auf der anderen Seite konstitutiv berücksichtigt werden.

Multikulturalität und Multireligiosität sind darüber hinaus immer auch mit Fragen gesellschaftlicher Macht und entsprechenden Konflikten verbunden. In Deutschland war und ist es vor allem die immer wieder aufbrechende Frage nach einer Leitkultur, die dann häufig mit dem sogenannten christlichen Abendland verbunden wird (vgl. Schweitzer 2014; unter dem Aspekt des *Othering*: Lingen-Ali/Mecheril 2016). Besonders die – aus dieser Sicht – christlichen Werte werden dann aufgerufen. Der Religionsunterricht soll dafür sorgen, dass solche Werte möglichst allen Schüler*innen wirksam vermittelt werden. Religionsdidaktisch sind solche Erwartungen gleich doppelt zu problematisieren: Zum einen entpuppt sich die Vorstellung einer christlich-abendländischen Leitkultur vielfach als eine politische Strategie, um bestimmte, häufig parteipolitische Vorstellungen durchzusetzen. Zum anderen ist pädagogisch längst bekannt, dass Werte nicht einfach vermittelt, sondern bestenfalls angeeignet werden können.

Weitere politische Aspekte und Herausforderungen mit Blick auf die mit der religiös-weltanschaulichen Pluralität verbundenen Spannungen betreffen Tendenzen wie Antisemitismus und Islamophobie (vgl. European Union Agency for Fundamental Rights 2018 oder die Befunde bei Schweitzer et al. 2018; Wissner et al. 2020) sowie bei entsprechenden Umfragen noch wenig erfasste, deshalb aber keineswegs auszuschließende skeptische oder abwertende Haltungen gegenüber dem Christentum etwa bei jungen Menschen im Bereich des Islam. Auch der Fundamentalismus gehört in diesen Zusammenhang. Angesichts solcher Entwicklungen wird es für den Religionsunterricht immer wichtiger, nach Möglichkeiten des Abbaus von Vorurteilen oder auch der Fundamentalismusprävention zu suchen (Überblick bei Ceylan/Kiefer 2018).

Als eine ebenfalls übergreifende Herausforderung wird vielfach die sich unter den Voraussetzungen der religiös-weltanschaulichen Pluralität als immer schwieriger darstellende religiöse Identitätsbildung genannt (etwa bereits im Titel »Identität und Verständigung«, EKD 1994). Wie sollen Kinder und Jugendliche noch eine religiöse – evangelische, katholische, jüdische, muslimische usw. – Identität ausbilden können, wenn ihre lebensweltlichen Erfahrungen in Kindergarten, Schule, Medien und Freizeit immer stärker durch eine religiös vielfältige Präsenz unterschiedlicher Orientierungen geprägt sind? Lange Zeit herrschte in der christlichen Religionspädagogik sowie in kirchlichen Stellungnahmen der Wunsch vor, dass Kinder doch zunächst eine eigene religiöse Identität gewinnen sollten, ehe sie Kindern mit einer anderen oder auch keiner Religionszugehörigkeit begegnen (auch dafür ist die erwähnte EKD-Denkschrift von 1994 ein klassisches Beispiel). Auch in der Islamischen Religionspädagogik sind solche Auffassungen mitunter noch zu finden (vgl. etwa Isik 2015). Doch scheitert dieser Wunsch heute bereits an der Faktizität des pädagogischen Alltags: Spätestens im Kindergarten wachsen Kinder mit sehr unterschiedlichen Zugehörigkeiten gemeinsam auf und es lässt sich gar nicht verhindern (selbst wenn dies wirklich wünschenswert wäre, was aus guten Gründen bezweifelt werden kann), dass sie sich von früh auf auch mit religiösen und weltanschaulichen Unterschieden auseinandersetzen müssen. Religiöse Identitätsbildung als *Voraussetzung* für die Begegnung mit anderen ist heute kaum mehr denkbar – diese Identitätsbildung muss vielmehr *unter der Voraussetzung* solcher Begegnungen geschehen. Zumindest in manchen Fällen ist dies allerdings ein spannungsvoller Prozess:
- Schon Kinder nehmen, den Befunden einer Tübinger Studie mit Fünf- bis Sechsjährigen zufolge, religiöse Unterschiede deutlich wahr (vgl. Edelbrock/Schweitzer/Biesinger 2010). Sie setzen sich damit auseinander und können darüber in sehr eindrückliche Streitgespräche geraten: Welches ist der richtige Gott? Ist das christliche Osterfest tatsächlich »haram«? Kommen die Angehörigen der anderen Religionen in die Hölle? Solche Fragen und Auffassungen wurden nicht von allen Kindern in dieser Studie formuliert, aber sie waren doch auch nicht zu übersehen. Pluralität stellt sich auch von den Kindern und Jugendlichen her mitunter spannungsreich dar.
- Mit der zunehmenden Konfessionslosigkeit verbindet sich weiterreichend

die Frage für alle Kinder und Jugendlichen, warum man eigentlich überhaupt (noch) religiös sein müsse. Auch konfessionslosen Kindern und Jugendlichen scheint ja nichts zu fehlen. Ihr Leben ist nicht weniger glücklich als das von christlichen oder muslimischen Jugendlichen, zumindest in der Wahrnehmung ihrer Peers. Naturwissenschaftliche Welterklärungen im Allgemeinen und die Evolutionstheorie im Besonderen, die auch in der Schule oft als einzig plausible Form der Welterklärung vorgestellt wird, scheinen vor allem den Schöpfungsglauben der Kinder und Jugendlichen zu erodieren (vgl. dazu etwa die Befunde der in verschiedenen europäischen Ländern durchgeführten Konfirmandenstudien, Schweitzer/Niemelä/Schlag/Simojoi 2015). Das theologisch und auch religionspsychologisch überzeugende Modell komplementärer Denk- und Deutungsweisen, bei dem religiöse ebenso wie naturwissenschaftliche Formen der Welterklärung und Weltdeutung als sinnvoll angesehen werden (vgl. Fetz/Reich/Valentin 2001), scheint nur wenigen Kindern und Jugendlichen bekannt zu sein und bestimmt jedenfalls weithin nicht ihr Denken und Glauben (vgl. Schweitzer et al. 2018, S. 8).

Das zuletzt genannte Beispiel verweist noch einmal auf die relativierenden Effekte der Pluralität mit Blick auf herkömmliche Glaubensüberzeugungen. Angesichts naturwissenschaftlicher Erkenntnisse verliert ein Schöpfungsglaube, der als wissenschaftliche Welterklärung missverstanden wird, seine Plausibilität. Außer solchen Wahrnehmungen können sich ganz allgemein relativistische Tendenzen ergeben, für die Glaubensüberzeugungen bestenfalls eine Frage des persönlichen Geschmacks sind: Was jemand glaubt oder nicht glaubt, das könne doch nur jede*r selbst wissen und entscheiden!
Zusammenfassend kann festgehalten werden, dass die religiös-weltanschauliche Pluralität unserer Gegenwart zahlreiche Herausforderungen einschließt, die den Glauben und damit auch den Religionsunterricht, der diesen Glauben thematisiert, berühren. Doch lässt sich an solchen Herausforderungen zunächst nur ablesen, dass es sich bei der religiös-weltanschaulichen Vielfalt tatsächlich um eine religionsdidaktisch zentrale Herausforderung handelt. Welche Ziele von Religionsunterricht und Religionsdidaktik verfolgt werden sollen, lässt sich hingegen erst aufgrund weiterer Überlegungen bestimmen.

## 2 Ziele und Aufgaben für Religionsunterricht und Religionsdidaktik in der Pluralität: Pluralitätsfähigkeit als Bildungsziel

Ein übergreifendes Bildungsziel mit Blick auf die Herausforderungen der religiös-weltanschaulichen Pluralität bezieht sich darauf, Kinder und Jugendliche zu befähigen, sich konstruktiv mit der religiös-weltanschaulichen Vielfalt auseinanderzusetzen. Zu einer solchen Auseinandersetzung gehört selbstredend auch die Kritik an dieser Vielfalt, die allerdings begründet sein muss. Unreflektiert Pluralität verneinende oder Pluralität bejahende Einstellungen bleiben hinter einem Bildungsanspruch zurück. Für ein reflektiertes Verhältnis zum religiös-weltanschaulichen Pluralismus als Bildungsziel steht heute vor allem der Begriff der Pluralitätsfähigkeit, mitunter auch – in der Regel gleichbedeutend – der Pluralismusfähigkeit (vgl. Schweitzer 2014; EKD 2014). Diese Fähigkeit wird auf der einen Seite von relativistischen Haltungen abgegrenzt, die auf die Vielfalt mit einer Vergleichgültigung aller Unterschiede reagieren, und auf der anderen Seite wird sie einem Fundamentalismus gegenübergestellt, für den nur die eigenen Überzeugungen und Glaubensweisen akzeptabel sind. Aus einem Relativismus erwächst keine Bereitschaft, sich für die gemeinsame Gestaltung des Zusammenlebens in der Gesellschaft im Sinne von Frieden, Recht und Gerechtigkeit einzusetzen. Und der Fundamentalismus wird leicht zu einer Quelle von Aggression sowie – im Extrem – von Gewalt gegen Menschen, die die eigene Überzeugung nicht teilen oder diese infrage stellen.

Der Begriff der Pluralitätsfähigkeit, wie er hier verstanden wird, deutet die religiös-weltanschauliche Vielfalt hingegen als eine Gegebenheit, der sich niemand entziehen kann. Damit ein friedliches Zusammenleben in einer solchen Vielfalt möglich wird, muss daher ein entsprechender Umgang mit der Pluralität entwickelt werden, für den der Begriff des Pluralismus stehen kann. In dieser Begrifflichkeit ausgedrückt bedeutet Bildung den Übergang von Pluralität zu Pluralismus. Der Pluralismusbegriff wird dabei vor allem aus der Rechts- und der Politikwissenschaft übernommen, wo er den demokratisch geregelten gesellschaftlichen Umgang mit unterschiedlichen politischen Positionen und Orientierungen bezeichnet (vgl. Häberle 1980). In einem über die Politik hinausreichenden, speziell auf Religion und Glaube bezogenen Sinne geht es dabei beispielsweise auch um den Umgang mit gegensätzlichen Wahrheitsansprüchen, wie sie mit religiösen Glaubensweisen verbunden sind. Für diesen Umgang werden theologische Modelle angeboten, aber auch in der Erziehungswissenschaft spielen besonders im Bereich von Interkulturalität und interkulturellem Lernen entsprechende Modelle eine wichtige Rolle (vgl. aus der evangelischen

Theologie etwa Herms 1995, Schwöbel 2003; aus der Erziehungswissenschaft Auernheimer 2012). Leitend sind in jedem Falle normative Horizonte von Toleranz und wechselseitigem Respekt, Anerkennung und Gerechtigkeit.

In der Religionspädagogik wird zu Recht die Bedeutung eines nicht einfach willkürlichen, sondern prinzipienorientierten Umgangs mit gegensätzlichen Wahrheitsansprüchen als Ziel hervorgehoben. Damit ist gemeint, dass sich die Beurteilung solcher Wahrheitsansprüche auf reflektierte, in diskursiv gestalteter Form angeeignete oder entwickelte Prinzipien stützen soll. Solche Prinzipien sollen dann auch kommunikativ vertreten sowie einer kritischen Diskussion und Prüfung ausgesetzt werden können. Dabei kommen unterschiedliche Prinzipien infrage, sowohl aus Ethik, Recht und Politik wie auch aus der Theologie (vgl. besonders Nipkow 1998).

Die verschiedenen ethischen, rechtlichen, politischen und theologischen Prinzipien können hier im Einzelnen nicht entfaltet werden. Sie betreffen jeweils unterschiedliche Aspekte des Zusammenlebens, die dafür erforderlichen Einstellungen und Interaktionsformen (wie bereits genannt: Toleranz und Respekt, Anerkennung und Gerechtigkeit bzw. Wahrung der Rechte des anderen), aber auch die Regeln einer rechtsstaatlichen Demokratie insgesamt. Unter jedem dieser Aspekte lassen sich religiöse Traditionen, Gemeinschaften und Wahrheitsansprüche beurteilen, was dann eine (kritische) Wahrnehmung von Glaubensüberzeugungen aus der Außenperspektive bedeutet. Für den Religionsunterricht besonders wichtig sind aber die theologischen Prinzipien, da sie die religiöse Innenperspektive aufnehmen und damit unmittelbar zum Themenbereich dieses Unterrichts gehören. Welche Deutungsweisen und Maßstäbe ergeben sich aus den verschiedenen religiösen Traditionen und Glaubensweisen beispielsweise in Islam und Christentum? Zu welchem Umgang mit der religiös-weltanschaulichen Pluralität leiten sie an?

Solche Fragen oder Themen gehören heute selbstverständlich ins Zentrum des Religionsunterrichts. Das folgt aus dem Selbstverständnis dieses Faches. Theologische Prinzipien im Verhältnis zur religiös-weltanschaulichen Pluralität sind aber auch in gesellschaftlicher Hinsicht besonders bedeutsam. Das lässt sich am Beispiel der Bildung zur Toleranz illustrieren. Toleranz wird zum Teil durch das (Schul-)Recht oder etwa in Bildungsplänen als Bildungsziel vorgeschrieben, aber zugleich ist leicht nachzuvollziehen, dass sich Toleranz als eine im Inneren des Menschen verankerte Haltung nicht einfach durch das Recht erzwingen lässt. Das Recht kann bestenfalls das äußere Verhalten normieren, aber innere Einstellungen bleiben davon notwendig unberührt. Theologische Prinzipien – wie etwa religiöse Begründungen für Toleranz – hingegen, die sich auf die Bibel oder den Koran berufen, betreffen von vornherein die tiefsten Überzeugungen von Menschen (vgl. Schwöbel 2003). Solchen Begründungen kann deshalb auch eine besondere Bindungskraft zugetraut werden, zumindest in der Theorie.

Allerdings muss ein übergreifendes Bildungsziel wie Pluralitätsfähigkeit zuallererst religionsdidaktisch konkretisiert oder, wie heute gern gesagt wird, operationalisiert werden, damit es für den Unterricht aufgenommen werden kann.

Solche Konkretionen sollen im nächsten Abschnitt geboten werden, dann auch in Verbindung mit der Frage nach der Wirksamkeit von Religionsunterricht mit Blick auf Pluralitätsfähigkeit. Zuvor sollen an dieser Stelle aber noch zwei allgemeine Aspekte aufgenommen werden, zum einen eine Forderung aus der aktuellen religionsdidaktischen Diskussion, bei der die Bedeutung einer Bildung zur Pluralitätsfähigkeit grundlegend infrage gestellt wird, und zum anderen die bereits bei den Herausforderungen gestreifte Frage der religiösen Identitätsbildung.

Besonders in jüngster Zeit wird mitunter gefordert, die Religionsdidaktik solle sich in Zukunft statt auf Pluralität besser auf Heterogenität beziehen (vgl. Grümme 2017, 2019). Damit wird eine Entwicklung der aktuellen allgemeindidaktischen Diskussion aufgenommen, die sich seit einigen Jahren bewusst stärker auf heterogene Lerngruppen einzustellen versucht (vgl. etwa Bohl/Budde/Rieger-Ladich 2017). Wie die entsprechenden erziehungswissenschaftlichen Lehrbücher zeigen, kommen dabei zahlreiche Aspekte von Heterogenität in den Blick – Gender, Migrationshintergrund, Behinderung u. a. Religiöse Heterogenität wird in pädagogischen Lehrbüchern allerdings in aller Regel nicht thematisiert (das gilt schon für den Klassiker dieser Diskussion: Prengel 1993). Insofern kann es überraschen, wenn nun gerade für die Religionsdidaktik eine Umstellung von Pluralität auf Heterogenität gefordert wird. Hinter dieser Forderung steht jedoch eine – zumindest teilweise – einleuchtende Beobachtung: Der religionsdidaktische Pluralitätsdiskurs konzentriert sich traditionell vielfach allein auf unterschiedliche Wahrheitsansprüche (Verschiedenheit der Glaubensüberzeugungen), während die gesellschaftliche Realität etwa im Hinblick auf soziale und wirtschaftliche Lebenslagen sowie Mehrheits-Minderheits-Verhältnisse (soziale Ungleichheit) ebenso ausgespart wird wie die damit verbundenen Machtfragen. Aus dieser zutreffenden Beobachtung lässt sich zwar nicht folgern, dass die Pluralitätsthematik für die Religionsdidaktik überhaupt bedeutungslos wäre – insofern ist die Forderung nach einer Verabschiedung von der Pluralitätsthematik zurückzuweisen. Es erscheint jedoch sinnvoll, das beschriebene Bildungsziel der Pluralitätsfähigkeit in seiner weiteren Auslegung auch um Ziele zu ergänzen, die stärker auf soziale Ungleichheit bezogen sind. Dafür steht nicht zuletzt der bereits genannte Begriff der Gerechtigkeit, der kritisch auf die beim Heterogenitätsbegriff fokussierte Ungleichheit zu beziehen ist.

Um speziell noch einmal auf die Identitätsthematik zurückzukommen: Schließt das Bildungsziel der Pluralitätsfähigkeit auch die religiöse Identitätsbildung ein? Zumindest im Hinblick auf den schulischen Religionsunterricht kann dies nicht ohne weiteres bejaht werden. Schon von den realen Möglichkeiten eines vielfach auf zwei Wochenstunden begrenzten Unterrichts her wäre es nicht realistisch, einen solchen Effekt zu erwarten. Darüber hinaus wäre ein solches Bildungsziel aber auch pädagogisch und theologisch problematisch. Bei der Identitätsbildung geht es um eine Antwort auf die Frage, wer jemand ist oder sein will, und jede Form einer freiheitlichen Erziehung und Bildung muss größten Wert darauf legen, dass nur die entsprechende Person selbst eine Antwort auf diese geben darf. Jede andere Form der Identitätsfindung würde diese Freiheit beschneiden oder sie, im Extrem, aufheben. Theologisch gesehen betrifft die religiöse Identität den Glauben, über den Erziehung und Unterricht ebenfalls nicht verfügen können und dürfen. Namentlich in der evangelischen Tradition wird immer wieder hervorgehoben, dass der Glaube nicht lehrbar ist (Überblick bei Schweitzer 2006). Lehrbar sind Kenntnisse und Fertigkeiten, aber eben nicht das Vertrauen auf Gott, das den Glauben im Kern ausmacht. Insofern ist es gut begründet, wenn die religiöse Identitätsbildung zwar auch durch den Religionsunterricht unterstützt werden soll, aber sie kann nicht zum Bildungsziel erklärt werden. In dieser Hinsicht kann der Unterricht deshalb auch nicht – wie es im nächsten Schritt geschehen soll – daraufhin befragt werden, ob er dieses Ziel tatsächlich erreicht oder nicht. Der Glaube entzieht sich prinzipiell jeder empirischen Überprüfung.

## 3 Weitere didaktische Konkretion und die Effektivität des Unterrichts: Wie wirksam ist die Bildung zur Pluralitätsfähigkeit?

Die Frage nach der Wirksamkeit des Unterrichts wird heute als konstitutiv für die Fachdidaktik angesehen. Dahinter steht die Einsicht, dass es didaktisch am Ende nicht einfach darauf ankommt, welche Inhalte oder Themen im Unterricht behandelt werden und welche Ziele der Unterricht bzw. die Lehrkräfte verfolgen. Entscheidend ist immer, wie der Unterricht bei den Kindern und Jugendlichen ankommt – nicht bloß im Sinne der Akzeptanz, sondern immer auch im Sinne der Frage, welche Kenntnisse, Fähigkeiten und Fertigkeiten er bei den Schüler*innen tatsächlich unterstützt. Diese Sichtweise wird derzeit häufig mit dem in der Fachdidaktik umstrittenen Begriff der Kompetenzorientierung verbunden, aber diese Verbindung ist keineswegs zwingend. Denn auch ganz unabhängig von allen Kompetenzmodellen und -katalogen gilt, dass Unterricht gerade aus pädagogischer Sicht nur sinnvoll ist, wenn Kinder und Jugendliche dadurch wirksam gefördert werden.

Diese Feststellung gilt auch für ein Fach wie den Religionsunterricht, obwohl in diesem Falle die Wirksamkeit noch immer selten auf die Probe gestellt wird (vgl. Schweizer/Boschki 2018; Schambeck/Riegel 2018). Schon lange berufen sich beispielsweise neue religionsdidaktische Strategien oder Modelle auf »gute Erfahrungen«, die man damit im Unterricht gemacht habe. Angesichts der in unserer Gegenwart vor allem durch die empirische Bildungsforschung entwickelten Möglichkeiten, die Wirksamkeit von Lernangeboten und didaktischer Strategien empirisch zu untersuchen, können solche eher im Bereich der subjektiven Eindrücke verbleibenden Auskünfte nicht mehr überzeugen.

Für den Religionsunterricht kommt es allerdings von vornherein nicht nur auf den Kompetenzerwerb als Outcome an *(Produktqualität),* sondern auch auf die *Prozessqualität* im Sinne der im Unterrichtsprozess realisierten Qualität. Weg und Ziel lassen sich hier nicht voneinander trennen, was umgekehrt auch impliziert, dass der Weg allein und damit die Prozessqualität ebenfalls noch keine zureichende Bestimmung für gelingenden Religionsunterricht zulässt.

Damit im Sinne des Bildungsziels der Pluralitätsfähigkeit unterrichtet und damit zugleich überprüft werden kann, ob dieses Ziel im Unterricht erreicht wird, sind Konkretionen dieses allgemeinen Zieles erforderlich. In verschiedenen religionsdidaktischen Diskussionszusammenhängen, die zum Teil den Kompetenzerwerb betreffen, zum Teil aber beispielsweise auch das interreligiöse Lernen, haben sich drei solche Konkretionen als besonders konsensfähig erwiesen (vgl. etwa Benner/Schieder/Schluß/Willems 2011; Schambeck 2013; Schweitzer 2014; Schweitzer/Bräuer/Boschki 2017): Vermittlung/Erwerb von Wissen, Unterstützung/Ausbildung von Deutungsfähigkeit/Verstehen (besonders von Perspektivenübernahmefähigkeit) sowie die Entwicklung von Haltungen/Einstellungen von Offenheit und Interesse für plurale Verhältnisse im Allgemeinen sowie für andere Religionen und Weltanschauungen im Besonderen. Natürlich lassen sich auch noch weitere Konkretionen und Ziele nennen, beispielsweise Wahrnehmungs-, Urteils- und Handlungsfähigkeit. Auch diese Fähigkeiten sind aber eng mit den drei genannten Aspekten (Wissen, Deutungsfähigkeit/Perspektivenübernahme, Einstellungen) verbunden und bei der Handlungsfähigkeit hat sich gezeigt, dass sich im Rahmen der Schule kaum feststellen lässt, ob und in welchem Maße sie wirklich erworben wurde. Bei dem entsprechenden Handeln geht es ja gerade um Praxiszusammenhänge, die über die Schule hinausgehen.

## 3.1 Unterrichtsgestaltung

Bildung zur Pluralitätsfähigkeit bedeutet für die Unterrichtsgestaltung nach dem Gesagten eine dreifache Akzentuierung: Erstens soll durch den Erwerb von Wissen eine Vertrautheit mit verschiedenen Religionen und Weltanschauungen erreicht werden; zweitens soll durch die Ausbildung von Deutungsfähigkeit und insbesondere der Fähigkeit zur Perspektivenübernahme die aktive Nutzung des Wissens unterstützt werden; und drittens sollen durch die Stärkung von Einstellungen im Sinne der Offenheit und durch den Abbau von Vorurteilen friedliche Verhältnisse und Verhaltensweisen zumindest vorbereitet und ein Stück weit in der Schule selbst eingeübt werden. Daraus ergibt sich ein übergreifendes Raster, das zur Planung und Beurteilung des eigenen Unterrichts eingesetzt werden kann und das hier in Gestalt von Fragen gefasst wird (vgl. Schweitzer 2020):

- Welches *Wissen* wird im Unterricht zugänglich gemacht? Wie ist die Auswahl begründet? Welche Religionen und Weltanschauungen werden besonders berücksichtigt?
- Wie kann bei der Präsentation von Wissen eine *kognitive Aktivierung* erzielt werden, sodass der Umgang mit diesem Wissen in verstehender Weise geschieht?
- Wie kann die Fähigkeit zu *Perspektivenübernahme* gestärkt werden? Welche Formen von Unterricht sind dafür besonders geeignet? Welchen Raum erhalten dabei etwa Rollenspiele, identifikatorische Schreibaufgaben (aus der Perspektive einer bestimmten anderen Person schreiben), Lernaufgaben, deren Bearbeitung einen Perspektivenwechsel voraussetzt und einübt, usw.?
- Welche Impulse oder im Unterricht mögliche Erfahrungen können *Vorurteile* abbauen? In welchen Hinsichten trägt der eigene Unterricht zur Offenheit für andere Religionen und Weltanschauungen bei?

Was dies im Einzelnen bedeutet, kann an dieser Stelle nicht weiter ausgeführt werden. Die genannten Fragen müssen mit bestimmten Bildungsinhalten, auch im Sinne der Bildungspläne, verknüpft werden. Darüber hinaus stellen sich hier Aufgaben der Elementarisierung (siehe dazu noch unten).

## 3.2 Wirksamkeit des Unterrichts

Wissenschaftliche Untersuchungen zur Wirksamkeit von Religionsunterricht liegen bislang nur zu wenigen Bereichen vor (Überblick bei Schweitzer/Boschki 2018). Mit Blick auf den thematischen Zusammenhang der religiös-weltanschaulichen Pluralität sind dabei besonders empirische Studien zum interreligiösen Lernen, wie sie zumindest vereinzelt in den letzten zwanzig Jahren durchgeführt wurden, von Interesse (vgl. besonders Schweitzer et al. 2017, worauf sich die Darstellung im Folgenden bezieht, sowie Schweitzer/Bucher 2020, Unser 2019, Ziebertz 2010). Diese Studien zeigen, dass beim interreligiösen Lernen im Religionsunterricht durchaus Effekte erzielt werden, dass dies aber nicht gleichermaßen auf alle Zielbereiche zutrifft.

- Am deutlichsten zeigen sich Effekte beim *Wissen:* Im Vergleich zwischen dem Wissenstand zu Beginn und am Ende entsprechender Unterrichtseinheiten zeichnet sich ein deutlicher Zuwachs ab. Erfreulicherweise erweist sich dieser Zuwachs insofern als stabil, als er auch bei Messungen im zeitlichen Abstand, also mehrere Monate nach Ende der Unterrichtseinheit, noch festzustellen war.
- *Deutungsfähigkeit* in einem allgemeinen religionsbezogenen Sinne wurde bislang nur von der Berliner Forschergruppe um Dietrich Benner untersucht (siehe Benner et al. 2011). Die dabei gewonnenen Befunde erweisen die Deutungsfähigkeit bei Schüler*innen, die den Religionsunterricht mehr oder weniger kontinuierlich bis zum Untersuchungszeitpunkt in Klasse 9 besucht hatten, als deutlich stärker ausgeprägt als bei denen, die den Unterricht nicht besucht hatten. Andere Untersuchungen beziehen sich auf die Fähigkeit zur *religionsbezogenen Perspektivenübernahme* (vgl. besonders Schweitzer et al. 2017). Auch in diesem Fall konnten zwischen Anfang und Ende der untersuchten Unterrichtseinheiten zum Teil Zuwächse bei dieser Fähigkeit beobachtet werden, aber nur bei einem Teil der Schüler*innen. Zudem erwiesen sich die Zuwächse als weit weniger stabil als im Falle des Wissens. Und nicht zuletzt zeigte sich, dass eine verlässliche empirische Erfassung der Fähigkeit zur Perspektivenübernahme noch immer schwerfällt oder auch gar nicht gelingt. Dies verweist nicht nur auf Herausforderungen für die wissenschaftlich-religionsdidaktische Forschung, sondern auch für die Praxis des Unterrichts: Soweit ein Zuwachs bei dieser Fähigkeit nicht verlässlich erfasst werden kann, bleibt auch die Einschätzung der Effektivität des eigenen Unterrichts in dieser Hinsicht ohne tragfähige Grundlage. Daher sind weitere Untersuchungen gerade zum Erwerb der Fähigkeit zur Perspektivenübernahme besonders dringlich.

– Für die Religionsdidaktik enttäuschend fällt der Befund bei den *Einstellungen* aus: Durch den untersuchten Unterricht wurden hier keine Veränderungen erzielt. Angesichts einer gesellschaftlichen Situation, in der es immer wieder auch zu Konflikten kommt, die zumindest auch eine religiöse Dimension einschließen, ist dies wenig befriedigend. Es sind deshalb weitere Analysen und praktische Versuche erforderlich, die sich speziell auf die Änderung von Einstellungen durch Religionsunterricht konzentrieren.

## 4 Aufgaben für die weitere Arbeit in Kooperation zwischen der christlichen und der islamischen Religionsdidaktik

Die in diesem Beitrag bislang vorgetragenen Beobachtungen und Analysen lassen sich so zusammenfassen, dass die religionsdidaktischen Herausforderungen durch die religiös-weltanschauliche Pluralität heute unumgänglich sind, dass sie ein verändertes Bildungsverständnis im Sinne der Pluralitätsfähigkeit begründen und damit vor neue Aufgaben der didaktischen Gestaltung, aber auch der Prüfung der Wirksamkeit von Religionsunterricht stellen. Studien zum interreligiösen Lernen, bei denen der Frage nach der Wirksamkeit von Religionsunterricht nachgegangen wird, begründen die Forderung, den Religionsunterricht weiterzuentwickeln, damit er dem Bildungsziel der Pluralitätsfähigkeit in Zukunft stärker gerecht wird. Bei der erforderlichen Weiterentwicklung sind verschiedene Ansätze wichtig, die gerade auch in Zusammenarbeit zwischen der evangelischen, katholischen und islamischen Religionsdidaktik verfolgt werden können. Das gilt zunächst für parallele Bemühungen innerhalb der jeweiligen Fachdidaktik der verschiedenen Formen von Religionsunterricht. Besonders dringlich erscheint aber die Entwicklung von Kooperationsmöglichkeiten zwischen dem christlichen und dem islamischen Religionsunterricht.

Zunächst zu den Aufgaben innerhalb der jeweiligen Fachdidaktik: Eine erste Voraussetzung für diese Weiterentwicklung kann hier zunächst in der Elementarisierung gesehen werden, die auch bei der Pluralitätsthematik keineswegs überflüssig ist (vgl. Schweitzer/Haen/Krimmer 2019). So aktuell die interreligiöse Thematik sich auch darstellt, so wenig ist garantiert, dass sich diese Aktualität den Schüler*innen im Unterricht auch tatsächlich erschließt. Nur wenn es gelingt, die Thematik erfahrungsbezogen sowie unter konsequenter Berücksichtigung der Zugänge von Kindern und Jugendlichen aufzunehmen, kann eine solche Erschließung gelingen. In der Religionsdidaktik hat sich für solche Zwecke das Modell der Elementarisierung bewährt – besonders mit seinen Dimensionen der elementaren Erfahrungen, der elementaren Zugänge sowie der elementaren Wahrheiten. Vor allem die zuletzt genannte Dimension macht noch einmal bewusst, dass auch ein Religionsunterricht in der Pluralität keineswegs auf die Auseinandersetzung mit Wahrheitsansprüchen verzichten sollte, gerade auch dann nicht, wenn solche Ansprüche miteinander konfligieren. Dafür, wie dies im Religionsunterricht gelingen kann, können die religionsbezogenen Fachdidaktiken voneinander lernen. Noch besser ist es, wenn solche Fragestellungen gemeinsam bearbeitet werden, etwa auch in Lehrveranstaltungen mit Studierenden der verschiedenen Theologien.

Die zweite Voraussetzung für eine erfolgreiche Weiterentwicklung von Religionsunterricht in der Pluralität erwächst aus dem verstärkten Bewusstsein der Notwendigkeit, auch die tatsächlich erzielte Wirksamkeit des Unterrichts zu überprüfen. Ein gutes Beispiel dafür stellt die Diskussion über Tendenzen von Antisemitismus und Islamophobie dar. So sehr es politisch zu begrüßen ist, dass diese problematischen Tendenzen verstärkt in den Blick genommen werden, so wenig kann es überzeugen, dass die entsprechenden Programme etwa für den Religionsunterricht bislang nicht empirisch evaluiert werden. Auch hier böte sich eine Kooperation der verschiedenen Religionsdidaktiken an, da sie im Hinblick auf die Vorurteile gegen Judentum, Christentum und Islam vor zwar verschiedenen, aber doch analogen Herausforderungen stehen.

Dies führt zu einer letzten Aufgabe der Unterrichtsentwicklung, die nur noch in Gestalt eines knappen Hinweises aufgenommen werden kann, die aber so gewichtig ist, dass sie hier noch genannt werden muss. Gemeint ist die Kooperation zwischen dem christlichen und dem islamischen Religionsunterricht, wie sie in Weiterführung der bewährten Ansätze einer Kooperation zwischen dem evangelischen und katholischen Religionsunterricht nun ansteht. Dazu gibt es bislang in der Praxis erst wenige Beispiele, aber es liegt auf der Hand, dass eine solche Kooperation zusätzliche Lern- und Bildungsmöglichkeiten mit Blick auf das Leben in der religiös-weltanschaulichen Pluralität eröffnen kann. Wie dies im Einzelnen gelingt, sollte dabei ebenfalls sorgfältig wissenschaftlich begleitet werden – am besten wiederum in Kooperation zwischen der christlichen und der islamischen Religionsdidaktik.

Schließen möchte ich mit dem Hinweis, dass die sich erst langsam entwickelnde Kooperation zwischen evangelischem, katholischem und islamischem Religionsunterricht eine Art Kulminationspunkt der Religionsdidaktik in der Pluralität darstellt. Denn in einer solchen Kooperation kommen die zu thematisierenden inhaltlichen Fragen und die unter rechtlichen Sozialformen miteinander überein. Zugleich lässt sich eine Kooperation auf Grundlage des Prinzips »Gemeinsamkeiten stärken – Unterschieden gerecht werden« (Schweitzer et al. 2002) auch als in gesellschaftlicher Hinsicht modellhaft begreifen. Die

Suche nach Gemeinsamkeiten, die es zwischen Menschen immer und überall gibt, steht an erster Stelle, aber sie verlangt nicht, das Bewusstsein für die Unterschiede und damit auch für den je eigenen Glauben zu überwinden.

### Literatur

Aslan, E. (2017): Die Erziehung muslimischer Kinder zu Pluralitätsfähigkeit. In: Y. Sarıkaya/F.-J. Bäumer (Hg.): Aufbruch zu neuen Ufern. Aufgaben, Problemlagen und Profile einer Islamischen Religionspädagogik im europäischen Kontext (S. 15–32). Münster.

Auernheimer, G. (2012): Einführung in die interkulturelle Pädagogik (7. Aufl.). Darmstadt.

Benner, D./Schieder, R./Schluß, H./Willems, J. (2011): Religiöse Kompetenz als Teil öffentlicher Bildung. Versuch einer empirisch, bildungstheoretisch und religionspädagogisch ausgewiesenen Konstruktion religiöser Dimensionen und Anspruchsniveaus. Paderborn.

Bohl, T./Budde, J./Rieger-Ladich, M. (Hg.) (2017): Umgang mit Heterogenität in Schule und Unterricht. Grundlagentheoretische Beiträge, empirische Befunde und didaktische Reflexionen. Bad Heilbrunn.

Ceylan, R./Kiefer, M. (2018): Radikalisierungsprävention in der Praxis. Antworten der Zivilgesellschaft auf den gewaltbereiten Neosalafismus. Wiesbaden.

Edelbrock, A./Schweitzer, F./Biesinger, A. (2010) (Hg.): Wie viele Götter sind im Himmel? Religiöse Differenzwahrnehmung im Kindesalter. Münster.

EKD/Ev. Kirche in Deutschland (1994): Identität und Verständigung. Standort und Perspektiven des Religionsunterrichts in der Pluralität. Eine Denkschrift des Rates der EKD. Gütersloh.

EKD/Ev. Kirche in Deutschland (2014): Religiöse Orientierung gewinnen. Evangelischer Religionsunterricht als Beitrag zu einer pluralitätsfähigen Schule. Gütersloh.

EKD/Ev. Kirche in Deutschland (2020): Religiöse Bildung angesichts von Konfessionslosigkeit. Aufgaben und Chancen. Ein Grundlagentext der Kammer der EKD für Bildung und Erziehung, Kinder und Jugend. Leipzig.

Englert, R./Schwab, U./Schweitzer, F./Ziebertz, H.-G. (Hg.) (2012): Welche Religionspädagogik ist pluralitätsfähig? Kontroversen um einen Leitbegriff. Freiburg.

European Union Agency for Fundamental Rights (2018): Experiences and perceptions of antisemitism: Second survey on discrimination and hate crime against Jews in the EU. Luxemburg.

Fetz, R. L./Reich, K. H./Valentin, P. (2001): Weltbildentwicklung und Schöpfungsverständnis. Eine strukturgenetische Untersuchung bei Kindern und Jugendlichen. Stuttgart.

Grümme, B. (2017): Heterogenität in der Religionspädagogik. Grundlagen und konkrete Bausteine. Freiburg/Basel/Wien.

Grümme, B. (2019): Religionspädagogische Denkformen. Eine kritische Revision im Kontext von Heterogenität. Freiburg/Basel/Wien.

Häberle, P. (1980): Die Verfassung des Pluralismus. Studien zur Verfassungstheorie der offenen Gesellschaft. Königstein.

Herms, E. (1995): Pluralismus aus Prinzip. In: E. Herms (Hg.): Kirche für die Welt. Lage und Aufgabe der evangelischen Kirchen im vereinigten Deutschland (S. 467–485). Tübingen.

Isik, T. (2015): Die Bedeutung des Gesandten Muhammad für den Islamischen Religionsunterricht. Systematische und historische Reflexionen in religionspädagogischer Absicht. Paderborn.

Lingen-Ali, U./Mecheril, P. (2016): Religion als soziale Deutungspraxis. Österreichisches Religionspädagogisches Forum ÖRF, 24 (2), 17–24.

Nipkow, K. E. (1998): Bildung in einer pluralen Welt. Bd. 2: Religionspädagogik im Pluralismus. Gütersloh.

Pohl-Patalong, U./Woyke, J./Boll, S./Dittrich, T./Lüdtke, A. E. (2016): Konfessioneller Religionsunterricht in religiöser Vielfalt. Eine empirische Studie zum evangelischen Religionsunterricht in Schleswig-Holstein. Stuttgart.

Prengel, A. (1993): Pädagogik der Vielfalt. Verschiedenheit und Gleichberechtigung in Interkultureller, Feministischer und Integrativer Pädagogik. Opladen.

Schambeck, M. (2013): Interreligiöse Kompetenz. Basiswissen für Studium, Ausbildung und Beruf. Göttingen.

Schambeck, M./Riegel, U. (Hg.) (2018): Was im Religionsunterricht so läuft. Wege und Ergebnisse religionspädagogischer Unterrichtsforschung. Freiburg.

Schweitzer, F. (2006): Religionspädagogik. Gütersloh.

Schweitzer, F. (2014): Interreligiöse Bildung. Religiöse Vielfalt als religionspädagogische Herausforderung und Chance. Gütersloh.

Schweitzer, F. (2020): Religion noch besser unterrichten. Qualität und Qualitätsentwicklung im RU. Göttingen.

Schweitzer, S./Biesinger, A. zusammen mit Boschki, R./Schlenker, C./Edelbrock, A./Kliss, O./Scheidler, M. (2002): Gemeinsamkeiten stärken – Unterschieden gerecht werden. Erfahrungen und Perspektiven zum konfessionell-kooperativen Religionsunterricht. Freiburg/Gütersloh.

Schweitzer, F./Biesinger, A./Conrad, J./Gronover, M. (2006): Dialogischer Religionsunterricht. Analyse und Praxis konfessionell-kooperativen Religionsunterrichts im Jugendalter. Freiburg.

Schweitzer, F./Boschki, R. (Hg.) (2018): Researching Religious Education. Classroom Processes and Outcomes. Münster/New York.

Schweitzer, F./Bräuer, M./Boschki, R. (Hg.) (2017): Interreligiöses Lernen durch Perspektivenübernahme. Eine empirische Untersuchung religionsdidaktischer Ansätze, Münster/New York.

Schweitzer, F./Bucher, I. (Hg.) (2020): Judentum und Islam im Religionsunterricht. Theoretische Analysen und empirische Befunde im Horizont interreligiösen Lernens. Münster.

Schweitzer, F./Englert, R./Schwab, U./Ziebertz, H.-G. (2002): Entwurf einer pluralitätsfähigen Religionspädagogik. Freiburg/Gütersloh.

Schweitzer, F./Haen, S./Krimmer, E. (2019): Elementarisierung 2.0. Religionsunterricht vorbereiten nach dem Elementarisierungsmodell. Göttingen.

Schweitzer, F./Niemelä, K./Schlag, T./Simojoi, H. (Hg.) (2015): Youth, Religion and Confirmation Work in Europe. The Second Study. Gütersloh.

Schweitzer, F./Wissner, G./Bohner, A./Nowack, R./Gronover, M./Boschki, R. (2018): Jugend – Glaube – Religion. Eine Repräsentativstudie zu Jugendlichen im Religions- und Ethikunterricht. Münster.

Schwöbel, C. (2003): Toleranz aus Glauben. Identität und Toleranz im Horizont religiöser Wahrheitsgewissheiten. In: C. Schwöbel (Hg.): Christlicher Glaube im Pluralismus. Studien zu einer Theologie der Kultur (S. 217–244). Tübingen.

Unser, A. (2019): Social inequality and interreligious learning. An empirical analysis of students' agency to cope with interreligious learning tasks. Wien.

Wissner, G./Nowack, R./Schweitzer, F./Boschki, R./Gronover, M. (Hg.) (2020): Jugend – Glaube – Religion II. Neue Befunde – vertiefende Analysen – didaktische Konsequenzen. Münster.

Ziebertz, H.-G. (Hg.) (2010): Gender in Islam und Christentum. Theoretische und empirische Studien. Berlin/Münster.

# Die Islamische Religionspädagogik in Tradition und Theologie – eine Spurensuche nach Merkmalen[1]

Dina Sijamhodžić-Nadarević

Bei der Suche nach einer Definition von Gegenstand, Methode, Leitziel, interdisziplinären Bezugspunkten sowie Wesensmerkmalen einer Islamischen Religionspädagogik aus islamischer Perspektive wird im Folgenden an den primären Quellen des Islam, d. h. Koran, prophetischer Tradition (Sunna) sowie an Bildungsideen aus der reichen theologischen Tradition muslimischer Gelehrsamkeit angesetzt. Das Ziel eines solchen Vorhabens ist es, diese Quellen zu beleuchten und Anhaltspunkte für einen Definitionsversuch einer selbstständigen wissenschaftlichen Disziplin der Religionspädagogik zu markieren. Die Markierung dient dazu, das fruchtbare Verhältnis von Tradition und Gegenwart für die Begründung einer neuen Disziplin zu reflektieren.

Es wird davon ausgegangen, dass die Islamische Religionspädagogik als eigenständige Disziplin einige Wesensmerkmale aufweist, die sich u. a. aus der islamischen Weltanschauung bzw. dem Welt- und Menschenverständnis ergeben. Im vorliegenden Beitrag sollen einige Aspekte skizziert und reflektiert werden.

## 1 Die Bildungsfrage in der islamischen Tradition – ausgewählte Aspekte

Allgemein betrachtet basieren Prozesse islamischer Erziehung und Bildung auf religiösen Prinzipien, Grundsätzen und Werten, die ihre Wurzeln in den Quellen der islamischen Tradition haben. Diese islamische Tradition baut wiederum auf mehreren Quellen auf: In erster Linie auf dem Koran als letzter Offenbarung

---

1   Dieser Beitrag wurde in der bosnischen Sprache verfasst, ins Deutsche übersetzt und von den Herausgebern redaktionell bearbeitet. Dabei wurde großer Wert darauf gelegt, die Originalität des Textes trotz aller übersetzungstechnischen Herausforderungen wiederzugeben.

Gottes und der Sunna bzw. der Praxis des Gesandten Muhammad.[2] Beide zusammen bilden nach Naṣr das authentische Herz der islamischen Tradition bzw. auch Zivilisation (vgl. Naṣr 2012, S. 7 f.). Alle einzelnen Elemente innerhalb dieser Tradition lassen sich durch Prinzipien verbinden, auf die zunächst der Koran und die prophetische Lebenspraxis hinweisen und die weiter über Jahrhunderte im Rahmen der islamischen Ideengeschichte weitergedacht wurden.

Die klassische Periode erstreckt sich von der Offenbarung des Korans bis ca. zur Mitte des 16. Jahrhunderts, wobei der Schwerpunkt auf der Zeit zwischen dem 10. und 13. Jahrhundert liegt. Theologie kann jedoch auch in einem breiteren Kontext betrachtet werden, d. h., es wird angenommen, dass viele Fragen aus verschiedenen Bereichen, die in der islamischen Ideengeschichte diskutiert wurden, theologischer Natur sind, so wie sie auch von Chittick als ein »Sprechen von Gott in all seinen Formen« definiert wird (zit. n. Winter 2016, S. 2). Ein solches »Sprechen von Gott« stellt ein Medium der Reflexion und eine Grundlage in der religiösen Tradition für intellektuelle und künstlerische Diskurse dar, die auch Fragen der islamischen Bildung einschließen.

Das »Sprechen mit Gott« kann in der Tradition als Prisma gedeutet werden, durch das die Menschen aus der Dunkelheit durch Unwissenheit in das Licht des Glaubens und des Gottesbewusstseins *(taqwā)* geführt werden konnten. Das Stichwort »Gottesbewusstsein« markiert dementsprechend einen wichtigen Wendepunkt für eine Umorientierung. Eine solche Um- bzw. Neuorientierung will die Menschen in Einklang mit der göttlichen Bezeichnung des Menschen als das beste Geschöpf *('aḥsani taqwīm)* bringen und ihn auf seinen Doppelstatus als Statthalter Gottes auf Erden *(ḫalīfa-tu allah fīl-arḍ)* und zugleich als Diener Gottes auf Erden *('abdu-allāh fīl-arḍ)* vorbereiten. Durch seine Fähigkeiten von Wissen, Moral und reflektiertem Handeln soll der Mensch in die Lage versetzt werden, die geschichtliche Entwicklung im Einklang mit dem Willen Gottes zu gestalten.

Sure al-Fātiḥa, die Eröffnungssure des Korans, weist u. a. auf das koranische Bildungsverständnis hin. Wie der lateinische Begriff *educere*, der *Heranführen* und *Weisen* bedeutet, so spricht der Mensch mit al-Fātiḥa folgendes Gebet: »*Leite uns den geraden Weg*« (K 1:6).[3] Es ist der Weg, der durch die Rechtleitung Gottes zum menschlichen Glück und der ewigen Welt führt. Es ist ein Weg der Be-

---

2  In der islamischen Tradition wird nach der Nennung des Namens des Propheten Muhammad in der Regel Folgendes gesprochen: »ṣallallāhu ›alaihi wa-sallam« (»Frieden und Segen Gottes seien auf ihm«). Die Nennung an dieser Stelle steht exemplarisch für alle Stellen im Beitrag, an denen der Prophet Muhammad genannt wird.

3  Für die Übertragung koranischer Verse ins Deutsche wird das Werk von Muhammad Asad verwendet (Asad 2009).

freiung aus der »Vergesslichkeit«, »Nachlässigkeit«, »Unwissenheit«, aus dem »Hass« und »Trotz« – d. h. aus all jenen Charaktereigenschaften, die den Menschen von dem geraden Weg abbringen können (vgl. Chittick 2011, S. 86). Der »gerade Weg« dient als Metapher für den Erfolg in materieller und spiritueller Hinsicht. Damit wird die Zielstrebigkeit unterstrichen. Der Koran akzentuiert somit den Wert und die Bedeutung von Bildung. Während etwa das Wort »Lies!« (*'iqra*) den Anfang der Offenbarung markiert, kommt der Begriff »Wissen« (*'ilm*) als das im Koran zweithäufigst erwähnte Wort nach Allah vor (vgl. Naqvi 1981).

Der Koran spricht zahlreiche pädagogische Themen und Bildungsfragen an. Unter anderem behandelt er Fragen nach der menschlichen Natur (K 13:11), nach Neugier und Motivation des Wissenserwerbs. Er illustriert solche Fragen beispielsweise anhand der Neugier des Propheten Mūsā (Moses) bei seiner Begleitung von Ḫiḍr: Mūsā wird dabei mehrfach nur von seiner Neugier geleitet, obwohl er nicht nach Dingen fragen sollte, die für ihn unverständlich sind, jedoch diesem Versprechen aufgrund seiner menschlichen Wissensneugier nicht nachkommen kann (K 18:60–82). Die Neugier der menschlichen Natur äußert sich genauso im Wunsch von Mūsā, Gott sehen und mit ihm sprechen zu wollen (K 7:142–145; K 4:164; K 20:83–84), sowie in der Neugier des Propheten Ibrāhīm (Abraham) und seiner Frage an Gott, wie er die Lebewesen wiederbelebt, weniger, weil er an der Wiederbelebung zweifelte, sondern mit der Intention, sein Herz zu beruhigen (K 2:260). Auch finden sich im Koran Erzählpassagen mit Erziehungscharakter, wenn beispielsweise dem Propheten Muhammad Ratschläge gegeben werden, in seiner pädagogischen Tätigkeit angemessen und sanft zu agieren:

> »Und es war durch Gottes Gnade, dass du (o Prophet) sanft mit deinen Anhängern umgegangen bist: denn wenn du schroff und hartherzig gewesen wärest, hätten sie sich fürwahr von dir getrennt […].« (K 3:159)

Im Koran findet man außerdem Hinweise auf Lern- und Lehrmethoden durch praktische Anleitungen, Beispiele, Fragestellungen, Dialoge, Illustrationen und aktives Zuhören in der Kommunikation und Interaktion, wie beispielsweise im Gespräch zwischen Prophet Ibrāhīm und seinem Sohn Ismāʿīl. Der Prophet Ibrāhīm erzählt seinem Sohn seinen Traum und fragt ihn: »*O mein lieber Sohn! Was ist deine Ansicht?*« (K 37:102). Genauso nehmen Fragen der Kultur und Erziehung ihren Platz in koranischer Erziehungsperspektive ein, welche die Wichtigkeit der interkulturellen bzw. interreligiösen Aspekte hervorheben, wie etwa: »*O Menschen! Siehe, Wir haben euch alle aus einem Männlichen und einem Weiblichen erschaffen, und haben euch zu Nationen und Stämmen gemacht, auf dass ihr einander kennenlernen möget«* (K 49:13). Erziehungspädagogische Bereiche sind somit tief in der koranischen Perspektive verankert – wie auch moralische Erziehung, spirituelle (Seelenzustände), intellektuelle (Denkstile), ästhetische, soziale und andere.

Darüber hinaus wird die starke Fürsorge für Menschen mit Behinderung betont, was am folgenden Beispiel deutlich zum Ausdruck gebracht wird. So wird der Prophet Muhammad von Gott getadelt, als er sich von einem Blinden abwandte. Auch wenn der Prophet dabei keine bösen Absichten hatte (K 80:1–11), so deutet die Situation unmissverständlich auf die notwendige Fürsorge beeinträchtigten Menschen (wie Waisen, Unterdrückten, Vernachlässigten, Kranken etc.) gegenüber (vgl. Sijamhodžić-Nadarević 2018, S. 286–305). Neben dem Erwähnten nehmen auch zahlreiche andere pädagogische Fragen in der koranischen Perspektive einen Platz ein. Der Koran ist vielfältig in der Methodik sowie der pädagogischen und erzieherischen Herangehensweise und umfasst somit verschiedene Bereiche der pädagogischen Handlungsfelder, auf deren Grundlage einige Religionspädagog*innen ihn als »ein gesamtpädagogisches Projekt« beschreiben würden.

Ferner bietet der Koran einen Leitfaden für Erziehung und Bildung, die durch vorbildliche Eigenschaften und das Verhalten des Propheten Muhammad veranschaulicht wurden.[4] Der Prophet war nicht nur der Übermittler der koranischen Botschaft, sondern hatte auch die Rolle des Pädagogen, des Erziehers, zumal seine eigene Erziehung durch Gott erfolgte, wie der folgenden Aussage entnommen werden kann: »*Mein Herr hat mich erzogen und Er hat es in schönster Art gemacht.*«[5] Er war dazu bestimmt, Menschen zu bilden und zu erziehen und sie zu sogenannten reifen Menschen *(al-insān al-kāmil)* in Bezug auf ihre physischen, spirituellen, emotionalen, intellektuellen, sozialen, verhaltensbezogenen Aspekte zu begleiten, was dem Ziel der islamischen Erziehung und Bildung entspricht. In diesem Zusammenhang wird im Koran akzentuiert: »*Wahrlich, im Gesandten Gottes habt ihr ein gutes Beispiel*« (K 33:21). Die Aufgaben der Erzieher*innen entsprechen in einer gewissen Weise den Aufgaben der Propheten und spiegeln sich darin wider, dass sie in ihrer pädagogischen Praxis bestrebt sind, ihren Möglichkeiten entsprechend moralische und pädagogische Standards anzuwenden.

Neben dem bereits Erwähnten hat die Sunna ein breites Bildungskonzept vorgelegt, das auf dem Prinzip der individuellen Verantwortung basiert (vgl.

---

4  Exemplarisch dafür steht die Antwort der Frau des Propheten ʿĀʾiša, als sie nach dem Verhalten des Propheten gefragt wurde und infolgedessen antwortete: »Sein Verhalten ist der Koran« (überliefert nach Aḥmad 1421/2001, Nr. 25813).
5  Überliefert nach as-Suyūtī (o. J.), al-Ǧāmiʿ aṣ-ṣaġīr, Nr. 309, schwach *(ḍaʿīf)*.

Abdul Rahman 2011, S. 76). Dem individuellen Verantwortungsprinzip unterliegt jeder Mensch, v. a. in Fragen der Erziehung und Bildung, wie im folgenden Hadith betont wird: »Ihr tragt (für eure Kinder und Familien) Verantwortung! Ihr werdet für alle in eurer Obhut Rechenschaft ablegen müssen!« (überliefert bei al-Buchārī). So tragen – der Überlieferung gemäß – alle Personen bzw. Verantwortlichen von der höchsten bis hin zu denen mit der untersten Position in der Erziehungshierarchie die Verantwortung für Erziehung und Bildung.

Über die Hinweise aus der Schrifttradition hinaus weist die klassische Literatur der islamischen Gelehrsamkeit eine Menge theoretischer und praktisch-pädagogischer Fragen auf, die sich aus den verschiedenen theologischen Disziplinen wie *uṣūl al-fiqh* (Rechtslehre), *ʿilm al-kalām* (spekulative Theologie), *ʿilm al-ḥadīṯ* (Hadithwissenschaft), *ʿilm al-qurʾān* (Koranwissenschaft), *taṣawwuf* (Mystik), *falsāfa* (Philosophie) etc. ergeben. Die Ideen muslimischer Denker*innen zum Thema Erziehung und Bildung haben reichlich dazu beigetragen, dass man heute durchaus von der islamischen klassischen pädagogischen Tradition sprechen kann. Man bekommt den Eindruck, dass islamische Rechtsgelehrte *(fuqahāʾ)* unter den Gelehrten des islamischen klassischen Zeitalters (v. a. zwischen dem 10. und 13. Jahrhundert) in Bezug auf den Beitrag zu Lehr- und Unterrichtsprozessen besonders herausragten, zumal sie einige wichtige Rechtsgrundsätze reflektierten. Einige Rechtsgelehrte schrieben auch fachlich pädagogische Werke, die die Grundlagen des islamisch pädagogischen Erbes darstellen, einige davon werden nachfolgend vorgestellt. Shalaby führt eine lange Liste der klassisch muslimischen Denker*innen und ihrer Publikationen auf, die sich explizit mit dem Lehr-Lern-Prozess befassen und die an dieser Stelle exemplarisch angeführt werden (vgl. Shalaby 1954, S. 4–5):

1. Ibn Ǧamāʿa (1241–1333): »Taḏkirāt as-samiʿ wa-al-mutakallim fi adab al-ʿālim wa-al-mutaʿallim« (»Erinnerung der Zuhörer und Sprecher an die Umgangsformen der Gelehrten/Lehrer und Schüler«),
2. Ibn Šaddād (1145–1234): »al-Aʾlaqu al-hatirah« (»Respektable Beziehungen«),
3. Al-Nuʿaymi (1442–1521): »ad-Dāris fī tārīḫ al-madāris« (»Studie über die Geschichte der Schule/Bildung«),
4. Abū Ḥanīfa (699–767): »Nasihatu li ahadi talamizihi« (»Rat an den Schüler«),
5. Ṭāshkubrīʾzādah (gest. 1560): »Risālah fī ʿilm al-adab wa al-baḥṯ wa al-munāẓara« (»Brief zur wissenschaftlichen Kunst der Forschung und wissenschaftlichen Kontroverse«).

Im Werk »Adab al-muʿallimin« (»Umgangsformen der Lehrer«), verfasst als ein Lehrerhandbuch, bietet Muḥammad ibn Saḥnūn (gest. 869) eine Reihe von Leitideen und Richtlinien in Bezug auf das Curriculum und die Benotung bis hin zu praktischen Ratschlägen zu Themenbereichen, wie etwa Kriterien für die Eignung, Entgeltung und Einstellung von Lehrer*innen sowie für die Organisation von Unterricht (Moscheeunterricht). Weitere Überlegungen werden in Bezug auf die pädagogische Arbeit mit Lernenden an den Schulen, deren Beaufsichtigung, die Verantwortung der Lehrer*innen den Lernenden gegenüber, die faire Behandlung der Lernenden (einschließlich des Umgangs beim Auftreten der Schwierigkeiten, die zwischen den Schüler*innen können), Unterrichtsräume und Unterrichtsmaterialien sowie Schulabschlüsse angestellt (vgl. Günther 2006, S. 369 f.).

In dem Werk von Abū l-Ḥasan ʿAlī b. Muḥammad al-Qābisī (gest. 1012) unter dem Titel »Eine detaillierte Auseinandersetzung mit Zuständen der Lernenden – Gebote für das Verhältnis von Lernenden und Lehrenden« (»Ar-Risāla al-mufaṣṣala li-aḥwāl al-mutaʿallimīn wa-aḥkām al-muʿallimīn wa-l-mutaʿallimīn«) befasst sich der Autor mit den Persönlichkeits- und Qualifizierungsmerkmalen einer Koran-Lehrkraft und mit der Kunst des Auswendiglernens des Korans aus einer lernpädagogischen Perspektive heraus. Er formuliert Vorschriften für Eltern, die zur Unterweisung ihrer Kinder (beider Geschlechter) eine Hauslehrkraft engagieren wollen. Diese beziehen sich u. a. auf die Entwicklung der Kinder, ihre besonderen Lernfähigkeiten, die Entlohnung für das Lehren, die Beziehung zwischen Lehrenden und Lernenden, Ort und Klima des Lehrens usw.

Abū ʿUmar Yūsuf ibn ʿAbdallāh Ibn ʿAbd al-Barr (gest. 978) behandelt in seinem Werk »Vollständige Darlegung zum Thema Wissen und dessen Stellenwert« (»Ǧāmiʿ bayān al-ʿilm wa-faḍlihi«) u. a. folgende Themenbereiche: der hohe Stellenwert des Wissens im Islam, die Vorbereitung der Gelehrten und Experten, unentbehrliche Eigenschaften der Lehrer*innen usw. Unter den klassischen muslimischen Autoren ist auch Muḥammad ibn Manṣūr al-Tamīmī al-Samʿānī al-Marwazī (gest. 1113) mit seinem Werk »Lernkultur der Aufnahme und Weitergabe von Wissen« (»Adab al-imlāʾ wa-al-istimlāʾ«) zu erwähnen. In seinem Werk »Dem Lernenden die Lernmethoden vermitteln« (»Taʿlīm al-mutaʿallim ṭarīq at-taʿallum«) erarbeitet Burhān-ad-Dīn az-Zarnūǧī (gest. 1195) anhand von Beispielen pädagogisches Vokabular sowie didaktische Prinzipien und Regeln im Unterricht, über die später Johann Friedrich Herbert schreiben wird (vgl. Sijamhodžić-Nadarević 2007, S. 8). Dieses Werk erschien bereits im Jahr 1646 in Paris unter dem Titel »Semita Sapientiae Sive Ad Scientias Comparandas Methodus« in lateinischer Schrift.

Das Werk von Badr ad-Dīn Muḥammad Ibn Ǧamāʿa (gest. 1333) mit dem Titel »Erinnerung der Empfänger und Sprecher an die Umgangskultur von Gelehrten/Lehrern und Lernenden« (»Taḏkira al-sāmiʿ wa-al-mutakallim fī adab al-ʿālim wa-al-mutaʿallim«) setzt sich mit günstigen Bedingungen des Wissenserwerbs und dem sozialen Ansehen Lehrender auseinander. Ibn Ǧamāʻa spricht das Verhältnis der Lehrenden zu ihren Schüler*innen und zum Unterricht an, aber auch das Verhältnis der Lehrenden und der Lernenden zu sich selbst. Er formuliert eine Reihe von bibliothekarischen Regelwerken für den Umgang mit Büchern und Lernmaterialien und Aufenthaltsregeln für Leseräume.

Es fällt bei der Durchsichtung dieser und vieler weiterer Werke auf, dass die behandelten Themenbereiche in den Werken der Rechtsgelehrten überwiegend aus unterschiedlichen Perspektiven Lehr- und Lernprozesse thematisieren und sich mit praktischen und theoretischen Bildungsfragen beschäftigen.

Weitere Anhaltspunkte zu Grundlagen der Islamischen Religionspädagogik lassen sich ferner in Werken von Theologen und Philosophen wie beispielsweise Amr ibn Baḥr al-Ǧāḥiẓ (gest. 868) erfassen. Er war ein Kalāmwissenschaftler (Vertreter der spekulativen Theologie), der im Werk »Kitāb al-muʾallimīn« (»Lehrerbuch«) Fragen des Lehrens und Lernens auf einem fortgeschrittenen Niveau aus einer literarisch-philosophischen Sichtweise diskutierte. Er setzte sich kritisch mit der Dominanz des »Auswendiglernens«, das nach seiner Einschätzung »den Intellekt blockiert« auseinander. Dagegen forderte er die Einführung der formalen Logik und die Einübung von verschiedenen de- und induktiven Verfahren im Umgang mit theologischen Begründungszusammenhängen.

Der einflussreichste Philosoph Abū Naṣr Muḥammad al-Fārābī (gest. 950) und vielleicht der erste bedeutende Logiker des Islam schlug in seinem Werk »Kitāb al-burhān« (»Buch der systematischen Beweisführung«) einen integrierten Lehrplan für die Hochschulbildung »fachfremder« und »theologischer« Disziplinen vor, wobei er als fachfremd jene Disziplinen bezeichnet, die auf der griechischen Philosophie und den griechischen Wissenschaften basieren, während als theologische solche bezeichnet werden, die auf dem Koran und seiner Interpretation begründet wurden. Er differenzierte die Begriffe »Lehren« *(taʾlim)* und »Vermitteln« *(talqīn)*. Während letzteres den Prozess der Wissensvermittlung bezeichnet, kann *taʾlim* auf den umfassenderen Prozess der Wissensverarbeitung unter Bezug auf die Charakterbildung bezogen werden. Er trat stark mit modernen pädagogischen Begriffen für einen schüler*innenzentrierten Unterricht ein.

In »Kanon der Medizin« (»al-Qānūn fī ṭ-ṭibb«) schrieb Abū ʻAlī Ibn Sīnā (gest. 1037) über die Erkenntnis, die Arten des Intellekts, Emotionen, Lebensabschnitte und über das Heranwachsen, Lehrplaninhalte usw. (vgl. Günther 2006). Der Philosoph des 10. Jahrhunderts Abū Ḥayyān al-Tawḥīdī (gest. 1023) befasst sich in seinem Werk (»Kitāb al-imtāʻ wa al-muʾānasa, al-muqabasat, al-sadaqa wa al-sadiq«) mit dem Thema Unterricht in den Häusern der Gelehrten (vgl. Shalaby 1954). Der bedeutende Theologe, Mystiker und Reformer

Abū Ḥāmid al-Ġazālī (gest. 1111) hat in seinem großen Werk »Iḥyā' 'ulūm ad-dīn« (»Wiederbelebung des religiösen Wissens«) systematisch Ideen zu Erziehung und Bildung ausgearbeitet, wobei er den ethischen Aspekten des Lernens und Lehrens besondere Aufmerksamkeit widmete. Seine pädagogische Expertise spiegelt sich in seiner Lehrerfahrung und in seinen pädagogischen Ideen wider.

Die Liste der Autor*innen und deren Beiträge wäre beliebig fortsetzbar. Es kann bei diesen ausgewählten Werken bzw. Aspekten bleiben, die einen wesentlichen Beitrag zum philosophischen und theoretischen Rahmen der Pädagogik im Allgemeinen darstellen. Dabei äußert sich deren Verdienst insbesondere in den Diskussionen über das Verständnis und die Ideen in Bezug auf die menschliche Natur, die Natur des Wissens, der Seele, der Psyche, der Werte, des Curriculums usw. Damit zeigt die Entwicklung der islamischen klassischen pädagogischen Tradition auf, dass die muslimischen Denker*innen wichtige Beiträge für die Menschheit in verschiedenen Bereichen der Bildung sowie der Pädagogik und Didaktik geleistet haben, ebenso sind sie in den Bereichen der Geschichte der Pädagogik und des Schulwesens von enormer Wichtigkeit. Man kann sicherlich nicht von *der* Islamischen Religionspädagogik als eigenständiger formal etablierter Disziplin sprechen. Die vormoderne Wissensklassifikation hatte nämlich alle Zweige der Wissenschaft in die hierarchische Struktur eingeordnet, in der der Koran und die Wissenschaften des Korans die höchste Position einnahmen. Für klassischen Wissenschaftler*innen, die von diesem Prinzip geleitet wurden, gilt der Koran nämlich als die Quelle aller Wissenschaften.

Folglich führte das Bildungssystem die Schüler*innen in weiten Teilen der muslimischen Welt vor der Begegnung mit der Moderne in den Prozess ein, durch den sie sich die »Koran-Linse« bauten, durch die sie alles betrachteten (Iqbal 2012, S. 152). Naṣr erläutert, dass islamische Bildungssysteme auf die individuellen Kulturen und gesellschaftlichen Bedingungen dieses Teils der islamischen Welt zugeschnitten waren, einen Prozess der Dezentralisierung ermöglichten, ein vielfältiges Curriculum, in dem die Prinzipien des Lernens und Lehrens universell blieben, trotz lokaler Unterschiede schafften, sodass man von islamischer Bildung als der »Vielfalt in Einheit« sprechen konnte (vgl. Nasr 2016, S. 19). Durch den westlichen Einfluss und die kolonialen Einflussnahmen auf die islamische Welt wurden viele Disziplinen seit dem 19. Jahrhundert in der Bildungs- und intellektuellen Landschaft entwurzelt, wodurch klassische pädagogische Konzeptionen weiter an den Rand gedrängt wurden. Die strikte Trennung von religiöser und weltlicher Bildung ist bis heute erkennbar.

## 2 Religionspädagogik als wissenschaftliche Disziplin heute und ihr theologisch-pädagogisches Fundament

In vormoderner Zeit gestaltete sich ein Theologiestudium in integraler Form, d. h., ein ganzheitliches Studium der theologischen Fächer (u. a. Logik, Sprache, Koran, Sunna, Fiqh, Recht etc.) war auch naturwissenschaftlichen Disziplinen wie Medizin, Astronomie, Mathematik und Chemie gegenüber genauso offen wie gegenüber der Philosophie und Sozialgeschichte. So war auch das islamisch-pädagogische Denken integriert und wies keine eindeutige Selbstständigkeit auf. Unter dem Einfluss des westlichen Bildungssystems und dessen Ausdifferenzierung der Wissenschaften und einzelner Disziplinen fanden sich im Rahmen von Rezeptionsprozessen ebenfalls zunehmend Bemühungen, eine Islamische Pädagogik als eigenständige Disziplin unter dem Namen *ʿilm al-tarbīya* bzw. *tarbīya islāmiya* zu etablieren.

Der Begriff *tarbīya* wird oft undifferenziert als Oberbegriff für Bildung/Pädagogik verwendet (vgl. dazu »The Encyclopaedia of Islam Online«). Im klassischen islamischen Zeitalter hingegen hatten Werke, die sich mit pädagogischen Fragen befassten, in der Terminologie das Stichwort *adab* (oder im Plural *ādāb*) im Sinne einer Kultur der Kultivierung getragen. Eine der ersten umfassenden Bestandsaufnahmen zur Geschichte der islamischen Pädagogik legte der ägyptische Historiker und Pädagoge Ahmad Shalaby im Jahr 1954 unter dem Titel »Tariḫ al-tarbīya al-islāmiya« (»Geschichte der islamischen Pädagogik«) vor. Es handelt sich um eine Dissertation, die in Cambridge unter dem Titel »History of Muslim Education« verteidigt und zunächst in Beirut und dann in arabischer Übersetzung in Kairo veröffentlicht wurde. Als Absolvent der traditionellen Bildungsstätte für Islamische Theologie (Al-Azhar-Universität) leitete er damit die Einrichtung von pädagogischen Instituten bzw. Hochschulen *(kulliyya-t at-tarbīya)* ein.

Seit der ersten Weltkonferenz in Mekka zu Fragen der muslimischen Bildung im Jahr 1977 gab es viele Versuche, Bildung im Islam und die Terminologie, die aus dem Kontext der postkolonialen muslimischen Welt entstanden war, zu definieren. Heute gibt es in den Beschreibungen dieses Bereichs unterschiedliche Auffassungen, wie »Islamische/Muslimische Bildung«, »Islamische Pädagogik«, »Religionspädagogik« und dergleichen. Im Folgenden soll etwas näher auf den Bildungsbegriff eingegangen werden.

Islamische Bildung wird in der klassischen Sprache der Islamischen Theologie Arabisch meistens von drei miteinander verbundenen Begriffen umrahmt: *taʾdīb* (»rechtes Handeln«, »Wohltätigkeit«, »Erziehung«, »Gelehrsamkeit«, »Bildung«, »Moral«), *tarbīya* (»Aufzucht«, »Erziehung«, »Bildung«) und *taʿlīm*

(»Unterrichtung«, »Ausbildung«, »Lehre«). Vor fast tausend Jahren kam al-Ġazālī zu dem Schluss, dass Verwirrung in den islamischen Wissenschaften durch die Einschränkung der ursprünglichen Bedeutung von Begriffen verursacht wurde (vgl. al-Attas 1991). Daher bedarf es bei der Definition von Erziehung und Bildung einer präzisen Terminologie, um den Zielen und dem Zweck der islamischen Erziehung und Bildung gerecht zu werden.

In Auseinandersetzungen mit der Bedeutung der Begriffe *adab* und *ta'dīb* sowie *tarbīya* finden sich unterschiedliche Definitionen und Ansätze. Die Verwendung des Begriffes *tarbīya* im Sinne der islamischen Erziehung und Bildung (Pädagogik) ist z. T. inflationär. Es finden sich daher doch vereinzelt unterschiedliche Interpretationen und Positionen. Der zeitgenössische muslimische Philosoph und Denker aus Malaysia Syed Naqīb al-Attas (1991) ist beispielsweise der Ansicht, dass sich die islamische Bildung nicht im Wesentlichen auf das Konzept *tarbīya* im Sinne der pädagogischen Fürsorge beziehen könne. Denn das islamische Bildungskonzept reiche über physische und materielle Ziele weit hinaus und umfasse mit den Stichworten *adab an-nafs* oder *tazkiyat-u an-nafs* (Prozesse der Kultivierung und Entfaltung des Selbst) die Auseinandersetzung mit den islamischen Grundwerten (al-Attas 1991, S. 89). Der Begriff *tarbīya* im Sinne von Bildung, wie ihn al-Attas verwendet, findet sich in keinem der großen Lexika der arabischen Sprache wieder. Al-Attas ist daher der Meinung, dass sich die islamische Erziehung und Bildung auf *ta'dīb* bezieht, abgeleitet vom Begriff *adab*. *Ta'dīb* ist ein präziser und korrekter Begriff, um Erziehung und Bildung im islamischen Geist zu definieren, und umfasst in seiner Struktur Wissen *('ilm)*, Lehren *(ta'līm)* und *tarbīya*. In diesem Zusammenhang führt er eine Reihe von Argumenten an, mit denen er aufzeigt, dass die Verbindung der Begriffe zwischen Wissen *'ilm* und *adab* klar zum Ausdruck kommt, und auf die Ähnlichkeit zwischen diesen beiden Begriffen in einem prophetischen Spruch (Hadith) hinweist. Bildung ist das, was der Prophet mit *adab* meinte, als er sagte: »Mein Herr hat mich erzogen und er machte dies in ästhetisch schönster Form.«[6] *Ta'dīb* bedeutet nach al-Attas im weitesten Sinne das allumfassende spirituelle und materielle Leben des Menschen, welches auf die Güte und Aneignung guter Eigenschaften ausgerichtet ist (al-Attas 1991, S. 30).

Aufgrund der Definitionsschwierigkeiten und der fehlenden eindeutigen wissenschaftlichen Einordnung sind der Begriff und die wissenschaftliche Debatte über »Islamische Pädagogik« in der gesamten islamischen Welt präsent und offen. Dennoch wird mit dem Begriff der Religionspädagogik heute vor allem im europäischen Bildungsraum operiert und in Studiengängen der vie-

---

6   Überliefert nach as-Suyutī, siehe Fn. 5.

len theologischen Fakultäten mit unterschiedlichen religiösen Traditionen, wie beispielsweise in Österreich im Rahmen der islamisch-theologischen Studiengänge oder auch innerhalb der neu gegründeten Zentren bzw. Institute für Islamische Theologie/Studien in Deutschland, gearbeitet. In einigen Fällen, wie zum Beispiel in Kroatien an der Philosophischen Fakultät der Universität Zagreb, wird Religionspädagogik in den pädagogischen Wissenschaften als eine der pädagogischen Disziplinen mit anerkannter Interdisziplinarität studiert (Pranjic 1996, S. 8). Das Studienprogramm und der wissenschaftliche Bereich Religionspädagogik wurden zusammen mit dem theologischen Programm vor fast dreißig Jahren an der Fakultät für Islamwissenschaften in Sarajevo im Jahr 1992 für die Ausbildung von Religionslehrer*innen und Religionspädagog*innen eingerichtet, nach einer Zeit des Sozialismus, in der die wissenschaftliche Komponente nicht anerkannt war und der Religionsunterricht als einer der Grundbereiche der Bildung in den Lehrbüchern unbeachtet blieb. Der Religionsunterricht wurde aus dem öffentlichen Bildungssystem verdrängt und unterbrach damit die jahrhundertealte Tradition des Religionsunterrichts aus der Zeit der osmanischen Herrschaft, Österreich-Ungarns usw. Das Feld der Religionspädagogik entwickelt sich nach und nach in einer Kombination mit anderen theologischen Fächern (wie etwa *tafsīr, ḥadīṯ, ʿaqīda, fiqh, qīraʾa,* islamische Kultur und Zivilisation usw.) sowie allgemeinpädagogischen, psychologischen und religiös-pädagogischen Fächern.

In der Religionspädagogik sind zwei grundlegende Wissensgebiete, Religion und Pädagogik, komplementär miteinander verflochten. Tatsächlich handelt es sich um Pädagogik und Theologie bzw. um die pädagogisch-theologische Disziplin. Religionspädagogik kann als interdisziplinäres Wissenschaftsfeld auf Grundlage der Theologie als primäre Bezugswissenschaft definiert werden. Sie wird als eine Disziplin, die ihre Inhalte aus den theologischen Wissenschaften bezieht, bestimmt. Sie orientiert sich aber gleichzeitig notwendigerweise an den Erziehungswissenschaften (Pädagogik) sowie an anderen verwandten Wissenschaften. Dabei stellt sie den Lernprozess in den Mittelpunkt und ist dem allgemeinen pädagogischen Grundsatz verpflichtet, dass Bildung nicht isoliert von den Erkenntnissen anderer Wissenschaften behandelt werden dürfe (vgl. Sijamhodžić-Nadarević 2017). Auf diese Weise sind Religionspädagogik und religiöse Erziehung als Fach mit einem breiten interdisziplinären und multidisziplinären Ansatz eng verbunden.

Religionspädagogik fungiert als theoretische Überlegung von religiöser Erziehung und Praxis und hat die Aufgabe, religionspädagogische Theorie zu entwerfen und diese in die Praxis zu integrieren. Religiöse Bildung tritt somit in den Mittelpunkt und wird als Rahmen für die religiöse Praxis verstanden (Pranjic 1996). Die Handlungsfelder der Religionspädagogik sind vielfältig und umfassen ein breites Feld der religiösen Erziehung und Bildung, religiösen Lehrens und Lernens, didaktisch-methodischer Theorien des Religionsunterrichts, formaler, non-formaler und informeller Formen des Religionsunterrichts in Schule, Moschee, in religiösen Bildungsstätten (Madrasa), Hochschulen und auch gegenwärtig in medialen Räumen.

## 3 Grundzüge der Religionspädagogik in islamischer Tradition und theologischem Denken

Eine Islamische Religionspädagogik ist in der gesamten islamischen Weltanschauung verankert und weist eine Reihe von Merkmalen auf. Sie will allgemeingültige Werte, wie Wahrheit, Güte, Schönheit, Gerechtigkeit, Liebe und Heiligkeit, (be)schützen und fördern. Diese Werte gelten für sie nicht als relativ (vgl. Slatina 2000). Religionspädagogik zeichnet sich durch spezifische Ziele, Inklusion, transformativen, fördernden und ermutigenden Zugang, holistische (ganzheitliche) Sicht auf den Bildungsprozess und mehr aus. Einige der genannten Merkmale werden in diesem Kapitel beschrieben.

### 3.1 Ziele der islamischen Erziehung und Bildung

Eine islamische Bildung in ihrem konzeptuellen Rahmen strebt danach, eine gewisse Lebenskunst nach islamischen Kriterien als eine Form der individuellen Selbstverwirklichung zu vermitteln. Dies basiert auf grundlegenden islamischen Tugenden wie Wahrhaftigkeit *(ṣidq)* und Zuverlässlichkeit *('amāna)*. Die Läuterung der Seele durch moralische und ethische Lehren des Korans sowie die Förderung des Geistesvermögens durch intellektuelle Auseinandersetzungen und durch das Nachdenken über Gottes Schöpfung, das Universum und das Nachdenken über sich selbst sind die definitiven Ziele der islamischen Lehre, des Lernens und der Praxis (vgl. Al-Zeera 2001). Als umfassendes Ziel der islamischen Bildung kann *taḥqīq* dienen, d. h. das Recht *(ḥaq)* aller, inklusive die Rechte Gottes, zu respektieren und entsprechend zu handeln.

Lakhani (2011) weist darauf hin, dass sich die islamische Weltanschauung zwar in utilitären Bereichen des Erlernens praktischer Fähigkeiten und Fertigkeiten verankern sein sollte, aber auch vertikal – metaphorisch gesprochen – mit dem Himmel verbunden ist, welcher die Quelle und der *Prototyp* irdischen Zwecks und Strebens darstellt. Die Bildung dient den Bedürfnissen der menschlichen Seele in ihrem Bestreben, auf die bestmögliche Weise zu Gott zurückzukehren, indem sie, wie Chittick (2011) konstatiert, drei Grundprinzipien des islamischen Denkens befolgt: die Einheit Gottes *(tauḥīd)*, die prophetische Gestaltung *(nubuwa)* und die Rückkehr zu Gott *(maʿad)*.

In einem seiner Zitate erklärt der Dichter und Mystiker Rumi (gest. 1273), das Ziel von Bildung im Kontext der menschlichen Bestimmung sei, das Vertrauen *(amāna)* zu übernehmen, das Gott dem Menschen anvertraut hat (Chittick 2011, S. 91), d. h. das Wort, die Welt und die Vernünftigkeit. Dies – so der Kommentar von al-Attas – umfasse das Wissen um den Glauben, das Glaubensbekenntnis *(īmān)* und die Aufforderung des Menschen zu ständiger Suche nach Wissen zum Zwecke seiner Verbesserung des Lebens auf der Erde.

Es gibt viele praktische Ziele der Religionspädagogik, die in erster Linie darauf gerichtet sind, das Potenzial eines Menschen in allen Bereichen und Dimensionen seiner Persönlichkeit zu verwirklichen. Die Religionspädagogik strebt danach, dass jeder Mensch eine Sensibilität für Religiosität entfaltet und sie auf der Grundlage religiöser Prinzipien und Werte bildet, sodass er die Schönheit der Schöpfung kontinuierlich zum Vorschein bringen kann. Ein Religionsunterricht in diesem Sinne verfolgt dieses Ziel, indem er den Menschen in kognitiven, affektiven, willens-motivierenden Dimensionen zur göttlich-ästhetischen Lebensgestaltung fördert (vgl. Slatina 2016, S. 40).

## 3.2 Das Konzept der Einheit Gottes *(tauḥīd)* in der Religionspädagogik

Zahlreiche Gelehrte der islamischen Tradition sind der Meinung, dass *tauḥīd* in der menschlichen Natur, die im Koran *fiṭra* genannt wird, von Gott miterschaffen ist. Die Aufgabe der Gesandten besteht im Grunde in der »Erinnerungsarbeit« *(ḏikr; taẕkir)*, d. h. darin, die Menschen »zu erinnern«, was bedeutet, ihnen das zu verdeutlichen, was sie bereits wissen und was nicht in Vergessenheit geraten soll. Die Gesandten kamen demnach, um die menschliche Natur *(fiṭra)* zu erwecken, die Vergessenheit zu beseitigen, die das menschliche Verständnis von *tauḥīd* getrübt hatte. Dieses Wissen – so die Ausgangsüberlegung – ist jedem gesunden Menschenverstand und jedem Menschen angeboren. Allerdings, um zu verstehen, was dieses Wissen umfasst, benötigen die Menschen eine prophetische Rechtleitung und (Selbst-)Bildung.

Das Konzept der »Einheit Gottes« *(tauḥīd)* hat einen paradigmatischen Status, von dem aus die Anerkennung Gottes als äußerste Quelle des Wissens (und des Wesens selbst) Theologie, Rituale und damit religiöse Bildung durchdringt. Es schafft den Rahmen für pädagogische Praxis.

In der klassischen Bildungslehre des Islam geht man – so Naṣr (2012) – von zwei Formen des Wissens bzw. der Wahrheit aus: 1) das ewige Wissen Gottes in objektiver Form (z. B. die Schrift des Korans); 2) das praktisch-ethische Wissen, das nur im Handeln als Folge eines aktiven Lehr-Lern- Prozesses generiert werden kann. Zu Verbindung und Verarbeitung beider Wissensformen ist der Mensch nach dem islamischen Menschenbild mit Verstand *al-ʿaql* ausgestattet, den er – durch Studium der Offenbarung – mit dem göttlichen *ʿaql*, welcher *al-ʿalīm* (»der Allwissende«) ist, in Einklang zu bringen hat. Das ist das Licht, das im menschlichen Verstand leuchtet.

Aus einer kosmologischen Schöpfungsperspektive steht das Herz *(qalb)* für den Sitz der Erkenntnis und wird mit Intuition, Glauben, Gewissen, Bedeutung und Wissen in Verbindung gebracht (vgl. Sachiko/Chittick 2006). Aus dem Blickwinkel betrachtet, sollte »das Wissen des Geistes« zum »Wissen des Herzens« werden. Der berühmte Dichter und Mystiker Rumi (gest. 1273) prägte dazu das Gleichnis: Der Verstand eines Gebildeten, der aber wertgebunden ist, fungiert wie eine Kerze, die einem Dieb Licht während eines Diebstahls schenkt (Rumi, zit. n. Aḥmad 2016, S. 98). Die Entwicklung von Empathie und ethischer Haltung ist geradezu ein vitaler Bestandteil der Bildung. Moderne Systeme werden früher oder später, wie Karić in seinem Essay betont, an die klassischen Diskussionen über die menschliche Seele und Erziehung erinnert werden müssen, sie werden zu den alten Lehrern der Menschheit zurückkehren müssen, die den Bereich der Erziehung und der Bildung vorgegeben hatten (vgl. Karić 2000).

In der traditionellen islamischen Bildung bemühte man sich, die Mittel mit denen Menschen selbst die Weltanschauung von *tauḥīd* erreichen konnten, bereitzustellen. Auf den »geraden Weg« (K 1:6) schaute man wie auf ein individuelles Bestreben, welches verlangte, die Bedeutung von *tauḥīd* für die Seele der Einzelnen zu erschließen.

## 3.3 Weiterführende terminologische Bestimmungen eines islamisch-pädagogischen Paradigmas

Ausgehend von einem ganzheitlichen Menschenbild befindet sich der Mensch in einem lebenslangen Lern- und Bildungsprozess zu dem Gott den Menschen per se mit dem Aufruf »*Lies!*« (K 96:1) verpflichtet und jeder Mensch hat daher – im Umkehrschluss – ein Recht auf Bildung. Als Weisheit wird diese Aufforderung mit dem weitverbreiteten Spruch »Sucht das Wissen von der Wiege bis zur Bahre!« übersetzt.

Der Mensch wurde von Gott mit vielen verschiedenen Eigenschaften ausgestattet. Dazu zählen in erster Linie die Sprachfähigkeit und der Verstand. Er verfügt aber ferner über Emotionen, Intuitionskraft und künstlerisches bzw.

ästhetisches Wahrnehmungsvermögen. All diese Elemente sollten durch den Bildungsprozess entfaltet und integriert werden. Demnach erfüllt der Bildungsprozess die Bedürfnisse all dieser Dimensionen unseres Wesens einschließlich unseres Körpers, des Gefühls für Kunst, der Schönheit, der Emotionen, des moralischen Bewusstseins und alles anderen; und darüber hinaus den Glauben und das Bedürfnis nach Gott und Religion, welche die ganze Bildung durchdringen sollte.

Der islamische pädagogische Ansatz beinhaltet eine Kombination von kognitiven (*'aql*), affektiven *(qalb)* und spirituellen *(ruḥ)* Aspekten des menschlichen Wesens, um möglichst intelligente und kreative Individuen zu bilden. Lernanweisungen sollen nicht nur den Geist mit Wissen füllen, sondern v. a. auf gute Charaktereigenschaften im Sinne der Förderung eines moralisch und gütig handelnden Individuums *(al-insān al-kāmil)* abzielen.

Eine Islamische Religionspädagogik will die Entfaltung höherer (kognitiver) Denkfähigkeiten im Bildungsprozess auf Grundlage des schriftlichen Erbes fördern. Grundsätzlich betonen Koran und Sunna die Bedeutung kritischer Auseinandersetzung. Die Begriffe »Verstand« und »Intelligenz« beziehen sich ihrer Natur nach auf das Verstehen, Analysieren, Konzeptualisieren und kritische Denken. Für verschiedene Dimensionen des Denkprozesses und für das kritische Denken verwendet der Koran verschiedene Begriffe wie Verstehen *(fiqh, fahm)*, Reflexion *(tafakkur)* und seine Synonyme: Sinnstiftendes Lesen *(tadabbur)*, achtsames Beobachten und Wahrnehmen *(naẓar)*, Beobachtung, Verständnis *(tabaṣur)*, Erinnerung, Erwähnung *(tadakur)*, antizipatorisches Denken *(tawasum)*, historisch analytisches Denken *(iʿtibar)* und Weisheit *(ḥikma)* (vgl. Badi/Tajdin 2004, S. 1–7). Die Bildungsforscher Jamal Badi und Mustapha Tajdin aus Malaysia (2004) analysierten fünfzehn Denkstile bzw. -anstöße zur Förderung kreativen Denkens im Koran: neugierig, objektiv, positiv, hypothetisch, rational, reflektierend oder kontemplativ, visuell, metaphorisch, analog, emotional, perzeptiv, konzeptionell, intuitiv, wissenschaftlich und Wunschdenken.

Der Wissenserwerb auf kognitiver Ebene soll auch ein »Schmuckstück« für die Seele sein und zur bestimmten Vollkommenheit in der Seele führen, was klassisch *istikmal al-nafs* (authentische, redliche Haltung des Selbst) genannt wird. Die Harmonie und Ausgewogenheit des Wissens wird mit dem Konzept von *'iḥsan* erreicht, d. h., das eigene Verhalten im Leben zu perfektionieren und Werte wie Wohltätigkeit, Mitgefühl, Großzügigkeit, Frömmigkeit und andere Eigenschaften zu zeigen.

Das Recht auf Bildung sollte allen Menschen unabhängig von Geschlecht, sozialem Status, Alter usw. garantiert werden. Das klassische islamische Bildungssystem war nach diesen Prinzipien kostenlos, unterstützt durch *waqf*

(Stiftungswesen) und Stipendien, offen auch für diejenigen, die formal nicht im System eingeschrieben waren. Darüber hinaus gingen sogar Menschen von den Basaren und Kaufleute in Medressen und kehrten wieder an ihre Arbeitsplätze zurück (vgl. Nasr 2012).

### 3.4 Bildung als Gottesdienst in der religionspädagogischen Konzeption

Die Tätigkeit der religiösen Bildung versteht sich in der islamisch-pädagogischen Tradition als ein Akt gottesdienstlicher Handlung (*'ibāda*). Der Vorteil derjenigen, die sich mit der Wissenschaft befassen, gegenüber den Frommen wurde im Hadith mit dem Vorteil des Vollmondes gegenüber anderen Sternen verglichen (überliefert bei at-Tirmidhī, Nr. 2838). In *The Wholeness and Holiness in Education* verweist die Autorin Al-Zeera (2001) darauf, dass die zwei komplementären Konzepte *dunyā* und *'āḫira* (»Diesseits« und »Jenseits«) das pädagogische Denken im vielfältigen Sinne von »religiös-materiell«, »relativ-absolut« und »profan-gottesdienstlich« bestimmen. Dabei gilt als Auftrag von Erziehung und Bildung aus islamischer Sicht, den »geraden Weg« (*aṣ-ṣirāṭ al-mustaqīm*; K 1:6) zu gestalten. Kritisch betrachtet kommt Naṣr im Zusammenhang von Wissen und Gottesdienst in der Moderne zu dem Schluss, dass »der Gottesdienst zunehmend zurückgedrängt wird, ein zentrales Anliegen zu sein, bzw. bestenfalls wurde er auf Sentimentalität reduziert« (Nasr 1989, S. 48). Ein wichtiges Element, das in der islamischen Bildung aufs Neue erkannt werden müsse, sei daher die Beachtung der Wahrheit, dass selbst der Akt der Erkenntnis ein gottesdienstlicher Akt sei, und zwar in dem Sinne, dass die Religionspädagogik sich um die Wiederherstellung einer Verbindung weltlicher und spiritueller Erkenntnisse bemühen sollte.

Da der Mensch existenzielle Grenzen von Geburt und Tod nicht überwinden kann und folglich in Grenzen seines Wunsches auf Ewigkeit »gefangen« bleibt, baut ihm der Koran auf einladende Art und Weise eine Brücke in die Ewigkeit Gottes. Diese besteht hauptsächlich im guten Handeln. Exemplarisch spricht der folgende Koranvers das Handeln an:

> »Sie glauben an Gott und den Letzten Tag, und gebieten das Tun dessen, was recht ist, und verbieten das Tun dessen, was unrecht ist, und wetteifern miteinander im Tun guter Werke: und diese sind unter den Rechtschaffenen.« (K 3:114)

Ferner spiegeln sich die 99 schönen Namen und Eigenschaften Gottes *(asmā'-u Allāh-i al-ḥusnā)*, von denen die meisten Namen die Barmherzigkeit und Vergebung betreffen, in der erzieherischen Tätigkeit des Propheten Muhammad wider, welcher überwiegend fördernde, ermutigende und motivierende pädagogische Handlungen in der Interaktion mit unterschiedlichen Bevölkerungsgruppen anwendete. Die Betonung des pädagogischen Optimismus ist in voller Aufmerksamkeit von Verantwortung und Respekt den Lernenden gegenüber getragen, sodass eine Begleitung eines Menschen auf dem »geraden Weg« zu Gott nur durch die Wahrung der menschlichen Würde und Selbstachtung erfolgen kann.

## 4 Fazit

Ausgehend von Leitideen aus den Primärquellen des Islam und aus exemplarisch gewählten klassischen Werken zum muslimisch-theologischen Bildungsgedankengut sind Grundlagen für die später entwickelten Theorien im Rahmen des zeitgenössischen allgemeinen pädagogischen Denkens skizziert worden. Im Austausch und Dialog mit den Quellen und historischen Werken waren muslimische Gelehrte stets bemüht, eine Bildungstheorie und -praxis (auch im Dialog mit altgriechischen Philosophien) und eine eigene Definition für eine Islamische Bildungslehre (Religionspädagogik) basierend auf der Offenbarung zu ergründen. Der entfaltete Begriffsapparat gewährte im Beitrag Einblicke in die Gedankenstruktur. Es ist deutlich geworden, dass die Religionspädagogik doch noch um ihre Autonomie als Fachdisziplin zu kämpfen hat, wenn sie als eine anerkannte wissenschaftliche Disziplin mit integrierten theologischen und allgemein-pädagogischen Denkfiguren anerkannt werden will. Eine moderne Islamische Religionspädagogik im Kontext der modernen Bildung muss noch zahlreiche pädagogische Fragen von innen heraus bearbeiten. Dies soll zunehmend unter der Berücksichtigung der Grundprinzipien und Merkmale der Erziehung und Bildung, die in der islamischen Tradition und theologischen Lehren verwurzelt sind, aber auch im Dialog mit der modernen Pädagogik und verwandten Disziplinen geschehen. Mit so einem gründlichen integrativen Ansatz wird die Religionspädagogik besser in der Lage sein, den Transfer grundlegender Lehren und Werte des islamischen Glaubens in die moderne Welt zu gestalten und effektiver auf die Erziehungs- und Bildungsbedürfnisse unterschiedlicher Zielgruppen einzugehen.

## Literatur

Abdul Rahman et al. (2011): A Review on the Conception and Application of Education from Al-Sunnah. Al-Nur Journal, 5, 39–52.

Aḥmad, Ǧalāl ad-Dīn Ibn (2016): Al-ʿīḍaḥ fī ʿulūm al-balaġa (Erläuterungen zum Grundwissen der Rhetorik). Beirut.

Aḥmad, M. ḥ. (1421/2001): Al-Musnad. Beirut.

Al-Attas, S. M. N. (1991): The Concept of Education in Islam: A Framework for an Islamic Philosophy of Education. International Institute of Islamic Thought and Civilization, International Islamic University Malaysia. Kuala Lumpur.

Ali, Se'id I. (2003): Uṣūl at-tarbīya al-islāmiyya. Kairo.

Al-Zeera, Z. (2001): Wholeness and Holiness in Education: An Islamic Perspective. London.

Asad, M. (2009): Die Botschaft des Koran. Düsseldorf.

As-Suyutī, Ǧ. (o. J.): al-Ǧāmiʿ aṣ-ṣaġīr. Beirut.

At-Tirmidhī, M. (o. J.). Sunan at-Tirmidhī. Beirut.

Badi, J./Tajdin, M. (2004): Creative Thinking: An Islamic Perspective. International Islamic University Malaysia. Kuala Lumpur.

Bearman, P./Bianquis, T./Bosworth, C. E./van Donzel, E./Heinrichs, W. P. (Hg.): Encyclopaedia of Islam, Second Edition. https://referenceworks.brillonline.com/browse/encyclopaedia-of-islam-2 (Zugriff am 01.06.2022).

Chittick, C. W. (2011): The Goal of Islamic Education. In: J. Casewit (Hg.): Education in the Light of Tradition: Studies in Comparative Religion (S. 85–92). Bloomington.

Günther, S. (2006): Be masters in that you teach and continue to learn: Medieval Muslim thinkers on educational theory. Comparative Education Review, 50, 367–88.

Iqbal, M. (2012): Education from the Qur'anic Worldview. Islam and Science, 10 (2), 151–160.

Karić, E. (2000): Odgajati i obrazovati. Novi Muallim/Časopis za odgoj i obrazovanje, 1 (1), 10–13.

Lakhani, M. A. (2011): Education in the Light of Tradition: A Metaphysical Perspective. In: J. Casewit (Hg.): Education in the Light of Tradition: Studies in Comparative Religion (S. 27–34). Bloomington.

Murata, S./Chittick, C. W. (2006): Vision of Islam. London.

Naqvi, S. N. H. (1981): Ethics and Economics: An Islamic Synthesis. Leicester, UK.

Nasr, S. H. (1989): Knowledge and the Sacred. Albany, New York.

Nasr, S. H. (2012): Islamic Pedagogy: An Interview. Islam and Science, 10 (1), 7–24.

Nasr, S. H. (2016): Philosophical Considerations for an Islamic Education of the Past and Future: Interview. In: M. Zaman/N. A. Memon (Hg.): Philosophies of Islamic Education: Historical Perspectives and Emerging Discourses (S. 17–26). New York/London.

Pranjić, M. (1996): Religijska pedagogija: naziv, epistemologija, predmet i omeđenje. Zagreb.

Shalaby, A. (1954): Tariḫ al-tarbīya al-islāmiya. Beirut.

Sijamhodžić-Nadarević, D. (2007): Didaktičko-metodičke ideje Burhanudina Ez-Zernudžija. Novi Muallim/Časopis za odgoj i obrazovanje, 8 (32), 80–86.

Sijamhodžić-Nadarević, D. (Hg.) (2017): Religijska pedagogija (islamska perspektiva) – Hrestomatija. Sarajevo.

Sijamhodžić-Nadarević, D. (2018): Uvid u islamsku perspektivu o osobama sa teškoćama u razvoju i nepovoljnim položajem. Zbornik radova Fakulteta islamskih nauka Univerziteta u Sarajevu, 22, 286–306.

Slatina, M. (2000): Odgoj – najkraći put čovjekovog uzdizanja do humaniteta. Sarajevo.

Slatina, M. (2016): Religijski odgoj u prostoru razvoja cjelovite ličnosti. Novi Muallim, 8 (68), 20–32.

Winter, T. (2016) (Hg.): Kembridžski priručnik klasične islamske teologije. Međunarodni forum Bosna. Sarajevo.

# Die Qualitätsentwicklung und Qualitätssicherung im islamischen Religionsunterricht. Aneignungskompetenz bei Lernenden systematisch entwickeln

Karl Klement

In diesem Beitrag werden Strategien aufgezeigt, wie durch das bewusste und beabsichtigte Training exekutiver Funktionen das »Betriebssystem Lernender« (Klement 2016) und damit die Aneignungskompetenz entwickelt und selbstgesteuerte und kooperative Lerntätigkeit ermöglicht wird.

Selbstgesteuertes und ein vom Selbst verantwortetes Lernen kann nur gelingen, wenn auch ein »kompetentes Selbst« das Steuer der Lerntätigkeit übernimmt. Gerade in Zeiten der Krise – ausgelöst durch eine weltweite Pandemie – hat sich erwiesen, dass fehlende Selbstorganisation, mangelnde Fähigkeit, den eigenen Lernprozess zu reflektieren und persönliche Lernergebnisse kritisch zu bewerten sowie mangelnde Anstrengungsbereitschaft die Ungleichheit in Gesellschaft und Bildung offenlegen und eklatant verschärfen. Ausgehend von der Überlegung, dass jede noch so gute Vermittlung religiöser Inhalte und Haltungen die Fähigkeit zur kritischen Aneignung dieser Inhalte und Haltungen bei den Lernenden bereits voraussetzt, sollte die systematische Entwicklung der Aneignungskompetenz zentrales Anliegen der Unterrichtsplanung bzw. Unterrichtsgestaltung sein: Eine Didaktik der Aneignung mit den Lernenden im Zentrum liefert dabei den Ausgangspunkt und die Orientierung für kompetenzorientierte Prozesse des Lehrens und Lernens. Jeder Unterricht zielt auf die Entwicklung didaktischer und methodischer Fähigkeiten bei den Lernenden ab: Soll der »Schüler Methode haben« (Klingberg 1986), müssen diese Methoden aber zentrales Anliegen jedes Unterrichts sein bzw. werden. Diese konsequente und nachhaltige Entwicklung der Aneignungskompetenz Lernender auf Basis einer elaborierten Aneignungsdidaktik war somit erkenntnisleitendes Interesse für das »Didaktische Modell der Kommission für die Sicherstellung und Weiterentwicklung der Unterrichtsqualität von österreichischen islamischen Privatschulen des Bundesministeriums für Bildung und Frauen gemeinsam mit dem Stadtschulrat für Wien«.

## 1 Unterrichtsqualität in islamischen Privatschulen: Die Schulkommission

Das österreichische Bundesministerium für Bildung und Frauen (BMBF) richtete im Jahr 2016 gemeinsam mit dem Stadtschulrat für Wien (SSRfW) eine »Kommission für die Sicherstellung und Weiterentwicklung der Qualität von Islamischen Privatschulen« ein. Mithilfe dieser

> »Schulkommission 2016« sollten »Gegebenheiten bzw. Anlässe, die zu Missverständnissen oder Vorurteilen führen könnten, aus dem Weg geräumt und die Thematik sollte versachlicht werden. In Kooperation mit den beteiligten Schulerhaltern, der islamischen Glaubensgemeinschaft sowie einschlägigen Expert*innen sollte Klarheit bezüglich der Schulqualität geschaffen werden.« (BMBF 2016, S. 1.10)

Konkret sollten Qualitätskriterien für die Inspektion und Analyse von islamischen Privatschulen in folgenden Domänen erarbeitet werden:
- Rechtsfragen,
- Personalfragen,
- Infrastruktur,
- Berücksichtigung von Bildungs-, Gesellschafts- und Glaubensfragen,
- Unterrichtsmittel,
- didaktisches Konzept und Unterrichtsqualität.

Als Vertreter des Bundesministeriums für Bildung und Frauen legte der Autor gemeinsam mit der Vertreterin des Stadtschulrates für Wien, Frau Pflichtschulinspektorin Elisabeth Repolusk, folgendes didaktische Modell als Kriterienkatalog für die Bewertung von Unterrichtsqualität vor.

## 2 Didaktisches Modell (Kurzfassung): Individualisierung und Kompetenzorientierung

- Präambel: Im Fokus didaktischer und methodischer Unterrichtsplanung und Unterrichtsgestaltung stehen die schulstufenangemessene Kompetenzorientierung und die Individualisierung. An die Stelle der bloßen Wissensvermittlung (Input) tritt die Orientierung am Lernprozess und dessen unmittelbaren bzw. nachhaltigen Ergebnissen (Output bzw. Outcome), wobei die Lernenden über weite Strecken selbst den Erwerb von Wissen und Kön-

nen verantworten. Selbstgesteuerte und individuell zu bestimmende Lernprozesse bilden in diesem Konzept die entscheidende Voraussetzung für effektives Lehren und Lernen. Das Konzept soll zur Unterrichtsbeobachtung sowie zur Bewertung der Unterrichtsqualität im Kontext des bildungspolitischen Auftrags zur Individualisierung und Kompetenzorientierung herangezogen werden.
- Zugrundeliegender Kompetenzbegriff: Als Kompetenzen gelten »die bei Individuen verfügbaren oder durch sie erlernbaren kognitiven Fähigkeiten und Fertigkeiten, um bestimmte Probleme zu lösen, sowie die damit verbundenen motivationalen, volitionalen und sozialen Bereitschaften und Fähigkeiten, um die Problemlösungen in variablen Situationen erfolgreich und verantwortungsvoll nutzen zu können« (Weinert 2001, S. 27 f.).

## 2.1 Struktur und Sequenzen auf der Basis von Individualisierung und Kompetenzorientierung (verdichtete Fassung)

- Präsentation, Kommunikation: Bei der Präsentation der Lerninhalte ist zu berücksichtigen, dass sich die Inhalte auf realitätsnahe und nachvollziehbare Situationen und Problemstellungen beziehen, die von den Lernenden als persönlich bedeutsam empfunden werden und zu ihrer Lebenswelt in Beziehung gebracht werden können.
- Durchführung: In dieser Unterrichtsphase kommen unterschiedliche Methoden des selbstgesteuerten, selbstregulierten und kooperativen Lernens zur Anwendung, die vom Lehrenden den Lernenden angeboten und gemeinsam am Inhalt angewendet werden. Im Zentrum steht der kontinuierliche Aufbau von Aneignungskompetenz bei den Lernenden: Aneignungskompetenz muss gezielt und systematisch angeeignet werden, um im selbstorganisierten Lernprozess (der »Lerntätigkeit«) wirksam zu werden.
- Reflexion: In dieser Phase reflektieren die Lernenden ihre subjektiven Lern- und Handlungswege im Hinblick auf deren persönliche Bedeutsamkeit. Sie sollen laut über die Prozesse der Aneignung bzw. über Prozesse der bis dahin gemachten Lern- und Handlungserfahrungen im Sinne einer Metakognition nachdenken.
- Evaluation: Die Evaluation betrifft den gesamten Unterrichtsprozess und schließt Lehrende und Lernende gleichermaßen ein. Es geht darum, sich Gelungenes wie auch weniger Gelungenes bewusst zu machen und zu benennen. Dieser Ablauf macht »Selbstwirksamkeit« (Bandura 1979) bewusst, fördert Selbstbewusstsein und Selbstwert und generiert (Selbst-)Motivation für weitere Lernprozesse.

- Transfer: Unter Transfer der Lerntätigkeit ist die Übertragung der erworbenen Kenntnisse und Fähigkeiten auf andere – neue wie auch offene – Problemsituationen zu verstehen. Die Lernenden bekommen Aufgaben, die auf unterschiedlichen Wegen zu einer Lösung führen oder von vorneherein kreative Lösungen zulassen, sodass begründete Optionen notwendig werden. Durch das regelmäßige Einüben situationsspezifischer Situationen können sich Kenntnisse und Fähigkeiten entwickeln, die sich auf neue Anwendungssituationen übertragen lassen (vgl. BMBF 2016).

## 3 Aneignungskompetenz systematisch entwickeln: zentrales Merkmal der Unterrichtsqualität

### 3.1 Am Anfang der Weisheit stehen die klaren Begriffe (Sokrates)

Um den Transfer dieses didaktischen Modells in die schulische Praxis des islamischen Religionsunterrichts zu ermöglichen, bedürfen die verwendeten Begrifflichkeiten wie auch die beschriebenen Abläufe einer Klärung bzw. einer »Tauglichkeitsprüfung für die Praxis«. Dies auch, weil in klassischer Betrachtung Didaktik im Sinn einer »guten Lehre« verstanden wird. Will man hingegen – wie angezielt – die Prozesse des »guten Lernens« als zentrales Anliegen der Unterrichtsplanung und Unterrichtsgestaltung etablieren, ändern sich mit dieser neuen Perspektive auch die Begriffe und Abläufe. Ziel ist der*die Lernende als Subjekt seiner*ihrer Tätigkeit, eben der Lerntätigkeit:

> »Lernende werden zu Subjekten eigener Lerntätigkeit, wenn sie zunehmend fähiger werden, selbstständig Lernziele zu bilden, Lernhandlungen auszuwählen und gegenstands- bzw. zielspezifisch einzusetzen sowie Lernverlauf und Lernergebnisse selbst zu kontrollieren, zu analysieren und zu bewerten.« (Giest/Lompscher 2006, S. 150)

Die Didaktik der Lehrtätigkeit wandelt sich im Kontext der Lerntätigkeit zur Aneignungsdidaktik.

### 3.2 Inhaltliche Klarheit gewinnen: Was soll angeeignet werden?

So gut wie alle aus den Lehrplänen für den Religionsunterricht abgeleiteten Kompetenzbereiche und Kompetenzdimensionen orientieren sich an Prozessen des Lerngeschehens beim Lernenden und stellen die Frage, welche Kenntnisse, Fähigkeiten und Fertigkeiten angeeignet werden sollen. Der »Paradigmenwechsel vom Lehren zum Lernen« bringt es mit sich, dass nicht mehr die expliziten, in den Lehrplänen abgebildeten Lerninhalte das Ziel von Aneignungsprozessen sind, sondern dass vorrangig gilt, die impliziten, selbstgesteuerten und individuell zu planenden Lernprozesse bei den Lernenden systematisch zu fördern und im Religionsunterricht nachhaltig zu entwickeln. Religiöse Haltungen und Handlungen würden als vordergründig erscheinen, wenn sie bloß intellektuell vermittelt, technokratisch trainiert oder als religiöse Imperative auf Zuruf oder bei passenden Gelegenheiten eingefordert werden. Es bedarf vor allem der Fähigkeit, innezuhalten, die Bedeutung persönlicher Begegnungen zu schätzen und spontane implizite Handlungsmuster zu erkennen und zu reflektieren. Dabei wird der in den allgemeinen Qualitätsstandards verankerte handlungsorientierte Kompetenzbegriff durch die affektiv-rezeptive Dimension der Spiritualität gleichsam »transzendiert«: Religiöse Haltung bedarf spiritueller Wahrnehmungsfähigkeit und eines spirituellen Ausdrucksvermögens.

Der Versuch, die Modelle religiöser Kompetenzen von Ulrich Hemel (1988), Rudolf Englert (2007) und Gabriele Obst (2010) auf einer horizontal-kognitiv/metakognitiven Linie und einer vertikalen Linie – vom Theologen Paul Tillich in Richtung »Grund des Seins« benannt – abzubilden, veranschaulicht die affektiv-rezeptive Erweiterung des geltenden handlungsorientierten Kompetenzbegriffs:

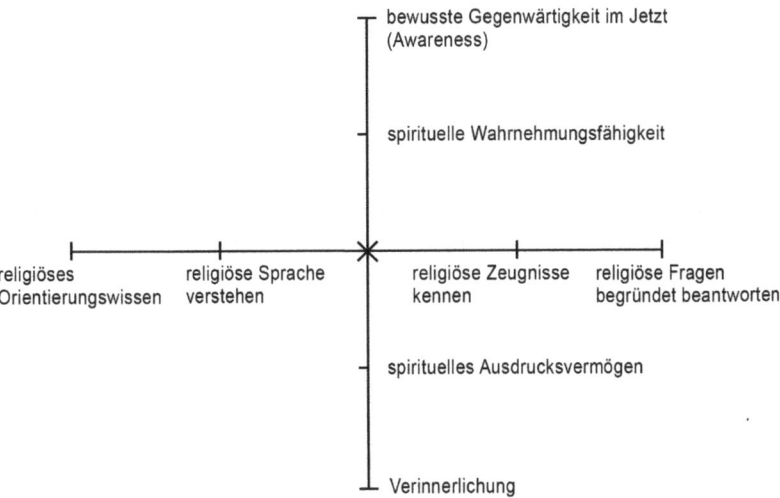

Abb. 1: Dimensionen religiöser Kompetenzen nach Hemel, Englert, Obst (Klement, eigene Darstellung)

## 3.3 Prozesse gestalten: Von einer Didaktik der »guten Lehre« zur Didaktik des »guten Lernens«

Ausgehend von neuropsychologischen Befunden (Spitzer 2002; Hüther 2010), dass Vermittlung (Lehren) und Aneignung (Lernen) unterschiedliche geistige Operationen erfordern, ist von einem Transfer religiöser Inhalte und Haltungen durch »guten Unterricht« im Sinne einer Didaktik der »guten Lehre« nur marginale Wirkung zu erwarten. Vielmehr muss es um die Fähigkeit Lernender gehen, sich unabhängig von noch so gut gemeinten Belehrungen eigenständig und selbstorganisiert mit religiösen Problemstellungen und Herausforderungen auseinanderzusetzen. Der Zuruf »Lernen statt Lehren« (Weinert 1998) – der Aufforderung »Sapere aude« Immanuel Kants folgend – gewinnt seine eigentliche Dynamik und Bedeutung für Unterrichtsqualität vom Lernenden aus. Gefordert ist der Paradigmenwechsel von einer »Didaktik der guten Lehre« zu einer »Didaktik des guten Lernens« im Sinne einer »Aneignungsdidaktik«. Nur in der persönlichen Auseinandersetzung mit religiösen Inhalten konstruiert der*die Lernende persönlich bedeutsames Wissen und religiöse Orientierung, lernt, sich über religiöse Fragen zu verständigen, und gewinnt zunehmend eine (selbst)reflexive Haltung. Lehr- und Lernprozesse sind entsprechend dieser Zielsetzungen zu gestalten.

## 3.4 Implizites explizit entwickeln: Aneignung muss angeeignet werden

Vielleicht der größte Anteil der religiösen Lernprozesse läuft ohne aktive Beteiligung des Bewusstseins, ohne explizite Lernabsicht ab. Auch die Ergebnisse sind dem Bewusstsein nicht oder nur unter bestimmten Voraussetzungen zugänglich: »Dort, wo die Sprache aufhört, wohnen wir wirklich« (Gendlin 2008, S. 13).

Ganz anders die expliziten Lernprozesse, die bewusst und geplant als Lerntätigkeit oder »Selbstverständigungsprozesse« (Holzkamp 1995) aktiv vollzogen werden.

> »Selbstverständigung, dies bedeutet vor allem ›Verständigung mit mir selbst‹ über ein von mir Gemeintes. […] Ich bin darauf aus, etwas, das ich schon ›irgendwie weiß‹, für mich reflexiv fassbar, das Implizite explizit, das Undeutliche deutlich zu machen, als mein ›verschwiegenes Wissen‹ (tacit knowledge) in ›gewusstes Wissen‹ zu verwandeln. Damit ist […] potentiell auch der Andere in den Selbstverständigungsprozess einbezogen, er ist aufgefordert oder es ist ihm anheimgestellt, meinen Versprachlichungsversuch

bei sich nachzuvollziehen, um herauszufinden, ob er damit auch zu größerer Klarheit, etwa über Lebensführung, zu gelangen vermag.« (Holzkamp 1995, S. 834)

Die wechselseitige Verständigung über Sinn- und Bedeutungshorizonte im Religionsunterricht wird über die alltägliche Verständigung hinaus dazu führen, dass sich Lernende in dieser Situation neu orientieren und »psychische Neubildungen« (Giest/Lompscher 2006, S. 62) im Sinne von Bewusstsein generieren. Dies allerdings geschieht nur im besten Fall, nämlich dann, wenn diese Kompetenzen der Aneignung, die gezielte Lerntätigkeit, bei den Lernenden am und durch den Gegenstand Religion systematisch ausgebildet, entwickelt und angeeignet wird. Verborgenes, nicht artikuliertes Wissen in den verknüpften Handlungen und Denkoperationen der Domäne Religion wird explizit gemacht und auf eine höhere Ebene des Verstehens und des religiösen Ausdrucksvermögens gehoben. Externalisierung verwandelt implizites Wissen in explizites, im besten Sinne verfügbares Orientierungs- und Handlungswissen und führt auf eine höhere Stufe der Kompetenz.

Die ausgeprägte »didaktische Kompetenz« (Klingberg 1986) Lernender zeigt sich dabei in ihrer zunehmenden Fähigkeit, das Zusammenspiel der Elemente Ziel, Motiv, Gegenstand und Mittel der Lerntätigkeit zu reflektieren, um Subjekte dieser Lerntätigkeit zu werden. Religiöse Kompetenz betont zusätzlich Wahrnehmung, Ausdruck, intensiven Austausch und vor allem die angeleitete und intensive Auseinandersetzung mit konkreten Inhalten. Ob Lernen letztlich gelingt, entscheidet sich aber in jedem Fall daran, ob passiv erfahrene Inhalte aktiv angeeignet werden können.

## 3.5 »Betriebssystem« der Lerntätigkeit systematisch aneignen: Exekutive Funktionen stärken

Um einen vorsichtigen Vergleich zu wagen: Ohne »Betriebssysteme« arbeiten weder elektronische Rechner noch die höheren psychischen Funktionen (vgl. Klement 2016, S. 23). Noch so viele Befehle und Eingaben von außen können ohne ein vorhandenes psychisches Betriebssystem nicht das Geringste bewirken: Man hört und sieht dieses geheimnisvolle System nicht. Es arbeitet systematisch und präzise im Hintergrund und ermöglicht erst das, was mit »nachhaltiger Aneignung von Inhalten« gemeint ist. Aus neuropsychologischer Sicht entstehen neue Aktivitätsmuster, die dann in Synapsen verfestigt werden (Klement 2016).

Um dieses »Betriebssystem der Aneignung« (Klement 2016, S. 23) systematisch zu stärken, wird implizites, verborgenes, weil nicht artikuliertes Wissen *(tacit knowledge)*, zunächst – wie erwähnt – explizit gemacht, dann Explizites bewusst trainiert, um wieder auf höherem Niveau – als optimierte Aneignungskompetenz – implizit wirksam zu werden (Weinert 1998). Ausschlaggebend für die Qualität und Wirksamkeit dieser Abläufe sind die als »exekutive Funktionen« benannten geistigen Prozesse, die uns gezielt, planvoll und überlegt handeln lassen. Exekutive Funktionen, geplant und gezielt in Prozessen des Unterrichts integriert und permanent trainiert, bilden die Voraussetzungen für die Entwicklung didaktischer Kompetenzen Lernender.

Nach Spitzer (2016) zählen fokussierte Aufmerksamkeit, Schaffung einer äußeren (persönlich adäquaten) Lernumgebung, Anstrengungsbereitschaft, und – dies wird in Zeiten der alles beherrschenden Informationstechnologie immer wichtiger – Nutzung zusätzlicher Informationsquellen und deren kritische Auswertung dazu. Spitzers Konzept der »exekutiven Funktionen« als psychische Voraussetzungen für erfolgreiche Lerntätigkeit umfasst folgende Fähigkeiten:

- Die Inhibition von Verhalten und Aufmerksamkeit (Fokussierung): Darunter versteht man die Fähigkeit, etwas trotz bestehender Impulse nicht zu tun oder sich nicht ablenken zu lassen, um ein Lernziel konsequent zu verfolgen. Aufmerksamkeit und Verhalten können durch eine gut funktionierende Inhibition gesteuert werden und sind dadurch weniger von äußeren Bedingungen, den eigenen Emotionen oder fest verankerten Verhaltensweisen beeinflussbar.
- Arbeitsgedächtnis: Trotz seiner begrenzten Speicherkapazität ist das Arbeitsgedächtnis von großer Bedeutung. Es ermöglicht, Informationen vorübergehend zu speichern, um mit ihnen zu arbeiten. Das Arbeitsgedächtnis trägt entscheidend dazu bei, dass komplexe kognitive Fähigkeiten, wie Sprache und mathematische Leistungen, entstehen können. Darüber hinaus vermag das Arbeitsgedächtnis, sich an Instruktionen anderer Personen oder an Zwischenschritte von Handlungsplänen zu erinnern und Handlungsalternativen zu vergleichen, um eine bessere Lösung zu finden.
- Die kognitive Flexibilität: Die kognitive Flexibilität baut auf dem Arbeitsgedächtnis und der Inhibition auf. Eine gut ausgebildete kognitive Fähigkeit ermöglicht es, sich auf neue Anforderungen schnell einstellen zu können. Sie beschreibt zudem die Fähigkeit, Personen und Situationen aus anderen, neuen Perspektiven zu betrachten und zwischen diesen Perspektiven zu wechseln. Eine gut ausgebildete kognitive Flexibilität hilft, offen für Argumente anderer zu sein, aus Fehlern zu lernen und sich auf neue Lebenssituationen und Arbeitsanforderungen schneller und besser einzustellen.

Mit der Forderung Spitzers, die systematische Entwicklung exekutiver Funktionen als notwendige Grundvoraussetzungen effektiver Lerntätigkeit im Unterricht zu verankern, wird die Selbstverantwortung für Verlauf und Ergebnis von Lernprozessen betont. Zu den damit verbundenen Fähigkeiten zählen:
- Lernende können ihre Aufmerksamkeit willentlich fokussieren und Störreize gezielt ausblenden. Eine dafür notwendige Grundvoraussetzung ist die Fähigkeit zur Inhibition, um unwichtige Details von wesentlichen Informationen zu trennen.
- Lernende können ihr Lernhandeln immer häufiger bewusst steuern. Dafür sind die gezielte Hemmung von naheliegenden Handlungen mithilfe der Inhibition und das Erkennen von Handlungsalternativen wichtig.
- Lernende können Handlungsabläufe gedanklich planen (Antizipation). Dazu müssen sie in der Lage sein, sich an Zwischenschritte und Handlungsalternativen mithilfe des Arbeitsgedächtnisses zu erinnern, um sich für einen günstigen Lösungsweg entscheiden zu können.
- Lernende können sich persönliche Ziele setzen. Dafür ist es wichtig, dass Lernende in der nächsten Situation ihre vorher gefassten Ziele nicht vergessen bzw. verwerfen. Dazu bedarf es neben dem Arbeitsgedächtnis der Inhibition und der Fähigkeit zur Selbstregulation.
- Lernende können Prioritäten setzen. Hierbei müssen verschiedene Ziele sowie ihre Wertigkeit erinnert und im Wechsel der Perspektiven miteinander verglichen und gegeneinander abgeglichen werden. Das Setzen von Prioritäten basiert auf allen hier beschriebenen exekutiven Funktionen: Arbeitsgedächtnis, Inhibition und kognitive Flexibilität.
- Lernende können Handlungsabläufe reflektieren. Auch hier ist das Arbeitsgedächtnis gefragt: Was passiert gerade und was möchte ich eigentlich tun? Es ist auch notwendig, das Tun gezielt zu unterbrechen, um den Reflexionsprozess durchzuführen und die Handlungen anschließend wieder aufzunehmen. Das erfordert eine gute Inhibition und kognitive Flexibilität.
- Lernende können ihr soziales Verhalten reflektieren. Beim Reflektieren sozialer Situationen kommt zusätzlich noch die Steuerung der eigenen Emotion hinzu.
- Lernende sind im Umgang mit anderen fähig, ihre emotionalen Impulse zu kontrollieren. Emotionen legen bestimmte Denk- und Handlungsmuster nahe. Um ihnen nicht ausgeliefert zu sein, brauchen Lernende die Fähigkeit zur Selbstregulation (vgl. Spitzer 2016, S. 4 f.).

Dass das systematische Training und die gezielte Entwicklung dieser impliziten Fähigkeiten und Fertigkeiten im islamischen Religionsunterricht ein zentrales

Moment der Qualitätssicherung darstellt, bildete eine grundlegende Überlegung bei der Erarbeitung des didaktischen Modells für den islamischen Religionsunterricht und bedarf keiner weiteren Begründung.

### 3.6 Aneignungskompetenz systematisch entwickeln: Reflexiven Unterricht gestalten

Ein Religionsunterricht, in dem Lernende als Subjekte ihrer Lerntätigkeit ernst genommen werden, ist ein reflexiver Unterricht. Immer wieder muss im wechselseitigen Prozess des Lehrens und Lernens innegehalten werden, um über die Akte der Aneignung – die Lerntätigkeit Lernender – laut nachzudenken (vgl. Klieme 2003, S. 48):
- »Was weiß ich jetzt, was ich vorher noch nicht gewusst habe?«
- »Was ist für mich neu?«
- »Was werde ich mit meiner Erkenntnis anfangen?«
- »Wo und wie hat mein neues Wissen Bedeutung?«
- »Wie werde ich es zur Lösung bestimmter Aufgaben einsetzen?«
- »Was hat mich besonders interessiert?«
- »Wo habe ich noch Schwierigkeiten?«

Mögliche Einstiegshilfen in die Technik der Reflexion bietet Hilbert Meyer in seinem Werk »Was ist guter Unterricht?«.
- Metakognition: über eigenes Denken laut nachdenken. Metakognition ist gut geeignet, um inhaltliche Klarheit über den eigenen Lernweg zu gewinnen und die Lerntätigkeit systematisch zu entwickeln. Bezogen auf die Praxis ist Metakognition auch eine wesentliche Voraussetzung, um die intuitiv von jedem*jeder Schüler*in eingesetzten Lernstrategien bewusst zu machen, sie auszubauen und gezielt einzusetzen.
- Kognitives Modellieren: Methode, mit der Lehrkräfte die metakognitiven Kompetenzen ihrer Schüler*innen fördern können. Lehrende führen modellhaft vor, wie man einen Denkprozess organisiert. Als Vermittlungsform dient das laute Denken. Besonders für Schüler*innen mit Lernschwächen hat sich das kognitive Modellieren als besonders hilfreich herausgestellt und sich auch in der Praxis bestens bewährt.
- Monitoring: die Fähigkeit, das eigene Lernen zu beobachten und gezielte Beobachtungen zu verbalisieren. Monitoring kann im Unterricht genutzt werden, um Rückmeldungen an die Lehrenden herzustellen und damit den Aneignungsprozess im Sinne des »visible learning« (Hattie 2012) möglichst transparent für alle Beteiligen zu gestalten.

- Rückmeldeschleifen: Lernbarrieren werden durch Rückmeldeschleifen erlernt und während des Unterrichts behoben. Verlauf in der Praxis: Lehrer*innen diagnostizieren Schwierigkeiten und stellen Zwischenfragen. Schüler*innen werden aufgefordert, bei der Aufgabenbearbeitung laut zu denken, damit klar wird, wo Verständigungsschwierigkeiten vorliegen (vgl. Meyer 2004, S. 67–73).

Um durch gezielte Schüler*innenreflexion den »Klebestoff« kognitiver und wohl auch affektiver Verbindungen alter und neuer Inhalte und Einstellungen im Religionsunterricht wirksam werden zu lassen, bedarf es einer hochgradigen Aufmerksamkeitsleistung Lehrender wie auch Lernender. Nur so wird die persönliche Bedeutsamkeit religiöser Inhalte in dieser Phase der Reflexion auch tatsächlich begreif- und erlebbar.

## 4 Unterrichtsprozesse evaluieren: doppelendige Trägerkriterien einer »Didaktik der Aneignung«

Lernen wird zur zentralen didaktischen Kategorie und Lehren hat diese im Sinne der »sozialen Lernhilfe« – und dies gilt besonders für den Religionsunterricht – zu fördern, d. h., sich ihr helfend unterzuordnen. Wenn selbstgesteuertes und kooperatives Lernen Voraussetzung, Mittel und Ziel der Instruktion sein muss, steht es in einem Kontinuum der Entwicklung und bedarf permanenter und gezielter Förderungsmaßnahmen. Potenziale zum eigenständigen Vollzug von Lernhandlungen müssen sich im Wechselspiel von Führung und Selbsttätigkeit erst entwickeln bzw. kooperativ und kommunikativ entwickelt werden. Der Prozess ihrer systematischen Förderung bildet beobachtbare Strukturen in selbstgesteuerten und kooperativen Lernprozessen aus, die als »doppelendige Trägerkriterien einer Didaktik der Aneignung« (© Klement) identifiziert werden. Diese repräsentieren den aktuellen Stand der Ausprägung der Kompetenz selbstgesteuerter und kooperativer Lernender bzw. die Qualität entsprechender Lernprozesse im islamischen Religionsunterricht.
Im kasuistischen Vorantasten der Lernhandlungen, im Verlauf der Umwandlung des Gegenstandes in eine Handlung, die sich dem Mitvollzug der Lernenden (»Der Lernende habe Methode«) zunehmend öffnet, werden folgende methodisch tragende Elemente identifiziert:

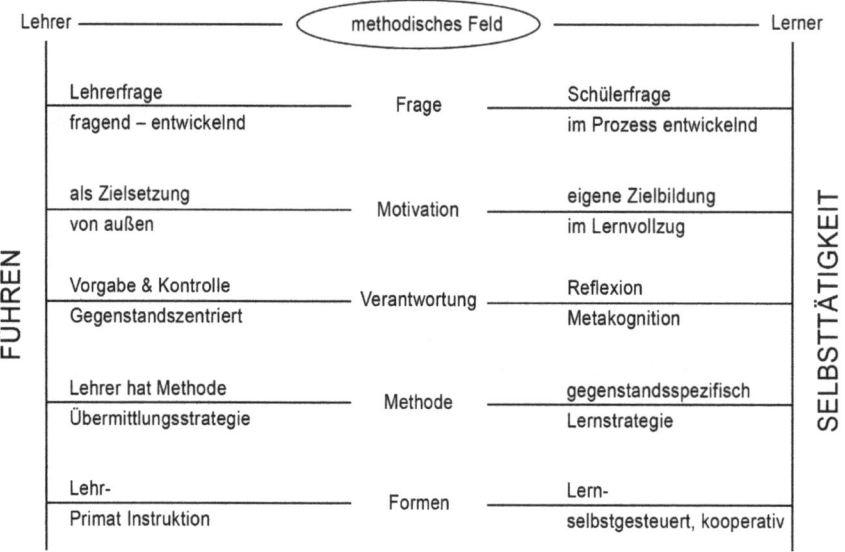

Abb. 2: »Doppelendige Trägerkriterien einer Didaktik der Aneignung« (Klement 2016)

Trägerkriterien spiegeln quasi den aktuellen Entwicklungsstand als Resultat aller Bemühungen der direkten wie indirekten Förderung selbstgesteuerten und kooperativen Lernens, motivationaler Dispositionen und Selbststeuerungsmaßnahmen des aktiven Lernenden wider.

Die Veränderungen im methodischen Spannungsbogen zwischen den didaktischen Prinzipien »Führen« und »Selbsttätigkeit« zeigen sich im Unterrichtsprozess (Klement 2006).

- Die »Kultur des Fragezeichens«: zu Beginn eher implizit, häufig im Prozessverlauf explizit hervortretend und sich an problemorientierter Lernumgebung entwickelnd. Die Fragehaltung wird im Prozess der Selbsttätigkeit zunehmend gefördert.
- Die Selbstmotivation: zu Beginn eher extrinsisch »ausgelöst« und gebunden, im Prozessverlauf emanzipatorisch bis hin zum »Flow-Erlebnis«. Letztlich wird Motivation als Merkmal der Tätigkeit identifiziert.
- Die Selbstverantwortung für das eigene Lernen: zu Beginn über permanentes Monitoring eingefordert, im Prozessverlauf zunehmend autonom. Hinzu kommt das realistischere Einschätzen der Lernergebnisse.
- Die Methodenkompetenz der Lernenden, die strukturelle Koppelung der Lernmittel an selbstgesteuerte Lernhandlungen: zunächst angeleitet und begleitet, später zunehmend selbstständig, spontan und adäquat.

- Die Lernformen: zu Beginn in ihrer Brückenfunktion zwischen kindlichem Bedürfnis (kindlicher Interessenslage/Entwicklung) und schulischen Anforderungen eher am impulsiv-spontanen sozialen Bereich orientiert, dann zunehmend strukturiert, geistig handelnd und explizit genutzt.

Es geht in Konsequenz um eine bewusste und geplante Öffnung des Unterrichts in Richtung Selbsttätigkeit und Selbstverantwortung für eigene Lernprozesse, die auf methodisch vielfältige Weise fachlich-inhaltliches Lernen mit der gezielten Aneignung methodischer und sozial-kommunikativer Kompetenz sowie der Entwicklung von Selbstkompetenz verbindet.

## 4.1 Diagnostisches Instrumentarium, um pädagogische Reflexion anzuregen

Das Entwicklungsmodell »Doppelendige Trägerkriterien einer Didaktik der Aneignung« (© Klement) dient als diagnostisches Instrumentarium zur Einschätzung zunehmender Aneignungskompetenz Lernender in der Lehrer*innenbildung:

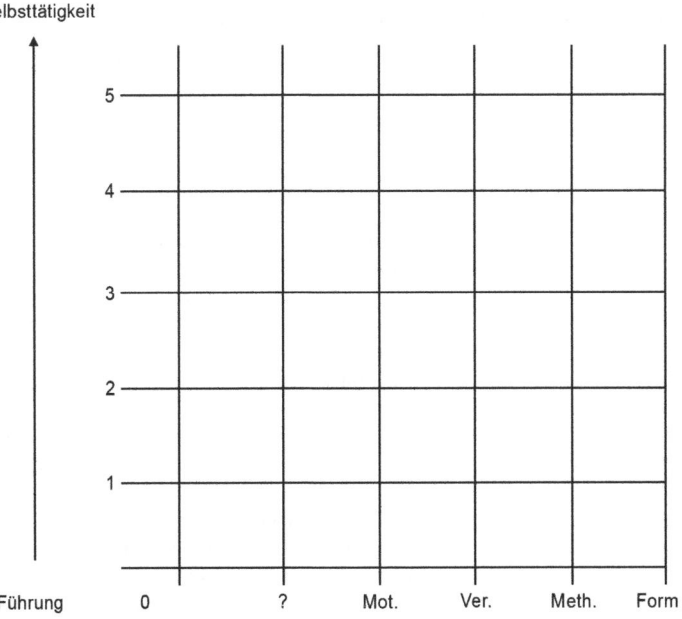

Abb. 3: Ratingskala zur Einschätzung der Trägerkriterien selbstgesteuerter und kooperativer Lernprozesse nach wiederholter Beobachtung (Klement 2006)

## Fazit

Im Religionsunterricht geht es letztlich um die Bearbeitung und Reflexion konkreter Lebens- und Erlebenssituationen des Alltags. Alltagsrelevante Problemstellungen bilden Ausgangspunkt und Inhalte der Lehr- und Lerntätigkeit im islamischen Religionsunterricht. Religiöses Orientierungswissen ist gefordert, religiöse Phänomene wollen identifiziert werden, adäquate Lösungsstrategien sollen präsent sein, Motive bedürfen der Begründung: Aneignungskompetenz ist gefordert!

An unterschiedlichen Perspektiven konnte gezeigt werden, wie sich Prozesse selbstgesteuerten und kooperativen Lernens im Religionsunterricht durch direkte und indirekte Förderungsansätze kontinuierlich und iterativ entwickeln. Die erforderlichen motivationalen Dispositionen und Strategien müssen gemeinsam mit dem religiösen fachlichen Wissen und Können systematisch gefördert werden und bilden sich im Modell der didaktischen Trägerkriterien in ihrer kontinuierlichen Entwicklung in Richtung Selbsttätigkeit, Selbstständigkeit und eigenverantwortlicher Lerntätigkeit ab. Die didaktischen Trägerkriterien dienen dabei als Orientierungshilfen für den Paradigmenwechsel »Vom Lehren zum Lernen« (Weinert 2005), liefern Hinweise auf Verbesserungspotenziale handlungsorientierten Unterrichtes und fördern so – direkt wie indirekt – die Entwicklung der Aneignungskompetenz eigenständiger Lernender.

## Literatur

Bandura, A. (1979): Lernen am Modell. In: L. Kolziew (Hg.): Lernen am Modell: Die sozial-kognitive Lerntheorie nach Bandura und ihre sozialpsychologische Bedeutung für Schule und Unterricht. Studienarbeit. München/Ravensburg.
BMBF – Bundesministerium für Bildung, Wissenschaft und Frauen (2016): Kommission für die Sicherstellung und Weiterentwicklung der Qualität von islamischen Privatschulen. Unveröffentlichter Bericht der Kommission. Wien.
Englert, R. (2007): Religionspädagogische Grundfragen. Stuttgart/Köln.
Gendlin, E. (2008): Ein Prozess-Modell. München.
Giest, H./Lompscher, J. (2006): Lerntätigkeit – Lernen aus kultur-historischer Perspektive. Ein Beitrag zur Entwicklung einer neuen Lernkultur im Unterricht. ICHS International Cultural-historical Human Sciences. Berlin.
Hemel, U. (1988): Ziele religiöser Erziehung. Beiträge zu einer integrativen Theorie. Bern.
Holzkamp, K. (1995): Lernen. Subjektwissenschaftliche Grundlegung. Neuwied.
Hüther, G. (2010): Bedienungsanleitung für ein menschliches Gehirn. Göttingen.
Klement, K. (2006): Neue Lernkulturen entwickeln. Habilitationsvortrag Universität Potsdam.
Klement, K. (2016): Aneignungsdidaktik und Kompetenzorientierung. Didaktische und methodische Gestaltung von Prozessen des Lehrens und Lernens in einem kompetenzorientierten Unterricht. In: O. de Fontana/B. Pelzmann/H. Sturm (Hg.): Weißt du noch oder tust du schon?

Impulse aus Theorie und Praxis für die Weiterentwicklung von Kompetenzen an Schulen (S. 17–38). Wien.

Klieme, E. (2003): PISA macht Schule? Folgerungen aus PISA für Schule und Unterricht. Hessisches Landesinstitut für Pädagogik, HeLP. Wiesbaden.

Klingberg, L. (1986): Unterrichtsprozesse und didaktische Fragestellungen. Berlin.

Meyer, H. (2014): Was ist guter Unterricht? Berlin.

Obst, G. (2010): Kompetenzorientiertes Lehren und Lernen im Religionsunterricht. Göttingen.

Spitzer, M. (2002): Gehirnforschung und die Schule des Lebens. Heidelberg.

Spitzer, M. (2016): Exekutive Funktionen – Basis für erfolgreiches Lernen. Broschüre FEX. Bad Rodach.

Weinert, F. E. (1998): Neue Unterrichtskonzepte zwischen gesellschaftlichen Notwendigkeiten, pädagogischen Visionen und psychologischen Möglichkeiten. In: Bayrisches Staatsministerium für Unterricht, Kultur, Wissenschaft und Kunst (Hg.): Wissen und Werte für die Welt von morgen (S. 104–125). München.

Weinert F. E. (2001): Leistungsmessung in Schulen – Eine umstrittene Selbstverständlichkeit. In: F. E. Weinert (Hg.): Leistungsmessung in Schulen (S. 17–31). Weinheim.

Weinert, F. E. (2005): Guter Unterricht ist ein Unterricht, in dem mehr gelernt als gelehrt wird. In: J. Freund/H. Gruber/W. Weidinger (Hg.): Guter Unterricht – Was ist das? Aspekte von Unterrichtsqualität (S. 7–18). Wien.

## II. Der Islamunterricht im Ansatz

# *»Sei du kein Anwalt den Betrügern!«*[1]
# Ein kritisch-interaktionistischer Ansatz religionsethischen Lernens im Islamunterricht

Tarek Badawia

Der schulische Islamunterricht steht – sowohl bildungspolitisch als auch bildungstheoretisch betrachtet – in verschiedenen sich überscheidenden Sphären der Verantwortung: eine Sphäre der fachwissenschaftlichen Tradition, eine Sphäre rechtsstaatlicher sowie gesellschaftlicher Verantwortung und eine dritte entscheidende Verantwortungssphäre gegenüber der jungen muslimischen Generation und deren Lebenswirklichkeit im europäischen Raum. Aus diesen verschiedenen Verantwortungssphären ergibt sich für den Islamunterricht eine Reihe von Spannungsverhältnissen, aus denen tiefgreifende Impulse zur Neujustierung des Fachprofils erwachsen.

Der Ansatz, den ich im offenen Diskursfeld der Islamischen Religionspädagogik und ihrer Fachdidaktik vertrete und in diesem Beitrag in groben Zügen vorstellen will, kann vor dem Hintergrund der o. g. Verantwortungssphären als *religionsethisch* bezeichnet werden. Die Vermittlung von Glaubensinhalten und religiösen Normen findet – so der Anspruch – unter der religionsethischen Maxime des Allgemeinwohls *(maṣlaḥa)* statt. Der Fokus religiöser Bildung wird demzufolge auf den konstruktiven Beitrag der Religion im Umgang mit ethischen Fragen des Zusammenlebens in einer pluralen und demokratischen Gesellschaft gelegt. Dieser will die Rolle der Religionen in individual- sowie in sozialethischer Perspektive stärken. Konzeptionell wird von folgender *Leitfrage* ausgegangen: Wie kann der Islamunterricht in einem kritisch-interaktionistischen Lehr-Lern-Prozess Lerninhalte im Lichte gesellschaftlicher Verantwortung so behandeln, dass Schüler*innen sich in einer bildenden Begegnung mit ihrer Religion eine religionsethische Haltung erarbeiten können?

---

1 Koran 4:115, letzter Satz, nach Rückert. Bei Koranübersetzungen lehne ich mich sprachlich an Maher (2007), Paret (1966) und Rückert (2018) an.

Die Prophetenbiografie *(sīra)* ermöglicht einen methodischen Zugang und liefert ein *Leitbild*. Der Lernbereich »Muhammads Wirken und Leben« bildet gegenwärtig in allen Lehrplänen des Islamunterrichts einen festen Bestandteil islamischer Bildung. Die Sira *(sīra)* wird im Folgenden nicht ausschließlich in ihrer normweisenden Dimension als erbauungsliterarisches Genre eingesetzt, sondern aus einer historisch-theologischen Perspektive (vgl. Dziri 2014, S. 34 f.) als persönlicher Zugang (über die Person des Propheten) zur Dynamik von Lehr-Lernprozessen betrachtet und für die Ausgestaltung von an Gegenwart und Zukunft junger Muslim*innen orientierten Bildungsprozessen entfaltet. Aus diesem Blickwinkel interessiert religionspädagogisch-didaktisch die Frage: Welche Bildungserfahrung hat der Prophet Muhammad[(s)2] gemacht und wie ist er zu dem Vorbild geworden (vgl. K 33:21), an das die Muslim*innen heute glauben? Exemplarisch für die kritisch-interaktionistische Betrachtungsweise der prophetischen Bildungserfahrung steht im Beitragstitel der kritische Aufruf des Korans an den Propheten Muhammad selbst: »*Sei du kein Anwalt den Betrügern!*« Was ist damit gemeint und welche *Lern*erfahrung hat der Prophet gemacht?

Dieses Vorhaben soll in dem vorgegebenen begrenzten Rahmen in drei Schritten umgesetzt werden. Im ersten Schritt erfolgt eine erste Annäherung an den religionsethischen Zugang anhand begrifflicher Bestimmungen und theoretischer Prämissen. An dem o. g. Beispiel erfolgen im zweiten Schritt fachwissenschaftliche und religionspädagogische Explorationen zur prophetischen Entscheidungsrationalität, aus denen weiterführende Kernthesen des Ansatzes induktiv abgeleitet werden. Ein zusammenfassendes Resümee soll die Ausführungen abrunden.

## 1 Ein Ansatz religionsethischen Lernens – theoretische Prämissen

Im ethischen Lernen beschäftigen sich Schüler*innen mit Werten und Normen. Ziel ethischen Lernens ist die Fähigkeit, praktische Wertediskurse zu führen und ein Urteilsvermögen zu entwickeln, das zu verantworteten Entscheidungen hinsichtlich der folgenden Fragen befähigt: Was muss ich tun? Was sollen wir tun? Was soll gelten? Was ist wünschbar und haltbar – für mich und für andere? (vgl. Ziebertz 2003, S. 402). Diese Fragen sind nicht auf ein bestimmtes Schul-

---

2   Auf die Nennung des Prophetennamens folgt i. d. R. ein Bittgebet um Gottes Frieden und Segen für ihn: »ʿalayhi aṣ-ṣalatu wa-salam.« Dies wird mit dem kleinen, hochgesetzten [(s)] markiert.

fach beschränkt. Jedes Schulfach kann entsprechend seiner Fachidentität einen konstruktiven Beitrag zur Bearbeitung dieser essenziellen Fragen leisten. Der Islamunterricht, der sich inzwischen in den Fächerkanon vieler staatlicher Schulen eingereiht hat, reflektiert solche Fragen aus der Binnenperspektive im Lichte des islamischen Ethos. Im Vergleich zu Moral, Norm und Ethik richtet sich das Augenmerk bei dem Ethos-Begriff auf die

> »Gesamtheit von Einstellungen, Überzeugungen und Normen, die in Form eines mehr oder minder kohärenten, in sich gegliederten Musters von einem einzelnen Handelnden oder einer sozialen Gruppe als verbindliche Orientierungsinstanz guten und richtigen Handelns betrachtet wird.« (Honnefelder 2017, S. 59 f.)

Aus der Perspektive der islamischen Ethikforschung zeigt der Islamforscher und Ethiker Fakhry in seiner aufschlussreichen Studie zu Theorien der Ethik im Islam drei zentrale Aspekte eines islamisch-theologischen Ethos auf: 1) Gut *(ḫayr)* und Güte *(birr)*, 2) Gerechtigkeit, 3) Verantwortung der Menschen (vgl. Fakhry 1994, S. 11–21). Diese Aspekte gelten als verbindliche Referenzpunkte für die Ausrichtung des hier vertretenen religionsethischen Grundverständnisses.

Davon ausgehend baut das Kompositum *Religionsethik* auf folgende weitere Prämissen bildungstheoretischer, islamisch theologischer und religionspädagogischer Natur auf, aus denen Schlüsse für die gesamte Konzeption gezogen werden:

1) Für die Begründung der Perspektive ist es unabdingbar, den Bezug zum bildungspolitischen und bildungstheoretischen Rahmen herzustellen, in dem der schulische Islamunterricht stattfindet. Die Kultusministerkonferenz (KMK) definiert die allgemeinen Bildungsziele der Schule und legt Bildungsstandards als normative Vorgaben für die Steuerung von Bildungssystemen fest. Die Schule soll demzufolge Wissen, Fertigkeiten und Fähigkeiten (Kompetenzen) vermitteln, zu einem selbstständigen kritischen Urteil, eigenverantwortlichem Handeln und schöpferischer Tätigkeit befähigen sowie zu Freiheit und Demokratie, zu Toleranz, Achtung vor der Würde des anderen Menschen und Respekt vor anderen Überzeugungen erziehen, friedliche Gesinnung im Geiste der Völkerverständigung wecken, ethische Normen sowie kulturelle und religiöse Werte verständlich machen, die Bereitschaft zu sozialem Handeln und zu politischer Verantwortlichkeit wecken, zur Wahrnehmung von Rechten und Pflichten in der Gesellschaft befähigen und über die Bedingungen in der Arbeitswelt orientieren (vgl. KMK 2005, S. 7). Vor diesem umfangreichen Ka-

talog an Kompetenzen setze ich mit der folgenden Fragestellung didaktisch eine Priorität zugunsten der Förderung kommunikativer Kompetenzen und kritischen Denkens. Als oberstes Leitziel des religionsethischen Ansatzes gilt somit die Förderung der Selbstständigkeit im Denken und Urteilen. Diese Selbstständigkeit im Denken und Urteilen im Umgang mit religiösen und ethischen Fragestellungen bezeichne ich im Anschluss an den Gelehrten bzw. Bildungstheologen Ibn Qaiyim al-Ǧauziya (1292–1350) und den Bildungsphilosophen Theodor Ballauff (1911–1995) als religionsethische Mündigkeit *(rušd)* (vgl. Badawia 2017, 2022; Thompson 2003), die durch den kognitiven, emotionalen Nachvollzug prophetischer Interaktionen und Entscheidungsprozesse gefördert werden kann.

2) Die begriffliche Unterscheidung zwischen Moral und Ethik stellt eine wichtige Voraussetzung dar. Aus der uferlosen Debatte um die begriffliche Unterscheidung zwischen Moral und Ethik interessiert an dieser Stelle die religionspädagogisch relevante Abgrenzung zwischen »Moral als Gegenstand« und »Ethik als Theorie oder Reflexion der Moral« (u. a. Adanalı 2008; Fenner 2016, S. 44; Lutz-Bachmann 2013, S. 14–19; Nipkow 1998, S. 73). Wer von Ethik redet – so der Theologe und Religionspädagoge Nipkow (1998) – unterscheidet zwischen dem, was auf der Ebene des menschlichen Verhaltens, Handelns und Lebens moralisch mehr oder weniger reflektiert geschieht, und der systematisch reflektierenden, prüfenden Betrachtung dieses Geschehens (vgl. Nipkow 1998, S. 73). Für den Ethiker und Sozialphilosophen Horster ist die Ethik die Frage nach dem guten und gelungenen Leben und die Moral die Frage nach den allgemeinen Regeln der Handlungskoordinierung. Ethik ist demnach auf das Individuum bezogen, während Moral die Gesamtheit der Regeln, Normen und Werthaltungen bezeichnet, die zur Realisierung der Werte oder zum Wohl der Menschen beitragen und zwischen Menschen gelten (vgl. Horster 2009, S. 8 f.). Unter dem Gesichtspunkt von Kompetenz wird Ethik im Anschluss an Aristoteles (384–322 v. Chr.) als eine sich kritisch und konstruktiv auf die Moral beziehende Reflexionsleistung, mit deren Hilfe intersubjektive Kriterien der Beurteilung und Überprüfung von Gewohnheiten sowie moralischen Hintergrundüberzeugungen entwickelt werden können.

> »Ethisches Denken beinhaltet daher immer auch eine Sensibilität für die Uneindeutigkeit der Weltauslegung und die rational nachvollziehbare Thematisierung dieser Unschärfen. Ein gewisser staunender Zweifel und eine Skepsis gegenüber den vorfindlichen, als ewig scheinenden Ordnungsmustern menschlichen Lebens begleitet die Ethik von Anfang an.« (Maaser 2010, S. 13)

3) Als Pendant für die begriffliche Differenzierung zwischen Ethik und Moral kann in der theologischen Sprache die begriffliche Unterscheidung zwischen *adab*[3] (»gutes Benehmen«) und *aḫlaq* (»ethische Reflexion«) auf den Ebenen von Prozess und Inhalt eine wichtige Orientierungshilfe liefern. Religionsethische Bildung stellt daher keine Neuheit in der religionspädagogischen Praxis dar. Im Koran – so der Religionspädagoge Aslan (2015) –

> »werden bestimmte ethische Fragen thematisiert: *die Natur des Guten und Bösen, die göttliche Gerechtigkeit, bzw. die Freiheit des Menschen und seine Verantwortung in seinen Handlungen.* In diesen Darstellungen lädt der Koran die Menschen, ohne religiöse Zugehörigkeit hervorzuheben, zu guten Handlungen ein. ›Sie glauben an Allah und den Jüngsten Tag und gebieten das Rechte und verbieten das Verwerfliche und beeilen sich mit den guten Dingen. Jene gehören zu den Rechtschaffenen.‹ (Koran 3/114).« (Aslan 2015, S. 37 f.)

Die moralische Bildung bzw. die »Verfeinerung des Charakters« (Topkara 2017) oder die »Kultivierung des Selbst« (vgl. Beitrag von Isik in diesem Band) stand und steht immer noch im Zentrum religiöser Bildung. Die sogenannte *adab*-Literatur bildet ein bedeutungsvolles eigenständiges Genre innerhalb der islamischen Wissenstradition.[4] Der religionsethische Ansatz, den ich hier vertrete, soll auf der (religiösen) Moralerziehung durch Familie und Gemeinde *(adab)* aufbauen können. Im Rahmen des schulischen Bildungsauftrages soll er allerdings jungen Muslim*innen

> »zu einer verantwortlichen und verantworteten Position gegenüber dem Glauben [...] verhelfen. Gerade um dieser Aufgabe gerecht zu werden, muss sich der Religionsunterricht den Inhalten konkreter Religion, den Inhalten »gelebter Religion« stellen.« (Porzelt 2013, S. 106 f.)

Diese Differenzierung zwischen tradierter Lehrmeinung und gelebter Religion stellt systematisch ein wichtiges Fundament des religionsethischen Ansatzes

---

3 Dabei ist *adab* im Sinne von gutem Benehmen als Folge moralischer Erziehung und Wertevermittlung zu verstehen, während *aḫlaq* als Ausdruck für einen lebenslangen, (selbst)reflexiven Prozesses der Charakterbildung und Bildung einer ethischen Haltung, der immer wieder durch neue moralisch-ethische Herausforderungen des Lebens individuell und unterschiedlich intensiv durchlebt wird, steht.

4 Einen aufschlussreichen Überblick über die ethischen Theorien in der islamischen Wissenstradition gibt Maǧid Fakhry (1991).

dar. Damit soll an das veränderte Anforderungsprofil an Anspruch, Methode und Zielsetzung ethischer Bildung in einem pluralistisch demokratisch-säkularen Kontext Anschluss gefunden werden können. (Selbst-)Kritisch wehrt sich der Autor mit diesem religionsethischen Ansatz gegen eine Version einer Regelkonformität, die mit einem verkürzten binären Code von »geboten und verboten« vorab eine reflexive Auseinandersetzung mit komplexen ethischen Herausforderungen unterbindet und lediglich auf die Umsetzung einer – oft ohne konkreten Lebensweltbezug erstellten – Lehrmeinung[5] setzt. Auf die Frage »Wie entscheide ich mich richtig?« will der religionsethische Ansatz mit einer selbstbestimmten Performanz antworten. Mit der selbstverantworteten Performanz wird die Individualität als einer der drei zentralen Grundsätze islamisch-theologischen Ethos in den Mittelpunkt der Überlegungen gerückt.

4) Über die sinnstiftende Bedeutung der Religion für das Subjekt hinaus gilt das religionsethische Bildungsinteresse gleichermaßen dem Weltverständnis bzw. dem Verständnis vom Zusammenleben mit anderen. Die islamisch-theologische Anthropologie differenziert – wie z. B. bei dem sunnitischen Gelehrten al-Muḥāsibī (781–857) – zwischen dem Recht des Selbst *(ḥaq an-nafs)*, dem Recht des Schöpfergottes *(ḥaq ul-Allah)* und dem der Mitmenschen *(ḥaq al-ʿibād)*. Das handelnde Subjekt hat – so al-Muḥāsibī – sein selbstverantwortetes Handeln in diesen drei Dimensionen zu reflektieren (al-Muḥāsibī 2012, S. 90). Vor allem die dritte Dimension verdient im vorliegenden Zusammenhang deshalb eine besondere Aufmerksamkeit, weil sie die Moral betrifft. Denn wenn »das Wohlergehen der Menschen vom Verhalten anderer Menschen beeinflußt wird, betreten wir den Bereich der Moral« (Oser/Althof 1994, S. 11). Zu dem Recht der Mitmenschen zählt al-Muḥāsibī interessanterweise das Recht auf ein selbstbestimmtes Leben und folglich die Pflicht zur gerechten Aushandlung von (religions)ethischen Grundlagen gesellschaftlichen Zusammenlebens (vgl. al-Muḥāsibī 2012, S. 89). Der ethische Grundpfeiler dieser an den prophetischen Vertrag von Medina angelehnten Haltung – so al-Muḥāsibī – ist die koranische Maxime der Religions- und Glaubensfreiheit – »*Es gibt keinen Zwang im Glauben*« (K 2:256). Der Ausschluss von Zwang, sprich die Garantie von Freiheit, verpflichtet – so die Quintessenz von al-Muḥāsibīs Argumentation – zur vertraglichen Aushandlung von Werten und Leitideen für ein gemeinsames friedliches Miteinander in der Gesellschaft.

---

5   Um Missverständnissen vorzubeugen, muss ich klarstellen, dass sich der Ansatz nicht gegen eine an Lehrmeinungen *(fatwā)* orientierte religiöse Praxis positioniert. Die Hauptkritikpunkte richten sich gegen 1) den oft fehlenden Bezug solcher Lehrmeinungen zur europäischen Lebenswelt junger Muslim*innen, und 2) gegen die Gefahr der Bevormundung von Individuen durch die normative Deutungshoheit von religiösen Autoritäten.

5) Der in der islamischen Wissenstradition vertraute Spannungsbogen von Norm (ḥukm, pl. aḥkām) und Wert (makrama, pl. makārim)⁶ bietet ferner eine solide theologische und rechtsnormative Grundlage, auf die das religionspädagogische Vorhaben dieses Ansatzes aufbauen kann. In der islamischen Normenlehre hat sich die Differenzierung zwischen Gebot und Ziel etabliert. Im Nachdenken und Plausibilisieren von religiösen Geboten eröffnete sich im Laufe der islamischen Ideengeschichte eine wichtige theoretische Perspektive auf die allgemeinen Zielsetzungen der Scharia *(maqāṣid as-šarīʿa)*, mit der – so der zeitgenössische, marokkanische Theologe und Intellektuelle ʿAbd ar-Raḥmān (2000) – im Grunde die konstanten Leitideen und Grundsätze reflektiert werden können, auf die alle religiösen Gebote und Regeln aufbauen. In der religionspädagogischen Praxis ist es in Anlehnung an diese theoretische Reflexionsperspektive besonders wichtig, Schüler*innen zur *Warum-Frage* zu ermutigen. In der islamischen Bildungstheologie können auf dieser Grundlage drei Fragedimensionen aufgefächert werden: Die *Was-Frage* nach den konkreten Geboten und praxisbezogenen Urteilen *(aḥkām)*, die *Wie-Frage* nach der systematischen Begründung und Ableitung von Normen *(uṣūl-al-fiqh)* und die *Warum-Frage* nach den ethischen Prinzipien der Offenbarung insgesamt. Erst mit der dritten Frage ergibt sich für ʿAbd ar-Raḥmān der Sinn für die religiöse Pflichterfüllung im Rahmen eines umfassenden Konzeptes »religiöser Lebensbewältigung« bzw. einer Ethik des Gemeinwohls (vgl. ʿAbd ar-Raḥmān 2000, S. 19). Die Verschiebung der Regelkonformität zur ethischen Reflexion des Verhältnisses von Norm, Situation und Person macht den Kerngedanken dieses Ansatzes aus. Muslimische Schüler*innen sollen dadurch in die Lage versetzt werden, ihr eigenes Leben selbstverantwortet religiös zu gestalten und mit allen Risiken der Freiheitlichkeit zu tragen (vgl. Behr 2010, S. 112).

6) Als kritisch-interaktionistischer Ansatz schließen die skizzierten theoretischen Leitideen auf Ebene der Fachdidaktik an Grundsätze der kommunikativen Didaktik (u. a. Kron 1993; Schäfer 1971; Keck/Sandfuchs 2004; Schaub/Zenke 2007) und des ethischen Lernens an, wobei dem Gottesbezug als wesentliches Merkmal religiöser Bildung eine besondere Aufmerksamkeit geschenkt wird. Von einem islamischen Standpunkt kann ich mich dem Moralpsychologen Oser (1998) nur anschließen, der aus seiner langjährigen Erforschung der Moralentwicklung folgendes Fazit zieht:

---

6 Exemplarisch für den Diskurs um die allgemeinen Zielsetzungen der Scharia wird diese Unterscheidung in Anlehnung an den Gelehrten al-Isfahānī (2012) konstatiert.

»Es gibt keine Zauberformel des moralischen Lernens, keine Tricks und keine Anabolika, durch die moralische Kraft entsteht. Moralische Einstellungen und Handlungsbereitschaften müssen vom einzelnen Menschen aufgebaut und verankert werden.« (Oser/Althof 1998, S. 11)

Der im vorliegenden Beitrag eingeschlagene Weg religionsethischen Lernens räumt der Interaktion als Kommunikationsprozess eine zentrale Bedeutung ein, in dem die Beteiligten beim Erwerb von Werten und Normen kontinuierlich aufeinander Bezug nehmen, und zwar im Medium der Sprache. Mit dem zentralen Stellenwert der Sprache geht einher, dass Menschen als sinnverstehend miteinander Handelnde in den Mittelpunkt rücken (vgl. Kron 1993, S. 169). Die Begriffe Interaktion, Kommunikation, Handeln und Kritik markieren – so Kron – den systematischen Horizont des interaktionstheoretischen Paradigmas (vgl. Kron 1993, S. 170). Zwei Aspekte sollen an dieser Stelle hervorgehoben werden: 1) Der Bezug auf den interaktionstheoretischen Ansatz liefert eine theoretische Folie, die den anfangs angesprochenen Paradigmenwechsel im islamisch-religiösen Lernen, und zwar von der Belehrung zur bildenden Begegnung des Propheten[s] bzw. vom Normativen zum Dynamischen und Interpretativen, begünstigt. 2) Eröffnet der kommunikative Ansatz für Schüler*innen – aus der Sicht religionsethischen Lernens – eine Möglichkeit, den Prozess der Begründung und Abwägung differenter Werte zu durchlaufen und durch diese Praxis ihre ethische Kompetenz zu erhöhen (vgl. Ziebertz 2003, S. 411 f.; Salloch 2016, S. 290–294).

7) Mit kritischem Denken, um hier gleich einem möglichen Missverständnis vorzubeugen, wird in der Bildungs- und Lerntheorien keine religionsfeindliche Ideologie oder areligiöse Haltung assoziiert.

»Das Wort ›kritisch‹, vom griechischen Verb krínein, bedeutet, dass wir unterscheiden, was richtig und was falsch, was wichtig und was unwichtig, was erstrebenswert und was vermeidenswert ist, dass wir also urteilen – nicht verurteilen –, und zwar nach gewissen Maßstäben. Kritisch zu denken, meint demnach, dass wir sorgfältig prüfend und überlegend zu einem Urteil gelangen.« (Pfister 2020, S. 13)

Es gibt sicherlich viele verschiedene Definitionen dessen, was kritisches Denken sein kann. Kritisches Denken befasst sich mit der Erprobung und Bewertung der vorgeschlagenen Lösungen für ein Problem oder Erklärungen eines Phänomens. Kritik, so der Erlanger Bildungsforscher Dirk, ist also nichts Negatives und hat nichts mit dem Herabwürdigen von Personen und deren Werken oder

Entscheidungen zu tun. Ganz im Gegenteil: »Sie lädt dazu ein, zu eigenen Einsichten und Erkenntnissen zu gelangen« (Dirk 2013, S. 2). Als Denkweise beinhaltet kritisches Denken die Fähigkeit zur Bewertung von Denkprozessen, die Argumentation und die Schlussfolgerungen. Sie grenzt die Rolle der Emotionalität im Denkprozess ein und kritisiert intellektuelle Faulheit und Engstirnigkeit. Zu den Hauptmerkmalen des kritischen Denkens gehören u. a. das Stellen relevanter Fragen, das Erkennen und Definieren eines Problems, die Prüfung der verfügbaren Beweise, die Analyse der erforderlichen Annahmen, die Vermeidung von Vereinfachungen im Umgang mit komplexen Sachverhalten, die Berücksichtigung anderer Interpretationen und, wo nötig, die Anerkennung von Mehrdeutigkeiten (vgl. bspw. Kruse 2017, S. 47–57; Jahn 2013, S. 5–7; Namwambah 2020, S. 48–50). Der Didaktiker Winkel sieht die kritische Aufgabe einer kritischen Didaktik darin, die vorhandenen Wirklichkeiten, also die Ist-Werte unserer Gesellschaft, in Richtung der anzustrebenden Wirklichkeiten von Gerechtigkeit und sozialen Frieden, der Sollens-Werte der Gesellschaft, zu lenken und zu verändern (vgl. Winkel 1997, S. 78 f.). Theologisch möchte ich solche Fertigkeiten und Kompetenzen an das o. g. Prinzip der Verantwortung im Umgang mit dem eigenen Glauben binden und mit der folgenden Aufforderung des Korans an jede*n Gläubige*n zur kritischen Haltung verknüpfen: »*Folge nicht etwas, von dem du kein Wissen hast! Gehör, Gesicht und Verstand, – für all das wird dereinst Rechenschaft verlangt*« (vgl. K 17:36, nach Paret).

8) Als Lehrmethode eignen sich verschiedene kommunikative Methoden zur Förderung des Urteilsvermögens bei Schüler*innen (vgl. beispielsweise Adam 1996; Isik 2013; Lindner/Zimmermann 2021). Im Ansatz religionsethischen Lernens werden koranische Erzählungen und Szenen aus der Prophetenbiografie als Fallstudien betrachtet. Bei einer Fallstudie geht es darum, dass die Schüler*innen die Antwort auf eine offene Frage geben. An der Fallstudienmethode ist die vorgegebene Fragestellung das Entscheidende. Sie ist offen, real und kann nicht einfach mit einem »Ja« oder »Nein« beantwortet werden (vgl. Adam 1996, S. 117). Übertragen auf die Praxis religionsethischer Bildung im Islamunterricht lässt sich eine Fallstudie aufgrund ihrer Komplexität und ihrer vielschichtigen thematischen Verflechtungen, ihrer Interaktionsstruktur, ihrer Akteur*innen und deren Intentionen schlicht und einfach nicht mit dem unter muslimischen Schüler*innen weitverbreiteten binären Code von Gebot und Verbot (*halal* vs. *haram*) »abfertigen«. Die intensive Bearbeitung einer Fallstudie vereint das handlungsorientierte Vorgehen diagnostischer, urteilsbildender und handlungsrelevanter Lern- und Lösungsprozesse. Trotz ihres exemplarischen Charakters ist eine Fallstudie im Grunde mehr als ein bloßes Beispiel. Sie zeichnet sich u. a. durch hohe Realitätsnähe aus. Lernende

können sich dem lebensweltlichen Gegenstand mit z. T. hohen narrativen Anteilen im Rahmen einer heuristisch-kommunikativen Unterrichtssituation annähern (vgl. Fuchs 2021, S. 304 f.). Die Fallstudienmethode greift reale Situationen aus dem prophetischen Alltag auf und lässt sie zum Gegenstand des Unterrichts werden.

»Die Arbeit mit einer Fallstudie bietet didaktisches Potential in mehrfacher Hinsicht: Zum einen ermöglicht die Vorgehensweise die selbständige, eigenaktive Bearbeitung einer Problemstellung, zudem kann ggf. vorhandenes, fallrelevantes Expertenwissen zum Einsatz kommen. Zum zweiten zielt die Methode einerseits auf die Verknüpfung schulischen bzw. dezidiert ethischen Lernens mit lebensweltlicher Bedeutsamkeit und andererseits auf die strategische Verknüpfung von Entscheidungsfindung, Problemlösung und Urteilsbildung.« (Fuchs 2021, S. 308)

Während der Fallbearbeitung durchlaufen die Lernenden idealtypisch Lernprozesse der Wahrnehmung, Wissensaneignung, Analyse, Problemlösung und der Entscheidung. In Anlehnung an Hoffmann/Langefeld (1998, vgl. S. 67 f.) können Lernende folgende sechs Phasen einer Fallbearbeitung durchlaufen:

Tab. 1: Sechs Phasen einer Fallbearbeitung (in Anlehnung an Hoffmann/Langefeld 1998, S. 67 f.)

| Phasen | Konkrete Handlungsschritte | Didaktische Intention |
|---|---|---|
| Konfrontation | Vorstellung eines Falles | Problemdarstellung, Problemwahrnehmung |
| Information | Vorwissen, Informationsbeschaffung | Überlegungen und Planung zur Problemlösung |
| Exploration | Planung der Problemlösung, Informationsverarbeitung, Methodenauswahl | Zielorientierte Anwendung zur Problemlösung, Methodenkompetenz |
| Resolution | Auswählen und Begründen einer Entscheidung | Abgestimmte und begründete Problemlösung |
| Disputation | Vortragen, Diskutieren der Entscheidung | Einordnung der Problemlösung in den Gesamtzusammenhang |
| Kollation | Vergleich der Lösung mit der Realität/evtl. neue Problemlösungen | Reflexion und Transfer |

Es gibt eine Reihe von Ereignissen aus der Prophetenbiografie *(sīra)*, die auch im Koran dokumentiert sind und in Anlehnung an u. a. Kaiser (1983), Hoffmann/Langefeld (1998) und Fuchs (2021) die Kriterien einer Fallstudie (u. a. Genese eines Problems, Akteur*innen, Interessengruppen, divergierende Positionen, Rahmenbedingungen, Machtverhältnisse, Konfliktgegenstände, Deutungsmuster) erfüllen. Exemplarisch können einige Beispiele genannt werden: a) der Vorfall mit dem blinden Mann während eines Treffens des Propheten[s] mit den Häuptern der Quraysh (K 80:1–13; vgl. Lings 1991, S. 94–97); b) die Diskussion um Frieden und Krieg, Sieg und Niederlage um den Feldzug von Uhud (vgl. K 3:138–180; vgl. Lings 1991, Kap. 51 und 58); c) der Vorfall von Bani Qurayzah (vgl. Lings 1991, Kap. 61); d) Die Lüge um die Halskette von Aischa (K 24:11–26; vgl. Lings 1991, Kap. 64 und 65); e) der Friedensvertrag von Hudaybiyya (K 48:1–10; K 27; vgl. Lings 1991, Kap. 67); f) der Vorfall um die Bestäubung der Dattelpalmen und der Hadith, »Ihr kennt die Angelegenheiten eurer Welt besser.«[7]

## 2 Im Ethos der Gerechtigkeit – eine religionsethische Fallstudie

Für die praktische Umsetzung des theoretisch skizzierten Ansatzes religionsethischen Lernens habe ich mich für einen weniger bekannten Streitfall entschieden, an dem exemplarisch eine kritisch-interaktionistische Begegnung mit dem Propheten[s] mit dem Ziel ermöglicht werden kann, das sensible Verhältnis von Wert und Person und dessen Bedeutung für die eigene Urteilskompetenz zu reflektieren.

### 2.1 Konfrontation, Kommunikation und Reflexion

Die Quintessenz eines Streitfalles wird in der Sure 4, Vers 105–113 mit folgenden Worten[8] dokumentiert:

»Wir[9] haben dir[10] das Buch herabgesendet mit der Wahrheit,
Auf dass du richtest unter den Menschen
Nach dem, was Gott dir zeiget.
Sei du kein Anwalt den Betrügern!«

---

7 Vgl. Enzyklopädie der Hadithe, Ṣaḥīḥ Muslim Hadith Nr. 2363 (eigene Übersetzung).
8 Ich entscheide mich aus stilistischen Gründen für die Übersetzung von Rückert (2018).
9 Der Pluralis Majestatis »Gott«.
10 Du Prophet Mohammad!

Der Koran – verstanden in seiner Funktion als authentisches, kritisch-kommunikatives Begleitmedium der 22-jährigen Offenbarungsgeschichte – fordert in diesem Imperativ »*Sei [du] kein Anwalt den Betrügern!*« die Person Muhammad[(s)] in seiner Funktion als Prophet und Empfänger göttlicher Offenbarung auf, konsequent eine klare ethische Haltung gegen jegliche Form von Betrug zu zeigen. Nochmals: Der Koran fordert den Propheten[(s)] auf, in aller Konsequenz für eine grundlegende sittliche Werthaltung einzutreten.

Dass der Prophet selbst mit den Worten »*Sei du kein Anwalt den Betrügern!*« zum rechtschaffenen Handeln aufgefordert wird, kann auf den ersten Blick mit dem tradierten Vorbild des Propheten[(s)] als Vorbild und vollkommener Mensch nicht übereinstimmen. Dies würde sogar in bestimmten traditionellen Kreisen sicherlich für Erstaunen und viel Unruhe sorgen. Würde es im Umkehrschluss heißen, dass der Prophet[(s)] Anwalt von Betrügern gewesen wäre? Das ist zwar sicherlich mit dem Vers nicht gemeint, aber dennoch kann eine Abwehrhaltung und gewisse Unruhe dadurch ausgelöst werden, dass das vermittelte statische Vorbild des Propheten[(s)] dann nicht mehr so stimmig erscheint. Fungiert der Mensch Muhammad[(s)] bei diesem Konflikt als Privatperson, als Prophet oder in der Rolle als Richter? Diese Irritation ist gewollt und ist an und für sich ein wichtiges Lernziel. Sie zielt zunächst darauf ab, dass ein kritisches Nachdenken über diese Aufforderung nicht gleich als religionsfeindlich eingestuft wird und sonstigen Abwehrstrategien zum Opfer fällt.

Das Verständnis von einem Vorbild, das im Koran von einem Propheten vermittelt wird, entspricht nicht dem Ideal von einem unerreichbaren, immer korrekt und von allen konkreten Widrigkeiten des realen Lebens losgelösten Menschen, der unter Idealumständen eine Weltutopie konstruiert. Die islamische Prophetologie – so die renommierte Islamwissenschaftlerin Schimmel – fußt auf einem Grundverständnis von Sündlosigkeit des Propheten[(s)] im Sinne von Geschütztsein vor Sünden (*'iṣma*). Prophetische Qualitäten ergeben sich aus Handlungseigenschaften: Der Prophet[(s)] muss aufrichtig sein, muss zuverlässig sein, muss unbedingt das Gotteswort verkünden und muss klaren, hellen Verstand haben; dagegen ist es unmöglich, dass er lügt, ungetreu ist, die Gottesbotschaft verheimlicht oder stumpfsinnig ist. Dazu komme eine mögliche Eigenschaft, nämlich, dass er von den menschlichen akzidentiellen Schwächen betroffen werden kann. Propheten – so Schimmel in Anlehnung an den Gelehrten Qāḍī 'Iyāḍ[11] – sind von Gott geschützt worden und haben sich in Acht genommen durch freie Wahl und Aneignung (vgl. Schimmel 2002, S. 46f.).

---

11 Qāḍī 'Iyāḍ (gest. 1149), ein Rechtsgelehrter und Richter, ein führender Vertreter der malikitischen Rechtsschule in Granada und Marrakesch, Autor einer sehr weitverbreiteten Propheten-

Wider der Erwartungen vieler junger Muslim*innen an einen Propheten – so die Erfahrungen aus der Praxis –, der nur Wunder vollbringt, beinah als absolut vollkommener Mensch vergöttert wird, absolut unantastbar distanziert wirkt, normativ und autoritär predigt, ein Superheld sein will, stellt der Koran mit dem Propheten Muhammad[(s)] einen Propheten der Barmherzigkeit[12] dar, der aus der Mitte seiner Gemeinschaft stammt, mit ihre Sorgen teilt und für sie als Vorbild mitten im Leben steht, den Herausforderungen, Widrigkeiten sowie Höhen und Tiefen des realen Lebens ausgesetzt ist (vgl. K 9:128). Er

»hat niemals behauptet, irgendwelche übermenschlichen Fähigkeiten zu besitzen. Er wollte nichts sein als ›ein Diener, dem offenbart worden ist‹, und wenn man ihn aufforderte, Wunder zu vollbringen, so wies er auf den Koran hin.« (Schimmel 2002, S. 20)

Die Vorbildlichkeit Muhammads[(s)] besteht – meines Erachtens – nicht in dem Bild eines lebensunerfahrenen utopischen Denkers. Sie ergibt sich aus seiner Nähe zum Leben, aus seinem konsequenten Eintreten für Grundwerte (der Offenbarung) und daraus, dass die Facetten seines Handelns als Mensch und Prophet alle Seiten des realen Lebens abdecken.

## 2.2 Der Streitfall und der soziale Frieden – die Information

Was ist passiert? Nach der Ankunft des Propheten Muhammad[(s)] in Medina gehörte die Schließung des Medina-Friedensvertrages mit Vertretungen aller Medina-Stämme und religiösen Gemeinschaften zu seinen Prioritäten. Dieser Vertrag ging in die Ideengeschichte des Islam als Medina-Charta ein. U. a. sichert der Medina-Vertrag allen Anhänger*innen der unterzeichneten Stämme und Religionen absolute Gleichbehandlung zu.

In der vierten Sure dokumentiert der Koran einen Streitfall, der zwar nichts Aufregendes beinhaltet, aber dennoch exemplarisch für das Thema Gerechtigkeit steht. Ein Stammesführer eines angesehenen *muslimischen* Stammes in Medina instrumentalisiert den Streitfall, um gegen einen *jüdischen* Stamm zu hetzen. Nachdem ein Mitglied seines Stammes Diebstahl begangen hatte und als Täter hatte gestellt werden können, wehrte sich der Stammesführer mit allen möglichen Betrügereien gegen die Festnahme. Im Namen der Ehre seines Stam-

---

biografie unter dem Titel »Kitāb aš-šifāʾ fī taʿrīf ḥuqūq al-Muṣṭafā« (»Buch des Seelenheils durch das Erkennen der Vorzüge des Auserwählten/Muhammad«).
12 Vgl. K 21:107.

mes und der absoluten Loyalität zu dessen Mitgliedern war er zu allem bereit, um den Freispruch für seinen Stammesanhänger zu erzwingen. Zu den dreisten Betrügereien gehörte u. a., den Diebstahl einem jüdischen Bürger Medinas in die Schuhe zu schieben. Ferner versuchte er mithilfe eines berühmten eloquenten Anwaltes die öffentliche Meinungsbildung dahingehend zu manipulieren, indem er aus dem Streitfall einen Loyalitätskonflikt zwischen Muslim*innen und Jüd*innen konstruierte. Er baute eine enorme öffentliche Druckkulisse auf und forderte sogar den Propheten Muhammad[s] in seiner Funktion als Richter öffentlich auf, sich auf die Seite des muslimischen Mannes gegen den Juden zu stellen. Die vielen in den Korankommentaren[13] erwähnten Einzelheiten über die Klärungsgespräche mit dem Angeklagten, dem im Verdacht Stehenden und vielen anderen Beteiligten lassen eine gewisse Zerrissenheit des Propheten Muhammad[s] deutlich erkennen, die offenbar aus seiner Sorge um den Friedensvertrag in Medina herrührte. Zwei Angeklagte (ein muslimischer und ein jüdischer) standen vor dem Richter Muhammad[s] in einem gesellschaftspolitisch sensiblen Prozess. Die Zwischentöne zwischen den kurzen Versen (z. B. Vers 106 mit der Aufforderung zur Bitte um Vergebung) geben aus der unabhängigen Koranerzählperspektive Aufschluss über den gravierenden öffentlichen Druck, dem sich der Prophet Muhammad[s] offenbar nicht (einfach so) entziehen konnte. Die sachliche Prüfung der Faktenlage hat die Unschuld des jüdischen Angeklagten bewiesen und zu dessen Freispruch geführt. Darüber hinaus berichten die Korankommentare davon, dass sich der Prophet Muhammad[s] bei ihm öffentlich für die ungerechtfertigten Missbrauchsvorwürfe durch das eigene Gemeindemitglied (den Muslim) entschuldigte. Der muslimische Streitpartner und sein Stammesführer werden seitdem als Betrüger und Heuchler bezeichnet, die sich und ihre Werte verraten haben. Der Koran dokumentiert in der vierten Sure diesen Streitfall retrospektiv mit den folgenden Worten:

105 »Wir[14] haben dir[15] das Buch herabgesendet mit der Wahrheit,
Auf dass du richtest unter den Menschen
Nach dem, was Gott dir zeiget.
Sei du kein Anwalt den Betrügern!

---

13 Ein Zugriff auf alle Korankommentare im Original ist unter dem Online-Katalog des »Royal Aal al-Bayt Institute for Islamic Thought« abrufbar: www.altafsir.com (Zugriff am 10.11.2021).
14 Der Pluralis Majestatis »Gott«.
15 Du Prophet Mohammad!

106 Und sühne Gott![16] denn Gott ist gnädig und versöhnlich. [...][17]
107 Darum verteidige nicht, die[18] sich
Mit ihrem Truge selbst betrügen;
Denn Gott liebt nicht den trügerischen Frevler.
108 Verbergen sie sich vor den Menschen,
Verbergen sie sich doch vor Gott nicht,
Er ist bei ihnen, wann sie nächtlich
Rede führen, die er nicht liebt,
Gott hält ihr Tun umschlossen.
109 Ihr, die ihr sie verteidiget in diesem Leben,
Wer wird sie gegen Gott verteidigen
›Am Tag der Urständ‹, oder sein
Für sie dann ein Sachwalter?
110 Wer eine Sünde wirkt, der wirkt sie seiner Seele,
Und Gott ist weis', allwissend.
111/112 Wer aber eine Sünde wirket oder Schuld,
Und dann damit beschmitzt einen Unschuldigen,
Der hat zu tragen beides, Lüg' und off'ne Schuld.
113 Und wäre Gottes Huld nicht über dir und sein Erbarmen,
Ein Teil von ihnen suchte wohl dich irrzuführen,[19]
Sie aber führen nur sich selbst irr,
Und werden dir nicht schaden irgend;
Denn Gott hat dir herabgesandt die Schrift und Weisheit,
Und dich gelehrt, was du nicht wusstest,
Und Gottes Gnadenfülle über dir ist groß.«

---

16 Die Frage, warum der Prophet um Vergebung bei Gott bitten sollte, löste eine breite Debatte unter den Koranexeget*innen aus. An dieser Stelle wird deutlich, dass sich der Mensch Muhammad[(s)] von den heftigen öffentlichen Debatten um die Loyalitätskonflikte hat mitreißen lassen.
17 Folgender Zusatz von Rückert wurde der Übersichtlichkeit halber ausgelassen: »*Wer als Vertreter wird vertreten Gutes, Dem wird ein Anteil dran; Wer als Vertreter aber wird vertreten Böses, Dem wird gleichviel davon, und Gott Ist über alles ein Verfüger.*«
18 Der Stammesführer von Ubairiq und dessen Anhänger (Anwalt, Stammesanhänger etc.), die mit betrügerischen Mitteln die Manipulation der öffentlichen Meinung bezweckten. Ihr Betrug wird in den darauffolgenden Versen getadelt.
19 Dieser Hinweis schließt an den Kommentar zu Vers 106 an und bestätigt die These, dass die Einflussnahme auf die Meinungsbildung des Propheten Muhammad[(s)] doch bewusst beabsichtigt und von den Wortführern der Kampagne forciert wurde.

Bezüge zur Lebenswelt der Schüler*innen sind bei diesem Fallbeispiel sehr gut denkbar, wenn an Erfahrungen von Gruppendynamik und Loyalitätskämpfe angeknüpft werden kann, in denen es um den Konflikt von Werthaltung oder Wertverstoß geht. Verknüpfungen zu Themen wie Frauenfeindlichkeit, Antisemitismus, Bandenkriminalität oder gewaltbereite Cliquenbildung etc. sind denkbar. Der koranisch dokumentierte Streitfall macht auf lebendige Art und Weise den Propheten[(s)] erfahrbar und ermöglicht eine Teilhabe an einer nachvollziehbaren Erfahrung, die jeder machen kann. Der Prophet[(s)] lief in diesem Streitfall mit Betrügern (aus der eigenen Reihe) und Heuchlern Gefahr, in die Falle der Ungerechtigkeit zu tappen. Der zitierte Imperativ »*Sei du kein Anwalt den Betrügern!*« steht exemplarisch für das Ethos der Gerechtigkeit, das unter allen Umständen reflektiert werden muss.

## 3 Die Begegnung des lernenden Propheten[(s)] – weiterführende explorative Thesen

### 3.1 Ein Prophet in Interaktion

In Ergänzung der Vorbildlichkeitsthese (unter 2.1) soll an dieser Stelle die normative Kraft des Propheten[(s)] unter einem lerntheoretischen Gesichtspunkt relativiert werden. Dies geschieht, indem das Augenmerk – ohne normativen Druck – auf das prophetische Handeln in alltäglichen Interaktionen gerichtet wird. Das geschilderte sowie eine Reihe anderer dokumentarischer Fallbeispiele im Koran (siehe die o. g. Beispiele) lassen den Propheten auch als Mensch in aktiver, reziproker Interaktion mit anderen Menschen erscheinen. In Interaktionen zu stehen, bedeutet auch mitten im Leben zu stehen und ein Teil der gegenseitigen Beeinflussung sowie wechselseitigen Abhängigkeit zwischen Individuen und/oder sozialen Gebilden zu sein. In Anlehnung an den interaktionstheoretischen Ansatz des Erziehungswissenschaftlers Kron (1993) bilden Menschen in Interaktionen ihr Wirklichkeitsverständnis aus. Die Subjektabhängigkeit der Erkenntnis muss deshalb grundsätzlich auf den Verständigungsprozess bezogen werden. Im Mittelpunkt der Betrachtung einer Wissenschaft über den Menschen kann nicht nur das Subjekt stehen, sondern die Verständigungsgemeinschaft, der Dialog und der Austausch der Menschen untereinander müssen stets miteinbezogen werden. Darin sind kulturelle und soziale Einflüsse eingeschlossen (vgl. Kron 1993, S. 169–172.).

Ferner gehört zu den elementaren Grundinformationen islamischer Offenbarungslehre die historische Tatsache, dass die Offenbarung das Leben des zum

Propheten berufenen Menschen Muhammad⁽ˢ⁾ begleitet hat. Allen methodisch unterschiedlich angelegten Prophetenbiografien (*sīra*, pl. *siyar*) ist gemeinsam, dass die Wirkungsgeschichte Muhammads⁽ˢ⁾ als Prophet 23 Jahre zwischen 610 und 632 dauerte. Was bedeutet diese (zunächst triviale) Feststellung für religionspädagogisches Denken und Handeln? Dem religionsethischen Fokus entsprechend interessieren die Mikrostrukturen prophetischen Handelns. Eine analytische Aufarbeitung solcher mikrostrukturellen Elemente seines Handelns gewährt Einblicke in den Prozess der bzw. seiner Urteilsbildung und in die Logik seiner Bewertungen, sprich in die Praxis seiner praktischen Urteilskraft. Denn, wie gesagt, ein Prophet lebt nicht nur für sich. Durch sein Handeln verleiht ein Prophet dem verkündeten (abstrakten) Glauben konkrete Gestalt. Er erklärt, veranschaulicht und verdeutlicht diesen Glauben, indem an ihm erkannt wird, wie ihn dieser im Fluss des Lebens trägt und wie Menschen dadurch zum Nachdenken angeregt werden können (vgl. K 16:43–44).[20]

Von diesem Verständnis ausgehend bedient sich der Koran der Wegmetapher und lässt im Namen des Propheten Muhammad⁽ˢ⁾ verlauten: »[O Muhammad! Sag:] *Das ist mein Weg. Ich rufe zu Gott auf und bin darüber im Klaren. Das tun auch die Gläubigen, die meinem Weg folgen*« (K 12:108, nach Maher). Die Wegmetapher ist eine vertraute Denkfigur in der Islamischen Theologie, die deutlich machen soll, dass es diesen Weg gibt, den viele gegangen sind (vgl. K 16:43 und K 1:6 f.). Die Assoziationen zur Wegmetapher in der Rezeption der prophetischen Geschichte sind denkbar sehr viele. Eine entscheidende im vorliegenden Zusammenhang betrifft die persönliche Identifikation mit diesem Weg bzw. den willentlichen Entschluss, ihn (mit)gehen zu wollen: »*Das ist mein Weg!* [...] [U]*nd ich bin darüber im Klaren.*« (K 12:108) Mit anderen Worten: Der Mensch, der sich als Muslim*a für den Islam entscheidet, *bekennt* sich zu diesem Weg. Die Wahrheit dieses Bekenntnisses offenbart sich, indem man diesen Weg geht.

Im Vergleich zu dem hier präferierten Blickwinkel auf die prophetischen Interaktionen dominiert in der herkömmlichen Rezeption der Prophetenbiografie die Rede von prophetischen Sprüchen und Handlungen als normativer

---

20 Der Gedanke wird in Anlehnung an die folgenden Verse entfaltet. Die Verse 43 und 44 aus Sure 16 bauen aufeinander auf und werden zur besseren Nachvollziehbarkeit zitiert: »*Und wir haben vor dir [O Mohammad] Männer als unsere Gesandten auftreten lassen, denen wir Offenbarungen eingaben. Fragt doch die Leute der früheren Schriften, wenn ihr es nicht wißt! Wir haben sie [alle biblischen Propheten] mit den klaren Beweisen (baiyinaat) und den Büchern (zubur) gesandt. Und wir haben nunmehr die Mahnung [den Koran] zu dir hinabgesandt, damit du den Menschen klarmachst, was zu ihnen hinabgesandt worden ist, und damit sie vielleicht nachdenken würden*« (K 16:43–44, nach Paret, Ergänzungen in eckigen Klammern durch T. B.).

Vorgabe. Oft hört man den Satz »Der Prophet hat dies und jenes gesagt!«, der die normative Direktive »Gehorche und folge!« impliziert. Dagegen will der hier vertretene Ansatz wirken, indem er den Blick auf die komplexe Struktur prophetischen Handelns und dessen Entscheidungsrationalität öffnet. Handeln verstehe ich hier in Anlehnung an den Theologen Honnefelder (2017) als die Praxis, durch die das menschliche Leben gelingt oder misslingt. Dies kann nicht anders als in Interaktion mit anderen Handelnden erfolgen und im Kontext eines die einzelne Handlungssituation übergreifenden biografischen Zusammenhangs stehen (vgl. Honnefelder 2017, S. 61).

Eine religionspädagogische Rezeption der Prophetenbiografie, die auf dem Interaktionsbegriff basiert, zeichnet sich in Bezug auf die Sinnkonstruktion und Nachvollziehbarkeit prophetischen Handelns durch ein zentrales Element aus. Es befreit sich vom normativen und wendet sich dem interpretativen Paradigma mit dem Ziel zu, das prophetische Handeln aus dem siebten Jahrhundert aus der Warte der eigenen Gegenwart zu verstehen. Religionspädagogische und didaktische Leitfragen können z. B. lauten: Wie hat Muhammad[s] im Lichte seines prophetischen Auftrages gehandelt? Was hat er wie vermittelt? Was hat er für Erfahrungen gemacht? Wie hat ihn der Glaube getragen, durch das (harte) Leben begleitet und gelotst? Wie hat er Leid, Freude, Trennung, Sieg und Niederlage erlebt? Welchen Erkenntnisgewinn hat die Prophetenbiografie für die Entwicklung einer religionsethischen Haltung in der Gegenwart? Was kann mir ein bzw. mein Prophet auf den Lebensweg mitgeben? Wie kann man das Verhalten des Propheten[s] erklären? Ist die koranische Kritik an ihm berechtigt? Warum lässt Gott die Lage so eskalieren?

### 3.2 Ein anderer Blick auf das vertraute Vorbild

Die Offenbarung *(waḥi)* greift ins Geschehen ermahnend und bildend ein. Sie lässt zwar die Erfahrung zu, aber sie setzt die ethische Maxime »*Sei [du] kein Anwalt den Betrügern!*« als Ausdruck von Gotteswillen fest. Der Prophet[s] handelt entsprechend nach dieser Maxime und so wird sein Handeln zum Vorbild und Gebot für jeden Muslim und jede Muslima. Denn in ihm – so spricht die edle Schrift – haben die Gläubigen ihr gütiges und bestes Vorbild *('uswa ḥasana)* (vgl. K 33:21).

Für die islamische Morallehre *(adab)* werden aus dem prophetischen Vorbild allgemeine Normen abgeleitet, z. B. »Du sollst nicht betrügen!«. Im familiären, gemeindepädagogischen Kontext religiös-muslimischer Bildung stellt diese Begründungslogik moralischen Handelns das grundlegende und dominante Orientierungsmuster dar, sodass man sich bei der moralischen Erziehung und ethischer Bildung an dem prophetischen Vorbild zu orientieren und ihm (in Wort und Tat) zu folgen hat; soweit die Selbstverständlichkeit und Denkroutine,[21] die in diesem Ansatz unter der Fragestellung problematisiert werden soll, ob sich ethisch-religiöses Lernen unter Lehr- und Lernbedingungen der Gegenwart allein in der Nachahmung eines Vorbildes erschöpft.

Der schulische Islamunterricht kann dieses herkömmliche Denkmuster (im Sinne von »Du sollst folgen!«) entgegen der Erwartungen vieler muslimischer Eltern und politischer Verbandsakteure aufgrund seiner strukturellen Einbindung und schulpädagogischen Konzeption nicht bedienen und daher auch dem Wunsch von vielen Eltern nach Erziehung zu mehr Frömmigkeit und Gefolgschaft nicht nachkommen. Dagegen geht er »kontextbezogen, vernunftbasiert und lebensweltorientiert« (Badawia/Topalović 2022) vor und zielt dabei auf die Förderung religionsbezogener Kompetenzen ab, u. a. auf die Förderung der Urteilsfähigkeit, des selbstständigen Denkens und sachlichen Argumentierens. Der Prophet[(s)] wird in diesem schulischen Kontext in der Lehr-Lern-Perspektive wahrgenommen und nicht als eine distanzierte normative Autorität. Bildende Lebenserfahrungen, die das ausgewählte Beispiel illustriert, können im didaktischen Sinne als Fallstudien oder Dilemmata betrachtet werden.

Islamlehrkräfte kennen die Reaktion mancher muslimischen Schüler*innen, wenn es um die Vorbildlichkeit bzw. das Nachahmen des Propheten[(s)] geht: »Er ist ein Prophet, aber ich bin keiner!« Problematisch wird diese Aussage, wenn sie in Bezug auf das eigene ethisch-moralische Handeln so verstanden wird, dass man dem prophetischen Anspruch nicht annähernd genügen kann, und dadurch die Ambiguitätserfahrung in der Begegnung des Propheten als Belastung empfunden wird. Aus einer religionsethischen Lernperspektive soll daher im schulischen Islamunterricht – so der Kerngedanke in diesem kritisch-interaktionistischen Ansatz – eine Begegnung mit dem Propheten des Islam (so wie mit anderen Propheten auch) ermöglicht werden, in der die Schüler*innen nicht nur von *dem* Propheten belehrt[22] werden und nicht nur zuzuhören haben.

In einer kritisch-interaktionistischen Begegnung mit dem Propheten[(s)] soll ein Lernprozess arrangiert werden können, in dem Lernende durch kritisches Vor- und Nachdenken über die prophetischen Handlungsvollzüge und deren Rahmenbedingungen ihre Fähigkeiten und Fertigkeiten entwickeln und entfalten können. Den entscheidenden Impuls für die erforderliche Differenzie-

---

21 Die Formulierung ist ausschließlich deskriptiv gemeint und nicht wertend.
22 Der Status des belehrenden Propheten[(s)] in gottesdienstlicher Hinsicht ist nicht tangiert. Um einem Missverständnis vorzubeugen, sei an dieser Stelle darauf hingewiesen, dass unter Punkt 3.5 die verschiedenen Kategorien prophetischer Handlungen und deren Verbindlichkeiten dargestellt werden.

rung in der Rezeption prophetischer Handlungen (Aussagen, Taten, Erklärungen, Meinungen, Empfehlungen etc.) liefert der Prophet[(s)] selbst, indem er auf die erforderliche differenzierte Wahrnehmung seiner Handlungen hinweist:

> »Ich bin ein Mensch. Wenn ich euch etwas zu eurem Glauben (eurer Religion) vorschreibe, nehmet es an und folgt dem. Wenn ich aber aus meiner Meinung spreche und fordere, (denkt daran) ich bin ein Mensch.«[23]

Dieselbe Botschaft wiederholte der Prophet[(s)] in verschiedenen Varianten, um deutlich zu machen, dass er ein Mensch wie wir ist und dass ihm darüber hinaus offenbart wird.[24] In diesem Zusammenhang wird sein Spruch tradiert:

> »Ich bin ein Mensch wie ihr. Was ich euch im Namen Allahs vortrage, ist wahr. Wozu ich mich als Person äußere, [denkt daran] ich bin ein Mensch; ich kann richtig oder falsch liegen.« (vgl. K 18:110)

Diese Aussagen werden in dem vorliegenden Ansatz nicht hadithwissenschaftlich untersucht, sondern religionspädagogisch kritisch rezipiert: Welche Relevanz hat diese systematische Differenzierung prophetischer Handlungen für die Gestaltung und das Arrangieren von Lernprozessen?

Der an die proaktiv handelnde Person des Propheten[(s)] ausgerichtete Imperativ »*Sei (du) kein Anwalt den Betrügern!*« steht meines Erachtens paradigmatisch für die Betrachtung des *Propheten*[(s)] *als lernendes Subjekt,* das durch eine Reihe von realen Krisensituationen und ethische Dilemmata lernen sollte, sich die ethisch-moralischen Handlungsmaximen anzueignen. Muslimische Schüler*innen sollen – so der Anspruch – diesen *Lernweg* mit ihrem Vorbild gemeinsam gehen. Es handelt sich also um eine Perspektivenerweiterung und nicht um eine neue Perspektive: Die herkömmliche Begegnung mit dem *belehrenden* Propheten wird um die – pädagogisch und didaktisch relevante – Begegnung mit dem *lernenden* Propheten erweitert.

---

23 Ein authentischer Spruch *(Hadith),* überliefert und geprüft von al-Albānī, »Ṣaḥīḥ al-ǧāmiʿ aṣ-ṣaġīr«, Hadith Nr. 17381, in: Enzyklopädie der Hadithe, abrufbar unter: www.dorar.net (Zugriff am 16.01.2022; übersetzt durch T. B.).

24 al-Hayṯamī (2009), »Maǧmaʿ az-zawāʾi«, Bd. 1, S. 183, abrufbar unter: www.dorar.net (Zugriff am 16.10.2021; übersetzt durch T. B.).

## 3.3 Der lernende Prophet

Ausgehend von den beiden ersten Thesen (Vorbildlichkeits- und Interaktionsthese) interessiert im dritten Schritt das Verhältnis von Lehr- und Lernerfahrungen in dem geschilderten Fallbeispiel. Ist der Prophet[(s)] immer der Lehrende gewesen oder erscheint er hier auch als Lernender, der in diesem Fall im Miteinander-Handeln sinnverstehend unterwegs war? Wusste der Prophet[(s)] immer genau, was und wie er zu handeln hat, oder ließ ihn – islamisch gesprochen – Gott handeln und intervenierte rechtleitend und rechtschaffend? Der geschilderte Fall – so wie viele andere Fälle aus seiner Prophetenbiografie – gibt eine deutliche Antworttendenz.

Wie bereits erwähnt, wird in diesem Beitrag ein Zugang zu den Primärquellen (Koran und Lebensbiografie des Propheten[(s)]) gewählt, mit dem erschlossen werden kann, was und wie dem Propheten selbst in einem interaktiven Lernprozess vermittelt wurde. Der Prophet tritt in diesem Kontext – entgegen eines weitverbreiteten statischen Vollkommenheitsideals – als ein Mensch im Modus des Lernens auf. Damit kritisiere ich lediglich die Rezeptionspraxis des Verses K 33:21 in vielen muslimischen Kreisen, die dem Menschen und Propheten Muhammad[(s)] einen »Super-Mensch-Status« zuschreiben oder ihn sogar so vergöttern, dass der Alltagsmensch daran nur zweifeln kann, dem Vorbild des unfehlbaren Propheten annähernd entsprechen zu können. Die allgemein bekannte und theologisch unumstrittene Vorbildfunktion des Propheten[(s)] soll hier nicht infrage gestellt werden. Ich stelle mich gegen die ausschließliche Rezeption der Prophetentradition als normative Autorität, in der der Prophet[(s)] lediglich als Lehrender und nie als Lernender steht.

Im Vergleich zum theologischen Diskurs über Status, Stellenwert oder Funktion des Propheten in fundamentaltheologischen Zusammenhängen gilt das religionspädagogische Augenmerk dem prophetischen Handeln, und zwar in einem konkreten Denkhorizont der Vermittlung von Glauben und Förderung von Religiosität. Für die pädagogische Reflexion des prophetischen soll daher anhand der folgenden zwei Aussagen ein Reflexionsbogen über die »Natur der prophetischen Figur« gespannt werden, in dem das prophetische Handeln bzw. prophetische (religionsdidaktische) Interaktionen im Spannungsfeld von einem einerseits »normativen überzeitlichen Vorbild« und andererseits »einem im konkreten historischen Kontext handelnden Menschen« reflektiert werden können:
- »*Ihr habt im Propheten ein schönes Vorbild für den wahren Gläubigen*« (K 33:21, nach Maher).
- »*Sag: Ich bin nur ein Mensch (baschar) wie ihr, (einer) dem (als Offenbarung) eingegeben wird*« (K 18:110, nach Paret).

Ich will dafür plädieren, die Lernerfahrungen des Propheten[(s)] als Teilaspekt dieser Vorbildfunktion einzuschließen. Dann habe ich es als lernender Mensch mit einem Propheten zu tun, mit dem ich auch Lernerfahrungen teilen kann. Denn sein Lehrer ist auch genau meiner. Kurzum: Gott (Allah).

Die berechtigte Rückmeldung von muslimischen Schüler*innen zu derartigen prophetischen Anforderungssituationen unter dem Motto »Ich bin aber kein Prophet« regt eine kritisch-interaktionistische Auseinandersetzung mit solchen Lernerfahrungen des Propheten[(s)] an, bei welcher der fallübergreifende und zeitlose Grundwert bzw. die Grundwerte herausgearbeitet werden, um den bzw. die es in solchen dokumentarischen Erfahrungen geht. Schließlich verweist die Koranstimme im Vers 4:113 auf die enge Verknüpfung von Schrift (Wert/Norm) und Weisheit (Lebensgestaltung/Handeln). Mit anderen Worten: Die Schrift wäre in dem vorliegenden religionsethischen Ansatz als die Quelle theoretischer Ethik und die Weisheit als das Medium der praktischen Ethik zu verstehen. An der exemplarisch geschilderten dokumentarischen Erfahrung demonstriert der Koran bzw. Gott im Koran (aus islamischer Sicht) an dem lernenden Propheten[(s)] ein lebensnahes Setting zum Erlernen dieser Weisheit und dokumentiert alle wesentlichen Elemente, die sich Nachfolger*innen des Propheten[(s)] aneignen können.

## 3.4 Prophetisches Handeln und die Frage der normativen Verbindlichkeit

Der bisherigen Argumentationslinie zufolge sollte hier ein Beitrag zu einem Korrekturkurs in der Betrachtung der normativen Kraft prophetischer Handlungen geleistet werden. In diesem vierten Punkt geht es um die Frage nach dem Verbindlichkeitsgrad prophetischen Handelns. Inwiefern ist das prophetische Handeln für seine Nachfolger normativ verbindlich? Mit anderen Worten: Hat alles, was der Prophet als Wort, Tat in allen Facetten seines Lebens vollzogen hat, denselben normativen Geltungsanspruch?

Diese Frage ist keine Erfindung der modernen Religionspädagogik. Ihre Wurzeln liegen bereits in dem prophetischen Handeln und in zahlreichen prophetischen Aussagen selbst, in denen die als Prophet und Mensch handelnde Person Muhammad[(s)] auf den jeweiligen Grad der Verbindlichkeit seines (Mit-) Wirkens hingewiesen hat. Diese Frage der Nachahmungswürdigkeit bzw. der normativen Verbindlichkeit von Prophetenhandlungen gehört systematisch zu den Kernfragen der Theorie islamischer Normenlehre (*'uṣūl al-fiqh*). Man unterscheidet in der Betrachtung prophetischer Überlieferungen zwischen drei Ebenen: 1) Prophetenwort (Welche direkte oder indirekte Aussage hat er gemacht?), 2) Prophetenhandlung (Wie hat er gehandelt?) und 3) Prophetenbilligung (Wie

war seine Haltung zu Handlungen anderer in seiner Gegenwart?). Der Islamwissenschaftler Wolfgang Bauer (2013) hat die sehr kontrovers diskutierte Frage der normativen Verbindlichkeit prophetischer Handlungen unter folgenden vier Kategorien zusammengefasst, die für die hier vertretene Position einer religionsethischen Rezeption der Prophetenbiografie von großer Bedeutung sind. Zur Frage der Nachahmungswürdigkeit der Prophetenhandlungen – so Bauer – müssen unterschieden werden (vgl. Bauer 2013, S. 58):
- Die Prophetenhandlung in der Pflichterfüllung,[25]
- Prophetenhandlungen in der Darstellung, Erklärung, Veranschaulichung gottesdienstlicher Handlungen und[26]
- exklusiv für die Person des Propheten gebilligte Prophetenhandlungen.[27]

Die vierte – und für den vorliegenden Zusammenhang besonders relevante – Kategorie lautet:

»Liegt eine Prophetenhandlung im Bereich der reinen menschlichen Vorlieben, ohne als speziell vorzüglich deklariert zu sein, so gilt sie allgemein nicht als speziell nachahmungswürdig, auch wenn lebensterweise die Liebe zum Propheten jemanden zur Nachahmung auch diesem Bereich bewegen mag. Die Prophetenhandlungen in diesem Bereich sind jedoch auch dahingehend für Islamrechtsergründung von Bedeutung, dass diese zumindest die Statthaftigkeit dieser Handlungen belegen.« (Bauer 2013, S. 58 f.)

In Anlehnung an den o. g. Rechtsgelehrten und Prophetenbiografen Qāḍī ʿIyāḍ und den Koranexegeten Ibn ʿĀšūr (1879–1973, Tunis) werden unter dem Begriff der Sunna nur Prophetenhandlungen kategorisiert, die normgebend sind. Mit dem Verweis auf die Absicht des Handelnden (lat. *intentio, niyya*) greift die Sira-Wissenschaft auf die Prophetenhandlungen unter unterschiedlichen Graden der Verbindlichkeit zurück. Sie differenziert entsprechend seiner Funktion und Rolle als Mensch und Prophet[(s)] u. a. zwischen der Funktion und Rolle als unfehlbarer Verkünder, als Richter, Streitschlichter, Gemeindeführer, Regierender, Privatmann, aber auch als Mann mit bestimmten Gewohnheiten und Vorlieben, als Mann seiner Kultur und seines Zeitgeistes, als Mann mit bestimmten

---

25  D. h., was der Prophet wie als Pflicht erklärt und selbst als solche erfüllt hat (z. B. die fünf Säulen des Islam).
26  Die konkrete Ausgestaltung der Pflichtgebote (wie hat er die sog. gottesdienstlichen Handlungen ausgeführt? Wie hat er gebetet, gefastet etc.?).
27  Wie z. B. die Verpflichtung zum Nachtgebet am Anfang der Offenbarung oder die Genehmigung der Mehrehe als Form der Friedensstiftung unter den Stämmen Arabiens.

Lebenserfahrungen und Kenntnissen (vgl. Qāḍī ʿIyāḍ 2008, Bd. 2, S. 185–206; Ibn ʿAšūr 2009, S. 29–42).

Eine religionspädagogische Annäherung an das geschilderte Fallbeispiel vor dem fachwissenschaftlichen Hinweis auf die unterschiedlichen Typologien und Verbindlichkeitsstufen prophetischen Handelns soll durch didaktische Schritte, z. B. der Problemfeststellung, Situationsanalyse, Generierung von Verhaltensalternativen, Normenanalyse und Einschätzung der vollzogenen Abwägungen, eine zunächst ergebnisoffene und kritische Auseinandersetzung mit Fallbeispielen ermöglichen. Zur Erweiterung der o. g. Interaktionsthese wäre unter dieser dritten Verbindlichkeitsthese das Lernziel aufzustellen und zu erreichen, junge Muslim*innen für die Komplexität und Vielschichtigkeit prophetischen Handelns zu sensibilisieren. Denn Handlungen sind alles andere als Automatismen. Handeln – so die Perspektive der praktischen Ethik – lässt sich als

»ein zielgerichtetes, Zwecke verfolgendes Streben von Menschen beschreiben, das wissentlich und willentlich erfolgt und von praktischen Überlegungen von Akten der Wahl von Mitteln und Zwecken sowie von der Berücksichtigung der jeweiligen singulären Umstände begleitet ist und in gewissen Grenzen erfolgt.« (Lutz-Bachmann 2013, S. 125)

Vor dem Hintergrund der Verbindlichkeitsthese wäre im Sinne der Entfaltung autonomer Moralität viel erreicht, wenn im Vergleich von prophetischer Geschichte und persönlicher Gegenwart die Frage nach der eigenen Selbstbindung an die Grundwerte unter komplexen Handlungsszenarien reflektiert werden kann.

## 4 Zusammenfassender Ausblick

An den Spannungsfeldern der verschiedenen Verantwortungssphären, in denen der schulische Islamunterricht beansprucht wird, entzündete sich die Frage nach dem Fachprofil dieses Schulfaches. Als Antwort des Autors auf verschiedene Anforderungen wurde ein kritisch-interaktionistischer Ansatz religionsethischen Lernens im Islamunterricht skizziert und anhand einer kritischen Fallstudie aus der Prophetenbiografie mit dem Ziel veranschaulicht, explorative Thesen zum Perspektivenwechsel in der Betrachtung und Rezeption prophetischen Handelns aufzustellen. Der Prophet[(s)] stand in der Fallstudie selbst im Prozess religionsethischen Lernens und *nicht* ermahnend, predigend und als Tonangeber normativ-belehrender Sprüche im Mittelpunkt. Es ist dadurch möglich geworden, ihn als lernenden Propheten zu erfahren, um sich auch mit dieser Seite der Vorbildlichkeit des Propheten⁽ˢ⁾ identifizieren zu können. Die kritisch-interaktionistische Erschließung und Rezeption der Lebensbiografie Muhammads⁽ˢ⁾ als Lehrender und Lernender wurde exemplarisch mit dem Ziel durchgeführt, die moralisch-ethische Urteilskraft zu fördern. Wenn junge Muslim*innen ihrem Propheten zwar mit viel Respekt und Verehrung, aber nur als normative Autorität oder Gesetz- und Regelgeber begegnen, läuft eine lebensweltorientierte Religionspädagogik Gefahr, die Lebendigkeit jeglicher prophetischen Begegnung zu verlieren. Dafür bietet die Prophetenbiografie, die – wie bereits exemplarisch geschildert – eine Reihe von dokumentarischen Erfahrungen beinhaltet, ergiebige Ressourcen für lebendige Lernerfahrungen durch kritisch-interaktionistische Partizipation am Geschehen sowie durch religionsethische Reflexion darüber, was dem prophetischen Handeln für die persönliche Lebensführung und das soziale Miteinander (für Muslim*innen und Nicht-Muslim*innen gleichermaßen) abzugewinnen ist.

## Literatur

ʿAbd ar-Raḥmān, T. (2000): suʾāl al-aḫlāq (Die Moral-Frage). Beirut.
Adam, G. (1996): Methoden ethischer Erziehung. In: G. Adam/F. Schweitzer (Hg.): Ethisch erziehen in der Schule (S. 110–128). Göttingen.
Adanalı, A. H. (2008): Was wir tun können, aber nicht tun sollen. Die Quellen der Verantwortung in islamischem Recht und islamischer Theologie. In: H. Schmid et al. (Hg.): Verantwortung für das Leben. Ethik in Christentum und Islam (S. 52–72). Regensburg.
ʿĀšūr, M. at-Ṭāhir Ibn (2009): Maqāṣid aš-šarīʿa al-islamiyyah (Intentionen der islamischen Rechts- und Glaubenslehre). Tunis.
Aslan, E. (2015): Ethik im Islam. In: R. Englert/H. Kohler-Spiegel/E. Naurath (Hg.): Ethisches Lernen. Jahrbuch der Religionspädagogik (Bd. 31, S. 37–40). Neukirchen-Vluyn.
Badawia, T. (2017): »Sapere aude« im Kontext von Islam und Vernunft. Anmerkungen zur religiösen Mündigkeit aus einer islamischen Perspektive. In: J. Sautermeister/E. Zwick (Hg.): Religion und Bildung: Antipoden oder Weggefährten? Diskurse aus historischer, systematischer und praktischer Sicht (S. 40–58). Paderborn.
Badawia, T. (2020): Die Suche nach Weisheit ist jedermanns Pflicht. Islamische Religionsethik mit Schrift und Weisheit. Zeitschrift Evangelische Theologie – Ökumenisch – Interdisziplinär – Zeitkritisch – Engagiert, 80 (1), 52–63.
Badawia, T. (2022): »Wer ist bereit, diese ethischen Maximen zu übernehmen!?« Zur Lernbarkeit von Moral als Auftrag religionsethischer Bildung an den öffentlichen Schulen. In: E. Aslan (Hg.): Handbuch Islamische Religionspädagogik (S. 335–352). Göttingen.
Badawia, T./Topalović, S. (2022): Kontextbezogen – Vernunftbasiert – Lebensweltorientiert. Bildungstheologische und didaktische Bestimmungen des Islamischen Religionsunterrichts. In: A. Kubiki/S. Klinger/C. Sağlam (Hg.): Neuvermessung des Religionsunterrichts nach Art. 7 Abs. 3 GG (S. 271–292). Göttingen.
Behr, H. H. (2010): Muslim sein – eine Frage der Person. Gedanken zum Aspekt der Individualität im Islam. In: T. Schneider (Hg.): Islamverherrlichung. Wenn die Kritik zum Tabu wird (S. 107–116). Wiesbaden.

Buḫārī, M. al- (2003): al-Adab al-mufrad. Ed. v. Muḥammad ʿAbd al-Qādir ʿAṭā. Beirut.
Dziri, A. (2014): Sira. Einführung in die Prophetenbiografie. Freiburg i. Br.
Fakhry, M. (1994): Ethical Theories in Islam. Leiden/New York/Köln.
Fuchs, M. E. (2021): Lernen an Fallstudien. In: K. Lindner/M. Zimmermann (Hg.): Handbuch ethische Bildung. Religionspädagogische Fokussierungen (S. 304–310). Tübingen.
Gerlach, S. (2003): Nachdenklichkeit lernen. Philosophische Wurzeln – Entwicklungspsychologische Bedingungen – Pädagogisches Handeln. München.
Hoffmann, B./Langefeld, U. (2001): Methoden-Mix: unterrichtliche Methoden zur Vermittlung beruflicher Handlungskompetenz in kaufmännischen Fächern. (4. Aufl.). Darmstadt.
Honnefelder, L. (2017): Im Spannungsfeld von Ethik und Religion. Weilerswist.
Horster, D. (2009): Grundwissen Philosophie: Ethik. Stuttgart.
Ibn Kaṯīr ʿImād al-Dīn Ismāʿīl b. ʿUmar (o. J.): tafsīr al-Qurʾān al-ʿẓīm. https://www.altafsir.com (Zugriff am 20.01.2022).
Isfahānī, Abu al-Qāsim A. M. al-Mafḍali al- (2012): Kitāb aḏ-ḏariʿa ʾila makārim aš-šarīʿa (Buch der Zugänge zu den edlen Tugenden der Scharia). Kairo.
Isik T. (2013): Prophetische Beheimatungsdidaktik. Ein Prophet im deutschen Religionsunterricht. In: K. von Stosch/Tuba Isik (Hg.): Prophetie in Islam und Christentum (S. 165–182). Paderborn.
Jahn, D. (2012): Kritisches Denken fördern können – Entwicklung eines didaktischen Designs zur Qualifizierung pädagogischer Professionals. Aachen.
Jahn, D. (2013): Was es heißt, kritisches Denken zu fördern. Ein pragmatischer Beitrag zur Theorie und Didaktik kritischen Nachdenkens. https://www.mediamanual.at/mediamanual/mm2/themen/kompetenz/mmt_1328_kritischesdenken_OK.pdf (Zugriff am 04.08.2022).
Kaiser, F.-J. (1983) (Hg.): Die Fallstudie – Theorie und Praxis der Fallstudiendidaktik. Bad Heilbrunn.
Keck, R./Sandfuchs, U./Feige, B. (Hrsg.) (2004): Wörterbuch Schulpädagogik. Ein Nachschlagewerk für Studium und Schulpraxis. Bad Heilbrunn.
Konferenz der Kultusminister der Länder in der Bundesrepublik Deutschland (KMK) (Hg.) (2005): Bildungsstandards der Kultusministerkonferenz. Erläuterungen zur Konzeption und Entwicklung. München/Neuwied.
Kron, F. W. (1993): Grundwissen Didaktik. München.
Kruse, O. (2017): Kritisches Denken und Argumentieren. Konstanz.
Lings, M. (2004): MUḤAMMAD. Sein Leben nach den frühesten Quellen. Kandern.
Lutz-Bachmann, M. (2013): Grundkurs Philosophie. Band 7: Ethik. Stuttgart.
Maaser, Wolfgang (2010): Lehrbuch Ethik. Grundlagen, Problemfelder und Perspektiven. Weinheim/München
Maher, M. (2007): Sinngemäße deutsche Übersetzung des Heiligen Koran (2. Aufl.). Kairo.
Muḥāsibī, Ḥāriṯ b. Asad al- (2012): ar-riʿāya li-ḥuqūq al-Allah (Das Einhalten der Rechte Gottes). Bairut.
Namwambah, T. D. (2020): Kritisches Denken und Problemlösung. Mauritius.
Nipkow, K. E. (1998): Bildung in einer pluralen Welt. Band 1: Moralpädagogik im Pluralismus. Gütersloh.
Oser, F./Althof, W. (1994): Moralische Selbstbestimmung. Modelle der Entwicklung und Erziehung im Wertebereich (2. Aufl.). Stuttgart.
Paret, R. (1962/1966): Der Koran. Stuttgart.
Pfister, J. (2020): Kritisches Denken. Stuttgart.
Porzelt, B. (2013): Grundlegung religiöses Lernen. Bad Heilbrunn.
Qāḍī ʿIyāḍ, M. (2008): Kitāb aš-Šifāʾ fī taʿrīf ḥuqūq al-Muṣṭafā (Buch des Seelenheils durch das Erkennen der Vorzüge des Auserwählten/Muhammad), 2 Bde., Kairo.

Raters, M.-L. (2011): Das moralische Dilemma im Ethik-Unterricht. Moralphilosophische Überlegungen zur Dilemma-Methode nach Lawrence Kohlberg. Dresden.
Rückert, F. (2018): Der Koran. Hrsg. v. H. Bobzin (5. Aufl.). Baden-Baden.
Salloch, S. (2016): Prinzip, Erfahrung, Reflexion. Urteilskraft in der angewandten Ethik. Münster.
Schaub, H./Zenke, K. G. (2007): Wörterbuch Pädagogik. München.
Schilmöller, R. (1999): Ethische Erziehung im Religionsunterricht und im Ethikunterricht: Gemeinsamkeit und Differenz. In: V. Ladenthin/R. Schilmöller (Hg.): Ethik als pädagogisches Projekt. Grundfragen schulischer Werteerziehung (S. 223–250). Opladen.
Schimmel, A. (2002): Muhammad. München.
Schmid, H. (2012): Die Kunst des Unterrichtens. Ein praktischer Leitfaden für den Religionsunterricht. München.
Ṭabarī, A. ibn Ǧarīr aṭ- (1994): Ǧāmiʿ al-bayān ʿan taʾwīli āyi l-qurān [Tafsīr aṭ-Ṭabarī]. Herausgegeben von Baššār A. Maʿrūf et al. (1. Bd.). Beirut.
Thompson, C. (2003): Selbstständigkeit im Denken. Der philosophische Ort der Bildungslehre Theodor Ballauffs. Wiesbaden.
Winkel, R. (1986): Antinomische Pädagogik und kommunikative Didaktik. Düsseldorf.
Winkel, R. (1997): Die kritisch-kommunikative Didaktik. In: H. Gudjons/Winkel, R. (Hg.): Didaktische Theorien (9. Aufl.; S. 79–94). Hamburg.
Ziebertz, H.-G. (2003): Ethisches Lernen. In: G. Hilger/S. Leimgruber/H.-G. Ziebertz (Hg.): Religionsdidaktik. Ein Leitfaden für Studium, Ausbildung und Beruf (S. 402–419). München.

# Gießener Ansätze einer kritisch-reflexiven Religionspädagogik

Yaşar Sarıkaya / Déborah Kathleen Grün

## Einleitung

Die Professur für Islamische Theologie und ihre Didaktik wurde im Wintersemester 2011/12 im Fachbereich Geschichts- und Kulturwissenschaften an der Justus-Liebig-Universität in Gießen (im folgenden JLU) eingerichtet. Seit dem Sommersemester 2012 wird in Gießen somit der grundständige Lehramtsstudiengang für Grundschulen in Hessen mit dem Unterrichtsfach »Islamische Religion« angeboten.[1] Mit der Besetzung einer weiteren Professur für Islamische Theologie mit dem Schwerpunkt »Muslimische Lebensgestaltung« wurde der Standort seit Mai 2019 zusätzlich gestärkt. Derzeit belegen etwa 150 Studierende das Fach und es wurden seither zahlreiche Lehrkräfte ausgebildet, die jetzt an verschiedenen Grundschulen in Hessen unterrichten. Was sind die kennzeichnenden theologischen und pädagogischen Merkmale des Studiums? Wie werden theologische Inhalte der religiösen Schriftquellen religionspädagogisch behandelt, diskutiert und erschlossen? Welches fachliche und didaktische Profil zeichnet sich dabei ab? Welche fachwissenschaftlichen, religionspädagogischen und fachdidaktischen Kompetenzen werden vermittelt? Im vorliegenden Artikel gehen die Autorin und der Autor diesen Fragen nach. Angestrebt wird ein Abriss der Gießener Ansätze einer kritisch-reflexiven Islamischen Religionspädagogik.[2]

---

1 Aktuell können in Hessen Schüler*innen sowie deren Eltern zwischen dem bekenntnisorientierten Unterrichtsfach »Islamischer Religionsunterricht« (IRU) und dem religionskundlichen Modellfach »Islamunterricht« (ISU) wählen.
2 Dabei wird auf frühere Artikel von Prof. Dr. Yaşar Sarıkaya Bezug genommen, die im Literaturverzeichnis vollständig angegeben werden.

# 1 Das Curriculum: inhaltliche Ausgestaltung des Studienfaches

Die Grundlage der Lehre für das Lehramtsstudium an der JLU Gießen stellt ein Curriculum dar, welches aus vier Modulen besteht. In den ersten drei Modulen setzen sich die Studierenden mit zentralen Fragen aus den islamisch-theologischen Disziplinen sowie mit religionspädagogischen und religionsdidaktischen Themen auseinander. Das vierte Modul bietet den Studierenden einen abschließenden Praxisbezug, in dem erste Unterrichtserfahrungen gesammelt und reflektiert werden.

## 1.1 Modul 1: Theologische Grundlagen und Hauptquellen des Islam

Das *erste Modul* beschäftigt sich mit Inhalten, die sich auf theologische Grundlagen und die Hauptquellen des Islam beziehen. Dabei werden neben den zentralen Elementen des muslimischen Glaubens wissenschaftliche Kenntnisse zur Genese, Exegese und Hermeneutik der Schriftquellen des Islam, Koran und Hadith, sowohl reflektiert als auch kritisch generiert. So wird beispielsweise der Koran nicht vorrangig als ein Gegenstand der Rezitation auf Arabisch genutzt, entgegen der häufig anzutreffenden Praxis im Gemeindeunterricht, sondern als ein Text des 7. Jahrhunderts betrachtet, der eine gegenwärtige und für die Schule zeitgemäße und kindgerechte Erschließung ermöglichen soll. Ebenso werden die Hadithe quellenkritisch und kontrovers diskutiert, weiterhin bezüglich ihrer Glaubwürdigkeit und ihres epistemologischen Stellenwerts reflektiert. Die Studierenden lernen im Zuge der Auseinandersetzung mit dem monotheistischen Glauben die interreligiösen Verknüpfungspunkte zwischen den drei monotheistischen Religionen (Judentum, Christentum und Islam) kennen. Hierbei begegnen die Studierenden einem Bild vom Menschen als »Stellvertreter Gottes« auf Erden, der von Gott mit kognitiven und affektiven Potenzialen dazu befähigt wurde, als selbstständiges Individuum ein friedvolles und moralisches Zusammenleben zu gestalten (vgl. Sarıkaya 2018, S. 149).

## 1.2 Modul 2: Glaubenspraxis in Vergangenheit und Gegenwart

Das *zweite Modul* beschäftigt sich mit vergangenen und gegenwärtigen Dimensionen und Facetten der muslimischen Glaubenspraxis. Dabei sind die Vielfalt der muslimischen Religionskultur, die vielfältige Gestaltung des religiösen Lebens zu unterschiedlichen Zeiten und an verschiedenen Orten sowie die kulturelle und praxisbezogene Diversität und Heterogenität eines gelebten Islam in Deutschland Gegenstand einzelner Veranstaltungen. Zentral sind dabei auch die Kenntnis der Bedeutung der religiösen Schriftquellen sowie der Umfang und die Grenzen der Vorbildfunktion des Propheten Muhammad (und anderer Propheten) für die gegenwärtige Glaubenspraxis der Muslim*innen. Diskutiert wird etwa die Frage, wie der Koran und die Sunna des Propheten vor dem Hintergrund ihrer Entstehungsbedingungen kontextualisiert werden können. Kernbereiche der islamischen Normenlehre und Ethik sind ebenso zentrale Inhalte wie religiöse Riten, Feste und Feierlichkeiten. Reflektiert wird dabei der enge Zusammenhang der formellen Religiosität mit Innerlichkeit, Spiritualität und Ethik.

## 1.3 Modul 3: Islamische Religionspädagogik und Fachdidaktik

Das *dritte Modul* umfasst sowohl fachdidaktische als auch religionspädagogische Inhalte. Die Studierenden sollen die Fähigkeit erwerben, vor dem Hintergrund theologischer und religionspädagogischer Fachkenntnisse religiöse Lernprozesse für den schulischen Religionsunterricht zu entwickeln und zu *planen*. Dabei kommt der Korrelationsdidaktik und Elementarisierung eine wesentliche Bedeutung zu. So sollen bei der Planung und Durchführung eines unterrichtlichen Geschehens die lebensweltlichen Erfahrungen und Bedingungen der Kinder sowie ihre entwicklungspsychologischen Lernvoraussetzungen mitberücksichtigt werden. Wichtig ist hierbei auch eine adäquate Medien- und Methodenkompetenz, die anhand diverser Anforderungssituationen im Rahmen der Veranstaltungen erworben und vertieft werden sollen. Ein besonderes Augenmerk wird auch auf die Befähigung zum interreligiösen Dialog gelegt, der ebenfalls im Zuge der Veranstaltungen vermittelt und gefördert werden soll.

## 1.4 Modul 4: Schulpraktische Studien – Fachdidaktisches Blockpraktikum

Das *vierte Modul* soll den Studierenden das direkte Erproben ihrer erworbenen Kenntnisse im *schulischen* Rahmen und das Erleben des unterrichtlichen Alltags in der Rolle der (werdenden) Lehrkraft ermöglichen. Die vorbereitenden, begleitenden und nachbereitenden Seminare sollen den Austausch und die Reflexion über die gemachten Erfahrungen fördern und den Rahmen zur Fort- und Weiterentwicklung der benötigten Kompetenzen bieten.[3]

---

3 Im Zuge der Novellierung der Lehramtsstudiengänge 2022/23 und der einhergehenden veränderten Praxisphase wird das fachdidaktische Blockpraktikum zum WS 23/24 zu einem Praxissemester umgewandelt und ausgeweitet.

## 2 Zu erwerbende Kompetenzen

Die zu erzielenden Kompetenzen unterscheiden sich im Hinblick auf die Studierenden und *deren* spätere Schüler*innenschaft vordergründig dahingehend, dass erstere zusätzlich zum eigenen Erwerb auch die Vermittlung der jeweiligen Kompetenzen im Laufe ihres Studiums erlernen. So sollen die Modulinhalte dazu anregen, zu beobachten, nachzudenken und zu interpretieren. Im Gegensatz zu einer Reduktion auf die bloße Ansammlung von tradiertem Wissen bedarf es weiterer Kompetenzen, die erworbenen Kenntnisse deuten und erweitern zu können – sowohl auf Seiten der Studierenden als auch später auf Seiten der Schüler*innenschaft (vgl. Sarıkaya 2015, S. 18).

Daher sollen Studierende im Laufe ihres Studiums dazu befähigt werden, ihren Schüler*innen[4] die nötigen Kompetenzen zur Erschließung von religiösen Inhalten (Koran und Hadith) zu vermitteln. Hierbei ist eine Orientierung an den Paradigmen der Hermeneutik zielführend, da Vorwissen, vorläufiges Verständnis, Gefühle und Eindrücke zur Textaussage der Lernenden zu ermitteln sind. Nach anschließenden Interpretationsvorgängen ist es wesentlich, den dahinterstehenden Sinn zu deuten und abschließend zu eruieren, ob und was die überlieferte Aussage oder Handlung für die damalige, heutige und eventuell spätere Zeit bedeuten könnte bzw. ob Zusammenhänge mit dem eigenen Leben hergestellt werden können und, wenn ja, welche. Eine solcherart ausgerichtete diskursive Herangehensweise kann die Reflexionsfähigkeit im Umgang mit dem Koran und den Hadithen fördern und hierdurch den Prozess des religiösen Mündigwerdens unterstützen (vgl. zu einer islamisch-theologischen Begründung der Mündigkeit Sarıkaya 2017, S. 137–158; Polat 2012, S. 185–200.).

Weiterhin sollen die Studierenden dazu befähigt werden, Inhalte so auszuwählen und thematisch zu behandeln, dass sie die Lernenden dazu anregen, kritisch-reflexiv zu denken und dabei ihre eigene Meinung zu bilden. Zentrale Kompetenzen der Religionspädagogik, wie die Selbstständigkeit und religiöse Mündigkeit, können hierdurch gefördert werden, was gleichzeitig als wesentliche Voraussetzung für ein selbstverantwortetes und zukunftsfähiges Leben und Erleben der islamischen Religion (wie auch jeder anderen Religion) erachtet werden kann. Das Ziel eines solchen Unterrichts ist es, einerseits für höchstmögliche Plausibilität und Nachvollziehbarkeit von Inhalt und Botschaft zu sorgen, und es andererseits den Lernenden zu ermöglichen, sich selbst spirituell, kognitiv und affektiv zu entfalten und schließlich eine mündige religiöse Identität zu entwickeln, indem sie als Subjekte aktiv, gestalterisch und reflexiv

---

4  Nachfolgend wird »Schülerinnen und Schüler«/Schüler*innen mit SuS abgekürzt.

am Lernprozess mitwirken. Eine auf solche Kompetenzen abzielende Islamische Religionspädagogik kann dazu beitragen, muslimische Individuen heranzubilden, die über grundlegende Informationen bezüglich ihres Glaubens verfügen, mit welchen sie begründen können, warum und woran sie glauben bzw. nicht glauben, und die dazu in der Lage sind, die Ausführung oder Unterlassung bestimmter Handlungen selbst zu entscheiden.

Die Studierenden und späteren Lehrkräfte werden sich mit den Fragen konfrontiert sehen, nach welchen Kriterien und Prinzipien religiöse Quellen im Unterrichtsvorgehen didaktisch fach- und sachgerecht ausgewählt und eingesetzt werden können, um die kognitiven, spirituellen und emotionalen Fähigkeiten der SuS sowie ihre religiöse Identität und Persönlichkeit zu fördern. Weiterhin gilt es, zu entscheiden, welche didaktischen Modelle dabei sinnvoll und fördernd angewendet werden können, und schließlich, welche Rolle die jeweils Lernenden und Lehrenden im Lernprozess einnehmen. Damit verbunden ist das Erfordernis, sich das benötigte Wissen zur konstruktiven Erarbeitung von Gender- und Differenzgerechtigkeit sowie Differenzsensibilität im islamischen Religionsunterricht oder Islamunterricht anzueignen.[5]

Zur Erreichung der genannten Zielvorgaben und für den Erwerb dieser Kompetenzen ist die Ausgestaltung und Anpassung der Lehrpläne dahingehend notwendig, dass ein ganzheitlicher und konstitutiver Paradigmenwechsel erkennbar wird, der sich gleichermaßen islamisch-theologisch wie religionspädagogisch begründen lässt. Dabei soll dieser paradigmatischen Neukonstruktion der islamischen Bildung ein Menschenbild zugrunde liegen, das den Menschen als mündig, nachdenkend, reflektierend, zweifelnd und hinterfragend versteht. Der hierbei notwendige Perspektivenwechsel führt schließlich zu einer Umorientierung, die weg von einer deduktiven und hin zu einer induktiven Pädagogik führt, in deren Zentrum sich die Erziehung zur Mündigkeit befindet (vgl. Sarıkaya 2017, S. 141).

## 3 Religionspädagogischer und fachdidaktischer Ansatz – leitende Prämissen

Der Koran selbst hebt an verschiedenen Stellen die menschliche Bildungs- und Erziehungskompetenz, Gestaltungsfähigkeit, Innovationskraft sowie moralische Verantwortung hervor. Geistige Aktivitäten, wie Betrachten, Nachdenken und

---

5 Sarıkaya hat diese Kriterien in seinen bisherigen didaktischen Artikeln skizziert. Diese werden mit besonderem Blick auf Hadithdidaktik in seinem Buch »Hadith und Hadithdidaktik. Eine Einführung« (2021) detailliert ausgeführt.

Hinterfragen, werden in unzähligen Versen gefordert und gefördert. Gemeinsam ist diesen Begriffen, dass sie Aspekte des reflexiven Denkens und Verstehens zur Geltung bringen, wobei es sich hierbei nicht nur um Vernunft im Sinne des Denkens und Verstehens handelt, sondern darüber hinaus auch um die selbstständige Reflexion, Analyse, Begründung und abschließende Beurteilung (vgl. Sarıkaya 2015, S. 19). Daher ist es auch ein zentrales Anliegen, den Studierenden den Stellenwert religiöser und allgemeiner Bildung im Hinblick auf die Religion des Islam zu vermitteln. In zahlreichen koranischen Versen lassen sich Begriffe finden, die mit *Lesen, Erzieher, Lehren* und *Schreibfeder* übersetzt und von muslimischen Kommentator*innen und Pädagog*innen als ausdrückliche Hinweise auf die hohe Priorität des Wissens und seines Erwerbs interpretiert werden. Eine darüber hinausgehende Auslegung wäre zudem dahingehend möglich, dass hierbei auch die kognitive, affektive und spirituelle Fähigkeit des Menschen zum begrifflichen Denken sowie zur Entdeckung von Geheimnissen in der Natur und zur Aneignung und Weitergabe des Wissens impliziert werden (vgl. Sarıkaya 2015, S. 18).

In einem islamisch-religiösen Lehr- und Lernprozess sind verschiedene Grundprinzipien leitend, wie etwa die Konvergenz zwischen den religiösen Quellen Koran und Sunna, die Konformität der Inhalte mit Vernunft und Wissenschaft, eine Ambiguitätstoleranz und Pluralitätsfähigkeit, die Ganzheitlichkeit der Inhalte und deren Vermittlung im Sinne einer Einbettung in ein Ganzes und schließlich eine den Sinn und die Intention erschließende Herangehensweise. Aus religionspädagogisch-didaktischer Perspektive sind Prinzipien wie die Elementarisierung, Korrelation der Inhalte mit der Lebenswelt, Kontextualisierung, Gender- und Differenzgerechtigkeit, Diskursivität und insbesondere die religiöse Mündigkeit maßgeblich (vgl. Sarıkaya 2021, S. 228–241). In der Begegnung mit den religiösen Quellen (bzw. mit all dem, was das religiöse Bekenntnis ausmacht,) und der gedanklichen Auseinandersetzung damit könnte eine solche Diskursivität ihren Niederschlag im Islamunterricht finden, da hiermit eine Unterrichtspraxis bezeichnet wird, welche die SuS in ihrer Individualität und Eigenständigkeit einbezieht und sie als Akteur*innen im Lernprozess ernst zu nehmen und zu würdigen versucht (vgl. Sarıkaya 2021, S. 236–238).

Aus religionspädagogischer Perspektive erweisen sich insbesondere die subjektorientierten Ansätze (z. B. Korrelationsdidaktik und Elementarisierung) im Hinblick auf Selbstwerdung, Mündigkeit und Orientierung von Kindern und Jugendlichen als hilfreich.[6] Die Grundlage der Korrelationsdidaktik bei-

---

6 Diese Prinzipien werden im Buch von Sarıkaya »Hadith und Hadithdidaktik. Eine Einführung« (2021) theologisch und pädagogisch konzipiert, begründet und detailliert ausgeführt.

spielsweise stellt das wechselseitige Verhältnis von Erfahrung und Offenbarung, von heutiger Lebenswelt und überliefertem Glauben dar – wie weitere didaktische Modelle resultiert sie aus den Überlegungen, den Religionsunterricht dem gegenwärtigen religiösen, aber auch kulturellen, sozialen und politischen Kontext zeit- und sinngemäß, effektiv und schließlich mit einem Schwerpunkt auf den Fragen und Interessen der Lernenden zu gestalten (vgl. Langenhorst 2019, S. 2 f.; siehe dazu Hilger 2013, S. 347 f.; auch dazu Bodenstein 2011, S. 55–57). Die Didaktik der Elementarisierung setzt konkret an den jeweiligen Inhalten an und soll im Rahmen des Religionsunterrichts einen Lernprozess ermöglichen, der sich an Kategorien und elementaren Strukturen orientiert. Eine Reduktion des komplexen Wissensgehalts und die bessere Strukturierbarkeit komplexer Lernvorgänge auf ihre Kerninhalte sollen dadurch erfolgen, dass elementare und charakteristische Elemente des Lerngehalts fokussiert bzw. erhalten bleiben (vgl. Schweitzer 2003, S. 187–189; auch dazu Bäumer 2015, S. 250–253). Übertragen auf die Arbeit mit religiösen Texten würde die Elementarisierung bedeuten, die überlieferten Inhalte durch adäquate Erarbeitung (z. B. Umformulierung, Vereinfachung, Aufteilung oder Kürzung etc.) für verschiedene Verstehenshorizonte erschließbar zu machen, was eine wechselseitige Anpassung zwischen den elementaren Inhalten des Überlieferungsmaterials und den elementaren Fragen der Lernenden erfordert.

Ein weiteres Prinzip, das es beim Prozess des Lesens, Verstehens und Interpretierens von religiösen Texten zu beachten gilt, ist das der Ganzheitlichkeit. Übertragen auf die Inhalte der islamischen Quellen würde dieses bedeuten, dass beispielsweise Suren oder Hadithe nicht unabhängig voneinander zu behandeln und isoliert von ihrem Entstehungskontext und den allgemeinen Grundsätzen des Korans und der Sunna zu lesen und interpretieren sind. Die Verflechtungen zwischen den Suren im Koran, aber auch die Beziehungen verschiedener Hadithe zueinander, liegen diesem hermeneutischen Prinzip zugrunde, weshalb eine ganzheitliche Sicht auf diese Quellen Urteile (Regeln, Normen etc.) auf der Grundlage von eindimensionalen Betrachtungsweisen vermindern kann.

Beschäftigt man sich nun mit der Frage nach dem Sinn des religiösen Lernens unter modernen Bedingungen, den Erfahrungen und Bedürfnissen der heutigen (muslimischen) Menschen und einem entsprechenden didaktischen Ansatz, so wird deutlich, dass das religiöse Wissen nicht als eine abgeschlossene, gleichsam eingefrorene Einheit verstanden werden kann. Dem schließt sich an, dass nicht von deduktiv vorauszusetzenden, statischen Wahrheiten und Beständen katechetischer oder dogmatischer Lehren ausgegangen werden kann, sondern vielmehr solche Ansätze und Modelle ihre Anwendung finden (sollen), die Lernende zu kritischer Reflexion der religiösen Tradition, überlieferten Inhalte und Themen befähigen. Das würde die Entstehung eines eigenen Islamverständnisses und einer individuellen Religiosität ermöglichen, die sich selbstständig und in deutscher Sprache konstruieren könnte. Um jedoch religiöse Quellen verstehen und für den eigenen Kontext aktualisieren zu können, ist eine fundierte religionsdidaktische Kontextualisierungsarbeit notwendig, da hierdurch die Inhalte mithilfe des historischen Materials in den historischen, kulturellen und sprachlichen Kontext sowie in die einhergehenden Zusammenhänge eingebettet werden können, in denen diese Texte entstanden sind beziehungsweise offenbart wurden. Auf diese Weise wird ermöglicht, eventuelle Intentionen und den dahinterstehenden Sinn zu erschließen (beispielsweise aus den prophetischen Worten und Taten) und diese anschließend auf die Lebenswelt der Lernenden zu übertragen (vgl. Sarıkaya 2017, S. 155 f.). Basierend auf einer Grundhaltung, in der Bildung auf die Bewahrung, Entfaltung und Blüte der ursprünglichen Disposition und der spirituellen, ethisch-moralischen Reinheit abzielt, was mithin kein mechanisch-automatisches Geschehen darstellt, sondern vielmehr eine lebenslang andauernde geistige, spirituelle, affektive Anstrengung und Herausforderung, ist es folglich das Ziel der Erziehung und Bildung, den Menschen kognitiv, affektiv und spirituell auf diesen langen Prozess vorzubereiten.

## 4 Exemplarische Unterrichtseinheit

Die folgende Unterrichtseinheit soll exemplarisch eine mögliche Themenbehandlung beschreiben, die sich in sechs Phasen einteilt. Die beispielhaft aufgeführten methodischen Umsetzungsmöglichkeiten werden abhängig von der Lerngruppe, entsprechenden Vorkenntnissen zu den Sozialformen und im Ermessen der Lehrkraft ausgewählt. Das gewählte Thema »Gottes Wirken und seine Zeichen« ist den Inhaltsfeldern (vgl. Hessisches Kultusministerium 2019c, S. 18) »Mensch und Religion« und »Quellen und Lehren des Islams« zuzuordnen und soll den SuS ermöglichen, sich mit der Vielfalt im Hinblick auf Vorkommen, Ausgestaltung und Auffassung von Zeichen zu beschäftigen. Die inhaltliche Grundlage bilden die Verse 3, 4, 5 und 13 der 45. Sure (al-Ǧāṯiya).[7] Bei den jeweiligen Versen sind unbekannte oder »schwierige« Wörter gemeinsam mit den Lernenden zu besprechen und zu erläutern. Die Lehrkraft bedient sich diesbezüglich des didaktischen Prinzips der Elementarisierung und Korrelation bei der Planung und Durchführung der Unterrichtseinheit.

---

7   Rückbezug auf die Übersetzung von Rudi Paret bei allen aufgeführten Koranversen.

## 4.1 Teil I

*1. Themeneinstieg – Vorwissen ermitteln*

Um das Vorwissen der Lernenden ermitteln zu können, empfiehlt sich ein Einstieg, der die SuS allgemein zu ihren Vorstellungen von und Assoziationen mit Zeichen[8] befragt (der Begriff bietet vielfältige Einstiegsformen in das Thema, z. B. verbale, pantomimische oder visuelle). Die genannten Ideen der SuS sollten für alle sichtbar festgehalten (z. B. als Mindmap) und können im weiteren Verlauf genutzt und wieder aufgegriffen werden.

*Leitende Fragestellungen:* Was sind Zeichen? Woran erkennt man ein Zeichen? Was ist das Besondere an Zeichen? Welche Zeichen kennst du bereits?

*2. Arbeitsphase – eigene Vorstellungen*

In diesem Unterrichtsbeispiel bietet sich als Einstieg Vers 3 der 45. Sure an: »*Im Himmel und in der Erde liegen Zeichen für die Gläubigen.*« Dieser kann vorgelesen oder schriftlich an der Tafel zu sehen sein. Zur visuellen Einstimmung und Unterstützung bietet sich der Einsatz von Bild-/Symbolkarten an (beispielsweise Horizont, Wolken und Erde), die für alle SuS sichtbar platziert werden. Gemeinsam werden verschiedene Bestandteile und Begriffe zu den Bildkarten gesammelt, die erneut für alle sichtbar festgehalten und im weiteren Verlauf genutzt und wieder aufgegriffen werden können.

Die individuelle Beschäftigung mit der Bedeutung des Verses wird im nachfolgenden Schritt erarbeitet. Hierbei kann sowohl eine Phase der Einzelarbeit als auch der Partnerarbeit erfolgen. Wesentlich ist hierbei, dass die SuS versuchen, ihr eigenes Verständnis des Verses zu verbalisieren (schriftlich oder mündlich) und etwaige Beispiele zu finden. Die zuvor gesammelten Ideen können unterstützend eingebunden und als freiwillige Hilfsbegriffe von den SuS genutzt werden.

*Leitende Fragestellungen:* Was meint dieser Vers? Was könnte hier mit Zeichen gemeint sein? Kannst du ein Beispiel für solch ein Zeichen nennen?

*Zielsetzungen zum ersten Teil:* Die Lernenden können Beispiele für mögliche Zeichen benennen und setzen sich interpretierend mit der Koransure K 45:3

---

8   Die Abgrenzung zwischen Zeichen und Wundern kann bereits zu Beginn oder alternativ am Ende der Einheit erfolgen.

auseinander. Individuelle Überlegungen/Deutungen können angestellt und verbalisiert werden.

## 4.2 Teil II

*3. Arbeitsphase*

Im zweiten Teil der vorgestellten Unterrichtseinheit wird das Thema dahingehend aufgegriffen, dass ausgewählte Folgeverse dieser Sure den SuS zur Wahl gestellt werden. Aus den drei Optionen soll eine für die weitere Bearbeitung ausgewählt werden.

Option 1: »*Und in der Erschaffung von euch (Menschen), und (von dem) was er an Tieren sich ausbreiten lässt, liegen Zeichen für Leute, die (von der Wahrheit) überzeugt sind*« (K 45:4).

Option 2: »*Und in der Aufeinanderfolge von Tag und Nacht, in dem, was Allah (durch Regen) an Unterhalt vom Himmel hat herabkommen lassen, um dadurch die Erde, nachdem sie abgestorben war, (wieder) zu beleben, und darin, dass die Winde wechseln, liegen Zeichen für Leute, die Verstand haben*« (K 45:5).

Option 3: »*Und er hat von sich aus alles, was im Himmel und auf Erden ist, in euren Dienst gestellt. Darin liegen Zeichen für Leute, die nachdenken*« (K 45:13).

Die SuS entscheiden sich für einen Vers ihrer Wahl, erstellen eine Erklärung zum Vers und überlegen sich ein Beispiel für ein mögliches dort beschriebenes Zeichen. Innerhalb dieser Arbeitsphase würde sich neben der Einzel- oder Partnerarbeit ebenso eine Kleingruppenarbeit anbieten. Letzteres bietet die Möglichkeit, sich bereits innerhalb der Gruppe mit unterschiedlichen Vorstellungen und Ideen auseinanderzusetzen und diese in der gemeinsamen Erläuterung zu berücksichtigen.

*Leitende Fragestellungen:* Welcher Vers gefällt dir am besten? Welchen Vers möchtest du erklären? Was könnte dieser Vers meinen? Kennst du ein Beispiel für solch ein Zeichen?

*4. Gestaltungsphase*

Das gewählte Beispiel (mitsamt seinen Besonderheiten) wird visuell dargestellt (z. B. gezeichnet oder mithilfe von Bildern) sowie mit einer Erklärung zum gewählten Zeichen versehen (z. B. in Form eines Leporellos, Steckbriefs oder Plakats).

*Leitende Fragestellungen:* Wie könntest du dein Beispiel zeichnen oder darstellen? Wie würdest du es jemandem erklären? Was macht es zu einem Zeichen? Warum ist dieses Zeichen besonders?

*5. Präsentationsphase*

Zur Präsentation der generierten Ideen und zur Vorstellung der eigenen Gestaltungen können verschiedene Präsentationsmethoden zum Zug kommen (z. B. der Museumsrundgang, Marktplatz). Die zuhörenden Gruppen/SuS bringen sich mit Fragen, Ergänzungen oder Anmerkungen in diese Phase ein und folgen den Darstellungen der präsentierenden Gruppen aufmerksam.

*Leitende Fragestellungen:* Welche Beispiele haben die anderen Gruppen ausgewählt? Wieso sind das ebenfalls mögliche Zeichen? Gibt es ein Zeichen, dass dich erstaunt oder verwundert?

*6. Ergebnissicherung*

Zur Hervorhebung der erarbeiteten Inhalte und zur Vergegenwärtigung möglicher Gemeinsamkeiten und Unterschiede zwischen den einzelnen Gruppen ist ein abschließendes Plenumsgespräch wesentlich. Dabei werden die individuellen Ergebnisse, neue Erkenntnisse, Verständnishürden, offene Fragen oder allgemeine Anmerkungen hervorgehoben und in den gemeinsamen Austausch eingebunden.

Als Ergebnissicherung wäre eine Verschriftlichung der neugewonnenen Erkenntnisse nützlich, die sich auch zu späteren Zeitpunkten ergänzen lässt (beispielsweise eine Collage zu möglichen Zeichen für die gesamte Lerngruppe oder in einem kleineren Format für die einzelnen SuS). Auf diese Weise wird der nicht endende Umfang möglicher Zeichen deutlich.

*Leitende Fragestellungen:* Was sind Zeichen für dich? Gibt es Bereiche, in denen es keine Zeichen gibt? Was sind die Zeichen Gottes?

*Zielsetzungen zum zweiten Teil:* Die Lernenden kennen Beispiele für die Zeichen Gottes aus ihrer Lebenswelt und können diese benennen, erklären und darstellen. Sie kennen alternative Sichtweisen, können sich mit anderen darüber austauschen und sie vergleichend gegenüberstellen.

Die vorgestellte Unterrichtseinheit kann in Abhängigkeit der gewählten Methoden und Sozialformen den Kompetenzbereichen (vgl. Hessisches Kultusministerium 2019c, S. 14–15) »Wahrnehmen und Beschreiben«, »Verstehen und

Deuten« und »Kommunizieren und dialogfähig sein« zugeordnet werden. Die betreffenden Inhalte entsprechen den Inhaltsfeldern (vgl. Hessisches Kultusministerium 2019c, S. 18) »Mensch und Religion« und »Quellen und Lehren des Islams«. Bei einer Fortführung der Einheit zur Entwicklung von Handlungsmöglichkeiten als Konsequenz aus den neuen Erkenntnissen, würde zudem eine Anbindung an die Kompetenzbereiche »Gestalten und Handeln« und »Argumentieren und Urteilen«, sowie an das Inhaltsfeld »Ethik und Moral« stattfinden. Auf der überfachlichen Ebene werden innerhalb der vorgestellten Einheit insbesondere die Sozial-, Lern- und Sprachkompetenz (vgl. Hessisches Kultusministerium 2019a, S. 8–11; Hessisches Kultusministerium 2019b, S. 8–11; Hessisches Kultusministerium 2019c, S. 7–10) angesprochen und je nach Ausgestaltung der Stunden gefördert.

## Ausblick und Fazit

Aus dem bisher Gesagten lassen sich bestimmte Zielsetzungen und Erfordernisse erkennen, die abschließend zusammengefasst werden sollen. Damit ein islamisch-religiöser Lehr- und Lernprozess den kognitiven und affektiven Bedürfnissen der Kinder und Jugendlichen von heute einerseits, und den fachlichen und religionspädagogischen Leitzielen im Kontext einer säkularen und wertepluralistischen Gesellschaft andererseits gerecht werden kann, sind bestimmte Aspekte zu beachten. So ist zunächst ein dynamischeres Verständnis vermeintlich vorgefertigter Annahmen, Antworten und Lehrsätze anzustreben. Dem steht die Berücksichtigung der Erfahrungswelten der Lernenden in ihrem zeitlichen, sozialen und kulturellen Kontext gegenüber, da sie der Ausgangspunkt jedes Unterrichts und jeder pädagogischen Handlung (Korrelationsdidaktik) sind. Schließlich gilt es, die soziale kulturell-religiöse Diversität und Heterogenität der modernen säkularen Gesellschaft zu berücksichtigen und zu würdigen. Weiterhin ist eine schüler*innengerechte Aufbereitung der thematischen Inhalte und die Entsprechung der physischen und psychologischen Entwicklungsbedingungen von Schüler*innen von wesentlicher Bedeutung, um schließlich auf die Entwicklung von Mündigkeit und Selbstständigkeit abzielen zu können. Die (religiöse) Mündigkeit ist jedoch nicht nur das Ziel jedes modernen pädagogischen Denkens und Handelns, sondern zugleich die Grundvoraussetzung für eine selbstbewusste und selbstverantwortete Religiosität (vgl. Sarıkaya 2017, S. 144).

## Literatur

Bäumer, F.-J. (2015): Elementarisierung. In: B. Porzelt/A. Schimmel (Hg.): Strukturbegriffe der Religionspädagogik (S. 250–254). Bad Heilbrunn.

Bodenstein, M. C. (2011): Koranische Rückbeziehung religionsdidaktischer Konzepte. Zeitschrift für Islamische Studien, 1 (2), 55–65.

Hessisches Kultusministerium (2019a): Bildungsstandards und Inhaltsfelder – Das neue Kerncurriculum für Hessen, Primarstufe. Islamische Religion, DITIB Hessen (sunnitisch). Wiesbaden.

Hessisches Kultusministerium (2019b): Bildungsstandards und Inhaltsfelder – Das neue Kerncurriculum für Hessen, Primarstufe. Islamische Religion, Ahmadiyya Muslim Jamaat. Wiesbaden.

Hessisches Kultusministerium (2019c): Kerncurriculum Hessen – Bildungsstandards und Inhaltsfelder, Primarstufe. »Islamunterricht«. Entwurfsfassung – Stand: 23.05.2019. Wiesbaden.

Hilger, G./Leimgruber, S./Ziebertz, H.-G. (2013): Religionsdidaktik – ein Leitfaden für Studium, Ausbildung und Beruf (3. Neuausg.). München.

Langenhorst, G./von Stosch, K./Isik, T. (Hg.) (2019): Amos, Jesaja, Jesus…Muhammad? Prophetie als interreligiöses Problem aus Sicht der Korrelationsdidaktik. Beiträge zur komparativen Theologie. Band 8. Augsburg.

Paret, R. (2010): Der Koran – Übersetzung (11. Aufl.). Stuttgart.

Polat, M. (2012): Religiöse Mündigkeit als Ziel des islamischen Religionsunterrichts. In: M. Polat/C. Tosun (Hg.): Islamische Theologie und Religionspädagogik. Islamische Bildung als Erziehung zur Entfaltung des Selbst. Frankfurt a. M.

Sarıkaya, Y. (2015): Das Verständnis von Wissen im Koran. Weiterbildung, 6, 16–19.

Sarıkaya, Y. (2017): »Folge nicht dem, wovon du kein Wissen hast« (Koran 17/36). Islamisch-theologische Grundlagen der Erziehung zu religiöser Mündigkeit. In: Y. Sarıkaya/F.-J. Bäumer (Hg.): Aufbruch zu neuen Ufern: Aufgaben, Problemlagen und Profile einer Islamischen Religionspädagogik im europäischen Kontext (S. 137–158). Münster.

Sarıkaya, Y. (2018): Genese der Islamischen Theologie und Religionspädagogik an der JLU Gießen. In: T. Schindler/M. Rumpf/C. Sobik (Hg.): Glaube und Glauben – Beiträge zu Materialität, Performanz und Praxis von Religion und Spiritualität (S. 148–154). Marburg.

Sarıkaya, Y. (2021): Hadith und Hadithdidaktik – eine Einführung. Paderborn.

Schweitzer, F. (2003): Elementarisierung im Religionsunterricht – Erfahrungen, Perspektiven, Beispiele (4. Aufl.). Neukirchen-Vluyn.

# Kultivierung des Charakters als Selbstverständnis des islamischen Religionsunterrichts

Tuba Isik

Der in vielen Bundesländern etablierte islamische Religionsunterricht (im Folgenden IRU) an staatlichen Schulen steht schon seit Längerem und auch weiterhin im Rampenlicht der Aufmerksamkeit sowohl der Politik im Inland und Ausland als auch der Religionskritiker*innen. Sehr genau wird beobachtet, welchen guten Beitrag diese religiöse Bildung im schulischen Rahmen für das soziale Zusammenleben *(social cohesion)* zu leisten vermag (vgl. Berglund 2017, S. 250). Damit werden hohe Anforderungen an ein Fach gestellt, das sich noch im Findungsprozess seines Selbstverständnisses befindet. Die zwei konstitutiven Bezugskoordinaten stellen, ungeachtet jener Erwartungshaltungen, sei es seitens politischer Akteur*innen oder Institutionen, der eigenen religiösen Tiefengrammatik verpflichtet primär der schulische Bildungsauftrag sowie die einem muslimischen Selbstverständnis innewohnenden religiösen Bildungsinhalte dar. Damit sind die entscheidenden zwei Bezugspunkte für den deutschen Kontext formuliert: der kulturell und religiös plurale säkulare Rahmen und die islamisch-religiöse Bildung, die es in einen bildungstheoretischen Einklang zu bringen gilt. Eine ähnliche Vorstellung ist bei Religionspädagogen wie Harry Harun Behr oder Bülent Uçar nachzuzeichnen, die in ihren Schwerpunkten und Deutungsausgängen differieren (dazu bspw. Kamcili-Yildiz 2021). Während Behr (1998) seinen Bildungsbegriff gemäß einer Hermeneutik pädagogischer Anthropologie in eschatologischer Richtung horizontiert, geht Uçar (2011) von einem Menschbild aus, das der religiösen Erziehung bedarf, um die menschliche Unvollkommenheit zu überwinden und die im Menschen angelegten Triebe kontrollieren zu lernen. Im Jahre 2014 formulierte ich die religiöse Beheimatung als oberste Zielkategorie des IRU in der Grundschule (Isik 2014). Gegenwärtig, wohl auch getrieben von der grundsätzlichen Fragestellung, was islamisch-religiöse Bildung eigentlich bezwecken soll, sowie von der Frage, ob der IRU in der gegenwärtigen Form seinen eigenen Ansprüchen und den Ansprüchen der Teilnehmenden gerecht wird, scheint mir eine theologisch-anthropologische Perspektivierung der religiösen Beheimatung und einer ethischen Dimensionierung konstitutiv zu sein. Dabei verstehe ich den Islam nicht ausschließlich als einen ethischen Wegweiser durch das Leben, sondern hebe auf das Ziel ab, dass islamische Orthopraxie nicht nur äußerlich erkennbare Rituale umfasst, sondern dass gewisse (Lebens-)Haltungen zu einem gelebten Islam selbstverständlich dazugehören. Ich gehe von der Annahme aus, dass die theologisch-anthropologische Verständigung darüber, was Menschen ausmacht, für die Frage, was Menschen tun sollen, in einem Konnex steht. Denn anthropologische Argumente stellen eine grundlegende Orientierung für das menschliche Selbstverständnis dar. In diesem Artikel soll dies erörtert werden.

## 1 Anthropologischer Kerngedanke

Mit einer theologisch-anthropologischen Dimensionierung der religionspädagogischen Zielvorgabe wird im Grunde eine auch bereits vor zehn Jahren auf einer Fachkonferenz über die Islamische Religionspädagogik von der evangelischen Religionspädagogin Ingrid Wiedenroth-Gabler gestellte fundamentale Frage beantwortet. »[I]nwiefern [sind] die Betonung des Subjekts und das implizite Ziel der aus eigener menschlicher Kraft zu leistenden Vervollkommnung aus islamischer Perspektive zu beurteilen« (Wiedenroth-Gabler 2010, S. 292)?

Auf das Rätsel, was der Mensch und seine Bestimmung in der Welt sind, gibt es in den islamischen Quellen diverse Positionen und Überzeugungen. Daher ist mein Ansatz lediglich als ein Teil dieses dynamischen Prozesses der Antwortfindung zu begreifen und soll in diesem Aufsatz nur skizzenhaft veranschaulicht werden.

Eine systematisch ausgeformte Anthropologie ist dem Koran fremd – das soll heißen, dass sich aus dem Koran keine Theorie der menschlichen Existenz partout ablesen lässt. Anthropologische Aussagen und in der Folge ein Menschenbild aus islamischer Perspektive formulieren zu können, ist primär mit Rekurs auf den Koran und sekundär mit Rekurs auf die Aussagen des Propheten Muhammad möglich. Vorab sei ein elementarer Gedanke im Verständnis des Menschenbildes festgehalten, dass nämlich in der vielfältigen Schöpfung der Mensch als ein integraler Teil einer sehr großen Schöpfung zu begreifen ist. Die Bestimmung des Menschen, Gottes Geschöpf zu sein, macht den Menschen vor Gott zum zentralen Thema theologischer Anthropologie. Die Frage nach sich selbst ist für den Menschen unmittelbar mit der Frage nach seiner göttlichen Bestimmung verknüpft.

Mit Blick auf die Frage, was die Bestimmung des Menschen sei, gibt die Sure aḏ-Ḏāriyāt, Vers 56, eine evidente Antwort: »*Und Ich habe die Ǧinn und die*

*Menschen nur (dazu) erschaffen, damit sie Mich er-kennen und anbeten«* (K 51:56). Daraus leite ich die theologisch-anthropologische Prämisse ab, dass der Mensch die Aufgabe hat, sich auf die Suche nach Gott zu begeben. Gott zu »er-kennen« ist untrennbar mit der Suchbestrebung des menschlichen Selbst verbunden. Das Wort *ʿibāda* (»Dienst«, »Dienen«, »Anbetung«) in diesem Vers wurde in der Exegese nicht nur im Sinne von Gebet, Fasten, *ḏikr* (Andacht Gottes) und weiteren Formen der Anbetung verwendet. Unabhängig von einer diachronen Lesart des Koran verstand ein Großteil der Korangelehrten, wie ibn Ǧurayǧ (gest. 768) oder al-Qurṭubī (gest. 1272) den Ausdruck *li-yaʿbudūni* (»um mich anzubeten«) als *li-yaʿrifūni* (»um mich zu er-kennen«; vgl. al-Qurṭubī 1977, Bd. XVII, S. 55). Eine besondere Referenzquelle für diese Interpretationsversion ist der Hadith qudsī: »*Ich war ein verborgener Schatz und wollte erkannt werden; darum erschuf Ich die Welt.*« (zit. n. Schimmel 2005, S. 42). Nach ibn ʿArabī erschuf Gott in seiner Liebe *(ḥubb)* und Sehnsucht nach einem Gegenüber die Welt. Damit bildet die Schöpfung Gottes »Sein« ab und manifestiert seine Namen, laut ibn ʿArabī, in vollkommenster und vollständigster Form im Menschen (vgl. Tatari 2016a, S. 239; Chittick 1976, S. 1–44). Nun liegt es am Menschen, diese göttlichen Eigenschaften bzw. Namen in seinem Selbst zur Entfaltung zu bringen.

Für eine Gotteserkenntnis *(maʿrifa)*, bedarf es zunächst der Selbst-Erkenntnis, einer Selbstwahrnehmung, einer Selbst-Reflexion, die dazu verhilft, sich seiner Bedingtheit, Geschöpflichkeit gewahr zu werden, da dies mit dem Bewusstwerden des Schöpfers und damit des Schöpferischen im Selbst einhergehen kann. Das heißt, dem Menschen ist etwas implizit, das sich als göttlich qualifizieren lässt. Diese zwei Suchbestrebungen (Gotteserkenntnis und Selbsterkenntnis) sind eng miteinander verwoben. Das besondere Verhältnis zwischen dem Menschen als Geschöpf zu seinem Schöpfer lässt sich im folgenden koranischen Vers sehr deutlich veranschaulichen: »*Ich habe den Menschen vollständig geformt und ihm von Meinem Geist (rūḥ) eingehaucht*« (K 15:29; K 21:91; K 38:72; K 32:9; K 4:171). Wenn Gott sagt, dass er dem Menschen von seinem Geist bzw. Atem eingehaucht habe, bedeutet es, dass der Mensch etwas Göttliches in sich trägt bzw. dass ihm etwas Göttliches anvertraut sei und er zugleich die natürliche Veranlagung *(fiṭra)*, eine Ausgerichtetheit auf Gott hat. Den inhaltlichen Höhepunkt und den Schlüssel zum Verständnis des Menschen bildet womöglich eben dieser Begriff der *fiṭra*.

»Richte nun dein Antlitz auf die (einzig wahre) Religion! (Verhalte dich so) als Hanif! (Das ist) die natürliche Art *(fiṭra)*, in der Gott die Menschen erschaffen hat. Die Art und Weise, in der Gott (die Menschen) geschaffen hat, kann man nicht abändern. Das ist die richtige Religion. Aber die meisten Menschen wissen nicht Bescheid.« (K 30:30)

Gemäß diesem Vers ist der Mensch mit dem Wissen über alles Notwendige erschaffen. »Die Aufgabe des Menschen besteht demzufolge darin, dieses bereits in ihm ruhende Wissen um die rechte Haltung im Leben – dies umfasst all das, worauf Gott die Herzen der Menschen richtet – wach werden zu lassen« (vgl. Tautz 2007, S. 174). Der Mensch wird in dieser Textstelle dazu angehalten, zu dieser natürlichen Beschaffenheit seines Selbst zurückzufinden.

Das lässt sich auch derart deuten, dass der Mensch, wie aber auch die ganze Natur, Ausdruck des Göttlichen ist. Hiermit würdigt Gott einerseits den Menschen, und andererseits drückt er damit aus, dass er eine sehr enge Beziehung zum Menschen hat bzw. haben möchte. Dies zeigt sich wohl am deutlichsten in der Koranstelle, in der Gott verkündet, dass er wisse, was dem Selbst *(nafs)* des Menschen innewohnt, weil er dem Menschen näher sei als seine Halsschlagader (K 50:16). Es ist selbsterklärend, dass es sich nicht um eine physische Nähe handelt, sondern vielmehr wird ausgedrückt, dass der Mensch im Grunde mithilfe der Erscheinungsform des Körpers zwar als Mensch erkennbar wird, aber eigentlich nicht von Gott entkoppelt ist. Der Mensch trägt die Aufgabe und Verantwortung, sich in die Nachfolge Gottes zu stellen (*ḫalīfa*; K 2:30), um diesem Göttlichen in bester Form durch seine Lebensweise Ausdruck zu verleihen. Mit al-Ġazālī erscheint es mir am plausibelsten, *ḫalīfa* weder als »Statthalter« noch als »Nachfolger« zu verstehen; ersteres impliziert eine deistisch anmutende Assoziation und das zweite scheint die Anwesenheit des Menschen anstelle Gottes auf Erden zu suggerieren (vgl. Tatari 2016a, S. 62). Diese Nähe zu Gott und Gottes Nähe wird durch den folgenden Vers veranschaulicht:

»O die ihr glaubt, tretet ein für Gott, indem ihr Gerechtigkeit bezeugt. Und die Feindschaft bestimmter Leute soll euch nicht verleiten, anders als gerecht zu sein. Seid gerecht, das ist näher dem Bewusstsein von Gottes Gegenwart und seid euch der Gegenwart Gottes bewusst. Gott hat Kenntnis von dem, was ihr tut.« (K 5:8)

Vor diesem Hintergrund verdeutlicht sich die Bestimmung des Menschen, diesem Göttlichen in sich gerecht zu werden, das in ihm liegende Göttliche zu entwickeln und in bester Form auszudrücken. Diesem Göttlichen in sich kann sich der Mensch allerdings erst dann gewahr werden bzw. es erkennen, wenn er sich selbst erkennt. In diesem Sinne lautet nicht nur die antike Inschrift »Erkenne dich selbst« am Apollotempel von Delphi, sondern auch ein bekannter Lehrsatz der Mystiker insgesamt: »*man ʿarafa nafsahu faqad ʿarafa rabbahu.*« – »Wer sein Selbst erkennt, erkennt erst dann seinen Schöpfer bzw. Erzieher.« Wenn nun Mystiker in ihren Schriften jene metaphorischen Bilder verwenden, wie »dass der Mensch für die Gotteserkenntnis sein Herz bzw. seinen Spiegel polieren müsse«, meinen sie damit zum einen, dass der Mensch versuchen soll, diese in ihn einst eingehauchte Wahrheit Gottes aus dem Verborgenen zu befreien, diese wieder aufdecken soll, den Staub auf dem göttlichen Schatz im Menschen reinigen und sein Herz verfeinern soll, wo eben das Göttliche seinen Sitz habe. Die Rolle des Herzens wird im Koran stark hervorgehoben. Im Koran finden sich unterschiedliche Attribuierungen des Herzens: krankes Herz, blindes Herz, besiegeltes Herz, gesundes Herz (K 2:26; K 5:52; K 22:46; K 26:89). Die Beschäftigung mit dem Herzen als metaphorischem Ort der »Reinigung« *(tazkiya)* bzw. Reflexion ist eine kontinuierliche Beschäftigung, um das Herz in einen guten Zustand zu versetzen (vgl. Lützen 2000).

Zum anderen meint die Spiegelmetapher Folgendes: Ein Spiegel spiegelt am klarsten, wenn er gut gereinigt ist. Der Spiegel meint das Selbst. Der Schmutz auf dem zu reinigenden Spiegel verweist auf die mehr oder minder starke Überdeckung dieser göttlichen Zusage durch Fehltritte des Menschen. Ist das Selbst gereinigt, kann das Göttliche durch den Menschen gespiegelt werden. Reinigung des Selbst meint somit im Konkreten die Selbstreflexion und die Selbstbesinnung (im Sinne W. Diltheys[1]). Durch die Läuterung kann der göttliche Stempel im Menschen aufgedeckt, ja freigelegt werden. Vor diesem Hintergrund kann die Verfassung des prophetischen Charakters, also seine Persönlichkeit, als die bestmögliche Spiegelung dieser Gottes- und als Selbsterkenntnis verstanden werden. In diesem Zusammenhang eröffnet der Ḥadīṯ »Al-muʾminu mirātu l-muʾminī«, »Der Gläubige ist der Spiegel des Gläubigen« (oder von *al-Muʾmin*), zwei Perspektiven (vgl. Abū Dāwūd, Nr. 4918). Während der Ḥadīṯ klassischerweise so ausgelegt wird, dass die Spiegelhaftigkeit die Beziehung des*der Gläubigen im Angesicht des*der anderen Gläubigen abbildet, haben Mystiker wie ibn al-ʿArabī oder Nasīmī den Aspekt betont, dass der*die Gläubige ein Spiegel von *al-Muʾmin* als Gottesname sei (vgl. ibn al-ʿArabī 1991, S. 190). Die Spiegelhaftigkeit gilt zwar nur für jene, die charakterlich vollkommen sind *(al-insān al-kāmil)*, aber, wie schon oben erwähnt, ist sie in jedem Menschen grundsätzlich angelegt, bedarf jedoch der Entfaltung (vgl. Seker 2020, S. 39).

---

[1] Selbstbesinnung ist die Grundlage für das Denken, Erkennen und das Handeln der Philosophie des Lebens oder der Wirklichkeit.

Mitunter ist die Frage nach dem Daseinsgrund eng mit der Suche danach, »wie der Mensch leben soll«, assoziiert, das heißt der Frage nach einem guten persönlichen Leben vor dem Horizont des theologisch-anthropologischen Verständnisses der menschlichen Bestimmung. Der oben zitierte Vers kann als ein Zeichen Gottes (im Sinne von *ayāt*) gewertet werden, das die Menschen zu diesem ethischen Prozess der Menschwerdung einlädt. Auch wenn sich in der mystischen Deutungstradition dieses Verses ein Auslegungshorizont eröffnet, wie dass der Mensch als Mikrokosmos die göttliche Vollkommenheit des Makrokosmos abbilde (vgl. Chittik 1976, S. 4), liegt der Fokus auf dem ethischen Veränderbarkeitspotenzial des Menschen um der Gotteserkenntnis willen. Der Mensch bedarf der Rechtleitung (K 2:38), da er fehlbar ist. Veränderbarkeit bezieht sich im Konkreten folglich auf die Beschaffenheit bzw. die Anlagen eines Menschen. Im Koran wird der Mensch nämlich als schwaches Wesen beschrieben, das zum Schlechten tendieren könne (vgl. K 4:28; K 12:53). Damit ist auf das Potenzial hingewiesen, dass der Mensch veränderbar und veränderungsbedürftig ist. Zugleich scheint zudem eine gewisse Skepsis an der Fähigkeit des Menschen zur Tugendhaftigkeit heraus. Die islamische Anthropologie beschreibt die geschöpfliche Freiheit deshalb als ambivalent, woraus sich die Notwendigkeit moralischer Bildung begründen lässt.

An diesem Punkt wird deutlich, dass der humboldt'sche Bildungsbegriff eine ähnliche Stoßrichtung hat. Dieser fußt nämlich auf der Tradition von Selbsttätigkeit und Reziprozität mit der Welt (vgl. Humboldt 1980b, S. 238). Bildung soll die Anregung aller Kräfte des Menschen initiieren, damit der Mensch sich in ein reziprokes Verhältnis mit der Welt setzt und seine menschlichen Kräfte so weit wie möglich und zum Guten entwickelt (vgl. Humboldt 1980, S. 218). Zugespitzt kann (religiöse) Bildung demnach als eine Herausforderung verstanden werden, dass der Mensch vor der Aufgabe steht, sich reflexiv zu seinen Begrenzungen und Möglichkeiten in einer globalisierten Welt zu verhalten, und in diesem Rahmen eine entsprechende Urteilsfähigkeit als handlungsleitend begründet.

Der humboldt'sche Bildungsbegriff unterstreicht einen wichtigen Aspekt, nämlich, dass die Auseinandersetzung und der Werdungsprozess nicht selbstreferenziell erfolgen sollen, sondern sich auch nur dann tatsächlich verwirklichen können, wenn der Mensch sich mit der Welt und seinesgleichen auseinandersetzt, sich in Beziehung zu ihr setzt und in einen Austausch tritt. Der Mensch ist in seiner notwendig sozialen Existenz auf seinesgleichen an- und verwiesen. Personale Anlagen sind nicht in einem stillen Kämmerlein ausbildbar, sondern in der Intersubjektivität, in der Interaktion, in der Begegnung mit anderen. Mit diesem Bereich beschäftigt sich die Ethik; Ethik – in aller Kürze – verstanden also als die Theorie menschlicher Lebensführung.

Auf diese Verbindung von Anthropologie und Ethik verpflichtet uns nicht nur beispielsweise Kant (vgl. Kant 1788, S. 146), sondern sie ist genuin im Schöpfungsakt Gottes bereits verankert. Gott stellt den Menschen in ein Anspruchsgeflecht zwischen dem Vermögen zur Erkenntnis, dem Wissen zur Einsicht und einer partiellen Schwäche in unserer Konstitution sowie der Verpflichtung, angemessene Konsequenzen für sich zu ziehen. Der Mensch ist jedoch nicht auf sich allein gestellt, sondern hat ein Beispiel bzw. ein exemplarisches Handeln in der Person Muhammads vor Augen, der mit seiner Lebensführung eine Vorbildfunktion einnimmt und dessen Beispiel hilft, aus eigener Kraft das Ethische zu entwickeln (vgl. Isik 2014).

Propheten insgesamt zeigen als Akteure durch ihre Geschichten beispielhaft ausdifferenzierte Muster menschlicher Kommunikation mit Gott, zeigen, wie der Mensch seine Geschöpflichkeit zum Ausdruck bringen sowie seine Beziehung zu Gott gestalten kann und dass diese Gott-Mensch-Beziehung primär auf Liebe beruht. Um den vorhin erwähnten Gedanken erneut aufzugreifen: Durch die Vorstellung, dass jeder Mensch in sich etwas Göttliches trägt, sind alle Menschen als Teil eines Ganzen zu verstehen, das heißt, die Menschen sind nicht voneinander entkoppelt. Demnach sollte Liebe ebenso als das Handlungsmotiv gelten, das den zwischenmenschlichen Beziehungen zugrunde liegt. Das beste Beispiel, die bestmögliche Hinwendung zu Gott, ja die höchstmögliche, schönste Verkörperung dieser Liebe ist für Muslim*innen, wie schon genannt, der Prophet Muhammad (K 3:31).

## 2 Der Sendungsauftrag Muhammads als anthropologische Exemplifizierung

Die koranische Erstbegründung lässt sich des Weiteren auch mit einer Deutung des prophetischen Sendungsauftrags ergänzen und bestärken.[2] Der Mensch ist in seiner Herausforderung, Gottes Anspruch ernst zu nehmen und sein Inneres nach dem Guten auszurichten, nicht allein gelassen. Er hat in und mit dem Propheten Muhammad ein Vorbild. Diesen Begriff des Vorbilds verstehe ich wie ein Puzzlebild, das ein*e Puzzler*in immer wieder anschaut, um sein*ihr Puzzle fertigzustellen. Das Puzzlebild steht für das Bestreben der Vervollkommnung, das sich der Mensch immer wieder auf seinem individuellen Weg

---

2 Es geht an dieser Stelle nicht darum, die Autorität und Normativität der prophetischen Handlungsweise *(sunna)* zu plausibilisieren, sondern das Ziel seines Sendungsauftrages, nämlich charakterlich gut zu werden.

der Menschwerdung als Orientierung ansieht. Der Sendungsauftrag des Propheten Muhammad lässt sich fokussiert in seiner ethischen Exemplarität ermitteln. Diese wird in der prophetischen Formulierung »Ich kam, um den schönen Charakter zu vervollständigen« spezifiziert, die in Korrelation mit dem koranischen Vers »*Und du bist wahrlich von großartigem Charakter*« (K 68:4) gelesen werden sollte. Der Fokus wird damit auf die charakterliche Vorzüglichkeit *(aḫlāq)* des Propheten gelenkt bzw. vergegenwärtigt der Prophet in seinem Menschsein diese charakterlich wünschenswerte Verfasstheit (vgl. K 21:107). Ich deute diese »Vervollkommnung des Charakters« nicht als ein Endziel, für das der Prophet prototypisch mit seinem Charakter und seiner Lebensweise steht, sondern diese stehen exemplarisch dafür, sich in diesen charakterlichen Vervollkommnungsprozess in Richtung Menschwerdung zu begeben; das heißt auf dem Weg zu sein, ein charakterlich guter Mensch zu werden und sich als solcher zu bewähren. Der Mensch soll darauf ausgerichtet sein, sich charakterlich bzw. zum Moralischen hin zu entwickeln (vgl. Höffe 2008, S. 114 f.). Das bedeutet, es geht nicht darum, charakterlich perfekt zu sein bzw. zu werden, sondern vielmehr bestrebt zu sein, sich stetig zu verbessern. Was bedeutet an dieser Stelle besser? Es bedeutet, sich in Richtung zentraler Tugenden wie Gerechtigkeit, Großzügigkeit, Besonnenheit, Aufrichtigkeit usw. zu entwickeln. Das Bemühen, dem (tugend-)ethischen Anspruch gerecht zu werden, also in einer Situation beispielsweise angemessen besonnen zu bleiben oder zu reagieren, bedeutet: Gott gesteht dem Menschen die Fehlbarkeit ein, die oben schon Erwähnung fand. Die Taten werden nach ihren Motiven bewertet, »innamā al-aʿmāl bi-nīyāt« (vgl. al-Buḫārī o. J.).

> »In diesem Sinne wäre Gottes Appell zunächst für eine Entscheidung des Menschen, Verantwortung zu übernehmen, zu verstehen, die sich in entsprechender Haltung und entsprechendem Tun erprobt, was Gott mit seinem Segen begleitet.« (Tatari 2016a, S. 58)

Somit fallen bestehende Schwächen bzw. die menschliche Fehlbarkeit nicht ins Gewicht, sie sollen den Menschen nicht frustrieren und in seinem Bestreben lähmen, denn die menschliche Unvollkommenheit ist nicht per se defizitär besetzt. In der Einsicht der eigenen Schwächen liegt eben auch ein Eigenwert und sie ist der erste wichtige Schritt auf dem Wege der Menschwerdung, diese durch Anstrengung auszugleichen (vgl. Gerhardt 2015, S. 59).

Andererseits wird in der Person des Propheten auch die Korrelation zwischen exemplarischem Denken und exemplarischem Handeln deutlich – das heißt, das als vorbildhaft Gekennzeichnete soll als Vorbild eingehalten werden.

Mit Sokrates gesprochen: Haltung sollte sich »in der Handlung ausdrücken und dort sich vollenden« (zit. n. Heisterhagen 2017, S. 178) bzw. den Glauben im Leben lebendig machen. Doch damit ist weder eine Imitation noch eine Habitualisierung gemeint. Es erscheint mir abwegig, dass der*die Muslim*in mit seinem*ihrem Leben eine Kopie des Lebens des Propheten Muhammads abbilden soll. Der Mensch soll am Du, also am Propheten, Ich bzw. er selbst werden (vgl. Buber 1994). Der Prophet, in dessen Persönlichkeit der Koran, das Wort Gottes *(kalāmallah)* in allen Zügen implementiert ist, stellt also kein Exempel für eine mimetische Reproduktion von ethischen Handlungsweisen dar, sondern zielt auf die Bewusstseinserweiterung und den Erwerb der daraus resultierenden neuen Haltungen, Werte, Tugenden und Handlungsstrategien zur Aneignung, Gestaltung und Veränderung sozialer Realität. Denn die Dynamik des Lebens selbst und unterschiedliche Lebensumstände verlangen dem Gläubigen ab, Verhaltensweisen zeitgemäß und mit entsprechenden Inhalten zu füllen und durch die prophetische Tradition einen neuen Blick auf die eigenen Handlungen und Denkweisen zu erhalten. Zusammenfassend lässt sich mit Blick auf den Sendungsauftrag meiner Einsicht schlussfolgern, dass der Gesandte Muhammad den Menschen zu einem neuen Mensch-Sein *(insān al-kāmil)* einlädt. Er lädt dazu ein, seine innere Beschaffenheit mit Blick auf gewachsene Denk- und Wahrnehmungsschemata, Haltungen und personale Eigenschaften zu überdenken, am Gut-Sein auszurichten und gegebenenfalls zu revidieren. Zur Unterstützung gibt es ein großes Repertoire an Möglichkeiten, die der islamische Glaube sowie die islamische Tradition bereithalten. Wenn auch Rituale, wie beispielsweise das rituelle Gebet, dazu beitragen können, gewünschte Eigenschaften zu kultivieren, ist der entscheidende Lern- und Übungsort die Interaktion mit anderen Menschen. Ein guter Mensch ist folglich ein Mensch, der eine Verfassung innehat, die es ihm ermöglicht, sein eigenes Leben als solches und in der Gesellschaft zu erfüllen.

Um erneut das Puzzle-Bild-Beispiel heranzuziehen: Der Prophet Muhammad stellt mit seinen ethischen Anstrengungen jenes fertige Puzzle dar. Ferner bildet er in seiner Gott-Muhammad-Beziehung die mögliche Gottesnähe ab, in der er versucht ist, das Göttliche in seiner Person zum Vorschein zu bringen. Damit stellt er an die Gläubigen den Anspruch, das Göttliche in sich ebenfalls zu suchen und hierfür ihr Inneres zu beleuchten, um ihre inneren Anlagen bestmöglich entfalten zu können, sodass auch Gott sich in ihnen erkennen kann. Diese Schau lässt sich allerdings nur nach einer Revision der eigenen charakterlichen Eigenschaften angesichts Muhammads verwirklichen. Wenn der Mensch Gott erkennen möchte, sich gänzlich auf Gott ausrichten möchte, also seinen göttlichen Stempel zum Vorschein bringen möchte, verläuft die Selbstläuterung über die Bildungsbeziehung zwischen Gott und Muhammad. Das heißt, die Persönlichkeitsbildung vollzieht sich über Gott und mittels des Propheten (vgl. Sanseverino 2020, S. 127) – durch die Aneignung ethisch guter Charaktereigenschaften *(husn ḫulūq)*, für die der prophetische Charakter vorbildhaft steht. Wie bereits erwähnt, liegt die Aufgabe des Propheten Muhammad demzufolge nicht darin, den Menschen in einen noch nie dagewesenen Zustand zu erheben, sondern in der Einladung, das im Menschen angelegte Ursprüngliche freizulegen.

Die Kultivierung des Charakters, das heißt, die Ausbildung moralisch erstrebenswerter Charaktereigenschaften, ist folglich ein Teil dieses Prozesses. Auf diesem Weg erwartet Gott keine Perfektion, wohl aber eine eigene Anstrengung *(ǧihād)*, Gott so nahe wie möglich zu kommen, indem – aus dieser Gottesliebe schöpfend – der Mensch angehalten ist, das Beste aus sich zu machen und seine destruktiven Kräfte zu bändigen (vgl. Tatari 2016a, S. 14 f.). Der vielzitierte Gelehrte aus dem 11. Jahrhundert, al-Ġazālī, beschreibt diesen *ǧihād* als den Weg der Selbsterkenntnis und Selbsterziehung (vgl. Treiger 2012). In seinem Werk »Iḥyā' 'ulūm ad-dīn« (»Wiederbelebung der religiösen Wissenschaften«) verdeutlicht al-Ġazālī, dass der Weg zur Gotteserkenntnis nicht ohne eine entsprechende Kultivierung des Charakters möglich sei.[3]

## 3 Religiöse Beheimatung in anthropologischer Perspektive

Schüler*innenzentrierung setzt für das religionspädagogische Denken die Bejahung der Welt, die Bejahung des Diesseits und des Lebens voraus und sollte mit der eschatologischen Ausrichtung brechen. Das heißt, ich sollte nicht im Heute und Jetzt auf mein Jenseits schielen. Ein funktionalistisches Verständnis von Religion möchte ich damit zurückweisen.[4] Mit Nietzsche gesprochen geht es um die Bejahung des Lebens bzw. ein Diesseitsbekenntnis des Menschen (vgl. Nietzsche 1999, Bd. 6, S. 355). Für die muslimischen Moralphilosophen, die den*die Gläubige*n dazu anregen, auf sich und das eigene moralisches Selbst zu schauen, eröffnen die Gelehrten eine Perspektive, islamische Anthropologie neu zu denken. Diese Perspektive gilt es, für den gegenwärtigen Kontext wiederzubeleben.

---

3   Die Authentizität dieser Überlieferung ist nicht unumstritten. Sie verfügt besonders innerhalb der islamischen Mystik über eine breite Rezeptionsgeschichte und auch al-Ġazālī bezieht sich zentral auf sie, u. a. in al-Ghasāli (1989, S. 35).

4   Ich erzähle Schüler*innen im IRU nicht, dass es technische Spielgerätschaften oder Puppenhäuser im Paradies gibt, sofern sie sich gottgewollt verhalten.

Erbauliche Narrationen wie auch koranische Textstellen, Fabeln, Anekdoten, Geschichten und Erzählungen, ja sogar ein Gedicht, das ohne moralische Urteile und ohne evaluatives Vokabular auskommt, können als Medium einer Begegnung mit dem Ethischen fungieren oder als ein Beitrag zur Ethik verstanden werden (vgl. Amman 2007, S. 134). Erzählungen von und über Persönlichkeiten und ihre Erfahrungen aus der islamischen Tradition, die ich unter dem Begriff Narration zusammenfasse,[5] können hierfür eine konstitutive Rolle übernehmen. Das Kennenlernen anderer Lebenserfahrungen, -muster und -haltungen ermöglicht es Schüler*innen, unterschiedliche Deutungsmuster der Welt, des menschlichen Seins und seiner Verstrickung in der Welt zu erschließen (vgl. Isik 2014, S. 240). Damit »gewinnt Religion anthropologisch betrachtet eine Schlüsselfunktion in Blick auf Aufbau und Stabilisierung personaler Identität« (Isik 2014, S. 240). Dieser Verständigungsprozess kann bewerkstelligt werden, wenn Schüler*innen Narrationen hören, ihnen begegnen, diese diskutieren, erörtern, auslegen und für ihren individuellen Lebenskontext anwenden.

### 3.1 Fundamentale Grundlage: Gott-Mensch-Beziehung

Religiöse Beheimatung in der Grundschule bedeutet anthropologisch gewendet, eine religiöse Personalität entwickeln zu lernen. Diese lässt sich meiner Einsicht nach lediglich auf einem stabilen Fundament aufbauen, nämlich auf dem einer persönlichen Gottesbeziehung. Die Frage »Wer bist du, Gott?«, stellen sich Kinder wie auch Jugendliche gleichermaßen, ausgehend von ihren individuellen Erfahrungen im Zusammenhang mit ihrer Identität und der Wahrnehmung der Welt. Das Fragen und Suchen nach Gott wird sowohl Inhalt als auch Ausgangspunkt des IRU (vgl. auch Grundlagenplan für die Primarstufe 1998, S. 27; vgl. Kirchenamt der EKD 1995, S. 30). Entscheidend wird an dieser Stelle, dass Schüler*innen anhand ausgewählter koranischer Erzählungen sowie weiterer Narrationen Gottesvorstellungen beschreiben und deuten lernen. Anhand koranischer Textstellen über Gott und andere Zeugnisse können Glaubensaussagen erschlossen und Bezüge zum eigenen Leben und Handeln hergestellt werden. Das eigene Gottesbild wird dadurch bewusst und die persönliche Gottesbeziehung wahrnehmbar. Erfahrungen, die Vorstellungen und das Sprechen über Gott aus der Perspektive anderer Gläubiger in unterschiedlichen Textsorten können hierbei helfen, die Wahrnehmung in Hinblick auf viele Facetten und Eigenschaften Gottes zu schärfen. Beispielsweise lassen sich die

---

5 Narration soll all jene Textsorten umfassen, die einen Erzählstoff innehaben. Bei der Narration sind das Erzählen und die Erzählung selbst gleichermaßen relevant.

Gotteserfahrungen des Gesandten Muhammad in Zeichen, Symbolen und Erfahrungen ausdrücken. Das gilt es, näher zu betrachten.

»Oh Mensch, was ist es, das dich weglockt von deinem gnädigen Erhalter, der dich erschaffen hat und dich geformt hat in Übereinstimmung mit dem, was du sein sollst, und deine Natur in rechten Proportionen gebildet hat, und dich zusammengesetzt hat, in welcher Form Er (dich haben) wollte?«[6] (K 82:6–8)

Ausgehend von der Sure 82, Vers 6 bis 8 wird ersichtlich, dass der Mensch letztendlich auch Dispositionen besitzt, in die Gottesvergessenheit abzurutschen, sich der Beziehung mit Gott zu entziehen sowie fehlzugehen, das heißt, Schwäche zu zeigen. Letztlich erinnert Gott den Menschen mit dieser koranischen Stelle an die Verantwortung, die von Gott im Menschen angelegte Gottverbundenheit und Ausrichtung zu Gott immer wieder aufs Neue und in der ihm geschenkten Freiheit aufzunehmen, zu pflegen und zu gestalten (diesem Prozess wohnt die Menschwerdung inne). Die »Freude Gottes« liegt wohl darin, zu beobachten, dass der Mensch sich in seiner Freiheit aus Liebe für Gott entscheidet.

Insbesondere charakterliche Schwächen, wie Ignoranz, Arroganz oder Gier bzw. Unersättlichkeit, werden als diejenigen genannt, die den Menschen immer wieder von Gott entfernen. Dadurch wird nach koranischer Vorstellung in der Regel auch das Beziehungssystem *(dīn)*[7], in das der Mensch eingebunden ist und das neben der Beziehung des Menschen zu Gott auch die Beziehung zu sich selbst, zu den Mitmenschen, den Pflanzen und Tieren und der Schöpfung an sich umfasst, empfindlich und gegebenenfalls auch nachhaltig gestört (vgl. Tatari 2016a, S. 14). Die Ausbildung ethisch zu bejahender Charaktereigenschaften ist zeitgleich jener Prozess, der hilft, Einkehr zu halten, um somit den Weg für die Selbsterkenntnis freizumachen.

Die Mensch-Gott-Beziehung ermöglicht, dass sich Menschen zur Religion verhalten können, denn ihre Beziehung zu und ihre Vorstellung von Gott prägen (wenn nicht sogar bestimmen) ihre Auffassung ihrer Religion, was sich in ihren Beziehungen zu Mitmenschen, zur Natur und zu sich selbst auswirkt. »Die Bejahung, mit Gott in Beziehung zu treten, zieht weite Kreise. Sie ist ebenso ein Fingerzeig auf ein ethisch verantwortbares Verhalten gegenüber allen Mit-Men-

---

6   »Proportioniert machen« meint einen Menschen, der physischen Bedürfnissen und emotionalen Antrieben unterliegt und zugleich mit intellektueller und spiritueller Wahrnehmungskraft versehen ist.

7   *Dīn* im Sinne von religiös-ethischer Lebensweise.

schen und der Natur« (Isik 2014, S. 250). Das heißt, ein Ausdruck dieser (Liebes-)Beziehung zu Gott soll sich insbesondere im Zwischenmenschlichen realisieren. Denn Gott begegnet dem Menschen nicht nur in der Natur, sondern – wie anfangs ausgeführt – ebenso im und durch Menschen selbst. Ein wichtiges religiöses Potenzial liegt in der Vorstellung, den Glauben an Gott als eine regulative Kraft zu begreifen, die einen Ansporn zum Gut-Sein darstellt. Dieser Weg verläuft nun einmal über eine Beziehung und eine Beziehung bedingt ethischen Anspruch und damit Verantwortung. Die Beziehung zum anderen ist ein wichtiger Bestandteil des Glaubens. Denn der andere und die Möglichkeit, die durch die Begegnung für die Kultivierung des Charakters gegeben wird, ist die Unterstützung Gottes, es ist der Beistand in diesem Werdensprozess, den der Mensch in den sozialen Beziehungen, gestiftet durch das Antlitz des anderen, erfahren kann. Das zwischenmenschliche Miteinander *(muʿāmalāt)* fragt danach, wie ein gutes Leben – auch als Gesellschaft – möglich wird. Die Grundfrage der Ethik bezieht sich auf die Frage, wie wir gemeinsam gut und friedlich miteinander leben können. Die Frage nach dem Charakter ist denn auch eine Frage nach den Haltungen. Die Frage nach der Bildung des moralischen Charakters, also der Ausbildung von Tugenden, ist wiederum ein Teilgebiet der Tugendethik.

## 3.2 Narration als übergeordnetes Setting

Der Begriff *Haltung* mag ein breites Bedeutungsspektrum von äußerlich wahrnehmbarer Körperstellung, der inneren *Verfassung* sowie dem Handeln aus Grundüberzeugung bis hin zum Selbstverhältnis und Weltbezug eines Menschen umfassen. Wenn ich als Muslimin hingegen über Haltung im Kontext der Kultivierung des moralischen Charakters spreche, meine ich damit die Entwicklung von sicheren, festen Grundhaltungen, die durch die Ausbildung und Einübung von bestimmten Dispositionen erwachsen und bestenfalls in moralisch begrüßenswerte Charaktereigenschaften münden – wenn, wie bereits ausgeführt, der prophetische Sendungsauftrag darin bestand, das moralische präsente Verständnis von Solidarität, Gerechtigkeit, Bescheidenheit, Freundschaft und Achtung zu vervollständigen, neu zu gewichten und zu perspektivieren. Das bedeutet, dass im IRU nicht von einem Ideal einer tugendhaften Person (in diesem konkreten Fall des Propheten Muhammad) auszugehen ist und es nach den Bedingungen der Möglichkeit für dessen Realisierung zu fragen gilt, sondern dass es um die Verbesserung dessen geht, was schon da ist. Das Lernen einer Tugend ist nicht als Ideal und Zweckbestimmung gesetzt, sondern das Streben nach Verbesserung des eigenen moralischen Charakters. Aristoteles entwirft in seinem Werk »Nikomachische Ethik« eine Theorie der Entwicklung von Tugend *(aretê)*.[8] Eine Tugend ist eine Qualität des Charakters, präziser eine Disposition dazu, auf Ereignisse und Situationen in einer hervorragenden oder jedenfalls hinreichenden Weise zu reagieren (vgl. Swanton 2005, S. 171). Die Charaktertugenden sind die »Vortrefflichkeit des *ethos,* d. h. des Charakters« (Rhonheimer 2001, S. 171). Eine (Charakter-)Tugend nach Aristoteles ist die Mitte *(mesótes)* zwischen zwei Extremen, Übermaß und Mangel, und die Suche nach der Mitte im Sinne eines Ausbalancierens (vgl. Aristoteles 2010). Das phronetische Ausbalancieren der rechten Mitte eröffnet pluriforme Handlungsmöglichkeiten. Zu diesem Ausbalancierungsprozess gehört vor allem das achtsame Schauen auf das eigene Selbst und die aufmerksame Wahrnehmung einer Situation. Hierzu gehört ebenfalls ein Abwägen aller wichtigen Faktoren und Aspekte einer Situation, um das richtige Maß einer Handlung auszumachen. Tugenden respektive wünschenswerte personale Eigenschaften lassen sich durch Einsicht und Gewöhnung entwickeln (intrinsisch motiviertes Handeln) und sind kaum durch Belehrungen anzueignen. Dass die Tugend ein Gut in sich selbst ist, muss dem Menschen mit vernünftigen Argumenten erklärt werden. Wirklich tugendhaft aber werden Menschen erst, wenn sie selbst kraft ihrer eigenen Vernunft einsehen, dass Tugenden aus sich selbst heraus gut sind. Kinder und junge Menschen an das gute Handeln heranzuführen, ohne jegliche Begründung, warum es gut sei, führt nicht unbedingt zu einer Internalisierung des Guten, sondern bleibt eine verkappte Imitation, die dann als regulative Normativität zur Handlungsgewohnheit wird.

> »Gerecht und mäßig ist aber nicht [schon], wer welche Dinge tut, sondern wer sie außerdem so tut, wie sie die gerechten und mäßigen Menschen tun. Daher wird mit Recht gesagt, dass der Gerechte durch das Tun der gerechten Dinge entsteht und der Mäßige durch das Tun der mäßigen Dinge. Ohne das Tun dieser Dinge könnte niemand auch nur erwarten gut zu werden.« (Aristoteles 2012, 1105b).

---

8   Die Tugendethik, auch so, wie sie islamisch-philosophisch gedeutet wird, steht einer religiös begründeten Normenethik diametral gegenüber. »Eine Prinzipienethik bzw. Normenethik stellt, so wird oft gesagt, die Frage in den Mittelpunkt, was ich gemäß Prinzip X tun soll. Die Tugendethik hingegen fragt, wie eine Person zu sein hat, um als eine gute Person gelten zu können« (vgl. Pauer-Studer 2015, S. 79).

Ethisch begrüßenswerte Eigenschaften werden durch Wiederholung, insbesondere am Beispiel von anderen, Gewöhnung und vernünftige Reflexion eingeübt. Denn wenn der moralische Charakter nur durch Gewöhnung bzw. Imitation eingeübt würde, dann bliebe der Mensch letztlich immer fremdbestimmt (das heißt bestimmt durch die Vorbilder der Einübung). Das wäre im Grunde eine »Abrichtung«. Wenn es aber keine Vorbilder für die Einübung eines ethischen Charakters geben würde, würden Menschen gar keine positiven Emotionen gegenüber den anzustrebenden Charaktereigenschaften entwickeln können. Gegenstandsbereich einer Narration sind folglich nicht die Handlung, sondern die handelnde Person, ihre Absichten und Motive sowie der Charakter, aus dem die Absichten und Motive, die das Handeln in einer konkreten Situation leiten, hervorgehen (vgl. Halbig 2013, S. 279).

In einer Gesamtschau ethischer Konzepte islamisch-philosophischen Denkens sind die Konturen tugendethischen Denkens bei muslimischen Philosoph*innen sehr deutlich erkennbar. Mit Referenz auf Aristoteles' »Nikomachische Ethik« denken ab dem 10. Jahrhundert viele muslimische Philosophen, wie Fārābī, ibn Miskawayh, Tūsī, Dawwānī und viele weitere, den prophetischen Sendungsauftrag, in dessen Zentrum die Beschäftigung mit dem Charakter steht, weiter bzw. amalgamieren die aristotelische Tugendvorstellung mit ihrem »islamischen Konzept« von moralischem Charakter (aḫlāq; mehr dazu siehe Rudolph 2012, Bd. 1). Ihre Vorstellungen spiegeln sich in Werken, die allzu oft den gleichen Titel tragen: »Die Vervollkommnung des Charakters« (»Tahḏīb al-aḫlāq«; mehr dazu siehe Tekin 2016, S. 83–106; Topkara 2018).

Wenn ich nun aus muslimischer Perspektive dafür plädiere, Grundhaltungen zu kultivieren, befinde ich mich im Kern der klassisch islamischen aḫlāq-Konzepte. Die Bezeichnung aḫlāq weist zwei Dimensionen auf. Zum einen ist aḫlāq die Pluralform von ḫulq und verweist auf Bedeutungen wie Wesensart, Gewohnheit, Natur, Konstitution, Charakter sowie Anstand und zum anderen hat sie einen Bezug zu ḫalq, was Schöpfung, Erschaffung und körperliche Konstitution des Menschen meint. Aḫlāq wird dann verstanden als Lehre von moralischer Haltung, moralischem Charakter bzw. der Gesamtheit der Charaktereigenschaften (vgl. Wehr 1977). Ein aḫlāq-Konzept hat stets einen holistischen Blick auf den Menschen, sowohl die seelische, moralische als auch die körperliche Verfassung des Menschen sind Gegenstand des Konzepts. Denn auch der Körper ist dem Menschen etwas Anvertrautes, er ist nicht Eigentum des Menschen, sondern Geschenk Gottes. Die Pflege des Körpers bedeutet nicht nur, den Körper regelmäßig zu reinigen, sondern dazu gehören auch körperliche Betätigung, ein gesundes Maß an Schlaf, Ernährung und Ruhe. Das heißt, eine gute körperliche Konstitution ist komplementär zur Bildung und Schulung moralischer Charaktereigenschaften zu sehen.⁹ Eine tugendethisch orientierte *aḫlāq*-Theorie, die die Bildung von Tugenden bezweckt, indiziert körperliche Ausführungen, situationsangemessenes und kontextsensibles Interagieren sowie die Kultivierung der Neigungen als Kernelemente (vgl. Schmidt 2016, S. 1154). Damit umfasst das semantische Feld des Begriffs *aḫlāq* auch körperliche Praktiken, wie das Beten, *ḏikr* oder den Dienst an anderen Menschen. Das heißt, eine leibliche Praxisform kann mittelfristig der Einübung einer charakterlichen Disposition *(faḍīla)* dienlich sein. Eine charakterliche Disposition ist eine feste Grundhaltung *(ḥāl)*, eine Verfassung, aus der heraus ein Mensch auf Menschen und Situationen adäquat reagiert. Damit unterscheidet sie sich von einer prinzipienorientierten, normativen Ethikvorstellung, die die islamische Tradition ebenfalls kennt.

## 3.3 Die Wirkebenen von Narrationen

Im Akt des Erzählens und in der Rezeption des Erzählten können Werte entstehen, erschlossen oder auch bewahrt werden. In religionspädagogischen Kontexten werden Narrationen eingesetzt, um ethische Haltungen zur Disposition zu stellen und Glaubensinhalte zu vermitteln. Narrationen können eine wichtige Rolle einnehmen, um mit Tugenden oder Untugenden vertraut zu machen (vgl. Carroll 2011, S. 43–49). Der klassische Ort für Narrationen scheint demnach die ethische Bildung. Ihr Einsatz vor allem in der Grundschule kann auch erfolgen, um bewusst religiöse Identität zu konstruieren. Koranische Erzählungen und anderweitige Narrationen sind eine narrative Darstellung darüber, wie ein gutes Leben vor Gott aussehen könnte. Diese Visionen des guten Lebens vor Gott können in der Bildung und Entwicklung einer guten Persönlichkeit respektive eines guten moralischen Charakters Orientierung geben.

Es gehört zur traditionellen Lernform islamischer Bildung, anhand mündlicher (religiöser) Erzählungen *(qiṣaṣ)* und Geschichten *(ḥikāya)* Grundhaltungen diskutierend bzw. deliberierend zu kultivieren. Denn die Beschäftigung mit Narrationen kann »als imaginativer Übungsraum zur Kultivierung und Verfeinerung unseres moralischen Sensoriums gesehen werden« (Rüdiger 2014, S. 16).

Das Erzählen von dem und über den Propheten Muhammad sowie von den und über die anderen Propheten, anderweitiger Narrationen aus dem islamischen Erbe, wozu das »Maṯnawī maʿnawī« von Rūmī oder auch arabische und

---

9 Ferner gehört zu dieser holistischen Betrachtung des Menschen die Verknüpfung des Körpers mit Geist und Seele und der daraus resultierenden Vorstellung, dass körperliche Bewegungen eine Wirkung auf das Innenleben des Menschen haben kann.

persische Fürstenspiegel (mehr dazu siehe Leder 1999, S. 21–50) wie die berühmte Fabel »Kalila und Dimna« von Ibn al-Muqaffaʿ, gehören (vgl. Monschi 1996), eröffnen nicht nur neue Welt- und Deutungszugänge, sondern führen einerseits mit ihrer langen Wirkungsgeschichte in eine facettenreiche Tradition gelebter Religiosität ein und können andererseits durch den entsprechenden Erzählstoff ein gewisses Traditionsbewusstsein schaffen und Schüler*innen helfen, sich in einer reichen Tradition zu verwurzeln (mehr dazu siehe Hendling-Ehmay/Kamali/Vakili/Kleinschmidt 2020; vgl. Farsani 2020, S. 298–312). Dadurch wird die Möglichkeit eröffnet, sich zu diesem Erbe zu verhalten und sich gegebenenfalls diesem Erbe zugehörig zu fühlen. Das Erzählte sollte keinen normativen oder totalitären Ausgriff haben, sondern den Zuhörer*innen in seiner Exemplarität einen imaginativen Kultivierungsraum eröffnen.

Damit ist die Frage zu beantworten, wie und warum tugendethisch dimensionierte Narrationen dem anthropologischen Anspruch der Menschwerdung am ehesten gerecht werden können.

Die in den unterschiedlichsten Narrationen vermittelten vielfältigen Sprachformen sind ein wichtiger Teil der Betrachtung von Narrationen selbst; sie hören und sogar selbst erzählen zu können, fördert nicht nur den Wortschatz und den Satzbau, sondern stellt auch die wesentliche Grundlage dafür dar, dass Kinder ihr Textverständnis und ihre Erzählkompetenz entwickeln können (vgl. Näger 2017, S. 56). Hinzu kommt, dass Kinder in eine neue Darstellungsform eingeführt werden: Personen werden vorgestellt, Gefühle, Handlungen und Situationen beschrieben. In der Grundschule bietet es sich an, Bilder zur Illustration heranzuziehen. Denn Bilder erzählen Geschichten. Damit können Narrationen nicht nur Orte der verbalen Begegnung werden, sondern auch der visuellen. Beim Lesen, Zuhören und Betrachten von passenden Bildern »treffen Kinder auf Personen, lernen Charaktere und Stimmungen kennen und lassen sich von Atmosphären einfangen« (Näger 2017, S. 47) und von Taten begeistern. Die Protagonist*innen können bei Kindern Gefühle auslösen und sie dazu verleiten, sich mit den Hauptdarsteller*innen zu identifizieren.

Wie das Wortfeld des koranischen Begriffs der Erzählung qaṣaṣ (»Spuren suchen und ihnen folgen«) vermuten lässt, werden die Zuhörer*innen aufgefordert, aktiv am Erzählten teilzunehmen (vgl. Tatari 2016b, S. 103). Erst wenn eine Erzählung die Zuhörer*innen involvieren kann, kann sie Ethisches bewirken (vgl. Amman 2017, S. 259). Die Aktivierung des passiven Gewahrwerdens ist schließlich ein wichtiger Schritt. In einer Deliberationsphase sollen die Gesamtsituation einer Narration in all ihren Facetten betrachtet und die Handlungen und Handlungsmotive der Protagonist*innen beschrieben werden. Erst eine umsichtige und bedachtsame Wahrnehmung der Situation kann zu einer adäquaten Reflexion führen. Durch diese Identifikation des »Sich-Hineinversetzens« in die geschilderte Situation stellt sich insbesondere die subjektive Frage: »Wie hätte ich mich verhalten?« Diese Frage aktiviert den Reflexionsprozess, der auf die tugendethische Fragestellung »Wie soll ich mich verhalten?« abhebt. Die Narration wird einerseits zu einem Schauplatz für den persönlichen Ausdruck eigener Gefühle wie Angst, Freude, Wut, Neid, Besonnenheit, Bescheidenheit oder Gerechtigkeit. Auch wenn es nur eine imaginierte, nicht wirkliche Situation ist, können Narrationen und/oder Bilder Gefühle hervorrufen (vgl. Dannenmann 2019, S. 2). Gefühle tragen zur Erkenntnis der Welt bei. Sie enthalten Werturteile und Einschätzungen. Martha Nussbaum versteht Emotionen als Formen einer intelligenten und bewertenden Wahrnehmung und Interpretation der Welt, die für unser Leben äußerst wichtig sind (vgl. Nussbaum 2001, S. 35). Bei ethischen Urteilen können Emotionen nicht einfach beiseitegeschoben werden, wie dies in der Geschichte der Philosophie oft erfolgte. Sie sind die Basis von zwischenmenschlichen Beziehungen. Emotionen spielen eine gewichtige Rolle in Narrationen und ihnen sollte bei einer Analyse auch Raum gegeben werden. Eine tugendethische Betrachtungsweise einer Narration erfordert eine umfassende Deliberation der Situation sowie auch der eigenen Verfassung, zu der Emotionen selbstverständlich dazugehören. Zur Wahrnehmung der eigenen Verfasstheit gehört ebenfalls eine emotionale Selbstreflexion, das heißt ein Reflexionsprozess der emotionalen Disposition (mehr dazu siehe Sieland/Rahm 2007, S. 207).

Andererseits wird eine Narration auch Bühne für eigene Motive, Grundhaltungen und Wertpräferenzen, denn es wird von der Annahme ausgegangen, dass entsprechende Narrationen Werte, Tugenden bzw. ethisch relevante Erfahrungen in der Vision eines guten Lebens vor Gott vermitteln. In diesem Reflexionsprozess werden unterschiedliche Wertansprüche miteinander abgeglichen, Konsequenzen möglicher Handlungen abgewogen und unterschiedliche Handlungsmotive und Grundhaltungen verhandelt. Die Beschäftigung mit einzelnen Menschen, ihren volitionalen, kognitiven und emotionalen Abwägungsbewegungen und ihren ethischen (Lebens-)Entscheidungen können hilfreich für die Gestaltung des jeweils eigenen Lebensweges, für zeitweilige Krisen und Ängste sein. Gelingendes muslimisches Leben und Beispiele für religiös-ethisch motivierte Entscheidungen können Schüler*innen in der Subjektwerdung, Autonomie und (religiösen) Identitätsbildung unterstützen. Dadurch können Narrationen imaginativ und aktiv durchleuchtet, sinnlich-ästhetisch erlebt und für die eigene Lebenswirklichkeit gedeutet werden.

Die erhofften Lerneffekte sind vielfältig: Narrationen, in denen ethische Diskurse im Kleinen nachgebildet sind, fördern insgesamt die Entwicklung moralischer Urteils- und Handlungskompetenz, indem ethisch vernünftiges Argumentieren eingeübt wird. Narrationen schärfen unser moralisches Differenzierungsvermögen (vgl. Ammann 2017, S. 262). Die Kompetenz des Perspektivenwechsels und empathischer Identifikation, aber auch der Ambiguitätstoleranz kann durch die Diskussion um unterschiedliche Optionen gefördert werden (vgl. Riegel 2018, S. 3). Ein derart gedachter IRU operiert damit auf drei Ebenen: der kognitiven, der ethischen und der ästhetischen. Es liegt auf der Hand, dass die Bearbeitung von Narrationen den Ansprüchen eines kompetenzorientierten Religionsunterrichts gerecht wird.

Zu unterscheiden ist diese übergeordnete Zielkategorie allerdings distinktiv von identisch klingenden fachdidaktischen Ansätzen wie dem Vorbildlernen oder Modell-Lernen oder dem Lernen an Narrationen. Es handelt sich um eine Zielkategorie, die an den IRU den Anspruch stellt, religiöse Lehrinhalte anhand koranischer Erzählungen oder Narrationen zu erschließen. Dies ist nicht nur im Zusammenhang mit fachdidaktischen Ansätzen wie beispielsweise dem Ethischen Lernen selbst, in dem es um die Entwicklung von moralischer Urteilsfähigkeit im Konkreten geht, möglich, sondern auch mit Blick auf Glaubenspfeiler und Rituale. Die Zielkategorie ruft auf, diese Lehrinhalte im Hinblick auf ihren ethischen Wertgehalt zu operationalisieren. Denn auch die Praxis des islamischen Glaubens ist genuin mit ethischen Elementen besetzt und die religiöse Erziehung weist stets eine ethische Dimension auf (vgl. Isik 2014, S. 250).

Um diesen Gedanken mit einem Exempel zu konkretisieren: Mit Blick auf das Beispiel *zakāt*[10] wäre demnach die Frage zu stellen, welche Tugend erworben werden soll. Die Antwort ist evident: Großzügigkeit. Doch tugendhafte Großzügigkeit zeichnet sich nicht dadurch aus, sich einmal jährlich angehalten zu wissen, von seinem Vermögen »abzugeben«, sondern mit dieser einmaligen Pflichtabgabe kann der Mensch auf den Geschmack des freiwilligen Gebens kommen; dieses Einmalige kann bestenfalls der Startpunkt dafür sein, es sich zur Gewohnheit werden zu lassen, immer wieder zu geben, das heißt, die Disposition auszubilden, großzügig zu werden. Denn Islam bedeutet auch Solidarisierung mit Bedürftigen sowie mit durch Armut Marginalisierten und am

---

10 Zum Beispiel der Pflichtabgabe *zakāt*: »Auch wenn die Pflichtabgabe mit ihrer praktisch auszuführenden Handlung nach außen ersichtlich ist, hat die Handlung einen weitreichenden ethischen Radius. Durch den Akt des Gebens wird das verbleibende Vermögen unter den Segen Gottes gestellt (was die Wortbedeutung von *zakāt* in sich schon impliziert). Eine ethische Reflexion dieses symbolischen Gebens trägt die Forderung nach Solidarität mit Bedürftigen in sich, wodurch das subjektive Bewusstsein der Hilfe, der Solidarität mit Anderen aus Menschenliebe entwickelt werden soll. Die *zakāt* als Pflicht bildet sozusagen nur den Anstoß, der den Stein ins Rollen bringt« (Isik 2014, S. 251).

Rande der Gesellschaft Stehenden. Damit wird ein Ritual sowie ein Glaubenspfeiler zum Ausgangspunkt für die grundsätzliche Frage eines RU in der Grundschule: Was würde unsere Gesellschaft gerechter, humaner, sozialer, ja *lebenswürdiger* machen? Auf derartige sozialethische Fragen kann von der anthropologisch-theologischen Bestimmung des Menschen her geantwortet werden. Damit ist jedes Individuum einzeln in die Verantwortung genommen und in seinen eigenen personalen Eigenschaften und Haltungen angefragt, die im Letzten dazu beitragen, eine religiös begründete Urteilsbildung zu erlangen (vgl. Isik 2012, S. 222).

Es ist sicherlich nicht falsch, sich an dieser Stelle die Bemerkung zu erlauben, dass es sich nicht um Lehrgeschichten handelt, durch die eine Liebe zu Tugenden und eine Abscheu gegenüber Lastern und dadurch die Entwicklung bestimmter Verhaltensmuster bezweckt wird. Mit Rekurs auf die anfangs ausgeführte anthropologische Zweckbestimmung des Menschen aus islamischer Perspektive soll der Mensch als Geschöpf Gottes dazu angehalten werden, sich in der Kultivierung seiner personalen Anlagen als Mensch zu bewähren. Narrationen spiegeln mögliche Deliberations- und Reflexionswege musterhaft wider, allerdings ist mit dem tugendethischen Setting der Fokus auf jene Narrationen gesetzt bzw. sollten nur jene Narrationen zum Einsatz kommen, die sich für einen Deliberations- und Reflexionsprozess über Tugenden sowie Dispositionen auch tatsächlich eignen. Anhand von Erfahrungen in narrativer Form können Schüler*innen elementare Ausdrucksformen religiöser Lebenspraxis erklären, deuten und anwenden. Entscheidend sind in diesem Zusammenhang sinnträchtige Erzählungen, die Deliberations- und Reflexionsprozesse über gute personale Eigenschaften anregen und für die Begründung moralischer Handlungsorientierungen aus islamischer Perspektive dienen können (mehr dazu siehe Joisten 2007).

## 4 Resümee

In diesem Beitrag sollte der enge Zusammenhang zwischen islamischer Anthropologie, also dem Nachdenken über die Bestimmung des Menschen, und der Ethik, also dem Nachdenken darüber, was der Mensch tun soll und/oder wie der Mensch sein sollte, um gut zu werden, in Grundzügen skizziert werden. Dabei sollte mit dem Fingerzeig auf die menschliche Schwäche eine Neuorientierung der islamisch-anthropologischen Frage, was der Mensch sei, markiert werden. In aller Bescheidenheit wurde zur Plausibilisierung insbesondere die Traditionslinie des islamisch-philosophischen Denkens, in der im Kontext von *aḫlāq* verdeutlicht werden sollte, dass der Mensch in der Lage ist, sein moralisches Potenzial zu entfalten, aufgegriffen.

In Anbetracht der bisherigen Ausführungen könnte der Eindruck erweckt worden sein, ein IRU wäre ein Plauderstündchen. Mitnichten. Diese ethische Dimensionierung ist lediglich eine Brille, mit der Glaubensinhalte betrachtet und zum Gegenstand des IRU operationalisiert werden sollen. Ethik ist ein Teil von Anthropologie. Wenn der Mensch erwünschtes tut, also gut ist, wird eine innere Harmonie und Stimmigkeit mit dem eigenen Wesen hergestellt. Für die Religionspädagogik bedeutet dies: Narrationen sind ein adäquates Medium zur Handlungsbefähigung – im Gegensatz zu einem bloßen Verhaltenstraining. Die Schüler*innen zum Handeln zu befähigen, bedeutet, sie dazu zu befähigen, sich durch ethische Selbstverpflichtung und den religiösen (anthropologischen) Auftrag selbst zum charakterlich Guten zu formen.

An dieser Stelle könnte auch der Einwand laut werden, dass ein Ethik- oder Philosophieunterricht ebenfalls mit entsprechenden Lehrinhalten eine Menschwerdung begünstigen könne. Dem wäre zuzustimmen, allerdings wäre damit ein entscheidender Aspekt des IRU verkannt. Der IRU allein kann die religiöse Kompetenz vermitteln, zu der er bildungstheoretisch auch beauftragt ist. Nun lässt sich religiöse Kompetenz sicherlich in viele Aspekte aufgliedern, aber im Kern geht es um die Möglichkeit, sich gegenüber Religion qualifiziert zu verhalten, das heißt, religiöse Phänomene und besonders natürlich die eigene Herkunftsreligion historisch, hermeneutisch, ästhetisch und expressiv verstehen und deuten zu lernen. Die persönliche Entscheidung, wie sich die Schüler*innen gegenüber der Religion letztlich verhalten, ob und wie sie die Perspektive des Glaubens für sich übernehmen oder ausprobieren möchten, bleibt damit unverfügbar und ist nicht mehr Gegenstand des Unterrichts oder seiner Ziele. Das Ziel aber ist, diesen Reflexionsprozess anzustoßen und die Schüler*innen hierfür entsprechend zu qualifizieren. Ein theologisch-anthropologisch gestalteter IRU stellt den*die Schüler*in und seine*ihre Befähigung, Probleme zu bewältigen, in den Mittelpunkt.

Vor diesem Hintergrund bin ich der Überzeugung, dass für die Grundschule das Selbstverständnis und das Ziel des IRU darin liegen sollte, den Schüler*innen eine Vision der ethisch guten Seinsmöglichkeiten, schöpfend aus der reichen islamischen Bildungstradition, zu vermitteln.

# Literatur

Al-'Arabī, M. ibn (1991): al-Futūḥāt al-Makkiyya. Band 2. Hrsg. v. 'Uṯmān Yaḥyā. Kairo, reprint Beirut.
al-Buḫārī, M. (o. J.): Muḥammad ibn Ismā'īl ibn Ibrāhīm ibn al-Muġīra al-Buḫārī: al-Ǧāmi' aṣ-ṣaḥīḥ. Band 1. o. O.
al-Ghasāli (1989): Das Elixier der Glückseligkeit. Aus d. pers. u. arab. Quellen in Ausw. übertr. von Helmut Ritter. München.
al-Qurṭubī, M. (1977): al-Ǧāmi' li-aḥkām al-Qur‹ān. Bde. I–XXII. Edition v. Tawfīq al-Ḥakīm, Mukhtār Tafsīr Al-Qurṭubī. Kairo.
Ammann, C. (2007): Emotionen – Seismographen der Bedeutung. Ihre Relevanz für eine christliche Ethik. Stuttgart.
Ammann, C. (2017): Art. Moralische Bildung. In: M. Martínez (Hg.): Erzählen. Ein interdisziplinäres Handbuch (S. 259–262). Stuttgart.
Aristoteles (2010): Nikomachische Ethik. Hrsg. u. übers. v. Ursula Wolf. Hamburg.
as-Siǧistānī, A. D. (o. J.): Sunan Abī Dāwūd. 4 Bde. Hrsg. v. Muḥammad Muḥyī ad-Dīn 'Abd al-Ḥamīd. Sidon/Beirut.
Behr, H. H. (1998): Islamische Bildungslehre. Garching.
Behr, H. H. (2008): Bildungstheoretisches Nachdenken als Grundlage für eine islamische Religionsdidaktik. In: L. Kaddor (Hg.): Islamische Erziehungs- und Bildungslehre (S. 49–66). Berlin.
Berglund, J. (2017): The Study of Islamic Education. A Litmus Test on State Relations to Muslim Minorities. In: S. Führding (Hg.): Method and Theory in the Study of Religion: Working Papers from Hannover (S. 232–258). Leiden.
Bittner, R./Kaul, S. (2014): Moralische Erzählungen. Göttingen.
Buber, M. (1994): Ich und Du. Gerlingen.
Carroll, N. (2011): Narrative and the Ethical Life. In: G. L. Hagberg (Hg.): Art and Ethical Criticism (S. 35–62). Malden/Oxford/Chichester.
Chittick, W. C. (1975/76): Ibn 'Arabī's own Summary of the Fusūs »The Imprint of the Bezels of Wisdom«. Sophia Perennis (Teheran), 1 (2) (1975) und 2 (1) (1976), 1–4.
Dannenmann, T. (2019): Emotion, Narration und Ethik. Zur ethischen Relevanz antizipatorischer Emotionen in Parabeln des Matthäus-Evangeliums. Tübingen.
Dehghani Farsani, Y. (2020): A Sufi as Pedagogue: Some Educational Implications of Rūmī's Poetry. In: S. Günther (Hg.): Knowledge and Education in Classical Islam. Band 1 (S. 298–312). Leiden.
Esack, F. (2002): Wahrheit und Dialog. In: W. Weisse: Wahrheit und Dialog. Theologische Grundlagen und Impulse gegenwärtiger Religionspädagogik (S. 51–52). Münster.
Gerhardt, V. (2015): Ethik als Technik der Kultur. In: J.-C. Heilinger/J. Nida-Rümelin: Anthropologie und Ethik (S. 59–78). Berlin/Boston.
Halbig, C. (2013): Der Begriff der Tugend und die Grenzen der Tugendethik. Berlin.
Heisterhagen, N. (2017): Existenzieller Republikanismus. Ein Plädoyer für die Freiheit. Bielefeld.
Hendling-Ehmayr, H./Kamali, S./Vakili, F./Kleinschmidt, M. (2020): Rumi für Kinder. Rumi Märchen für Kinder und Jugendliche auf Deutsch. o. O.
Höffe, O. (2008): Anamal morabile. In: J. Nida-Rümelin/D. Ganten/V. Gerhardt/J.-C. Heilinger (2008): Was ist der Mensch? (S. 114–115). Berlin/Boston.
Humboldt, W. v. (1980a): Rechenschaftsbericht an den König. Hrsg. v. A. Flitner/K. Giel. Bd. IV. Stuttgart/Darmstadt.
Humboldt, W. v. (1980b): Schriften zur Anthropologie und Geschichte. Theorie der Bildung des Menschen. Hrsg. v. A. Flitner/K. Giel. Bd. I (S. 234–240). Stuttgart/Darmstadt.
Isik, T. (2012): Befreiungstheologische Aspekte in Gegenwartskonzepten der Religionspädagogik im islamischen Religionsunterricht. In: K. von Stosch/M. Tatari (Hg.): Gott und Befreiung. Befreiungstheologische Konzepte in Islam und Christentum (S. 221–229). Paderborn.

Isik, T. (2014): Die Bedeutung des Gesandten Muhammad für den Islamischen Religionsunterricht. Systematische und Historische Reflexionen. Paderborn.
Joisten, K. (Hg.) (2007): Narrative Ethik: Das Gute und das Böse erzählen. Berlin.
Kamcili-Yildiz, N. (2021): Zwischen Glaubensvermittlung und Reflexivität. Eine quantitative Studie zu professionellen Kompetenzen von islamischen ReligionslehrerInnen. Münster.
Kant, I. (1788/2009): Kritik der praktischen Vernunft. Stuttgart.
Kathīr, 'I. ibn (1984): Tafsīr al-qurʾān, Maktabat al-Malik Fayṣal al-Islāmīyah. Qahira.
Kirchenamt der EKD (1995): Argumentationshilfe des Kirchenamtes der Evangelischen Kirche in Deutschland zu den Möglichkeiten einer Einführung von islamischem Religionsunterricht als ordentliches Lehrfach an den Schulen in der Bundesrepublik Deutschland. Az.: 4720/11 vom 24. März 1995. Hannover.
Leder, S. (1999): Aspekte arabischer und persischer Fürstenspiegel. Legitimation, Fürstenethik, politische Vernunft. In: A. de Benedictis (Hg.): Specula principum (S. 21–50). Frankfurt a. M.
Lützen, F. (2020): Mit dem sehenden Herzen in den Islamischen Religionsunterricht – Über die inneren Kräfte des Menschen. In: F. Ulfat/A. Ghandour (Hg.): Islamische Bildungsarbeit in der Schule. Theologische und didaktische Überlegungen zum Umgang mit ausgewählten Themen im Islamischen Religionsunterricht (S. 65–93). Wiesbaden.
Monschi, N. (1996): Kalila und Dimna. Fabeln aus dem Klassischen Persien. Hrsg. u. übers. v. S. Najmabadi und S. Weber. München.
Näger, S. (2017): Literacy – Kinder entdecken Buch-, Erzähl- und Schriftkultur. Freiburg/Basel/Wien.
Nietzsche, F. (1999): Sämtliche Werke. Kritische Studienausgabe in 15 Bänden. Hrsg. v. G. Colli/M. Montinari. Berlin/New York.
Nussbaum, M. C. (2001): Upheavals of Thought. The Intelligence of Emotions. Cambridge.
Pauer-Studer, H. (2015): Tugendethik. In: J. Nida-Rümelin/I. Spiegel/M. Tiedemann (Hg.): Kombipack Handbuch Philosophie und Ethik. Band 2: Disziplinen und Themen (S. 79–84). Paderborn.
Rhonheimer, M. (2001): Die Perspektive der Mora. Berlin.
Riegel, U. (2018): Art. Dilemmageschichte, Religionsunterricht. http://www.bibelwissenschaft.de/stichwort/200372/ (Zugriff am 23.02.2021).
Rudolph, U. (Hg.) (2012): Philosophie in der islamischen Welt. Bd. 1: 8.–10. Jahrhundert. Basel.
Sanseverino, R. V. (2020): Mit dem Propheten Muḥammad in den Islamischen Religionsunterricht – Theologische Impulse für eine erfahrungsbezogene Prophetologie. In: F. Ulfat/A. Ghandour (Hg.): Islamische Bildungsarbeit in der Schule. Theologische und didaktische Überlegungen zum Umgang mit ausgewählten Themen im Islamischen Religionsunterricht (S. 95–144). Wiesbaden.
Schimmel, A. (2005): Der Sufismus. Eine Einführung in die islamische Mystik. München.
Schmidt, J. (2015): Cultivating virtue. Perspectives from philosophy, theology, and psychology. Rezension Nancy E. Snow, »Cultivating virtue. Perspectives from philosophy, theology, and psychology, Oxford, New York 2015«. Theologische Literaturzeitung (ThLZ), 141 (10), 1153–1155.
Seker, N. (2020): Koran und Gender. Exegetische und hermeneutische Studien zum Geschlechterverhältnis im Koran. Hamburg.
Sieland, B./Rahm, T. (2007): Personale Kompetenzen entwickeln. In: T. Fleischer (Hg.): Handbuch Schulpsychologie: Psychologie für die Schule (S. 197–210). Stuttgart.
Swanton, C. (2005): Virtue ethics. A pluralistic view. Oxford/New York.
Tatari, M. (2016a): Gott und Mensch im Spannungsverhältnis von Gerechtigkeit und Barmherzigkeit. Versuch einer islamisch begründeten Positionsbestimmung. Münster.
Tatari, M. (2016b): Armut und Gerechtigkeit: islamische Theologie als gesellschaftspolitische Kraft? In: C. Ströbele/A. Middelbeck-Varwick/A. Dziri/M. Tatari (Hg.): Armut und Gerechtigkeit: Christliche und islamische Perspektiven (S. 84–105). Regensburg.

Tautz, M. (2007): Interreligiöses Lernen im Religionsunterricht. Menschen und Ethos im Islam und Christentum. Stuttgart.

Tekin, I. (2016): Der Ansatz der Tahḏīb al-aḫlāq im Kontext der theoretischen Grundlagen der islamischen Moralerziehung. In: Y. Sarıkaya/A. Aygün (Hg.): Islamische Religionspädagogik (S. 83–106). Münster.

Topkara, U. (2018): Umrisse einer zeitgemäßen philosophischen Theologie im Islam. Die Verfeinerung des Charakters. Wiesbaden.

Treiger, A. (2012): Inspired Knowledge in Islamic Thought. Al-Ghazālī's Theory of Mystical Cognition and its Avicennian Foundation. London/New York.

Uçar, B. (2011): Lehrinhalte eines Religionsunterrichts islamischer Prägung. In: R. Englert/H. Kohler-Spiegel/N. Mette/E. Naurath/B. Schröder/F. Schweitzer (Hg.): Was sollen Kinder und Jugendliche im Religionsunterricht lernen? (S. 197–204). Neukirchen-Vlyn.

Wehr, H. (1977): Arabisches Wörterbuch für die Schriftsprache der Gegenwart. Wiesbaden.

Wiedenroth-Gabler, I. (2010): Erwartungen an den Islamischen Religionsunterricht aus Sicht einer evangelischen Religionspädagogin. In: B. Ucar/D. Bergmann (Hg.): Islamischer Religionsunterricht in Deutschland. Fachdidaktische Konzeptionen: Ausgangslage, Erwartungen und Ziele (S. 289–302). Göttingen.

# Trialogische Religionspädagogik. Didaktische Perspektiven für Judentum, Christentum und Islam

Georg Langenhorst

> »... nicht das Klischee des interreligiösen Dialogs, bei dem sich alle an den Händen halten und doch jeder meint, dass er die Weisheit gepachtet hat und der andere bitte schön erst einmal seine selbstkritischen Hausaufgaben erledigen soll.«
> (Navid Kermani 2015, S. 37 f.)

»Trialogische Religionspädagogik«? Was soll das sein (vgl. Langenhorst 2016)? Wieder ein neuer religionspädagogischer Modebegriff, hinter dem sich letztlich wenig Substanzielles verbirgt? Zugegeben: »Trialog« ist ein zunächst sperrig wirkendes Kunstwort, das sich über etymologische Sprachlogik hinwegsetzt, da »Dialog« als »Wechselrede« ja nichts mit der Zahl Zwei zu tun hat, die dann auf die Drei/»tri« erweiterbar wäre. Es bezeichnet jedoch einen Sachverhalt, der in anderen Begriffen nicht gleichwertig erfasst wird. Mit ihm lassen sich die auf Begegnung, Austausch und Annäherung abzielenden Kommunikationen zwischen den drei monotheistischen Religionen Judentum, Christentum und Islam präzise benennen. Wo »Dialog« sich primär als tatsächliches Kommunikationsgeschehen versteht, öffnet sich »Trialog« »weiter« auf die Gesamtschau dieser »historisch und theologisch eng verwandten Religionen« in »ihrer gemeinsamen Kultur- wie Gegenwartsgeschichte« (Sajak 2018, S. 74).

Der Tübinger Judaist Stefan Schreiner hat im Sinne einer Plausibilisierung des Begriffs nachgewiesen, dass das Wort *Trialog* bereits mittellateinischen Ursprungs ist. Historisch betrachtet ließen sich »genügend Beispiele finden, die seine Verwendung zur Bezeichnung eines Gesprächs mit drei Beteiligten nicht nur zu belegen, sondern auch zu rechtfertigen geeignet sind« (Schreiner 2010, S. 19). Und mehr noch: Die »Idee eines friedlichen und konstruktiven Religionsgespräches zwischen Juden, Christen und Muslimen« haben schon »mittelalterliche Denker von Abraham Ibn Daud bis Nikolaus von Kues« (Sajak 2019, S. 39) entwickelt. Ein alter Begriff, ein altes Programm – mit neuer Aktualität in unserer Zeit!

## 1 Begegnungen zwischen Jüd*innen, Christ*innen und Muslim*innen

Im Sinne einer in unsere Zeit hinein fruchtbaren »abrahamischen Ökumene« hat der Begriff des Trialogs eine mehr als fünfzigjährige Geschichte hinter sich und die Spuren weisen weder in den Kontext der christlichen Diskurse noch der europäischen Begegnungslandschaft. Vor allem im angloamerikanischen Raum findet sich dieser Begriff seit Beginn der 1970er Jahre als Fachterminus für die trilateralen Begegnungen von Judentum, Christentum und Islam. 1973 entwarf der aus Wien stammende jüdische New Yorker Gelehrte Ignaz Maybaum die Vision eines zeitgenössischen Trialogs zwischen Jüd*innen, Christ*innen und Muslim*innen (Maybaum 1973). Und wenig später, 1979, kennzeichnete der US-amerikanische Muslim Mahmud Awan den »Trialog der abrahamitischen Glaubensbekenntnisse« als »ein günstiges Beginnen, das ausgedehnt werden muss« (Awan 1986, S. 123).

Zwar konnte der Religionswissenschaftler Kurt Rudolph noch 1988 mit Blick auf Jüd*innen, Christ*innen und Muslim*innen von einer »Erbgeschichte grössten Ausmasses« schreiben, die tragischerweise »oft von den Gläubigen (bewusst oder unbewusst) nicht wahrgenommen« (Rudolph 1988, S. 223) werde, aber dieser Befund hat sich seitdem grundlegend verändert. Spätestens seit den 1990er Jahren ist der Begriff des Trialogs auch im deutschen Sprachraum als inzwischen eindeutig verwendeter Fachterminus etabliert.

Bereits 1983 konnte der jüdische Theologe Pinchas Lapide zum »brüderlichredlichen Trialog« aufrufen, vor allem im Interesse »unserer heutigen Glaubwürdigkeit« (Lapide 1983, S. 26) als an Gott Glaubende. Die Notwendigkeit dieser Forderung griff Hans Küng in seiner Studie »Das Judentum« (1991) auf. Sein Schüler, der Tübinger Theologe Karl-Josef Kuschel, profilierte diesen Begriff in seiner 2007 erschienenen Basisstudie über »Juden – Christen – Muslime. Herkunft und Zukunft« als Leitbegriff und Grundprinzip künftigen theologischen Denkens. Aus Ehrfurcht vor Gott, aus Achtung vor der anderen religiösen Tradition, in Respekt vor den andersgläubigen Menschen und im Wissen um die faktische Pluralität des Nebeneinanderexistierens geht es im Trialog von Judentum, Christentum und Islam darum, einen *Weg immer besserer gegenseitiger Kenntnis* zu beschreiten. Dabei ist stets beides zu beachten: Verbindendes *und* Trennendes. Trialog strebt nie die Suche nach dem kleinsten gemeinsamen Nenner der Beteiligten an, sondern die umfassende Beachtung der beiden jeweiligen Geschwisterreligionen.

Perry Schmidt-Leukel sprach 2005 in diesem Sinne allgemein von der »zunehmenden Einsicht in die Bedeutung des jüdisch-christlich-islamischen Trialogs« (Schmidt-Leukel 2005, S. 344). Ein weiteres Indiz für diese Entwicklung:

Der Freiburger Herder-Verlag erweiterte sein 1997 publiziertes »Lexikon der jüdisch-christlichen Begegnung« 2009 zu einem »Lexikon der Begegnung Judentum – Christentum – Islam« und stellte den zweiten, auf den Islam gerichteten Teil explizit unter den Titel »Vom Dialog zum ›Trialog‹«. Zwar ist hier vom »Trialog« noch in Anführungszeichen die Rede. Gleichwohl wird deutlich, dass sich Begriff und Verwendung spätestens seit den ersten Jahren des 21. Jahrhunderts ganz offensichtlich durchgesetzt haben. Das lässt sich überprüfen.

## 2 Die Söhne Abrahams

Werfen wir einen Blick auf ein Ereignis auf dem Zeitschriftenmarkt: »Die Söhne Abrahams. Was Juden, Muslime und Christen verbindet«! Mit dieser Titelstory eröffnet das Kindermagazin »Dein SPIEGEL« das Kalenderjahr 2011. 2009 als »SPIEGEL für Kinder« gegründet – Zielgruppe sind die Acht- bis Zwölfjährigen – versucht das weit verbreitete Magazin eine Aufbereitung von aktuell relevanten Themengebieten aus allen gesellschaftsprägenden Feldern. Im Januar 2011 lächeln uns drei etwa zehnjährige Jungen auf der Titelseite an. Alle dunkelhaarig und dunkeläugig, in freundschaftlicher Geste verbunden, der eine durch den Gebetsschal als Jude, der zweite durch das Kopftuch als Muslim, der dritte durch ein Kreuz in der Hand als Christ identifizierbar. Im Hintergrund lässt sich verschwommen der Felsendom von Jerusalem erkennen.

Die Verbundenheit von Judentum, Christentum und Islam im gemeinsamen Stammvater Abraham schafft es also als Titelstory auf das Frontcover eines der meistverbreiteten Kindermagazine in Deutschland. Im Innenteil des Magazins wird auf sechs Text- und Bildseiten die Geschichte von Abraham als »Urvater der Religion« (vgl. Frankemölle 2016) ausführlich präsentiert. Auffällig dabei: Erzählt werden einerseits die Geschichte und Wirkungsgeschichte der Bibel (nicht des Korans), andererseits geht es um die Situation eines jüdischen Mädchens und eines palästinensischen Jungen in Israel heute. Entfaltet wird so zwar ein für deutsche Kinder interessanter Zusammenhang, der aber zweifach von uns entfernt ist: einerseits zeitlich (»der Abraham *der Bibel*«), andererseits geografisch (»Situation in *Israel* heute«). Dass die abrahamischen Religionen bei *uns,* in Deutschland oder in Europa, zusammenleben, dass die interreligiösen Gemeinsamkeiten und Unterschiede *unser heutiges* Alltagsleben mitprägen, wird nicht mit einem einzigen Verweis wenigstens angedeutet. Religion, so der wahrscheinlich gar nicht bewusst intendierte, aber unterschwellig eindeutige Ton von »Dein SPIEGEL«, hat vorrangig etwas mit einer anderen Zeit und/oder einem anderen Teil dieser Erde zu tun.

Trotzdem: Dass dieses Kindermagazin sich des Themas der trialogischen Verbundenheit in Abraham überhaupt annimmt, zeigt eindrücklich, wie sehr der Gedanke einer »abrahamischen Ökumene« sich im Laufe der letzten Jahre als *tragendes Prinzip* durchgesetzt hat und weiter vorangetrieben wird. Ohne Übertreibung wird man sagen können: Die neue Betonung des gemeinsamen Ursprungs von Judentum, Christentum und Islam in Abraham gehört zu den wichtigsten und in der Rezeption erfolgreichsten Grundzügen der Theologiegeschichte der letzten dreißig Jahre. Dass es dabei auch um einen »Streit um Abraham« geht, um das, »was Juden, Christen und Muslime trennt – und was sie eint« (Kuschel 1994), gehört wesentlich zu dieser Motivgeschichte hinzu.

## 3 Religionspädagogische Herausforderung

Die genannten Bemühungen um einen Trialog sind einerseits aus konkreten Religionsbegegnungen erwachsen oder wollen genau dazu anregen, andererseits handelt es sich aber um Versuche von grundlegenden, systematisch-theologischen Entfaltungen. Die Religionspädagogik war zunächst weder im Blick noch direkt beteiligt. Mit Verzögerung hat sie ihre Chancen erkannt, interreligiöse Lernfelder mithilfe dieses Begriffs und den erzielten Einsichten neu zu formatieren.

Wo liegen die Herausforderungen des Trialogs von Judentum, Christentum und Islam für die Religionspädagogik? Interreligiöses Lernen heute ist – zumindest im europäischen Kontext – in erster Linie die Verständigung der drei in Nähe und Trennung engstens miteinander und gleichzeitig viel zu oft gegeneinander verbundenen Abrahamsreligionen Judentum, Christentum und Islam. Gerade mit Blick auf die weltpolitischen Herausforderungen unserer Zeit – islamistischer Terror, Flüchtlingsbewegungen, gemeinsames Leben in Westeuropa – stellt sich die Frage in aller Schärfe: Wie können Jüd*innen, Christ*innen und Muslim*innen gemeinsam und voneinander lernen? Der britische Großrabbiner *Jonathan Sacks* beschrieb in einem 2002 erschienenen, wegweisenden Buch eine Grundhaltung, die derartige trialogische Lernprozesse nicht nur auszeichnet, sondern überhaupt erst ermöglicht. Er hebt grundsätzlich die »Würde der Differenz« (Sacks 2002) hervor. Das Fremde und andere der dialogisch betrachteten Partner ist nichts Defizitäres, nichts Abzuwertendes, vielmehr hat gerade *das Trennende eine eigene Würde*.

Unter dieser Voraussetzung sollen zunächst einige allgemeine Eckpunkte trialogischen Lernens markiert werden:
- Religionspädagogisch verantwortbar von *Gott* reden heißt trialogisch, stets zu bedenken, dass ein und derselbe Gott nicht nur in meiner Konfession,

nicht nur in meiner Religion, sondern in den drei in sich noch vielfach ausdifferenzierten Religionen von Judentum, Christentum und Islam verehrt wird. Dieser grundlegende Gedanke schließt die Einsicht ein, dass die in den drei Religionen ausgebildeten Gottes*vorstellungen* – trotz aller Gemeinsamkeiten – sehr wohl in vielen Facetten voneinander abweichen.
- Religionspädagogisch von *Konfession* zu sprechen, heißt trialogisch, den Weg meiner Religion als Heilsweg zu bekennen und zu praktizieren, ohne den abrahamischen Geschwisterreligionen die Möglichkeit eines eigenen, von meinem Weg abweichenden Zugangs zum Heil prinzipiell und kategorisch abzusprechen. Ein mutual inklusivistisches Verständnis im Gefolge von »Nostra Aetate« (Langenhorst 2016, S. 50–88) ermöglicht es, die Geschwisterreligionen als von Gottes Wahrheit und Heilswillen erfüllte Dimensionen wertschätzen und respektieren zu können.
- Religionspädagogisch von *interreligiösem Lernen* in trialogischem Geist zu sprechen, bedeutet schließlich, sich im Rahmen einer Hermeneutik der wechselseitigen Anerkennung so intensiv wie möglich mit den beiden anderen monotheistischen Religionen zu befassen – ohne dabei die anderen Weltreligionen auszugrenzen. Ein immer besseres gegenseitiges Kennenlernen, ein vertiefendes Studium und praktisches Erfahren von Gemeinsamkeiten und eine immer klarere Sicht auf bleibend trennende – in Respekt und Ehrfurcht wahrgenommene – Eigenheiten markieren die Wege eines religionspädagogischen Wegs in die Zukunft.

Wie aber können diese – allgemein Orientierung gebenden – religionspädagogischen Vorgaben konkret didaktisch umgesetzt werden?

## 4 Nicht ein neues Lernfeld, sondern ein Prinzip

Gerade der schulische Religionsunterricht wird mit (über)großen Erwartungen konfrontiert. Angesichts der vielfältigen Ausdifferenzierungen der postmodernen Gesellschaft werden von Religionslehrer*innen Kompetenzen erwartet, die weit über die binnentheologische Fachkompetenz und die didaktische Vermittlungskompetenz hinausgehen. Zu all den vielen Kompetenzanforderungen mit dem »trialogischen Feld« noch eine weitere hinzuzufügen, wäre deshalb eine Überforderung, die eher kontraproduktiv, abstoßend oder hemmend wirken könnte. Es geht also nicht darum, zu den bereits vorhandenen Lernbereichen noch einen weiteren hinzuzufügen. Vielmehr soll die *trialogische Perspektive* als ein *Grundprinzip* religionspädagogischen Denkens verstanden werden. Faktisch *gibt* es die drei Religionen, die sich ausgehend von der hebräischen Bibel auf den einen Gott beziehen. Auch unseren Schüler*innen ist bewusst, dass die drei Gruppen sowohl auf der weltpolitischen Ebene sowie in unserer Kultur aufeinandertreffen. In der Besinnung auf Gott gilt es so, stets mitzudenken, dass es dieses geschwisterliche Miteinander gibt – in Nähe und Distanz, in Verbrüderung und Streit.

Trialogisch denken zu lernen ist so primär die Aufforderung, sich selbst anders wahrzunehmen, die eigene Identität in Öffnung und Binnenperspektive klarer zu erkennen und zu profilieren. Ich formuliere aus christlicher Sicht:
- Trialogisch zu denken und zu handeln bestimmt das prinzipielle *Selbstverständnis* einer christlichen Religionspädagogik, die sich der Existenz der abrahamischen Geschwisterreligionen bewusst ist und sie mit Respekt und Achtung betrachtet.
- In zweiter Linie betrifft trialogisches Lernen selbstverständlich auch das konkrete, seit Jahrzehnten in den schulischen Lehrplänen fest verankerte *Lernfeld* »Weltreligionen« oder »interreligiöses Lernen«.
- Auf einer dritten Ebene geht es zudem im Sinne des *Begegnungslernens* darum, ganz konkret Menschen aus den drei abrahamischen Religionen so in Gespräch und Austausch über ihr Leben zu bringen, dass diese Gespräche zu gegenseitigem Verständnis, Respekt und Wertschätzung führen können.
- Trialog als akademische und politische Dimension schließlich setzt vorrangig auf konkrete und direkte Begegnungen und den Diskurs von Expert*innen.

## 5 Begegnungslernen und mediales Lernen

Im Hinblick auf das Lernfeld Schule gilt es, die interreligiösen Perspektiven realistisch zu bestimmen. Gerade mit Blick auf das trialogische Lernen werden die Grenzen des Konzeptes von *Begegnungslernen* augenfällig, das häufig als vermeintlicher »Königsweg« (Leimgruber 2007, S. 101) interreligiösen Lernens bezeichnet wird. So sehr es zumindest prinzipiell möglich sein mag, an den meisten Schulen christliche und muslimische Schüler*innen in Begegnungen und gemeinsamen Lernprozessen zu begleiten, so deutlich ist, dass der dritte Partner, das Judentum, fast immer außen vor bleiben müsste, schon einfach deshalb, weil diese Schüler*innengruppe nicht oder kaum in den hiesigen Schulen präsent ist. Ein so entstehender Trialog wäre stets ungleichgewichtig.

Grundsätzlich bestehen zudem erhebliche pädagogische Bedenken dahingehend, ob es überhaupt sinnvoll ist, Kinder oder Jugendliche als Fachleute in Sachen Religion zu funktionalisieren, um Begegnung im Kontext Schule zu inszenieren. Sicherlich gibt es dazu positive Erfahrungen. Umgekehrt setzt man die Schüler*innen der Gefahr aus, sich als »Expert*innen in Sachen Religion« vor den Mitschüler*innen in einem Kontext zu profilieren, der für viele eher negativ besetzt ist. Hier droht eine ungewollte *Rollenfestlegung unter negativem Vorzeichen*. Man sollte es unbedingt »vermeiden«, gerade »jüdische Kinder im Vergleich zu anderen Kindern aus kleineren Minoritätsgruppen besonders« (Bodenheimer 2011, S. 80) hervorzuheben, gibt etwa der jüdische Religions- und Literaturwissenschaftler Alfred Bodenheimer zu bedenken. Die muslimische Religionspädagogin Tuba Isik warnt ihrerseits davor, muslimischen »Kindern die Rolle der kleinen Islamexperten zu oktroyieren« (Isik 2015b, S. 263).

Der Befund ist eigentlich offensichtlich: Man überfordert Kinder und Jugendliche, wenn man ihnen die Rolle von Religionsexpert*innen überstülpt. Welche christlichen Achtklässler*innen würden sich christliche Theolog*innen als Repräsentant*innen »des Christentums« in einer muslimischen oder jüdischen Gruppe wünschen? Warum also die umgekehrte Rollenerwartung an jüdische oder muslimische Mitschüler*innen? Kinder und Jugendliche können hingegen durchaus als Expert*innen für ihren »Alltag« fungieren, der religiös mitgeprägt sein mag. Gerade darauf aber beschränkt sich ihr Expert*innentum.

Hinzu kommt ein religionspädagogisch bislang zu wenig berücksichtigter Erfahrungswert: Die immer wieder beschworene Hochschätzung von »Begegnung« geht meistens völlig selbstverständlich und unreflektiert davon aus, dass das Ergebnis von »Begegnung« immer positiv sein müsse, mehr Verständnis bringe, näher zueinander führe. Sicherlich gibt es zahllose Beispiele für derartig gelingende Begegnungen. Vor allem im interreligiösen Bereich darf aber nicht von einem Automatismus von »Begegnung fördert Verstehen« ausgegangen werden. Im Gegenteil: Begegnungen können kontraproduktiv sein, Gräben vertiefen, »Spaltungen« vorantreiben, Vorerfahrungen negativ bestätigen, Vorurteile bestärken oder überhaupt erst entstehen lassen. Die evangelische Religionspädagogin Mirjam Zimmermann teilt diese Bedenken. Erfahrungsgesättigt schreibt sie: Nicht immer »ist die direkte Begegnung einer positiven Beziehung […] nur zuträglich« (Zimmermann 2015, S. 23). Allzu oft können Begegnungen »insbesondere mit Jugendlichen anderer Religionen auch scheitern« (Zimmermann 2015, S. 44). Wo das Lernen an Medien ein neutrales oder positives Bild einer fremden Religion aufbauen kann, mag konkrete Erfahrung – bei bester didaktischer Vorbereitung und Durchführung – negativ besetzte Fremdheit überhaupt erst aufkommen lassen. Martin Bubers Warnbegriff der potenziellen »Vergegnung« (Buber 1960, S. 6) wird bei aller euphorischen und kurzschlüssigen Konzentration auf die Chancen des Begegnungslernens allzu häufig überhört.

Bei aller bleibenden Wertschätzung für die Möglichkeiten und Chancen von Begegnungslernen (Boehme 2020), die selbstverständlich nicht abgewertet werden sollen: Im Rahmen des konfessionellen Religionsunterrichts deutscher Prägung wird ein dialogisch geprägter Zugang zu interreligiösen Lernprozessen primär ein *medial vermittelter* sein. Das aber muss kein Nachteil sein und keineswegs ein weniger authentisches Lernen nach sich ziehen. Die in Schule völlig normale Grundform von Begegnung ist so zwar in der Tat eine »indirekte, mittelbare«, führt Mirjam Zimmermann aus, ergänzt jedoch sofort: »[W]as nicht unbedingt eine weniger intensive Erfahrung sein muss« (Zimmermann 2015, S. 9).

Der evangelische Religionspädagoge Karlo Meyer hatte schon 1999 auf die zentrale Bedeutung der »Zeugnisse fremder Religionen im Unterricht« (Meyer 1999) hingewiesen.

- Ein durchaus authentisches Zeugnislernen anhand von »Kippa, Kelch und Koran« (Sajak 2010a) bietet Chancen, die noch viel zu selten effektiv in die Praxis umgesetzt werden.
- Auch die interreligiösen Lernmöglichkeiten im Umgang mit literarischen Texten (Gellner/Langenhorst 2013) sind noch kaum genutzt.
- Der Vergleich von Kindertora, Kinderbibel und Kinderkoran bietet überaus reizvolle komparative Perspektiven (Langenhorst/Naurath 2017).
- Außerschulische Lernorte (Gärtner/Bettin 2015), vor allem der gegenseitige Besuch von Synagoge, Kirche und Moschee (Langenhorst 2018) und/oder das Erstellen von Broschüren (Grassert 2018) darüber, ermöglichen – falls vor Ort möglich – authentische Erfahrungen.
- Musik kann Gemeinsamkeiten und Eigenprofile nicht nur zeigen, sondern auch praktisch erfahrbar machen (König/Isik/Heupts 2016; Strübel 2017).
- Über narrative Formen interreligiösen Lernens aus dem Bereich des Kinder- und Jugendbuchs, über Bilder (Gärtner 2015), über Folien, Filme, DVDs, Sachtexte, Statistiken und Karten und in Stationenarbeit (Lück/Ziegler 2019) lassen sich durchaus fundiertes Wissen, echte Kenntnis und tiefe Einfühlung in die je andere Religion erwerben.

## 6 Mose – trialogisch betrachtet

Ein Beispiel soll die Ausführungen konkretisieren. Da sich Judentum, Christentum und Islam gemeinsam auf die hebräische Bibel beziehen, überrascht es nicht, dass sie sich auch gemeinsam an denselben großen Gründungsfiguren orientieren. Die Schicksale der zentralen Gewährsleute des Gottesglaubens werden in allen drei Religionen erzählt und gedeutet, weil sich in ihnen die Gottesbeziehung in besonderer Weise spiegelt und entfaltet. Für zahlreiche Figuren gilt dabei: Stets gibt es verbindende Erzählelemente, zugleich aber auch Trennendes. Diese Beobachtung führt zu einer wichtigen *Grundaufgabe trialogischen Lernens:* Spätestens, wenn in den schulischen Sekundarstufen von diesen *Figuren* die Rede ist, sollte immer wieder der Hinweis erfolgen, dass sie in allen drei Religionen eine wichtige Rolle spielen, teils in verbindender Gemeinsamkeit, teils in trennender Eigendeutung. Schauen wir exemplarisch auf eine der in den Religionen, aber auch im Religionsunterricht zentralen Kerngestalten: Mose/Musa.

Mose ist für das Judentum, das Christentum und den Islam als »erstrangiger Mittelsmann zwischen Gott und dem Volk Israel« (Wimmer/Leimgruber 2005, S. 158) eine herausragende Gestalt, er spielt in allen drei abrahamitischen Religionen eine zentrale Rolle. Er gilt in allen drei Traditionen
- als die »zweite große Leitfigur« nach Abraham,
- als »Prototyp des Propheten«,
- als »charismatisch-politischer Anführer des Exodus, der Befreiung und Wüstenwanderung« und
- als zentraler »Empfänger der Jahwe-Offenbarung« (Küng 1991, S. 83), die in der Tora verschriftlicht wurde.

Diese grundlegenden *Gemeinsamkeiten* zeigen schon, dass es so etwas wie eine *mosaische Geistesverwandtschaft*, eine Art von Mose inspirierter Geschwisterlichkeit von Judentum, Christentum und Islam, gibt. Dabei verlaufen die Deutungswege innerhalb der drei Religionen in sehr eigengeprägte Richtungen.

Für das *Judentum* hat die »facettenreiche Überlieferung« (Böttrich 2010, S. 60) von Mose einen viel höheren Stellenwert als für die beiden anderen Religionen. Er, der als Einziger mit Gott »von Mund zu Mund, von Angesicht zu Angesicht« (Num 12,8) geredet hat, wird zur zentralen Identifikationsgestalt des nachbiblischen Judentums. Denn: »Niemals wieder ist in Israel ein Prophet wie Mose aufgetreten. [...] Keiner ist ihm vergleichbar« (Dtn 34,10 f.). Interreligiös von zentraler Bedeutung: Wird er so zwar als der »alles überragende, unvergleichliche Prophet« gezeichnet, so ist damit aus jüdischer Sicht explizit nicht ausgeschlossen, »dass es unter den Völkern der Welt Propheten wie Mose geben« (Schreiner 2013, S. 24) könnte. Im Judentum gilt Mose als Empfänger der Tora und somit als der Gesetzeslehrer schlechthin. Für viele Juden ist völlig klar, dass Mose jene Tradition stiftete, die forthin und bis zum heutigen Tag als Norm jüdischer Lebensführung und Religion galt und gilt. Die Berufung auf ihn garantiert jüdische Identität und Tradition.

Im *Christentum* spielt Mose auch eine wichtige Rolle, keineswegs jedoch eine vergleichbar zentrale wie im Judentum, auch eine weniger wichtige als im Islam. Mose wird im Neuen Testament achtzigmal erwähnt, mehr als jede andere Figur des Alten Testaments. Drei Grundzüge der Charakterisierung fallen dabei ins Auge: Mose wird als »Vor-Bild Jesu Christi« (Küng 1991, S. 83) stilisiert. Einige Erzählungen um Jesus – etwa Joh 6,22–59 als Überbietungsgeschichte der Mose-Erzählung von Manna in der Wüste durch das neue Himmelsbrot – sind bewusst mit Anspielungen auf die Mose-Tradition erzählt, mit dem Ziel, trotz aller Anknüpfung primär die eindeutige Überlegenheit Jesu zu demonstrieren. Darauf aufbauend wird grundsätzlich entweder die kontinuierliche Fortführung oder der übersteigende Gegensatz betont: So wie Mose dem Volk Israel das lebensermöglichende Gesetz brachte, so kam durch Jesus das Evangelium in die Welt. Jesus wird nicht nur als »neuer Mose« stilisiert, sondern auch als »besserer Mose«. So steht Mose drittens als Repräsentationsfigur für den »Alten Bund«, dem Jesus seinen »Neuen Bund« an die Seite stellte (vgl. 2 Kor 3,12–18).

Für den *Islam* wiederum ragt Musa/Mose als erster Empfänger einer göttlichen Buchoffenbarung aus der Reihe der Propheten heraus. Auch im Koran ist Mose die »mit Abstand am häufigsten erwähnte biblische Gestalt« (Böttrich 2010, S. 112). 136-mal wird sein Name genannt, in 502 Versen und in 36 Suren erfolgt ein expliziter Bezug auf ihn. Der Koran setzt Muhammads Prophetentum ganz bewusst in eine typologische Beziehung zu der Gestalt des Moses. In einer großen, Kontinuität stiftenden heilsgeschichtlichen Schau wird Mose als erstem prophetischen Empfänger eines göttlichen Buches Muhammad – der »neue Mose« – als letzter Empfänger eines Buches gegenübergestellt, als »Siegel der Propheten«. Auffallend ist dabei, dass zahlreiche in der Bibel überlieferten Motive und Erzählstränge *nicht* auftauchen: Der Koran kennt keinen direkten Bundesschluss Gottes mit Israel, berichtet nicht über das Pessach-Mahl, schweigt über das eigenständige Profil der »Mose-Schwester« Mirjam, interessiert sich nicht für Mose als Stifter von Kult und Priestertum. Gleichwohl erhalten die Jüd\*innen (und indirekt mit Blick auf ihre Übernahme der hebräischen Bibel als Altes Testament auch die Christ\*innen) über Mose den Würdetitel der »Leute der Schrift«. Zudem wird Mose für Muhammad ganz persönlich zum Vorbild: als Prophet, als Mensch in einer ganz besonders engen, vertrauten Gottesbeziehung; in seiner Eigenschaft als religiöser, kultureller, militärischer und politischer Führer eines ganz spezifischen, durch ihn befreiten und zu Gott geführten Volkes und schließlich als Verkünder der maßgeblichen, sich auf Gottes Ursprung berufenden Gesetze.

## 7 Mose im trialogischen Lernen

Welche Perspektiven ergeben sich aus diesen Charakterisierungen für ein trialogisch ausgerichtetes *interreligiöses Lernen* aus christlicher Perspektive? Zunächst gilt es – bei allem Recht auf elementarisierende Konzentration – *Mose als Kerngestalt aller drei Religionen* zu profilieren. Dass sich Judentum, Christentum und Islam in Mose eine grundlegende Gemeinsamkeit teilen, ist viel zu wenig bewusst. Der immer noch »gültige«, noch nicht kompetenzorientiert konzipierte »Grundlagenplan für den katholischen Religionsunterricht im 5. bis 10. Schuljahr« von 1984 widmet eine ganze Unterrichtsreihe in Klasse 5 dem Thema »Unterwegs zur Freiheit (Exodus)« und formuliert als Mindestanforderungen, dass die Schüler*innen
- »[d]ie Gestalt des Mose charakterisieren«,
- »[d]en Weg Israels von der Knechtschaft in die Freiheit nacherzählen«,
- »[d]ie Bedeutung des Paschafestes erläutern« und
- »[d]en Dekalog aufsagen« (Grundlagenplan 1984, S. 27)

sollen können.

In trialogischer Perspektive müsste man heute als fünfte Anforderung hinzufügen: »Die Bedeutung des Moses in Judentum, Christentum und Islam in Grundzügen verstehen können«.

Mose wird jedoch ein weiteres Mal didaktisch aufgegriffen. Als mögliche Konkretion im Wahlthema »Gestalten der Bibel« wird für Klasse 9/10 unter anderem Mose ins Spiel gebracht, verbunden mit dem Stichwort »Wege in die Freiheit gehen« (Grundlagenplan 1984, S. 12). Hier ließe sich ein weiteres interreligiöses Stichwort einfügen: »Mose als verbindende und trennende Figur in Judentum, Christentum und Islam.« Denn das und wie die drei Religionen eben ganz eigene Wege gehen, lässt sich an Mose geradezu idealtypisch veranschaulichen. Während das Judentum alttestamentliche Figuren wie zuvorderst Mose vor allem als identitätsstiftende Gestalten zur Verdeutlichung der eigenen Geschichte, Gottesbeziehung und Identität nutzt, dienen sie im Christentum primär zur Profilierung einer Anknüpfung an die Heilsgeschichte, die freilich in Jesus Christus ihren unüberbietbaren Höhe- und Schlusspunkt findet. Strukturell ähnlich stellt sich das im Islam dar: All das, was Mose für das Judentum auszeichnet, findet seine Bestätigung und aufgipfelnde Überbietung in Muhammad und dem Koran.

An Mose ließe sich so mit älteren Schüler*innen ein Aspekt herausarbeiten, den der 2003 veröffentlichte »Grundlagenplan für den katholischen Religionsunterricht in der gymnasialen Oberstufe/Sekundarstufe II« explizit als inhaltlich zu berücksichtigende Perspektive nennt: das in manchem vergleichbare, in manchem voneinander abweichende »Offenbarungsverständnis im Judentum, im Christentum und im Islam« (Grundlagenplan 2003, S. 45). Genau diese Ausdifferenzierung ist eines der Grundziele der Trialogischen Religionspädagogik.

## 8 Perspektiven

Wenn neuere Publikationen zum interreligiösen Lernen die trialogische Perspektive ausblenden (wie Meyer 2019), übersehen sie ein überaus spannendes, grundlegendes Feld. Anregende Praxisbände und differenzierte Auswertungen von Schulwettbewerben (Sajak 2019) erschließen den konkret sichtbar werdenden didaktischen und methodischen Ertrag. Daneben geht es jedoch auch darum, den trialogischen Diskurs religionspädagogisch weiter voranzutreiben. Nicht zu übersehen ist dabei, dass es bislang vor allem christliche Beiträger*innen – als Vertreter*innen der Mehrheitsreligion – sind, welche die Debatte prägen – freilich in offener Einladung.

Überaus erfreulich, dass 2020 eine erste Handreichung für den jüdisch-muslimischen Dialog erschien (de Boor 2020), die genau diese Begegnung ganz unabhängig vom Christentum mit Blick auf unsere Gegenwart durchleuchtet. Die jungen Pflanzen einer jüdischen sowie einer muslimischen Religionsdidaktik in Europa konzentrieren sich ganz auf die Förderung der eigenen Identität – schwer genug. Die Minderheitssituation und die – zumindest subjektiv vielfach so empfundene – »Fremdheitssituation« lassen kaum eine andere Wahl. »Bei uns«, führt die Rabbinerin Elisa Klapheck aus, »kann es nicht [nur] um ein Angebot von ›Identifizierung‹ gehen, sondern um eine Vertiefung der Identität unter allen Umständen« (Klapheck 2019, S. 61). Es geht vor allem um ein »learning *in* religion«, ein in weiten Feldern der christlichen Religionsdidaktik für den schulischen Religionsunterricht als verpönt geltendes Konzept.

Dem im Judentum vorherrschenden Konzept würden aber auch viele muslimische Religionspädagog*innen zustimmen. Es geht – schreibt stellvertretend Tuba Isik – der islamischen Religionsdidaktik primär um »eine grundsätzliche Beheimatung im islamischen Glauben« (Isik 2015, S. 223), selbstverständlich »durch Glaubensreflexion« (Isik 2015a, S. 234), nicht durch Oktroyierung.

»Vertiefung der Identität«/»Beheimatung«: Dass das vorrangig betonte »learning *in* religion« sowohl aus jüdischer als auch aus muslimischer Sicht ein »learning *between* religions« explizit nicht ausschließt, sondern voraussetzt, wird aber auch klar benannt: Selbstverständlich, so die jüdische Religionspädagogin Rosa Rappoport, setze man sich im jüdischen Religionsunterricht »mit den eigenen Traditionen auseinander«, aber eben »nicht losgelöst vom gesellschaftlichen Kontext und anderen Religionen wie Christentum und Islam« (zit. n. Klapheck 2019, S. 62). Dass die Beheimatung Ausganspunkt und Befähigung zum dann auch unverzichtbaren interreligiösen Lernen, zum »Ich-Du-Perspektivenwechsel« (Isik 2015a, S. 248), wird, betont auch Tuba Isik. Der Befund ist eindeutig: Identität und Verständigung schließen sich nicht aus, sondern bedingen einander.

Von dieser Erkenntnis aus wäre es überaus reizvoll, wenn die abrahamischen Geschwisterreligionen sich noch stärker auf die bislang vor allem christlich vorangetriebene Perspektive des Trialogs einlassen würden, bei allem Verständnis dafür, sich erst einmal selbst in schwierigen Kontexten etablieren und neu aufstellen zu müssen. An vielen Projekten in Schulen, Gemeinden und Hochschulen arbeiten jüdische und muslimische Kolleg*innen engagiert und dialogisch mit. Herausfordernd wäre der eigenständige Entwurf einer Trialogischen Religionspädagogik aus jüdischer und muslimischer Sicht. Vieles würde harmonisch in die vorliegenden Entwürfe passen. Aber nicht alles. Und genau das wäre spannend: Wo gibt es Reibungen, Konflikte, Revisionen, ganz andere Schwerpunkte, Rückfragen, neue Perspektiven? Von dort aus könnte und müsste das Projekt der Trialogischen Religionspädagogik weitergetrieben und noch einmal neu justiert werden.

## Literatur

Awan, M. (1986): Die Glaubensgemeinschaft und die Weltordnung aus der Sicht des Islam. In: I. R. al Faruqi (Hg.): Judentum, Christentum, Islam. Trialog der Abrahamitischen Religionen (S. 121–137). Frankfurt a. M.

Bodenheimer, A. (2011): Zwischen religiöser Identität und gleichwertiger Akzeptanz. Interreligiosität und Interkulturalität in Kindertagesstätten – eine jüdische Perspektive. In: F. Schweitzer/A. Edelbrock/A. Biesinger (Hg.): Interreligiöse und Interkulturelle Bildung in der Kita. Eine Repräsentativbefragung von Erzieherinnen in Deutschland – interdisziplinäre, interreligiöse und internationale Perspektiven (S. 75–81). Münster.

Boehme, K. (2020): Interreligiöses Begegnungslernen. Grundlegungen einer interdisziplinären Didaktik. Freiburg.

Böttrich, C./Ego, B./Eißler, F. (2010): Mose in Judentum, Christentum und Islam. Göttingen.

Buber, M. (1960): Begegnung. Autobiographische Fragmente. Stuttgart.

Burrichter, K./Langenhorst, G./von Stosch, K. (Hg.) (2015): Komparative Theologie: Herausforderung für die Religionspädagogik. Perspektiven zukunftsfähigen interreligiösen Lernens. Paderborn.

De Boor, R./Frank, J./Ouertani, S./Tosuner, H. (Hg.) (2020): »Und endlich konnten wir reden ...«. Eine Handreichung zu jüdisch-muslimischem Dialog in der Praxis. Freiburg i. B.

Frankemölle, H. (2016): Vater im Glauben? Abraham/Ibrahim in Tora, Neuem Testament und Koran. Freiburg.

Gärtner, C. (2015): Interreligiöses Lernen mit Bildern. Schwerpunkt: Islam. Paderborn.

Gärtner, C./Bettin, N. (Hg.) (2015): Interreligiöses Lernen an außerschulischen Lernorten. Empirische Erkundungen zu didaktisch inszenierten Begegnungen mit dem Judentum. Berlin.
Gellner, C./Langenhorst, G. (2013): Blickwinkel öffnen. Interreligiöses Lernen mit literarischen Texten. Ostfildern.
Grassert, D. (2018): Interreligiöses Lernen in der Realschule. Chancen – Grenzen – Perspektiven. Berlin.
Isik, T. (2015a): Die Bedeutung des Gesandten Muhammad für den Islamischen Religionsunterricht. Systematische und historische Reflexionen in religionspädagogischer Absicht. Paderborn.
Isik, T. (2015b): Bibel- und Korandidaktik in komparativer Absicht in einem kooperativ-konfessionellen Religionsunterricht. In: K. Burrichter/G. Langenhorst/K. von Stosch (Hg.) (2015): Komparative Theologie: Herausforderung für die Religionspädagogik. Perspektiven zukunftsfähigen interreligiösen Lernens (S. 263–275). Paderborn.
Kermani, N. (2015): »Religion ist eine sinnliche Erfahrung«. Gespräch. Süddeutsche Zeitung, 20.08.2015, 37–38.
Klapheck, E./Landthaler, B./Rappoport, R. (2019): Machloket. Streitschriften. Deutschland braucht jüdischen Religionsunterricht. Berlin/Leipzig.
König, B./Isik, T./Heupts, C. (Hg.) (2016): Singen als interreligiöse Begegnung. Musik für Juden, Christen und Muslime. Paderborn.
Küng, H. (1991): Das Judentum. München/Zürich.
Kuschel, K.-J. (1994): Streit um Abraham. Was Juden, Christen und Muslime trennt – und was sie eint. München.
Kuschel, K.-J. (2007): Juden – Christen – Muslime. Herkunft und Zukunft. Düsseldorf.
Langenhorst, G. (2016): Trialogische Religionspädagogik. Religiöses Lernen zwischen Judentum, Christentum und Islam. Freiburg.
Langenhorst, G. (2018): Interreligiöses Lernen in Synagoge, Kirche und Moschee. Trialogische Zugänge zu religiösen Kulträumen. Religionspädagogische Beiträge, 78 (2018), S. 33–44.
Langenhorst, G./Naurath, E. (Hg.) (2017): Kindertora – Kinderbibel – Kinderkoran. Neue Chancen für (inter-)religiöses Lernen. Freiburg.
Lapide, P. (1983): Das jüdische Verständnis vom Christentum und Islam. In: M. Stöhr (Hg.): Abrahams Kinder. Juden – Christen – Moslems (S. 1–28). Frankfurt a. M.
Leimgruber, S. (2007): Interreligiöses Lernen (Neuausg.). München.
Lück, E./Ziegler, O. (2019): Trialog der Religionen: Stationenarbeit zu Judentum, Christentum und Islam (7.–9. Klasse). Hamburg.
Maybaum, I. (1973): Trialogue between Jew, Christian and Muslim. London.
Meyer, K. (1999): Zeugnisse fremder Religionen im Unterricht. »Weltreligionen« im deutschen und englischen Religionsunterricht. Neukirchen-Vluyn.
Meyer, K. (2019): Grundlagen interreligiösen Lernens. Göttingen.
Petuchowski, J. J./Fornet-Ponse, T./Klaiber, P./Hagemann, L. (Hg.) (2009): Lexikon der Begegnung Judentum – Christentum – Islam. Freiburg.
Rudolph, K. (1988): Juden – Christen – Muslime. Zum Verhältnis der drei monotheistischen Religionen in religionswissenschaftlicher Sicht. Judaica, 44 (1988), S. 214–232.
Sacks, J. (2002): The Dignity of Difference. How to avoid the Clash of Civilizations? London/New York.
Sajak, C. P. (2010a): Kippa, Kelch, Koran. Interreligiöses Lernen mit Zeugnissen der Weltreligionen. München.
Sajak, C. P. (Hg.) (2010b): Trialogisch lernen. Bausteine für interkulturelle und interreligiöse Projektarbeit. Seelze.
Sajak, C. P. (2018): Interreligiöses Lernen. Darmstadt.

Sajak, C. P. (2019): Trialogisches Lernen konkret. Zehn Jahre Schulenwettbewerb der Herbert Quandt-Stiftung – eine Bilanz. Freiburg.
Schmidt-Leukel, P. (2005): Gott ohne Grenzen. Eine christliche und pluralistische Theologie der Religionen. Gütersloh.
Schreiner, S. (2010): Trialog der Kulturen. Anmerkungen zu einer wegweisenden Idee. In: C. P. Sajak (Hg.): Trialogisch lernen. Bausteine für interkulturelle und interreligiöse Projektarbeit (S. 18–24). Seelze.
Schreiner, S. (2013): »Der Vater aller Propheten«. Mose als Prophet und die Prophetie des Mose in jüdischer, christlicher und islamischer Tradition. In: K. von Stosch/T. Isik (Hg.): Prophetie in Islam und Christentum (S. 13–34). Paderborn.
Sekretariat der Deutschen Bischofskonferenz (Hg.) (2003): Grundlagenplan für den katholischen Religionsunterricht in der gymnasialen Oberstufe/Sekundarstufe II. Bonn 2003.
Strübel, B. (Hg.) (2016): Trimum. Interreligiöses Liederbuch. Gemeinsam feiern und singen. Wiesbaden.
Wimmer, S. J./Leimgruber, S. (2005): Von Adam bis Muhammad. Bibel und Koran im Vergleich. Stuttgart.
Zentralstelle Bildung der Deutschen Bischofskonferenz (Hg.) (1984): Grundlagenplan für den katholischen Religionsunterricht im 5.–10. Schuljahr. München.
Zimmermann, M. (2015): Interreligiöses Lernen narrativ. Feste in den Weltreligionen. Göttingen/Bristol.

# Konturen einer interreligiösen Fachdidaktik. Beiträge aus einem Grazer christlich-islamischen Forschungsprojekt

Agnes Gmoser/Michael Kramer/Mevlida Mešanović/
Wolfgang Weirer/Eva Wenig/Şenol Yağdı

## 1 Einleitung

Am 9. Mai 2014 hielt der Wiener islamische Religionspädagoge Ednan Aslan einen Gastvortrag an der Katholisch-Theologischen Fakultät der Universität Graz zum Thema »Herausforderungen der Islamischen Religionspädagogik in Europa«. Aslan machte auf die demografischen Veränderungen in Österreich und zugleich auf fehlende Ausbildungsmöglichkeiten für islamische Religionspädagog*innen im Süden Österreichs aufmerksam. Dieser Impuls führte zu intensiven Bemühungen der Grazer Fakultät, in Gesprächen mit der Universität, mit der Bildungspolitik sowie mit Verantwortlichen in Stadt und Land eine Ausbildung für islamische Religionslehrer*innen zu etablieren. Obwohl die Notwendigkeit einer Implementierung von einem breiten Konsens getragen wird, ist eine konkrete Umsetzung bis dato noch nicht erfolgt. Durch das Zusammenwirken verschiedener Förderungseinrichtungen konnte als »Akutmaßnahme« jedoch 2017 das Projekt »Integration durch interreligiöse Bildung«[1] begonnen und ein interreligiös zusammengesetztes Team damit betraut werden. Dieses Vorhaben wurde von Beginn an sowohl als Forschungs- als auch als Entwicklungsprojekt konzipiert. So wurden als bildungspolitische Maßnahmen zwei Studien zum islamischen Religionsunterricht in der Steiermark und in Kärnten durchgeführt (Gmoser/Weirer 2019) sowie ein Hochschullehrgang zur Weiterbildung islamischer Religionslehrer*innen ins Leben gerufen.

---

1 Gefördert wird dieses Projekt durch das BMEIA (später: Bundeskanzleramt), durch das Bildungsministerium, durch die Universität Graz sowie durch die Stadt Graz und das Land Steiermark. Nähere Informationen siehe https://interreligioese-bildung.uni-graz.at/de/ (Zugriff am 04.12.2020).

Das Forschungsinteresse des Projektes widmet sich – in Anlehnung an Überlegungen zur fachdidaktischen bzw. religionsdidaktischen Entwicklungsforschung (vgl. Prediger/Link 2012; Gärtner 2018) – verschiedenen Aspekten interreligiöser Bildungsprozesse in der Schule und somit der Entwicklung einer Fachdidaktik interreligiöser Bildung. An verschiedenen Pilotschulen wurde christlich-islamisches Teamteaching in religionsübergreifenden Lerngruppen erprobt und erforscht. Dafür werden auch Lernvoraussetzungen von Schüler*innen für die Begegnung mit Menschen anderer Religionen sowie die Kompetenzen und Einstellungen islamischer Religionslehrkräfte in den Blick genommen und die rechtlichen Rahmenbedingungen interreligiöser Kooperation in der Schule untersucht.

Wir verstehen schulische interreligiöse Bildung als wesentlichen Bestandteil religiöser Bildung überhaupt und zugleich als eine religionspädagogische Antwort auf die Herausforderungen, die sich durch die zunehmende Globalisierung, religiöse Pluralisierung, Politisierung von Religion und durch Migrationsphänomene für den herkömmlichen Religionsunterricht in der Schule ergeben. Im Zentrum steht dabei ein Verständnis von interreligiöser Bildung als intersubjektive, gleichberechtigte Begegnung von Gesprächspartner*innen aus unterschiedlichen Religionen (vgl. Leimgruber 2012, S. 101–103). Die Lehrpersonen fungieren dabei als Expert*innen und institutionalisierte Vertreter*innen ihrer Religion und stellen in Bezug auf die Kommunikation von und über Religion(en) *role models* für die Schüler*innen dar. Konstitutiv ist darüber hinaus ein gemeinsames Lernen von Schüler*innen unterschiedlicher Konfessionen und Religionen – im Optimalfall im gewohnten Klassenverband (vgl. Asbrand 2008; Knauth 2017).

Der vorliegende Beitrag gibt einen ersten Einblick in die oben skizzierten Teilprojekte: Zunächst führt Michael Kramer in rechtliche Aspekte konfessioneller und interreligiöser Bildung ein. Agnes Gmoser stellt erste Einblicke aus den Ergebnissen der Vorurteilsforschung und aus eigenen empirischen Studien zu Vor- und Einstellungen von Schüler*innen gegenüber der eigenen Religion und anderen Religionen vor. Şenol Yağdı analysiert, mit welchen Erfahrungen und Orientierungen auf Seiten islamischer Lehrpersonen insgesamt und vor allem hinsichtlich interreligiöser Bildung zu rechnen ist. Mevlida Mešanović fragt im Anschluss daran nach einem spezifischen Profil interreligiöser Kompetenz bei islamischen Religionslehrer*innen und stellt erste Wahrnehmungen dazu vor. Eindrücke aus der konkreten Unterrichtsforschung christlich-islamischer Unterrichtssettings mit spezifischem Fokus auf das Teamteaching vermittelt Eva Wenig. Auf Grundlage dieser vorläufigen Forschungsergebnisse werden abschließend – ebenso vorläufige – Überlegungen für die Konzeption einer interreligiösen Fachdidaktik formuliert.

## 2 Rechtliche Rahmenbedingungen

### 2.1 Der konfessionelle Religionsunterricht als Anknüpfungspunkt für interreligiöse Bildung

In schulrechtlicher Hinsicht knüpft jede Form religiöser Bildung am konfessionellen Religionsunterricht an, der in Österreich als Pflichtfach mit Abmeldemöglichkeit (kraft negativer Religionsfreiheit) von 15 der insgesamt 16 rechtlich anerkannten Kirchen und Religionsgesellschaften (KuR) besorgt, geleitet und unmittelbar beaufsichtigt wird. Diese Kompetenz der KuR umfasst unter anderem die Ausarbeitung der Lehrpläne für die verschiedenen Schultypen und -stufen, die (partielle) Ausbildung, Auswahl und Bestellung der Religionslehrer*innen oder die Erarbeitung von Schulbüchern und Unterrichtsmaterialien. Dem Staat obliegt demgegenüber nur die organisatorische und schuldisziplinäre Aufsicht des jeweiligen Religionsunterrichts (§ 2 Abs. 1 RelUG). Das Recht auf Besorgung des eigenen Religionsunterrichts inkludiert, dass Schüler*innen anderer KuR in der Regel nicht daran teilnehmen dürfen (vgl. Rundschreiben Nr. 5/2007), da jede Form der religiösen Bildung ausschließlich als Angelegenheit der KuR für die eigenen Mitglieder zu verstehen ist (vgl. Kalb/Potz/Schinkele 2003, S. 357).

### 2.2 Interreligiöse Bildung als rechtlich ungeregelter Teil

Die österreichische Schule hat unter anderem »die Aufgabe, an der Entwicklung der Anlagen der Jugend nach den sittlichen, religiösen und sozialen Werten [...] durch einen ihrer Entwicklungsstufe und ihrem Bildungsweg entsprechenden Unterricht mitzuwirken« (§ 2 SchOG), nämlich »[i]m partnerschaftlichen Zusammenwirken von Schülern, Eltern und Lehrern« (Art. 14 Abs. 5a). Nach wortwörtlicher und teleologischer Interpretation dieser Bestimmung sowie entsprechend der Tatsache des religiösen Pluralismus in Österreichs Klassenzimmern muss bzw. soll religiöse Bildung nicht zwangsläufig die Angelegenheit von nur einer Kirche oder Religionsgesellschaft sein. Engagieren sich Religionslehrer*innen unterschiedlicher KuR gemeinsam in der religiösen Bildung ihrer Schüler*innen, kann von konfessionsübergreifender oder interreligiöser Bildung gesprochen werden. Obgleich diese beiden Formen durchaus den Religionsunterricht im Sinne einer ganzheitlichen religiösen Bildung ergänzen und beispielsweise die Aufgeschlossenheit gegenüber politischem und weltanschaulichem Denken der Mitschüler*innen fördern können (§ 2 SchOG), wurden sie vom Gesetzgeber bislang nicht geregelt. Sie fanden jedoch ohne nähere Ausgestaltung Eingang in diverse Gesetze zur Ausbildung von Religionslehrer*innen, wie etwa in die Hochschul-Curriculaverordnung 2013, ins Hochschulgesetz 2005 oder in das Hochschul-Qualitätssicherungsgesetz 2011. Die Angelegenheit interreligiöser Bildung überlässt der Gesetzgeber demnach den KuR. Dabei zeigt sich, dass die Lehrpläne des evangelischen und katholischen Religionsunterrichts sowohl ökumenische als auch interreligiöse Bezüge aufweisen, während etwa die Lehrpläne für den griechisch-orientalischen (orthodoxen) Religionsunterricht überhaupt keine konfessionsübergreifenden Bezüge herstellen. Die Lehrpläne der Islamischen Religionsgesellschaften gemäß Islamgesetz, also die Islamische Glaubensgemeinschaft in Österreich (IGGÖ) und die Islamische Alevitische Glaubensgemeinschaft (ALEVI), zielen zwar nicht auf einen konfessionsübergreifenden bzw. innerislamischen, jedenfalls aber auf einen interreligiösen Dialog ab.

## 2.3 Bezugspunkte rechtlicher Überlegungen zur Durchführung interreligiösen Unterrichts

Aufgrund des Fehlens rechtlicher Normen sind die Voraussetzungen für interreligiöse Unterrichtsformen sowie die Planung, Organisation und Durchführung entsprechender Vorhaben von Seiten der involvierten KuR zu regeln bzw. gemeinsam zu vereinbaren. In diesem Sinne wurden im Projekt »Integration durch interreligiöse Bildung« ausdrückliche Zustimmungen der Katholischen Kirche und der IGGÖ für einen temporären interreligiösen Unterricht eingeholt sowie ein Übereinkommen erarbeitet und unterzeichnet. Dieses Übereinkommen beruht auf der Zusammenarbeit von katholischen und islamischen Religionslehrer*innen und beantwortet insbesondere die folgende Frage zur Bestimmung der wesentlichsten Inhalte und zur Vermeidung etwaiger Missverständnisse oder Unklarheiten: Wer (Religionslehrer*innen) unterrichtet wen (Schüler*innen), wann (Zeitpunkt und Dauer), wo (Schulstandort), was (Inhalt), wie (Methoden), womit (Lehrmittel) und weshalb (Ziele)?

Darüber hinaus sind erfahrungsgemäß weitere Bezugspunkte für ein gelingendes Projekt frühzeitig mitzuberücksichtigen, nämlich die Einbeziehung der Schulleitung(en) hinsichtlich der Organisation (z. B. Planung paralleler Religionsstunden) und der Erziehungsberechtigten. Letztere sind ausreichend zu informieren und aufzuklären, damit sie ihre Kinder nicht aufgrund der Vermittlung fremder religiöser Inhalte abmelden. Denn auch wenn im Lehrplan des besuchten Religionsunterrichts interreligiöse Bezüge hergestellt werden, ist die Teilnahme an einem zeitlich begrenzten interreligiösen Ergänzungsunterricht entsprechend der negativen Religionsfreiheit freiwillig. Zusätzlich ist in

Betracht zu ziehen, dass die vollständige Transparenz eines solchen Projekts gegenüber der Öffentlichkeit gewährleistet ist, um potenzielle Aufregung von Seiten diverser politischer und medialer Akteur*innen zu verhindern.

## 3 Vor- und Einstellungen gegenüber Religion(en) als Lernvoraussetzungen

Bei der Erforschung interreligiösen Lernens werden die Schwerpunkte meist entweder auf die Inhalte der Lerneinheiten oder auf die Kompetenzen, welche die Schüler*innen dabei erlangen sollen, gelegt. Selten werden »die Kinder und Jugendlichen als Ausgangspunkte für die religionspädagogische Diskussion zum interreligiösen Lernen« (Schweitzer 2014, S. 36) wahr- und ernst genommen. Um diesem didaktischen Anspruch gerecht zu werden und zur Schließung der diesbezüglichen Forschungslücke beizutragen, wird ein Blick auf die Lernvoraussetzungen der Schüler*innen und dabei vor allem auf ihre Vor- und Einstellungen in Bezug auf Religion bzw. auf andere Religionen geworfen. Die Vorstellungen der Kinder und Jugendlichen können, so wird es auch in Forschungen anderer Fachdidaktiken thematisiert, Einfluss auf das Lernen haben, weil sie ihr Verständnis des Unterrichtsinhalts schon von Beginn an prägen – dies muss auch im Hinblick auf religiöse Bildung beachtet und deshalb erhoben werden. Für eine Auseinandersetzung mit den Einstellungen gegenüber anderen Religionen sprechen wiederum aktuelle Ergebnisse aus der Vorurteilsforschung.

### 3.1 Religion(en) in der Vorurteilsforschung

Die Vorurteilsforschung hat schon von Beginn an auch Vorurteile gegenüber Religionen zum Thema. Im deutschsprachigen Raum etablierte sie sich nach dem Zweiten Weltkrieg und beschäftigte sich deshalb anfangs verstärkt mit der Erforschung von Antisemitismus. Heute liegt die größte Aufmerksamkeit aufgrund der gesellschaftlichen Veränderungen vor allem auf der Auseinandersetzung mit Muslim*innenfeindlichkeit, deren Zunahme in Europa erkennbar ist. So wurde auch im »Sozialen Survey Österreich« 2018 ein Fokus auf die Einstellungen gegenüber Muslim*innen gelegt, dessen Ergebnisse zeigen, dass die Angehörigen des Islam im Vergleich zu Angehörigen anderer Religionsgemeinschaften negativer wahrgenommen werden. Auffällig seltener werden im europäischen und amerikanischen Raum explizit Vorurteile gegenüber anderen Religionen (Christentum, Buddhismus, Hinduismus …) oder dem Atheismus erhoben.

Die teilweise erschreckenden Diagnosen einschlägiger Studien werfen die Frage auf, wie Schüler*innen in Bezug auf Religion im Allgemeinen, aber auch über bestimmte Religionen denken und welche Vor- und Einstellungen als Lernvoraussetzungen für den Religionsunterricht wahrzunehmen sind.

### 3.2 Gruppendiskussionen mit Schüler*innen – erste empirische Einblicke

Um die Einstellungen der Kinder und Jugendlichen sowie ihre Vorstellungen von Religion(en) zu erforschen, wurden Gruppendiskussionen mit 11- bis 12-jährigen christlichen sowie muslimischen Schüler*innen konzipiert. Die Methode wurde gewählt, da Einstellungen aufgrund ihrer Bindung an soziale Zusammenhänge »am besten in sozialen Situationen – also in der Gruppe – erhoben werden können« (Mayring 2002, S. 76). Bislang haben zwei Diskussionen mit katholischen Schüler*innengruppen aus zwei Gymnasien[2] stattgefunden, welche mit folgendem Gedankenexperiment starteten: Die Schüler*innen sollten sich vorstellen, einem außerirdischen Wesen Religion(en) zu erklären – dieses habe bisher noch nichts davon erfahren und sei auf ihr Wissen gespannt. Bezugnehmend auf ihre Antworten wurden von der Moderatorin im Laufe des Gesprächs weitere Fragen eingebracht, die auf die Vor- und Einstellungen der Schüler*innen schließen lassen sollen.

Zunächst sollen erste Einblicke in ihre Vorstellungen von Religion(en) gegeben werden. Beim Versuch, Religion zu definieren, wurde in beiden Diskussionen von den Schüler*innen darauf verwiesen, dass es sich dabei um Gemeinschaften handelt, deren Mitglieder durch den Glauben an einen oder mehrere Götter verbunden sind. In beiden Gruppen fiel sehr bald der Begriff »Weltreligion«, wobei in vereinten Kräften Judentum, Christentum, Islam, Buddhismus und Hinduismus aufgezählt wurden. Konfessionen wurden von den Gruppen mitgedacht, jedoch nicht als solche bezeichnet. Die Unterteilung konnte keine*r der Schüler*innen erläutern – es blieb bei der Aussage: »Also bei jeder [...] Religion gibts halt kleinere« (G2). In beiden Gruppen wurde auch über andere religiöse Phänomene nachgedacht, wie beispielsweise die griechische Mythologie und Sekten (G1) oder das »Fliegende Spaghettimonster« (G2).

Klar erkennbar war in beiden Diskussionen, dass die Schüler*innen zu großen Teilen Wissen abriefen und wiedergaben, das sie in ihrem bisherigen Religionsunterricht erlangt hatten. Sie erzählten dabei von verschiedenen Fes-

---

2   Als Abkürzung für die beiden Gruppendiskussionen wird im Folgenden G1 (Gruppendiskussion 1) und G2 (Gruppendiskussion 2) verwendet.

ten und Ritualen der ihnen bekannten Religionen, bezogen sich auf unterschiedliche Gotteshäuser, Kleidungsstücke und Musik. Verhältnismäßig lange wurde in beiden Gruppen auch der Bezug zu gewissen Tieren in den verschiedenen Religionen besprochen.

Eine Möglichkeit, um die Einstellungen von Menschen zu erheben und somit auch eine mögliche Ablehnung einer bestimmten Gruppe festzustellen, ist die Frage, ob die Teilnehmer*innen ein Mitglied der Gruppe als Familienmitglied aufnehmen würden (vgl. Weiss/Hofmann 2016, S. 116). In Analogie dazu wurden die Schüler*innen in den Gruppendiskussionen gefragt, ob es ihnen wichtig sei, dass ihre Freund*innen derselben Religion angehören wie sie selbst. Dies verneinten ausnahmslos alle Kinder; einige ergänzten, dass sie über die Religionszugehörigkeit mancher Freund*innen nicht einmal Bescheid wüssten. Die Schüler*innen der ersten Gruppendiskussion überlegten, unter welchen Umständen es sie doch stören würde, wobei sie festhielten, dass sie durch die Religion der Freund*innen keinen Zwang, etwas tun zu müssen, oder Einschränkungen verspüren wollen:

»Mir persönlich ist es auch komplett egal, zu welcher Religion meine Freunde gehören, wenn sie jetzt zum Beispiel nicht von mir verlangen, dass ich mit ihnen bete oder so irgendwas.« (G1)

Im Gespräch über den Islam wurden von den Schüler*innen aber auch – teils bewusst, teils unbewusst – verallgemeinernde Aussagen oder Vorurteile reproduziert, die in der Gesellschaft vorherrschen, so wurde in Bezug auf die Freiwilligkeit der Religionsausübung gesagt: »Zum Beispiel im Islam ist das halt auch so, dass die meisten müssen« (G2).

Auch das Kopftuchverbot war in beiden Diskussionen Thema, welches jedoch mit dem Verhüllungsverbot verwechselt und von ihnen wie folgt begründet wurde: »Dann könnten sie ja irgendwas stehlen oder so und man kennt sie dann aber nicht so gut« (G2).

Manche Schüler*innen schrieben dem Islam ein patriarchales Familienbild zu, das von ihnen als veraltet angesehen wurde:

»Ich glaub auch, dass […] dort die Frauen halt zuhause immer arbeiten müssen, also kochen, putzen, und die Männer halt nicht. – Ja, so wie es früher eigentlich war.« (G2)

Auffallend war, dass von beiden Diskussionsgruppen auch bei längerem Nachdenken keine Vorurteile gegenüber dem Christentum, also der Religion, der sie selbst angehören, gefunden wurden. Diesbezüglich ist es für den weiteren Forschungsverlauf und die Gruppendiskussionen mit muslimischen Schüler*innen interessant, ob diese sich – möglicherweise aufgrund ihrer Minoritätsposition in der österreichischen Gesellschaft – der Vorurteile ihnen gegenüber bewusster sind.

## 4 Bezugspunkte religiöser und interreligiöser Bildung bei islamischen Religionslehrer*innen

Betrachtet man den aktuellen religionspädagogischen Diskurs über die Aufgaben des islamischen Religionsunterrichts und seiner Lehrkräfte im Kontext religiöser Bildung, so zeigt sich, dass es in vielerlei Hinsicht an einer empirisch tragfähigen Basis mangelt. Insbesondere bleibt bei so manchen theorielastigen Diskussionen die Perspektive der erforschten Gruppe auf das (inter)religiöse Lernen – und damit ihre professionsbezogenen Selbstverständnisse, Orientierungen, Überzeugungen, Wertestrukturen, Einsichten und Ziele – beinahe völlig unberücksichtigt.

Die laufende empirische Untersuchung widmet sich deshalb dem religionspädagogischen Habitus bzw. dem habituellen Orientierungsrahmen (vgl. Bohnsack 2007) bei islamischen Religionslehrer*innen als Grundlage der Praxis (inter)religiösen Lernens im islamischen Religionsunterricht, wobei die leitende Forschungsfrage lautet: Welche kollektiven habitualisierten Orientierungsrahmen von islamischen Religionslehrer*innen lassen sich in Bezug auf religiöses und interreligiöses Lernen rekonstruieren? Um diese Frage zu beantworten, werden sechs bis sieben Gruppendiskussionen mit islamischen Religionslehrer*innen durchgeführt und anschließend mittels der dokumentarischen Methode nach Bohnsack (2010) ausgewertet.

Dieser Abschnitt des Beitrags legt den Fokus auf die expliziten und impliziten Konzepte religiösen Lernens im Allgemeinen und interreligiösen Lernens im Besonderen, wie sie sich aus dem Datenmaterial ableiten lassen. Im Folgenden werden einige exemplarisch ausgewählte Bemerkungen zum (inter)religiösen Lernen aus den Gruppendiskussionen dargestellt und erörtert. Die Interpretation des gesamten empirischen Datenmaterials ist noch nicht abgeschlossen.

### 4.1 Religionspädagogische Erfahrungen und Orientierungen

Islamische Religionslehrkräfte stehen vor der Herausforderung, religiöse Bildung in der Schule unter spezifischen Rahmenbedingungen auszurichten:

»Das ist ja genau das, was wir eigentlich machen. Wir kommen aus unterschiedlichen Ländern, wir haben unterschiedliche Traditionen, unterschiedlichen Zugang zur Theologie. Und das, was wir eigentlich in unserer Arbeit machen, ist das, was wir haben, in den Alltag der österreichischen Gesellschaft zu setzen.« (GD1)[3]

Zentrales Thema an dieser und anderen Stellen ist also der Perspektivenwechsel, der von islamischen Religionslehrkräften mit Migrationsgeschichte gefordert wird, wenn sie ihren Glauben im soziokulturellen Zusammenhang Österreichs weitergeben wollen. Betont wird zudem die Notwendigkeit, sich aktiv zu engagieren, sich kontinuierlich weiterzubilden und die österreichische Gesellschaft besser verstehen zu lernen, um dieser beruflichen Anforderung gerecht zu werden. Aus Herkunftsland und -kultur mitgebrachte Deutungsmuster gilt es, kritisch zu hinterfragen und an neue Gegebenheiten anzupassen.

Ein weiterer wichtiger Punkt, der in diesem Zusammenhang wiederholt zur Sprache kommt, ist die Verortung des Unterrichts in der alltäglichen Lebenswelt der Schüler*innen – religiöses Lernen solle nicht theologiezentriert, sondern schüler*innenzentriert konzipiert werden. In der Folge der oben dargestellten Passage kommen die Teilnehmenden beispielsweise überein, dass von Schüler*innen gestellte Fragen ernst zu nehmen sind. Gerade aus der Auseinandersetzung mit ihren konkreten Fragen erwächst die Möglichkeit, den Islam direkt mit der Lebenswelt der Schüler*innen in Beziehung zu setzen.

Darüber hinaus impliziert das kontextabhängige Bildungsverständnis islamischer Religionslehrkräfte, dass der Islam auf die säkularisierte österreichische Gesellschaft zu beziehen ist: »[W]ir müssen uns an das österreichische System anpassen« (GD1). Die Lehrkräfte streben nach einem entsprechenden Berufsverständnis, um den gesellschaftlichen Rahmenbedingungen der Schule kompetent zu begegnen. Dabei steht ein religionspädagogisches Engagement im Mittelpunkt, das sich u. a. auf gemeinsame Erfahrungen, direkte Begegnungen und persönliche Haltungen gründet.

## 4.2 Interreligiöse Erfahrungen und Orientierungen

Interreligiöses Lernen stellt einen essenziellen Bestandteil des (islamischen) Religionsunterrichts dar. Die multikulturelle und -religiöse Gesellschaft – insbesondere auch der vorherrschende mediale und öffentliche Diskurs über den

---

3 Als Abkürzung für die Gruppendiskussion wird im Folgenden die Sigle GD1 (Gruppendiskussion 1) verwendet.

Islam – macht die Schule zu einem wichtigen Ort interreligiöser Begegnung und Zusammenarbeit. Dort werden Religionslehrkräfte herausgefordert, religiöse Bildung in einen gesamtgesellschaftlichen Zusammenhang zu stellen und über die eigene Konfession hinaus zu vermitteln. Aus diesem Grund wird der interreligiösen Bildung eine große Bedeutung zugeschrieben, der man etwa durch gemeinsame Projekte gerecht werden will:

»Im vorherigen Jahr haben wir auch ein Projekt, ein interreligiöses Projekt, gemacht. Wir haben die Kirche besucht und auch die Moschee besucht. Und als die Lehrer und Lehrerinnen die Moschee besucht haben, hatten sie einen guten Eindruck, und ab dieser Zeit haben sie Interesse über Islam und so. Und sie haben gesagt, wir haben nicht so gedacht, so ist eine Moschee, so ist die Moschee. Sie haben viele Fragen zum Imam gestellt. Die Lehrer und Lehrerinnen waren dabei. Die ganze vierte Klasse, wir haben das für die ganze vierte Klasse gemacht.« (GD1)

Wie aus diesem Zitat hervorgeht, ist es wesentlich, dass interreligiöse Bildungsprozesse nicht nur im Klassenraum stattfinden, sondern auch den Besuch sakraler Orte einschließen. Gemeinsame Projekte wecken die Neugier der Schüler*innen auf die jeweils andere Religion, motivieren zum Fragenstellen und können dazu beitragen, in einen konstruktiven Austausch zu treten und Vorurteile abzubauen. Interreligiöses Lernen braucht über den theoretischen und diskursiven Unterricht hinaus die vertiefende, physische Erfahrung authentischer Begegnung.

Die islamischen Religionslehrkräfte verweisen auf die Bedeutung gemeinsamer Erfahrungen und auf die direkte Begegnung mit Repräsentant*innen unterschiedlicher Religionen. Zugleich sind sie sich der heterogenen Schulrealität bewusst, in der die Schüler*innen durch den gemeinsamen Unterricht in allen anderen Fächern viel mehr interreligiöse Erfahrungen machen als im oftmals zeitlich sehr begrenzten Religionsunterricht. Den Religionslehrer*innen würde in diesem Kontext die Aufgabe zukommen, »Denkanstöße« zu geben:

»Wir sind, wie du gesagt hast, wir sind mit manchen nur eine Stunde die Woche in der Klasse. Die sind aber jeden Tag sieben Stunden zusammen. Das heißt, die reden viel öfter über religiöse Inhalte, über Unterschiede, über andere Sachen, als wir jemals mit ihnen in diesen acht Jahren vielleicht Gymnasium oder was hinbekommen werden. Wir können nur Denkanstöße geben […].« (GD1)

Die Lehrkräfte sehen sich als Moderator*innen, die auf das Potenzial und das wechselseitige Interesse der Schüler*innen vertrauen. Insofern scheint es hier weniger um die Fähigkeit zu gehen, kognitive Inhalte im Unterricht zu vermitteln, sondern um ein erweitertes Professionsverständnis, das die Lehrpersonen ermächtigt, die religiösen Erfahrungen und Fragen von Schüler*innen wahrzunehmen und einen lebendigen Prozess des Austauschs zwischen den Schüler*innen zu fördern, auf den die Lehrkräfte in ihrem Unterricht aufbauen können, wenn sie gegenseitiges Verständnis fördern wollen.

Nach bisherigem Kenntnisstand, zu dem die angeführten Passagen nicht mehr als ein paar Blitzlichter bieten können, lässt sich folgendes vorläufiges Resümee ziehen: In den Gruppengesprächen beziehen sich die islamischen Religionslehrkräfte erstens wiederholt auf die Bedeutung gemeinsam gemachter Erfahrungen und direkter Begegnungen mit Vertreter*innen anderer Religionen. Diese dienen als wichtiger Orientierungspunkt bei der Konzeptualisierung (inter)religiösen Lernens, insofern die Erfahrungen der Schüler*innen in einem pluralen Schulkontext eine zentrale Voraussetzung des eigenen pädagogischen Handelns darstellen. Diese Auffassung kann als ein positiver Gegenhorizont auf Grundlage eines impliziten Wissensbestands bezeichnet werden.

Zur Orientierung dient zweitens eine offene Haltung der Religionslehrkräfte gegenüber anderen Glaubensauffassungen, die das interreligiöse Lernen erst ermöglicht. Insofern bildet eine damit vereinbare Persönlichkeitsstruktur der jeweiligen Lehrperson einen weiteren positiven Gegenhorizont. Die hier gemachten Beobachtungen lassen bereits Konturen eines Konzepts von interreligiösem Lernen erahnen. Augenfällig ist, dass die Lehrkräfte weniger auf die Vermittlung von Wissensbeständen vertrauen, um den Herausforderungen des interreligiösen Lernens konstruktiv zu begegnen, als auf gemeinsame Erfahrungen, die Sensibilisierung für das Anderssein und die Herausbildung einer offenen, wertschätzenden Haltung. Die genannten Momente werden ihrerseits in einen gesellschaftlichen Kontext gestellt, der als Folie dient, vor der die besondere Leistung und die besonderen Herausforderungen interreligiösen Lernens zu konzeptualisieren sind.

## 5 Kompetenzen für interreligiöse Bildung

Angesichts religiöser Pluralisierungsphänomene haben islamische Lehrpersonen u. a. die Aufgabe, ihren Unterricht so zu gestalten, dass sie ihre Schüler*innen für den Umgang mit religiöser Vielfalt sensibilisieren. Diese Förderung interreligiöser Kompetenz kann jedoch erst dann erfolgen, wenn die Lehrpersonen eine solche selbst entwickelt haben.

## 5.1 Interreligiöse Kompetenz bei islamischen Religionslehrer*innen

Der Großteil der Forschungen zur interreligiösen Kompetenz bezieht sich auf deren Entwicklung bei Schüler*innen, Lehrpersonen stehen nicht im Fokus. Auch hier zeigt sich eine spezifische Forschungslücke in der Religionspädagogik. Deshalb widmet sich dieser Abschnitt der Erforschung interreligiöser Kompetenz bei islamischen Religionslehrer*innen und versucht, ein erstes literatur- und evidenzbasiertes Kompetenzprofil zu entwerfen.

Dazu braucht es zunächst die empirisch gestützte Wahrnehmung eines Grundverständnisses interreligiöser Kompetenz von Seiten islamischer Religionspädagog*innen. Es soll herausgefunden werden, welche Bedeutung sie dieser zuschreiben und welche Rolle sie konkret in ihrem Professionsverständnis spielt. Dafür wurden episodische Interviews, deren Aufmerksamkeit auf Situationen bzw. Episoden gerichtet ist, in denen die interviewten Personen von Erfahrungen erzählen, die für die Untersuchung relevant erscheinen (vgl. Flick 2014, S. 239), mit 15 islamischen Lehrpersonen geführt und mittels Qualitativer Inhaltsanalyse (vgl. Mayring 2010; Mayring/Brunner 2013) ausgewertet.

## 5.2 Erste Erkenntnisse zu Konturen eines Profils interreligiöser Kompetenz

Eine erste zentrale Wahrnehmung, die im Rahmen der Interviews zum Vorschein kommt und für die Entwicklung von interreligiöser Kompetenz bedeutend ist, ist die Begegnung.

> »Interreligiöse Begegnungen sind für mich ganz, ganz wichtig, weil je mehr man einen Menschen kennenlernt, desto mehr werden Dinge im Kopf klar, sogar, wenn Vorurteile vorhanden, eliminiert und natürlich wird dieses Kennenlernen […] sicher einen positiven Beitrag haben für das Zwischenmenschliche. Und diese Begegnungen werden einfach mehr Verständnis bringen dem Gegenüber, Toleranz natürlich, denke ich schon auch, Respekt auch, Akzeptanz […].« (IP1)[4]

Nach weiteren Aussagen ergebe sich daraus die Möglichkeit, sich selbst und die eigene Religion besser kennenzulernen. Die Begegnung, die von Leimgruber »Königsweg« (Leimgruber 2012, S. 101–103) genannt wird, kann nach Meinung

---

4 Als Abkürzung für die Interviews werden die Siglen IP1 (Interviewpartner*in 1) bis IP15 (Interviewpartner*in 15) verwendet.

der Befragten das Zusammenleben erleichtern, Ängste abbauen und ein friedliches Miteinander fördern. Einige Religionslehrer*innen wiesen darauf hin, dass diese aber auch von verschiedenen Ängsten begleitet werden kann, insbesondere vor einer allfälligen Missionierung oder Vereinnahmung sowie der Angst, nicht verstanden zu werden.

> »Die beidseitige Bereitschaft, auch zu akzeptieren, dass man unterschiedlich ist, [...] dass es gewisse Punkte geben wird, wo man sich nie übereinkommen wird. Dass man das einfach respektiert und dass man nach Möglichkeiten sucht, um jetzt die Unterschiede vom Tisch wegzutun und nach Möglichkeiten sucht, wie man gemeinsam für eine bessere Zukunft eintreten kann.« (IP3)

Nach diesen Feststellungen erfordern interreligiöse Begegnungen von allen Beteiligten bestimmte Haltungen, wie Respekt, Toleranz, vorurteilsfreie Kommunikation, aber auch Interesse für das jeweilige Gegenüber sowie die Bereitschaft, über unterschiedliche Gottes- und Menschenbilder zu diskutieren und zu akzeptieren, dass sich diese Bilder von den eigenen unterscheiden können. Zur Entwicklung dieser Haltungen bietet der Religionsunterricht einen optimalen Rahmen. Jedoch sollte darauf geachtet werden, dass die Begegnung sorgfältig geplant und durchgeführt wird, wie aus der folgenden Aussage geschlossen werden kann:

> »Also ich glaube, die Religionslehrer sollten sich zusammensetzen und zusammenreden, was und wie man das organisieren könnte. Wo sollte das stattfinden? Also einen richtigen Plan, wie das gemacht werden soll.« (IP5)

Neben der sorgfältigen Organisation der Begegnung spielt für viele Religionslehrer*innen auch theologisches Wissen eine wichtige Rolle, da es nicht nur Grundlage für notwendige Diskussionen bietet, sondern auch die Grenzen und potenziellen Einschränkungen für die interreligiöse Begegnung aufzeigt.

> »Durch die theologischen Fragen kann man die meisten Diskussionen aufbauen. Wo man sich die Diskussion so richten kann, dass es einen Effekt hat für die Schüler.« (IP12)

Oder auch:

> »theologisches Wissen, um zu wissen, wo die Grenzen sind.« (IP12)

Andere Lehrpersonen weisen darauf hin, dass die Entwicklung interreligiöser Kompetenz mit dem Wissen und Verständnis der eigenen Religion sowie mit ihrem kulturellen und sozialen Hintergrund zusammenhängt:

> »Man braucht erstens einmal genügend Wissen oder viel Wissen über seine eigene Religion. Über seine eigene Kultur, über seine […], also man muss einen klaren Standpunkt haben, man muss wissen, welcher Auffassung bin ich. Man muss aber auch genügend Kenntnisse über andere Religionen haben […].« (IP15)

Daraus folgt, dass dem theologischen Wissen grundlegende Bedeutung für die Entwicklung von interreligiöser Kompetenz zugeschrieben wird. Aber nicht nur fundiertes Wissen über die eigene Religion ist von Relevanz, sondern auch jenes über andere Religion(en). Nur so ist es möglich, die eigene Religion im Angesicht der anderen besser kennenzulernen, somit das Unbekannte zum Bekannten zu machen, die vorhandenen Ängste zu mindern und Vorurteile stufenweise abzubauen.

Die Entwicklung und Förderung von interreligiösen Kompetenzen ist für die befragten islamischen Religionslehrer*innen auch deshalb von Bedeutung, weil damit bestehende Konflikte beseitigt oder vermieden werden können. Zugleich fördern sie das Zusammenleben von Menschen verschiedener Religionen in einer religionspluralen Gesellschaft und leisten einen Beitrag zum friedlichen Miteinander.

Die Ergebnisse der episodischen Interviews mit islamischen Religionslehrer*innen brachten eine Reihe von weiteren Teilkompetenzen hervor, welche für die Entwicklung interreligiöser Kompetenz wesentlich sind. Dazu gehören nach Aussagen der islamischen Lehrer*innen insbesondere soziale und organisatorische sowie Fach-, Sach-, Reflexions-, Kommunikations- und Handlungskompetenzen, die sich teilweise überschneiden, bedingen oder einander beeinflussen. Obgleich sie für eine gute didaktische Planung eine wichtige Rolle spielen, können sie an dieser Stelle aus Platzgründen nicht näher erläutert werden.

Abschließend kann vorerst festgehalten werden, dass im Rahmen der Begegnung neben den notwendigen Teilkompetenzen vor allem die Haltung und das theologische Wissen der Lehrperson die ersten Konturen eines Profils der interreligiösen Kompetenz vorgeben.

# 6 Chancen und Herausforderungen interreligiöser Bildungsprozesse im Teamteaching

An ausgewählten Schulstandorten wurden in der Steiermark und in Kärnten religionsübergreifende Unterrichtseinheiten im christlich-islamischen Teamteaching durchgeführt. Dabei wurde innerhalb des konfessionellen Religionsunterrichts interreligiös gearbeitet, wobei die islamische und die christliche Lerngruppe dafür zeitlich begrenzt, für ca. drei bis fünf Unterrichtseinheiten, zusammengelegt und von ihren Religionslehrer*innen im Teamteaching unterrichtet wurden. Der Unterricht wurde vom Projektteam mittels teilnehmender Beobachtung und Videografie analysiert und interpretiert. Insgesamt konnte das religionskooperative Unterrichtssetting bislang an fünf Schulstandorten (Primarstufe, Sekundarstufe I und II) erprobt und durchgeführt werden. Nachfolgend sollen erste Einblicke zu den Chancen und Herausforderungen dieser spezifischen Unterrichtskonstellation gegeben werden.

## 6.1 Begegnungslernen als Chance authentischer Informationsvermittlung

Durch das gewählte religionskooperative Unterrichtssetting im christlich-islamischen Teamteaching wird eine Begegnung arrangiert. Die Lehrpersonen nehmen den Schüler*innen den Druck, als Expert*innen ihrer Religion auftreten zu müssen, da sie diese Funktion selbst einnehmen und als Repräsentant*innen ihrer Religion im Klassenzimmer agieren. Sie vermitteln authentische Informationen und treten mit den Schüler*innen sowie mit der anderen Lehrperson in Dialog. Die Schüler*innen haben in diesem Setting die Möglichkeit, sowohl von ihrer individuellen religiösen Biografie als auch von ihren Praxiserfahrungen in einem geschützten, professionellen Umfeld zu berichten. Im Rahmen dieses Unterrichts erarbeiten die Schüler*innen eigene Positionen und Verhältnisbestimmungen.

Aus der Evaluierung des Unterrichtsdesigns geht hervor, dass sich aus der Begegnung allein nicht automatisch fruchtbare interreligiöse Lehr- und Lernprozesse ergeben. Diese sind vielmehr im Sinne eines »Lernens am Modell« seitens der beteiligten Lehrpersonen gezielt didaktisch zu strukturieren und kommunikativ zu gestalten. In interreligiösen Unterrichtseinheiten müssen deshalb notwendigerweise didaktische Schritte unternommen werden, in denen die Schüler*innen Gemeinsamkeiten und Unterschiede der religiös, kulturell und weltanschaulich geprägten Auffassungen erkennen und formulieren sowie sich aus der religiösen Differenz ergebendes Konfliktpotenzial wahrnehmen, analysieren und beurteilen lernen.

## 6.2 Teamteaching als Herausforderung

Die Kooperationssituation zwischen einer christlichen und einer islamischen Lehrperson ermöglicht einerseits die Weitergabe von authentischer Information im Unterricht, bringt aber andererseits auch einige Herausforderungen mit sich, welche die Lehrpersonen bewältigen müssen, um professionell miteinander arbeiten zu können. Grundsätzlich gilt Teamteaching als voraussetzungsreiche und komplexe Form der Zusammenarbeit, da sich die Lehrpersonen hinsichtlich der Zielsetzung, der methodischen sowie didaktischen Vorgehensweise und der konkreten Inhalte abstimmen müssen. Hinzu kommt, dass diese Form des Miteinander-Unterrichtens ein hohes Maß an Vertrauen erfordert, da ein tiefer Einblick in die eigene Unterrichtspraxis gegeben wird (vgl. Gräsel/Fußangel/Pröbstel 2006; Halfhide 2009; Aldorf 2016). Ausschlaggebend für eine solche Kollaboration im Religionsunterricht sind auch das jeweils eigene Theologieverständnis und der persönliche Zugang zur Vermittlung theologischer Inhalte im Unterricht (vgl. Brandstetter/Reis/Wenig/Yağdı 2021).

Dies sind herausfordernde Faktoren, welche die Kooperation im Unterrichtsgeschehen beeinflussen. Wichtig ist daher eine ausführliche gemeinsame Planung des Unterrichts, bei der über gemeinsame Zielsetzungen und Inhalte gesprochen wird, aber auch die o. g. Aspekte thematisiert werden. Geschieht dies nicht, so kann es vorkommen, dass die Lehrpersonen versuchen, ihre Ziele im Unterrichtsgeschehen unabhängig voneinander zu erreichen, was zu Konkurrenzsituationen und in weiterer Folge zu einer multiprofessionellen Zusammenarbeit führt, bei der die Lehrpersonen nicht miteinander, sondern in Koexistenz unterrichten. Dies kann sich unterschiedlich äußern, z. B. durch implizite Übernahme der Führungsrolle, eine genaue Aufteilung der Redezeit (wenn eine Lehrperson spricht, hält sich die andere leise im Hintergrund auf; vgl. Brandstetter/Reis/Wenig/Yağdı 2021).

Durch eine detaillierte Planung, welche nicht nur den Inhalt und die Didaktik, sondern auch die individuellen theologischen Perspektiven und die Führungsrollen im religionskooperativen Unterricht berücksichtigt, kann eine positive Zielinterdependenz erreicht werden. Diese ermöglicht ein Unterrichten auf Augenhöhe und bezieht Dialogphasen bewusst in den Unterrichtsablauf mit ein. Gelingt das, so können Lehrpersonen als *role models* wahrgenommen werden.

# 7 Resümee und Ausblick

## 7.1 Erste Wahrnehmungen und Erkenntnisse

Gesellschaftliche und kulturelle Veränderungen der letzten Jahrzehnte, vor allem religiöse Pluralisierungsprozesse und Migrationsphänomene, erfordern auch eine Weiterentwicklung des Verständnisses und der Organisation religiöser Bildung in der Schule (vgl. Gmoser/Weirer 2019). In Erweiterung von und Ergänzung zu konfessionellem Religionsunterricht ist dabei vor allem an konfessions- und religionsübergreifende kooperative Formen religiöser Bildung zu denken. An verschiedenen Standorten und unter unterschiedlichen Rahmenbedingungen entstanden bzw. entstehen daher in den letzten Jahren Projekte, die Möglichkeiten und Chancen interreligiöser Lehr- und Lernprozesse in der Schule ausloten (vgl. van der Velden 2015; Sejdini/Kraml/Scharer 2017; Boehme 2017; Woppowa/Caruso/Konsek/Kamcili-Yildiz 2020; Woppowa/Caruso 2021). Blickt man über den deutschen Sprachraum hinaus, so gibt es damit bereits längere Erfahrungen, allerdings in sehr differenten Kontexten und mit durchaus unterschiedlichen damit verbundenen Intentionen (vgl. Ipgrave 2009; McCowan 2017).

Die schulrechtlichen Bestimmungen zum Religionsunterricht in Österreich setzen ihren Fokus ausschließlich auf den konfessionellen Religionsunterricht. Damit neue kooperative Formen religiöser Bildung im Schulwesen verankert werden können, braucht es daher eine Weiterentwicklung des rechtlichen Rahmens, da entsprechende Regelungen bislang fehlen.

Entwicklungsbedarf gibt es darüber hinaus in Bezug auf die Aus-, Weiter- und Fortbildung von Religionslehrer*innen, denn interreligiöse Lehr- und Lernprozesse sind nicht ohne entsprechende Grundhaltungen und Kompetenzen der Lehrpersonen adäquat zu realisieren. Dazu zählen nicht nur Kenntnisse über die eigene und andere Religion(en), sondern auch soziale Haltungen und Kompetenzen, die von Respekt, Interesse, Toleranz und der Fähigkeit zum kritischen Diskurs gekennzeichnet sind. Deren Entwicklung erfordert einen ständigen Lern- und Aneignungsprozess der Lehrpersonen, der bereits während der Ausbildung grundzulegen ist. Schon im Studium müssen zukünftige Lehrer*innen die Erfahrung von Begegnung und Kooperation mit Studierenden anderer Konfessionen und Religionen – begleitet und reflektiert – machen (vgl. Kraml/Sejdini 2015; Kraml/Sejdini/Bauer/Kolb 2018).

Die Erforschung der Denk- und Handlungsstrukturen islamischer Religionslehrer*innen, die den Konzeptualisierungen von (inter)religiösem Lernen zugrunde liegen, ermöglicht künftig empirisch gesättigte Aussagen über einen den heutigen Anforderungen entsprechenden und zukunftsfähigen islamischen

Religionsunterricht. Dabei ist besonders auf die jeweiligen kulturellen, ethnografischen und gesellschaftlichen Ausgangsbedingungen der beteiligten Lehrpersonen zu achten, die oft einen Migrationshintergrund haben und für die die Kontextualisierung islamischer Bildung im österreichischen Bildungssystem – etwa im Sinne eines erfahrungsorientierten didaktischen Ansatzes – eine zu wenig beachtete Herausforderung darstellt.

Eine Fachdidaktik interreligiöser Bildung muss neben den unterschiedlichen Ausgangsbedingungen der beteiligten Lehrpersonen auch die Lernvoraussetzungen der Schüler*innen berücksichtigen, wobei mit Blick auf interreligiöse Bildung vor allem die Vor- und Einstellungen von Kindern und Jugendlichen in Bezug auf Religion (die »eigene« Religion und »andere« Religionen) eine zentrale Rolle spielen, da falsche Annahmen von Schüler*innen über andere Religionen, also Vorurteile, einen negativen Einfluss auf den Lernerfolg bei (inter)religiösem Lernen haben können.

Versteht man interreligiöse Bildung als Zusammenwirken von Lehrpersonen unterschiedlicher Religionen im Modus der Begegnung (vgl. Leimgruber 2012, S. 101–103; Boehme 2019), so kommt der Gestaltung des Teamteachings im Rahmen des Religionsunterrichts besonderes Augenmerk zu. Dieses wird in der Fachdiskussion oft unhinterfragt als Möglichkeit der Wahl ins Spiel gebracht, stellt sich aber in der schulischen Praxis als äußerst voraussetzungsreich dar. Die Wahrnehmung der Kooperation des Lehrer*innenteams im Klassenzimmer hat das Potenzial, den Austausch über Gemeinsamkeiten und Unterschiede verschiedener Religionen zu fördern. Vorurteile können gezielt thematisiert und bearbeitet werden. Ausschlaggebend für die Qualität religionsübergreifenden Unterrichts im Teamteaching sind die Beziehung der Lehrpersonen zueinander und deren Kooperation, die ein hohes Maß an Vorbereitung und Planung, aber auch gegenseitiges Vertrauen erfordert. Um gute Lernbedingungen für die Schüler*innen zu schaffen, ist der Unterricht als zielgerichtetes und gemeinsam verantwortetes Geschehen zu interpretieren. Die intensive Auseinandersetzung bietet die Chance, sich positiv auf das gesellschaftliche Zusammenleben im Sinne von Toleranz, Anerkennung des anderen, Respekt, sozialer Integration und Frieden auszuwirken, indem den Schüler*innen die Möglichkeit geboten wird, Vorurteile bewusst zu reflektieren und Pluralismus als Chance zu betrachten.

### 7.2 Aspekte zur Entwicklung einer interreligiösen Didaktik

Was bedeuten all diese vorläufigen Ergebnisse und Überlegungen für die Weiterentwicklung christlicher und islamischer Fachdidaktik und für die (Neu-)Entwicklung einer Didaktik interreligiöser Lernprozesse im Teamteaching?

- Zunächst ist zu konstatieren, dass der Begriff »interreligiös« im religionspädagogischen und -didaktischen Kontext noch unterbestimmt ist. Es braucht daher eine präzisere Fassung dessen, was mit einer »interreligiösen Fachdidaktik« sowohl auf der Ebene inhaltlicher Konzepte als auch mit Blick auf die organisatorische Umsetzung genau gemeint ist. Diese Fokussierung hängt auch von den jeweils an interreligiösen Lehr-/Lernprozessen beteiligten Religionen ab.
- Wie bei allen didaktischen Überlegungen geht es nicht nur (aber auch) um das Definieren gemeinsamer Inhalte, sondern auch um den Stil und um die konkrete Gestaltung von Unterrichtsprozessen: An welchen Inhalten sollen Schüler*innen im Religionsunterricht auf welche Art und Weise was lernen? Welchen Stellenwert haben die einzelnen Themen und Inhalte im Kontext der jeweiligen – konfessionellen – Fachdidaktik? Warum eignen sich gerade diese für die Bearbeitung in einem religionsübergreifenden Lehr-/Lernsetting?
- Sowohl die beteiligten Lehrpersonen als auch die kontextgebundene plurale Religiosität der Schüler*innen sind bei der Planung und Gestaltung interreligiöser Unterrichtsprozesse adäquat zu berücksichtigen. Vorweg sind daher die Rollen der Schüler*innen im Unterrichtsgeschehen sowie die der beteiligten Lehrer*innen (im Mit- und Zueinander sowie in Bezug auf die im Unterricht anwesenden Schüler*innen mit unterschiedlicher Religionszugehörigkeit) zu klären.
- Teamteaching im Unterricht ist in verschiedenen Formaten denkbar. Gerade in interreligiösen Settings ist besonderes Augenmerk auf die Gestaltung der Kooperation zu legen, bei der es nicht um ein »Add-On« verschiedener Inhalte und Perspektiven geht, sondern das Ganze mehr als die Summe der einzelnen Teile darstellt. Die Interaktion zwischen den Lehrpersonen und mit den Schüler*innen kann zu einem Modell für einen gelungenen (oder nicht gelingenden) Dialog zwischen Personen unterschiedlicher Religionszugehörigkeit werden. In dieser gestalteten Begegnung liegt vermutlich das besondere Potenzial christlich-islamischer Teamteachings in religionsübergreifenden Lerngruppen.

## Literatur

Aldorf, A.-M. (2016): Lehrerkooperation und die Effektivität von Lehrerfortbildung. Wiesbaden.
Asbrand, B. (2008): Zusammen leben und lernen im Religionsunterricht. Eine empirische Studie zur grundschulpädagogischen Konzeption eines interreligiösen Religionsunterrichts im Klassenverband der Grundschule. Frankfurt a. M.

Boehme, K. (2017): Warum es zum Interreligiösen Begegnungslernen keine Alternative gibt. Eine kooperierende Fächergruppe bietet die Basis für den interreligiösen Dialog in der Schule. Katechetische Blätter, 142 (3), 178–182.

Boehme, K. (2019): Interreligiöses Begegnungslernen. https://www.bibelwissenschaft.de/stichwort/200343/ (Zugriff: 16.05.2022).

Bohnsack, R. (2007): Dokumentarische Methode und praxeologische Wissenssoziologie. In: R. Schützeichel (Hg.): Handbuch Wissenssoziologie und Wissensforschung (S. 180–190). Konstanz.

Bohnsack, R. (2010): Rekonstruktive Sozialforschung. Einführung in qualitative Methoden (10. Aufl.). Opladen u. a.

Brandstetter, B./Reis, O./Wenig, E./Yağdı, S. (2021): Professionstypen in interreligiösen Lehrer*innenteams. Die Wiederkehr der Materialkerygmatik in der Religionsdidaktik. Pädagogische Horizonte, 4 (1), 39–55.

Bundesministerium Bildung, Wissenschaft und Forschung (BMBWF) (2007): Durchführungserlass zum Religionsunterricht. GZ: BMUKK 10.014/2-III/3/2007. https://www.bmbwf.gv.at/Themen/schule/schulrecht/rs/1997-2017/2007_05.html (Zugriff: 16.09.2022).

Flick, U. (2014): Qualitative Sozialforschung. Eine Einführung (6. Aufl.). Reinbek bei Hamburg.

Gärtner, C. (Hg.) (2018): Religionsdidaktische Entwicklungsforschung. Lehr-Lernprozesse im Religionsunterricht initiieren und erforschen. Stuttgart.

Gmoser, A./Weirer, W. (2019): Es muss sich etwas verändern! Religionsunterricht in Österreich – empirische Blitzlichter aus der schulischen Praxis und Überlegungen zur konzeptionellen Weiterentwicklung. Österreichisches Religionspädagogisches Forum, 27 (1), 161–189.

Gräsel, C./Fußangel, K./Pröbstel, C. (2006): Lehrkräfte zur Kooperation anregen – eine Aufgabe für Sisyphos? Zeitschrift für Pädagogik, 52 (2), 205–219.

Halfhide, T. (2009): Teamteaching. In: S. Fürstenau/M. Gomolla (Hg.): Migration und schulischer Wandel: Unterricht (S. 103–120). Wiesbaden.

Ipgrave, J. (2009): The language of friendship and identity: children's communication choices in an interfaith exchange. British Journal of Religious Education, 31 (3), 213–225.

Kalb, H./Potz, R./Schinkele, B. (2003): Religionsrecht. Wien.

Knauth, T. (2017): Dialogischer Religionsunterricht für alle. Kontext, Konzeption und Perspektiven. Religionspädagogische Beiträge, 77/2017, 15–24.

Kraml, M./Sejdini, Z. (2015): Innsbrucker Interreligiöse Religionspädagogik und Religionsdidaktik. Religiöse Unterschiedlichkeit als Potenzial. Österreichisches Religionspädagogisches Forum, 23 (1), 29–37.

Kraml, M./Sejdini, Z./Bauer, N/Kolb, J. (2018): Konflikte und Konfliktpotentiale in interreligiösen Bildungsprozessen. Empirisch begleitete Grenzgänge zwischen Schule und Universität. Stuttgart.

Leimgruber, S. (2012): Interreligiöses Lernen (2. Aufl.). München.

Mayring, P (2002): Einführung in die qualitative Sozialforschung. Eine Anleitung zu qualitativem Denken (5. Aufl.). Weinheim/Basel.

McCowan, T. (2017): Building bridges rather than walls: research into an experiential model of interfaith education in secondary schools. British Journal of Religious Education, 39 (3), 269–278.

Prediger, S./Link, M. (2012): Fachdidaktische Entwicklungsforschung – ein lernprozessfokussierendes Forschungsprogramm mit Verschränkung fachdidaktischer Arbeitsbereiche. In: H. Bayrhuber/U. Harms/B. Muszynski/B. Ralle/M. Rothgangel/L.-H. Schön/H. J. Vollmer/H.-G. Weigand (Hg.): Formate fachdidaktischer Forschung. Empirische Projekte – historische Analysen – theoretische Grundlegungen (S. 29–45). Münster.

Schweitzer, F. (2014): Interreligiöse Bildung. Religiöse Vielfalt als religionspädagogische Herausforderung und Chance. Gütersloh.

Schwendenwein, H. (2009): Das österreichische Katechetenrecht – Religionsunterricht in der österreichischen Schule. Eine Handreichung für Religionslehrerinnen und -lehrer. Wien.

Sejdini, Z./Kraml, M./Scharer, M. (2017): Mensch werden. Grundlagen einer interreligiösen Religionspädagogik und -didaktik aus muslimisch-christlicher Perspektive. Stuttgart.

van der Velden, F. (2015): »Lernen am anderen für das eigene« in christlich-islamischen Lerngruppen der Kollegstufe. In: R. Burrichter/G. Langenhorst/K. v. Stosch (Hg.): Komparative Theologie: Herausforderung für die Religionspädagogik. Perspektiven zukunftsfähigen interreligiösen Lernens (S. 193–209). Paderborn.

Weiss, H./Hofmann, J. (2016): Gegenseitige Wahrnehmungen: Annäherungen, Stereotype und Spannungslinien zwischen ÖsterreicherInnen und MuslimInnen. In: H. Weiss/G. Ateş/P. Schnell (Hg.): Muslimische Milieus im Wandel? Religion, Werte und Lebenslagen im Generationenvergleich (S. 113–131). Wiesbaden.

Woppowa, J./Caruso, C. (2021): Gemeinsam lernen? Erkenntnisse und kritische Anfragen aus einem Unterrichtsversuch zum religionskooperativen Religionsunterricht. In: M. H. Tuna/M. Juen (Hg.): Praxis für die Zukunft. Erfahrungen, Beispiele und Modelle kooperativen Religionsunterrichts (S. 53–70). Stuttgart.

Woppowa, J./Caruso, C./Konsek, L./Kamcili-Yildiz, N. (2020): Interreligiöse Kooperation im Religionsunterricht: Perspektiven und Zwischenfazit zum Lernen in heterogenen Lerngruppen. In: J. Willems (Hg.): Religion in der Schule. Pädagogische Praxis zwischen Diskriminierung und Anerkennung (S. 367–385). Bielefeld.

# »Wissen ohne Tat ist Torheit und eine Handlung ohne Wissen ist undenkbar« – der kompetenzorientierte Ansatz für den Islamunterricht

Said Topalović

## 1 Religiöse Bildung im Wandel – Aufgaben und Ziele

Aufgaben und Ziele religiöser Bildung im öffentlichen Raum haben sich in den letzten Jahren ausdifferenziert. Dies hängt v. a. mit zwei Phänomenen zusammen, die beide als Merkmale der (Post-)Moderne in Erscheinung treten: Zum einen sind es die Veränderungen in der Bildung in Richtung evidenzbasierter Systeme, welche eine, so zumindest die bildungspolitische Absicht, stärkere Objektivierung und Qualitätssicherung des Unterrichts anstreben. Als wesentliches Merkmal solcher Bildungssysteme gilt weniger der Fokus auf Lerninhalte als vielmehr auf den *Output* bzw. auf operationalisierbaren Leistungen von Schüler*innen. Zum anderen sind es die gesellschaftlichen Veränderungen in Richtung religiöser und weltanschaulicher Pluralität, welche nicht nur die Plausibilitätsfrage religiöser Bildung in einem öffentlichen Bildungssystem (neu) aufwirft, sondern diese gleichzeitig mit neuen schulorganisatorischen und religionspädagogischen Herausforderungen konfrontiert: Stichwort »Zukunftsfähiger Religionsunterricht« (vgl. Lindner et al. 2017; Riegel 2018; Behr et al. 2021).

Die verhältnismäßig noch junge Disziplin Islamische Religionspädagogik im deutschsprachigen Raum steht vor dem Hintergrund solcher Veränderungen vor einer zweifachen Aufgabe: Wie will sie sich bei der Bestimmung ihrer Bildungsziele auf die Kompetenzorientierung als pädagogische Ausgangsbasis berufen, selbst wenn deren (religions)pädagogische Diskurse, Entwicklungen und Ausdifferenzierungen überwiegend vor ihrer strukturellen Etablierung stattgefunden haben. Mehrere islamische Religionspädagog*innen haben das Kompetenzkonzept zwar partiell reflektiert (vgl. Bağraç 2013; Behr 2013; Khorchide 2014; Harter 2014; Kamcili-Yildiz 2014), für eine tiefgründige fachwissenschaftliche und didaktische Reflexion bedarf es dennoch tiefergehender theoretischer Diskussion. Insbesondere im didaktischen Bereich besteht meines Erachtens noch Diskussionsbedarf.

Eine weitere Aufgabe für die Islamische Religionspädagogik besteht darin, Konzept und Zielsetzung des Islamunterrichts im pluralen gesellschaftlichen Kontext zu reflektieren. Denn der Islamunterricht findet im Vergleich zu den bisher etablierten Formen religiöser Bildung innerhalb der islamischen Tradition in einem gesellschaftlichen Kontext statt, der durch religiöse und weltanschauliche Pluralität gekennzeichnet ist. An kaum einem anderen Ort im öffentlichen Raum begegnen sich Menschen unterschiedlicher religiöser und weltanschaulicher Einstellungen und Überzeugungen wie in der Schule, was zugleich die Möglichkeit bietet, dass sich Schüler*innen mit religiösen und/oder weltanschaulichen Wissensbeständen interaktiv auseinandersetzen können.

Bei der Bestimmung von Aufgaben religiöser Bildung greift die Islamische Religionspädagogik die skizzierten Entwicklungen auf und differenziert dabei die Zielsetzungen: Die Aufgabe religiöser Bildung liegt zunächst darin, junge Menschen mündig zu machen, das heißt, sie »in die Lage zu versetzen, wenn sie glauben, zu wissen, warum sie glauben, und eigenständig im Glauben zu handeln« (Polat 2010, S. 187). Das heißt konkret, die Förderung jener Kenntnisse und Fähigkeiten (Kompetenzen), um das Leben und die Weltbezüge im Lichte eines aufgeklärten Verhältnisses von Offenbarung und Vernünftigkeit zu deuten und darauf aufbauend selbstbestimmend und verantwortungsbewusst den (religiösen) Alltag zu gestalten (Badawia/Topalović 2022, S. 304–307) Dazu zählt u. a. die Förderung der »Fähigkeit zur Selbstentwicklung« (Kultivierung des Selbst) eigener intellektueller, sozialer und spiritueller Potenziale als Grundlage für eigenständige und selbstverantwortete Entscheidungen und Positionierungen (vgl. Ulfat 2021, S. 55). Die Förderung interreligiöser Kompetenzen zählt inzwischen zu den wesentlichen Zielen des Islamunterrichts (Ballnus 2017), u. a. zur Verständigung und Orientierung für die jungen Menschen in ihren heterogenen Lebenswelten, die komplex, plural und spannungsgeladen sein können (Behr 2021, S. 203–206). Darüber hinaus gehört es zu den Zielen religiöser Bildung, jungen Menschen zur Orientierung und Halt im Leben zu verhelfen, insbesondere in Zeiten von Krisen (Topalović 2020). Gerade durch die Coronapandemie rückte dieses Bildungsziel stärker in den Mittelpunkt religionspädagogischer Überlegungen (vgl. Käbisch et. al. 2020; Topalović/Tuhčić 2023).

In den angeführten Zielsetzungen ist der pädagogische Fokus auf die jungen Menschen als Subjekte deutlich erkennbar. Der Subjektfokus und die Lebenswirklichkeit junger Menschen greifen ineinander, zumal es darum geht, die individuellen und sozialen Herausforderungen und Problemfelder zum Gegenstand religiöser Bildung zu erklären.

In diesem Sinne lautet die religionsdidaktische Kernfrage, die es nachfolgend zu reflektieren gilt: Kann die Kompetenzorientierung als pädagogisches Paradigma den zuvor formulierten Zielsetzungen religiöser Bildung gerecht werden? Um die Frage zu beantworten, soll zunächst offengelegt werden, welches religionspädagogische Kompetenzverständnis der Fragestellung zugrunde liegt. Ferner gilt konkret zu überlegen, wie die Kompetenzentwicklung im Islamunterricht systematisch gefördert und sichtbar gemacht werden kann.

## 2 Die Kompetenzorientierung – von welcher Bildung ist die Rede?

Die wesentliche didaktische Zielvorgabe der Kompetenzorientierung lautet: Es ist nicht mehr entscheidend, welcher Stoff durchgenommen, sondern vielmehr, was in einem schulischen Lernprozess nachweislich gelernt und an Kompetenzen angeeignet wird (vgl. Reusser 2014, S. 326–332). Damit ist die Erwartung verbunden, das schulische Lernen nicht in der Reproduktion des sogenannten »trägen Wissens« (Renkl 1996) zu erschöpfen, vielmehr soll das erworbene Wissen in unterschiedlichen Situationen anwendbar sein. Obgleich der Kompetenzbegriff unterschiedlich definiert wird, hat sich die Definition von Franz Weinert im pädagogischen Kontext durchgesetzt. Weinert definiert Kompetenzen als »kognitive Fähigkeiten und Fertigkeiten [sowie] die damit verbundenen motivationalen, volitionalen und sozialen Bereitschaften«, um variable Problemsituationen erfolgreich bewältigen zu können (Weinert 2001, S. 27 f.). Dabei sind sie nicht unmittelbar erkennbar, sie können nur mittels beobachtbarer Handlungen (Performanz) indirekt diagnostiziert werden.

Bei der Umsetzung des Kompetenzkonzepts im schulischen Kontext ging damit ein verkürztes Bildungsverständnis auf kognitive Leistungen der Schüler*innen einher (vgl. Frohn/Heinrich 2018, S. 67 f.). Dies wiederum lenkte weniger den Fokus auf die jungen Menschen als lernende Subjekte, als vielmehr auf die evaluationstechnischen Fragen: Anstatt die didaktischen Voraussetzungen zur Subjektbildung zu problematisieren und theoretisch sowie praktisch zu bestimmen, wurden nach der kritischen Beobachtung von Karl Klement »ganze Kohorten von Expertinnen und Experten […] auf die Formulierung domänenspezifischer Kompetenzen angesetzt« (Klement 2016, S. 23). Dieser »Geburtsfehler« (Pirner 2018, S. 339) der Kompetenzorientierung mündete zugleich in der Vernachlässigung didaktischer Prozessstrukturen von Lernprozessen, was gleichzeitig für Irritationen bei den Lehrkräften sorgte, wie der Unterricht von nun an zu gestalten ist (vgl. Köller 2009; Asbrand 2020; Tuhčić/Bütow 2020).

Eine andere Problematik bezieht sich auf die Debatte um das Verhältnis zwischen Kompetenz und Bildung (vgl. exemplarisch Wiater 2013; Baros/Sailer

2021). Denn Bildung ist nicht mit einer funktionalen Aneignung von Wissen und Können gleichzusetzen. Demnach erscheinen befürwortende Diskurse über den Erwerb messbarer Kompetenzen einseitig, insofern damit der Kerngedanke der Bildung, nämlich die Bildung des Subjekts, stückweise relativiert wird. Den Schüler*innen die Rolle des Subjekts zuzuschreiben bedeutet, ihnen die Möglichkeit zu gewähren, sich im Rahmen von schulischen Bildungsprozessen zu (selbst)bewussten, (kritisch)denkenden und (reflexiv)handelnden Individuen zu entwickeln. Die Verknüpfung des Bildungs- mit dem Subjektbegriff entspricht daher überwiegend der Vorstellung von Bildung als eines Prozesses des Mündigwerdens (vgl. Klafki 1985). Mit der Einleitung der Kompetenzära wurde dieser Gedanke stückweise in den Hintergrund gedrängt mit der Intention, das schulische Lernen stärker an messbaren Leistungen zu orientieren. Dabei werden Schule und Unterricht überwiegend zweckrational aufgefasst und weniger als Orte des Erlebens, der Erfahrung und Entdeckung. Eine pädagogische Legitimierung der Kompetenzorientierung als *Allgemeinbildung* im Sinne kritischer, erfahrungsbezogener, reflexiver, erlebnisorientierter Prozesse bedarf demnach einer »Neuformulierung klassischer Allgemeinbildungsvorstellungen« (Frohn/Heinrich 2018, S. 67).

Die theoretische Problematik einer solchen Verhältnisbestimmung hat ihren Niederschlag genauso im religionspädagogischen Diskurs gefunden. »Die religiöse Bildung ist mehr als Kompetenzerwerb«, lauteten die Warnungen zahlreicher Religionspädagog*innen (vgl. exemplarisch Boehme 2010; Scharer 2010; Schweitzer 2011).[1] Dem ist sicherlich zuzustimmen, genauso wie Friedrich Schweitzer, wenn er festhält: »Der Religionsunterricht kann noch besser werden, wenn er sich – in religionsdidaktisch reflektierter Weise – auf die Kompetenzorientierung einlässt (Schweitzer 2011, S. 124). Denn mit der Wirklichkeits- und Lebensnähe als einem Qualitätsmerkmal kompetenzorientierter Didaktik knüpft der Religionsunterricht an realitätsnahe Kontexte und lebensbedeutsame Situationen im Alltag junger Menschen an. So gesehen kann die Kompetenzorientierung langfristig dazu beitragen, die Lebenswelt der jungen Menschen und ihre religiösen (Vor-)Erfahrungen verstärkt in den Mittelpunkt des unterrichtlichen Geschehens zu stellen. Dadurch bietet sich die Chance, die Schüler*innen als Subjekte des Lernens wahrzunehmen und dementsprechend den Religionsunterricht subjekt- und lebensweltorientierter zu gestalten, was wie-

---

1 Die Einführung der Kompetenzorientierung im Religionsunterricht war sowohl kirchenpolitisch als auch religionspädagogisch keineswegs unumstritten. Eine Zusammenfassung der Pro- und Contra-Argumente im religionspädagogischen Diskurs können bei Gabriele Obst für den deutschen (2015, S. 130–159) und bei Wolfgang Weirer für den österreichischen Kontext (Weirer 2012, S. 243–245) nachgelesen werden.

derum den Fokus verstärkt auf die Aneignung als auf die bloße Vermittlung von religiösen Inhalten lenken sollte (vgl. auch Topalović 2019, S. 32).

Für die Islamische Religionspädagogik im Besonderen bedeutet die Verknüpfung von Wissen und Handlung als wesentliches Merkmal der Kompetenzorientierung keinen Widerspruch mit dem islamischen Bildungsgedanken. Ganz im Gegenteil: Diese Feststellung findet sich konkret in den Aussagen muslimischer Gelehrter wieder. So sagte Abū Ḥāmid al-Ġazālī (gest. 1111) – um an dieser Stelle ein Beispiel zu nennen: »Wissen ohne Tat ist Torheit und eine Handlung ohne Wissen ist undenkbar« (al-Ġazālī 2009, S. 31). Das Wissen jedoch, von dem hier die Rede ist, bezieht sich nicht nur auf kognitives Wissen, sondern umfasst ebenso emotionale, motivationale, ethische und spirituelle Dimensionen der Wissens- und Handlungspraxis. Ġazālī selbst konkretisiert dies und sieht die »Quintessenz des Wissens« in der Werte- und Gewissensbildung, der Gotteserkenntnis und in der Reinheit des Herzens (al-Ġazālī 2009, S. 31–37). In diesem Sinne existieren zwischen Wissen und Handlung unterschiedliche Ebenen, die, sich gegenseitig beeinflussend, zu einer Durchführung bzw. Unterlassung der Handlung führen (können). Die sicht- und messbaren Kompetenzen decken somit nur einen Teil des religiösen Bildungsauftrags ab.

Damit steht im Mittelpunkt des religiösen Lehr- und Lernprozesses nicht primär – auch wenn dies miteingeschlossen ist – die Performanz (Output), sondern vielmehr die Erfassung alltagsnaher und handlungsorientierter Momente im Alltag junger Menschen und deren Reflexion vor dem Hintergrund der Frage: Wie würdest du in dieser Situation handeln (Outcome)? Eine solche auf das Subjekt bezogene Bildung zielt u. a. auf die Konstruktion und Aufrechterhaltung von Kohärenz und Selbstwahrnehmung ab, insofern junge Menschen dadurch befähigt werden, ihren persönlichen Anteil am eigenen Lernen wahrzunehmen und zu gestalten. Denn erst die eigene Beteiligung an der Reflexion sowohl eigener Erfahrungen als auch alltäglicher religiöser Herausforderungen und Konflikte – dazu zählen genauso interreligiöse und weltanschauliche Überscheidungssituationen – ermöglicht einen konstruktiven sowie realitätsverarbeitenden Modus der Selbst- und Welterfahrung. Das handlungsorientierte Moment in der Lebenswelt junger Menschen soll demnach mithilfe von alltagsnahen Anforderungssituationen als solches erfasst und durch kompetenzorientierten Unterricht in Richtung religiöser Selbstbestimmung und Eigenverantwortung gefördert werden (vgl. auch Topalović 2019). Damit bekommt religiöse Kompetenz eine ganzheitliche Kontur, die insbesondere auf die alltäglichen Herausforderungen und Konflikte im Alltag junger Menschen ausgerichtet ist. Ulrich Hemel spricht in diesem Zusammenhang von einer religiösen Kompetenz der individuell-verantworteten Entscheidung für oder gegen eine bestimmte Form von religiöser Selbst- und Weltdeutung (Hemel 1988, S. 675–676). Für die Didaktik selbst ergibt sich daraus ein *anderer* Prozesscharakter der Unterrichtsgestaltung, der zwar inhaltliche Vermittlung zweifellos umfasst, jedoch das reflexive Moment religiöser alltäglicher Situationen, Herausforderungen und Konflikte in den Mittelpunkt des Unterrichts stellt. In diesem Sinne wird mit dem vorliegenden kompetenzorientierten Ansatz – um an dieser Stelle begrifflich auf Dietrich Zilleßen zurückzugreifen – mehr eine *Prozessdidaktik* und weniger eine *Resultatdidaktik* vorgelegt (vgl. Zilleßen 1995).

## 3 Eine bildungstheologische Annäherung an das Kompetenzkonzept

Für die Entwicklung didaktischer Konzepte geht vor dem Hintergrund des zuvor ausgeführten Kompetenzverständnisses zugleich die Frage nach dem Handlungsverständnis in der Islamischen Religionspädagogik einher. Damit ist in erster Linie die selbstbestimmte Handlungsfähigkeit des Menschen im Lichte theologischer Verständnisse innerhalb der islamischen Lehre gemeint.

Eine theologische Konkretisierung mit religionspädagogischer Relevanz erfuhr ein solcher Gedanke in der Theorie von Abū Manṣūr al-Māturīdī (gest. 944) (vgl. auch Bağraç 2018). Māturīdī hat v. a. aufzeigen können, wie die Vernunft die Natur der göttlichen Offenbarung durchdringen und wie dabei beide in einen Einklang gebracht werden können (vgl. Cerić 2012, S. 54–58): Die Wissensaneignung hat dabei zwei Quellen: *samʿ* und *ʾaql*. *Samʿ* bezieht sich auf alle für den Lernprozess relevanten Inhalte und Phänomene, die ein Mensch mithilfe seiner körperlichen Dispositionen wahrnehmen kann. *ʾAql* wiederum bezieht sich auf die Vernünftigkeit des Menschen, der Hinweise und Bestimmungen in dieser Welt reflektieren und verstehen kann (vgl. Rudolph 1997, S. 334). Es gibt nichts, so Māturīdī, »was Gott dem Menschen anvertrauen würde, was Gott zum Menschen sprechen würde, ohne dadurch dessen Vernunft anzuregen, um dies auch verstehen zu können« (Kholeif zit. n. Cerić 2012, S. 84). Ein Mensch solle weniger aus einem Gefühl der Ohnmacht oder Unterwürfigkeit etwas annehmen oder tun, sondern weil ihm dies vernünftig erscheine und er dies auch begründen könne. Māturīdī versteht dabei unter Vernünftigkeit die Zusammenarbeit kognitiver und emotionaler Prozesse. Während sich seiner Meinung nach die Vernunft im menschlichen Gehirn befindet, zeige sich ihre Wirkung im Herzen (vgl. Cerić 2012, S. 218 f.). Der Mensch als vernunftbegabtes Wesen lenkt seinen Geist auf das, von dem er glaubt, dass es ihm nutzt, und entfernt ihn von dem, was ihm Schaden zufügen könnte. Er wählt dabei –

zwischen einer Fülle an Handlungsalternativen – jene Handlung aus, die er seiner Vernünftigkeit entsprechend für angemessen hält und für die er zugleich bereit ist, Verantwortung zu übernehmen.

Darauf aufbauend entwickelt Māturīdī sein handlungstheoretisches Konzept, dessen Hauptprinzip die Idee von der Zusammenarbeit zwischen dem Schöpfer und dem Geschöpf ist. Der Mensch verfügt laut Māturīdī bei der Durchführung einer Handlung über zwei Handlungsvermögen: Können *(qudra)* und Gestaltungskraft *(istiṭā'a)*. Das erste besitzt er von Natur aus, damit ist die Verfügung über den Körper und die Vernünftigkeit gemeint. Dies ist nach Māturīdī die Voraussetzung für jedes planmäßige Handeln und er bezeichnet es als »das Vermögen über die Mittel und über die Zustände *(istiṭā'at al-asbāb wa-l-aḥwāl)*« (Cerić 2012, S. 341). Die zweite Form des Vermögens wird ihm bei der Handlung selbst zuteil *(ma'a l-fi'l)*. Sie versetzt den Menschen in die Lage, von den ihm verfügbaren Dispositionen Gebrauch zu machen und sich in der Regel zwischen zwei entgegengesetzten Handlungen zu entscheiden – für oder gegen etwas. Auf diese Weise erhält der Mensch die Möglichkeit zu freier Wahl *(iḫtiyār)* – der Gegenbegriff dazu lautet *ṭab'* (Naturzwang; vgl. Rudolph 1997, S. 340).

Religionspädagogisch betrachtet ist ein solcher Prozess kein Selbstläufer, sondern bedarf einer systematischen Förderung vielfältiger Kenntnisse und Fähigkeiten, die im Rahmen der Bildung stattfinden kann. In einem solchen Prozess lernen junge Heranwachsende, wie sie religiöse Phänomene wahrnehmen und deuten und auf welcher Grundlage sie ihre Entscheidungen treffen können – wie nachfolgend didaktisch näher demonstriert wird.

## 4 Kompetenzorientierte Didaktik für den Islamunterricht

### 4.1 Sozial-kommunikativer Ansatz als didaktisches Paradigma

Für die Planung und Gestaltung eines kompetenzorientierten Islamunterrichts ergibt sich daraus ein sozial-kommunikativer Ansatz. Der nachfolgend vorgestellte didaktische Ansatz möchte dabei einen Rahmen ermöglichen, in dem die Inhalte des Unterrichts sowohl subjektiver wie auch kollektiver Reflexion unterzogen werden. Demzufolge entsteht für die Planung und Gestaltung eine symmetrische Beziehung zwischen den religiösen Inhalten bzw. der religiösen Tradition, die wiederum einer kontextorientierten Auslegung bedarf, sowie der Subjekt- und Lebensweltorientierung junger Menschen. Daraus ergibt sich folgendes didaktisches Rahmenmodell:

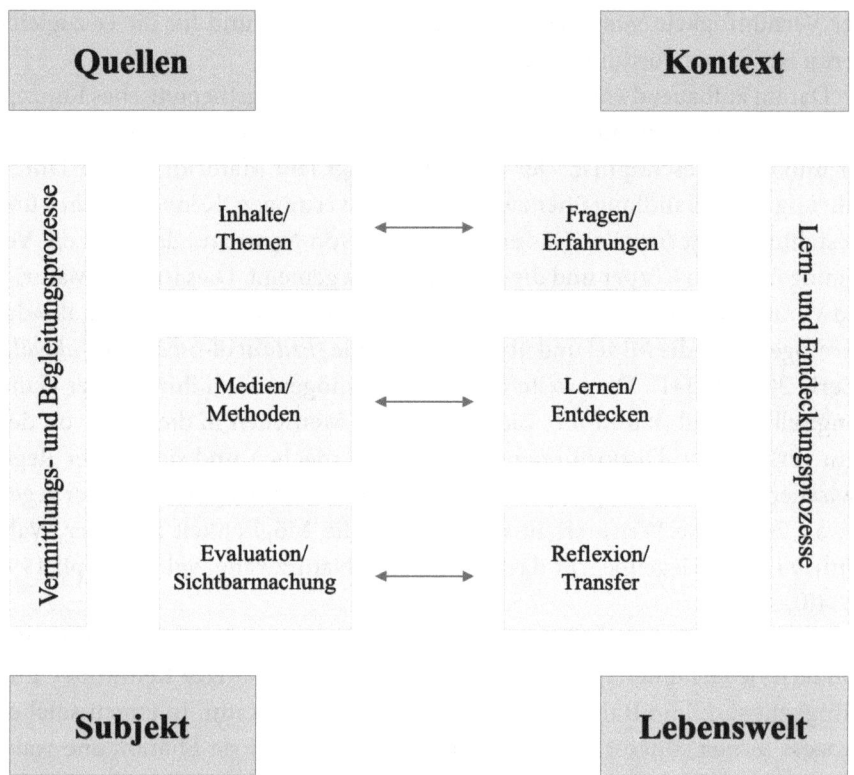

Abb. 1: Didaktisches Rahmenmodell (eigene Darstellung)

Das kompetenzorientierte didaktische Modell baut dabei, neben zuvor ausgeführten bildungstheoretischen und religionspädagogischen Prämissen, insbesondere auf folgenden lernpsychologischen und religionsdidaktischen Grundlagen von Lehr- und Lernprozessen auf:

1) Das Lernen findet in einem sozialen Raum statt. Für die Didaktik ergibt sich dadurch die Herausforderung, die Grundrelation des unterrichtlichen Geschehens in Bezug auf die Aufgaben und Rollen der Lehrenden und Lernenden zu bestimmen. In Anknüpfung an den muslimischen Religionspsychologen Muḥammad ʿUt̠mān Naǧātī (vgl. Nedžati 2010, S. 103–107) kann mithilfe des koranischen Beispiels des Propheten Ibrāhīm (Abraham) (K 6:76–79)[2] eine sol-

---

2 Die entsprechende Stelle wird wie folgt erzählt: »*Dann, als die Nacht ihn mit ihrer Finsternis überschattete, erblickte er einen Stern; (und) er rief aus: ›Dies ist mein Erhalter!‹ – aber als er unterging, sagte er: ›Ich liebe nicht die Dinge, die untergehen.‹ Dann, als er den Mond aufgehen sah, sagte er: ›Dies ist mein Erhalter!‹ – aber als er unterging, sagte er: ›Fürwahr, wenn mein Er-*

che Verhältnisbestimmung in religionsdidaktischer Perspektive erfolgen (vgl. auch Topalović 2019, S. 39–43). Dabei berichtet die koranische Erzählung von einem Lehr- und Lernprozess, an dem Prophet Ibrāhīm (als Lehrender) und Mitglieder seines Volkes (als Lernende) beteiligt sind: Der Prophet leitet den Prozess mit der Frage nach dem Wesen des Gottes ein, diese Frage steht im Mittelpunkt anschließender Reflexionen. Er selbst stellt zunächst einige erdenkliche Antworten zur Debatte vor und lädt auch die anderen ein, sich an der Diskussion zu beteiligen. Im weiteren Verlauf werden mögliche Lösungsvorschläge sukzessive analysiert, ehe abschließend eine individuelle Positionierung von Seiten des Propheten erfolgt, wodurch gleichzeitig alle am Prozess Beteiligten eingeladen werden, sich ebenso zu positionieren. Dem Propheten ging es dabei – so die religionspädagogische Deutung – weniger darum, die Mitglieder seines Volkes von seiner eigenen Position zu überzeugen, als vielmehr um die Anleitung von Denk- und Handlungsprozessen, die in der Konsequenz zu individuellen Entscheidungen führen können. Wenn man die Situation auf den schulischen Unterricht überträgt, würde das bedeuten, neben inhaltlichen Grundlagen des Unterrichts genauso die systematische Förderung von Denk- und Lernhandlungen der Schüler\*innen in den Mittelpunkt des unterrichtlichen Geschehens zu stellen. Denn nur so können sie sich als Subjekte am Bildungsprozess beteiligen.

2) Aus lernpsychologischer Perspektive kann demnach an die tätigkeitstheoretischen Überlegungen angeknüpft werden, die v. a. in der Didaktik von Lothar Klingberg (1990) und aktuell von Karl Klement (2016) ihren Ausdruck finden: Dabei wird von der Annahme ausgegangen, dass jede\*r Lernende bestimmte Vorkenntnisse besitzt und diese mithilfe von Sprach- und Handlungsmustern artikulieren bzw. durchführen kann. Die Aufgabe der Didaktik liegt darin, diesen einen Platz im Unterrichtsprozess einzuräumen, damit wiederum in Verknüpfung mit neuen Unterrichtsinhalten und aus der Kommunikation und Kooperation mit anderen Lernenden neues Wissen und neue Erkenntnisse bzw. neue Sprach- und Handlungsmuster (Kompetenzen) entstehen können. Demnach sind sowohl Lernende wie auch Lehrende Subjekte eines gemeinsamen Lernprozesses (vgl. Klingberg 1990, S. 30 f.), wobei die systematische Förderung der Lern- und

---

*halter mich nicht rechtleitet, werde ich ganz gewiss einer von den Leuten werden, die irregehen!‹ Dann, als er die Sonne aufgehen sah, sagte er: ›Dies ist mein Erhalter! Dies ist das größte (von allen)!‹ – aber als (auch) sie unterging, rief er aus: ›O mein Volk! Siehe, fern sei es von mir, etwas anderem neben Gott, wie ihr es tut, Göttlichkeit zuzuschreiben! Siehe, Ihm, der die Himmel und die Erde ins Dasein brachte, habe ich mein Gesicht zugewandt, indem ich mich von allem, was falsch ist, abwandte; und ich bin nicht einer jener, die etwas anderem neben Ihm Göttlichkeit zuschreiben.‹«* (K 6:76–79, in Asad 2009, S. 246 f.).

Aneignungskompetenz bei den Lernenden im Mittelpunkt des unterrichtlichen Geschehens steht (vgl. Klement 2016, S. 22–25; vgl. auch Klement in diesem Band).

3) Von einer Subjektposition der Schüler*innen zu sprechen, heißt, sie und ihre Vorkenntnisse sowie ihre Erfahrungen ernst zu nehmen. Dabei möchte der Subjektbezug den Schüler*innen die Möglichkeit geben, sich im sozial-kommunikativen Umfeld schulischer Bildungsprozesse zu selbstbewussten, kritisch-denkenden und reflexiv-handelnden Individuen zu entwickeln und so erst den *Subjektstatus* zu erwerben. Dieser Bildungsgedanke findet sich gemäß dem bosnischen Islamwissenschaftler Mustafa Cerić bereits in den ersten offenbarten Worten des Korans: Den Aufruf »*iqra'*« (K 96:1) versteht Cerić weniger als einen Aufruf zum Glaubensgehorsam als vielmehr einen Aufruf zum Handeln bzw. zur Bildung, um den Sinn der Offenbarung überhaupt verstehen zu können. Der Mensch ist somit das *Subjekt* und nicht das *Objekt* der Offenbarung, welche ihm schließlich einen Weg aufzuzeigen versucht, wie er die Offenbarung und die Schöpfung insgesamt verstehen könne (vgl. Cerić 2000, S. 4).

4) Eine Fachdidaktik bezieht sich bekanntlich auf ein bestimmtes Fach und stellt damit einhergehend eine Beziehung zu den Fachwissenschaften her (vgl. Klafki 1994, S. 42; Beckmann 2001, S. 674). Die Fachdidaktik des Islamunterrichts stellt gleichzeitig für sich den Anspruch, keine Anwendungswissenschaft der Theologie zu sein, sondern, wie Bülent Uçar feststellt, »eine Theorie […], an der sich [das] theologische Wissen zu orientieren hat« (2008, S. 109). Dabei geht es in erster Linie darum, die religiösen Quellen bzw. die religiöse Tradition im gegenwärtigen Kontext didaktisch zu reflektieren. Ein solcher kontextorientierter Bezug impliziert, so Zekirija Sejdini, eine »Vergegenwärtigung der [religiös relevanten] Themen im eigenen Kontext, um die Inhalte mit Leben zu füllen und in Beziehung mit Lebenswirklichkeit zu bringen« (2015, S. 27).

5) Eine wesentliche didaktische Dimension eines kompetenzorientierten Islamunterrichts stellt neben die Kontext- genauso die Lebensweltorientierung. Um dies bestmöglich didaktisch umzusetzen, bedarf es in Bezug auf die Gestaltung religiöser Bildungsprozesse einer Vorstellung davon, was unter Lebensweltorientierung gemeint ist. Damit liegt der Fokus der didaktischen Analyse in erster Linie auf den sozialen Herausforderungen sowie Problem- und Konfliktfeldern im Alltag junger Menschen. Mit der Lebensweltorientierung ist die Didaktik außerdem an der alltäglichen Praxis des (religiösen) Verstehens junger Menschen und dem darauf bezogenen Handeln interessiert.

## 4.2 Didaktische Planung und Gestaltung des Islamunterrichts

Für die konkrete didaktische Planung eines Islamunterrichts bedeutet dies zunächst, die Inhalte des Lehrplans sowie die Vorkenntnisse und Lebenserfahrungen der Schüler*innen in einen didaktischen Kontext einzubetten und vor dem Hintergrund sozialer Wirklichkeiten und gesellschaftlicher Realitäten fachwissenschaftlich und sozialgesellschaftlich zu reflektieren. Für die konkrete Unterrichtsgestaltung lassen sich wiederum folgende sechs Phasen konstituieren:[3]

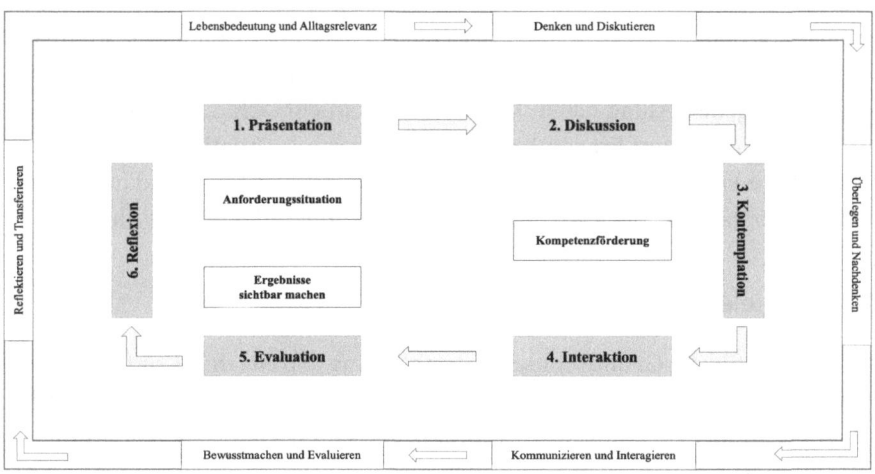

**Abb. 2:** Das didaktische Sechs-Phasen-Modell

Die Unterrichtssequenz wird mit einer Anforderungssituation aus der Lebenswelt der Lernenden eröffnet *(Präsentation)*. Die Schüler*innen werden anschließend mithilfe konkreter Aufgabenstellungen animiert, Fragen an den präsentierten Inhalt zu stellen bzw. sich an der Diskussion zu den Fragestellungen zu beteiligen *(Diskussion)*. Die offenen Fragen, die sich aus der Diskussion ergeben, bilden die gemeinsame Zielsetzung des Unterrichts und gleichzeitig den Übergang für die anschließenden Lehr- und Lernprozesse. Nachfolgend soll zunächst jedem*jeder Schüler*in die Möglichkeit gegeben werden, sich in einer Phase selbstständiger Arbeit mit den Fragen des Unterrichts zu befassen und mithilfe von themenbezogenen Inhalten tiefgründig aus-

---

3  In einer früheren Publikation wurde von fünf Phasen gesprochen (vgl. Topalović 2019, S. 45–47). Die Erweiterung um eine weitere Phase und die partielle Umbenennung von einzelnen Phasen sollen zu einem besseren Verständnis des Modells beitragen. Die Veränderungen haben sich v. a. infolge erster Erprobungen des Modells im Islamunterricht ergeben.

einanderzusetzen bzw. an Lösungsvorschlägen zu arbeiten *(Kontemplation)*[4]. Erst danach treten die Schüler*innen im Sinne des kooperativen Lernens in einen gemeinsamen Lernprozess ein, in dem zunächst die individuellen Überlegungen vorgestellt und anschließend an einer gemeinsamen Lösung unter Begleitung der Lehrkraft gearbeitet wird *(Interaktion)*[5]. Die anschließende Phase dient nicht primär der Kompetenzerhebung, auch wenn dies miteingeschlossen ist, sondern vielmehr der Sichtbarmachung von Ergebnissen, die am Anfang der Unterrichtssequenz als Fragen des Unterrichts formuliert wurden *(Evaluation)*. Die Lehrkräfte nutzen diese Phase genauso für ein konstruktives Feedback an die Schüler*innen, das sich sowohl auf den Prozess als auch auf die Ergebnisse bezieht.[6] Den Abschluss der Unterrichtssequenz bildet die Phase der Reflexion, in der u. a. darüber nachgedacht wird, welche Bedeutung das Gelernte im eigenen Alltag haben könnte. Hier schließt sich der Lernzyklus: Die am Anfang gestellten Fragen bzw. die Anforderungssituation sollten hier in einer neuen Form und in neuem Kontext von Schüler*innen – und im Idealfall ohne Unterstützung der Lehrperson – selbstständig reflektiert werden.

### 4.3 Beispiele für den Islamunterricht[7]

Als Beispiel für die Grundschule wird das Thema »Streit- und Konfliktlösung« gewählt, das in den meisten Lehrplänen für den Islamunterricht vorzufinden ist. Außerdem sind Streit und Konflikte im schulischen Alltag – so die Erfahrungsberichte von Islamlehrkräften – präsent. In vielen Fällen fehlt es bei den Schüler*innen an entsprechenden Kompetenzen, um einen Streit lösen bzw.

---

4 Diese Phase wird im Sinne der Individualisierung so verstanden, dass jede*r Schüler*in die Möglichkeit bekommen sollte, sein*ihr Vorwissen und die Vorerfahrungen in den Unterrichtsprozess einzubringen, wodurch gleichzeitig die gemeinsame Basis für anschließende kooperative Lernprozesse geschaffen wird. Damit erfolgt u. a. eine Distanzierung von jenem Verständnis der Individualisierung, mit dem differenzierte Lernprozesse mit unterschiedlichen Pfaden für je unterschiedliche Schüler*innen zu gestalten sind (vgl. Paradies et al. 2012, S. 12–14), ein – aus meiner Sicht – missverstandener Anspruch der Individualisierung, der kaum in einem schulischen Lehr- und Lernprozess erfüllt werden kann.

5 Die Phase der *Interaktion* steht dabei mit der Phase der *Kontemplation* in einem Zusammenhang, insofern die positiven Effekte kooperativer Lernprozesse, wie empirisch nachgewiesen, erst dann auftreten, wenn die Lernenden neben kooperativen genauso individuelle Lernphasen erfahren bzw. die Verantwortung für den Lernprozess übernehmen können (vgl. Slavin 1993).

6 *Feedback* gilt mittlerweile als eine der besterforschten Methoden für die Qualitätssteigerung von Lernergebnissen. Dabei handelt es sich beim Feedback um häufige und kontinuierliche Rückmeldungen an die Schüler*innen zu den Lernprozessen und Lernergebnissen (vgl. Hattie 2015).

7 Siehe das Beispiel zur Förderung interreligiöser Kompetenzen sowie Pluralitätskompetenzen im Beitrag von Topalović im selben Band.

Lösungsvorschläge erarbeiten zu können. Dieses Thema unterrichtlich zu gestalten, ist insofern von Bedeutung, als dadurch nicht nur der schulische Frieden unterstützt wird, sondern darüber hinaus auch der gesellschaftliche, da Schüler*innen dadurch lernen, wie sie sich zukünftig Streit- und Konfliktsituationen stellen bzw. wie sie mit unterschiedlichen Wünschen, Meinungen und Bedürfnissen anderer Menschen umgehen können. Als möglicher Inhalt wird in den Lehrplänen u. a. die Situation des Wiederaufbaus der Kaaba vorgeschlagen, wo Prophet Muhammad als Streit- und Konfliktschlichter agierte und sein Volk vor einer Krise bewahrte (mehr zur Erzählung bei Ibn Isḥāq 2004, S. 41–43).

Für die Gestaltung eines Islamunterrichts vor dem Hintergrund einer sozial-kommunikativen Didaktik wird folgende Vorgehensweise als Option vorgeschlagen: Die Religionslehrkraft eröffnet die Unterrichtssequenz mit einer Streit- und Konfliktsituation aus dem Lebensalltag der Schüler*innen mithilfe einer Erzählung, einer Bildgeschichte o. ä. Die Lernenden werden anschließend zur Diskussion eingeladen. Folgende und ähnliche Fragen können dabei als Anregung dienen: *Was geschieht auf den Bildern? Hast du schon einmal etwas Ähnliches erlebt? Wie könnte ev. gehandelt werden?* Nach der Diskussion und der gemeinsamen Zielbildung als Folge offener Fragen erfolgt zunächst die Phase des selbstständigen und anschließend des kooperativen Lernens. Dabei eignen sich für die Unterrichtsgestaltung folgende inhaltliche Bausteine: Die Geschichte zum Wiederaufbau der Kaaba können die Schüler*innen reflektieren, in Rollenspielen können lebensnahe Anforderungssituationen inszeniert und mögliche Lösungen erarbeitet und reflektiert werden. Für die systematische Entwicklung von Denk- und Lernhandlungen können in der Thematisierung der Geschichte folgende und ähnliche (Lern-)Aufgaben als Hilfestellung dienen: *Was ist in der Geschichte passiert? Wie haben sich die Quraiš verhalten? Was war ihnen wichtig? Wie hat der Prophet Muhammad reagiert? Überlege: Was war dem Propheten wichtig? Wie würdest du in einer solchen Situation reagieren? Kennst du ähnliche Vorfälle aus deinem Alltag?* Darüber hinaus können bei Schüler*innen in diesem Alter beispielsweise mithilfe der Methode des »kognitiven Modellierens« (Meyer 2016, S. 25 f.) Denk- und Argumentationsstrukturen gefördert werden, die für zukünftige selbstständige Entscheidungen hilfreich sein können. Bei dieser Methode führt die bzw. der Lehrende beispielhaft vor, wie ein Denkprozess organisiert werden kann. Er*Sie spricht laut vor der Klasse über das, was ihr bzw. ihm gerade durch den Kopf geht. Ein Beispiel im Islamunterricht könnte folgendermaßen lauten: »Der Prophet hat in dieser Situation nicht an sich gedacht, sondern an die Mitmenschen, und wollte die Versöhnung.« Anschließend können die Schüler*innen aufgefordert werden, ihre Meinungen zu äußern und dabei zu argumentieren. In der abschließenden Phase könnte beispielsweise eine Streit-Bildgeschichte, die nicht zu Ende erzählt wird, als Aufgabe dienen. Die Aufgabenstellung könnte dabei lauten: »*Überlege, wie die Geschichte zu Ende gehen könnte. Zeichne die Geschichte fertig. Stelle sie anschließend vor und erkläre, warum du dich für dieses Ende entschieden hast. Du kannst die Geschichte auch in einem Rollenspiel vorstellen. Bestimme selbst Mitschüler\*innen, die dich dabei unterstützen sollen.*«

Für die Sekundarstufe I wird das Thema »Diffamierung« gewählt, welches aktuell und im Rahmen digitaler Kommunikationsmöglichkeiten in neuen Formen erscheint. Nach den Erfahrungen der Islamlehrkräfte sind die jungen Muslim\*innen durchaus mit dieser Problematik konfrontiert und erscheinen dabei sowohl in der Opfer- als auch in der Täter\*innenrolle. Neben zahlreichen alltäglichen Erfahrungen von jungen Menschen zum Themenbereich, die inzwischen in unterschiedlichen Medienformaten ausgearbeitet vorliegen und online abrufbar sind (wie Fallbeispiele, Dokumentationen etc.) und die sich für den Unterricht als Anforderungssituationen eignen, können mehrere Verse des Korans in die Reflexion miteinbezogen werden (wie etwa K 24:12, K 24:16, K 49:6).

Auch in diesem Fall kann die Unterrichtssequenz mit einer lebensnahen Alltagssituation eröffnet werden (z. B. mithilfe eines kurzen Videos). Folgende Fragestellungen stehen dabei im Mittelpunkt der anschließenden Diskussion: *Was ist geschehen? Kennt ihr auch solche Vorfälle? Wie kann in diesem Fall gehandelt werden?* Wie auch zuvor folgen im Anschluss an die Diskussion und gemeinsame Zielsetzung Phasen des selbstständigen und kooperativen Lernens. Neben realitätsnahen und für die Schüler\*innen nachvollziehbaren Alltagsbeispielen können die zuvor angeführten koranischen Stellen im Zusammenhang mit dem Offenbarungsanlass reflektiert werden. Die systematische Entwicklung und Einübung von Kompetenzen im Umgang mit dem Koran kann mithilfe konkreter (Lern-)Aufgaben erfolgen (vgl. Badawia/Topalović 2020, S. 257), wie beispielsweise: *Wer wird in diesem Vers angesprochen? In welchem Offenbarungskontext wurde dieser Vers offenbart? In welchen anderen Versen des Korans wird das Thema auch angesprochen? Stelle die Verse gegenüber und analysiere. Wie ist das Verhältnis von einem konkreten Vers zur ganzheitlichen Absicht der koranischen Botschaft zu deuten? Stelle die Verse in ein Verhältnis zu aktuellen gesellschaftlichen Lebensverhältnissen. Welche (neue) Erkenntnisse ergeben sich daraus?* Darüber hinaus lassen sich weitere inhaltliche Bausteine ausmachen, wie beispielsweise Dokumentationen, die Reflexion des Umgangs mit solchen Beispielen in Rollenspielen, das Drehen von Kurzvideos (mithilfe neuer digitaler Geräte lassen sich solche Prozesse einfach und schnell gestalten) etc. Diese

Phase ergänzen außerdem Reflexionsübungen mithilfe folgender und ähnlicher Fragen: *Was hast du Neues erfahren? Was hat dich besonders bewegt? Hast du zu einem bestimmten Punkt noch Fragen?* In der letzten Phase könnte auch hier ein Fall aus dem Alltag der Lernenden als Beispiel dienen. Der Arbeitsauftrag an die Schüler*innen könnte lauten: *Wie würdest du/würdet ihr in dieser Situation handeln? Überlege dir dies/Reflektiert dies in Gruppen und stelle/stellt anschließend die Situation/en mit einer möglichen Lösung vor. Überlege/Überlegt weiter, welche Bedeutung diese Situation in deinem/eurem Alltag haben könnte und wie du/ihr in solchen Situationen handeln möchtest/möchtet. Begründe/t deinen/euren Standpunkt.* Nach der Präsentation von Lösungen kann eine gemeinsame Reflexion im Plenum stattfinden.

## 5 Schlussworte

Das Ziel des Beitrags war es, die bildungspolitischen und didaktischen Entwicklungen der letzten zwei Jahrzehnte aufzugreifen und deren Auswirkungen auf den Islamunterricht zu reflektieren. In der vorliegenden Arbeit lag der Fokus auf der Entwicklung didaktischer Strukturen für die Planung und Gestaltung von kompetenzorientierten Lehr- und Lernprozessen im Islamunterricht, die einem sozial-kommunikativen Bildungsparadigma zuzuordnen sind. Dabei handelt es sich bei der Darstellung nicht unbedingt um gänzlich neue Ideen, sondern vielmehr um den Versuch, die bisherigen didaktischen Forschungserkenntnisse weiterzuentwickeln (vgl. Topalović 2019). Insbesondere die Perspektive der Unterrichtsgestaltung wurde aufgrund neuer Erkenntnisse aus der konkreten Praxis des Islamunterrichts bzw. der Erprobung des didaktischen Modells erweitert und konkretisiert.

## Literatur

Al-Ġazālī, A. H. (2009): O Kind! Ayyuhā 'l-walad. Die berühmte ethische Abhandlung ġazālīs. Braunschweig.

Asbrand, B. (2020): Der Umgang von Lehrpersonen mit der Bildungsstandardreform. Schul- und Unterrichtsentwicklung im Spannungsfeld von Innovation und Scheitern. In: U. Greiner/F. Hofmann/C. Schreiner/C. Wiesner (Hg.): Bildungsstandards. Kompetenzorientierung, Aufgabenkultur und Qualitätsentwicklung im Schulsystem (S. 529–546). Münster.

Asad, M. (2009): Die Botschaft des Koran. Düsseldorf.

Badawia, T./Topalović, S. (2020): Möglichkeiten und Grenzen der Prävention durch die Institutionalisierung islamischer Bildung. In: S. E. Hößl/L. Jamal/F. Schellenberg (Hg.): Islam, Islamismus und politische Bildung (S. 246–262). Bonn.

Badawia, T./Topalović, S. (2022): Kontextbezogen – Vernunftbasiert – Lebensweltorientiert. Bildungstheologische und didaktische Bestimmungen des Islamischen Religionsunterrichts. In: A. Kubik/S. Klinger/C. Saglam (Hg.): Neuvermessung des Religionsunterrichts nach Art. 7 Abs. 3 GG. Zur Zukunft religiöser Bildung (S. 291–316). Göttingen.

Bağraç, M. (2013): Kompetenzorientierung des Islamunterrichts. Hikma – Zeitschrift für islamische Theologie und Religionspädagogik, 6, 66–79.

Bağraç, M. (2018): Ist die islamische Religiosität mit der pädagogischen Mündigkeit verträglich? Die Herausforderung für den islamischen Religionsunterricht. In: M. Karimi/M. Khorchide (Hg.): Was ist der Mensch? Jahrbuch für Islamische Theologie und Religionspädagogik (S. 35–82). Freiburg i. Br.

Ballnus, J. (2017): Kooperationen am Lernort Schule und interreligiöse Kompetenzen im islamischen Religionsunterricht. HIKMA – Zeitschrift für Islamische Theologie und Religionspädagogik, 8, 188–204.

Baros, W./Sailer, M. (Hg.) (2021): Bildung und Kompetenz in Konkurrenz? Wiesbaden.

Beckmann, H. K. (2001): Fachdidaktik. Bereichsdidaktik. Stufendidaktik. In: L. Roth (Hg.): Pädagogik. Handbuch für Studium und Praxis (S. 674–688). München.

Behr, H. H. (2013): Islamischer Religionsunterricht in der Kollegstufe. In: F. van der Velden/H. H. Behr/W. Haußmann (Hg.): Gemeinsam das Licht aus der Nische holen. Kompetenzorientierung im christlichen und islamischen Religionsunterricht der Kollegstufe (S. 17–40). Göttingen.

Behr, H. H. (2021): Das Fachprofil des Islamunterrichts. In: H. H. Behr/K. Boehme/B. Landthaler/B. Schröder (Hg.): Zukunftsfähiger Religionsunterricht zwischen tradierter Lernkultur, jugendlicher Lebenswelt und religiöser Positionalität (S. 195–248). Berlin.

Behr, H. H./Boehme, K./Landthaler, B./Schröder, B. (Hg.) (2021): Zukunftsfähiger Religionsunterricht zwischen tradierter Lernkultur, jugendlicher Lebenswelt und religiöser Positionalität. Berlin.

Boehme, K. (2010): Erhebliche Gefährdungen: Der Religionsunterricht und seine Probleme. Herder-Korrespondenz, 64, 460–464.

Cerić, M. (2000): Spas je u odgoju i obrazovanju. Novi Muallim, 1, 4–9.

Cerić, M. (2012): Korijeni sintetičke teologije u islamu. Ebu Mensur el-Maturidi (853–944). Sarajevo.

Frohn, J./Heinrich, M. (2018): Inkompetente Kompetenzorientierung? Das verkürzte Verständnis der Kompetenzorientierung und die Konsequenzen für die Lehrkräfteausbildung und Lehrkräftefortbildung. Die Deutsche Schule, 1, 65–74.

Hattie, J. (2015): Im Gespräch mit John A. E. Hattie. Schulmanagement. Die Fachzeitschrift für Schul- und Unterrichtsentwicklung, 6, 12–16.

Harter, Y. (2014): Wissensvermittlung und Kompetenzerwerb. In: G. S. Kaps (Hg.): Islam. Didaktik für die Grundschule (S. 185–194). Berlin.

Hemel, U. (1988): Ziele religiöser Erziehung. Beiträge zu einer integrativen Theorie. Frankfurt a. M.

Isḥāq, M. Ibn (2004): Das Leben des Propheten. Kandern.

Käbisch, D. et al. (2020): Gerade jetzt! – 10 Thesen, warum der Religionsunterricht in der Corona-Zeit unverzichtbar ist. Zeitschrift für Pädagogik und Theologie, 72, 395–399.

Kamcili-Yildiz, N. (2014): Der islamische Religionsunterricht in Nordrhein-Westfalen. In: R. Möller/C. P. Sajak/M. Khorchide (Hg.): Kompetenzorientierung im Religionsunterricht: Von der Didaktik zur Praxis (S. 212–226). Münster.

Khorchide, M. (2014): Kompetenzorientierung im islamischen Religionsunterricht – Eine Reflexion. In: R. Möller/C. P. Sajak/M. Khorchide (Hg.): Kompetenzorientierung im Religionsunterricht: Von der Didaktik zur Praxis (S. 11–27). Münster.

Klafki, W. (1985): Konturen eines neuen Allgemeinbildungskonzepts. In: W. Klafki (Hg.): Neue Studien zur Bildungstheorie und Didaktik (S. 12–30). Weinheim.

Klafki, W. (1994): Zum Verhältnis von Allgemeiner Didaktik und Fachdidaktik – Fünf Thesen. In: M. Meyer/W. Plöger (Hg.): Allgemeine Didaktik, Fachdidaktik und Fachunterricht (S. 42–46). Weinheim.

Klement, K. (2016): Aneignungsdidaktik und Kompetenzorientierung. Didaktische und methodische Gestaltung von Prozessen des Lehrens und Lernens in einem kompetenzorientierten Unterricht. In: De Fontana, O./Pelzmann, B./Sturm, H. (Hg.): Weißt du noch oder tust du schon? Impulse aus Theorie und Praxis für die Weiterentwicklung von Kompetenzen an Schulen (S. 17–37). Wien.

Klingberg, L. (1990): Lehrende und Lernende im Unterricht. Berlin.

Lindner, K./Schambeck, M./Simojoki, H./Naurath, E. (2017): Zukunftsfähiger Religionsunterricht. Konfessionell-Kooperativ-Kontextuell. Freiburg.

Meyer, H. (2016): Was ist guter Unterricht? (7. Aufl.). Berlin.

Nedžati, M. O. (2010): Kur'an i psihologija. Sarajevo.

Obst, G. (2015): Kompetenzorientiertes Lehren und Lernen im Religionsunterricht (4. Auflage). Göttingen.

Paradies, L./Wester, F./Greving, J. (2012): Individualisieren im Unterricht. Erfolgreich Kompetenzen vermitteln. Berlin.

Pirner, M. (2018): (Was) Hat der RU durch die Kompetenzorientierung gewonnen? Ein Streitgespräch. Zeitschrift für Pädagogik und Theologie, 70, 339–346.

Polat, M. (2010): Religiöse Mündigkeit als Ziel des islamischen Religionsunterrichts. In: M. Polat/C. Tosun (Hg.): Islamische Theologie und Religionspädagogik. Islamische Bildung als Erziehung zur Entfaltung des Selbst (S. 185–202). Frankfurt a. M.

Renkl, A. (1996): Träges Wissen: Wenn Erlerntes nicht genutzt wird: Psychologische Rundschau, 47, 78–92.

Reusser, K. (2014): Kompetenzorientierung als Leitbegriff der Didaktik. Beiträge zur Lehrerinnen- und Lehrerbildung, 32, 325–339.

Riegel, U. (2018): Wie Religion in Zukunft unterrichten? Zum Konfessionsbezug des Religionsunterrichts von (über-)morgen. Stuttgart.

Rudolph, U. (1997): Al-Māturīdī und die sunnitische Theologie in Samarkand. Leiden.

Scharer, M. (2010): Wenn das Herz am Output hängt: Kommunikativ-theologische und religionsdidaktische Überlegungen zu Bildungsstandards und Kompetenzorientierung in Religion. Österreichisches Religionspädagogisches Forum, 18, 16–26.

Schweitzer, F. (2011): Chancen und Grenzen der Kompetenzorientierung im Religionsunterricht. Christlich-pädagogische Blätter, 124 (3), 130–133.

Sejdini, Z. (2015): Grundlagen eines theologiesensiblen und beteiligtenbezogenen Modells islamischer Religionspädagogik und Religionsdidaktik im deutschsprachigen Kontext. Österreichisches Religionspädagogisches Forum, 23, 21–28.

Slavin, R. E. (1993): Kooperatives Lernen und Leistung: Eine empirisch fundierte Theorie. In: G. L. Huber (Hg.): Neue Perspektiven der Kooperation (S. 151–170). Baltmannsweiler.

Topalović, S. (2019): Der kompetenzorientierte Unterricht – Bausteine zur Entwicklung einer Didaktik für den islamischen Religionsunterricht. HIKMA – Zeitschrift für Islamische Theologie und Religionspädagogik, 10 (1), 26–48.

Topalović, S. (2020): Eine verletzte Kinderseele – Religionspädagogische Überlegungen für die Schulseelsorge: In: T. Badawia/G. Erdem/M. Abdallah (Hg.): Grundbegriffe Islamischer Theologie in der Seelsorge. Die muslimische Seele begreifen und versorgen (S. 333–350). Wiesbaden.

Topalović, S./Tuhčić, A. (2023): Der Islamunterricht updated. Didaktische Antwort auf die Digitalisierung. In: Ilona Nord (Hg.): Religionsdidaktik reloaded? Zur digitalen Transformation im diversitätsorientierten Religionsunterricht. Praxishandbuch für die Sekundarstufe I und II. Berlin. Im Erscheinen.

Tuhčić, A./Bütow, B. (2020): Kollektive Erfahrungsräume von Lehrpersonen im Prozess der Implementierung von Bildungsstandards an österreichischen Schulen – erste Befunde aus einem empirischen Forschungsprojekt. In: U. Greiner/F. Hofmann/C. Schreiner/C. Wiesner (Hg.): Bildungsstandards. Kompetenzorientierung, Aufgabenkultur und Qualitätsentwicklung im Schulsystem (S. 513–528). Münster.

Uçar, B. (2008): Didaktik, Methodik und Inhalte eines islamischen Religionsunterrichts in Deutschland. In: H. H. Behr/M. Rohe/H. Schmid (Hg.): »Den Koran zu lesen genügt nicht!« Fachliches Profil und realer Kontext für ein neues Berufsfeld (S. 105–122). Berlin.

Ulfat, F. (2021): Zum aktuellen Stand der islamischen Religionspädagogik. Herder Korrespondenz, 1, 55–57.

Weinert, F. (2001): Vergleichende Leistungsmessungen in Schulen – eine umstrittene Selbstverständlichkeit. In: ders. (Hg.): Leistungsmessungen in Schulen (S. 17–32). Weinheim.

Weirer, W. (2012): Chancen und Herausforderungen kompetenzorientierter Religionsdidaktik. In: M. Paechter/M. Stock/S. Schmölzer-Eibinger/P. Slepcevic-Zach/W. Weirer (Hg.): Handbuch kompetenzorientierter Unterricht (S. 241–256). Weinheim.

Wiater, W. (2013): Kompetenzorientierung des Unterrichts – Alter Wein in neuen Schläuchen? Anfragen seitens der allgemeinen Didaktik. Bildung und Erziehung, 66 (2), 145–162.

Zilleßen, D. (1995). Bildung und Didaktik im Religionsunterricht. KatBl, 120, 330–336.

# Identitätskohärentistische Didaktik als Elementarisierungsansatz für den islamischen Religionsunterricht

Amin Rochdi / Hakan Turan

## Einleitung

Die Diskussion um einen an staatlichen Schulen angebotenen islamischen Religionsunterricht (kurz: IRU) befasste sich seit zwei Jahrzehnten vorrangig mit der Frage der juristischen Umsetzung eines solchen Faches und bündelte dabei die wenigen fachlichen Kapazitäten im Umfeld dieser Fragestellung. Und auch wenn die rechtliche Rahmung des Faches in den unterschiedlichen Bundesländern nicht klar war, wollte man es zumindest modellhaft an ausgewählten Schulen schon einführen und testen. Bei aller Wichtigkeit der verfassungsrechtlichen Fragen stand man dabei nun vor einem ganz anderen, aber mindestens genauso großen Problem: Lehrkräfte unterrichteten in den sogenannten »Modellversuchen« oftmals als Einzelkämpfer*innen muslimische Lerngruppen und waren für ihre Unterrichtsplanung auf die meistens vorläufigen und aus der Not geborenen curricularen Rahmenvorgaben sowie auf nicht selten aus benachbarten Fachdidaktiken entliehene didaktische Konzepte angewiesen. Dabei gab es sehr selten die Möglichkeit einer empirisch-wissenschaftlichen Absicherung oder einer theoretisch fundierten Anpassung an die Bedingungen des IRU, sodass die Entwicklung einer spezifischen und ebenso umfassenden Didaktik, die die Schüler*innen bis zum Abitur im Blick hat, weiterhin aussteht.

Inzwischen ist in einigen wenigen Bundesländern der juristische Weg für eine Lösung geebnet und das Fach kann auf Augenhöhe mit den Angeboten der anderen Religionsgemeinschaften an den Schulen angeboten werden. Dies nehmen die beiden Autoren dieses Beitrages zum Anlass, um auch die Bedingungen für eine nachhaltige Beantwortung der didaktischen Problemstellung zu diskutieren: Wie könnte ein theoretisch und praktisch fundierter didaktischer Ansatz aussehen, der sich an den im Unterrichtsbetrieb sichtbar werdenden Bedürfnissen eines dauerhaft angelegten IRU ausrichtet? Das Augenmerk soll dabei im Folgenden auf dem religionsdidaktischen Modell der Elementarisierung liegen. Dieses hat zum einen den Vorzug, dass es bereits an mehreren IRU-Lehrer*innenseminaren und auch mancherorts im ersten Ausbildungsabschnitt zum Einsatz kam bzw. kommt. Zum anderen ist es aufgrund seiner Ausrichtung auf Grundsätze so strukturiert, dass es auch zu vielen anderen didaktischen Ansätzen kompatibel bleibt und daher keine Ausschließlichkeit impliziert.

Der Elementarisierungsansatz stammt ursprünglich aus der bildungstheoretischen Tradition und wurde seit den 1980er Jahren im Rahmen der evangelischen Religionspädagogik v. a. von Karl Ernst Nipkow und Friedrich Schweitzer bis heute weiterentwickelt. Auch in der katholischen Religionsdidaktik wurde er aufgegriffen und ist ebenso für die Fachdidaktik des islamischen Religionsunterrichts von Interesse. In diesem Beitrag soll gezeigt werden, welche neuen Perspektiven sich eröffnen, wenn die Grundanliegen von Elementarisierung vor dem Hintergrund des islamischen Religionsunterrichts neu reflektiert werden. Hierzu stellen die Autoren in ihrem Beitrag einige Aspekte des von ihnen als identitätskohärentistische Didaktik (kurz: IKD) bezeichneten Modells vor, das aus ihrer Sicht den Elementarisierungsansatz auf die Situation des islamischen Religionsunterrichts hin auszudifferenzieren vermag.

Dabei soll dieser Beitrag zugleich aus einer fachdidaktischen Perspektive die These bekräftigen, dass es nicht ausreichend ist, nur von einer generellen Religionspädagogik oder einer allgemeinen Didaktik im Religionsunterricht für alle Religionsfächer zu sprechen, sondern dass jeder Ansatz immer im Kontext der jeweiligen Adressat*innen betrachtet und ausdifferenziert werden muss. Konkret: Für die religiöse Beschulung junger Muslim*innen liefern vorhandene Ansätze aus anderen Bereichen wichtige Impulse und Perspektiven. Jedoch bleibt auch innerhalb eines solchen didaktischen Rahmens die Spezifizierung auf eine genuin »islamische Didaktik« hin, die sich sehr eng an den Rahmenbedingungen der Schüler*innen- und Lehrer*innenschaft im islamischen Religionsunterricht orientiert, unerlässlich. Eben eine solche Didaktik bedarf dringend der Ausarbeitung. Und es kann nicht schaden, wenn sich hier mehrere Ansätze zugleich auf den Weg machen und sich gegenseitig befruchten. Hierzu will dieser Beitrag einen kleinen Beitrag leisten.

Insgesamt ist dieser Bereich einer spezifischen Didaktik für den IRU bisher wenig bis gar nicht Gegenstand empirischer Unterrichtsforschung gewesen. Hierbei geht es weniger um das Allgemeine einer muslimischen Jugendphase, das in den 2010ern in verschiedenen Arbeiten beleuchtet wurde, sondern um eine professionalisierte Auseinandersetzung mit den unterrichtsrelevanten und die Lehr- und Lernsituation bedingenden Voraussetzungen mit dem Ziel, ein lernförderliches und rezipient*innenorientiertes Unterrichtsetting zu schaffen. In diesem Beitrag wird zunächst das ursprüngliche Elementarisierungsmodell beschrieben und danach auf eine Reihe von Besonderheiten beim Versuch einer Übertragung auf die Beschulung muslimischer Schüler*innen hingewiesen. Dem schließen sich konzeptionelle Überlegungen mit Vorschlägen für eine elementarisierende Vorbereitung und Durchführung von islamischem Religionsunterricht an, die die Rolle der innermuslimischen und gesamtgesellschaftlichen Diskurse mit Islambezug sowie Fragen der Identitätsbildung betonen. In diese Überlegungen sind Erfahrungen der Autoren eingeflossen, die in einem Zeitraum von fast zwei Jahrzehnten in mehreren Bundesländern sowohl in eigener Unterrichtspraxis als auch in der Lehrer*innenausbildung gemacht wurden. In einem abschließenden Kapitel wird exemplarisch der Mehrwert des hier vorgestellten Elementarisierungsansatzes verdeutlicht.

Dieser Beitrag darf auch als Plädoyer der Autoren dafür verstanden werden, dass es für einen islamischen Religionsunterricht unerlässlich ist, dass er – möchte er die Prämissen von Art. 7 Abs. 3 GG und dem dort implizit genannten Recht einer Auseinandersetzung muslimischer Schüler*innen mit ihrer eigenen Religion ernst nehmen – mehr als eine kundliche Auseinandersetzung mit der Religion Islam ist: Vielmehr verlangt ein elementarisierender islamischer Religionsunterricht von den Lehrkräften zusätzlich vertiefte Kenntnisse über und Einblicke in die muslimische Community sowie eine stetige persönliche Auseinandersetzung mit ihren inneren und mit den sie umgebenden Diskursen (»alte« sowie »aktuelle«), die bisher leider selten Gegenstand von Hochschulseminaren oder Fortbildungen sind und nach wie vor einen persönlichen Bezug zum »gelebten Islam« und zu »den Muslim*innen« erfordern.

# 1 Das Elementarisierungsmodell

## 1.1 Didaktische Grundzüge des Elementarisierungsmodells

Der Begriff »elementar« bedeutet im Kontext des Elementarisierungsmodells nicht »didaktisch auf seine Elemente reduziert«, sondern gehört in Fragezusammenhänge der Art »Was ist am potenziellen Unterrichtsgegenstand *für die Schüler\*innen* elementar?« Schweitzer pointiert den Begriff so:

> »*Elementarisierung* bezeichnet ein religionsdidaktisches Modell für die Vorbereitung und Gestaltung von (Religions-)Unterricht, das eine Konzentration auf elementare – also von den Inhalten ebenso wie von den Kindern und Jugendlichen her grundlegend bedeutsame und für sie zugängliche – Lernvollzüge unterstützen soll.« (Schweitzer 2012, S. 234)

Hinsichtlich der Lernenden meint »elementar« also (1) subjektive Bedeutsamkeit sowie (2) lernbiografische Zugänglichkeit. In fachwissenschaftlicher (d. h. theologischer) Hinsicht wiederum wird ein Inhalt potenziell aufgrund seiner fachlichen Bedeutsamkeit »elementar«. Sache und Lernende stehen dabei für eine Doppelpoligkeit des Elementarisierungsansatzes. Ziel der Elementarisierung ist nun die Relevanzfindung im Verhältnis zwischen den beiden Polen, also zwischen Sache und Lernenden. Dahinter steht die Erfahrung, dass eine wahrgenommene subjektive Relevanz von Lerninhalten die Wahrscheinlichkeit eines tiefergehenden Lernens deutlich erhöht. Ein Gegensatz dazu wäre das Behandeln eines Gegenstandes, den die Schüler*innen sich aufgrund eines Fehlens der beiden Kriterien nicht zu ihrer eigenen Sache machen, sodass es bei einer oberflächlichen Begegnung bleibt.

Eine praktische Umsetzung erfährt dieser Ansatz durch ein Fragengefüge, das aus fünf aufeinander bezogenen Dimensionen besteht und den Bedürfnissen von schulischem Religionsunterricht entgegenkommt. Diese Felder umfassen auf der Sachseite (1) elementare Sachstrukturen und die darin berührten (2) elementaren Wahrheiten im Sinne existenziell bedeutsamer Fragestellungen zu denen Religion etwas beizutragen hat. Auf der Seite der Lernenden stehen (3) elementare Erfahrungen im Sinne des bereits vorhandenen Kenntnis- und Erfahrungshorizonts der Schüler*innen sowie (4) elementare Zugänge, die die entwicklungspsychologisch bedingte Weise der Wissenskonstruktion und Urteilsbildung auf Schüler*innenseite beschreiben. Elementare Erfahrungen umfassen also Vorwissen, elementare Zugänge wiederum intuitive innere Verarbeitungsweisen und Interpretationsmuster. Die über diese vier Fragefelder erarbeiteten Inhalte erfahren über (5) elementare Lernformen schließlich ihre methodische Einbettung in den konkreten Unterrichtsprozess, wobei die Methodenwahl im Einklang mit den vier anderen Dimensionen stehen muss.

Die fünf Dimensionen werden nun so aufeinander bezogen, dass sie die eingangs erwähnte subjektive Bedeutsamkeit und Zugänglichkeit des Themas für die Schüler*innen begünstigen. Die Vorabanalyse der elementaren Zugänge der Schüler*innen erleichtert es beispielsweise bei der Stundenhinführung, Inhalte von solcher Art zu wählen, die echte kognitive Dissonanzen und somit eine entsprechende kognitive Aktivierung bei den Schüler*innen erzeugen können, die in der Lernpsychologie als wichtiges Kriterium für nachhaltiges Lernen gilt. Ferner sollten in den Unterrichtstexten, die die elementaren Strukturen einer Stundenplanung widerspiegeln, Erfahrungen aus Kontexten aufgegriffen werden, die für die Schüler*innen neu und zugleich noch zugänglich genug sind, dass sie in Dialog mit ihrem eigenen Erfahrungshorizont gebracht werden können. Das Feld der elementaren Wahrheiten wiederum berührt zum einen theologische Kerninhalte, die als vermittlungswert befunden wurden. Zum anderen beinhaltet dieses Feld auch eine Vorabreflexion darüber, welche existenziellen Fragen und Betroffenheiten auf Schüler*innenseite durch die gewählten Inhalte und Medien voraussichtlich aktiviert werden könnten, sodass die weitere Stundenplanung entsprechend schüler*innengerecht angepasst werden kann.

Nach der Planung ist für das elementarisierende Unterrichten der *Prozesscharakter* des Elementarisierungsansatzes entscheidend. Dieser wird mittels »ständiger Selbstüberprüfung« (Schweitzer et al. 1995, S. 25 f.) der didaktisch agierenden Lehrkraft angestrebt. Elementarisierender Unterricht muss also insbesondere auch *während* der Durchführung die genannten Dimensionen auf Sach- und Schüler*innenseite kritisch nach ihrer Passung zueinander befragen, diese prüfen bzw. Explorationen durchführen und gegebenenfalls Kurskorrekturen für den weiteren Unterrichtsgang vornehmen. Dies ist kaum vereinbar mit einer sehr engen Unterrichtsführung, und sei sie äußerlich noch so schüler*innenaktivierend. Denn das Ziel ist, »die spontanen und selbstständigen Verstehensweisen und Auseinandersetzungsformen der Kinder zu würdigen« (Schweitzer et al. 1995, S. 26). Diese lassen sich freilich nur bedingt vorhersehen, stellen aber einen der didaktisch bedeutsamsten Momente elementarisierenden Unterrichts dar. Denn an ihnen kann festgestellt werden, inwiefern der Versuch der Relevanzfindung glückt. Das Zusammentreffen von Sache und Lernenden muss daher durchgehend und bewusst beobachtet und moderiert werden. Dies ist nur durch eine tiefgreifende und aussagekräftige Aktivierung der Lernenden möglich, aus der für die Lehrkraft hervorgeht, wie diese einen angebotenen Lerngegenstand bzw. eine Problemstellung aufgenommen, an welches Vorwissen und innerhalb welcher Erwartungshaltung sie ihn kognitiv assimiliert und welche Art von Relevanz sie ihm zugesprochen haben. Eine transparente Offenlegung dieser zunächst unsichtbaren Prozesse wird oft Abweichungen von den eigentlichen Planungsintentionen der Lehrkraft aufzeigen, die ansonsten unbemerkt bleiben würden. Der Prozesscharakter des Elementarisierungsansatzes zeigt sich nun darin, dass diese Abweichungen – außer in Fällen der nachlässigen Vorabreflexion – nicht als Planungsfehler gelten, sondern als Rückmeldungen und Hinweise, die für die weitere Unterrichtsplanung der Lehrkraft dienlich sind.

Elementarisierender Unterricht nimmt also neben dem Vorwissen auch die Relevanzwahrnehmungen und subjektiven Wissenskonstruktionen der Schüler*innen hinsichtlich der Lerngegenstände zur Grundlage, bleibt aber nicht dabei stehen, sondern sucht Wege zu einer Vertiefung der vorhandenen Verstehensweisen und Wissensbestände in Richtung weiterführender elementarer Strukturen und Wahrheiten. Beim Versuch, die Voraussetzungen auf Seiten der

Lernenden zutreffend aufzuschlüsseln, stellen sich dabei zahlreiche Fragen, die die Ermittlung bzw. Sichtbarmachung der elementaren Erfahrungen und Zugänge der Schüler*innen betreffen. Im nächsten Abschnitt soll hinsichtlich von Erfahrungen und Zugängen zunächst die Rolle der Faktoren »Gesellschaft« und »Identität« näher beleuchtet werden, da viele spezielle Herausforderungen einer Elementarisierung im IRU, wie sie in Abschnitt 3 exemplarisch dargestellt sind, von diesen beiden abhängen.

### 1.2 Die Rolle von Gesellschaft und Identität im Elementarisierungsmodell

Die Suche nach elementaren Strukturen besteht in der »Auswahl, Konzentration, Reduktion und Vereinfachung« (Schweitzer 2012, S. 237) eines Unterrichtsgegenstandes, der sowohl Kriterien des fachwissenschaftlichen Forschungsstandes entspricht als auch den Lernenden zugänglich ist. Das eigentliche Spezifikum von Religionsunterricht besteht nun darin, dass der Unterricht auch Wahrheitsfragen aufwirft und es ihm gelingt, dass sich die Lernenden zu einer authentischen Auseinandersetzung bzw. Positionierung dazu einladen lassen. In diesem Fall geraten Sache und Lernende »mit der größten Intensität« (Schweitzer et al. 1995, S. 126) aneinander. Schweitzer et al. konkretisieren nun weiter,

> »dass der Religionsunterricht nach evangelischem Verständnis auf die selbstständige, individuelle Bildung des einzelnen Kindes und Jugendlichen im Spannungsfeld zwischen der biblisch-christlichen Glaubensüberlieferung, der gegenwärtigen pluralen weltanschaulichen religiösen Lage und dem Erfahrungs- und Fragehorizont der Schüler bezogen ist.« (Schweitzer et al. 1995, S. 167)[1]

In diesem Zitat finden wir neben dem Hinweis auf die bereits bekannten Pole der Sache (Glaubensüberlieferung) und der Lernenden (Erfahrungs- und Fragehorizont der Schüler*innen) noch einen dritten, bislang unerwähnten Aspekt, nämlich die realen gesellschaftlich figurierten Gegebenheiten, die Religionsunterricht berücksichtigen muss. Dazu heißt es an anderer Stelle bei der Frage nach den Bedingungen der Anregung von elementaren Lernprozessen auf Schüler*innenseite: »Elementarisierung wird jetzt zum *Sequenzproblem im Sinne der gesellschafts- und lebensgeschichtlich bedingten Verstehensvoraussetzungen*« (Schweitzer et al. 1995, S. 31). Das bedeutet: Die Aussicht auf Lernfortschritt ist

---

1 Die Rechtschreibung in diesem und den folgenden Zitaten wurde angepasst.

individuell pfadabhängig und lässt sich nicht vom sozialen und biografischen Kontext der Lernenden abstrahieren.

Der dabei auftretende Faktor der Gesellschaft lässt sich zunächst als ein Aspekt der Erfahrungswelt der Lernenden begreifen, geht aber auch darüber hinaus, da damit zugleich jene Gesellschaft bezeichnet ist, in die die Lernenden erfolgreich hinein sozialisiert werden sollen. Gesellschaft enthält somit normative Implikationen und prägt damit auch die Auswahl der für den Unterricht infrage kommenden elementaren Strukturen und Wahrheiten. So schreiben Schweitzer et al. hinsichtlich normativ-pragmatischer Fragestellungen im Religionsunterricht:

»Die Form der Kontrolle [der im Unterricht erarbeiteten Inhalte] ist hinsichtlich sozialer Geltungsansprüche der möglichst freie und alle einbeziehende Diskurs. Ein weiteres wichtiges Kriterium ist die geschichtlich-gesellschaftliche Bewährung der als handlungsrelevant behauptete normativen Wahrheiten.« (Schweitzer et al. 1995, S. 129)

Hier gibt es offensichtlich ein Vertrauen darin, dass der unterrichtliche Diskurs religiöse Normen und gesellschaftsfähige Praxis prinzipiell ausharmonieren wird. Zusammengefasst können wir vor diesem erweiterten Hintergrund also sagen: Religionsunterricht elementarisiert religiöse Inhalte mit Hinblick auf die zwei Pole von (1) Sache und (2) Lernenden. Dabei beachtet er (3) den weltanschaulichen Pluralismus unserer Gesellschaft sowie die darin allgemein zustimmungsfähigen Normen als inhaltliche normative Randbedingung für die Bestimmung des Elementaren.

Womöglich wird hierbei der Faktor Gesellschaft als bereits in den Grunddimensionen der Elementarisierung abgedeckt betrachtet, sodass er weder als dritter Pol, noch als sechste Elementarisierungsdimension (»elementarer Gesellschaftsbezug«) erscheint. Konkret: Die Auswahl der elementaren Strukturen und Wahrheiten erfolgt a priori unter weitgehender Berücksichtigung gesellschaftlicher Gegebenheiten und unter weitgehender Bestätigung gesellschaftlicher Normen.[2] Auch wenn hier inhaltliche Spannungen auftreten sollten, so führt die entsprechend fokussierte Glaubensüberlieferung – zumindest in praktischen Fragen – nicht aus dem gesellschaftlichen Konsens hinaus bzw. wird die Zugehörigkeit der Glaubensüberlieferung zur eigenen Gesellschaft offen-

---

2   Die technische Schnittstelle ist hier freilich der Lehrplan sowie in nachgeordneter Reihenfolge die Lehrkraft und – in elementarisierender Perspektive – die Lernenden (vgl. Schweitzer et al. 1995, S. 168).

sichtlich nicht infrage gestellt. Insofern wird christliche Glaubensüberlieferung und Theologie als bereits gesellschaftlich anerkannt oder zumindest hinreichend geläufig vorausgesetzt. Auch wird offensichtlich davon ausgegangen, dass die elementaren Erfahrungen auf der Schüler*innenseite einen natürlichen Platz in der »pluralen weltanschaulichen religiösen Lage« (Schweitzer et al. 1995, S. 167) einnehmen.

Entsprechend werden die im Unterricht verhandelten elementaren Strukturen und Wahrheiten die Lernenden voraussichtlich nicht in tiefe normative und identitätsbezogene Krisen stürzen, die aufgrund einer wahrgenommenen Ausweglosigkeit den Lernprozess überschatten könnten. Diese auf den christlichen Religionsunterricht bezogene Annahme grundsätzlicher normativer Kompatibilität von (1) Glaubensüberlieferung, (2) Schüler*innenperspektive und (3) Gesellschaft ist historisch plausibel, wie sehr sie auch in Einzelpunkten in bestimmten christlichen oder säkularen Kreisen umstritten sein dürften. Wir werden im nächsten Kapitel zeigen, dass diese Art von Kompatibilitätsfragen im Falle des islamischen Religionsunterrichts zu einem didaktischen und pädagogischen Grundproblem von nicht zu unterschätzender Tragweite wird.

## 2 Gründe für eine identitätskohärentistische Didaktik als Elementarisierungsansatz für den IRU

In diesem Abschnitt sollen zunächst fünf markante und für eine IRU-Didaktik relevante Besonderheiten in der Sozialisation muslimischer Jugendlicher benannt werden, um anschließend die Frage zu diskutieren, wie der Elementarisierungsansatz fokussiert werden muss, um diesen speziellen Anforderungen gerecht zu werden.[3] Daraus werden wir die Idee einer *identitätskohärentistischen Didaktik* ableiten sowie auf die Notwendigkeit einer Unterscheidung von zwei didaktischen Reflexionsebenen hinweisen, nämlich die der *Dogmatik* (Frage nach den religiösen Lehren des Islam) und der *Pragmatik* (Frage nach der Lebenswelt und der Struktur des Islamzugangs der Schüler*innen). Die Pragmatik wird sich als Schlüssel zu den elementaren Zugängen und Erfahrungen der Schüler*innen erweisen. Sie setzt eine Auseinandersetzung mit den nun folgenden fünf Spezifika voraus (die auch anders klassifiziert werden können) und unterscheidet sich grundlegend von der Analyseebene der Dog-

---

3 Allgemeine Fragen der Pädagogik, Didaktik sowie Unterrichtsqualität werden dadurch keineswegs relativiert. Vielmehr soll hier ein erweiterter Blick auf die markanten Besonderheiten der Bedingungen von IRU-Klassen erfolgen.

matik, welche die Vielfalt der islamisch-theologischen Lehren untersucht. Eine identitätskohärentistische Didaktik für den IRU im hier vertretenen Sinne zielt nun auf eine tieferreichende Korrelierung von Dogmatik und Pragmatik ab, was analog zur Doppelpoligkeit des klassischen Elementarisierungsansatzes ist. Anders ist hier nur, dass auf der Seite der Lernenden dem fundamentalen Einfluss der beiden divergierenden gesellschaftlichen (muslimischen und nichtmuslimischen) Diskursräume ausdrücklich Rechnung getragen wird.

## 2.1 Fünf Besonderheiten in der Sozialisation muslimischer Jugendlicher

*a) Erschwerende soziokulturelle Hintergründe*: Es ist davon auszugehen, dass die meisten Schüler*innen aus typischen IRU-Klassen neben ihrer muslimischen Glaubenszugehörigkeit einen Migrationshintergrund[4] besitzen. Damit sind sie in doppelter Hinsicht in einer Minderheitensituation in Deutschland. Zugleich sind die vertretenen Migrationshintergründe innerhalb der Klassen derart unterschiedlich, dass eine soziokulturelle Heterogenität entsteht, auf die die wenigsten IRU-Lehrkräfte vorbereitet sind. Ferner müssen auch die soziale Schichtzugehörigkeit und der Bildungshintergrund der Familien bei aller Heterogenität im IRU-Durchschnitt als unter dem Bevölkerungsdurchschnitt befindlich angenommen werden. Dabei sind die Ursachen hierfür sehr unterschiedlich.[5] Ein weiterer Faktor besteht darin, dass in vielen muslimisch geprägten Milieus neben individualistischen Denk- und Lebensformen auch eine stark kollektivistische Prägung anzutreffen ist, von der neben Identität und Geborgenheit stiftenden Wirkungen manchmal auch ein verstärkter Normierungsdruck und das Gefühl sozialer Kontrolle auch außerhalb der Familie ausgehen.[6] All diesen Faktoren entsprechen Sozialisationsbedingungen, von denen anzu-

---

4 Hierbei wird nicht die Definition von Migrationshintergrund des Statistischen Bundesamts zugrunde gelegt, die »Menschen mit Migrationshintergrund« dadurch kennzeichnet, dass »sie selbst oder mindestens ein Elternteil die deutsche Staatsangehörigkeit nicht durch Geburt besitzt«. Im Kontext unseres Artikels ist der Begriff weniger eng gefasst, da beispielsweise. in »marokkanischen Familien« der dritten oder gar vierten Generation im Bereich der religiösen Bildung ehrfahrungsgemäß ähnliche oder gar gleiche Prämissen gelten können.
5 Zur Frage der sozio-ökonomischen Integration von muslimischen Bürger*innen sei hier auf Kapitel 5.2 der BAMF-Studie »Muslimisches Leben in Deutschland 2020« verwiesen (https://www.bamf.de/SharedDocs/Anlagen/DE/Forschung/Forschungsberichte/fb38-muslimischesleben.html?nn=403976, Zugriff am 19.06.2022).
6 In einem Beitrag für das vom JFF-Institut für Medienpädagogik verantwortete Projekt RISE beschreibt die Tübinger Religionspädagogin Fahimah Ulfat dieses Spannungsverhältnis mit Verweis auf einschlägige Studien einer muslimischen Jugendphase am Beispiel Sexualität, einsehbar unter https://rise-jugendkultur.de/artikel/von-traditionell-ueber-konservativ-bis-liberal/ (Zugriff am 19.06.2022).

nehmen ist, dass sie auch einen Einfluss auf die individuelle kognitive und psychosoziale Entwicklung sowie auf Selbst- und Weltkonzept haben.

*b) Sprachliche Intransparenz als Hürde:* Dem gesellen sich eher unterdurchschnittliche sprachliche Kompetenzen in vielen IRU-Klassen hinzu, die eine diagnostische Arbeit im Sinne der Elementarisierung erschweren. Sprachlich bedingte Missverständnisse lassen sich daher nur durch vielfache Absicherung umgehen bzw. erkennen. Zugleich stellt sich für die Unterrichtenden die Herausforderung, den Einfluss der immensen Zahl an Muttersprachen in den IRU-Klassen zu erkennen und zu würdigen, der insbesondere in den religiösen Ausdrucksformen der Schüler*innen sichtbar wird. Eine weitere ebenso interessante wie ungeklärte Frage lautet, in welchem Verhältnis beispielsweise daheim oder in der Moschee auf Türkisch erworbenes religiöses Wissen zu auf Deutsch erworbenem religiösen Wissen steht: Wird hier von der Schüler*innenseite her auf eine einzige kohärente kognitive Struktur hin assimiliert oder werden hier zwei nebeneinander existierende Konstrukte gebildet, die sich in jeweils zwei meist disjunkten sozialen Kontexten bewähren müssen? Viele Erfahrungen sprechen für Letzteres, was für die Idee einer ganzheitlichen Persönlichkeitsbildung nicht unproblematisch und somit didaktisch relevant ist.

*c) Starke religiös-narrative Vorprägungen und religiöser Habitus:* Eine weitere markante Besonderheit von IRU-Klassen ist, dass der von Schüler*innenseite sich selbst zugeschriebene bzw. von den Lehrkräften beobachtete Grad an Identifikation mit der religiösen Praxis als höher angenommen werden darf als in christlichen Religionsklassen. Aus diesen sehr allgemeinen Beobachtungen lässt sich noch keine Aussage über Art und Fundiertheit des religiösen Wissens der Schüler*innen ableiten. Aber sie verdeutlichen, dass bei vielen jungen Muslim*innen neben den sozial eher nachteiligen Faktoren und diversen Minderheitenrollen auch der Faktor einer mutmaßlich höheren Religiosität und alle damit verbundenen sozialen Implikationen eine Rolle spielen. Insbesondere wird damit eine Vorabreflexion des Faktors »religiös-narrative Sozialisation« im muslimischen sozialen Kontext bei jeder Unterrichtsvorbereitung zu einem eigenen zentralen Themenfeld im Rahmen elementarer Zugänge und Erfahrungen. Denn in diesen Narrativen spiegelt sich die gesamte religiöse Vorprägung der Schüler*innen wider, ohne deren Berücksichtigung kein weiterführendes religiöses Lernen möglich ist. Diese Narrative wiederum stehen zum einen in enger Beziehung zum religiösen Habitus der jeweiligen Person und ihrem familiären Umfeld, womit sie häufig hochgradig identitätsrelevant sind,[7]

---

7 Auch Diskurse bzw. unterrichtliche Sprechbeiträge hierzu sind hier als Teilmenge jener Handlungen zu verstehen, in denen sich der Habitus existenziell ausdrückt. Dies impliziert keine

sowie zu größeren Diskursen innerhalb der muslimischen und nicht-muslimischen gesellschaftlichen Sphären. Eine von sozialen Kontexten abstrahierte und im wissenschaftlichen Gestus erfolgende islamisch-religiöse Wissensaneignung wird in der Altersgruppe der Schüler\*innen eine seltene Ausnahme sein, sodass die Lehrkraft auch die Inhalte des IRU nicht allein von den Strukturen der Theologie her denken darf, wenn dieser erfolgreich sein soll.

*d) Gesellschaftliche Signale gegen eine Vereinbarkeit von muslimischer und freiheitlich-demokratischer Identität:* Ein emotional stark belastender Faktor für die meisten Muslim\*innen ist die im öffentlichen Diskurs sowie auch im Unterrichtsmaterial zahlreicher Fächer direkt oder indirekt artikulierte Position[8], dass der Islam bzw. muslimische Religiosität nicht mit den Wertvorstellungen und der gesellschaftlichen Praxis des freiheitlichen Mittel- und Westeuropas vereinbar seien. Im Zentrum der Kritik stehen dabei oft nicht Handlungen von Muslim\*innen als Einzelpersonen oder Missstände in klar definierten Teilmilieus der Muslim\*innen Deutschlands, sondern die unterstellte Essenz des Islam und damit der gläubigen Muslim\*innen selbst, die hier als Negativfolie aufgeklärt europäischer Identität dient. Auf muslimischer Seite lösen diese seit dem 11. September erstarkten Diskurse und die damit verbunden Assoziationsketten von Problemthemen, Negativbegriffen und Ablehnungsgesten rund um den Islam und muslimische Identität oftmals Ohnmachtsgefühle aus und erzeugen den Eindruck, von der deutschen Gesamtgesellschaft verachtet zu werden und nicht erwünscht zu sein. Dies reduziert in der Regel keineswegs die emotionale Identifikation mit dem muslimischen Umfeld oder islamischer Religion, aber greift das Selbstbewusstsein an, erschwert die Identifikation mit der deutschen Gesamtgesellschaft und verringert die Wahrscheinlichkeit einer kritischen Aufarbeitung von Missständen innerhalb der muslimischen sozialen Räume erheblich.

---

Determination von Schüler\*innenbeiträgen durch den Habitus, aber eine weitgehende Übereinstimmung der gemeinsamen Richtung beider. Pierre Bourdieu erklärt den paradox wirkenden Beitrag des Habitus selbst zu spontanen Improvisationen so: »Dass ›geistreiche Bemerkungen‹ sich mit ihrer eigenen Unvorhersehbarkeit und retrospektiven Notwendigkeit aufdrängen, liegt daran, dass der Gedankenblitz […] einen Habitus voraussetzt, der über die objektiv verfügbaren Ausdrucksmittel so vollkommen verfügt, dass diese so weit über ihn verfügen, dass er seine Freiheit gegen sie behaupten kann, indem er die in ihnen notwendig auch enthaltenen seltensten Möglichkeiten ausschöpft« (Bourdieu 2018, S. 106).

8   Man denke beispielsweise in Baden-Württemberg am Gymnasium für das Fach Französisch an die Kurzgeschichtensammlung »Nées en France« und für das Fach Englisch an die Kurzgeschichte »My Son the Fanatic«. In beiden stehen destruktive und menschenverachtende Formen muslimischer Kultur oder islamischer Religiosität im Zentrum. Der interkulturelle Mehrwert dieser Werke darf trotz vieler Jahre andauernder Verwendung, die teils noch fortgeführt wird, bezweifelt werden.

*e) Muslimischerseits gesendete Signale gegen eine Vereinbarkeit von muslimischer und freiheitlich-demokratischer Identität:* Auch wenn die Minderheitensituation der Muslim*innen in Deutschland mit einer entsprechenden Asymmetrie hinsichtlich der Machtverhältnisse im öffentlichen Diskurs einhergeht, so finden sich in den innerislamischen Diskursen, die teils durch Verwendung der Muttersprachen auch international vernetzt sind, ebenfalls eine Reihe von einflussreichen Diskurssträngen. Die problematischen unter diesen gehen von einer Unvereinbarkeit der hier zur Diskussion stehenden Teilidentitäten aus. Teilweise werden sie durch eine vermutete *generelle* Islamfeindlichkeit in europäischen Ländern begründet, die mit einer pauschalen Verachtung von Muslim*innen verbunden sei. Teilweise wiederum werden komplementär dazu religiös-ideologische Überlegenheitsnarrative bedient, die von ethnischen Nationalismen bis hin zu religiöser Feindseligkeit gegenüber Andersgläubigen sowie gegen andersdenke Muslim*innen reichen. Ein relevanter Spezialfall hiervon sind innermuslimische Tendenzen, andere Muslim*innen mit Abweichungen vom Islamverständnis oder der Lebenspraxis des eigenen Teilmilieus zu verurteilen oder gar öffentlich zu demütigen. Auch wenn hierbei oft scheinbar religiös argumentiert wird, so steht dieser Diskurstyp im Kern nicht im Dienste religiöser Wahrheitssuche, sondern der Selbstbestätigung einer mutmaßlich auserwählten und gegenüber anderen (auch muslimischen) sozialen Milieus massiv aufgewerteten ideologischen Identität.[9]

## 2.2 Diskussion und Begründung einer identitätskohärentistischen Didaktik

Unter den eben genannten fünf Spezifika in der muslimischen Sozialisation betraf das erste die erschwerenden sozialen Verhältnisse, das zweite die verzerrende Rolle der Sprache, das dritte die meist familiäre religiös-narrative Sozialisation und die beiden letzten schließlich betrafen die exkludierende Struktur vieler einflussreicher Diskurse zu muslimischer Identität. Insgesamt betrachtet bilden also die Faktoren *Gesellschaft* und *Identitätsdiskurs* die entscheidenden Rahmengrößen, deren wahrgenommene Zweiteilung in muslimische und nicht-muslimische Sphären und die darin oft empfundene Gegensätzlichkeit aus Sicht vieler muslimischer Jugendlicher fundamentale Identitätsfragen

---

9 Ohne hier konkrete Beispiele zu nennen, haben solche Konflikte im vergangenen Jahrzehnt häufig in den sozialen Medien ihren Anfang genommen und es – je nach Bekanntheitsgrad der Protagonist*innen – bis in die großen Tageszeitungen »geschafft«. Je nachdem, welche Themen hier im Mittelpunkt standen, finden diese Konflikte auch ihren Niederschlag im IRU und können »religiöse Lager« in der Lerngruppe kreieren.

aufwerfen, die die Behandlung aller anderen unterrichtlichen Themen belasten können. Wie gezeigt, gehen einige Identitätsdiskurse in den muslimischen und nicht-muslimischen Sphären von sich jeweils gegenseitig ausschließenden Identitäten aus und betrachten nicht selten die Gegenseite implizit als minderwertig oder gar als Negativfolie ihrer selbst. Diese exklusiven Identitätsdiskurse, deren »natürliches« Szenario das der Unvereinbarkeit und des eskalierenden Konfliktes ist, sind nicht die einzigen vorkommenden Diskurstypen zu muslimischer Identität,[10] aber sicher die emotional aufwühlenden und bei Muslim*innen am meisten Betroffenheit erzeugenden.

Wenn man nun den Begriff »elementar« im Sinne von existenziell grundlegend deutet, dann bedeutet Elementarisierung die Suche nach dem emotional und kognitiv Lebenswichtigen für die angesprochenen Schüler*innen. Und dieses ist für viele junge Muslim*innen vor allem der Wunsch nach Gewissheit darüber, dass ihre vielfältig geprägte Identität entgegen den exklusivistischen Diskursen gesellschaftlich anerkannt und zugleich islamisch-religiös tragfähig ist. Eine elementarisierende IRU-Didaktik muss sich entsprechend eingehend mit der Gefühlswelt der allseits herausgeforderten muslimischen Jugendlichen befassen. Und sie müsste für sich klären, ob sie die Jugendlichen bei der Bewältigung dieser großen Entwicklungsaufgabe unterstützen möchte, oder sich damit zufriedengeben will, einige von abgeklärten Erwachsenen aus steriler Distanz ausgewählte Unterrichtsinhalte »behandelt« zu haben.

In jedem Fall trifft, wie wir sahen, folgende Feststellung von Schweitzer et al. für muslimische Schüler*innen in Deutschland in ganz besonderem Maße zu: »Fragen nach Identität und Selbstwert […] sind im Jugendalter von hervorgehobener Bedeutung« (Schweitzer et al. 2019, S. 44). Wir wollen hier ausdrücklich davon ausgehen, dass es ein islamisch-religionspädagogisches und zugleich auch allgemeinpädagogisches Bildungsziel in sich darstellt, dass sich muslimisch geprägten Heranwachsenden erschließt, dass man sich als Muslim*in auf reflektierte und selbstbestimmte Weise *gleichzeitig* sowohl mit der (1) nicht-muslimisch geprägten Gesamtgesellschaft (»deutsch«)[11] als auch mit der (2) musli-

---

10 Zu nennen wären hier auch relativierende Egalisierungsdiskurse und differenzierende Anerkennungsdiskurse. Von letzteren darf vermutet werden, dass sie die im konstruktiven Sinne nachhaltigsten und im Bildungskontext erstrebenswertesten Diskurse für die Schule darstellen (vgl. Biskamp 2016).
11 Die Gänsefüßchen sind bewusst gesetzt und deuten an, dass »deutsch« oder »türkisch« hier nur Abkürzungen für die unmittelbar auf ein Individuum einwirkenden Milieus und deren Vorzugssprache und deren mehrheitliche ethnische Zuordnung darstellen. Keineswegs gemeint sind damit homogene Nationalkulturen. Bei den folgenden gemischten Identitäten werden die Gänsefüßchen der Leserlichkeit halber weggelassen und durch den Plural »Identitäten« ersetzt.

mischen Herkunftscommunity (z. B. »türkisch«) als auch mit der (3) islamischen Lehre identifizieren kann. Dieses Postulat der Möglichkeit und Erreichbarkeit von beispielsweise deutsch-türkisch-islamischen Identitäten ergibt sich bereits dann, wenn man die Sozialisationsbedingungen der betroffenen Individuen zu Ende denkt. Denn ihre gelebten kulturellen Signaturen sind immer und gleichzeitig sehr tief von den genannten drei Identitätskomponenten geprägt, die sich wiederum gegenseitig beeinflussen, verändern und prägen.

Andererseits wird die Vereinbarkeit jedoch genau dieser Identitätskomponenten – wie erwähnt – in vielen Diskursen (sowohl in muslimischen als auch in nicht-muslimischen) angezweifelt, bestritten, ja sogar skandalisiert. Darum muss ein bildungstheoretischer Zugang diese diskursive Vorenthaltung der vielfältig geprägten deutsch-muslimischen Identitäten, die in der Lebenspraxis selbst schon tief verwurzelt sind, aber oft nicht als solche bewusst gemacht werden, zum zentralen Problem erheben. Dieses gesellschaftlich bedingte und diskursiv getragene Spannungsfeld gilt es nun, didaktisch aufzuarbeiten und im (nicht nur) religiösen Bildungsprozess weitgehend zu berücksichtigen, um es aufzulösen und überwinden zu können. Dabei handelt es sich aber um keine punktuelle, sondern um eine *grundsätzliche* Aufgabe. Denn es scheint in der Tat so, dass es kein identitätsrelevantes Konzept der islamischen Religion und der muslimischen Identität mehr gibt, dass nicht im Spannungsfeld der Diskurse für exklusive Identitätsmodelle vereinnahmt und zum Konfliktanlass umgedeutet wurde. Umso wichtiger ist es, darauf zu bestehen, dass die regulative Idee der Vereinbarkeit dieser Teilidentitäten im IRU sowohl in emotionalen als auch in kognitiven als auch in praktischen Fragen exemplarisch bearbeitet und erfahren werden sollte, und dass die themenspezifischen Vereinbarkeitsmodelle wiederum hinreichend vielfältig sein müssen, um möglichst viele Typen von Schüler*innen bei möglichst vielen Themen mitnehmen zu können.

Aus den genannten Gründen scheint es legitim, den Elementarisierungsansatz für den IRU auf Fragen der Identität und der Bewältigung von Hindernissen für die Ermöglichung einer Identität, die islamisch-religiöse, muslimisch-lebensweltliche und gesamtgesellschaftliche Komponenten individuell zu integrieren imstande ist, zu fokussieren. Einen solchen Ansatz wollen wir im Folgenden als *identitätskohärentistische Didaktik* bezeichnen.[12] Dieser Element-

---

12 Der Begriff *kohärentistisch* ist stärker als *kohärent* und deutet an, dass die Ermöglichung subjektiven Erlebens von Selbstkohärenz ein normatives Ziel für die Didaktik darstellt, das im Moment noch nicht hinreichend verwirklicht ist. Dieser Ansatz hat eine Analogie in der philosophischen Wahrheitstheorie des Kohärentismus, der als Kriterium für die Wahrheit eines Satzes nicht die (fast nie nachweisbare) absolute Übereinstimmung mit äußerer Realität setzt, sondern dass dieser Satz logisch kohärent zu einem ausgewählten System anderer als wahr

arisierungsansatz für den IRU verschränkt vier statt nur zwei hochgradig relevante Pole, nämlich (1) das lernende Individuum, (2) islamisch-religiöse Inhalte, (3) das muslimische Umfeld der\*des Lernenden und (4) das gesamtgesellschaftliche Umfeld der\*des Lernenden. Im klassischen Elementarisierungsansatz würden die Komponenten (3) und (4) in den elementaren Zugängen und Erfahrungen auf Seiten des Individuums aufgehoben sein. Aufgrund ihrer Schärfe und ihrer hohen und teils entgegengesetzten normativen Erwartungshaltungen, die sich an muslimische Schüler\*innen richten, erweist es sich als sinnvoll, diese eigens zu benennen.

Folglich bedarf es bei der Elementarisierung eines besonderen Augenmerks auf die diskursiven Wechselwirkungen und Kräfteverhältnisse zwischen diesen Polen, um zu verstehen, von welchem Erfahrungshorizont und welchen Interpretationsmustern bei muslimischen Schüler\*innen bei vielen schulischen Unterrichtsthemen ausgegangen werden muss bzw. woher die teils widersprüchlichen Positionierungen muslimischer Schüler\*innen zu inhaltlichen Fragen der Religion und Identität ihre Wurzeln haben könnten.

Diese komplexen Verhältnisse werden nun noch dadurch verschärft, dass nur wenige der für Schule relevanten entwicklungspsychologischen und religionssoziologischen Studien differenziell auch mit IRU-typischen Schüler\*innen durchgeführt wurden, sodass ungeklärt ist, welche von deren Ergebnissen ohne Weiteres unmittelbar für IRU-Schüler\*innen unter deren höchst speziellen Sozialisationsbedingungen übernommen werden können.[13] Insofern relativiert sich eine sehr zentrale Säule des Elementarisierungsansatzes für den IRU vorläufig, nämlich die Möglichkeit, auf eine breite empirische Wissensbasis zurückgreifen zu können, um durch das Studium entwicklungspsychologischer Literatur auf elementare Zugänge auf Schüler\*innenseite schließen zu können. Hier muss daher ein spezieller Ansatz gewählt werden, der diese Studien zu Kenntnis nimmt, aber zugleich auch versucht, in die empirisch weniger er-

---

angenommener Sätze sein muss (vgl. Rescher 1973). Nun gibt es oft mehrere Möglichkeiten, zu einer Menge von Sätzen eine kohärente Deutung zu finden. Und oft prägt ein Rest an Willkür die letztliche Entscheidung für eine bestimmte Deutung. Während solche Vieldeutigkeiten aus Sicht der klassischen Metaphysik ein Problem darstellen können, bieten sie bei Fragen der Identitätsbildung eine wichtige Legitimationsgrundlage für Identitätsvielfalt – auch bei einer Beschränkung auf dieselbe Menge an Identitätspolen. Eben darum ist es konsequenter, von beispielsweise deutsch-türkisch-islamischen Identitäten im Plural zu sprechen, statt in einem homogenisierenden Singular.

13 So können die Autoren dieses Beitrags aus eigener Erfahrung mit zahlreichen muslimischen Schüler\*innen nicht bestätigen, dass bei den gewöhnlich religiösen jungen Muslim\*innen in Deutschland im frühen Jugendalter eine markante deistische Phase zu beobachten wäre, wie sie Fritz Osers Modell nahelegt (vgl. Büttner et al. 2013, S. 57).

schlossenen Bereiche muslimischer Sozialisation Einblick zu nehmen. Wie bereits erwähnt, bietet sich für einen elementarisierenden Ansatz für den IRU eine Zweiteilung des didaktischen Fragengefüges in Dogmatik und Pragmatik an, deren anschließende Korrelierung schließlich in der konkreten Unterrichtsplanung mündet. Aus Platzgründen wird im Folgenden von den genannten drei Komponenten nur die Pragmatik näher beleuchtet werden, da sich diese erfahrungsgemäß oft als die am schwersten zu durchschauende darstellt.

### 2.3 Pragmatik als die von den Schüler*innen her denkende Analyseebene für den IRU: sechs didaktische Fragegruppen

Die genannten Spezifika setzen auf Seiten der elementarisierenden Lehrkraft ein hohes Interesse an den intuitiven Verstehensprozessen, der Sprache und der Gefühlswelt der Schüler*innen voraus und erfordern ebenso eine professionelle Diskursberücksichtigung in den oben genannten Kontexten, die auf die Schüler*innen vermutlich einwirken. Die diskursanalytischen Betrachtungen dürfen dabei nicht an der Oberfläche stehen bleiben (»Wer sagt was über den Islam?«), sondern müssen in Fragen nach elementaren Zugängen und Erfahrungen der Schüler*innen überführt werden (»Wie verarbeiten und verinnerlichen die Schüler*innen bzw. ihre Herkunftsmilieus das über den Islam Gesagte?«). All diese Einwirkungen prägen auf komplexe Weise die individuelle Art, wie muslimische Jugendliche mit islamischer Theorie und Praxis umgehen. Dabei folgt ihr intuitiver Zugang fast nie den systematisch-deduktiven Wegen der Theologie, sondern situationsabhängigen praktischen Prinzipien der subjektiven Bewältigbarkeit und Sinnhaftigkeit, was nach außen manchmal so wirkt, als hätte jede*r Jugendliche einen willkürlich zusammengesetzten »eigenen Islam«. Dabei haben die Jugendlichen in der Regel einfach nur »eigene Themen und Probleme« im Leben und priorisieren und selektieren ihren Islambezug entsprechend.

Die didaktische Analyseebene, die dieses komplexe Wechselspiel von Habitus, Wissen, Diskurs und Adaptation untersucht, wollen wir als *Islam-Pragmatik* oder einfach als *Pragmatik* bezeichnen, da sie (analog zur Sprachpragmatik in der Linguistik[14]) danach fragt, wie Muslim*innen in ihrer Lebenspraxis und in den damit verbundenen Diskursen mit dem Islam bzw. mit islamisch konnotierten Themen und Identitätsfragen umgehen bzw. wie sie diese subjektiv einordnen. Als erste Einteilung der Pragmatik-Analyse, die die in Kapitel 2 vorgestellten Grundideen der Elementarisierung unter Konsideration der in Kapitel 3.2 genannten Spezifika muslimischer Sozialisation berücksichtigt, möchten

---

14 Vgl. z. B. Finkenbeiner 2015.

wir folgende sechs Fragegruppen vorschlagen, die mit kurzen Beispielen veranschaulicht werden sollen. Die Fragegruppen können einzeln oder vernetzt und in durchaus abwandelbarer Reihenfolge durchlaufen werden. Aufgrund der thematischen Vielfalt der Inhalte des IRU erscheint es nicht sinnvoll, hier fest fixierte Frageformulierungen vorzuschlagen.

Als vielleicht wichtigste Leitidee sei hier betont, dass IRU-Lehrkräfte sich selbst genauso in den von der Pragmatik untersuchten Kraftfeldern bewegen, sodass der wirklich erste Schritt darin besteht (1) *sich erst selbst die unten folgenden Fragen der Pragmatik* zu stellen, ehe eine Pragmatikanalyse der Schüler*innen wirklich funktionieren oder gar zu nicht-trivialen Ergebnissen führen kann. Denn erfahrungsgemäß befassen sich viele Lehrkräfte des IRU selbst erstmals bei einer Unterrichtsplanung mit den vielen anspruchsvollen und herausfordernden theologischen Themen, die im Studium zwar behandelt wurden, aber wobei es aber oft bei einer nur oberflächlichen und nicht nachhaltigen Begegnung geblieben ist, weil das Thema zu dem Zeitpunkt nicht zum existenziell eigenen Thema gemacht wurde. Ebenso stellt sich ihnen die Frage nach der Schüler*innenperspektive im Detail oft auch sehr spät, nämlich beim Planen und Durchführen eigener Unterrichtseinheiten in der Schulpraxis. Darum ist hier eine gezielte Selbstreflexion ebenso sinnvoll wie drängend. Mit diesem ersten Schritt der Selbstreflexion kann nicht nur die Voraussetzung zu einer systematischen inhaltlichen Aufarbeitung des anstehenden Unterrichtsthemas durch die Lehrkraft verbessert werden, sondern man erhält am Beispiel der eigenen Person bereits eine Reihe von Ideen und Ahnungen, wie sich die Pragmatikanalyse im Kontext der Schüler*innen darstellen könnte. Dies gilt insbesondere dann, wenn sich die Lehrkraft an ihr eigenes Kindes- und Jugendalter zurückerinnert und sich deutlich macht, mit welchen theoretischen und praktischen Herausforderungen im Kontext eines Lebens als Muslim*in in Deutschland sie selbst konfrontiert war, wie langwierig sich religiöse und theologische Lernprozesse gestalteten und mit welchen Hindernissen sie dabei konfrontiert war. Im Folgenden wird nur noch der Schüler*innenbezug erwähnt – der Bezug auf die Lehrkräfte selbst, der hier im ersten Schritt eingefordert wurde, werde von den Leser*innen selbst hinzugedacht.

Als Nächstes sollte Bezug auf (2) *entwicklungspsychologische Theorien und Befunde* genommen werden, soweit sie vorliegen und unter Beachtung des oben genannten Vorbehalts, dass nicht immer klar ist, was daraus auf Schüler*innen des IRU übertragen werden kann und was milieuspezifisch ist und daher der Analogisierung bedarf oder was vielleicht auch gar nicht übertragbar ist. In jedem Fall können diese Studien für die Altersabhängigkeit von Interessen sensibilisieren und Kategorien der Reflexion schaffen, mittels derer die Lehrkraft dann weiterarbeiten kann, z. B. zur Erarbeitung eigener pragmatischer Stufenmodelle von Entwicklung zu fachlich-thematischen Einzelfragen, die sie durch Reflexion und Beobachtung weiterentwickelt.

Die nächsten Ebenen der Pragmatik fragen nach explizitem (3) *Vorwissen* und (4) *Vorerfahrungen* der Schüler*innen und der sie prägenden Milieus zu einem Thema. Die Herausforderung besteht hier darin, dieses Vorwissen methodisch transparent werden zu lassen und zuzulassen, dass die Schüler*innen es ausführlich so darstellen, wie sie es selbst erleben und einordnen, ohne verfrüht eine »richtige« Einordnung durch die Lehrkraft vorzugeben. Diese Transparentmachung von Vorwissen und Erfahrungen sollte insbesondere im Unterrichtsprozess selbst geschehen, aber ebenso muss die Lehrkraft solches häufig auch selbst durch Hypothesen antizipieren. Dabei muss man der Versuchung widerstehen, aus dem Vorliegen *eines* Erfahrungselements auf das Vorliegen der damit logisch verbunden wirkenden *anderen* Elemente zu schließen. Denn die Wahrscheinlichkeit ist hoch, dass die meisten Schüler*innen über sehr selektive Kenntnisse des Islam verfügen und nicht über systematische. Ihr Selektionsprinzip wiederum hängt von ihrer eigenen biografischen Verflechtung mit religiösen Kontexten und Kreisen zusammen. Fast immer sind es handlungs- oder identitätsrelevant gewordene Wissenselemente, die bisher besonders gefestigt wurden. Insofern spiegelt hier Wissen auch einen bestimmten Lebenskontext, also insbesondere den bisherigen Handlungsraum wider. Dies bedeutet, dass unter Vorwissen und Vorerfahrungen immer auch die historisch gewachsenen Praktiken und Selbstverständlichkeiten der gesellschaftlichen Sphären manifest sind. Letztere sind *nicht* identisch oder deckungsgleich mit den islamisch-theologisch naheliegenden Strukturen. Darum sollten in der Didaktik »islamische Lehre« und »muslimische Lebenswirklichkeit« trotz aller Wechselwirkung getrennt voneinander analysiert werden – eben in Gestalt von Dogmatik und Pragmatik. Im Bereich der Pragmatik wird muslimisches Leben und Denken in erster Linie deskriptiv aufgefasst, also als Beschreibung dessen, *wie* Muslim*innen sich in Theorie und Praxis auf (mutmaßlich) islamische Begriffe, Themen und Praktiken stützen.

*Beispiel:* Wer den Koran nach den Regeln des *taǧwīd* auf Arabisch rezitieren kann, hat sich deshalb nicht automatisch mit der Bedeutung oder gar Auslegung auch nur einer einzigen der rezitierten Suren befasst, wie Außenstehende oft erwarten – denn in der gegenwärtigen muslimischen Sozialisation wird Ersteres meistens gefördert, Letzteres jedoch eher selten. Das bedeutet: Viele Schüler*innen werden trotz einer intensiven Vergangenheit mit dem Koran das erste Mal im IRU mit Bedeutungen von Koranversen, der Sprache des Korans sowie Auslegungsfragen konfrontiert werden, die sich in der Regel stark von ihrem bisherigen, womöglich einfachen Bild vom Koran unterscheiden werden. Darum ist jeder didaktische Schritt und jeder ausgewählte Koranvers vor diesem Hintergrund genauestens zu überlegen.[15]

Als komplexere Hintergrundgröße, die direkt an punktuelles Vorwissen und Vorerfahrungen der Schüler*innen anknüpft und diese zu größeren Sinneinheiten zusammenbindet, ist nun zu fragen, (5) *welche religiösen Narrative es zum angedachten Thema im muslimisch-religiösen Kontext gibt, die die Schüler\*innen prägen könnten, und welche psychologischen und sozialen Funktionen diese Narrative neben ihrem rein theologischen Gehalt besitzen.* Dies sind jene Narrative, die typischerweise in der religiösen Sozialisation in den Familien, in den Moscheen, Gemeinden und in muttersprachlichen Medien aus den Herkunftsländern der Familien weitergegeben werden. Dazu ist zu beachten, dass narrativ vermitteltes religiöses Wissen sehr oft auch im Kontext der Habitusreproduktion sozialer Milieus steht: Religion wird oft so vermittelt, dass sie dem Fortbestand und der Stabilität der eigenen Familie sowie den Praktiken und Konventionen des eigenen religiösen oder ethnischen Milieus dient. Damit haben sie also – unabhängig von der Frage ihrer theologischen Tragfähigkeit – eine sozial stabilisierende und zugleich sozial einschränkende Funktion. Die sozialen und psychologischen Funktionen von Narrativen erklären oft die unterschiedlichen Schwerpunktsetzungen in der Religionsvermittlung sowie die oft intuitive Abwehr von islamisch-theologischen Perspektiven, die auf den ersten Blick nicht kompatibel zum bisher erlernten Narrativ sind, das oft selbst in seinen rein kulturellen Aspekten absolute Gewissheit beansprucht. Diese intuitive Abwehr bedeutet nicht zwangsläufig, dass die Schüler*innen sich mit diesen Narrativen inhaltlich vollauf identifizieren, sondern dass sie spüren, dass Spannungen zur gewohnten und als autoritativ empfundenen Religionsvermittlung auftreten. Die genannten sozialen und psychologischen Motive bei der Religionsvermittlung sind derweil meistens völlig legitim und nachvollziehbar. Im IRU, der religiöse Erkenntniserweiterung anstrebt und die Schüler*innen darin unterstützen möchte, sich nicht nur im Herkunftsmilieu, sondern in allen Bereichen der Gesellschaft selbstbewusst und auf Augenhöhe bewegen und artikulieren zu können, werden sie von Lehrkräften oft als Zugangshürden empfunden, die nur durch eine wertschätzende und empathische Einbindung in den didaktischen Prozess integriert werden können.

---

15 Vgl. zur Nutzung des Korans im Islamischen Religionsunterricht und der Möglichkeit einer durch die Lehrkraft didaktisierten Übertragung, eines sog. »simplified readers«, Rochdi (2011) und Rochdi (2014) sowie zur Gleichzeitig zur analytischen Koranhermeneutik Turan (2020).

*Beispiel (diesmal etwas ausführlicher):* Narrative der folgenden Form spielen im Islamverständnis vieler Schüler*innen eine wichtige Rolle und bedürfen daher der didaktischen Vorabreflexion: »Der Koran ist immer und überall gültig.« »Der Prophet ist das perfekte Vorbild für alle Lebenslagen.« »Muslim*innen halten sich an die Gebote des Islam, um in das Paradies zu kommen.« Hierbei sind zwei Dinge zu beachten: Zum einen ersetzen diese Narrative oft bis weit in das Erwachsenenalter hinein die eigene inhaltliche Auseinandersetzung mit der eigenen Religion und ihren Primärquellen. Zum anderen kann aus der bloßen Wiedergabe oder rhetorischen Verteidigung solcher Narrative nicht abgeleitet werden, wie sich ihre Vertreter*innen wirklich in ihrer Lebenswirklichkeit verhalten, z. B. ob sie sich wirklich bei der Vorbereitung religiöser Handlungen mit Vorstellungen von den Belohnungen des Paradieses motivieren, ob sie sich wirklich »immer und überall« nach den Vorgaben des Korans verhalten, wie oft sie sich wirklich im Alltag »in allen Lebenslagen« am Verhalten des Propheten orientieren. Insofern wäre es ein *pragmatischer Fehlschluss,* verfrüht von diskursiven Aussagen der Schüler*innen auf die alltägliche Handlungsstruktur einer Person zu schließen und allein auf dieser Ebene weiterdiskutieren zu wollen. Denn das Wechselverhältnis dieser beiden Diskursebenen ist komplex, da sie oft unterschiedlichen sozialen Kontexten entstammen und unterschiedliche Zwecke erfüllen. So dienen Schüler*innen Narrative zum Islam häufig gar nicht alltagspraktischen Zwecken, sondern führen ein Parallelleben neben der oft völlig anders strukturierten Alltagspraxis. Diese Narrative erfüllen je nach Kontext unterschiedliche Aufgaben: Sie stiften ein positives Selbstwertgefühl, schaffen durch gemeinsame Sprechformen soziale Kohärenz im muslimischen Umfeld, dienen der Definition und Wahrung eigener religiöser Identität, stellen ein Abwehrnarrativ gegen die oft pauschalen Kritiken an islamischer Tradition und an islamischer Identität dar oder ersetzen profunde und komplizierte Lernprozesse zu religiösen Inhalten durch leicht merkbare Formeln. Und natürlich beinhalten diese Narrative – aus islamisch-theologischer oder aus allgemeinwissenschaftlicher Sicht – immer auch einen Kern von Wahrheit.

Wirksam und identitätsstiftend sind sie in jedem Fall. Und allein schon aus diesem Grund erfordern sie didaktisches Fingerspitzengefühl: sowohl beim Erspüren solcher Narrative als auch bei Versuchen der reflektierenden Korrektur bzw. der Ausdifferenzierung derselben. Denn die etablierten Narrative stellen aufgrund ihrer oft pauschalen Struktur und ihrer psychologisch nachvollziehbaren Funktionen eine der größten Hürden für ein inhaltliches religiöses Weiterlernen dar, wenn die Lehrkraft diese Strukturen nicht bemerkt oder schlichtweg ignoriert. Dasselbe gilt, wenn ein neuer, Erkenntnis erweiternder Unterrichtsstoff nicht etwa wertschätzend an den Narrativen der Lernenden anknüpft (»Welche der Botschaften der Sure ad-Ḍuḥā richten sich speziell an den Propheten und welche an alle Menschen?« »Was würdet ihr sagen: Was genau ist damit gemeint, wenn Muslim*innen den Propheten als ideales Vorbild bezeichnen?« »Was macht den Kern der koranischen Beschreibungen des Paradieses aus?«), sondern diese herabwürdigt und versucht, pauschale Gegennarrative stark zu machen (z. B.: »Nein, der Koran gilt heute nicht mehr«, »Nein, man kann sich den Propheten heute nicht mehr zum Vorbild nehmen«, »Nein, das Paradies ist nur eine Vorstellung von damals«). Die Widerständigkeit familiärer Narrative und die Wirkungslosigkeit rein dialektischer Gegennarrative ohne sichtbare Anbindung an die islamische Tradition gilt nicht nur für den IRU, sondern ebenso auch für das Studium an der Hochschule: Wo die vorhandenen Narrative nicht bewusst gemacht und gewürdigt sowie nicht behutsam ausdifferenziert werden, muss »behandelter« neuer Stoff an der Widerständigkeit der etablierten Narrative, die vielen Muslim*innen seit ihrer Kindheit geläufig sind, scheitern. Eben dies macht es notwendig, bei der Suche nach den »elementaren Zugängen« der Schüler*innen ein Gespür für identitätsstiftende Narrative auf Schüler*innenseite zu finden. In Korrelierung mit der Dogmatik kann man nun klären, wie diese Narrative fruchtbar gemacht werden können, ohne intuitive Ablehnung zu provozieren. Typischerweise würde man in der Dogmatik nun zusätzlich zu den typischen Ja-Nein-Optionen der Standarddiskurse einige weitere theologisch fundierte Zwischenkategorien hinzufügen und diese anhand konkreter Beispiele plausibel machen. Beim Thema »Vorbild des Propheten« bieten sich z. B. folgende differenzierende Kategorien an: (a) Unterscheidung von allgemeinen ethischen Prinzipien im Handeln des Propheten und seinem konkreten Handeln in nicht verallgemeinerbaren speziellen Situationen, (b) eine Unterscheidung von seinem religiös autoritativen Handeln und rein profanem Handeln ohne Anspruch auf religiöse Verbindlichkeit, (c) eine Unterscheidung von historisch-kulturell begründeten Handlungspräferenzen des Propheten und seinen Handlungen mit universellem Anspruch. Kontraproduktiv hingegen sind Versuche der Kategorisierung der Handlungen des Propheten des Islam in polemisch aufgeladene Paare wie »in Einklang mit/in Widerspruch zu den modernen Menschenrechten«. Denn die wichtige und berechtigte Diskussion um das Verhältnis von Islam und Menschenrechten sollte nicht anachronistisch auf dem Rücken der zentralsten Figur des Islam ausgetragen werden, wenn sie muslimische Schüler*innen wirklich erreichen soll, sondern beispielsweise in Kategorien der Interpretationsvielfalt der Primärquellen oder der Frage nach der Flexibilität und Anpassbarkeit von Normen in Koran und Sunna an neue Umstände, wofür schon die islamische Tradition zahlreiche Anknüpfungspunkte bietet und somit auch für traditionell religiöse Muslim*innen erreichbar werden kann.

Nun können die von den *exkludieren Identitätsdiskursen auf (6) muslimischer und (7) nicht-muslimischer Seite ausgehenden Interferenzen zum Thema beleuchtet werden,* die oft die tiefere problematische Hintergrundspannung eines Themas ausmachen. Diese bricht im Unterricht nicht selten in einem plötzlichen Themensprung auf, der durch einen einzigen Begriff der Lehrkraft oder durch die Wahl eines ungeschickt gewählten Beispiels herausgefordert werden kann. Zu beachten ist hier, dass die Schüler*innen oft die Argumente und Ansprüche dieser Diskurse kennen, auch wenn sie diese inhaltlich nicht vertreten oder in ihrem problematischen Gesamtkontext nicht nachvollzogen haben. Ein wichtiger Aspekt von Pragmatik besteht nun gerade hierin: Welche radikal exkludierenden Diskurse zum Thema gibt es, die die Schüler*innen erreicht haben könnten oder jederzeit können, und welche Positionen und Argumente dieser Diskurse sollte der Unterricht jetzt schon berücksichtigen? Welche Sprechweisen verstricken die Schüler*innen, ohne dass sie es vielleicht merken, mit den Denkweisen jener problematischen Diskurse, sodass sie im IRU auf jeden Fall differenzierte Denkformen und alternative Sprechweisen kennenlernen sollten? Und von der anderen Seite her betrachtet: Wie kann der IRU zu einer konstruktiven Verarbeitung von Verletzungen durch pauschal negative Islamdarstellungen in der Öffentlichkeit beitragen? Beispiel: Als die Lehrkraft in einer siebten IRU-Klasse nach dem Mord am Lehrer Samuel Paty in Frankreich durch einen Islamisten die Frage »Wie fühlt ihr euch?« stellte, erklärte eine Schülerin schluchzend, dass sie sich als Muslimin mit Kopftuch unter dem Eindruck pauschaler Beschuldigungen des Islam für den Mord nun von allen Nicht-Muslim*innen gehasst fühle und zudem Angst um ihre muslimischen Verwandten in Frankreich habe. Die Lehrkraft konnte darauf sensibel eingehen und mit der Klasse nach Umgangsstrategien gegen dieses Gefühl der Ohnmacht und Angst suchen. Es ist eher unwahrscheinlich, dass sich diese Schülerin ohne den »safe space«[16] des IRU und ohne das diskurssensible Gesprächsangebot der Lehrkraft in der Schule derart geöffnet und sich verstanden gefühlt hätte. So aber konnte die

---

16 Die Vorzüge eines IRU als ein »safe space« für muslimische Schüler*innen, in dem es jungen Menschen muslimischen Glaubens möglich ist, sanktionsfrei und unter professioneller Begleitung einer Lehrkraft aus der eigenen Community sowie mit gleichaltrigen Muslim*innen über ihre Religion zu sprechen, gegenüber alternativen Modellen der religiösen Beschulung, wie beispielsweise kundlicher Unterricht unter Leitung einer »nicht-muslimischen« Lehrkraft oder ein Unterricht im Klassenverband nach dem Prinzip des Hamburger Modells, müssen weitere Studien zeigen. Schüler*innen eines konfessionsgetrennten IRU äußern sich in der direkten Ansprache positiv über die entlastende Möglichkeit, über »ihre« Religion und über religiöse Themen mit anderen Gleichgesinnten zu sprechen. Erste praktische Erfahrungen hierzu gaben verschiedene Vertreter*innen bereits in frühen Jahren der Modellprojekte IRU an (vgl. Behr et al. 2008).

staatliche Schule in einer für die Schülerin existenziell belastenden Situation eine behütende und Teilidentitäten harmonisierende Funktion ausüben.

## 3 Dreifacher Nutzen der Pragmatik im Rahmen der identitätskohärentistischen Didaktik

*Erstens:* Ein Nutzen der Pragmatik besteht darin, dass sich viele Problemstellungen im Kontext von Fragen rund um muslimisches Leben leichter bearbeiten lassen, wenn man Dogmatik und Pragmatik unterscheidet. Viele heutige Anfragen an den Islam haben aufgrund eines verbreiteten Missverständnisses zum Verhältnis der Muslim*innen zur Theologie die äußere Form der Dogmatik (»Was sagt denn der Islam zu …«), aber eigentlich die Intention der Pragmatik (»Wie stehen denn gläubige Muslim*innen wie ihr zu …«). Es ist oft nicht sinnvoll, einer auf die Pragmatik abzielende Frage in Kategorien der Dogmatik zu antworten. So ist die Frage nach der Demokratiefähigkeit des Islam auf der Ebene der Dogmatik schwieriger und komplexer zu beantworten als auf der Ebene der Pragmatik, die zeigt, dass die meisten muslimischen Milieus in Deutschland von der modernen Demokratie als Staatsform überzeugt sind, auch ohne sie streng theologisch herleiten zu können. Auch die Frage nach der gesellschaftlichen Gleichstellung der Frau ist in Kategorien der Dogmatik auf Anhieb schwieriger zu klären als in Kategorien der Pragmatik. Denn die Pragmatik verweist unmittelbar darauf, dass die meisten muslimischen Frauen schon längst gesellschaftliche Gleichstellung einfordern und leben möchten, wie auch der hohe Anteil an weiblichen Lehrkräften im IRU zeigt. Hier ist wie in vielen anderen Bereichen die Praxis der Theorie bzw. die Pragmatik der Dogmatik (hinsichtlich ihres Gegenstandes) vorausgeeilt. Und um Missverständnisse zu vermeiden: Zeitgenössische Neuansätze in der Koranexegese oder im islamischen Recht (auch mit »pragmatischer Ausrichtung«) sind in den hiesigen Begrifflichkeiten als Spielarten innerhalb der Dogmatik, also der Theologie, zu verstehen. Die Pragmatik hingegen befasst sich nicht mit konkreten »pragmatischen Auslegungen des Islam«, sondern mit der Art und Weise, wie Muslim*innen als Subjekte mit islamisch konnotierten Themen umgehen, also wann und warum sie beispielsweise auf diese oder jene Auslegung *zurückgreifen* oder wann und wie sie intuitiv Position zu einer religiös konnotierten Frage beziehen, auch ohne theologisch fundiert zu argumentieren. Identitätskohärentistisch ist dieser erste Nutzen der Pragmatik nun insofern, als dass er die durch die Brille der Pragmatik sichtbar gemachten, bereits erfolgreich realisierten Wege der Vereinbarung muslimischer und gesamtgesellschaftlicher Identität würdigt und ihren Wert nicht erst von einer strengen Ableitbarkeit, beispielsweise aus dem islamischen Recht, abhängig macht.

*Zweitens:* Ein weiterer großer Nutzen der Pragmatik besteht in ihrem Potenzial zu einer besseren Vorbereitung auf Themen, die durch Diskurse angespannt sind. Dies kann auf mehrere Weisen geschehen: (1) Pragmatik kann durch Vorabanalyse der relevanten Diskurse rund um das Unterrichtsthema helfen, die Stundenziele so zu wählen, dass wirklich existenziell bedeutsame Fragen aufgeworfen und geklärt werden, anstatt den Unterricht durch Beispiele, die rein aus theologischer Systematik motiviert sind, schwerfällig zu machen. So wäre es gerade in den heutigen Zeiten der Debatten um den Propheten des Islam kategorial aufschlussreich, zu erfahren, *warum* und *wofür* Zeitgenoss*innen des Propheten ihn liebten und schätzten und ihm schließlich glaubten, anstatt durch Überspringung dieser menschlich notwendigen Schritte das Thema des persönlichen Verhältnisses zum Propheten auf den Aspekt zu reduzieren, dass es eine islamische *Pflicht* ist, den Propheten zu lieben und ihm zu glauben. Ebenso kann eine unaufgeregte Behandlung der überlieferten Hintergründe für die Vertreibung bestimmter Jüd*innen aus Medina durch den Propheten (Friedensvertragsbruch, Mordversuch am Propheten) muslimischen Schüler*innen sowohl helfen, antisemitische Stereotype zu durchschauen als auch diese als Entkräftung von Antisemitismusvorwürfen gegen den Islam zu erfahren. So stellte eine Siebtklässlerin am Ende einer IRU-Stunde zum besagten Thema sinngemäß fest:

> »Ich habe heute gelernt, dass der Judenhass, den ich manchmal in meinem Umfeld höre, unbegründet ist und von einem Missverständnis kommt. Die Vertreibung mancher Juden zu Zeiten des Propheten hatte überhaupt nichts mit deren Religion zu tun, sondern mit deren feindlichem Verhalten. Wären das feindliche Muslime gewesen, wären sie genauso vertrieben worden.«

Es ist klar, dass für so ein Schüler*innenurteil zum einen die Betonung des nicht-religiösen Vertreibungsgrundes erarbeitet werden musste (statt dass die Vertreibung nur genannt wurde oder dass suggeriert wurde, dass der jüdische Glaube des Gegenübers den Auslöser darstellte), und zum anderen nicht von Jüd*innen als religiösem Kollektiv, sondern von bestimmten Einzelpersonen oder einzelnen Stämmen gesprochen wurde.[17] Die Pragmatik schärft den Blick dafür, welche der dutzenden denkbaren Aspekte des Themas in Anbetracht des diskursiven Umfeldes der Schüler*innen von elementarer Bedeutung sein könn-

---

17 Ausführlich dazu Turan (2014).

ten. Aufgabe der Dogmatik (und evtl. der anderen Bezugswissenschaften) ist es nun, zu prüfen, ob die Sachvoraussetzungen für einen identitätskohärentistischen Ansatz bei so einem brisanten Thema wirklich gegeben sind bzw. welche sachlichen Anküpfungspunkte vorliegen, mit denen eine Aufhebung oder zumindest Reduzierung der Spannungen des ideologischen »Streits um den Islam« möglich wird. (2) Pragmatik hilft, vorab zu erkennen, mit welchen thematischen »Tretminen« ein Thema umgeben ist, sodass die Lehrkraft diese gezielt vermeiden kann, wenn der Unterricht diese gar nicht im Zentrum haben möchte. Denn es ist davon auszugehen, dass ein Thema oder Beispiel, das *mehrere* Diskurse zugleich berührt, auf Schüler*innenseite (zumindest innerlich) genau jenen Diskurs aktiviert, der aus ihrer Sicht die größte subjektive Relevanz hat. Hier kann also ein Konflikt zwischen den *Diskursprioritäten* der Lehrkraft und der Schüler*innen entstehen. Darum ist es sinnvoll, Beispiele zu wählen, die emotional aufwühlende Diskurse aus Bereichen, die nicht für die Stunde gedacht sind, *nicht* berühren. So ist es kontraproduktiv, bei der Behandlung des vorbildlichen Charakters des Propheten beiläufig zu erwähnen, dass er *alle* seine Frauen gut behandelte, wenn die Lehrkraft nicht genügend Zeit dafür eingeplant hat, auch das Thema Polygamie im Arabien der Offenbarungszeit und speziell in der Biografie des Propheten zu behandeln, und es auch bisher im Unterricht noch nie Thema war. Ebenso ist es beispielsweise bei der Auswahl eines Koranverses zum Thema »Bestimmung« *(qadar)* kontraproduktiv, als Einstieg den (vieldeutigen) Vers *»Wen Allah will, den lässt Er in die Irre gehen, und wen Er will, den bringt Er auf einen geraden Weg«* (K 6:39) zu diskutieren, wenn man neben der brennenden Frage nach dem freien Willen nicht auch nebenbei die Frage diskutieren möchte, warum die meisten »Deutschen« nicht zum Islam konvertieren und ob diese deshalb als »von Allah irregeleitet« gelten, wenn man den Vers unter der Last der exkludierenden Identitätsdebatten liest. Man kann aber auch (3) die plötzlichen Themensprünge der Schüler*innen als Feedback über die aus Schüler*innensicht *eigentlich* interessanten Fragestellungen interpretieren und den weiteren Stundenverlauf bzw. die Planung der nächsten Stunden diesen anpassen, also die unerwarteten Schüler*innenbeiträge als Mitwirkung an der Pragmatik-Kompetenz der Lehrkraft umdeuten und sich darüber freuen.

*Drittens:* Es gibt noch einen weiteren diskursbezogenen Aspekt, der den Ton des Unterrichtsgespräches selbst betrifft und bereits bei der Planung berücksichtigt werden sollte. Es zeigt sich nämlich, dass es in IRU-Klassen verschiedene Färbungen von Unterrichtsgesprächen und insbesondere von Schüler*innenbeiträgen gibt, von denen einige als Fortführung externer Diskurse muslimischer bzw. teils auch nicht-muslimischer Sphären verstanden werden können und die auch teilweise durch ein Signalwort oder ein initiierendes Unterrichtsbeispiel aktiviert werden. Diese Tönungen und Arten von Schüler*innenbeiträgen sollen hier daher als *Diskursmodus des Unterrichts* bezeichnet werden. Ziel ist es, im Unterricht möglichst lange und oft im »reflektierenden Modus« zu verbleiben (»Was könnte der Sinn/Nutzen von xy sein?« »Was braucht ein Mensch, der sich in einer Situation xy befindet?« »Warum könnte das so geschehen sein, obwohl die Menschen an Gott geglaubt haben?«). Dieser ist problemorientiert, für Schüler*innen aller muslimischer Prägungen interessant und ermöglicht ein nachdenkliches Lernen und gemeinsames Voranschreiten in einem Thema, ohne Konformitätsdruck zu erzeugen. Viele andere konkurrierende Diskursmodi kommen im sozialen Kontext der Schüler*innen vor, sind aber für die Schule und das Selbstverständnis des IRU oft denkbar ungeeignet. Konkurrierend zum reflektieren Modus sind beispielsweise der apologetische Modus (»All das Schlimme hat mit dem Islam nichts zu tun«), der Wunder-Modus (»All das beweist die Wahrheit des Islam«), der assimilative Modus (»Es gibt nichts, was den Islam von anderen Religionen unterscheidet«), der Haram-halal-Modus (»Das ist haram! Nein, das ist nicht haram!«), der missionierende Modus (»Wir müssen Christ*innen gut behandeln, damit sie erkennen, dass unsere Religion wahr ist und sie sich uns anschließen«), der Superioritätsmodus (»Der Islam ist im Unterschied zu allen anderen Religionen der Welt eine mit der Vernunft vereinbare Religion«), der Superlativ-Modus (»Der Islam ist perfekt«), der autoritäre Modus (»Wer etwas anderes behauptet, der ist ungläubig«), der exorzistische Modus (»Der Onkel eines Bekannten von uns ist von einem Dschinn besessen und braucht Hilfe. An wen sollen wir uns wenden?«) sowie der frömmelnde Modus (»Es ist eine religiöse Pflicht für Muslim*innen, auf ihre Gesundheit zu achten. Denn wenn sie krank werden, dann können sie nicht mehr im Ramadan fasten und auch nicht auf die Pilgerfahrt gehen«). Wie bereits diskutiert, sind sich Schüler*innen oft nicht dessen bewusst, welche Diskurse sie durch Äußerungen der oberen Art im Unterricht reproduzieren und was diese Thesen nach sich ziehen können, wenn man sie konsequent weiterdenkt – auch wenn die problematischsten Aussagen selten sind. Eindeutig problematisch sind dabei jene Aussagen, die eine kollektive Überlegenheit der eigenen Gruppe (Muslim*innen oder eine Teilgruppe daraus) und eine kollektive Minderwertigkeit anderer Gruppen (Nicht-Muslim*innen oder anders denkende Muslim*innen) implizieren. Aber auch stark normativ aufgeladene Aussagen, die einen unmittelbaren Vergleich zwischen den Lebensweisen von Schüler*innen erzwingen, sind kontraproduktiv. So ist oft zu beobachten, dass vor allem der Haram-halal-Modus sowie der frömmelnde Modus schnell zum Selbstläufer werden, wenn ein Schüler*innenbeitrag oder eine ungünstige Aussage der Lehrkraft diesen Modus aktivieren und sich gleich eine Reihe von Meldungen dazu anschließen. Das bedeutet nicht, dass es im IRU nicht manchmal auch um Gebote und Verbote als solche gehen sollte – nur passiert dies oft nicht an der geplanten Stelle, beispielsweise wenn eine Stunde zur Tierethik im Islam im übernächsten Schritt in die Diskussion mündet, welcher Döner in der Stadt mit Halal-Fleisch hergestellt wird oder ob man bei McDonalds essen darf. Auch ist problematisch, wenn jemand den frömmelnden Modus aktiviert und unter den Schüler*innen ein Wettstreit darum entbrennt, wer die frommsten (und zugleich oft unrealistischsten) Ideen zur Lebensführung anbringt, und sich keiner mehr traut, das erreichte Niveau an Bereitschaft zur Frömmigkeit durch einen geerdeten Beitrag zu unterbieten. Dies ist der Fall, wenn beispielsweise als mögliche Freizeitgestaltung seit vier Wortmeldungen nur noch religiöse Handlungen und Veranstaltungen genannt werden. Darum ist es für die Lehrkraft wichtig, (1) beim Umschalten des Gesprächsmodus in einen ungünstigen Modus durch einen gezielten Impuls wieder in den reflektierenden Modus zu wechseln und bei gänzlich indiskutablen Bemerkungen entschieden zu intervenieren und kurz zu klären, warum man diese Aussage so nicht stehen lassen kann. Gleichzeitig muss der Lehrkraft bewusst bleiben, dass Schüler*innen hier oft Diskursmuster aus anderen Kontexten reproduzieren und sich ihrer Tragweite womöglich zum ersten Mal im IRU bewusst werden, sofern ein qualifizierter und verständlicher Einwand kommt. Ferner (2) sollte die Lehrkraft schon bei der Vorbereitung eines Unterrichts überlegen, mit welchen Fragen sie den reflektierenden Diskursmodus aktivieren und halten möchte und wie sie welche Signalreize umgehen muss, die bei einigen Schüler*innen einen Diskursmodus aktivieren könnten, der nicht vorgesehen ist. Denn wie weiter oben schon gesagt: Wenn ein Beitrag oder Impuls mehrere Diskurse zugleich aktiviert, dann ist die Wahrscheinlichkeit hoch, dass die Schüler*innen die Diskurspriorität für sich an einer anderen thematischen Stelle sehen als die Lehrkraft. Sie muss dann entscheiden, ob sie sich spontan auf diese zweite Diskussionsebene einlassen möchte (das sollte sie vor allem bei aktuellen aufwühlenden Themen) oder ob sie eine Besprechung – nach der Stunde im kleinen Kreise oder zu einem anderen Zeitpunkt im Unterricht – in Aussicht stellen möchte. In keinem Fall sollte sie sich desinteressiert am Fokus der Schüler*innen zeigen, da es genau dieser ist, den wir mit den Reflexionen zur Pragmatik ins Zentrum stellen wollen.

## Literatur

BAMF (2020): Muslimisches Leben in Deutschland 2020. https://www.bamf.de/SharedDocs/Anlagen/DE/Forschung/Forschungsberichte/fb38-muslimisches-leben.html?nn=403976 (Zugriff am 19.06.2022).

Behr, H. H/Rohe, M./Schmid, H. (2007): »Den Koran zu lesen genügt nicht!« Fachliches Profil und realer Kontext für ein neues Berufsfeld. Auf dem Weg zum Islamischen Religionsunterricht. Berlin.

Bourdieu, P. (2018): Sozialer Sinn. Frankfurt a. M.

Büttner, G. et al. (2013): Entwicklungspsychologie in der Religionspädagogik. Göttingen.

Finkenbeiner, R. (2015): Einführung in die Pragmatik. Darmstadt.

Floris, B. (2016): Orientalismus und demokratische Öffentlichkeit – antimuslimischer Rassismus aus Sicht postkolonialer und neuer kritischer Theorie. Bielefeld.

Rescher, N. (1973): The Coherence Theory of Truth. Oxford.

Rochdi, A. (2011): »Was hat das mit meinem Leben zu tun?« Der Koran in einem subjektorientierten Religionsunterricht. Katechetische Blätter, 136 (3), 170–175.

Rochdi, A. (2014): »Steht da auch was für mich drin?« – Zur Koranarbeit im islamischen Religionsunterricht. In G. Solgun-Kaps (Hg.): Islam. Didaktik für die Grundschule (S. 98–113). Berlin.

Schweitzer, F. (2012): Elementarisierung im Kontext neuerer Entwicklungen. In B. Grümme/H. Lenhard/M. L. Pirner (Hg.): Religionsunterricht neu denken. Innovative Ansätze und Perspektiven der Religionsdidaktik (S. 234–246). Stuttgart.

Schweitzer, F./Nipkow, K. E./Faust-Siehl, G./Krupka, B. (1995): Religionsunterricht und Entwicklungspsychologie – Elementarisierung in der Praxis. Gütersloh.

Schweitzer, F./Haen, S./Krimmer, E. (2019): Elementarisierung 2.0. Religionsunterricht vorbereiten nach dem Elementarisierungsmodell. Göttingen.

Turan, H. (2014): Von den militärischen Konflikten des Propheten mit den Juden von Medina. In: Y. Sankaja/M. C. Bodenstein/E. Toprakyaran (Hg.): Muhammad – Ein Prophet – viele Facetten (S. 195–230). Berlin.

Turan, H. (2020): Einführung in die analytische Koranhermeneutik. https://andalusian.de/analytische-islamische-theologie-und-koranstudien/einfuehrung-in-die-analytische-koranhermeneutik (Zugriff am 13.06.2022).

# Was heißt religiös gebildet? Vergleich von drei religionspädagogischen Konzepten religiöser Bildung im deutschsprachigen Raum

Naciye Kamcili-Yildiz

## 1 Konzepte religiöser Bildung

In den letzten Jahren haben die Protagonist*innen der Islamischen Religionspädagogik an deutschen Universitäten in unterschiedlichen Publikationen ihre Vorstellungen von Erziehung und Bildung im Kontext Schule ausgeführt. In diesem Beitrag möchte ich rekonstruieren, welche Ansätze diesbezüglich von ihnen entwickelt worden sind. Dabei befasse ich mich mit thematisch ausgewählten Publikationen zu Vorstellungen von religiöser Bildung in den Publikationen von Harry Harun Behr, Bülent Uçar und Mouhanad Khorchide. Diese drei Religionspädagogen sind die »Dienstälteren« und weisen dementsprechend quantitativ eine größere Anzahl von religionspädagogischen Publikationen als die in den letzten Jahren berufenen Lehrstuhlinhaber*innen. Die Kriterien der Analyse entnehme ich der bildungstheoretischen bzw. kritisch-konstruktivistischen Didaktik von Wolfgang Klafki, die in den 1960er Jahren zum ersten großen und bis heute aktuellen didaktischen Modell der Nachkriegszeit wurde. Bei meinem Vorgehen werde ich anhand der von den Ansätzen Klafkis entnommenen Analysekriterien der Frage nachgehen, inwieweit die Erziehungs- und Bildungsvorstellungen der genannten islamischen Religionspädagogen anschlussfähig an die allgemeine Didaktik sind.

### 1.1 Exkurs: Bildung bei Wolfgang Klafki

Wolfgang Klafki als der wichtigste Vertreter der bildungstheoretisch fundierten kritisch-konstruktiven Didaktik (vgl. Kron/Jürgens/Standop 2014, S. 70) vertritt die grundlegende Einsicht, dass der Mensch in einem lebendigen Verhältnis zur kulturellen Welt steht und diese sinnstiftend auslegt. In dieser systematischen Betrachtung wird der Mensch als jener kulturelle Ort angesehen, in welchem die Dinge und Symbole der Welt verarbeitet und als kulturelle Leistungen wieder veräußert werden.

Den Bildungstheoretiker*innen zufolge kommen im Menschen zwei Momente zusammen: materiale (kulturelle Inhalte) und formale Aspekte (innere Kräfte), wobei der Prozess selbst als Bildung bezeichnet wird. Klafki arbeitet in Auseinandersetzung mit der Tradition und den aktuellen Diskussionen seiner Zeit den traditionellen Widerspruch zwischen materialen und formalen Bildungskonzepten historisch-systematisch auf und verschränkt sie in einem ganzheitlichen Konzept der *Theorie der kategorialen Bildung* (vgl. Kron/Jürgens/Standop 2014, S. 71).

Die kategoriale Bildung realisiert sich nach Klafki aus der Perspektive des Subjekts als *doppelseitige Erschließung:*

»Diese doppelseitige Erschließung geschieht als Sichtbarwerden von allgemeinen, kategorial erhellenden Inhalten auf der objektiven Seite und als Aufgehen allgemeiner Einsichten, Erlebnisse, Erfahrungen auf der Seite des Subjekts.« (Klafki 1975, S. 43)

Dieser Definition zufolge bedeutet kategoriale Bildung nach Klafki die Fähigkeit des Menschen, begründete Aussagen über die Welt zu machen, die stets an die Inhalte gebunden sind. Formale und materiale Bildung bilden damit eine Einheit, weil der Bildungsprozess die Fähigkeit zur Aussage und die Aussage selbst enthält. Übertragen auf die Unterrichtspraxis geht Klafki in seinem Modell der Didaktischen Analyse und Planung von Unterricht der Frage nach, ob vorgesehene Unterrichtsinhalte dazu geeignet sind, im Sinne kategorialer Bildung – einer Doppelbewegung – Inhalte der Wirklichkeit zu erschließen und umgekehrt die Lernenden selbst für diese Inhalte zu öffnen. Die Frage nach dem Bildungswert von Unterrichtsinhalten ist bei Klafki auf die Suche nach dem Elementaren, Fundamentalen und Exemplarischen zugespitzt (vgl. Klafki 1963). Diese haben auch im christlichen Religionsunterricht eine bleibende Relevanz und finden ihre prominente Verankerung im Modell der Elementarisierung (vgl. Schweitzer/Haen/Krimmer 2019).

Nachdem in den 1960er Jahren der Ansatz Klafkis intensiv diskutiert und stark kritisiert worden war, entwickelte Klafki ihn zu einer *kritisch-konstruktiven Didaktik* weiter. Unter *kritisch* versteht Klafki die Befähigung der Kinder und Jugendlichen zu wachsender *Selbstbestimmungs-, Mitbestimmungs-* und *Solidaritätsfähigkeit* in allen Lebensdimensionen. Zum Verständnis der Qualifizierung *konstruktiv* weist Klafki auf die Ausrichtung der didaktischen Interessen, auf die Praxis und ihre Veränderungsintention in Bezug auf den kritischen Aspekt hin, der für seine Konzeptionen konstitutiv ist (vgl. Klafki 2007, S. 89 f.).

## 1.2 Analysekriterien

Die betrachteten muslimischen Religionspädagogen fokussieren ihre Vorstellungen von einer islamisch-religiösen Pädagogik der Schule als öffentlichen Raum sowohl auf den Inhaltsaspekt als auch auf muslimische Schüler*innen. Im Sinne Klafkis repräsentiert dabei der Inhalt des islamischen Religionsunterrichts das materiale Moment (Objekt) und die jeweiligen muslimischen Schüler*innen das formale Moment (Subjekt). In der Analyse möchte ich das Zusammenspiel zwischen Objekt und Subjekt in den theoretischen Ansätzen der muslimischen Religionspädagogen erläutern und untersuchen, inwieweit das formale und das materiale Moment im Bildungsprozess miteinander verschränkt sind sowie Vorstellungen einer subjektorientierten Religionspädagogik zur Geltung kommen.

Dazu bediene ich mich der zentralen Begriffe der Didaktik Klafkis: Die Analysebegriffe für das Subjekt sind die drei Grundfähigkeiten (1) *Selbstbestimmungs-*, (2) *Mitbestimmungs-* und (3) *Solidaritätsfähigkeit,* die Klafki im Bereich der Bildung als selbsttätig erarbeiteten und personal verantworteten Zusammenhang ansieht (vgl. Klafki 2007, S. 52), und zwar

- »als Fähigkeit zur Selbstbestimmung jedes einzelnen über seine individuellen Lebensbeziehungen und Sinndeutungen zwischenmenschlicher, beruflicher, ethischer, religiöser Art;
- als Mitbestimmungsfähigkeit, insofern jeder Anspruch, Möglichkeit und Verantwortung für die Gestaltung unserer gemeinsamen kulturellen, gesellschaftlichen und politischen Verhältnisse hat;
- als Solidaritätsfähigkeit, insofern der eigene Anspruch auf Selbst- und Mitbestimmung nur gerechtfertigt werden kann, wenn er nicht nur mit der Anerkennung, sondern mit dem Einsatz für diejenigen und dem Zusammenschluss mit ihnen verbunden ist, denen eben solche Selbst- und Mitbestimmungsmöglichkeiten aufgrund gesellschaftlicher Verhältnisse, Unterprivilegierung, politischer Einschränkungen oder Unterdrückungen vorenthalten oder begrenzt werden.« (Klafki 2007, S. 52)

## 2 Der theologisch-anthropologische Zugang von Harry Harun Behr

Bei der Annäherung an den Bildungsbegriff in seinem Werk »Islamische Bildungslehre« plädiert Harry Harun Behr[1] (1998) für das religionspädagogische Nachdenken über eine auf den Koran bezogene pädagogische Anthropologie. Behr verknüpft diese mit der islamisch-theologischen Anthropologie, womit das Spezifische der Religionspädagogik, nämlich die theologischen Fachdisziplinen, mit pädagogischen Disziplinen in ein kritisches Verhältnis gesetzt wird. Aus beiden Perspektiven sollen Prozesse religiöser Bildung erläutert werden können.

Zur Analyse seiner Argumentation und damit seines Zugangs zur Bildung lege ich den Schwerpunkt auf das genannte Werk, in dem Behr seine Vorstellungen islamischer Erziehung anhand eines Grundgefüges darstellt. Dabei geht er von drei Zieldimensionen aus, die er als »Jenseits«, »Allah allein« und »Mündigkeit« bezeichnet. Er begründet seine Annäherungen »aus dem Wissen heraus, dass sich Erziehung über die Gegenwart hinweg ins ewigwährende Jenseits auswirken kann« (Behr 1998, S. 15).

In den Ausführungen Behrs ist eine starke Verknüpfung zwischen dem Diesseits und dem Jenseits erkennbar, die aus dem Handeln der Gläubigen im Hier und Jetzt resultiert.

### 2.1 Zieldimension *Jenseits*

Behr betrachtet zunächst die Zieldimension *Jenseits*, indem er ausgehend von Koranversen den kausalen Zusammenhang zwischen der Art der Lebensführung und der Jenseitserwartung erläutert. Basierend auf der islamischen Vorstellung, dass der Mensch am Tag der Auferstehung Rechenschaft vor seinem Schöpfer ablegen wird, trägt der*die Gläubige für Behr Verantwortung für sich selbst und für die anderen. Daher verbindet er die Vergegenwärtigung Gottes im Diesseits mit der Sinnfrage im Allgemeinen. Für Behr hat die Zieldimension *Jenseits* einen unmittelbaren Zusammenhang mit dem Menschenbild, dem Leben und Sterben, der Nähe Gottes, der Zeit, dem Umgang mit dem Menschen und der Übernahme von Erziehungsverantwortung (vgl. Behr 1998, S. 43).

---

1   Harry Harun Behr ist seit 2014 Professor für Pädagogik der Sekundarstufen mit dem Schwerpunkt Islam an der Goethe-Universität in Frankfurt am Main und hatte zuvor von 2006 bis 2014 den Lehrstuhl für Islamische Religionslehre an der Friedrich-Alexander-Universität Erlangen-Nürnberg inne.

Damit wird deutlich, dass Erziehungsverantwortung für Behr auch eine gemeinschaftliche Verantwortung impliziert, in der Selbst- und Sozialverantwortung zusammengedacht werden. Behr betont, »dass Glaube und gute Taten zwar das ausschließliche Merkmal für die Lage eines Menschen im Jenseits sind, niemand aber zu Glauben oder guten Taten gezwungen werden kann« (Behr 1998, S. 37). Er betont einen kausalen Zusammenhang zwischen den Handlungen im Diesseits und dem Leben im Jenseits, aber auch die Freiwilligkeit in den Entscheidungen des Individuums.

So schreibt Behr dem Leben nach dem Tode eine erzieherische Funktion im Diesseits zu, die die Person in der Entfaltung ihrer Identität beeinflusst und in ihrem Handeln prägt.

## 2.2 Zieldimension *Allah allein*

In der Zieldimension *Allah allein* entwickelt Behr die Grundlage einer islamischen Erziehung aus der Sure Luqman. In einer Passage dieser 31. Sure gibt Luqman, eine im Koran als weise geltende Person, seinem Sohn Ratschläge u. a. zur Gottesvorstellung, zum Gottesdienst und zu ethischem Handeln. Behr interpretiert den Dialog zwischen Vater und Sohn aus pädagogischer Perspektive unter dem Aspekt der Beziehung und überträgt seine Erkenntnisse in ein Modell, worin jede Person ihren Fähigkeiten entsprechende Rechte und Pflichten hat. Das Kind ist in seinem Modell sozialisationsbedürftig, da Kinder gemäß Behr unfertig geboren werden und ihrer Anlage nach »Muslim*innen« in dem Sinne sind, dass sie atmen, trinken und leben. Behr greift hier auf das koranische *fitra*-Konzept der Geschöpflichkeit des Menschen zurück, wonach der Mensch grundsätzlich auf den Schöpfergott ausgerichtet ist. Gleichsam trägt der Mensch diese Ausrichtung als eine Veranlagung in sich, bedarf jedoch der Erinnerung an seine *fitra*-Natur[2] bzw. an seinen ihm nicht mehr bewussten geistgeschöpflichen Ursprung zur Ausrichtung auf Gott als seinen Schöpfer (vgl. Braun 2007, S. 159).

Um aber die menschliche Kreatürlichkeit wahrzunehmen und die Verantwortung gegenüber dem Schöpfer und der Gesellschaft anzunehmen, be-

---

2 *Fitra*, arabisch Natur, Veranlagung, Schöpfung, taucht unter anderem in Sure 30, Vers 30 auf. Muhammad Asad übersetzt *fitra* als »natürliche Veranlagung«: »*Und so richte dein Gesicht standhaft zu dem (einen immerwahren) Glauben hin und wende dich ab von allem, was falsch ist, in Übereinstimmung mit der natürlichen Veranlagung, die Gott dem Menschen eingegeben hat*« (K 30:30). Asad begründet seine Übersetzung damit, dass *fitra* die intuitive, angeborene Fähigkeit des Menschen sei, zwischen Recht und Unrecht, wahr und falsch zu unterscheiden und damit Gottes Existenz und Einheit zu spüren (Asad 2013, S. 776).

dürfen die Kinder der Hinführung, so wie es Luqman im Koran mit seinem Sohn tut (vgl. Behr 1998, S. 96). Der Erziehende – in diesem Fall Luqman – ist hingegen der Sozialisationsbefähigte, der erzieherischen Einfluss auf den jüngeren Menschen hat. In ihm wächst nach Behr das Bewusstsein, ein Modell im Sinne eines Vorbildes für das Kind zu sein (vgl. Behr 1998, S. 99).

Diese anthropologische Grundannahme ist für Behr das Fundament eines Generationenvertrages der Erziehung, die

> »geprägt ist auf der Seite des Jüngeren von einer wachsenden Einsicht in das Zusammenspiel von Gut und Böse, von seiner Bereitschaft, sich führen zu lassen und sich nicht zu widersetzen. Von der anderen Seite kommt ihm die Bereitschaft der Erwachsenen entgegen, ihre Erziehungsverantwortung so wahrzunehmen, denn [...] Erziehungsprozesse verbinden Menschen gerade durch ihr vertikales »Bindeseil« miteinander.« (Behr 1998, S. 99)

Hinzu tritt für Behr als maßgebliche Instanz Allah als Schöpfer, der über einen direkten Zugang zum »Innersten verfügt« und der auch bei der Erziehung seiner Geschöpfe nicht auf die Mitarbeit anderer angewiesen ist. Für Behr steht im Zentrum der vielfältigen sozialen Bindungen ein Erziehungsauftrag, der im Koran unmissverständlich formuliert ist (vgl. Behr 1998, S. 96f.).

Nach seinem Dreiecksmodell – das er auf der Grundlage des Gespräches zwischen Luqman und seinem Sohn entwirft – stehen Erziehende und Heranwachsende sich nicht innerhalb eines Machtgefälles gegenüber, sondern auf einer Ebene der gemeinsamen Verantwortlichkeit, wenn auch mit unterschiedlicher Intensität und für jeweils ganz andere Bereiche (vgl. Behr 1998, S. 101). Grafisch stellt Behr das Grundgefüge islamischer Erziehung in der Dimension *Verantwortlichkeit vor Gott* wie folgt dar:

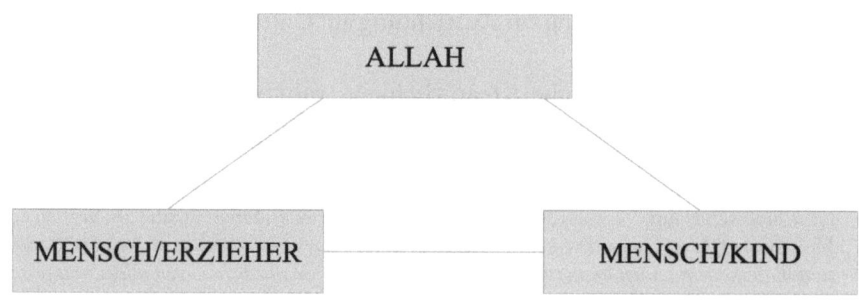

Abb. 1: Grundgefüge islamischer Erziehung nach Behr (Behr 1998, S. 101)

Die Ausführungen Behrs machen deutlich, dass in seinen Überlegungen der Koran den wichtigsten Bezugspunkt darstellt, während er die Hadithe des Propheten Muhammad und die in der islamischen Geschichte entstandene Gelehrtentradition weniger berücksichtigt. Für Behr besteht das Grundgefüge in der Ausrichtung auf Allah/Gott, an dem sich der Mensch/der*die Erziehende sowie der Mensch/das Kind orientieren. Auf dieser Grundlage bleiben für Behr die Beziehung zu und die Bindung an Allah/Gott primär, von denen alle anderen persönlichen Bindungen ausgehen. Der*Die Erziehende handelt in dem Bewusstsein, für das Kind ein positives Vorbild zu sein, das später in dieser Rolle auch gegenüber seinen*ihren Zöglingen agieren wird. Daher ist es wichtig, so Behr, dass der*die Erziehende mit »Weisheit« handelt. Weisheit äußert sich für Behr als Ergebnis einer Selbsterziehung in Richtung einer islamischen Lebensweise und einer gefestigten muslimischen Identität (vgl. Behr 1998, S. 101). Behr macht deutlich, dass in diesem Gefüge durchaus auch die Rollen wechseln können, indem der*die Ältere von dem*der Jüngeren lernt oder der*die Lehrende von Schüler*innen.

Behr thematisiert auch die starke Vorbildrolle des Erziehenden gegenüber dem zu erziehenden Zögling, der ihm durch die Internalisierung des Verhaltens den Weg zu Gott und einem gottgefälligen Leben öffnet. Daher zeigt sich für Behr die Bedeutung der Beziehung zu Allah/Gott insbesondere im guten Verhalten als Vorbild.

Deutlich wird, dass das dargestellte Modell in einer freiheitlich orientierten Gesellschaft realisiert werden kann. Offen bleiben in diesem Modell u. a. Fragen danach, wie und ob der*die zu Erziehende auch ohne eine*n Erziehenden zu dieser (Gottes-)Erkenntnis gelangen könnte. Unberücksichtigt bleibt auch die Frage danach, wie die Erziehenden und die zu Erziehenden ihr Handeln in Bereichen ausrichten, in denen z. B. soziale Rollen und Glauben im Widerspruch stehen oder das Umfeld es erschwert, der Religionsausübung nachzugehen.

## 2.3 Zieldimension *Mündigkeit*

Bei der Zieldimension *Mündigkeit* betont Behr den Weg zu konstruktiver Kritik mittels aufgeklärter Beschäftigung mit dem Islam und der Festigung der muslimischen Identität, indem er auf der Grundlage seiner bildungstheoretischen Interpretation des Korans folgende Forderungen stellt:

> »Kinder sollen angeregt werden, ihr weites und enges Umfeld kritisch zu betrachten und sich mit den Mitmenschen in einer den guten Gepflogenheiten angemessenen Art und Weise auseinanderzusetzen.

Jugendliche dürfen das Recht zur Kritik nicht mit einer generellen Option auf Gehorsamsverweigerung gleichsetzen.

Mit heranreifender Kritik- und Artikulationsfähigkeit erwächst den jungen Muslimen die Pflicht, anderen Vorbild zu sein – und seien es sogar die eigenen Eltern.

Kinder und Jugendliche müssen zu einer bewussteren Wahrnehmung ihrer inneren Motive angeleitet werden, damit sie ihr Handeln selbstkritisch überprüfen und modulieren können.« (Behr 1998, S. 127)

Die Forderungen Behrs zeigen, dass er den Fokus – im Sinne Klafkis – auf die Fähigkeit der *Selbstbestimmung* und *Mitbestimmung* legt. Verdeutlicht werden diese Aspekte mit seiner vierten Forderung, der bewussteren und reflektierten Wahrnehmung des eigenen Handelns, sowie seiner ersten Forderung, dass die Kinder sich kritisch mit den gesellschaftlichen Verhältnissen auseinandersetzen sollten. Hierin liegt durchaus auch eine politische Komponente, wenn und indem die Kinder aktiv an gesellschaftlichen Prozessen teilhaben bzw. diese in demokratischer Hinsicht mitgestalten.

Damit rückt Behr die Autonomie der Schüler*innen bzw. der Subjekte in den Vordergrund: als Individuen mit eigenem Kopf, als Menschen mit Herz und als Handelnde. Deshalb kommt es Behr im Unterricht darauf an, die Schüler*innen »in ihrer Auseinandersetzung mit der Religion zu befähigen, sich zur Religion zu stellen. Was ich meine: selbstverantwortet Position zu beziehen«, damit sie »ihr Leben sinnvoll, gut und selbstverantwortet gestalten und dabei mit Fragen der Religion, des Islams und des persönlichen Glaubens umgehen« (Behr 2009, S. 6). Jedoch zeigt die Argumentation von Behr, dass das Individuum sich nur innerhalb des religiösen Grundgefüges bewegt und verantwortlich handelt, zumal sein Verhalten mit seiner dritten Forderung auch eine Vorbildfunktion auf sein Umfeld hat. Behr lässt die Frage offen, inwiefern das Individuum das Recht hat, sich auch gegen den Glauben zu positionieren, auch wenn er in seiner Forderung betont, dass Kritik und Glaubensverweigerung nicht gleichzusetzen sind.

Für Behr geht es um einen Religionsunterricht, »der die Befähigung zum Glauben anstrebt« (Behr 2009, S. 12). Daher ist das Ziel einer islamischen Erziehung die »Festentschlossenheit«, es geht »um die Kraft hinter dem freien willentlichen Entschluss, den Bund mit Allah zu schließen und sich innerhalb seines Rahmens weiterzuentwickeln« (Behr 1998, S. 136). Daher ist die Entschlusskraft bzw. Standhaftigkeit der Mündigkeit untergeordnet. Sie muss für

Behr »an die Fähigkeit gebunden werden, eigene Ziele und Verfahren einer ständigen Prüfung zu unterziehen« (Behr 1998, S. 129). Den Begriff der *Festentschlossenheit* verknüpft er zum einen mit der ethischen Maxime der Gerechtigkeit, nach der gemäß des Koran von einem*einer Muslim*in keine Ungerechtigkeit an Starken oder Schwachen begangen werden darf. Verbunden wird diese Maxime zum anderen mit jener der Vergebung, um auf die Absolutsetzung des eigenen Anspruchs verzichten zu können (vgl. Behr 1998, S. 130). Behr sieht in dem freiwilligen Verzicht auf Vergeltung eine Kompensation, die nur von Gott im Jenseits gegeben werden kann. Für Behr hat eine Person, die den Frieden als das höhere Gut gegenüber der persönlichen Genugtuung anerkennt, mehr verstanden und kann mehr aushalten. Darin wird in den Ausführungen Behrs die Fähigkeit des Individuums zur *Solidarität* mit der Gesellschaft deutlich, die – in Anlehnung an Klafki – mit dem Einsatz für diejenigen verbunden ist, denen Selbst- und Mitbestimmungsmöglichkeiten aufgrund gesellschaftlicher Verhältnisse vorenthalten bleiben (vgl. Behr 1998, S. 130).

Behrs Ausführungen machen deutlich, dass er mit der Mündigkeit die kritische Auseinandersetzung des*der Muslim*in mit der Gesellschaft verbindet und einen bewussten Umgang des Individuums mit dem Islam vorsieht. Der religiös mündige Mensch ist sich seiner Bindung an Gott bewusst und entfaltet seinen Glauben auf der Grundlage bewusster und reflektierter Entscheidungen. Damit sind religiöse Lernprozesse ein Geschehen, das die Schüler*innen im Rahmen des Korans als aktive Handelnde selbst konstruieren; mit Klafki gesprochen handeln sie *selbstbestimmt*. Zugespitzt formuliert findet gemäß den Ausführungen Behrs eine kritische Reflexion innerhalb des Glaubens und zum Glauben statt, die aber nicht zur Distanz zum Glauben führt. Es ist daher zu fragen, wie es bewertet werden soll, wenn der*die mündige Muslim*in u. a. unter Heranziehung der Vernunft zu einer Entscheidung gelangt, die im Widerspruch zum Islam bzw. Glauben an sich steht, und ihr bzw. ihm Zweifel kommen, welche sich mit der Zieldimension *Allah allein* nicht vereinbaren lassen.

Behr konstruiert – in Anlehnung an das Kompetenzmodell in der evangelischen Religionspädagogik – eine Konzeption islamischer Religionspädagogik, in der Folgendes vorgesehen ist: das Einüben von Haltungen und die Befähigung zur Selbstführung der Person, die Schulung und Stärkung der religiösen Urteilskraft, die Schulung des guten und gottgefälligen Verhaltens im umfassenden Sinne, die Deutung der Welt und des Selbst auf Grundlage eines bestimmten Wissenshorizontes, das Verständnis vom Menschen und seiner Beeinflussung, die Übermittlung und Kunde der religiösen Informationsbestände sowie die Gewöhnung an eine innere und äußere Ordnung durch das Einüben der religiösen Lebensweise (vgl. Behr 2010, S. 27).

Zusammenfassend lässt sich sagen, dass Behr seinen religionspädagogischen Zugang zur religiösen Bildung über eine aus dem Koran heraus entworfene theologische Anthropologie aufbaut. Auf dieser Grundlage geht er von einem Menschen aus, der Fähigkeiten zur freien Entscheidung besitzt. Daher zielt die religiöse Erziehung auf die »Verwirklichung des Selbst im Sinne des Gegebenen und des darüber hinaus Möglichen« (Behr 2014, S. 29). Nach Behr ist die Begegnung zwischen Schüler*innen und dem Islam im islamischen Religionsunterricht so zu arrangieren, dass die Schüler*innen zu gesicherten Kenntnissen und reflektierten Erfahrungen gelangen, die ihnen helfen, sich selbstverantwortet zum Islam als Religion und Lebensweise zu positionieren (Behr 2008, S. 64). Auch wenn Behr den Schwerpunkt seiner Ausführungen eher auf die formale Bildung legt und auf subjektive Einsichten und Fähigkeiten des sich bildenden Menschen fokussiert, kommt hier nun der dynamische Prozess im Sinne der doppelseitigen Erschließung der Subjekte und der Lerngegenstände nach Klafki ins Spiel. Damit sind Schüler*innen auch im Sinne von Klafki gebildet, wenn sie in zunehmendem Maße *selbstbestimmt* über verschiedene Bereiche ihres Lebens verfügen.

## 3 Islamischer Religionsunterricht als Ort der Glaubensvermittlung nach Bülent Uçar

Bülent Uçar[3] formuliert als Ziel der islamischen Pädagogik die Kontrolle der menschlichen Triebe und konstruiert sein Menschenbild aus dem Koran, wonach der Mensch aus zwei Komponenten seiner Veranlagung besteht: aus der Bestrebung, den eigenen Wünschen triebhaft nachzugehen, und dem Streben nach Vollkommenheit (vgl. Uçar 2011b, S. 199). Erziehung hat nach Uçar »den Effekt oder zumindest die Absicht, das konkrete Verhalten der Menschen zu verändern« (Uçar 2010, S. 45). Zwar gehören elementare Grundkenntnisse für ihn zur religiösen Bildung, jedoch

> »besteht der Zweck von Religionen nicht lediglich darin, Menschen Kenntnisse zu vermitteln, sondern will mit derselben Berechtigung innerlich berühren und die Lebenseinstellung und Lebensführung der Schülerinnen und Schüler beeinflussen.« (Uçar 2011b, S. 202)

---

3  Bülent Uçar ist seit 2008 Inhaber des Lehrstuhls für Islamische Theologie und Religionspädagogik an der Universität Osnabrück.

Damit ist Verhaltensänderung für Uçar das übergeordnete Ziel der religiösen Erziehung. Die Hinführung dorthin erfolgt über das Wissen, das er als notwendig und als Grundlage des Handelns erachtet.

Analyse der Publikationen Uçars hinsichtlich der Zielvorstellungen des islamischen Religionsunterrichtes in der Schule zeigen die Glaubensdimension als das Endziel des bekenntnisorientierten Religionsunterrichts, die als von den Schüler*innen mitgebrachtes Gut aktiviert, hinterfragt und vertieft werden soll (vgl. Uçar 2011a, S. 121). Für Uçar geht es

»um Glaubensvermittlung, die auf verschiedenen Wegen vonstattengehen kann. Der Umgang mit religiösen Texten, Einübung der Glaubenspraxis und einer Hinführung oder Festigung des Glaubens gehören ebenso dazu wie Angebote zur Bewältigung alltäglicher Probleme, eine wachsende Orientierung im Leben und eine Öffnung zum interreligiösen Dialog.« (Uçar 2011b, S. 202)

Uçars Ausführungen machen deutlich, dass der Religionsunterricht insofern einen eher verkündigenden Charakter im Sinne der Stärkung des Glaubens sowie der Förderung der Persönlichkeitsentwicklung der Schüler*innen zum Glauben aufweist:

»Ein islamischer Religionsunterricht, der sich damit begnügt, elementare Grundkenntnisse zu vermitteln, und darauf verzichtet, die Heranwachsenden zum Glauben zu führen und ihnen islamische Werte zu vermitteln, ist nicht sinnvoll und nötig.« (Uçar 2010, S. 43)

Uçar denkt das Bildungsgeschehen von der materialen Bildungstheorie her, wenn er die religiöse Bildung in der Schule mittels ihrer Gegenstände definiert und den Wissenszuwachs in den Vordergrund stellt. Die Vermittlung islamischer Werte als Notwendigkeit bei Uçar lässt die Förderung einer gewissen *Solidaritätsfähigkeit* nach Klafki erkennen, weil sie einen Einsatz für gesellschaftliche Belange eröffnet. Jedoch lässt Uçar die Frage offen, warum er die Vermittlung islamischer Werte als relevant erachtet und wie die Schüler*innen dabei ihre Handlungsfähigkeit entfalten können.

Uçar betont weiterhin, dass die Lehrkräfte nur mittelbare Angebote zum Glauben machen und den Schüler*innen Zugänge anbieten können, denn »über die Annahme und Identifikation mit solchen werden die Schüler [...] selbst entscheiden müssen« (Uçar 2010, S. 43). Dieser Aspekt lässt die Berücksichtigung der Fähigkeit der *Selbstbestimmung* im Sinne Klafkis erkennen, die den Lernenden die Freiheit lässt, eigene individuelle Entscheidungen zu treffen.

Darüber hinaus knüpft Uçar in seinen Ausführungen auch an die religiösen Vorerfahrungen der Kinder und Jugendlichen in der Moschee an, die im Religionsunterricht neu sortiert und unter anderen Gesichtspunkten betrachtet würden. Er geht davon aus, dass die vermittelten Inhalte zur Identitätsentwicklung beitragen können, denn der Religionsunterricht »muss einen weiteren Anspruch haben, der sich ebenso auf die Glaubensdimension und die Sinnsuche erstreckt« (Uçar 2011a, S. 122).

Besonders kritisch äußert Uçar sich zu der von manchen Politiker*innen geforderten gesellschaftspolitischen Funktion des islamischen Religionsunterrichts, weil er den Eindruck hat, es gehe in den Debatten um Integration und nicht um Religion. Uçar stellt klar: »Jüdische, evangelische und katholische Religionslehrer sind keine Integrationsbeauftragten, sondern Religionslehrer, und dieses gilt für die Lehrkräfte des IRU gleichermaßen« (Uçar 2010, S. 35).

In der Einführung des Schulfaches Islamischer Religionsunterricht erkennt Uçar auch staatliche Eigeninteressen, wie etwa »die Vorbeugung religiöser Extremismen und die Identifikation der religiösen Bürger mit dem Staat, seinen Werten und Grundsätzen« (Uçar 2010, S. 38).

Mit dieser Aussage grenzt sich Uçar von Forderungen mancher Politiker*innen ab, die die Bedeutung des islamischen Religionsunterrichts darin sehen, muslimische Jugendliche von extremistischen Positionen fernzuhalten, und weniger mit dem Grundgesetz argumentieren, dass Artikel 7.3 des Grundgesetzes den Religionsgemeinschaften die Etablierung eines solchen Unterrichtes eröffnet. Hierbei lässt Uçar die Frage offen, ob Themen wie Radikalisierung oder das negative Bild des Islam im Unterricht thematisiert werden sollten. Dadurch, dass diese Themen im öffentlichen Diskurs eine starke Präsenz haben, sind die Schüler*innen oft schulisch wie außerschulisch gefragt, diesbezüglich Position zu beziehen. Daher sind solche Anfragen ein Teil ihrer Lebenswirklichkeit und der islamische Religionsunterricht kann den Schüler*innen einen geschützten Raum eröffnen, offen darüber zu sprechen und einen eigenen Standpunkt dazu zu entwickeln.

Die Ausführungen von Uçar lassen klar erkennen, dass der religionspädagogische Rahmen des islamischen Religionsunterrichts seine zentrale Aufgabe darin hat, den Schüler*innen Möglichkeiten der Glaubensbewahrung und -entfaltung zu bieten. Zudem zeigen sich Parallelen zu dem einst kerygmatisch angelegten christlichen Religionsunterricht in Deutschland, da Uçars Begründungen einen Unterweisungscharakter verdeutlichen. Uçar erwähnt zwar die Vielfalt der kulturell geprägten religiösen Zugänge, jedoch finden bei ihm die auch unter Muslim*innen stattfindenden Individualisierungsprozesse, die zu einer Pluralisierung der religiösen Zugänge von religionsnah bis religionsfern führen, kaum Beachtung.

Nach Uçar sind die Kenntnisse und Fragen, die die Schüler*innen mitbringen, der wichtigste Bezugspunkt. Ihm zufolge ist nicht die einfache Implementierung der religiöseren Überlieferungen die Grundlage,

»sondern eine analytische Auseinandersetzung mit religiösen Themen durch einen reflexiven Diskurs. […] Um Schülerinnen und Schüler wirklich erreichen zu können, muss eine Gliederung und Fragmentierung des Wissens in erster Linie einen starken Bezug zur Lebensrealität der Schüler herstellen und erst in zweiter Linie diese Verbindung zur wissenschaftlichen Systematik herstellen.« (Uçar 2011b, S. 198)

Diese Aussage macht deutlich, dass Uçar in seinen Ausführungen durchaus dem Lebensweltbezug eine Bedeutung beimisst und eine Religionsdidaktik präferiert, die sich mit den elementaren Erfahrungen von Kindern und Jugendlichen auseinandersetzt. Hier fehlen weitere Konkretisierungen, welche Lernarrangements als sinnvoll erachtet werden, um den Schüler*innen zugleich auch die Möglichkeit zu geben, ihre religiösen Zugänge individuell und selbstbestimmt zu realisieren.

Bei der Analyse der Lebenssituation der Muslim*innen in Deutschland vor allem unter migrationsbedingten Gesichtspunkten fordert er einen islamisch interkonfessionell angelegten Religionsunterricht, in dem auf kulturelle und glaubensspezifische Unterschiede Rücksicht genommen wird (vgl. Uçar 2011b, S. 200). Angesichts der Tatsache, dass religiöse Sozialisation in der Familie und in den Moscheen immer noch in der Herkunftssprache und in konfessionell homogenen Lerngruppen abläuft, ist für Uçar die Förderung der Kommunikationsfähigkeit für den Austausch mit gleich- und andersdenkenden Mitmenschen ein wichtiges Ziel des schulischen Religionsunterrichts (vgl. Uçar 2011b, S. 202). Die Einübung dieser Fähigkeit im Kontext der Pluralität kulturell geprägten islamischen Glaubens kann für ihn daher durchaus als eine bildungstheoretische Begründung gelten. Diese Aussagen verdeutlichen, dass Uçar dem Migrationshintergrund der muslimischen Schüler*innen Beachtung schenkt, da die religiöse Sozialisation in der Familie und der Moschee zum Teil ein kulturell gefärbtes Bild vom Islam mitbringt. Hierbei ist zu fragen, wie im Religionsunterricht in der Schule diese Vorstellungen aufgegriffen, mit den pluralen Zugängen zum Islam verknüpft und weiterentwickelt werden können.

Unberücksichtigt bleibt in Uçars Gedankengängen die Frage nach der *Mitbestimmungsfähigkeit,* d. h., wie Schüler*innen ermutigt werden können, sich mit der Gesellschaft stärker auseinanderzusetzen, um als verantwortliche Mitglieder dieser Gesellschaft einen Beitrag leisten zu können. Dafür muss auch der Ansatz von Uçar vom Erlernen von Kenntnissen hin zur Bildung handlungsfähiger Subjekte entwickelt werden, nach dem die Schüler*innen befähigt werden, religiös relevante Fragen ihrer Lebensführung als solche zu identifizieren und diesen selbsttätig nachzugehen.

## 4 Humanistische Ansätze einer Islamischen Religionspädagogik nach Mouhanad Khorchide

Für Mouhanad Khorchide[4] sind humanistische Ansätze in der islamischen Ideengeschichte die Grundlage für eine zeitgemäße Islamische Religionspädagogik. Er formuliert dazu sieben Thesen:

»Eine moderne Islamische Religionspädagogik muss schüler- und problemorientiert sein. […]

Religionspädagogik kann nicht auf Normativität verzichten. Eine moderne Islamische Religionspädagogik muss daher an die islamische Lehre gebunden sein.

Eine Religionspädagogik, die die Schülerinnen und Schüler in den Mittelpunkt ihrer Überlegungen rückt, muss so konzipiert sein, dass sie ebenfalls den Menschen in das Zentrum rückt.

Ein Islamverständnis, das im Islam primär eine Gesetzesreligion sieht, […] ist nicht als Grundlage einer modernen Islamischen Religionspädagogik geeignet, da der Mensch bei dieser Art von Verständnis aus dem Zentrum der Überlegungen rückt.

Indem eine moderne Islamische Theologie nach dem Menschen fragt, […] stellt sie Rückfragen an die traditionelle islamische Lehre. Sie fordert diese heraus, humanistische Ansätze in der eigenen Ideengeschichte herauszuarbeiten und leistet somit einen wichtigen Beitrag für einen innerislamischen Diskurs.

Humanistische Ansätze sind in der islamischen Ideengeschichte nicht nur bei den muslimischen Philosophen […], sondern auch in der islamischen Lehre zu finden […].

Diese humanistischen Ansätze, die nach dem Menschen fragen, dienen als Anknüpfungspunkte für die Etablierung eines Islamverständnisses, das die Schülerinnen und Schüler […] dazu befähigt, die europäische Dimen-

---

4   Mouhanad Khorchide ist seit 2010 Professor für Islamische Religionspädagogik an der Westfälischen Wilhelms-Universität in Münster.

sion in ihr islamisches Selbstverständnis zu implementieren.« (Khorchide 2011, S. 168–170)

Khorchides Thesen lassen sich in drei Gruppen einteilen: Die erste und die dritte These thematisieren das Menschen- bzw. Schüler*innenbild, welches Khorchide der Islamischen Religionspädagogik zugrunde legt. Er fordert eine schüler*innenorientierte Religionspädagogik, die den Menschen in den Mittelpunkt der Überlegungen rückt. Damit favorisiert Khorchide einen Lernbegriff, der die Lernenden als Subjekte des eigenen Lernprozesses versteht. In der zweiten, vierten und fünften These legt er die Vorstellungen einer Theologie dar, die zum einen an die »islamische Lehre gebunden sein« (2. These) soll, jedoch den Islam nicht als »Gesetzesreligion« (4. These) versteht. Vielmehr sollen Rückfragen an die traditionelle islamische Lehre gestellt werden, um aus diesen »humanistische Ansätze der eigenen Ideengeschichte« (5. These) herauszuarbeiten. In der sechsten und siebten These beschreibt er seine Zugänge zu humanistischen Ansätzen, die nach ihm zum einen in der islamischen Lehre zu finden sind (6. These) und zum anderen die Schüler*innen befähigen sollen, »die europäische Dimension in ihr islamisches Selbstverständnis zu implementieren« (7. These).

Welche Vorstellung Khorchide von dem Begriff »Humanismus« hat, verdeutlicht er in seinem Buch »Gott glaubt an den Menschen«. Der Humanismus ist für Khorchide eine Haltung des »Sich-Öffnens«, wenn er von der Veranlagung des Menschen spricht, sein Leben auf das Absolute hin auszurichten.

»Ein ›Sich-Verschließen‹ widerspricht seiner Natur. Der Mensch ist dazu veranlagt, aus sich hinauszugehen, auf Abstand zu sich selbst und zu seiner Umwelt zu gelangen, er strebt seine Souveränität an. Durch das ›Sich-Öffnen‹ und das Bewusstwerden der eigenen Freiheit erlangt der Mensch seine Selbstbestimmung […].« (Khorchide 2015, S. 68)

Die von Khorchide hier beschriebene Haltung kann mit dem Bewusstsein des Menschen für die Befähigung der Selbstverwirklichung umschrieben werden, indem das Subjekt die islamische Lehre in Beziehung zu seiner Lebenswirklichkeit setzt, die sich in Beziehung zu Gott realisiert.

Die Beziehung zu Gott versteht Khorchide als eine dialogische: Danach offenbart sich Gott dem Menschen durch seine Barmherzigkeit und zeigt so sein Interesse an der Beziehung zum Menschen. Diese Einladung kann der Mensch in Freiheit annehmen (vgl. Khorchide 2012, S. 87).

Ein*e Humanist*in ist für Khorchide eine Person, die eine Haltung des »Sich-Öffnens« gegenüber folgenden Eigenschaften einnimmt:

»1. Sich selbst als Individuum,
2. den Erkenntnissen der Welt,
3. dem Gegenüber,
4. dem eigenen Inneren,
5. seiner Gesellschaft als Kollektiv und
6. dem Leben als solchem [...].« (Khorchide 2015, S. 78)

Khorchides Ausführungen machen deutlich, dass er von einem Menschenbild ausgeht, in dem das Subjekt im Mittelpunkt steht und sich in Beziehung zu sich selbst und zu seiner Umwelt setzt, sich genau verortet und so klare Entscheidungen trifft. Für Khorchide steht der Mensch mit seinen Entwicklungsmöglichkeiten im Mittelpunkt:

»Der Mensch ist vielmehr herausgefordert seine eigene Religiosität wahrzunehmen [...] ausgehend von seiner Bestimmung als verantwortungsvoller Verwalter auf dieser Erde, dem verschiedene Ressourcen zur Verfügung stehen.« (Khorchide 2011, S. 175)

Hier macht Khorchide die Bezugsgröße des *Sich-Öffnens* deutlich, die für eine*n Gläubige*n Gott ist. Aufgrund seiner anthropologischen Bestimmung entdeckt der Mensch seine bereits angelegte Befähigung zum Glauben, entwickelt diese in Ausrichtung auf Gott. So wird der Mensch sich seiner Verantwortung gegenüber Gott bewusst, indem er als autonomes Wesen seine Anlagen entwickelt und frei öffnet. Die Öffnung ist ein Bewusstsein für die zur Verfügung stehenden Ressourcen, diese »im eigenen Sinne, im Sinne seiner Mitmenschen und im Sinne des Universums verantwortungsvoll zu verwalten« (Khorchide 2011, S. 176).

Khorchide überträgt diesen Ansatz auf den islamischen Religionsunterricht und fordert, von dieser Bestimmung ausgehend, die Befähigung der Schüler*innen,

»für sich herauszufinden, was gut ist und was nicht [...]. Schülerinnen und Schüler sollten in der Lage sein, ihr Leben in religiöser Hinsicht selbst entwerfen und diesen Lebensentwurf selbst verantworten zu können.« (Khorchide 2011, S. 176)

Die selbst verantworteten Lebensentwürfe nach Khorchide können als Ziele der religiösen Bildung auf Mündigkeit und Selbstbestimmung hin gedeutet werden, da sie von dem Individuum verlangen, in religiösen Fragen eigenständig Entscheidungen zu treffen und zu urteilen.

Daher fordert Khorchide für die Etablierung einer modernen Islamischen Religionspädagogik eine Wendung

»von der exklusiven Gelehrtenlehre hin zu den Ansichten der modernen Pädagogik und Psychologie, d. h. die Wendung zum Kind, […] also weg von einer reinen Stofforientierung hin zur Erziehung zum verantwortungsvollen Verwalter.« (Khorchide 2010, S. 158)

Die Wendung bedeutet für Khorchide die Abkehr von den tradierten religiösen Inhalten hin zu Individuen, die aus ihrer bewussten Beziehung gegenüber Gott heraus agieren.

Khorchides Überlegungen machen deutlich, dass er in seinem religionspädagogischen Ansatz das humane Potenzial des Islam betont und für eine theologisch-anthropologische Herangehensweise plädiert, der die Lebbarkeit der Religion unter den Aspekten des Verantwortungsbewusstseins des Menschen und der Erfordernisse seines Daseins korreliert. Er präferiert eine theologische Reflexion der Bildung, bei der die Lernenden ihre Erkenntnisprozesse selbst steuern und sich aktiv beteiligen. Daher kann seinen Ansätzen die *Selbstbestimmung* nach Klafki als zentrales Element zugeordnet werden, wenn die Schüler*innen daraus folgend ihre Beziehung zu Gott verändern und ihr Verhalten auf dieser Grundlage gestalten sollen. Darin spielt implizit auch die *Mitbestimmung* nach Klafki eine Rolle, wenn die Schüler*innen das eigene religiöse Handeln und Denken aktiv mitgestalten. Das religiöse Lernen führt daher nach Khorchide neben der Wissenserweiterung auch zu einer Einstellungsveränderung.

Wenig beachtet bleibt in den Ansätzen von Khorchide die *Solidaritätsfähigkeit* des Subjekts im Sinne Klafkis mit der Frage, ob und welche Veränderungen zur Umwelt sich durch den humanistischen Zugang zu Gott und den religiösen Quellen ergeben. Insofern bleibt in den Ausführungen Khorchides der Glaube zu stark auf der individuellen Ebene verhaftet und bringt das Subjekt kaum in Beziehung zur Gemeinschaft derer, die gemeinsame religiöse Überzeugungen und Haltungen teilen sowie zur Gestaltung der gesellschaftlichen Wirklichkeit anregen.

Ferner fehlen dem beschriebenen Zugang noch die religionspädagogische bzw. -didaktische Konkretisierung für den Umgang mit Schüler*innen sowie die Elementarisierung der theologischen Inhalte im Unterricht.

## 5 Zusammenfassung der Ergebnisse

Die Ausführungen der drei islamischen Religionspädagogen Behr, Uçar und Khorchide zeigen ein heterogenes Bild, was die Frage nach den Zielbestimmungen der islamisch-religiösen Bildung im öffentlichen Raum Schule insgesamt charakterisiert. Festzuhalten bleibt, dass die islamischen Religionspädagogen ihre Schwerpunkte in der religiösen Bildung unterschiedlich setzen. Während Behrs Bildungsbegriff eher anthropologisch-theologisch orientiert ist, weist der Zugang von Khorchide einen humanistischen Ansatz mit einem subjektiven Betroffensein von Religion auf. Uçar hingegen betrachtet den Religionsunterricht als Raum der Glaubensentfaltung. Auch wenn Behr und Khorchide in ihren Ansätzen divergieren, ist bei ihnen das übergreifende Ziel die Mündigkeit des Subjektes und seine autonome Entscheidungsfähigkeit. Charakteristisch sind allerdings bei beiden die unterschiedlichen Wege der Befähigung zu glaubensrelevanten Entscheidungen. Während Behr den Schwerpunkt auf die Befähigung zum Glauben mit Kopf, Herz und Hand legt, präferiert Khorchide eine dialogische Mensch-Gott-Beziehung, die den Lernenden hilft, das Leben in religiöser Hinsicht selbst zu entwerfen und zu verantworten. Uçar hingegen sieht die Aufgabe des islamischen Religionsunterrichts vor allem in der Einführung in die islamische Orthopraxie, die die Schüler\*innen befähigen soll, die religiösen Rituale zu vollziehen, damit sie als Teil der Gemeinschaft am Gemeindeleben teilnehmen können.

Die differenzierte Betrachtung lässt die These zu, dass die Islamische Religionspädagogik als junge Wissenschaftsdisziplin an deutschen Universitäten noch keinen Konsens erzielt hat, welche religiösen Bildungsziele im Rahmen der institutionellen Bedingungen des schulischen Religionsunterrichts präferiert werden, so wie sie etwa seit der Würzburger Synode 1974 im Bereich des katholischen Religionsunterrichts vorgenommen wurden. Um ein islamisch-religiöses Lernen in einem nicht islamischen Umfeld vor dem Hintergrund von Artikel 7.3 GG plausibel zu machen, muss das Fach sich der Herausforderung stellen, religiöse Traditionen im Kontext heterogener und pluraler Lebenswelten zu interpretieren. Eine Verständigung auf die Zielvorstellungen von religiöser Bildung im schulischen Raum wird wichtiger denn je, da bei nachkommenden Lehrkräftegenerationen mit einer grundständigen Lehramtsausbildung auch eine stärkere Rezeption der wissenschaftlichen Theorien in Lehrplänen oder Unterrichtsmaterialien zu erwarten ist.

## Literatur

Asad, M. (2013): Die Botschaft des Koran. Ostfildern.
Behr, H. H. (1998): Islamische Bildungslehre. Garching.
Behr, H. H. (2008): Bildungstheoretisches Nachdenken als Grundlage für eine islamische Religionsdidaktik. In: L. Kaddor (Hg.): Islamische Erziehungs- und Bildungslehre (S. 49–65). Berlin.
Behr, H. H. (2009): Ein Saphir mit Schliff. Zur Stellungnahme der Islamischen Gemeinschaft Milli Görüş e. V. (IGMG) gegen das Schulbuch Saphir. Zeitschrift für die Religionslehre des Islam (ZRLI), 3 (5), 2–25.
Behr, H. H. (2010): Worin liegt die Zukunft der islamischen Religionspädagogik in Deutschland. Zeitschrift für die Religionslehre des Islam, 4 (7), 22–33.
Behr, H. H. (2014). Du und Ich. Zur anthropologischen Signatur des Korans. In: H. H. Behr/ F. Ulfat (Hg.): Zwischen Himmel und Hölle. Bildungsphilosophische Verhältnisbestimmungen von Heiligem Text und Geist (S. 11–29). Münster.
Braun, R. (2007): Fitra und Fides – Glaubensvergewisserung und Alteritätsdenken im muslimischen Dialog mit dem Christentum. Nürnberg.
Kamcili-Yildiz, N. (2020): Zwischen Glaubensvermittlung und Reflexivität. Eine quantitative Studie zu professionellen Kompetenzen von islamischen ReligionslehrerInnen. Münster.
Khorchide, M. (2010): Die Beziehung zwischen islamischer Lehre und einer modernen Islamischen Religionspädagogik. Zur Notwendigkeit humanistischer Ansätze in der islamischen Ideengeschichte. In: M. Polat/C. Tosun (Hg.): Islamische Theologie und Religionspädagogik. Islamische Bildung als Erziehung zur Entfaltung des Selbst (S. 145–158). Frankfurt a. M.
Khorchide, M. (2011): Humanistische Ansätze in der islamischen Ideengeschichte als Grundlage für eine zeitgemäße Islamische Religionspädagogik. In: B. Uçar (Hg.): Islamische Religionspädagogik zwischen authentischer Selbstverortung und dialogischer Öffnung. Perspektiven aus der Wissenschaft und dem Schulalltag der Lehrkräfte (S. 167–176). Frankfurt a. M.
Khorchide, M. (2012): Die Notwendigkeit einer dialogischen Theologie als Grundlage zur Etablierung einer zeitgemäßen islamischen Religionspädagogik. In: Theo-Web. Zeitschrift für Religionspädagogik, 11 (2), 81–91.
Khorchide, M. (2015): Gott glaubt an den Menschen. Mit dem Islam zu einem neuen Humanismus. Freiburg i. B.
Klafki, W. (1975): Studien zur Bildungstheorie und Didaktik. Weinheim.
Klafki, W. (2007): Neue Studien zur Bildungstheorie und Didaktik. Zeitgemäße Allgemeinbildung und kritisch-konstruktive Didaktik. Weinheim.
Kron, F. W./Jürgens, E./Standop, J. (2014): Grundwissen Didaktik. München.
Schweitzer, F./Haen, S./Krimmer, E. (2019): Elementarisierung 2.0. Religionsunterricht vorbereiten nach dem Elementarisierungsmodell. Göttingen.
Twardella, J. (2012): Der Koran in der Schule. Studien zum islamischen Religionsunterricht. Frankfurt a. M.
Uçar, B. (2010): Islamische Religionspädagogik im deutschen Kontext: Die Neukonstituierung eines alten Fachs unter veränderten Rahmenbedingungen. In: B. Uçar/M. Blasberg-Kuhnke/A. von Scheliha (Hg.): Religionen in der Schule und die Bedeutung des Islamischen Religionsunterrichts (S. 33–51). Göttingen.
Uçar, B. (2011a): Prinzipien einer islamischen Religionspädagogik. In: B. Uçar (Hg.): Islamische Religionspädagogik zwischen authentischer Selbstverortung und dialogischer Öffnung. Perspektiven aus der Wissenschaft und dem Schulalltag der Lehrkräfte (S. 117–124). Frankfurt a. M.
Uçar, B. (2011b): Lehrinhalte eines Religionsunterrichts islamischer Prägung. In: R. Englert/ H. Kohler-Spiegel/N. Mette/E. Naurath/B. Schröder/F. Schweitzer (Hg.): Was sollen Kinder und Jugendliche im Religionsunterricht lernen? (S. 197–204). Göttingen (= Jahrbuch der Religionspädagogik, JRP 27).

# Professionwerden und Professionellwerden der islamischen Religionslehrer*innen

Mehmet H. Tuna

Anhaltende gesellschaftliche Transformationsprozesse – wie Säkularisierung, Globalisierung, Migrations- und Fluchtbewegungen – haben zu einer außergewöhnlichen Pluralisierung der Religionslandschaft im deutschsprachigen Raum (und in ganz Europa) geführt. Dabei fand die Professionalisierung islamisch-religiöser Bildung in Deutschland und Österreich sowohl auf individueller (»Professionellwerden«) als auch auf kollektiver und institutioneller Ebene (»Professionwerden«) lange Zeit wenig Beachtung.[1] Erst ab dem Jahr 2000 erfolgten im Rahmen von politisch-gesellschaftlichen (Integrations-)Diskursen über den Islam und die Einheimischen muslimischen Glaubens erste dringend notwendige Schritte hin zur Professionalisierung islamisch-religiöser Bildung.

So wurden in den letzten Jahren in Deutschland die laufenden Versuche intensiviert, konfessionellen islamischen Religionsunterricht (IRU) an öffentlichen Schulen (bundesweit) einzuführen und zu etablieren. Zudem wurde mit den Empfehlungen des Wissenschaftsrates (2010) die akademische Beheimatung und Institutionalisierung der Islamischen Theologie und Religionspädagogik an deutschen Hochschulen und Universitäten ausgeweitet.

In Österreich erfolgte die bundesweite Einführung des konfessionellen IRU zwar bereits im Schuljahr 1982/83, die akademische Beheimatung und Institutionalisierung ließ dagegen lange auf sich warten. Sie begann erst mit der Einrichtung des Masterstudiums Islamische Religionspädagogik an der Universität Wien im Jahr 2008. Später folgten weitere Bachelor- und Masterstudiengänge an den Universitäten Innsbruck und Wien.

Ähnliche, aber anders konzipierte Entwicklungen sind auch in der (deutschsprachigen) Schweiz vorzufinden, wo mittlerweile im Rahmen der Reform »Lehrplan 21« Islam als Themenmodul im Integrationsfach »Natur, Mensch,

---

1 »Professionwerden und Professionellwerden« (siehe dazu Horn 2016, S. 155).

Gesellschaft (NMG)« und im Fach »Ethik, Religionen, Gemeinschaft (ERG)« Eingang in den Schulunterricht findet.[2]

Vor diesem Hintergrund wird im vorliegenden Beitrag die Professionalisierung Islamischer Religionslehrer*innen (IRL) als »Professionwerden und Profesionellwerden« verstanden und anhand von Evidenzen aus der im Rahmen des Dissertationsprojekts »Islamische ReligionslehrerInnen auf dem Weg zur Professionalisierung« (vgl. Tuna 2019) durchgeführten Studie empirisch und theoretisch diskutiert.

Zunächst wird in Kapitel 2 das im Beitrag verwendete Professionalisierungsverständnis dargelegt.

Danach erfolgt ein Blick auf aktuelle Diskurse hinsichtlich des IRU und der IRL in Deutschland und Österreich (Kapitel 3).

Anschließend wird in Kapitel 4 die in der Studie angewandte Datenerhebungs- und Auswertungsmethode dargelegt.

In Kapitel 5 folgt die Vorstellung der Ergebnisse sowie deren Diskussion.

Den Abschluss bildet ein kurzes Resümee (Kapitel 6).

## 1 Professionalisierung im Kontext von Bildung: Professionwerden und Professionellwerden

Professionalisierung wird in der Literatur grundsätzlich als ein auf zwei Ebenen – individuell sowie kollektiv bzw. institutionell – ablaufender Prozess mit offenem Ausgang beschrieben. In diesem Prozess wird das Professionellwerden als das Erlangen und Ausbilden von sowie das Verfügen über auf bestimmte Tätigkeiten bezogene sowie gesellschaftlich und rechtlich anerkannte *professionelle* Kompetenzen charakterisiert und markiert in weiterer Folge das Professionwerden, verstanden als Übergang zu einer anerkannten und autonomen Profession (vgl. Mieg 2016, S. 34–36; Nittel 2011; Horn 2016).

Der Professionalisierungsprozess kann auf kollektiv-institutioneller Ebene folgende von Wilensky (1964) beschriebene Phasen in unterschiedlicher Reihenfolge durchlaufen:
1. Eine einträgliche Beschäftigung wird zu einer Vollzeittätigkeit.
2. Eine Ausbildungsstätte wird eingerichtet.
3. Ein Studiengang wird eingerichtet.

---

2  Auf die Entwicklungen in der Schweiz wird im vorliegenden Beitrag nicht näher eingegangen, da diese den Umfang des Beitrags sprengen würden (vgl. zu den unterschiedlichen Zugängen in den erwähnten Ländern die internationale Vergleichsstudie von Rothgangel et al. 2018).

4. Ein lokaler Berufsverband bildet sich.
5. Ein nationaler Berufsverband wird gegründet.
6. Die staatliche Anerkennung folgt.
7. Ein berufsethischer Kodex kommt auf.

Die individuelle Professionalisierung wiederum konzentriert sich in erster Linie auf das fortlaufende Aneignen und Ausbilden von professionellen Kompetenzen, welche in Bezug auf die berufliche Tätigkeit und die Berufsgruppe entwickelt werden (vgl. Mieg 2016, S. 36).

Anknüpfend an das hier vorgestellte Professionalisierungsverständnis wird in der vorliegenden Arbeit die Professionalisierung sowohl als Professionwerden als auch als Professionellwerden verstanden.

Im Bildungskontext sind solche Prozesse, insbesondere die Anerkennung und Ausbildung individueller und kollektiver Kompetenzen, von politisch-gesellschaftlichen Diskursen geprägt. Die Bildung und die pädagogischen Berufe sind politischen Regulierungen unterworfen und somit nicht autonom. So haben von der Politik beschlossene, gesetzlich verankerte Bildungsreformen maßgeblich auch die Professionalisierung und professionelle Tätigkeit der IRL in mehrfacher Hinsicht (mit)gestaltet.[3]

Mit Blick auf den IRL-Beruf sind solche Diskurse, zumal der Islam im Allgemeinen sowie die lange vernachlässigte islamisch-religiöse Bildung im Besonderen aktuell große politisch-gesellschaftliche Aufmerksamkeit erfahren, für die Professionalisierung von besonderer Bedeutung. In diesen Diskursen werden die Rahmenbedingungen der individuellen und kollektiven Professionalisierung, insbesondere im Sinne von Professionellwerden, die professionellen Kompetenzen, Zuständigkeiten und Aufgaben der IRL sowie entsprechende professionsrelevante Maßnahmen, wie beispielsweise die Einrichtung von Ausbildungsmöglichkeiten oder die akademische Beheimatung, diskutiert und ausgehandelt. So stellen diese Diskurse im Sinne von Professionwerden zugleich auch Durchsetzungs- und Anerkennungsprozesse dar, die den Übergang des IRL-Berufs zu einer anerkannten Profession (mit)gestalten und markieren.

Vor diesem Hintergrund folgt nun die Darstellung gegenwärtiger Diskurse und Entwicklungen in Deutschland und Österreich.

---

3  Unter anderem aufgrund der mangelnden Autonomie der pädagogischen Berufe gegenüber Staat und Klientel wurden diese als »Semi-Professionen« bezeichnet (vgl. dazu Horn 2016, S. 154–155).

## 2 Professionalisierung des IRU und der IRL in Deutschland und Österreich

### 2.1 Deutschland

Seit den 1970er Jahren wird in Deutschland, bis dato mit mäßigem Erfolg, über die Einführung und Etablierung eines (bundesweiten) konfessionellen islamischen Religionsunterrichts an öffentlichen Schulen diskutiert. Im Rahmen dieser Diskurse wurde inzwischen in folgenden elf Bundesländern eine Form von islamischem Religionsunterricht als Schulversuch eingeführt (vgl. Mediendienst Integration 2020):
- Hessen und Niedersachsen bieten an einigen Schulstandorten *konfessionellen* IRU in Kooperation mit den islamischen Gemeindeverbänden Ahmadiyya und Ditib an.
- In Berlin wird *konfessioneller* IRU in Kooperation bzw. in alleiniger Verantwortung der »Islamischen Föderation Berlin« als freiwilliges Zusatzfach angeboten.
- Rheinland-Pfalz, Saarland, Nordrhein-Westfalen und Baden-Württemberg wiederum bieten IRU unter Einbezug verschiedener muslimischer Moscheeverbände an.
- Bayern und Schleswig-Holstein erteilen »Islamkunde« in staatlicher Verantwortung. Muslimische Religionsgemeinschaften sind in den Schulversuch nicht eingebunden.
- Hamburg und Bremen streben einen *konfessionsübergreifenden interreligiösen* Religionsunterricht unter (gleichberechtigter) Verantwortung verschiedener Religionsgemeinschaften an.
- In den östlichen Bundesländern Mecklenburg-Vorpommern, Brandenburg, Sachsen-Anhalt, Sachsen und Thüringen hingegen ist ein IRU gegenwärtig nicht vorgesehen.

Die hier kurz wiedergegebenen verschiedenen Formen des IRU in den deutschen Bundesländern waren bereits Gegenstand zahlreicher Publikationen (vgl. etwa Kiefer/Mohr 2009; Kiefer 2017). Eine erneute detaillierte Erörterung der verschiedenen Schulversuche würde, insbesondere für das Thema des vorliegenden Beitrags, wenig Neues zutage bringen und den Rahmen des Beitrags sprengen, weshalb auf diese hier nicht näher eingegangen wird.

Fruchtbarer sind hingegen Publikationen zu den wissenschaftlichen Begleitungen in Form von Evaluationsstudien sowie öffentliche und akademische Diskurse, die Einblicke in diverse Herausforderungen der Professionalisierung des IRL-Berufs in Deutschland geben können. Im Folgenden werden einige dieser Untersuchungen und Diskurse mit Blick auf die Professionalisierung des IRL-Berufs aufgegriffen und diskutiert.

Eine Vielzahl der Diskurse sowie die wenigen empirischen Untersuchungen beschäftigen sich in erster Linie mit der Begründung, Profilierung sowie mit der inhaltlichen und didaktischen Konzeptualisierung des IRU in Deutschland. Da hierbei zum Teil die Tätigkeit und damit die professionellen Kompetenzen der IRL (mit)diskutiert und bestimmt werden, sind diese Arbeiten auch für die Professionalisierung der IRL von Bedeutung. Folgt man den veröffentlichten Diskursen, kommen dem IRU und den IRL unter anderem folgende Aufgaben zu: Sie sollen Jugendliche muslimischen Glaubens zu Respekt, Toleranz, Frieden, Integration und Dialog befähigen und zugleich ihre religiöse Identität stärken (vgl. Uçar/Sarıkaya 2009, S. 98–99).

Neben diesen Diskursen über die angestrebten Kompetenzen – oder mit anderen Worten: über das Profesionellwerden der IRL – beschäftigen sich einzelne Begleituntersuchungen zu den verschiedenen Schulversuchen mit der Akzeptanz oder Anerkennung (d. h. mit dem Professionwerden) des IRU an den jeweiligen Schulversuchsstandorten. So ist beispielsweise die Evaluation des Modellprojekts IRU in Baden-Württemberg Gegenstand der Dissertationsstudie von Imran Schröter. Für diese Studie wurden an zehn Projektschulen Schulleitungen, Lehrende, Eltern und Lernende zur Akzeptanz und zu den Problemfeldern des IRU quantitativ befragt. Alle Beteiligten stuften die Akzeptanz des IRU als sehr hoch bis hoch ein und verwiesen insbesondere auf organisatorische Schwierigkeiten, wie etwa bei der Planung der Unterrichtszeiten, da die IRL aufgrund des Pendelns zwischen den zu betreuenden Schulen nicht zu den gewünschten Zeiten verfügbar waren (vgl. Schröter 2015, S. 222–225).

Einen ähnlichen Fokus setzt auch die Evaluationsuntersuchung von Uslucan (2015), der u. a. die Akzeptanz und die Zufriedenheit mit dem IRU in Nordrhein-Westfalen untersuchte. Hierfür wurden Lehrende, Lernende und Erziehungsberechtigte mittels standardisierter Fragebögen befragt. Mit Blick auf das Professionellwerden zeigt die Studie von Uslucan, dass die Mehrheit der teilnehmenden Lehrenden keine Grundausbildung für den IRU besaßen, sondern für den IRU weiterqualifiziert wurden, und sie selbst ihre Weiterqualifikation als angemessen für das Erteilen des IRU betrachteten (Uslucan 2015, S. 55). Ferner gaben die Lehrenden an, mit den vorhandenen Lehr- und Lernmaterialien für den IRU nicht zufrieden zu sein – ca. 86 % waren wenig oder nicht zufrieden. Ebenso waren die befragten Lehrenden mehrheitlich (ca. 70 %) der Meinung, dass der IRU die religiöse Unterweisung in den Moscheen nicht ersetzen kann (Uslucan 2015, S. 64).

Beide Autoren gelangen in ihren Studien zum Teil zu ähnlichen Ergebnissen: Sie konstatieren beispielsweise, dass der IRU an den jeweiligen Schulprojektstandorten eine hohe Akzeptanz und Zufriedenheit seitens der Befragten genießt. Gemeinsam ist diesen Untersuchungen dabei, dass ausschließlich Projekteilnehmer*innen befragt wurden. Das bedeutet, dass Lernende, die den IRU nicht besuchten, und Erziehungsberechtigte, deren Kinder nicht an dem angebotenen IRU teilnahmen bzw. diesen ablehnten, sowie Schulen, die an dem Projekt nicht teilnahmen und möglicherweise auch nicht teilnehmen wollten, den publizierten Untersuchungsberichten der Autoren zufolge nicht befragt wurden. Da man davon ausgehen kann, dass die Teilnehmer*innen dem IRU (und den IRL) gegenüber grundsätzlich positiv eingestellt sind, wäre es besonders interessant und fruchtbar für den Professionalisierungsdiskurs des IRL-Berufs, zu untersuchen, wie Lernende, Erziehungsberechtigte, Schulleitungen und Lehrende, die am IRU nicht teilnehmen (wollen) oder teilgenommen haben und sich in weiterer Folge vom (konfessionellen) IRU abgemeldet haben oder sich gern abmelden würden, über den IRU und die IRL denken.[4]

In erster Linie wird in diesen Studien deutlich, dass in Deutschland das Professionwerden und Professionellwerden der IRL noch im Gange ist, zumal die Professionalisierung aufgrund wissenschaftlicher, gesellschaftlicher und bildungspolitischer Diskurse und Dynamiken einen lebenslangen Prozess darstellt. Mit Blick auf das Professionellwerden wird gegenwärtig der Bedarf an qualifizierten IRL in Deutschland folgendermaßen abgedeckt:

- Mit der intensivierten akademischen Beheimatung und Institutionalisierung der Islamischen Theologie und Religionspädagogik an deutschen Hochschulen und Universitäten sollen zum einen wissenschaftliche Auseinandersetzungen, und zum anderen Ausbildungsmöglichkeiten für (angehende) IRL, Religionspädagog*innen und Theolog*innen geschaffen werden (vgl. Wissenschaftsrat 2010; Wissenschaftliche Dienste Deutscher Bundestag 2016). Der akute Bedarf an IRL kann aber durch die jungen Studiengänge zunächst nicht abgedeckt werden, da die ersten Absolvent*innen gerade erst ihr Studium abgeschlossen haben und das Studium mehrere Jahre in Anspruch nimmt.
- Um den aktuellen Bedarf an Lehrenden zu decken, werden an einigen Standorten Weiterbildungskurse für Lehrende muslimischen Glaubens angeboten, die bereits im Schuldienst stehen und diverse Fächer unterrichten. Durch

---

4   So legen medial ausgetragene Diskurse über die Konzipierung und Gestaltung des IRU nahe, dass sehr unterschiedliche Haltungen und Standpunkte zum IRU vorhanden sind (siehe dazu z. B. Hoffers 2012).

Weiterbildungen erhalten die Lehrenden die zusätzliche Lehrbefugnis, islamischen Religionsunterricht zu erteilen. So bietet etwa die Justus-Liebig-Universität Gießen seit 2013 (Mitteilung Justus-Liebig-Universität Giessen o. J.) für die Primarstufe einjährige und die Goethe Universität Frankfurt seit 2016 für die Sekundarstufe I zweijährige Weiterbildungskurse für Lehrende an, die bereits im Schuldienst stehen und ihre vorhandene Lehrbefugnis um das Fach Islam erweitern möchten (vgl. Mitteilung Goethe-Universität Frankfurt am Main, 12.04.2016).

Diese Lösung hat den Nachteil, dass die Weiterbildungsangebote zwar auf einzelne Schulformen zugeschnitten sind – das Gießener Weiterbildungsangebot ist beispielsweise auf die Lehrtätigkeit an Grundschulen ausgerichtet –, aber die Bewerber*innen aus verschiedenen Schulformen kommen. Damit sind Quereinstiege in andere Schulformen möglich – inwieweit in solchen Fällen die fehlende, auf die jeweilige Schulform zugeschnittene Grundausbildung durch eine ein- oder zweijährige Weiterbildung ausgeglichen werden kann, ist zu hinterfragen bzw. zu untersuchen.

Des Weiteren sind in Deutschland vereinzelt Untersuchungen und Forschungsprojekte vorhanden bzw. in Arbeit, die die Einstellungen, Motive sowie die Biografien der angehenden Lehrenden bzw. Absolvent*innen diverser islamischer Studien in den Blick nehmen (vgl. Zimmer et al. 2017; Dreier und Wagner 2020). Solche Untersuchungen können wichtige Evidenzen und Erkenntnisse über und für die Professionalisierung der Lehrenden geben, die in weiterer Folge in der Aus-, Weiter- und Fortbildung von Lehrenden umgesetzt werden können.

Darüber hinaus wird in Deutschland vermehrt auch die außerschulische religiöse Bildung in sogenannten Koranschulen und Moscheen und damit verbunden die professionelle und institutionalisierte Ausbildung der in diesen Einrichtungen unterrichtenden Lehrenden (Imame) thematisiert. Hierfür wurde etwa vor Kurzem das Islamkolleg in Osnabrück gegründet, das ab dem Jahr 2021 einen Lehrgang für die Ausbildung von Imamen anbieten soll.[5]

## 2.2 Österreich

Der konfessionelle IRU in Österreich blickt auf eine ca. vierzigjährige Tradition zurück, die im Schuljahr 1982/83 begann. Die gesetzliche Anerkennung ist wesentlich älter und hat ihre Anfänge in der Annexion Bosnien-Herzegowinas

---

5  s. www.islamkolleg.de (Zugriff am 14.07.2022)

im Jahr 1908. In der Folge der Annexion wurde der Islam im Jahr 1912 anerkannt und anderen anerkannten Religionen im Kaiserreich Österreich-Ungarn rechtlich gleichgestellt. Auf der Grundlage dieser Anerkennung gründeten Männer und Frauen muslimischen Glaubens in Österreich 1978 die Islamische Glaubensgemeinschaft in Österreich (IGGÖ), die 1979 gesetzlich als Religionsgesellschaft/Körperschaft öffentlichen Rechts anerkannt wurde. Mit der Anerkennung erhielt die IGGÖ, neben anderen Rechten und Pflichten, das Recht und die Verantwortung, konfessionellen IRU an öffentlichen Schulen zu erteilen. Die IGGÖ führte einen bundesweiten IRU im Schuljahr 1982/83 ein und vergab zu diesem Zweck – gemäß den rechtlichen Bestimmungen und Kompetenzen als Religionsgesellschaft – Lehrbefugnisse an Männer und Frauen muslimischen Glaubens, obwohl zu dieser Zeit keine Ausbildungsmöglichkeiten für diesen Beruf vorhanden waren und somit auch keine für diesen (neuen) Beruf ausgebildeten Bewerber*innen (zur Geschichte des IRU in Österreich vgl. Heine et al. 2012).

Dem Mangel an qualifizierten Lehrenden sowie den fehlenden Ausbildungsmöglichkeiten versuchte man zunächst durch das Anwerben von ausgebildeten Lehrenden aus dem Ausland (Türkei) zu begegnen. Später wurde diese Praxis aufgrund diverser Schwierigkeiten, wie beispielsweise mangelnder Sprachkenntnisse sowie fehlender Sozialisierung im österreichischen (Schul-)Kontext, aufgegeben (vgl. Khorchide 2009b, S. 20). Erst mit der Gründung der Islamischen Religionspädagogischen Akademie (IRPA) im Jahr 1998 und mit der Einrichtung des Islamisch Religionspädagogischen Instituts (IRPI) bzw. des privaten Hochschullehrgangs für Islamische Religionspädagogische Weiterbildung (IHL) im Jahr 2003 (vgl. Bauer 2016, S. 22) wurden erste Aus- und Weiterbildungsmöglichkeiten geschaffen. Später folgte die Einrichtung verschiedener Universitätsstudiengänge an den Universitäten Wien und Innsbruck.

Wie öffentliche Diskurse Professionalisierungsprozesse im IRL-Beruf prägen und fördern können, sehen wir am besonderen Beispiel Österreichs: So löste die Studie von Khorchide aus dem Jahr 2009 diverse öffentliche Diskussionen über die Qualität des IRU und der IRL aus. Diese Diskussionen wiederum hatten zur Folge, dass die IGGÖ gemeinsam mit dem Bildungsministerium u. a. folgende Maßnahmen beschloss und umsetzte (vgl. Khorchide 2009a, S. 34):
- Es erfolgte eine Inspektion aller IRL durch die Schulaufsicht (bzw. die Schulleitungen). Beurteilt wurden, neben anderen Kompetenzen, vor allem die Sprachkenntnisse der IRL.
- Alle IRU-Lehrpläne wurden neu entworfen.
- Die IRU-Schulbücher wurden begutachtet und in Kooperation mit einem professionellen Schulbuchverlag gänzlich revidiert.

- Die Dienstverträge der IRL erhielten eine Präambel zur Anerkennung und Wahrung staatlicher Werte.
- Die Fachinspektor*innen des IRU wurden verpflichtet, jedes Semester einen Tätigkeitsbericht zu erstellen.
- Die IGGÖ verpflichtete sich, Pflichtverletzungen und Fehlverhalten von IRL zu ahnden und gegebenenfalls die Lehrbefugnis zu entziehen.

Im Rahmen dieser Entwicklungen wurde zudem das Islamgesetz aus dem Jahr 1912 novelliert und präzisiert. Das neue Islamgesetz aus dem Jahr 2015 (Österreichischer Nationalrat 2015) sieht weitere Maßnahmen vor, wie beispielsweise die Einrichtung von sechs Professuren an der Universität Wien. Dies soll u. a. ein Studium der Islamischen Theologie und Religionspädagogik und somit die Ausbildung zukünftiger islamischer Theolog*innen und Religionspädagog*innen ermöglichen.

Trotz zahlreicher öffentlicher Diskurse über den Islam, den IRU und die IRL beschäftigen sich, wie in Deutschland, nur wenige empirische Studien mit den IRL oder dem IRU in Österreich. In einer dieser Studien untersuchte Ulrich Krainz (2014) die Vereinbarkeit der katholischen und muslimischen Unterrichtspraxis mit dem Unterrichtsprinzip der politischen Bildung und dem Aufbau eines demokratisch verantwortlichen Handelns. Hierfür wurden neun katholische und acht muslimische Lehrende interviewt sowie Gruppendiskussionen mit den Lernenden organisiert. In der Untersuchung kommt Krainz mit Blick auf den IRU und die IRL zu dem Schluss, dass die IRL sich stark »an den vorgeschriebenen Gesetzen der Religion, den Regeln, Normen und Riten« orientieren und im Unterricht »immer wieder auf die Bedeutung kollektiver Kategorien wie Religionszugehörigkeit und Familie« hinweisen. Dabei sind »persönliche Abänderungen und Neudeutungen religiöser Vorstellungen und Vorschriften, die besser zum persönlichen Lebenshorizont passen, Kritik oder ein Hinterfragen usw.« nicht vorgesehen (Krainz 2014, S. 232). Krainz zufolge hängt dies von der »Religiosität« bzw. der normativen Auslegung der (IR-)Lehrenden ab, denn je nach Grad der Religiosität bzw. der normativen Auslegung neigen die Lehrenden »zu didaktischen Prinzipien, die in Richtung Verkündigung und Unterweisung gehen« (Krainz 2014, S. 252).

Die Studie von Krainz setzt sich, wie die anderen im Beitrag kurz vorgestellten Studien von Khorchide und Zimmer et al., mit den unterrichtsrelevanten Einstellungen und Konzepten der IRL auseinander. Diese Studien befassen sich zwar nicht mit der Professionalisierung der IRL, verstanden als Professionell- und Professionwerden, ermöglichen aber Reflexionen im Hinblick auf die Gestaltung der Aus-, Fort-, und Weiterbildung der IRL.

## 3 Studiendesign

Die diesem Beitrag zugrundeliegenden empirischen Daten sind der Studie »Islamische ReligionslehrerInnen auf dem Weg zur Professionalisierung« entnommen und werden in diesem Beitrag mit Blick auf die Professionalisierung als Professionellwerden und Professionwerden analysiert und diskutiert. Die Studie untersuchte die Professionalisierung islamischer Lehrkräfte im schulischen Kontext. So wurden die Lehrenden nach ihrem Werdegang vor und nach der Aufnahme der Lehrtätigkeit, ihrem Berufsverständnis, den Herausforderungen sowie nach den Entwicklungspotenzialen in ihrem Beruf befragt. Die Untersuchung ergab resümierend, dass die Professionalisierung des IRL-Berufs von organisatorischen, institutionellen und persönlichen Faktoren abhängt und daher verschiedene Aspekte und Prozesse beinhaltet.

### 3.1 Datenerhebung und Sampling

Im Rahmen der Studie wurden in den Jahren 2015 bis 2017 insgesamt elf problemzentrierte Interviews mit sechs männlichen und fünf weiblichen IRL in den Bundesländern Tirol, Salzburg, Steiermark und Wien durchgeführt. Das Sampling wurde in Anlehnung an das »theoretische Sampling«[6], sukzessive und kontrastreich gestaltet. Entsprechend der Tatsache, dass die Gruppe der IRL in Österreich heterogene Bildungs- und Sozialisationshintergründe aufweist und an einer Vielzahl von Schulen und in unterschiedlichen Schulformen unterrichtet, wurden Lehrende mit verschiedenen Bildungsbiografien, Sozialisationshintergründen und Berufserfahrungen angefragt und interviewt (vgl. Tuna 2019, S. 68–69).

Das problemzentrierte Interview eignete sich besonders für das Vorhaben, da es sich im Sinne einer Gegenstandsorientierung offen und flexibel an den Untersuchungsgegenstand anpassen lässt und zugleich auf den Kommunikationsprozess zentriert wird. Interviewer*innen können unter Zuhilfenahme eines Leitfadens und/oder nachvollziehendes Nachfragen den Gesprächsfluss fördern und zugleich sensibel auf die Rekonstruktion von Haltungen und Orientierungen hinarbeiten (Witzel 2000).

In der Studie konnten diese Möglichkeiten fruchtbar genutzt werden. So wurden mit einem unterstützenden Leitfaden Themenbereiche wie Berufseinstieg, Persönlichkeit, Rolle, Aufgaben, Fähigkeiten/Kompetenz, Berufsverständnis und Herausforderung als IRL angesprochen und zu diesen sowie weiteren

---

6 Beim theoretischen Sampling sind die ersten Ergebnisse der Fallauswertung entscheidend für die Auswahl der nachfolgenden Interviewpartner*innen (vgl. Equit/Hohage 2016, S. 12).

von den IRL selbst eingebrachten Themen, wie beispielsweise Angemessenheit und curriculare Balancierung aktueller IRP/IST-Studiengänge, ausführliche Narrationen generiert.

## 3.2 Datenanalyse

Die Audioaufzeichnungen der Interviews wurden zunächst in Schriftform gebracht und nach thematischem Gehalt offen kodiert. Dabei wurden thematisch zusammenhängende Textpassagen in den Daten interpretiert und nach möglichen Sinngehalten und Phänomenen analysiert. Anschließend wurden aus den Daten Phänomene abduziert, abstrahiert und einem verallgemeinernden und subsumierenden Oberbegriff zugeordnet (Breuer et al. 2017, S. 269 f.). In einem zweiten Schritt wurden die einzelnen Kodierungen gemäß der axialen Kodierung (vgl. Breuer et al. 2017, S. 280) zu Kategorien gebündelt. Bei der axialen Kodierung wurde insbesondere mit der Situationsanalyse von Adele E. Clarke (2012) gearbeitet. Dabei wurden die Daten nochmals nach den Ordnungskategorien der Situationsanalyse untersucht und kategorisiert (Clarke 2012, S. 124–127). In einem letzten Schritt erfolgte das selektive Kodieren, verstanden als die abschließende, nachvollziehbare und veranschaulichende Konzeptualisierung der Ergebnisse (Breuer et al. 2017, S. 284–285; Tuna 2019, S. 77–79).

## 4 Ergebnisse

Die Ergebnisse der Studie zeigen, dass sich die IRL in ihrem Berufsalltag um Anerkennung für ihre Tätigkeit als professionelle Lehrende zu bemühen haben, obwohl der IRU in Österreich im Gegensatz zu Deutschland eine lange Tradition hat und gesetzlich verankert ist. Dabei ringen die IRL insbesondere um *Anerkennung im Schulsystem* (d. h. bei Schulbehörden, Schulleitungen und anderen Lehrenden) sowie um Anerkennung in *muslimischen (Moschee-)Gemeinden*. Die Anerkennung ist dem Datenmaterial zufolge für die Lehrenden von solch großer Bedeutung, dass sie verschiedene Situationen und Gelegenheiten wie beispielsweise *interreligiöse und interdisziplinäre Schulprojekte* sowie *(Prüfungs-)Präsentationen* als Möglichkeiten und Wege zum Erlangen der Anerkennung begreifen und sie für diesen Zweck zu nutzen wissen. In diesem Abschnitt werden nun in der vorgestellten Reihenfolge zunächst die (mangelnde) Anerkennung im Schulsystem und in den muslimischen (Moschee-)Gemeinden und dann die von den befragten Lehrenden angewandten verschiedenen Wege zur Anerkennung als Professionelle erörtert.

## 4.1 Orte der (mangelnden) Anerkennung als Professionelle

In den Interviews kommen die befragten IRL bei verschiedenen Themen immer wieder auf den Stellenwert des IRU zu sprechen und monieren dabei die mangelnde Anerkennung ihres Berufs bzw. ihrer Lehrtätigkeit als professionelle IRL. Dieses Thema wird insbesondere im Zusammenhang mit Schulleitungen, Lehrenden und Schulbehörden sowie den muslimischen (Moschee-)Gemeinden und deren Umgang mit dem IRU und den IRL aufgegriffen.

### 4.1.1 (Mangelnde) Anerkennung im Schulsystem: Schulleitungen, Lehrende und Schulbehörden

Die Anerkennung des IRU und damit des IRL-Berufs ist dem Datenmaterial zufolge im Schulsystem nicht gänzlich geklärt bzw. defizitär. So besteht den interviewten IRL zufolge dringender Klärungsbedarf hinsichtlich der (Zu-)Teilung von Ressourcen wie beispielsweise (Klassen-)Räumen und Unterrichtsmaterialien sowie bei der Vergabe von Dienstverträgen, die in ihren Augen zugleich auch Auskunft über die (mangelnde) Anerkennung bzw. Wertschätzung des IRU und der eigenen Person als (professionelle) IRL geben und in weiterer Folge auch – direkt oder indirekt – Einfluss auf die laufende (professionelle) Tätigkeit und das Professionellwerden der einzelnen IRL haben.

Das Aushandeln bzw. die Vergabe von Ressourcen seitens der Schulleitungen, Lehrenden und Schulbehörden kann unter Umständen ein Ausdruck der (mangelnden) Anerkennung und Wertschätzung sein. So schildert beispielsweise ein Lehrer, dass der ihm zugeteilte Klassenraum von einem anderen Lehrer genutzt wurde, wobei die Art und Weise des Vorgehens – ohne Nachfrage, Begründung oder Bitte – einen wertschätzenden Umgang und Anerkennung vermissen ließ:

»Dann nächstes Mal: Ich bin zu diesem Raum gekommen und hab gesehen, dass der gleiche Lehrer wieder drin ist. Und er hat gesagt: ›Ja, Herr Isa, jetzt bin ich aber hier, ich bin jetzt eingetragen, für mich ist dieser Raum eingetragen worden.‹ Ich habe einen Scherz gemacht: ›Ja, haben Sie da mehr bezahlt oder wie, dass Sie diesen Raum bekommen. Was ist an diesem Raum besonders? Sie könnten einen anderen Raum auch bekommen […]‹.« (Isa, 148)[7]

---

7   Zur Wahrung der Anonymität der interviewten Lehrkräfte wurden Pseudonyme verwendet. Die Zahlen verweisen auf die jeweilige Absatznummer im Interviewtranskript.

Eine andere Lehrerin berichtet, dass Sie als IRL gezwungen war, Ressourcen, die allen Lehrenden selbstverständlich zur Verfügung stehen (sollten), von den Schulleitungen einzufordern:

»Du wirst in die Bibliothek abgeschoben. Weil man braucht ja keinen Raum, Bibliothek reicht ja aus. Was soll das? Ich musste erstmal um einen Raum tatsächlich kämpfen, dass ich einen freien Raum bekomme, wo eine Tafel ist, wo ich eben was aufhängen kann, wo ich auch einen Schrank bekomme, wo ich meine Sachen ablegen kann. Also gewisse Sachen sind nicht einfach mit den Schuldirektoren […].« (Nur, 81)

Am Beispiel von Nur wird ferner deutlich, dass anhand solcher Ressourcen »Reviere«, Stellungen und Positionen markiert werden. So fährt sie fort:

»[M]an kommt in diese Schule und man muss dann das eigene Revier nochmals neu gestalten. Und da braucht man echt sehr viel Kraft mit den Schuldirektoren.« (Nur, 79)

Die befragten IRL beschreiben im Zuge ihrer Erzählungen über die Zuteilung von Ressourcen einen mühsamen und erschöpfenden Prozess. Erhalten sie die gleichen Ressourcen wie die Lehrenden anderer Disziplinen, so interpretieren sie dies, wie das folgende Beispiel von Nur zeigt, als Anerkennung und Wertschätzung:

»Also gewisse Sachen sind nicht einfach mit den Schuldirektoren auszuhandeln, aber ich habe es geschafft. Also am Ende hatte ich alles bekommen und am Ende hatte ich auch meine Anerkennung bekommen; mit sehr vielen Nervenreibungen.« (Nur, 81)

Ebenso werden schulbehördliche Beschlüsse wie die Vergabe von unbefristeten Dienstverträgen unter dem Gesichtspunkt der Anerkennung und Wertschätzung und in weiterer Folge der Professionalisierung betrachtet und interpretiert. So monieren einige der Befragten die mehrmalige Verlängerung von befristeten Verträgen, statt diese, wie bei Lehrenden anderer Fachdisziplinen üblich, nach fünf Jahren in unbefristete Landes- oder Bundesanstellungen zu überführen.

»[S]trukturell gesehen finde ich, dass es auch eine bessere Anerkennung ist, wenn man diesen I L-Vertrag auch haben könnte und nicht nur als Vertragslehrer jedes Jahr verlängert wird. Also man steht immer auf der Kippe, was ist mit mir nächstes Jahr? Okay, du bist wieder als Vertragslehrer eingestellt. Also diese strukturellen Änderungen müssen von oben bis unten durchgezogen werden.« (Nur, 91)

Diese Ungleichheit und Unsicherheit erschwert aus der Sicht der Befragten ihre Handlungsfähigkeit als IRL und kann unter Umständen auch Einfluss auf Professionalisierungsprozesse wie Aus-, Fort- und Weiterbildung haben. Die Lehrerin Nur greift in ihren kritischen Anmerkungen die vielschichtige Bedeutung der geschilderten Prozesse für die Professionalisierung mit folgenden Worten auf:

»[Hätten] die dann gesagt, dass alle, die einen Master und alle, die einen Bachelor haben, vorrangig für den I L-Vertrag behandelt werden, auch wenn du gerade zwei, drei Jahre als Lehrer unterrichtest, dann hätte man ein Ziel für die anderen. Ja, dann würden die sagen, okay, da muss ich jetzt in meiner beruflichen Perspektive noch was ändern, damit ich den I L-Vertrag erreich. Aber es gibt genügend Lehrer, die auch den I L-Vertrag bekommen haben, obwohl sie nur eine Matura haben zum Beispiel, oder noch nicht einmal eine Matura haben.« (Nur, 97)

An diesem Beispiel wird deutlich, dass die Frage der Anerkennung und Wertschätzung direkt, in Form von formalen Kriterien, oder indirekt, in Form von informellen schulischen Kriterien, Professionalisierungsprozesse steuern und fördern kann. Denn die IRL werden auf ihrer Suche nach Anerkennung und Wertschätzung motiviert bzw. angehalten, sich zu professionalisieren und als Professionelle zu beweisen.

### 4.1.2 (Mangelnde) Anerkennung in der muslimischen (Moschee-)Gemeinde

Die Daten legen eine ähnliche Situation mit Blick auf die Anerkennung des IRU und der IRL innerhalb muslimischer (Moschee-)Gemeinden nahe. Die IRL berichten in ihren Erzählungen zwar von einem gewissen Respekt und von Höflichkeit der muslimischen Eltern gegenüber ihrem Berufsstand als IRL:

»[D]ie Mutter meinte: ›Ich fühle mich sehr gut, weil ich weiß, mein Kind ist sehr gut aufgehoben bei Ihnen, aber tatsächlich würde ich eigentlich selber diese Dinge auch zu Hause mit meinen Kindern machen wollen, aber dafür fehlt mir die Zeit [...].‹« (Nur, 87)

Letztlich aber wird Leistung als IRL, wie anhand der folgenden Aussage zu sehen ist, geringgeschätzt, denn der IRU ist vielen muslimischen Eltern bzw. (Moschee-)Gemeinden fremd. So richten sie ähnliche Erwartungen an den IRU und die IRL wie an den Moscheeunterricht:

»Da kann man sich noch und noch den Mund fusselig reden, dass man auch Suren lernt, aber das heißt nicht, dass es die Hauptbeschäftigung ist. Sondern unser Hauptaugenmerk ist die Liebe Gottes, die Bindung zu Gott, wer ist mein Schöpfer, Allah kennenzulernen, den Propheten zu lieben [...] Wenn man das denen zeigt [...] es gibt Eltern, die sagen: ›Ah, nur das habt ihr gemacht.‹« (Nur, 87)

Entspricht der IRU nicht den Erwartungen der (Moschee-)Gemeinden oder weicht er von den Lehren der (Moschee-)Gemeinden ab, so kann das dazu führen, dass die Anerkennung verweigert wird und mitunter die Autorität und Kompetenz der IRL infrage gestellt wird:

»[E]s gibt nun mal Mitglieder bestimmter Verbände, die vielleicht, ja, meine Anwesenheit und meine Lehrtätigkeit vielleicht nicht so schätzen. Ja, also aufgrund ihrer eben unterschiedlichen Interpretation des Islam [...].« (Ali, 100)

Auf den ersten Blick scheint die (mangelnde) Anerkennung und Wertschätzung innerhalb der (Moschee-)Gemeinden kaum von Bedeutung zu sein. In Anbetracht des konfessionellen Charakters des IRU in Österreich und Deutschland kann sie jedoch die Professionalisierung der IRL u. a. in folgenden Aspekten beeinflussen:
- Die (Moschee-)Gemeinden sind direkt oder indirekt in die eingangs erwähnten Diskurse eingebunden und sind in Österreich und in manchen deutschen Bundesländern (mit)verantwortlich für die inhaltliche Gestaltung des IRU, die Erteilung der *iğāza* (Lehrbefugnis) und die Genehmigung der Schulbücher für den IRU.
- Ferner kann eine Verweigerung der Anerkennung der IRL auch dazu führen, dass muslimische Eltern und ihre Kinder die Kooperation im Unterricht verweigern oder sich vom konfessionellen IRU abmelden.

Da die IRL die genannten beispielhaften Einflussmöglichkeiten in ihrer Tätigkeit zu berücksichtigen haben, wirken diese sich auf die professionelle Tätigkeit sowie auf die Professionalisierungsprozesse der IRL aus.

## 4.2 Anerkennung durch interreligiöse und interdisziplinäre Schulprojekte

In ihrem Ringen um Anerkennung eignen sich die IRL – wie sich der weiteren Analyse entnehmen lässt – vielfältige Strategien und Umgangsformen an. Dabei gelten interreligiöse und interdisziplinäre Kooperationen, Reifeprüfungen sowie die grundsätzliche Professionalisierung des IRL-Lehrbetriebs als gute Möglichkeiten, das Ansehen in der Öffentlichkeit positiv zu beeinflussen, die Reputation der IRL-Gemeinschaft zu steigern und somit einen Beitrag zur Professionswerdung zu leisten. Im Folgenden werden diese Möglichkeiten anhand exemplarischer Ausschnitte aus den Interviews konkretisiert.

Die interreligiöse bzw. interdisziplinäre Zusammenarbeit mit Lehrenden anderer Religionen und Fächer wird von den meisten Befragten als eine Chance gesehen, da diese Kooperation gute Gelegenheiten bietet, einander in der Begegnung kennenzulernen und sich bzw. den IRU und damit auch den IRL-Beruf bekannt und in den Schulen sichtbar zu machen. Exemplarisch ist das bei Amr zu sehen, der die interreligiöse Zusammenarbeit als Chance nutzt und dadurch in den Schulen an Bekanntheit gewinnt:

»[D]urch diese Gottesdienste habe ich die anderen Kollegen in der Schule irgendwie kennengelernt, gut kennengelernt. Ich war selten derjenige, der kaum mit jemandem redet. Nein, ich habe jede Chance genützt. Ich war oft auch eingeladen in anderen Klassen, ein bisschen über den Islam zu reden; Themen passend zum Alter, ja. Und durch diese Aktivitäten war ich bekannt in den Schulen, wo ich unterrichtet habe […].« (Amr, 88)

Ebenso werden kooperative Projekte als eine Gelegenheit zur Präsentation und Inklusion wahrgenommen. So nutzt beispielsweise Amr Schulprojekte gezielt, um sich in den Schulalltag einzubringen und Anerkennung zu erlangen:

»[A]n einer Schule hatte ich das Gefühl, ich bin nicht erwünscht. Ja, dann habe ich ein Projekt gemacht […]. Dadurch hatte ich das Gefühl, ich bin irgendwie in der Schule integriert.« (Amr, 192)

Auch andere IRL erkennen den Mehrwert der interreligiösen oder interdisziplinären Zusammenarbeit und gemeinsamer Projekte. Für Isa etwa ist die Tatsache, dass er von nicht-muslimischen Schüler*innen wiedererkannt wird, eindeutig auf die Zusammenarbeit mit katholischen Kolleg*innen zurückzuführen:

»Es kommt vielleicht auch daher, weil wir in den Schulen gemeinsame Stunden gestalten, mit den nichtmuslimischen, also katholischen Klassen; oder vielleicht auch Abschieds- oder Abschlussfeiern gestalten. Und, wenn man dann auf der Bühne steht, dann sehen sie auch, sechshundert, siebenhundert Schüler auf einmal: Das ist der Islamlehrer.« (Isa, 86)

An den Beispielen von Isa und Amr wird deutlich, dass Kooperationen nicht nur die Gelegenheit zu Begegnung und Austausch bieten, sondern auch die Möglichkeit bzw. die »Bühne« dafür, sich bekannt zu machen und die eigenen Kompetenzen zu präsentieren.

### 4.3 Anerkennung durch qualitätsvolle (Prüfungs-)Präsentationen

Die Suche nach Möglichkeiten des Sich-Präsentierens mag auf den ersten Blick oberflächlich erscheinen. Wie jedoch die weitere Analyse des Datenmaterials – insbesondere im Zusammenhang mit der neuen Reifeprüfung – zeigt, geht es den IRL keineswegs nur um Ansehenssteigerung, sondern auch um die Qualität des IRU und die Anerkennung als Lehrer*innen bzw. als Professionelle. Dies ist etwa der folgenden Erzählung von Hud zu entnehmen, der die Reifeprüfung auch als einen Prüfstein für den IRU bzw. die Professionalität der Lehrperson begreift:

»[D]ie Qualität der Fragen früher und heute ist sehr unterschiedlich. Es wird erzählt, es gab auch Maturafragen wie die fünf Säulen und die sechs Glaubensinhalte. Ja, die gibt's heute nicht mehr. Und das hängt von vielen Faktoren ab, von der Ausbildung des Lehrers, von der Ausbildung der Schüler und von den Materialien. Das alles ist heutzutage gegeben.« (Hud, 200)

Die Reifeprüfung – genauer: die Qualität der Aufgaben – bietet dieser Darstellung zufolge den IRL die Chance, sich zu definieren und zu präsentieren. So würden anspruchsvolle Aufgaben die Qualität des IRU und somit die Professionalität der IRL widerspiegeln und darüber hinaus eine gute Möglichkeit bieten, auch die anderen Akteur*innen der Schule von der Qualität des IRU und damit von der eigenen Professionalität zu überzeugen. So führt Hud weiter aus:

»Wenn der Religionslehrer eine sehr tolle Frage stellt, und da sind auch die Kollegen anwesend, die Vorsitzenden sind anwesend, das macht auch ein gutes Bild vom Religionsunterricht. Nicht nur der Schüler präsentiert sich dort, sondern auch der Religionsunterricht präsentiert sich.« (Hud, 200)

Für Hud ist die Anerkennung der IRL auch eine Folge der Professionalisierung des Berufsstandes. Er verweist auf positive Professionalisierungsprozesse wie z. B. die Ausbildung der IRL und die Bereitstellung von hochwertigen Materialien:

»[D]ie Ausbildung seit 2006 sowohl für den Pflichtschulbereich als auch für Höhere Schulen, da hat sich vieles getan. Das heißt, man ist auf dem Weg zur Professionalisierung des Religionsunterrichts im Vergleich zu den 90er-Jahren oder 2000ern. […] Wenn ich heutzutage zum Beispiel ein Handexemplar von der Glaubensgemeinschaft anschaue, was die neue Matura betrifft – sehr ausführlich, sehr professionell erarbeitet […].« (Hud, 198)

In seinen weiteren Ausführungen illustriert Hud das Wechselspiel zwischen Professionalisierung im Sinne von Professionellwerden und Professionwerden folgendermaßen:

»Und das [die Professionalisierung] erhöht auch das Bild des islamischen Religionsunterrichts in der Schulgemeinschaft. Wenn man von anderen auch sozusagen anerkannt wird. Was heißt anerkannt? Ja, dass man sein Da-Sein zeigen kann. Was früher vielleicht nicht immer der Fall war.« (Hud, 198)

## 5 Resümee

Die hier präsentierten Ergebnisse veranschaulichen, wie sich das Professionellwerden und das Professionwerden der islamischen Religionslehrer*innen gegenseitig beeinflussen. Sind die Lehrenden professionell und können ihre Professionalität sichtbar darstellen, etwa in Schulprojekten oder bei (Abschluss-) Prüfungen, so trägt das zum Professionwerden bei. Die Professionwerdung bzw. die im Rahmen des Professionwerdens im Diskurs mit der Gesellschaft und der Politik geschaffenen beruflichen Rahmenbedingungen und schulischen Ressourcen sowie die Aus-, Fort- und Weiterbildungsmöglichkeiten wiederum prägen das Professionellwerden der Lehrenden. Weiter machen die Studienergebnisse deutlich, dass die gesetzliche Anerkennung nicht mit der gesellschaftlichen Anerkennung und auch nicht mit der Anerkennung der Professionalität der IRL seitens der Eltern und Gemeinden gleichzusetzen ist. Dies ist für das Professionwerden des IRL-Berufs besonders von Bedeutung, da die Lernenden bzw. die Eltern die Teilnahme an einem konfessionellen IRU verweigern können, insbesondere, wenn sie von der Professionalität der IRL nicht überzeugt sind (vgl. in diesem Beitrag Kap. 5.2; vgl. auch Tuna 2014).

Die IRL in Deutschland und in Österreich durchlaufen derzeit sowohl Prozesse des Professionellwerdens als auch des Professionwerdens. In einigen Aspekten unterscheiden sich die beiden Länder, wie etwa hinsichtlich der gesetzlichen Anerkennung und der bundesweiten Einführung des IRU. Ein detaillierter Vergleich beider Länder ist jedoch gegenwärtig kaum möglich, da keine vergleichbaren Publikationen zur Professionalisierung der IRL in Deutschland vorhanden sind.

## Literatur

Bauer, W. T. (2016): Der Islam in Österreich. Ein Überblick. http://politikberatung.or.at/fileadmin/_migrated/media/Der_Islam_in_OEsterreich_01.pdf (Zugriff am 14.07.2022).

Breuer, F./Muckel, P./Dieris, B./Allmers, A. (2017): Reflexive Grounded Theory. Eine Einführung für die Forschungspraxis (3., vollst. überarb. u. erw. Aufl.). Wiesbaden.

Clarke, A. E. (2012): Situationsanalyse. Grounded Theory nach dem Postmodern Turn. Wiesbaden.

Dreier, L./Wagner, C. (2020): Wer studiert Islamische Theologie? Ein Überblick über das Fach und seine Studierenden. https://aiwg.de/wp-content/uploads/2020/03/Wer-studiert-islamische-Theologie_Expertise.pdf (Zugriff am 14.07.2022).

Equit, C./Hohage, C. (2016): Ausgewählte Entwicklungen und Konfliktlinien der Grounded-Theory-Methodologie. In: C. Equit/C. Hohage (Hg.): Handbuch Grounded Theory. Von der Methodologie zur Forschungspraxis (S. 9–47). Weinheim.

Heine, S./Lohlker, R./Potz, R. (2012): Muslime in Österreich. Innsbruck.

Hoffers, E. (2012): Islamischer Religionsunterricht. Allah oder der Beirat. https://www.faz.net/aktuell/politik/inland/islamischer-religionsunterricht-allah-oder-der-beirat-11922261-p2.html (Zugriff am 14.04.2022).

Horn, K.-P. (2016): Profession, Professionalisierung, Professionalität, Professionalismus – Historische und systematische Anmerkungen am Beispiel der deutschen Lehrerausbildung. Zeitschrift für Pädagogik und Theologie, 68 (2), 153–164.

Khorchide, M. (2009a): Der islamische Religionsunterricht in Österreich. Hrsg. v. Österreichischer Integrationsfonds. Wien (= ÖIF-DOSSIER 5).

Khorchide, M. (2009b): Der islamische Religionsunterricht zwischen Integration und Parallelgesellschaft. Einstellungen der islamischen ReligionslehrerInnen an öffentlichen Schulen. Wiesbaden.

Kiefer, M. (2017): »Drei Schritte vor, einer zurück«. Islamischer Religionsunterricht. Ein Unterrichtsfach mit Hindernissen. HIKMA, 8 (1), 83–97.

Kiefer, M./Mohr, I.-C. (2009): Islamwissenschaftliche Thesen zum islamischen Religionsunterricht. In: I.-C. Mohr und M. Kiefer (Hg.): Islamunterricht – Islamischer Religionsunterricht – Islamkunde. (S. 205–211). Bielefeld.

Krainz, U. (2014): Religion und Demokratie in der Schule: Analysen zu einem grundsätzlichen Spannungsfeld. Wiesbaden.

Mediendienst Integration (2020): Religion an Schulen. Islamischer Religionsunterricht in Deutschland. https://mediendienst-integration.de/fileadmin/Dateien/MDI_Informationspapier_Islamischer_Religionsunterricht_Mai_2020.pdf (Zugriff am 14.04.2022).

Mieg, H. A. (2016): Profession: Begriff, Merkmale, gesellschaftliche Bedeutung. In: M. Dick/W. Marotzki/H. A. Mieg (Hg.): Handbuch Professionsentwicklung (S. 27–39). Bad Heilbrunn.

Mitteilung Goethe-Universität Frankfurt am Main (12.04.2016): Weiterbildung Islamische Religion. https://www.muk.uni-frankfurt.de/75087735/Medien_Einladung___Weiterbildung_Islamische_Religion (Zugriff am 14.04.2022).

Mitteilung Justus-Liebig-Universität Giessen (o. J.): Weiterbildung für Lehrer im Fach »islamische Religion«. https://www.uni-giessen.de/fbz/fb04/institute/islamtheo/Studienangebote/Weiterbildung (Zugriff am 14.04.2022).

Nittel, D. (2011): Von der Profession zur sozialen Welt pädagogischer Tätiger. Vorarbeiten zu einer komparativ angelegten Empirie pädagogischer Arbeit. In: W. Helsper/R. Tippelt (Hg.): Pädagogische Professionalität (S. 40–59). Weinheim u. a. (=Zeitschrift für Pädagogik, Beiheft 57).

Österreichischer Nationalrat (2015): Bundesgesetz über die äußeren Rechtsverhältnisse islamischer Religionsgesellschaften. Islamgesetz 2015, BGBl. I Nr. 39/2015. Fundstelle: BGBl. I Nr. 39/2015. http://www.parlament.gv.at/PAKT/VHG/XXV/I/I_00446/index.shtml (Zugriff am 14.04.2022).

Rothgangel, M./Schlag, T./Schweitzer, F. (2018): Didaktische Gestaltungen des Themas »Islam« aus LehrerInnen- und SchülerInnenperspektive. Konfessioneller und religionskundlicher Unterricht im internationalen Vergleich. Zeitschrift für Pädagogik und Theologie, 70 (1), 4–20.

Schröter, J. I. (2015): Die Einführung eines Islamischen Religionsunterrichts an öffentlichen Schulen in Baden-Württemberg. Freiburg i. B.

Tuna, M. H. (2014): »Islam ist nach der Schule …«. Die Situation des islamischen Religionsunterrichts mit Blick auf Abmeldungsmotive und -praxis. Masterarbeit. Wien.

Tuna, M. H. (2019): Islamische ReligionslehrerInnen auf dem Weg zur Professionalisierung. Münster.

Uçar, B./Sarıkaya, Y. (2009): Der islamische Religionsunterricht in Deutschland: Aktuelle Debatten, Projekte und Reaktionen. In: E. Aslan (Hg.): Islamische Erziehung in Europa. Islamic education in Europe (S. 87–108). Wien.

Uslucan, H.-H. (2015): Zwischenbericht zur wissenschaftlichen Begleitung der Einführung des islamischen Religionsunterrichts (IRU) im Land Nordrhein-Westfalen. https://www.landtag.nrw.de/portal/WWW/dokumentenarchiv/Dokument/MMV16-3701.pdf (Zugriff am 14.04.2022).

Wilensky, H. L. (1964): The Professionalization of Everyone? American Journal of Sociology, 70 (2), 137–158.

Wissenschaftliche Dienste Deutscher Bundestag (2016): Islamunterricht und Islamische Theologie/Präventionsprojekte gegen Islamismus. https://www.bundestag.de/resource/blob/436842/d6bb6c994d840efeaf2f25b224772f68/WD-8-025-16-pdf-data.pdf (Zugriff am 14.07.2022).

Wissenschaftsrat (2010): Empfehlung zur Weiterentwicklung von Theologien und religionsbezogenen Wissenschaften an deutschen Hochschulen. Köln.

Witzel, A. (2000): Das problemzentrierte Interview. FORUM: Qualitative Social Research, 1 (1). http://www.qualitative-research.net/index.php (Zugriff: 14.07.2022).

Zimmer, V./Ceylan, R./Stein, M. (2017): Religiösität und religiöse Selbstverortung muslimischer Religionslehrer/innen sowie Lehramtsanwärter/innen in Deutschland. Theo-Web. Zeitschrift für Religionspädagogik, 16 (2), 347–367.

# III. Der Islamunterricht im fachdidaktischen Konzept

# Elementares Erinnern in der Korandidaktik

Bernd Ridwan Bauknecht

Soll der Koran, ein über 1.400 Jahre altes Vermächtnis, dessen Worte und Inhalte an Erwachsene adressiert waren, Grundlage und Gegenstand in einem Religionsunterricht für Jugendliche und Kinder sein? Welchen Nutzen hat ein solcher Unterricht für die jungen Menschen? Was bewirkt die Beschäftigung mit dem Koran? Welche Erkenntnisse hat der Koran für die gesamte Gesellschaft und welchen Nutzen hat die Gesellschaft von einer Auseinandersetzung junger Muslim*innen mit dem Koran? Doch vor allem stellt sich die zentrale Frage: *Wie* kann die Auseinandersetzung mit dem Koran im Religionsunterricht stattfinden und gelingen?

Meine Dissertation zur Korandidaktik (Bauknecht 2022) verfolgt die Ausgangsthese, dass die Bedeutung des Korans, der zunächst wenig eindeutige normative Aussagen enthält (vgl. Bauer 2011, S. 143; Rohe 2011), im persönlichen Zugang des Einzelnen und einer möglichen Charakter- oder auch Seelenbildung liegt. Erst mit diesem Prozess der Persönlichkeitsbildung wächst die Verantwortung des*der Einzelnen für die Gesellschaft(en). Wird der Koran nur als Matrix einer Normenlehre betrachtet, so verliert er seine sakrale Kodierung. Er wandelt sich vom heiligen zum profanen Text (vgl. Dressler 2013, S. 420).

Diese Sichtweise ist keine »moderne« Neuinterpretation, sondern schließt an Ausführungen an, die bereits klassische Gelehrte vertreten haben (Günther 2015). Im Zentrum der Überlegungen stehen hierbei nicht vereinnahmende Zielvorstellungen zur »reinen« religiösen Erziehung von Schüler*innen, um aus ihnen »bessere« Menschen oder vielleicht auch funktionierende Staatsbürger*innen zu machen. Vielmehr rückt an dieser Stelle der Koran ins Zentrum. Er wird zum Subjekt und nach dialogischen Zugängen hinterfragt.

Gerade deshalb berücksichtigt diese Sichtweise, dass der Koran durchaus Änderungen normativen Charakters eingeleitet hat, die einen Fortschritt zu früher bedeutet haben. So lässt sich in den Versen eine zeitlose Intention des Voranschreitens entdecken. Es gilt diese Veränderungen und dahinter liegenden Intentionen herauszuarbeiten, um das koranische Wort zugänglich und relevant zu machen, um es zum Klingen zu bringen. Dies ist ohne eine historische und literaturwissenschaftliche Analyse nicht möglich.

Deshalb werden in diesem Aufsatz in der gebotenen Kürze Diskurs und Ansätze der Koranexegese angerissen. Es folgen Ausführungen zum Koran als *kitāb aḏ-ḏikr* (»Buch des Erinnerns«). Abschließend werden die Methode der Elementarisierung und ihre didaktischen Umsetzungen hinsichtlich des Korans im Unterricht dargelegt.

## 1 Genese der Korangelehrsamkeit

In den ersten Jahrhunderten entstanden schriftliche Werke zu sprachphilologischen Fragen, Lesarten *(qirā āt al-qur ān)*, Offenbarungsanlässen *(asbāb an-nuzūl)*, mekkanischen und medinensischen Versen *(al-makkī wa al-madanī)*, eindeutigen und mehrdeutigen Versen *(muḥkam wa al-mutašābih)* oder zur Abrogation *(nasḫ)* einzelner Verse.

Als die beiden größten Wissenszweige bildeten sich die Kalam- und die Fiqh-Gelehrsamkeit heraus. Kalam (*kalām*, »Rede«) wird oft als spekulative Theologie übersetzt, beinhaltet aber ebenso Themen aus der Philosophie, der Systematischen Theologie und der Dogmatik. Ilm ul-Fiqh (*ʿilm ul-fiqh*) ist die »Lehre des Verstehens« und wird meist mit »Islamische Jurisprudenz« oder »Rechtslehre« übersetzt. Diese Verstehens- und auch Regellehre mit Alltagsbezug untersucht Koran und Hadith hinsichtlich gottesdienstlicher Handlungen (*ʿibādat*) und des menschlichen Zusammenlebens *(muʿāmalāt)*. Darüber hinaus entstanden Wissenszweige wie die Exegese *(tafsīr)*, *asbāb an-nuzūl* (»Anlässe des Herabkommens«) und Hadith-Literatur *(ḥadīṯ*, Pl. *aḥādīṯ*, »Nachricht«, »Erzählung«).

Zu einer Hauptrichtung unter den exegetischen Richtungen entwickelte sich die traditionelle Koranexegese *(at-tafsīr an-naqlī)*. In ihr beziehen sich die Exegeten zur Erläuterung der Koranstellen auf passende Prophetenüberlieferungen *(aḥadīṯ)* und auf die Überlieferungen der Prophetengefährten *(ṣaḥāba)* und deren Nachfolger *(tābi ūn)*. Aṭ-Ṭabarī (gest. 923) und Ibn Kaṯīr (gest. 1373) sind ihre bekanntesten Vertreter (vgl. Ben Abdeljelil 2020).

Ar-Rāzī (gest. 1209), an-Nasafī (gest. 1310) oder as-Suyūṭī (gest. 1505) betonten die vernunftgeleitete Eigenbemühung und gelten als Vertreter einer »rationalen Koranexegese« *(at-tafsīr al-ʿaqlī)*. Gelehrte wie at-Tustarī (ca. 818–896), as-Sulamī (937–1021) oder Ibn ʿArabī (1165–1240), die als Vertreter einer »mystischen Koranexegese« *(at-tafsīr bi-l-išāra)* gelten, erkannten in den Versen neben der äußeren Bedeutung Zeichen einer inneren grenzenlosen und unabgeschlossenen Bedeutung.

Bereits während der Genese des Korans entwickelte sich die Methode der *asbāb an-nuzūl* (»Anlässe des Herabkommens«), die nach den weltlichen Anlässen, den Umständen und den Gründen für die Offenbarung fragt. Doch nicht jede Exegese bedeutet auch schon eine Kontextualisierung. Heute kann eine bloße Historisierung der Manipulation und Reduktion Tür und Tor öffnen. Der Verengung auf einen bestimmten historischen Moment kann die Aushöhlung des Bedeutungspotenzials folgen. Bereits während der Konsolidierung der Rechtsschulen wurden historische Zusammenhänge zwar herausgearbeitet, dann aber wiederum in einem neuen Kontext festgeschrieben. Nicht nur fundamentalistische Gruppierungen ordnen auch diesen Texten eine Überzeitlichkeit zu.

Außerdem gilt es, den »Koran aus seinem teleologischen Kokon« (Neuwirth 2010, S. 39) zu lösen. Denn unter anderem orientieren sich Interpretationen und Einordnungen an der Biografie des Propheten *(sīra)*, die als etwas spätere, teilweise hagiografisch gefärbte Literatur zwar auswertbar, aber nicht immer unmittelbar *historisch* auswertbar ist.

Dagegen ermöglichen neuzeitliche Modelle, wie beispielsweise Fazlur Rahmans Dreischrittmodell (zit. n. Özsoy 2008), eine variablere Einordnung in die heutige Zeit. Doch die Kontextualisierung muss über die bloße historische Einordnung und die daraus folgende Jetzt-Bestimmung hinausgehen. Die Schwierigkeit liegt darin, die Intention des Textes »objektiv« zu erfassen. Deshalb ist es sinnvoll, dem Koran seine »Bedeutungspluraliät« (Bauer 2011, S. 129 f.) zuzuerkennen.

## 2 Das Buch fiel nicht vom Himmel – Text und Literarkritik

Neuzeitliche muslimische Theolog*innen betonen die Kontextualisierung, die dazu beitragen kann, »theologische Verstehenshintergründe« (Arnoldsheimer Konferenz 1992) zu erfassen. Dazu sollten Religionsgeschichte und allgemeine Geschichtsdeutung einbezogen werden, um anhand eines »geschichtsphilosophischen Kriteriums« (Körner 2010, S. 2), Erkenntnisgewinne zu ermöglichen, die aufgrund der späteren Perspektive einen deutlicheren Blick auf den Geschichtsverlauf haben und frühere Geltungsansprüche klären.

Das erwähnte Dreischrittmodell von Fazlur Rahman (1919–1988) versucht im ersten Schritt, den Text im Kontext seiner Zeit zu verstehen. Dazu müssen historische Begleittexte, Quellen, wie die Hadithsammlungen (*ḥadīṯ*, Pl. *aḥādīṯ*) oder die Prophetenbiografie *(sīra)*, einbezogen werden. Im zweiten Schritt destilliert man aus den so verstandenen Einzelregelungen in der betreffenden Textstelle allgemeingültige ethische Prinzipien. Und im dritten Schritt werden diese so gewonnenen Prinzipien in der heutigen Zeit angewandt. Das Modell birgt allerdings die bereits erwähnte Gefahr, dass durch eine Reduktion auf ethische Leitlinien die Bedeutungspluralität eingeschränkt wird.

Moncef Ben Abdeljelil (geb. 1935, Tunesien) kritisiert teleologische Verwerfungen der Textinterpretation innerhalb der eigenen Religionsgeschichte. Er spricht von einer »erfundenen Referenzialität« sowohl im neuzeitlichen »pragmatischen Ansatz« beispielsweise der Muslimbrüder als auch im »traditionellen Ansatz« (Ben Abdeljelil 2019, S. 179). Der pragmatische Ansatz suche nach unmittelbaren schriftlichen Hinweisen, um die Einstellungen und Behauptungen von Gruppen zu stützen. Der »traditionelle Ansatz« versuche wiederum, einen Koranvers anhand weniger exegetischer Sprüche, Erzählungen oder Berichte zu erklären. So entstehe eine Art lebendige Tradition, die nach und nach Autorität und Referenzialität erlangt. Gemeinsam haben beide Ansätze, dass sie »sektiererischen politischen Ansprüchen Legitimität« (Abdeljelil 2019, S. 181) verleihen. Deshalb plädiert Ben Abdeljelil, als Ziel hermeneutischer Bemühungen etwas von der »keimhaften Botschaft« (Abdeljelil 2019, S. 192) des Korans zu entdecken. Hierzu kann für ihn der maqāṣid-Ansatz beitragen. Die Diskussion um maqāṣid aš-šarīʿa (Ziel/Programmatik der Scharia) im Zusammenspiel mit maṣlaḥa (Wohlfahrt/öffentliches Interesse) ebnete ab dem 12. Jahrhundert eine tradierte Denkrichtung. In neuerer Zeit erhielt dieser maqāṣid-Ansatz eine bedeutende Rolle in der Diskussion zwischen Moderne und Tradition. Ebenso fordert Ben Abdeljelil, dass für die Exegese eine Erweiterung auf sozial- und geisteswissenschaftliche Disziplinen stattfindet, um dogmatische Haltungen aufzubrechen (Ben Abdeljelil 2019, S. 192 f.).

Die Theologin, Islam- und Religionswissenschaftlerin Asma Afsaruddin (geb. 1958, Bangladesch) thematisiert das koranische Prinzip *irğā*□, das sich ab dem 8. Jahrhundert als Position der *murğia*□ etablierte. Das arabische *irğā*□ ist der Infinitiv des IV. Stammes der Radikale *r-ğ-*□. Es bedeutet sowohl »Hoffnung« als auch »Aufschub«, »Vertagung«. Das *irğā*□-Prinzip besagt, dass ein definitives Urteil über ein Dogma, für das es im Koran oder in den Hadithen keinen direkten Bezug gibt, aufzuschieben ist, bis Gott selbst darüber entscheidet. Nach der *murğia*□ ist es das exklusive Vorrecht Gottes, über den menschlichen Glauben und das menschliche Verhalten zu richten. So kann zum Beispiel ein*e Verbrecher*in für seine Tat nach menschlichem Ermessen bestraft werden, aber es kann ihm nicht sein Glauben abgesprochen werden. Diese Haltung war entscheidend bei der Entwicklung etablierter Lehrpositionen der muslimischen Gemeinschaften (vgl. Afsaruddin 2019, S. 128 f.).

Mahmoud M. Ayoub (geb. 1958, Libanon) sieht den Koran als zeitlose göttliche Offenbarung und gleichzeitig als historisches »Ereignis« der menschlichen Zivilisationsgeschichte. Der Text reflektiere die spirituelle und soziale Lage aller, ist aber an die Menschen der arabischen Halbinsel zur Zeit des Propheten Muhammad adressiert. Er erhielt die Botschaft für alle Menschen, für die Menschheit (K 21:107; K 7:158), dennoch beziehen sich viele Verse auf den moralischen und religiösen Zustand der Menschen aus dieser Zeit. Aus diesem Grund dürfe auf keinen Fall der historische Kontext hinter der »universellen und zeitlosen Dimension« des Korans verschwinden (Ayoub 2019, S. 100). Wichtiges Kennzeichen einer koranischen Dialektik ist nach Ayoub das Prinzip Einheit in der Vielfalt (Ayoub 2019, S. 102).

Für Abdulkarim Soroush (geb. 1945, Iran) steht fest, dass »stille Texte« erst von den Rezipient*innen zum Sprechen gebracht werden. Dabei beziehe sich der*die Leser*in immer auf eigene Erwartungen, Fragen und Annahmen. Diese liegen oftmals außerhalb des Religiösen und sind fließend, wachsend und sich verändernd. Aus diesem Grund verändern sich auch die »Interpretationen«. Das Religiöse lebe von der »Vielfalt von Verständnissen religiöser Texte« und der »Vielfalt unserer Interpretation religiöser Erfahrungen« (Soroush 2019, S. 203). Deshalb habe Gott/Allah den Koran als »vielschichtige göttliche Rede« angelegt, die eine Vielzahl von Interpretationen zulasse. Etliche Hadithe sprechen von sieben oder siebzig Bedeutungsebenen des Korans. Somit gebe es auch keine »uninterpretierte Religion«, sondern die Geschichte einer Reihe von Interpretationen. In der Vormoderne gab es nach Soroush keine »umfassende Vereinnahmung der Religion«. Vielmehr haben sich die Gelehrten und die Menschen für bestimmte »Interpretationen« entschieden oder auch umentschieden (Soroush 2019, S. 204 f.). Der Pluralismus, auch in Formen von Unterteilung und Zersplitterung, ist für Soroush keine Frage der Anhäufungen von Abweichungen, sondern »das Produkt der labyrinthischen Natur der Wahrheit und des Eintauchens von Wahrheit in Wahrheit« (Soroush 2019, S. 221).

## 3 Metaphorik und dialogisches Textverständnis

Der Koran ist »als Verkündigung in mantischer Rede« (Neuwirth 2010, S. 46) in eine Sprache voller Metaphorik und mit eigenen ästhetischen und semantischen Regeln eingetaucht, die das Verständnis ohne Hintergrundwissen nicht einfacher macht.

Für klassische Gelehrte, wie zum Beispiel al-Ǧurǧānī, den Rhetoriker aus dem 11. Jahrhundert, war es selbstverständlich, dass es verschiedenster Methoden bedarf, um die vielschichtigen und oftmals mehrdeutigen Bedeutungsebenen koranischer Inhalte zu erfassen. Schon damals machte er zwei extreme Lager von Koraninterpreten aus, die an den jeweils entgegengesetzten Enden zu weit und in die Irre gingen. So gäbe es »verblendete Leute, die den Tropus schlechtweg leugnen und überhaupt nichts von ihm wissen möchten«. Das andere Lager wiederum ginge »in der tropischen Auffassung zu weit«, denn diese Menschen entfernen sich auch dann vom äußeren Wortlaut, »wenn der Sinn ihn zuläßt, und muten sich selber gesuchte Deutungen zu, zu denen kein Anlaß vorliegt« (al-Ǧurǧānī 1954, S. 420).

Für spätere Exegeten, wie beispielsweise Ibn al-Ǧazārī (1350–1429), ist der Koran

»ein pluraler, nicht abgeschlossener, hypertextuell strukturierter nichtlinearer Text, dessen Bedeutungsgehalt nie ganz ausgeschöpft werden kann, sondern der von seinen Hörern und Lesern immer neue Textarbeit fordert, von der feststeht, daß sie nie zu definitiver Gewißheit führen wird.« (Bauer 2011, S. 113)

In diesem textlichen und lebensweltlichen Umfeld war die Polyvalenz etwas Normales und Erstrebenswertes. So unterscheidet doch gerade die gewollte Ambiguität einen literarischen, hier heiligen, Text von einem Sachtext wie etwa einer Gebrauchsanleitung (vgl. Bauer 2011, S. 56). Der klassischen Gelehrsamkeit war klar, dass Vieldeutigkeit eine Gnade Gottes sei, da diese der Natur des Menschen entgegenkomme. So sei Variantenlosigkeit sogar unnatürlich und Ambiguität könne Erleichterung für den*die Einzelne*n bedeuten, Ansporn für die Wissenschaft sein und letztendlich erlaube erst Vielfalt, dass Widerspruchsfreiheit zum Kriterium der Wahrheit werden könne (vgl. Bauer 2011, S. 91 f.).

Dagegen sind im Kontext normativer Theologien und vermehrt neuerer sektiererischer Ausrichtungen Offenbarungsschriften Dokumente des Glaubens, die nicht hinterfragt und lediglich dem*der Gläubigen zur Aneignung dargeboten werden, indem Textstellen »nachrangig zu den Katechismussätzen lediglich im Sinne einer Belegkatechese in passender Auswahl steinbruchartig den Glaubensaussagen« hinzufügt werden (Mendel 2013, S. 404).

Eine solche normative Theologie widerspricht den Botschaften des Korans. Denn bereits während der Verkündigung und der Frühzeit des Islam wurde der Koran mit seiner eschatologisch kodierten Lesung der Welt als weiterführender, also anagogischer Text verstanden, der im Widerstreit mit den einfachen literalistischen Text- und Weltdeutungen der polytheistischen Mekkaner stand (vgl. Neuwirth 2017, S. 14).

Somit ist es Aufgabe des schulischen Religionsunterrichtes, dem Koran seine »Bedeutungspluralität« (Bauer 2011, S. 129 f.) zuzuerkennen und »theologische Verstehenshintergründe« (Arnoldsheimer Konferenz 1992) erfahrbar zu machen.

»*Wenn dich Meine Diener nach Mir fragen, so bin ich nahe. Ich erhöre den Ruf des Rufenden.*« So spricht Gott in Vers K 2:186. und im Vers 286 derselben Sure heißt es: »*Gott lastet keiner Seele mehr auf, als sie tragen kann.*« Bereits im Koran selbst zeichnet sich eine dialogische Beziehung zwischen Mensch und Text bzw. göttlicher Botschaft deutlich ab.

Dabei verkörpert die Rezitation eine lebendige Auseinandersetzung mit dem Text; wie beispielsweise die Islamwissenschaftlerin Angelika Neuwirth mit folgender Aussage zum Ausdruck bringt: »Mir ist der Koran lebendig begegnet. Das heißt, nicht als Buch, der Text, den man in der akademischen Forschung vor Augen hat, sondern als eine lebendige Praxis« (Neuwirth im Interview 2013).

Die Rezitation fungiert als Fenster, durch das man in die Vergangenheit sieht. Der Blick durchs Fenster ist ein Sich-Erinnern an den Ursprung, den Schöpfer, die Propheten und Menschen der Vergangenheit und letztendlich an sich selbst. Die Linearität der Zeit scheint für diesen Moment aufgehoben.

Einerseits ist der Koran in Form von Zitaten, Kaligrafien und Rezitationen im Alltag von Muslim*innen verankert. Andererseits muss die Bedeutung, die existenzielle Sinnhaftigkeit und ursprüngliche Intention immer wieder neu überdacht und zum »Eingedenken« (Benjamin 2015, S. 94) gebracht werden. Hier kann die Religionspädagogik wirken, um den präkonzeptuellen Geist und die Spiritualität im Dialog mit den Lernenden sichtbar zu machen.

Bibeldidaktische Entwürfe, wie zum Beispiel von Ingo Baldermann, Gerd Theißen oder Franz W. Niehl, sind dialogisch ausgerichtet. Lernchancen biblischer Texte werden herausgearbeitet. Grundlage hierfür ist ein korrelatives Verständnis im Umgang mit der Bibel. »Korrelation« als Leitbegriff der Religionspädagogik steht seit den 1970er Jahren für eine Didaktik, die von einer wechselseitigen Beziehung von Leser*innen und Bibeltext ausgeht (vgl. Mendl 2013, S. 404).

Es geht dabei aber nicht um Belehrung, die der Text aussagt und die ich in mir aufnehmen soll, sondern ich lerne eben dies: neu wahrzunehmen, anders zu begreifen, deutlicher zu sehen und zu reden. Der Text ist in diesem Lernprozess nicht Objekt meiner Didaktik, sondern selbst ein didaktisches Subjekt: Er wurde aufgezeichnet, um mir etwas zu zeigen, etwas mitzuteilen, mich etwas lernen zu lassen (vgl. Baldermann 2011, S. 3).

Fahimah Ulfat macht auf den pädagogischen Wert des *ta'wīl* (Deutung) aufmerksam (Ulfat 2020, S. 53–55). Diese Tradition der allegorischen Deutung birgt

Möglichkeiten, muslimische Schüler*innen darin zu unterstützen, eine Deutungskompetenz in Bezug auf religiöse Narrative zu entwickeln (Ulfat 2020, S. 57).

## 4 Buch des Erinnerns

»Die weise Erinnerung« *(aḏ-ḏikr al-ḥakīm)* nennen Muslim*innen den Koran. Der Ausdruck findet sich in Sure 3, Vers 58, als sich Gott an Muhammad wendet: »*ḏālika natlūhu ʿlayka min al-ʾayāti wa al-ḏikri al-ḥakīmi*« – »*Das ist es, was Wir dir vortragen von den Zeichen und der weisen Erinnerung.*«
Insgesamt findet sich das Morphem *ḏ-k-r* 292-mal in 14 verschiedenen Formen im Koran: 76-mal in der erwähnten Nominalform *ḏikr* (die Erinnerung, das Erinnern), 84-mal als Verb im ersten Stamm *ḏakara* (sich erinnern), 18-mal im II. Verbstamm, 51-mal im V. Stamm sowie in weiteren Verb- und Nominalformen (vgl. corpus.quran.com 2022).

Während der Koranrezitation und in der Kontemplation soll sich der*die Rezitierende erinnern. Matrix der Erinnerung sind zum Beispiel im Koran zitierte Prophetengeschichten und daraus resultierende Erkenntnisse. Doch das Erinnern geht tiefer, der*die Rezipierende kann sich im Akt der Rezitation an das erinnern, was er*sie im Grunde schon weiß, wonach seine*ihre Seele ruft. Allerdings bedarf es für einen solchen Weg einer Begleitung, denn ansonsten kann Egomanie die Suche nach Wissen verstellen und die religiöse Botschaft verkommt zur Legitimationshülle.

So manifestiert der auf dem Koran basierende *ḏikr* (»Erinnerung«) eine Botschaft, die im Kern bereits bekannt ist und die nur der Wiedererinnerung bedarf (vgl. Bobzin 2007, S. 18). Es ist im Sinne von Walter Benjamin das Tor zum persönlichen Messianischen. Das »Eingedenken« (Benjamin 2015, S. 94) in Form der Rezitation von Koranversen, der Kontemplation über den Koran oder des Gebetes sucht die Verbundenheit mit dem Ursprung, der bereits auf das Ende hinweist. Dabei setzt das Erinnern Zeichen und wird zum Kristallisationspunkt der Hoffnung.

Deshalb ist eine Beschäftigung mit dem Koran immer auch eine elementare Auseinandersetzung mit sich selbst, mit der eigenen Persönlichkeit. Die Rückbindung durch das Erinnern und das »Eingedenken« ist ein dialogischer Akt, mit dem Vergangenheit vergegenwärtigt und mit dem erlebte Einblicke Hoffnung und Wege in die Zukunft zeigen. Der Koran, *kitāb aḏ-ḏikr* (»Buch des Erinnerns«), führt den Menschen zurück zum Ursprung und weist in die Zukunft. Im elementaren Akt des Erinnerns, des Innehaltens und Reflektierens liegt eine zentrale Bedeutung des Korans und dessen positive Wirkung.

Tab. 1: *kitāb ul-ḏikr* (eigene Darstellung)

| Kitāb aḏ-ḏikr | |
|---|---|
| sich erinnern | eingedenken |
| kritische Auseinandersetzung | persönlich |
| historisch-kritisch | spirituell |
| literarturwissenschaftlich | rituell |
| Quellenforschung | verantwortlich |
| dialogisch | immanent |

Der häufig rezipierte Theologe und Mystiker Abū Ḥāmid al-Ġazālī (1058–1111) verstand das spirituelle Herz als einen transzendentalen spirituellen Feinsinn, der mit dem physikalischen Herzen verbunden ist. Es ist die Essenz des Menschen, die versteht, lernt und weiß. Hierbei macht al-Ġazālī klar, dass wahres Wissen nicht die Anhäufung von Fakten oder auswendig Gelerntem ist, sondern vielmehr »ein Licht, das das Herz flutet« (Günther 2015, S. 382).

Der Akt des Erinnerns kann im Unterricht erprobt werden. Methodische Werkzeuge sind die Korrelationsdidaktik, das schüler*innenzentrierte Arbeiten, die Elementarisierung, Semiotik, performativer Unterricht und Interreligiosität.

Durch das Konzept des »Eingedenkens« (Benjamin 2015, S. 7–28) und Erinnerns kann die Beschäftigung mit dem Koran zu einem fruchtbaren Beitrag für die gesamte Gesellschaft werden. Die fundierte Rückbindung junger Menschen ermöglicht eine substanzielle Entwicklung der Gesamtgesellschaft.

Doch auch losgelöst vom Konzept des elementaren Erinnerns ist die Beschäftigung mit dem Koran im Unterricht eine bildungspolitische Herausforderung, die Lernende an eine historisierende und kontextualisierende Hermeneutik heranführt. So ermöglicht der islamische Religionsunterricht vielen eine wertvolle Teilhabe am gesellschaftlichen Leben und schafft Klarheit durch Wissen und religiöse Artikulationsfähigkeit. Dabei ist der individuelle Glaube jedes*jeder einzelnen Schüler*in zu respektieren und zu schützen. Steht dieser Glaube im vermeintlichen Widerspruch zur Klaviatur religiös-kulturell geprägter Muster, so kann durch Hinterfragen und Reflexion ein selbstverantwortlicher Umgang mit Glauben und Religion erprobt und eingeübt werden.

## 5 Elementarisierung

»Erfahrungsorientierung und kindgemäße Zugänge stellen grundlegende Prinzipien der Elementarisierung dar« (Schweitzer 2013, S. 410). Der didaktische

Fachbegriff der Elementarisierung hat seine Ursprünge in der Erziehungswissenschaft. Kindern und Jugendlichen soll die Kernaussage, die elementare Aussage des Lerninhalts, zugänglich gemacht werden.

Kennzeichnend für das Modell der Elementarisierung in der Religionspädagogik ist

>»die mehrdimensionale Erschließung von Bibeltexten oder biblischen Themen: unter exegetischen Aspekten, im Blick auf die Erfahrungen und Deutungsweisen von Kindern und Jugendlichen, in unterrichtsmethodischer Hinsicht, aber auch im Blick auf den in den Texten enthaltenen Wahrheitsanspruch.« (Schweitzer 2013, S. 410)

Das Elementarisierungsmodell nach der Tübinger Schule ist durch fünf Dimensionen geprägt (vgl. Schweitzer 2013, S. 412 f.):
1. *Elementare Strukturen:* Sie beziehen sich auf die fachwissenschaftliche exegetische Erschließung zentraler inhaltlicher Aspekte, Zusammenhänge und Aussagen. Dabei gilt es, dass die Lehrkraft ein eigenes Verständnis des Textes und ein Verhältnis zum Text entwickelt, ohne aus den Augen zu verlieren, was für Kinder und Jugendliche in den bestimmten Lerngruppen besonders bedeutsam sein könnte.
2. *Elementare Zugänge:* Die Dimension der elementaren Zugänge fragt nach den Zugangs- und Deutungsweisen von Kindern und Jugendlichen. Grundlagen zur Erkundung dieser Frage sind entwicklungspsychologische und konstruktivistische Theorien sowie empirische Befunde.
3. *Elementare Erfahrungen:* Sie setzen einerseits bei den Texten und andererseits bei den Kindern und Jugendlichen an. Dabei geht es einerseits um die Erfahrungen in heutigen Lebenswelten und andererseits um die Erfahrungshorizonte aus der Zeit der Textentstehung. Denn auch Bibel- oder Korantexte beziehen sich auf bestimmte Erfahrungen, die sie ansprechen oder voraussetzen. Welche Erfahrungen aus koranischer Zeit sprechen heute zu uns?
4. *Elementare Wahrheiten:* Die Dimension der elementaren Wahrheiten sucht in den Texten nach existenziellen Bezügen, Gewissheiten oder Glaubensfragen. Es entsteht die Möglichkeit, den Wahrheitsanspruch mithilfe von Theologie sowie kinder- und jugendtheologischer Gespräche (vgl. Langenhorst 2013, S. 605–609; Gennerich 2013, S. 609–616) dialogisch aufzunehmen.
5. *Elementare Lernformen:* Die Formen des Lehrens und Lernens müssen der Besonderheit des Themas gerecht werden. Dazu sind kognitive, affektive und handlungsorientierte Aspekte des Lernens und kreative Möglichkeiten der Gestaltung zu berücksichtigen.

# 6 Elementarisieren und Erinnern im Unterricht

## 6.1 Element Licht

Das Thema Licht bietet bereits Grundschüler*innen Zugangsmöglichkeiten. Denn Licht ist eine elementare Erfahrung und kann interessante Erscheinungsformen annehmen. Zum Unterrichtseinstieg können beispielsweise Fotografien zu verschiedenen Lichterscheinungen gezeigt werden. Die Stimmungen und Emotionen, die durch Bilder vermittelt werden, erleichtern das Gespräch und den Einstieg. Im Koran symbolisiert das (göttliche) Licht unter anderem auch Wissen. Dagegen kann Dunkelheit, oder besser Finsternis, Unwissenheit und Ungerechtigkeit symbolisieren.

Der Lichtvers:

»Gott ist das Licht der Himmel und der Erde. Sein Licht ist einer Nische gleich, in welcher eine Leuchte steht. Die Leuchte ist in einem Glas, das Glas gleicht einem funkelnden Gestirn, entflammt von einem segensreichen Ölbaum, nicht östlich und nicht westlich. […] Licht über Licht! Gott leitet, wen er will, zu seinem Licht. Gott prägt Gleichnisse für die Menschen und Gott weiß alle Dinge.« (K 24:35, nach Bobzin 2010)

Zur gemeinsamen Erschließung des Textes macht es Sinn, eine Öllampe oder das Bild einer Öllampe sowie das Bild eines Olivenbaumes (Ölbaumes) im Unterricht zu zeigen. Je nach Altersstufe kann man im Lichtvers »Leuchte« durch »Lampe« und »Gestirn« durch »Stern« ersetzen. Das Wort Nische muss erläutert und auf die Gebetsnische kann hingewiesen werden. Die Begriffe »Gleichnisse« oder »Metapher« sind ab Klasse 9 durch den Deutschunterricht in der Regel bekannt. Aber auch in darunter liegenden Klassenstufen kann man die Begriffe einführen: Durch Vergleiche und Bilder soll und kann der Mensch leichter verstehen und lernen. Eventuell können Beispiele die Erläuterung veranschaulichen.

Nach der Texterschließung haben die Schüler*innen anhand von Mindmaps Assoziationen zu den Begriffen »Licht« und/oder »Finsternis« ins Heft formuliert. In dem hier vorgestellten Beispiel sind es Schüler*innen aus der Jahrgangsstufe 4. Nach einem Austausch in Partner*innenarbeit wurden die Ergebnisse an der Tafel festgehalten.

Im Anschluss erhielten die Schüler*innen ein Blatt, das in fünf Felder unterteilt war. In die Mitte sollten sie einen Teil des Lichtverses schreiben. Die beiden linken Felder sollten sie dann zum Thema »Licht«, die beiden rechten Fel-

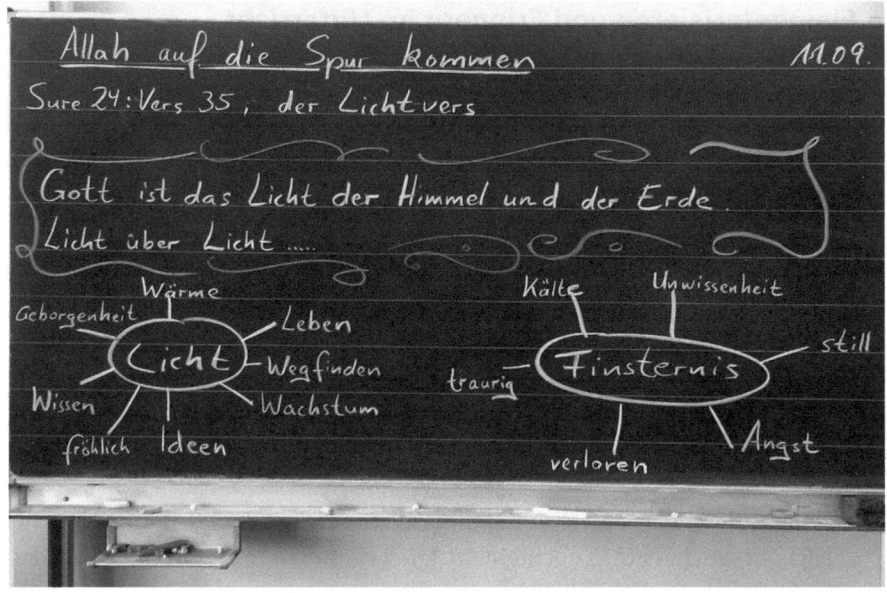

Abb. 1: Tafelaufschrieb zum Lichtvers im Jahrgang 4

der zum Thema »Finsternis« gestalten: jeweils im oberen Feld durch einen Text und im unteren Feld durch ein Bild.

In den Arbeitsergebnissen der Grundschüler*innen wird Licht häufig mit Leben, Freiheit, Freude, Wärme, Geborgenheit und Orientierung in Verbindung gebracht. Es sind Gefühle und Ereignisse – vorhandene existenzielle Qualitäten –, die uns Menschen eine Nähe Gottes, die Wirkkraft des Schöpfers, erfahren und erleben lassen können.

An die Unterrichtsreihe zum Lichtvers kann eine Einheit zu den 99 schönsten Namen Allahs anschließen, um die Thematik des Wirken Gottes in der Welt zu vertiefen. Aber auch die Schöpfung und die Bewahrung der Schöpfung wären mögliche Anschlussthemen. Ein weiteres Thema, das sich in allen Lehrplänen findet und das in Zusammenhang mit dem Lichtvers vertieft werden kann, wäre die Thematik des Miteinanders. Was können Menschen tun, damit sich Wärme, Geborgenheit und Freiheit entfalten?

## 6.2 Elementare Fragen – Ibrahims Opfer

Ibrahim sah im Traum (*manām*, auch: »Schlaf«), dass er das Liebste, seinen Sohn, opfern sollte (K 37:102). Anders als in der Opfergeschichte des Alten Testaments, Genesis 22, spricht hier nicht Gott oder ein Engel zu Ibrahim. Vielmehr handelt es sich hier um ein »Traumgesicht« (ruʾyā; K 37:105): das Morphem ruʾyā besteht aus den Radikalen r-.ʾ-y, die in der Verbform des I. Stammes »sehen«, »meinen«, »glauben« (raʾā) bedeuten.

Ibrahim handelt demnach nicht nach göttlicher Offenbarung oder göttlichem Auftrag. Dies würde im Koran mit den beiden feststehenden Termini *tanzīl* (Herabsendung; Infinitiv IV. Stamm von *anzala*, herabsenden) und *waḥi* (Eingebung; Infinitiv I. Stamm von *waḥā*, eingeben) bezeichnet werden. Vielmehr ist es Ibrahims ureigene Auseinandersetzung mit dem Tod und der Angst vor dem Tod, die ihn zu diesem Handeln veranlassen. Die Unbegreiflichkeit und das Nichterfassen des Todes, das Unvermögen, über das Irdische hinauszutreten, sind Auslöser im Ringen um das Opferbringen. Seine Angst treibt ihn dazu, das für ihn Schrecklichste zu tun: den Sohn zu töten. Für ihn als Vater ist dies noch schlimmer, als sich selbst zu opfern. Die Wendung der Geschichte kommt in Vers 103. Als sich Ibrahim und Ismail »ergeben haben«, zeigt sich die ganze Barmherzigkeit Gottes. Ibrahim wird aus seiner Qual, aus seinem um sich selbst kreisenden Martyrium erlöst.

Dort, in Vers 103, heißt es, dass sich beide, Ibrahim und Ismail, »ergeben« (*aslamā*, Dualform von *aslama*, IV. Stamm). Das Verb *aslama* im IV. Stamm bedeutet auch »überlassen«, »überantworten« und im religiösen Sinne »sich hingeben«. Im I. Stamm hat das Verb *salima* die Bedeutung »wohlbehalten, unversehrt, heil, unbeschädigt sein«. Vom selben Morphem wird das Nomen *salām* für »Friede«, »Unversehrtheit«, »Sicherheit« und *islām* für »Hingabe« gebildet.

Muhammad Asad merkt in seiner Übersetzung und Kommentierung des Korans zu Recht an, dass »das Verb *aslama* im qurʾanischen Sprachgebrauch ›er ergab sich Gott‹ oder ›in Gottes Willen‹« bedeutet, »selbst, wenn Gott nicht ausdrücklich erwähnt wird« (Asad 2018, S. 854, Fn. 40).

Ibrahim war überzeugt, seinem Traumgesicht folgen zu müssen, um Erlösung vor Angst und Tod zu bekommen. Doch dies war ein Trugbild. Erst als er sich in die Hände Gottes begab, indem er ganz vertraute, sich hingab, fand er Erlösung, wurde aus seinem Wahn befreit und überwand die Angst vor dem Tod.

Ibrahims völlige Hingabe an Gott fällt zusammen mit dem Erscheinen des Widders. Aus tiefentheologischer Sicht (Meir 2016, S 62 f.) symbolisiert dieser Ibrahims eigene ungesteuerte Begierden, Egoismen *(nafs)* und Ängste. Durch die Opferung des Hammels, der sinnbildlich für das eigene »tierische« – besser: unreflektierte – Ego *(nafs)* steht, erlangt Ibrahim Leben, das über die diesseitige Existenz hinauszeigt. Das ist die Antwort Gottes: Kein Mensch soll in meinem Namen getötet werden, sondern opfere deine eigene unreflektierte *nafs* (Egozentriertheit).

Diesbezüglich ist auch der arabische Begriff für das Opferfest interessant. »Fest« bedeutet arabisch ʿīd und »das Opfertier« al-aḍḥā, sodass ʿīdu l-aḍḥā mit Opferfest übersetzt werden kann. Interessant ist jedoch, dass aḍḥā vom Verb ḍaḥā abgeleitet ist, das im I. Stamm »sichtbar werden, erscheinen« und im IV. Stamm »ans Licht bringen«, »sichtbar werden lassen« bedeutet. Auch aḍ-ḍuḥā ist bekanntlich der »helle Morgen« (vgl. Sure 93). Das Erscheinen des Widders, symbolisch für das Erkennen der eigenen *nafs,* lässt sichtbar werden und führt zum Licht, zur Barmherzigkeit Gottes. Gleich den hellen Morgenstunden beginnt eine neue Zeit. Im Mittelpunkt steht nicht das Opfertier, sondern das Erscheinen Gottes in Form seiner Barmherzigkeit. Somit bezeugt der Begriff ʿīdu l-aḍḥā weniger ein Fest des Opferns als vielmehr ein Fest, das Licht bringt.

Befragt man Schüler*innen zur Opfergeschichte, so wird das Ereignis in der Regel als göttliche Prüfung der Glaubensfestigkeit Ibrahims und Ismails interpretiert. Um all die verschiedenen Facetten und die Tiefe der Geschichte im Unterricht in einem korrelativen Prozess zu erarbeiten, sind zunächst die inhaltsbezogenen Kompetenzerwartungen zu klären. Als Basis lässt sich hierbei für alle Schulformen formulieren:

- Die Schüler*innen erkennen die Historizität der Opfergeschichte.
- Die Schüler*innen benennen mögliche Gründe für Ibrahims Handeln.
- Die Schüler*innen erkennen, dass Ibrahim aus seiner Not und Verzweiflung geholfen wird (als er sich Gott hingibt).
- Die Schüler*innen entwerfen Ideen und Vorschläge über die Bedeutung des »Opferbringens« heute (Zeit opfern, Verzicht üben, teilen usw.).

Vertiefend in höheren Jahrgangsstufen können »Gehorsam und Widerstand/gesellschaftlicher Nutzen« weitere Kompetenzerwartungen sein.
Maßgeblich für den Unterricht ist, die Wendung der Geschichte erfahrbar zu machen. Es geht nicht um einen blinden Gehorsam. Vielmehr wird Ibrahim aus seiner Angst, Verzweiflung und Qual geholfen.

Anhand verschiedener Methoden oder im Unterrichtsgespräch können vor oder nach dem Lesen der Opfergeschichte (K 37:99–107) das Vorwissen und die Eindrücke und Empfindungen der Schüler*innen zur Opfergeschichte reflektiert werden. An dieser Stelle sollte die Lehrkraft den Prozess dahingehend begleiten, dass der historische Kontext des Opferns und Schlüsselstellen der Geschichte bzw. des Textes reflektiert werden. Schlüsselstellen des Textes sind die Rede von »Traum« und »Traumgesicht« sowie das »Sich-Hingeben« *(aslama)* in das Urvertrauen *(fiṭra)*.

Zum historischen Hintergrundwissen gehört, dass auch außerhalb Jerusalems tägliche Opferhandlungen in jüdischen Gemeinden nicht ungewöhnlich waren (vgl. Geiger 1920, S. 136). Im Hidschaz *(Ḥiǧāz),* dem westlichen Teil der arabischen Halbinsel, lebten jüdische und christliche Gemeinden (vgl. Watt 1980, S. 46 f.). Neben den Opferkulten des altarabischen Götterglaubens müssen sowohl die jüdischen Opfertraditionen als auch der Sühnetod Jesu, »das Opferlamm Gottes«, bekannt gewesen sein.

In diesem Kontext sinnstiftend und für die Offenbarungszeit einschneidend ist der Koranvers K 22:37. Dort heißt es:

»Weder das Fleisch (eurer Opfertiere) wird Allah erreichen, noch ihr Blut. Was Ihn erreicht, ist eure fromme Ehrfurcht vor Ihm. So machte Er euch die Opfertiere dienstbar, damit ihr Ihn (durch die Darbringung ihrer) lobpreist ob Seiner Rechtleitung.«

Tradiert ist im Islam, dass die gute Absicht des Opferbringens, die »fromme Ehrfurcht« *(at-taqwā;* auch: »demütige Umsicht«), im Zentrum steht. Somit transformiert der Opferkult zu einer inneren Einstellung oder Haltung, die es einzunehmen gilt. Gleichermaßen wird die aktive Handlung, das Schlachten des Tieres, auf seinen Ursprung zurückgeführt, indem das Tier zur eigenen Ernährung dient und für eine gute Tat genutzt wird, da vom Tier anteilig auch an Nachbarn und Arme abgegeben wird.

Keinesfalls ist auf einer einzigen Deutung des Textes zu bestehen. Vielmehr gilt es, einen Spannungsbogen zu öffnen, der einen weiten Dialog mit dem Text eröffnet. Wenn, wie dem Autor widerfahren, ein Schüler eben meint, dass die Träume von Propheten etwas Besonderes sind und von Gott eingegeben sind, so eröffnet dies Möglichkeiten, um mit der Lerngruppe in ein Gespräch darüber zu kommen: Gibt es einen Unterschied zwischen Offenbarung *(tanzīl;* »Herabkunft«/*waḥi;* »Eingebung«) und Traum? Propheten sind nach dem Koran auch nur Menschen – worin unterscheiden sie sich?

Doch der Text eröffnet weitere korrelative Fragen, die Erfahrungen der Schüler\*innen aufgreifen: Wie können Ängste unser Handeln beeinflussen? Wie können Ängste Fehlentscheidungen produzieren? Kann man falsch glauben? Warum glaubt man manchmal, das Richtige zu tun, und macht das Falsche? Was bedeutet es, Vertrauen zu haben? Wer hilft mir in schwierigen oder bedrohlichen Situationen? In höheren Klassen kann auch der »Aberglauben« thematisiert werden.

Ein weiterer Punkt ist die Bedeutung des »Opferbringens« heute: Was bedeutet es, seine Zeit zu opfern? Gibt es Menschen, die sich für mich aufopfern? Was bin ich bereit, zu opfern? Wofür?

## 6.3 Elementares Handeln – eine Ausstellung

Aufgrund gesellschaftlicher Diskurse haben viele Schüler*innen das Bedürfnis, über ihren Glauben »aufzuklären« und ihn »richtigzustellen«. So entstand im neunten Jahrgang die Idee zu einer Ausstellung. Diese Idee wurde umgesetzt, indem die Ausstellung von den Schüler*innen konzipiert und durch die Schulleitung eröffnet wurde.

Es wurde ein Ausstellungskonzept mit zwei Themenfeldern konzipiert, die den Schüler*innen sehr wichtig waren: »Vorurteile und Diskriminierung« sowie »Aufklärung über den Islam«. Für Jugendliche ist der argumentative Diskurs ein Teil der Identitätsbildung.

Der Ausstellung wurde der Titel »Mein Glaube – dein Vorurteil« gegeben. Die erste Stellwand bot eine Einführung, die auf die Gründe und den Zweck der Ausstellung hinwies. An der zweiten Stellwand wurden Vorurteile und Diskriminierungen behandelt. Auf papiernen Sprechblasen waren Beleidigungen oder Diskriminierungen abgebildet, die die Schüler*innen oder deren Familienangehörige selbst erlebt hatten.

Ein großes Anliegen der Schüler*innen war es neben der Darstellung eigener Diskriminierungserfahrungen auch, über ihre Religion aufzuklären. Da ein großer Teil der Vorurteile gegenüber Muslim*innen sich auf die Themen Intoleranz und Frauenunterdrückung bezieht, hatte die dritte Stellwand »Vielfalt« im Islam und die vierte Wand »Gleichberechtigung« im Islam zum Thema. Die Stellwand zu den Vorurteilen erhielt eine Banderole mit der Aufschrift »Was sagst du da?«, während die Stellwände zu »Vielfalt« und »Gleichberechtigung« jeweils eine Banderole mit der Aufschrift »Was steht denn da?« erhielten. Diese beiden Stellwände sollten sich mit Zitaten aus dem Koran auf die Stellwand mit den Vorurteilen beziehen.

Für einen solchen Umgang mit dem Koran ist geboten, dass die Schüler*innen lernen, hermeneutisch und kontextuell mit Koranversen zu arbeiten. Diese Aufgabe begleitet Lehrende und Lernende im islamischen Religionsunterricht durch die gesamte Schulzeit. Speziell zur Vorbereitung für die Ausstellung wurde die Methode der »Vier Schlüssel zum Koran«, wie sie im Schulbuch Saphir 9/10 beschrieben ist, wiederholt (vgl. Kaddor/Müller/Behr 2017, S. 111).

Darüber hinaus war es für die Ausstellung wichtig, dass die Schüler*innen nicht unreflektiert nur passende Koranverse zur Bestätigung ihres eigenen positiven Religionsverständnisses heranziehen, sondern auch hermeneutisch die Verse einordnen und eine Transformation der Bedeutung für die heutige Zeit und das eigene Handeln versuchen. Deshalb wurden an der fünften und letzten Stellwand unter der Überschrift »Kontroverse Verse« zwei strittige

Koranstellen dargestellt, im historischen Kontext beschrieben und kontextualisiert.

Die Arbeitsgruppe »Vielfalt« sollte aus einem Pool von Koranversen geeignete Verse aussuchen und diese prägnant in eigenen Worten erläutern. Im besten Fall ist das Resultat eine elementarisierte Wiedergabe der herausgearbeiteten ursprünglichen Intention und im schlechtesten Fall eine Reduktion, durch die der ursprünglich vermutete Sinn stark verkürzt oder gänzlich verkehrt dargestellt wird. Dann muss von der Lehrkraft nachgesteuert werden.

Folgende Verse wurden von der Arbeitsgruppe ausgewählt und kommentiert:

1. Vers K 2:115 »*Gottes ist der Osten und der Westen ...*« wird entsprechend so erläutert, dass Gott für »*alle* Menschen« da ist und »*alles sieht*«. An dieser Stelle hätte auf den Aspekt der Gerechtigkeit Gottes weiter eingegangen werden können, der durch die Metapher des Allsehenden zum Ausdruck kommt.
2. Vers K 2:64 und K 5:69: Die Arbeitsgruppe erläutert den Vers dahingehend, dass »*die Menschen, die an Gott und an den Jüngsten Tag glauben, [...] keine Angst zu haben (brauchen). Sie werden belohnt.*« Der Gotteslohn wird an dieser Stelle über konstituierte Religionsgrenzen hinweg versprochen. In der Sprache des Korans ist »Glaube« weiter gefasst. Er steht in Verbindung mit Aufrichtigkeit und Gerechtigkeit.
3. Vers K 22:40: Das Interessante an diesem Vers ist die Aussage, dass in »*Klöstern/Einsiedeleien/Mönchsklausen (ṣawāmiʿ) und Kirchen/Synagogen (biyaʿ) sowie Gebetsstätten (ṣalawāt) und Moscheen (masāǧid)*« reichlich »*des Namen Gottes gedenkt*« wird. Es ist ein Vers, der sehr deutlich den Respekt und die Achtung anderer Glaubensgemeinschaften betont. Zu Recht erläutert die Arbeitsgruppe den Vers mit dem Satz: »Alle Heiligen Orte sollen geschützt werden.«
4. Vers K 5:32: Den Vers, der den Wert und die Unversehrtheit menschlichen Lebens betont, übernehmen die Schüler*innen für ihre Erläuterung fast im gleichen Wortlaut wie im Koran, da die Aussage klar scheint.
5. Vers K 49:13 und K 5:48: Die Schüler*innen fassen beide Verse in der Handlungsmaxime zusammen: »Gott hat extra verschiedene Menschen erschaffen. Wir sollen uns kennenlernen und nicht über andere Menschen urteilen.«

Einige Aussagen ließen sich vertiefen und weiter diffenzieren. Dies fand auch im Unterricht und in Unterrichtsgesprächen statt. Für die Ausstellung war es wichtig, koranische Aussagen möglichst sinnvoll und unverfälscht einzubringen; dabei musste aufgrund der Ausstellungssituation eine etwas plakative Form riskiert werden. Im günstigen Fall haben die Schüler*innen aber eine elementarisierte Form der entsprechenden Verse herausgearbeitet. Die Anforderung an die Schüler*innen war, sich selbstständig in Gruppenarbeit einem Vers anzunähern und eine mögliche Handlungsorientierung zu erkennen.

Ein solcher Umgang mit dem Koran setzt den Text in einen Sinnzusammenhang mit dem Alltag, dem Profanen und letztendlich mit dem innersten Selbst. Neben der Rezitation ist die Grundlage eines fundierten Koranverständnisses, die Transmission – Verbindung und Erdung – zwischen dem eigenen Leben und dem »Heiligen« bzw. dem Spirituellen herzustellen.

Ähnlich war das Vorgehen bei der für die vierte Stellwand zuständigen Arbeitsgruppe »Frauen und Männer«. Auch hier haben die Schüler*innen für sie passende Verse aus einem Pool von vorbereiteten Koranversen ausgewählt und mit eigenen Worten eine mögliche Kernaussage herausgearbeitet.

Die Arbeitgruppe der letzten Stellwand hatte die Aufgabe, anhand zweier »schwieriger« Verse die historische Dimension und Kontextualität bewusst zu machen. Nach der Überlieferung erreichten die Offenbarungen des Korans den Propheten Muhammad in einem Zeitraum von rund 23 Jahren, die Genese des Korans vollzog sich über einen noch längeren Zeitraum.

Die beiden Koranstellen K 4:11 und K 2:190–193 wurden von der Lehrkraft vorgegeben und der Arbeitsgruppe zur Dikussion gestellt. Die Schüler*innen erstellten zunächst dazu in Einzelarbeit Mindmaps und sammelten im An-

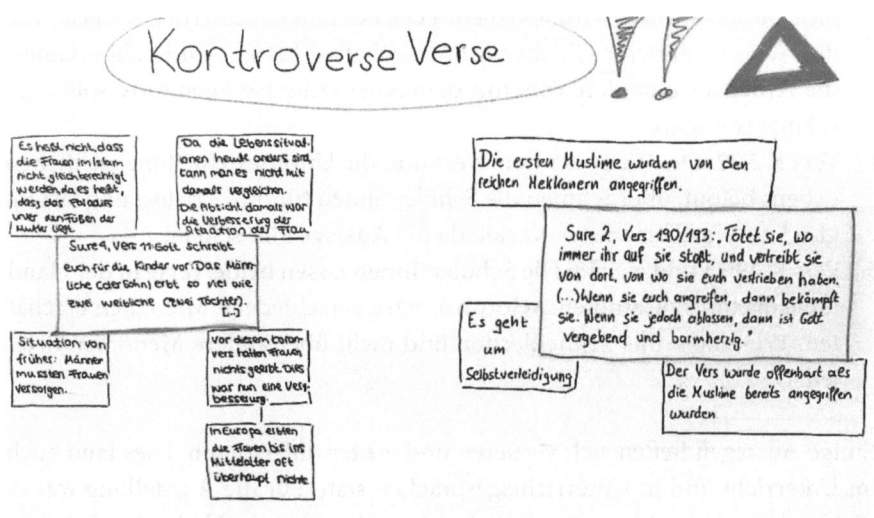

**Abb. 2:** Kontextualisierung von »schwierigen Versen«

schluss ihre Ideen, die sie bei der Interpretation der Verse hatten. Abschließend fand ein Schüler\*innen-Lehrer\*innen-Gespräch statt.

Die Methode der »Vier Schlüssel zum Koran«, wie sie in Saphir 9/10 beschrieben ist und die bereits im Vorfeld mit der gesamten Lerngruppe besprochen wurde, wurde ins Gedächtnis gerufen.

Bei den bisher vorgestellten Stellwänden war die Zielsetzung, dass die Schüler\*innen bei der Beschäftigung mit den Koranversen Handlungsorientierung erlangen. Dabei sollten sie bei der Textanalyse ein Bewusstsein für Historiziät bekommen. Der Schwerpunkt bei der fünften Stellwand liegt auf der Historizität. Mehr als bei den anderen vier Stellwänden geht es bei dieser fünften Stellwand darum, dass die Schüler\*innen den historischen Kontext herausarbeiten und die Intention erfassen.

## Literatur

Afsaruddin, A. (2019): Pluralismus und Dialog feiern: Koranische Perspektiven. In: E. Fürlinger/ S. Kusur (Hg.): Islam und religiöser Pluralismus. Grundlagen einer dialogischen muslimischen Religionstheologie (S. 124–151). Zürich.

al-Ǧurǧānī, ʿA. (1959): ʿAbdalqāhir al-Ǧurǧānī asrār al-balāġa (Die Geheimnisse der Wortkunst des ʿAbdalqāhir al-Ǧurǧānī). Hrsg. v. Hellmut Ritter. Wiesbaden.

Arnoldsheimer Konferenz (1992): Das Buch Gottes. Elf Zugänge zur Bibel. Ein Votum des Theologischen Ausschusses der Arnoldsheimer Konferenz. Neukirchen-Vluyn.

Asad, M. (2018): Die Botschaft des Koran. Übersetzung und Kommentar, arabisch–deutsch (6. Aufl.). Ostfildern.

Ayoub, M. M. (2019): Der Koran und der religiöse Pluralismus. In: E. Fürlinger/S. Kusur (Hg.): Islam und religiöser Pluralismus. Grundlagen einer dialogischen muslimischen Religionstheologie (S. 100–113). Zürich.

Baldermann, I. (2011): Einführung in die biblische Didaktik (4. Aufl.). Darmstadt.

Bauer, T. (2011): Die Kultur der Ambiguität. Eine andere Geschichte des Islams. Berlin.

Bauknecht, B. R. (2022): Korandidaktik – Elementares Erinnern. Ein religionspädagogischer Beitrag zu Hermeneutik und Didaktik des Korans. Baden-Baden.

Ben Abdeljelil, J. (2020): Mit dem Koran in den Islamischen Religionsunterricht – Eine Annäherung an die Begriffsdefinition Unglaube und Ungläubige im Koran. In: F. Ulfat/A. Ghandour (Hg.): Islamische Bildungsarbeit in der Schule. Theologische und didaktische Überlegungen zum Umgang mit ausgewählten Themen im Islamischen Religionsunterricht (S. 1–29). Wiesbaden.

Ben Abdeljelil, M. (2019): Über Sure 5, Vers 44 und die Herausforderung des Pluralismus. In: E. Fürlinger, S. Kusur (Hg.): Islam und religiöser Pluralismus. Grundlagen einer dialogischen muslimischen Religionstheologie (S. 171–196). Zürich.

Benjamin, W. (2015): Zur Kritik der Gewalt und andere Aufsätze (13. Aufl.). Frankfurt a. M.

Bobzin, H. (2007): Der Koran. Eine Einführung (7. Aufl.). München.

Bobzin, H. (2010): Der Koran. München.

corpus.quran.com (2022): Qur'an dictionary ḏ-k-r. https://corpus.quran.com/qurandictionary.jsp?q=\*kr (Zugriff am 01.06.2022).

Dressler, B. (2013): Semiotik und Bibeldidaktik. In: M. Zimmermann/R. Zimmermann (Hg.): Handbuch Bibeldidaktik (S. 415–421). Tübingen.

Geiger, A. (1920): Urschrift und Übersetzungen der Bibel in ihrer Abhängigkeit von der inneren Entwicklung des Judentums (2. Aufl.). Frankfurt a. M.

Gennerich, C. (2013): Bibel als Medium der Identitätsbildung. In: M. Zimmermann/R. Zimmermann (Hg.): Handbuch Bibeldidaktik (S. 609–616). Tübingen.

Grethlein, C. (2005): Fachdidaktik Religion. Evangelischer Religionsunterricht in Studium und Praxis. Göttingen.

Günther, S. (2015): Be Masters in That You Theach and Continue to Learn: Medieval Muslim Thinkers on Educational Theory. Comparative Education Review, 50 (3), 367–388.

Kaddor, L./Müller, R./Behr, H. H. (Hg.) (2017): Saphir 9/10. Islamisches Religionsbuch für junge Musliminnen und Muslime. Berlin.

Körner, F. (2010): Der Koran ist mehr als die Aufforderung anständig zu sein. Hermeneutische Neuansätze zur historisch-kritischen Auslegung in der Türkei. In: T. G. Schneiders (Hg.): Islamverherrlichung. Wenn die Kritik zum Tabu wird (S. 29–44). Wiesbaden.

Langenhorst, G. (2013): Bibeldidaktik und Entwicklungspsychologie, In: M. Zimmermann/R. Zimmermann (Hg.): Handbuch Bibeldidaktik (S. 605–609). Tübingen.

Meir, E. (2016): Interreligiöse Theologie, Eine Sichtweise aus der jüdischen Dialogphilosophie. Berlin/Boston/Jerusalem.

Mendl, H. (2013): Korrelation und Bibeldidaktik, In: M. Zimmermann/R. Zimmermann (Hg.): Handbuch Bibeldidaktik (S. 404–409). Tübingen.

Neuwirth, A. (2010): Der Koran als Text der Spätantike. Ein europäischer Zugang. Berlin.

Neuwirth, A. (2013): Spannende Lesarten des Koran. Interview. https://www.deutschlandfunkkultur.de/spannende-lesarten-des-koran-100.html (Zugriff am 05.09.2022).

Neuwirth, A. (2017): Die koranische Verzauberung der Welt und ihre Entzauberung in der Geschichte. Freiburg i. B.

Özsoy, Ö. (2008): Die fünf Aspekte der Scharia und die Menschenrechte. Forschung Frankfurt. Das Wissenschaftsmagazin, 1, 22–28.

Rahman, F. (1982): Islam and Modernity: Transformation of an Intellectual Tradition. Chicago.

Rohe, M. (2011): Das islamische Recht. Geschichte und Gegenwart (3. Aufl.). München.

Schweitzer, F. (2013): Elementarisierung und Bibeldidaktik. In: M. Zimmermann/R. Zimmermann (Hg.): Handbuch Bibeldidaktik (S. 409–415). Tübingen.

Soroush, A. (2019): Rechte Wege – Essay über religiösen Pluralismus; positiv und negativ. In: E. Fürlinger/S. Kusur (Hg.): Islam und religiöser Pluralismus. Grundlagen einer dialogischen muslimischen Religionstheologie (S. 202–243). Zürich.

Ulfat, F. (2020): Mit der Kraft der Narrationen in den Islamischen Religionsunterricht – Auf dem Weg zu einer narrativen Kompetenz. In: F. Ulfat/A. Ghandour (Hg.): Islamische Bildungsarbeit in der Schule. Theologische und didaktische Überlegungen zum Umgang mit ausgewählten Themen im Islamischen Religionsunterricht (S. 49–64). Wiesbaden.

Watt, M./Welch, A. T. (1980): Der Islam I. Stuttgart/Berlin/Köln/Mainz.

# Handlungsordnungen im islamischen Religionsunterricht. Eine pragmatische Perspektive auf kritische Kompetenzen muslimischer Schüler*innen im Angesicht von Islamkritik

Marcel Klapp

Mit der zunehmenden institutionellen Integration des Islam in den Bildungssektor formiert sich sukzessive auch eine selbstständige islamische Religionsdidaktik im deutschen Sprachraum, von der auch der vorliegende Band Zeugnis ist. Die junge Disziplin beschäftigt sich mit basalen Fragen nach den zu vermittelnden religiösen Inhalten oder damit, wie islamische Quellentexte kindgerecht didaktisch zugänglich gemacht werden können. Auch die Debatte über die Funktionen und die Aufgaben des islamischen Religionsunterrichts (IRU) begleitet die Etablierung der islamischen Religionsdidaktik und wird in intensiver Auseinandersetzung mit Paradigmen und Erwartungen der Mehrheitsgesellschaft geführt. So wird der IRU vielfach »als Ort der Aushandlung von Identifikationen und persönlicher Positionierung junger Menschen verstanden, in dem die Zugehörigkeit zur islamischen Religion im Kontext der häufig negativ konnotierten Islamdebatten thematisiert werden kann« (Spielhaus 2018, S. 104). Angesichts dieser gesellschaftlichen Relevanz ist es bemerkenswert, dass das Geschehen am »Ort der Aushandlungen« *in situ* und die Schüler*innen als Zielgruppe pädagogischen Handelns *in actu* in der empirischen Unterrichtsforschung bislang wenig Beachtung finden.

Um diese Lücke zu schließen, untersuche ich auf Basis ethnografischen Materials, das in Anlehnung an die *anthropology of public reasoning* (Bowen 2011) erhoben wurde, die Kompetenzen und schüler*innenseitigen Selbstpositionierungen in einem Unterrichtsmodul zu Gewalt im Islam. Auf dieser Grundlage möchte ich *erstens* empirisch demonstrieren, welche kritischen Handlungskompetenzen schüler*innenseitig eingebracht und wie diese pragmatisch geltend gemacht werden, um sich gegenüber dem islamkritischen Gewaltvorwurf und den Gewaltdarstellungen der islamischen Geschichte sinnhaft zu positionieren. *Zweitens* schlage ich vor, zur Schärfung des didaktischen Blicks auch diejenigen Perspektiven auf Unterricht zu berücksichtigen, welche die Komplexitäten von Handlungen und Prozessen beleuchten, die sich gemeinhin der Aufmerksamkeit der Lehrkraft entziehen. Dazu verfolge ich einen pragmatisch-praxistheoretischen Ansatz. In dessen Fokus stehen die Routiniertheit und Prozesshaftigkeit des Unterrichts ebenso wie die situative Spezifik konkreter Unterrichtsarrangements. Indem diese Perspektive schüler\*innenseitige Handlungskompetenzen sichtbar macht und die Spezifität des Unterrichtsarrangements aufzeigen kann, leistet sie einen Beitrag zur Begründbarkeit didaktischen Handelns.

Diese Fallstudie ist Teil einer umfassenderen ethnografischen Forschung zur Selbstpositionierung junger Muslim\*innen in islamischen Bildungsräumen.[1] Das hier zugrundeliegende Material geht aus der teilnehmenden Beobachtung von ca. vierzig Unterrichtsstunden an einem Gymnasium im Ruhrgebiet hervor und wurde über einen Zeitraum von acht Monaten erhoben. Neben offenen leitfadengestützten Interviews mit 14 Schüler\*innen, dem Religionslehrer, dem Schulleiter und der Schulsozialarbeiterin führte ich zahlreiche informelle Gespräche auch außerhalb der Schule, beispielsweise in den Moscheegemeinden einzelner Schüler\*innen.

Zu Beginn des Beitrags beleuchte ich die gesellschaftlichen Voraussetzungen der Beschäftigung mit dem Islam in Deutschland. Daraufhin beschreibe ich das Feld »Schule als Sozialisationsinstanz in der Zivilgesellschaft«. Danach stelle ich das analytische Vokabular vor, das auf dem »Modell der Rechtfertigungsordnungen« nach Boltanski/Thévenot (1991) basiert. Im Anschluss demonstriere ich anhand von Beispielen aus der Unterrichtseinheit zu »Gewalt im Islam« die Komplexität des kritischen Handelns von Schüler\*innen, um abschließend für eine Stärkung qualitativ-empirischer Forschung zum IRU zu plädieren.

## 1 Islamkritik und Radikalisierungsparadigma

Die Bemühungen von Bund und Ländern, die Einrichtung des IRU und von Ausbildungsstätten für Lehrkräfte zu fördern, kann als nachgeholte institutionelle Integration gewürdigt werden. Gleichwohl ist in der Beschäftigung mit Sozialisation und Bildung im Kontext Islam ein Blick auf die normativen und epistemischen Voraussetzungen ratsam, die das Thema gesellschaftlich bedingen.

---

1  Die Forschung wurde im Rahmen des Projekts »Countering Digital Dominance. Islamdiskurse und Gegenerzählungen in online und offline Kontexten« am Zentrum für Islamische Theologie Münster durchgeführt. Hieran anknüpfend werden im Projekt »Salafiyya leben. Religiöse Ideale und muslimische Praxis in der postmigrantischen Gesellschaft« des Instituts für Ethnologie und des Orientalischen Seminars der Universität zu Köln vertiefende Feldstudien durchgeführt. Beide Forschungsprojekte wurden bzw. werden vom Ministerium für Kultur und Wissenschaft des Landes NRW gefördert.

Die diskursive »Veranderung« *(othering)* von Muslim*innen, die Wahrnehmung und Darstellung als »die Anderen«, als nicht zugehörig, hat in Westeuropa eine lange Tradition (Said 1978). Doch erst in den letzten Jahren ist Islamfeindlichkeit zu einer der meistverbreiteten Formen gruppenbezogener Menschenfeindlichkeit avanciert (Schneiders 2009). Entkoppelt von der real existenten Gefahrenlage durch dschihadistischen Terrorismus wird »der Islam« im öffentlich-medialen Diskurs als gesamtgesellschaftliche Bedrohung inszeniert (Schooman/Spielhaus 2009; Attia 2015). Es ist die gleichsam medial geschaffene Figur des kritischen »Islam-Experten«, welche dieses Bedrohungsszenario maßgeblich kolportiert (Schneiders 2015; Wäckerlig 2019). Sie prägt in symbiotischer Beziehung mit den Sicherheitsbehörden den gesellschaftlichen Blick auf Muslim*innen in Deutschland. Mithin beeinflussen Verdachtslogik und Versicherheitlichung von Islam politische Entscheidungen und greifen zunehmend auf pädagogische Fachpraxis und Wissenschaft über (Schiffauer 2015; Hafez 2014). Juschkat und Leimbach (2019) sprechen von einem »hegemonialen Radikalisierungsparadigma«, von dessen Warte aus junge Muslim*innen als gefährdet und gleichsam gefährlich dargestellt werden. Folglich sehen sich diese in Deutschland alltäglich mit kritischen Infragestellungen konfrontiert. Dies führt für viele Jugendliche zu einer tiefen Verunsicherung und erfordert Strategien der Selbstversicherung als legitime Teilnehmende an der pluralistischen Gesellschaft. Der IRU kann, wie ich hier zeige, einen Raum darstellen, um diese Strategien zu entwickeln und zu erproben.

## 2 Demokratische Spielregeln lernen – das Gymnasium

Das Goethe-Gymnasium liegt in einer historisch von Industrie und Bergbau geprägten Großstadt des Ruhrgebiets in einem Stadtteil, der lokal als Quartier im Niedergang begriffen wird.² Von den 915 Schüler*innen im Schuljahr 2018/19 beträgt der Anteil jener mit Zuwanderungsgeschichte 64,4 %. Über ein Drittel der Lernenden sind Muslim*innen und überwiegend Kinder türkeistämmiger Eltern, weshalb der Schule stadtweit der Ruf als »Türken-Gymnasium« anhaftet. Der Schulleiter beklagt bei Oberstufenschüler*innen eine »zunehmende Verschleierungstendenz« und identifiziert in diesem Zusammenhang »kulturelle Cliquenbildung« und die gesellschaftliche Tendenz zur »Verinselung« als große Herausforderungen für den Schulalltag. Für die gesamtgesellschaftliche Situation konstatiert er: »Parallelgesellschaften existieren! Wenn auch sehr

---

2 Die Namen von Stadt, Schule und Personen wurden durch Pseudonyme ersetzt.

friedlich nebeneinander! Aber das Eis der Demokratie ist dünn« (Interview 07/2018). Der Rektor sieht die Schule als wichtige Vermittlungsinstanz für Demokratieverständnis und zivilgesellschaftlichen Bürgersinn. Für muslimische Schüler\*innen sei diese Rolle wichtiger als für andere: »Das Wissen über demokratische Prozesse ist in vielen muslimischen Gruppen so nicht vorhanden. Da gibt es einfach andere Hierarchien.« Gegen diese angenommenen Hierarchien sozialer Beziehungen und der Religionsgemeinschaft formuliert er gewissermaßen idealtypisch die zentrale Rolle, die Schule für die Vermittlung der politischen Kultur in den nationalstaatlich verfassten Bürgergesellschaften Nordwesteuropas einnimmt. Diese haben nach Schiffauer (2002)

> »eine Gemeinsamkeit darin, dass sie einen öffentlichen Raum einzurichten suchen, in dem alle Individuen unter Autorität und Kontrolle des Nationalstaats in einen freien Austausch mit allen anderen treten können und sollen. Die zentralen Institutionen des Austauschs lassen sich [...] als *Markt*, *Forum* und *Bühne* zusammenfassen. [...] Jede dieser Institutionen findet sich auch in anderen Gesellschaften; die Besonderheit in der Entwicklungsgeschichte Nordwesteuropas liegt jedoch in ihrer frühen und nahezu vollständigen Integration. Eine solche auf freiem Austausch basierende, integrierte Zivilgesellschaft ist in gewisser Weise eine historische Ausnahmeerscheinung, da sie einer außergewöhnlichen Form der Sozialisation bedarf, um den freien Austausch zu ermöglichen. Sie muss sich gegen die ansonsten universale Vorstellung richten, dass Primärbeziehungen – wie Familie, Freundschaft, Patronage oder möglicherweise Ethnizität – der Vorrang einzuräumen sei.« (Schiffauer 2002, S. 10 f.)

Die Anforderung dieses Sozialisationsideals, vertraute Primärbeziehungen hinter der Solidarität mit einer abstrakten Gesellschaft als Ganzer zurückzustellen, nennt Schiffauer die »wohl größte Zumutung der Moderne überhaupt« (Schiffauer 2002, S. 11). Aus dieser Feststellung resultieren Fragen nach dem Verhältnis des Partikularen zum Allgemeinen sowie zu Inklusion und Exklusion. Für deren empirische Betrachtung eignet sich die öffentliche Schule besonders gut. Sie ist der Ort, an dem die Spielregeln der integrierten Zivilgesellschaft erlernt, erprobt und ausgehandelt werden.

Schiffauer zeigt außerdem, dass jenseits des Dualismus von säkularem Staat und Religion/Islam verschiedene gesellschaftliche Institutionen konstitutiv für die politische Kultur sind. Hinter dem Markt, der Bühne, dem Forum und auch den Primärbeziehungen und der Religion stehen Konzeptionen des Gemeinwohls, übergeordnete Prinzipien der Einigung, die in allen Bereichen des Lebens als argumentative Ressourcen zur Verfügung stehen und auch von Akteur*innen mobilisiert werden können. Vor diesem Hintergrund eignet sich die beobachtete Unterrichtseinheit »Gewalt im Islam« ideal, um zu demonstrieren, wie Schüler*innen in Situationen der Infragestellung auf verschiedene kommunikative Ressourcen zurückgreifen, um Kritik zu äußern oder Kompromisse einzugehen.

## 3 Eine pragmatisch-praxeologische Perspektive auf Schüler*innenhandeln im IRU

Um zu untersuchen, wie Schüler*innen im IRU zur Selbstpositionierung Bezug auf unterschiedliche Referenzsysteme nehmen und wie diese pragmatisch geltend gemacht werden, stütze ich mich auf ein Vokabular aus dem Feld der Praxistheorien. Eine soziale Praktik kann mit Schatzki (1996) als »nexus of doings and sayings« (Schatzki 1996, S. 89) verstanden werden, also Gesagtes und Getanes umfassend, und wird durch ein implizites »practical knowledge« zusammengehalten. Für eine »anthropology of public reasoning« (Bowen 2011), also eine ethnologische Betrachtung des öffentlichen Argumentations- und Rechtfertigungshandelns, stellt die »pragmatische Soziologie der Kritik« nach Boltanski und Thévenot (1991) ein vielversprechendes analytisches Instrumentarium bereit. Diese beschäftigen sich mit der Frage, wie Menschen in konfliktträchtigen Situationen Widerspruch artikulieren und ihr Handeln rechtfertigen, um mit ihrem Gegenüber Einvernehmen oder zumindest einen Kompromiss zu erzielen. Die pragmatische Perspektive geht nicht von einem vereinheitlichten Weltbild aus; der Mensch handelt stattdessen in seinen praktischen, kognitiven und sprachlichen Äußerungen grundsätzlich in mehreren Welten (Bogusz 2010). Akteur*innen haben folglich die Möglichkeit, auf verschiedene Rechtfertigungsprinzipien zurückgreifen, die als »Grammatiken des politischen Bandes« (Boltanski/Thévenot 1991, S. 97) verstanden werden können. Für die okzidentalischen Gesellschaften identifizieren Boltanski und Thévenot sechs allgegenwärtige Ordnungen, die den Logiken des *Marktes,* der *öffentlichen Meinung,* des *Hauses,* der *Industrie,* der *Inspiration* oder der *staatsbürgerlichen Welt* entsprechen.[3] Diese Repertoires kommunikativer Ressourcen können anhand

---

3  Diese wurden ideengeschichtlich in Werken der politischen Philosophie von Adam Smith (Gemeinwesen des Marktes), Augustinus (Inspiration), Bossuet (häusliches Gemeinwesen), Saint-Simon (industrielle Ordnung), Rousseau (staatsbürgerliche Ordnung) und Hobbes (Gemeinwesen der öffentlichen Meinung) formuliert (Boltanski/Thévenot 2014, S. 120–123). Religion entspricht in vielen Aspekten der Inspiration, ist aber nicht deckungsgleich. Da die

von Äquivalenzprinzipien, Relationierungen und inhärenten Logiken verbindende und normalisierende Wirkungen erzielen. Dafür werden jeweils spezifische Aspekte, Verhaltensweisen, Wesenheiten oder Objekte mobilisiert, die nur innerhalb einer jeweiligen Ordnung »Größe« besitzen. So lässt sich in Situationen der Prüfung, des Streits oder Konflikts die vorherrschende Rechtfertigungsordnung entweder bestätigen oder durch das Einbringen von Größen anderer Ordnungen infrage stellen, das heißt, es wird Kritik geübt (Boltanski/ Thévenot 1991, S. 287–289). Eine beispielhafte Situation stellt die öffentlich sichtbare Performanz islamischer Gebetspraxis auf dem Schulgelände dar. Dieses gilt als Bereich der staatsbürgerlichen Welt und die der Welt der Inspiration bzw. Religion zugeordnete Praxis wird entsprechend als störend, »nicht hierher gehörend« oder gar als politisch subversiv wahrgenommen. Durch sie wird Kritik an Inklusions- und Exklusionsmechanismen der staatsbürgerlichen Welt geübt. Es besteht aber immer auch die Möglichkeit zum Kompromiss zwischen den Ordnungen, einem Zustand, in dem Größen verschiedener Regimes synchron Geltung beanspruchen können. Der daraus resultierende Störfaktor wird gewissermaßen als unvermeidbar hingenommen oder kann, wie die nordwesteuropäischen Zivilgesellschaften zeigen, auch eine konstitutive Rolle einnehmen.

## 4 Die Praxisgemeinschaft des Religionsunterrichts

Um sich der Situation des Unterrichts im Vollzug und der in ihm handelnden Akteur*innen anzunähern, werden nun die Teilnehmenden des als Praxisgemeinschaft (Lave/Wenger 1991) verstandenen IRU, also die Schüler*innen und die Lehrkraft, kurz beschrieben.

### 4.1 Die Schüler*innen

Die Schüler*innen des IRU in der 10. Jahrgangsstufe setzen sich fast ausschließlich aus Kindern türkeistämmiger Eltern zusammen, von denen der überwiegende Teil seit der Kindheit regelmäßig eine Ditib- oder Milli-Görüş-Moschee besucht. Im Vergleich zu einer ebenfalls von mir begleiteten zehnten Klasse an einer Hauptschule in derselben Stadt fällt bei vielen Gymnasialschüler*innen auf, dass der religiösen Praxis im Alltag ein hoher Stellenwert zukommt und dass solide religiöse Grundkenntnisse bestehen. Diese manifes-

---

Autoren ihr Modell nicht als abgeschlossen betrachten, ließe sich Religion als eigene Ordnung etablieren.

tieren sich in kontroversen theologischen Argumentationen und Abwägungen im Unterricht. Hinsichtlich frommer Körperpraktiken lässt sich ein hoher Anteil »bedeckter«, also kopftuchtragender junger Frauen ausmachen, während im Kurs an der Hauptschule niemand ḥiǧāb trägt. Im Falle des beobachteten Kurses am Gymnasium sitzen die ḥiǧābis[4] geschlossen an einer Seite des Raumes. Einige Schüler*innen sind in ihrer Freizeit in der Jugendgruppe einer Milli-Görüş-Moschee aktiv und zeigen sich sowohl im Unterricht als auch im Pausengespräch dem Ethnographen als besonders engagiert und diskussionsfreudig. Alle Schüler*innen nehmen im Schuljahr 2018/19 erstmals am IRU in der Schule teil. Das Sprechen, Nachdenken und Verhandeln über ihre Religion in einer muslimischen Praxisgemeinschaft im Kontext Schule stellt daher für alle Teilnehmenden ein Novum dar. Der Kurs eignet sich folglich ideal, um zu beobachten, wie das in Familie und Moschee vermittelte Wissen im Kontext Schule zur Geltung gebracht, ausgehandelt und sinnhaft übersetzt wird.

## 4.2 Die Religionslehrer*innen

Das Religionsverständnis der Lehrkräfte des IRU hat einen wesentlichen Einfluss auf das Selbstverständnis als Autoritätsperson und die Positionierung des eigenen Unterrichts gegenüber jenem der Moscheegemeinden (Zimmer/Ceylan/Stein 2017). Nicht zuletzt wirkt es sich auf die Annahme aus, welche Funktionen und Aufgaben dem Unterricht tatsächlich zukommen können. Entsprechend soll ein kurzer Blick auf die religiöse Entwicklung und das professionelle Selbstverständnis des Religionslehrers geworfen werden.

Der Religionslehrer, Herr Mutlu, der zur Zeit der Feldforschung Anfang Dreißig ist und sich als gebürtigen Schwaben bezeichnet, erzählt seine Geschichte zuvorderst unter dem Aspekt seiner religiösen Entwicklung. Seine Familie gehört dem Milli-Görüş-Milieu an, das er als konservativ und politisiert beschreibt. Er sei folglich in einem »religiösen Schwarz-Weiß-Denken« (Interview 11/2018) sozialisiert worden, habe aber letztlich den Weg zur Hizmet-Bewegung gefunden, die auf den in den USA lebenden türkischen Prediger Fethullah Gülen zurückgeht. Insbesondere die Werke Said Nursis, an den Gülen anschließt, haben seine Beziehung zur Religion maßgeblich in Richtung eines offenen und inklusiven Verständnisses beeinflusst.[5] Das Studium der Islami-

---

4   Gelegentlich verwendete Selbstbezeichnung der begleiteten kopftuchtragenden Schülerinnen.
5   In einem Video der der Hizmet-Bewegung zugehörigen Stiftung »Dialog und Bildung« (2020) heißt es: »Hizmet steht für Bildung, Dialog, Menschenrechte, ein zeitgemäßes Islamverständnis und noch vieles mehr.« In der öffentlichen Diskussion stößt die religiöse Motivation dieses Engagements von Hizmet auf gespaltenes Echo von der Kritik an der Organisation als

schen Theologie habe darüber hinaus die intellektuelle Auseinandersetzung gefördert und ihm die innerislamische Pluralität aufgezeigt. In der Tradition von Hizmet spricht Mutlu sich für islamisch motiviertes gesellschaftliches Engagement aus und argumentiert gegen die vermeintliche Unvereinbarkeit von Islam und demokratischen, westlichen Systemen. Da die Hizmet-Bewegung in der Türkei als Terrororganisation eingestuft wird, wagt Mutlu es nicht mehr, zum Familienbesuch dorthin zu reisen.[6] Es ist für ihn folglich von persönlicher Bedeutung, Konvergenzen zwischen der islamischen Lebensweise und der normativen Ordnung der deutschen Zivilgesellschaft zu schaffen. Als Werkzeug dazu sei das Konzept der Zielsetzungen der Scharia *(maqāṣid aš-šarīʿa)* hilfreich, da sich hiermit flexibel und zugleich islamisch legitim argumentieren lasse. Der Schulleiter bezeichnet Mutlu als Vertreter eines »sozialen Islam«. Er selbst spricht von einem »zivilen Islam« und müsse aber aufpassen, von den Eltern seiner Schüler*innen nicht als Reformer gesehen zu werden. Viele der Kursteilnehmer*innen sehen ihren Lehrer als »Gelehrten« mit entsprechender Autorität.

## 5 Das Unterrichtsmodul »Gewalt im Islam«

Nach der Skizzierung der Praxisgemeinschaft des IRU untersuche ich ein Unterrichtsmodul, das unter der Leitfrage »Inwiefern ist der Islam gewalttätig?« steht. Es fokussiert einen prominenten Topos der öffentlich-medialen Islamkritik: Dem Islam sei ein grundsätzliches Gewaltpotenzial inhärent. In dem Modul soll die von verschiedenen Schlachten geprägte islamische Frühgeschichte betrachtet und auf ihre Relevanz für das Leben im 21. Jahrhundert hin überprüft werden.

Herr Mutlu eröffnet die Unterrichtsreihe mit einem Arbeitsblatt zum Boykott der jungen muslimischen Gemeinde durch die Quraiš in Mekka, in dessen Zuge das muslimische Viertel abgeriegelt wurde. Es wird beschrieben, wie die Anhänger*innen des Propheten diesen Boykott drei Jahre lang geduldig über sich ergehen ließen. Im Anschluss zeigt der Lehrer den Film »Mohammed – Der Gesandte Gottes« (Akkad 1976) und schafft so für alle Schüler*innen die gleiche Diskussionsgrundlage. Unter dem Eindruck des Films wird der Kurs

---

»islamistische Sekte« bis zu deren Darstellung als »interkulturelle Brückenbauerin«. Hierzu sowie zu Nursi und dessen Rezeption durch Gülen siehe Agai (2010).

6 Die türkische AKP-Regierung sieht in Gülen den Drahtzieher des Putschversuchs vom 15. Juli 2016 und geht seitdem repressiv gegen Anhänger*innen des Netzwerks vor, das sie als »Fetullahistische Terrororganisation« bezeichnet (vgl. İnat et al. 2019).

mit den Positionen einer im öffentlichen Diskurs ausgetragenen »Meinungsverschiedenheit« (Protokoll 11/2018) konfrontiert, in der die Topoi »Islam ist Frieden« und »Islam ist gewalttätig« gegeneinander in Stellung gebracht werden. Herr Mutlu projiziert eine Folie (Abb. 1) mit folgendem Inhalt über einen Overhead-Projektor an die Wand:

Einstiegsimpuls

**Titel von verschiedenen Medienberichten**

"Gewalt ist Folge der Lehre Mohammeds"
(Ayaan Hirsi Ali)

"Islam bedeutet für uns Frieden!"
(Ibrahim)

Der Islam ist gefährlich.
(Hamed Abdel-Samed)

„Islam bedeutet Frieden"
(Selahattin Getkin)

"Mohammed ruft zur Gewalt auf und deshalb ruft auch der Islam zur Gewalt auf"
(Sabatina James)

„Das Wort Islam bedeutet Frieden"
(Muammer Muslu)

Abb. 1: Vom Lehrer projizierte Folie zu Positionen einer »Meinungsverschiedenheit«

Die Schüler*innen werden gebeten, zu beiden Positionen Belege aus dem Film zu sammeln. Daraufhin erstellt der Lehrer ein Tafelbild: Es zeigt ein Ergebnis von 11:3 für die Friedfertigkeit des Islam. In einem Unterrichtsgespräch wird nun die Leitfrage für das gesamte Modul (»Inwiefern ist der Islam gewalttätig?«) festgehalten. Die Antwort soll in den folgenden Stunden anhand konkreter Aspekte in Gruppen erarbeitet werden. Vier Gruppen erhalten jeweils den Auftrag, für die im Film dargestellten Ereignisse, das heißt (1) die Schlacht von Bedir *(Badr)*, (2) die Grabenschlacht (türk. *hendek savaşı*/arab. *ġazwatu l-ḥandaq*) und die ihr folgende Vernichtung der jüdischen Banū Quraiẓa, (3) den Friedensvertrag von Hudaybiya und den (4) Einzug in Mekka die historische Situation zu rekonstruieren und in einer Präsentation die Beweggründe des Handelns der Muslim*innen zu erörtern. Eine weitere Gruppe widmet sich der Recherche sogenannter (5) »Gewaltverse« im Koran und versucht eine kontextuelle Einordnung. Zur Unterstützung erhalten die Gruppen jeweils Arbeitsblätter mit Texten von Casım Avcı, Professor für Islamische Geschichte an der Marmara Universität Istanbul, die der Lehrer der Website »derletzteprophet.info« entnommen hat.

### 5.1 Rechtfertigungsordnungen im islamischen Religionsunterricht

Angesichts des Dilemmas, welches sich aus dem Gewaltvorwurf und den Gewaltdarstellungen in den islamischen Quellen für die Schüler*innen ergibt, greifen diese, wie ich im Folgenden zeige, auf verschiedene Referenzsysteme zurück, um Kritik zu üben oder Kompromisse zu erzielen. Die Beispiele stammen vorwiegend aus den beobachteten Unterrichtsgesprächen, in denen angeregt und kontrovers diskutiert wird und Herr Mutlu den Schüler*innen Raum für Nachfragen, Einschätzungen und Stellungnahmen gibt. Die Diskussionen laufen grundsätzlich auf die Ergebnissicherung an der Tafel hinaus und werden vom Lehrer als Regisseur und Experte abschließend bilanziert.

*5.1.1 Wer darf Kritik üben?*

In Anbetracht der o. g. islamkritischen Zitate interessiert sich ein Schüler eingangs für die Namen der Sprecher*innen, die als »nicht deutsch« identifiziert werden. Der Kurs spekuliert über deren mögliche Zugehörigkeit zum Islam und eine entsprechend vermutete Kenntnis der Religion. Daraus ergibt sich für viele Schüler*innen die Legitimität der Kritik. Einige der Kursteilnehmer*innen kennen den ägyptenstämmigen Publizisten Hamed Abdel-Samad bereits aus YouTube-Videos. Der Lehrer beschreibt diesen als »Wissenden«, der in der Organisation der Muslimbruderschaft in Ägypten aufgewachsen sei und sich entsprechend mit Koran und Sira (Prophetenbiografie) auskenne. Die Schüler*innen zeigen wenig Verständnis dafür, wie man in Anbetracht der islamischen Erziehung in einer muslimischen Organisation in einem mehrheitlich muslimischen Land eine solch kritische Position wie die Abdel-Samads vertreten könne. Die persönlichen Gewalterfahrungen in diesen Sozialisationskontexten, welche die Positionen James', Alis oder Abdel-Samads unter Umständen motivieren, bleiben seitens des Lehrers allerdings unerwähnt.

Ich gehe davon aus, dass der Erfahrungshorizont der Jugendlichen eine islamische Erziehung in Deutschland ist, vor allem geprägt durch das Elternhaus und den Unterricht in den Moscheen. Aus letzteren wurden Schläge und Züchtigungen, wie mir mehrere Jungen erklären, mittlerweile aus dem Repertoire der Erziehungsmethoden verbannt. Etwaige Erfahrungen werden demgemäß nicht erwägt, wodurch sich eine grundsätzlich kritische Einstellung gegenüber Gewalt zu begründen scheint. Die Verortung der Kritiker*innen als mehr oder weniger innerhalb des Islam stehend scheint ihre Kritik für die Schüler*innen in der religiösen Ordnung zu positionieren und nicht in der Welt der öffentlichen Meinung. Die Positionalität der Kritiker*innen normalisiert gewissermaßen die Konfliktstellung und verleiht der Kritik daher für manche Schüler*innen erst Legitimität. Sie wird somit innerhalb des Kurses im Rahmen der religiösen Ordnung verhandelbar. Gleichwohl akzeptieren und formulieren die Schüler*innen selbst Kritik nicht ausschließlich im Modus der religiösen Ordnung, wie ich im Folgenden aufzeigen werde.

### 5.1.2 Der Schüler*innenjob und narrative Routinen

Wie Breidenstein (2007, 2009) feststellt, ist das Handeln von Schüler*innen im Unterricht in hohem Maße von Routinen geprägt. Sie sind weder Gefangene in der Zwangssituation Unterricht (Heinze 1980), noch ausschließlich von Neugier und Wissbegierde Getriebene. »Sie sind schlicht Menschen, die ihren (Arbeits-)Alltag zu bewältigen haben« (Breidenstein 2007, S. 263), und vollziehen insofern pragmatisch tagtäglich ihren »Schüler*innenjob«. Dieser Pragmatismus schulischen Handelns kann als Kompromiss von marktorientiertem und industriellem Handeln gelesen werden. Einerseits legt das Notensystem als solches eine »Ökonomisierung schulischen Arbeitens« (Breidenstein 2007, S. 253) nahe, insofern dort investiert wird, wo der größte Nutzen im Sinne der Verbesserung von Noten erwartet wird. An anderer Stelle zeigt Breidenstein (2009), wie auch industrielle, das heißt mechanisierte Routinen jenseits der didaktischen Intentionalität des Unterrichts, greifen. Ein anschauliches Beispiel ist die Sicherung von Ergebnissen, z. B. anhand eines Tafelbildes. Selbst wenn die Lehrkraft den Auftrag erteilt, lediglich Lücken in den eigenen Notizen zu füllen, tendieren Schüler*innen dazu, eher den Anschrieb des*der Lehrer*in in Gänze zu übertragen, da diese Routine kognitiv mit weniger Aufwand verbunden ist.

Die Routiniertheit schulischen Handelns zeichnet sich auch auf diskursiver Ebene ab. Die Reproduktion vereinfachter Topoi zur Rechtfertigung des Handelns in den filmischen Schlachtszenen lässt sich als narrative Routine beschreiben. Zwar ist es eingangs Aufgabe, Argumente für die Friedfertigkeit respektive die Gewaltverherrlichung mit Beispielen zu illustrieren, doch erweist sich der reduktionistische Topos »Islam ist Frieden« als überaus stabil.

S1: »Nochmal zu dem Töten ohne Grund. Es wurde ja im Film die Offenbarung gegeben ›Kämpft gegen die, die gegen dich kämpfen‹. Also dass man nicht sozusagen unfair geleitet wird, sondern wenn man selber angegriffen wird, dass man sich zu verteidigen hat.«
S2: »Dafür spricht auch, dass der Islam friedfertig ist. Dass die Mekkaner zuerst dachten, dass sie angegriffen werden, und halt in die Häuser gehen. Dadurch war ihnen dann später bewusst, dass die Muslime nicht solche Menschen sind, die jetzt anfangen mit Gewalt.«

Das oft von Schüler*innen reproduzierte Narrativ besagt, dass sich Muslim*innen immer zuerst in Geduld (ṣabr) geübt haben und Gewalt ausschließlich zur Selbstverteidigung zum Einsatz gekommen sei. Das ist aber beispielsweise für die Schlacht von Badr unzutreffend. Diese resultierte aus einem geplanten Überfall auf eine Karawane der Mekkaner*innen, die zuvor Hab und Gut der Muslim*innen in Mekka beschlagnahmt hatten. Derartige Überfälle standen gleichwohl nicht außerhalb der seinerzeit akzeptierten Normen, sondern waren fester Bestandteil der tribalen Ökonomien Arabiens (Halverson/Corman/Goodall 2011). Weitere Argumente, die von den Schüler*innen für die Friedfertigkeit vorgebracht werden, lassen eine starke Idealisierung des Handelns der frühen Muslim*innen erkennen. Der Aspekt »Auch Tiere und Pflanzen bekommen Rechte« mag damit zu erklären sein, dass diese aus ökonomischer Perspektive als Beute wertgeschätzt wurden. Ein weiterer Punkt lautet »Alte Feinde werden akzeptiert« und bezieht sich auf eine Szene, in der Ḫālid ibn al-Walīd – ein erbitterter Widersacher des Propheten – freundlich aufgenommen wird. Dass dies erst geschah, nachdem er jenem die Treue geschworen hatte, vernachlässigen die Schüler*innen. Viele Beiträge reproduzieren die Topoi »Islam ist Frieden« und »Gewalt nur zur Selbstverteidigung« und lassen auf einen gewissen Grad der Internalisierung narrativer Routinen schließen. Die Kursteilnehmer*innen handeln letztendlich auch als junge Muslim*innen in einer religiösen Rechtfertigungsroutine, indem sie eine idealisierte Gegenposition zum Gewaltvorwurf reproduzieren.

### 5.1.3 Die Ordnung wechseln – Kritik üben

Ein weiteres vielfach genanntes Motiv zur Bestätigung dieser Gegenposition zum Gewaltvorwurf ist der friedliche Einzug des Propheten und seiner Anhänger*innen in Mekka. Hier findet sich aber ein Aspekt, der viele Schüler*innen dazu veranlasst, selbst Kritik am Handeln der frühen Muslim*innen zu üben. Für den Lehrer unerwartet, nehmen einige Anstoß an der Zerstörung der sich in der Kaaba befindenden »Götzen«-Statuen durch den Propheten:

S1: »Also am Ende des Films gab es ja auch ne Szene, wo ein Muslim in die Kaaba gegangen ist und die ganzen Statuen da alle umgekippt hat und rausgeschmissen hat.«
Lehrer: »Das sollte der Prophet gewesen sein. Also so wie das im Film dargestellt wurde.«
S2: »Ich glaub', wenn das auch so andere Leute gesehen hätten, zum Beispiel. Kritiker oder so, hätten die auch das sehr stark kritisiert und zum Beispiel in den Medien, weil das ist auch ein bisschen gewaltverherrlichend, wenn man denen die Sachen aus anderen Religionen einfach zerstört.«

Dieser Akt wird auch von anderen Schüler*innen als gewalttätige Handlung gegenüber Andersgläubigen wahrgenommen und seine Notwendigkeit infrage gestellt. Man wolle ja auch nicht, dass jemand das mit dem Koran mache. Diese Äquivalentsetzung der sakralen Artefakte – Götterstatuetten und Koran – durch die Schüler*innen findet einerseits im Rahmen eines religiösen Rechtfertigungsregimes statt. Der Perspektivenwechsel wird jedoch erst durch die Selbstpositionierung in einem Nebeneinander verschiedener Weltanschauungen in der pluralen Gesellschaft sinnvoll möglich, das heißt, die Schüler*innen üben in einem staatsbürgerlichen Modus gleichsam Kritik an normativen religiösen Rechtfertigungen. Dass die Zerstörung der Statuen vom Propheten selbst vollzogen wurde, der als idealer Muslim gilt, hindert die Schüler*innen nicht, dessen Taten kritisch zu hinterfragen. Das Handeln des idealen Muslims wird somit auch hinsichtlich seiner Wirkung auf »andere Leute« und »Kritiker*innen« in der Welt der öffentlichen Meinung, in welcher religiöse Argumente kein Gewicht haben, kritisch reflektiert. Das Miteinander in der pluralen Gesellschaft und der gute Ruf der eigenen Religion bilden für die Schüler*innen folglich wichtige Maßstäbe, um das Verhalten als Muslim*in kritisch zu prüfen und eine Übersetzung religiöser Normen in die eigene Lebenswelt zu bewerkstelligen.

Aus der Beobachtung, dass die Zerstörung von Devotionalien einige Schüler*innen mehr zu bewegen scheint als die Gewalt an Menschen, schließe ich nicht auf eine Empathielosigkeit. Einerseits fand die Götzenzerstörung im Kontext des friedlichen Einmarsches in Mekka statt und erscheint vielen daher als unnötige Machtdemonstration. Andererseits scheint die Auseinandersetzung mit Gewalt lediglich auf den für die Schüler*innen abstrakten mythologischen bzw. symbolischen Ebenen der islamischen Geschichtsschreibung zu liegen, aus der es für das Hier und Jetzt moralische Schlüsse zu ziehen gelte, nicht zwingend handlungspraktische. Die tatsächliche Anwendung von Gewalt wird historisch als legitim betrachtet, doch als heute überkommen angesehen. Zeitgenössische islamisch legitimierte Gewalthandlungen werden mit Verweis auf den vermeintlich »Islamischen Staat« als Fehlinterpretation der »Gewaltverse« auf Distanz zum eigenen Islamverständnis gebracht:

> S3: »Dass Islam gewaltverherrlichend sein soll, also wie von diesen drei Leuten behauptet, hängt glaube ich damit zusammen, dass viele Leute [Muslim*innen] die Aussagen der Verfolgung und Kampf falsch interpretieren. Also die denken dann, dass das Töten von Ungläubigen als ǧihād betrachtet wird.«

Gegen einen strikten Literalismus herrscht im Kurs Konsens über die Notwendigkeit der Interpretation. Eine Schülerin, die in einer Milli-Görüş-Gemeinde aktiv ist, betont, dass man die Offenbarungsanlässe miteinbeziehen müsse, um den Sinn der Verse, die vermeintlich Gewalt predigen, in ihrem historisch kontextualisierten Sinn zu erschließen und für den Alltag sinnhaft zu verstehen.

## 6 Schluss

Der islamische Religionsunterricht in Deutschland ist mit zahlreichen gesellschaftlichen Erwartungen aufgeladen. Er gilt vielfach als Ort der Aushandlung von Identitäten und Selbstpositionierungen junger Muslim*innen im Spannungsfeld des islamkritischen öffentlichen Diskurses und den als konservativ wahrgenommenen Moscheen. Dennoch werden derartige Aushandlungsprozesse der Schüler*innen *in situ* und das Unterrichtsgeschehen *in actu* sowohl seitens der Didaktik als auch seitens der empirischen Unterrichtsforschung kaum in den Blick genommen. Mit dem vorliegenden Beitrag beabsichtige ich entsprechend, unter Rückgriff auf einen ethnografischen Ansatz sowie ein pragmatisch-praxeologisches Analysevokabular, Komplexitäten und Handlungskapazitäten aufzuzeigen, die sich dem Blick der Lehrenden überwiegend entziehen und lediglich durch die dichte Deskription von Kontext und handelnden Akteur*innen sichtbar werden.

*Komplexität des Schüler*innenhandelns:* Unter Rückgriff auf das Modell der Rechtfertigungsordnungen wurde deutlich, dass Schüler*innen im IRU jenseits dualistischer Ordnungskonzepte (Säkularismus – Religion, Moderne – Tradition, christlich-jüdische Werte – Islam etc.) auf eine Vielzahl von Referenzsystemen und Rechtfertigungsordnungen zurückgreifen, um Kritik zu üben, Kompromisse zu erzielen und sich im Angesicht von Islamkritik und gewaltvoller Historiografie selbst sinnhaft als Muslim*innen in der pluralistischen

Gesellschaft zu positionieren. Indem die Außenwahrnehmung des Islam in der pluralistischen Gesellschaft kritisch geprüft wird, ziehen die Schüler*innen zivilgesellschaftliche und öffentliche Größen als Maßstab zur Prüfung vorbildhafter islamischer, das heißt der Welt der Inspiration/Religion zugeordneter, Praktiken heran und handeln letztlich diskursiv im Modus der zivilgesellschaftlichen Institution Schule.

*Komplexität des Unterrichtsarrangements:* Die beschriebenen Übersetzungsleistungen und kritischen Stellungnahmen werden aber, so behaupte ich, nicht von einem IRU *per se* ermöglicht, sondern erfordern ein hochspezifisches Arrangement von Wissensbeständen und Motivationen aufseiten Lernender wie Lehrender. Theologisch kontroverse Diskussionen können erst geführt werden, wenn die Teilnehmenden über Vorwissen verfügen und darauf aufbauend Interesse für divergierende theologische Positionen entwickeln. Auch die Persönlichkeit und religiöse Motivation der Religionslehrkraft ist, wie gezeigt wurde, von zentraler Bedeutung für das *Wie* der Aushandlungen und die Möglichkeitsräume des Unterrichts. Diese Spezifität wird, wie beiläufig gezeigt wurde, besonders im Vergleich mit anderen Arrangements (Lehrperson, Schulform etc.) greifbar und bedarf noch weitergehender Aufmerksamkeit seitens der empirischen Forschung zum IRU.

Die Komplexitäten des Unterrichts, seiner kontextuellen Bedingungen und der aktiven Aushandlungen, Übersetzungen und Aneignungen im Vollzug bleiben dem Auge der Lehrkraft *in situ* zumeist verborgen und können nur durch eine qualitativ-empirische Unterrichtsforschung sichtbar gemacht werden. Insofern möchte ich mit Breidenstein (2009) festhalten, dass der deskriptive Ansatz einer praxeologisch orientierten Ethnografie den präskriptiven Blick der Religionsdidaktik und somit den Begründungszusammenhang des Lehrer*innenhandelns um eine Dimension erweitern und einen wichtigen Beitrag zu seiner Fundierung leisten kann und muss.

## Literatur

Agai, B. (2010): Die Arbeit der Gülen Bewegung in Deutschland: Akteure, Rahmenbedingungen, Motivation und Diskurse. In: J. Hafner/W. Homolka (Hg.): Muslime zwischen Tradition und Moderne. (S. 9–55). Freiburg i. B.

Attia, I. (2015): Die »westliche Kultur« und ihr Anderes. Zur Dekonstruktion von Orientalismus und antimuslimischem Rassismus. Bielefeld.

Avcı, C. (2010): Sira (Leben). https://derletzteprophet.info/kategorie/leben-sira (Zugriff am 14.02.2021).

Bogusz, T. (2010): Zur Aktualität von Luc Boltanski. Einleitung in sein Werk. Wiesbaden.

Boltanski, L./Thévenot L. (1991/2014): Über die Rechtfertigung. Eine Soziologie der kritischen Urteilskraft. Hamburg.

Bowen, J. R. (2011): Can Islam Be French? Pluralism and Pragmatism in a Secularist State. Princeton.
Breidenstein, G. (2007): Teilnahme am Unterricht. Ethnographische Studien zum Schülerjob. Wiesbaden.
Breidenstein, G. (2009): Allgemeine Didaktik und praxeologische Unterrichtsforschung. Zeitschrift für Erziehungswissenschaft. Sonderheft Perspektiven der Didaktik, 9, 201–215.
Hafez, F. (2014): Disciplining the »Muslim Subject«: The Role of Security Agencies in Establishing Islamic Theology within the State's Academia. Islamophobia Studies Journal, 2 (2). 43–57.
Halverson, J./Corman, S./Goodall, H. L. (2011): Master Narratives of Islamist Extremism. New York.
Heinze, T. (1980): Schülertaktiken. München.
İnat, K./Bayraklı, E./Keskin, K./Yımaz, Ö./Doğan, H. İ./Can, S./Eliaçık, Z. (2019): Die Fetullahistische Terrororganisation (FETÖ) in Deutschland. Ankara.
Juschkat, N./Leimbach, K. (2019): Radikalisierung als hegemoniales Paradigma – Eine empiriebasierte kritische Bestandsaufnahme. BEHEMOTH. A Journal on Civilization, 12 (2), 11–23.
Lave, J./Wenger, E. (1991): Situated Learning. Legitimate Peripheral Participation. Cambridge.
Said, E. W. (1978): Orientalism. New York.
Schatzki, T. R. (1996): Social Practices. A Wittgensteinian Approach to Human Activity and the Social. Cambridge.
Schiffauer, W. (2002): Einleitung: Nationalstaat, Schule und politische Sozialisation. In: W. Schiffauer/G. Baumann/R. Kastoryano/S. Vertovec (Hg.): Staat – Schule – Ethnizität. Politische Sozialisation von Immigrantenkindern in vier europäischen Ländern (S. 1–22). Münster.
Schiffauer, W. (2015): Sicherheitswissen und Deradikalisierung. In: D. Molthagen (Hg.): Handlungsempfehlungen zur Auseinandersetzung mit islamistischem Extremismus und Islamfeindlichkeit (S. 217–242). Berlin.
Schneiders, T. G. (2009): Islamfeindlichkeit. Wenn die Grenzen der Kritik verschwimmen. Wiesbaden.
Schneiders, T. G. (2015): Wegbereiter der modernen Islamfeindlichkeit. Eine Analyse der Argumentationen so genannter Islamkritiker. Wiesbaden.
Schooman, Y./Spielhaus, R. (2009): The Concept of the Muslim Enemy in the Public Discourse. In: J. Cesari (Hg.): Muslims in the West after 9/11 (S. 198–228). New York.
Spielhaus, R. (2018): Der Umgang mit innerreligiöser Vielfalt im Islamischen Religionsunterricht in Deutschland und seinen Schulbüchern. In: R. Spielhaus/Z. Štimac (Hg.): Schulbuch und religiöse Vielfalt. Interdisziplinäre Perspektiven (S. 93–116). Göttingen.
Stiftung Dialog und Bildung (2020): Wie funktioniert Hizmet (die Gülen-Bewegung) in Deutschland? https://www.youtube.com/watch?v=gJ4w4hm8o7Y&feature=youtu.be (Zugriff am 11.02.2020).
Wäckerlig, O. (2019): Vernetzte Islamfeindlichkeit. Die transatlantische Bewegung gegen »Islamisierung«. Events – Organisationen – Medien. Bielefeld.
Zimmer, V./Ceylan, R./Stein, M. (2017): Religiosität und religiöse Selbstverortung muslimischer Religionslehrer/innen sowie Lehramtsanwärter/innen in Deutschland. THEO-WEB. Zeitschrift für Religionspädagogik, 16 (2), 347–367.

## Film

Mohammed – Der Gesandte Gottes (Originaltitel: The Message). M. Akkad. Drehbuch: H. A. L. Craig. Großbritannien: Filmco International, 1976.

# Islamunterricht digital – digitale Bildung im Islamunterricht

Said Topalović

Digitalisierung ist längst zu einem religionspädagogischen Thema geworden. Für die Didaktik des Islamunterrichts ergibt sich dadurch die Aufgabe, Konzepte des digital unterstützten Lehrens und Lernens zu reflektieren. Die religionspädagogische Reflexion betrifft zudem Inhalte und Kommunikationsprozesse in den digitalen Medien und geht von der Intention aus, bei Schüler*innen Kompetenzen der kritischen und reflexiven Auseinandersetzung mit Potenzialen und Gefahren der digitalen Welt zu fördern.

Der Fokus des Beitrags liegt damit einerseits auf der Reflexion über Einsatzmöglichkeiten digitaler Medien im Islamunterricht und andererseits auf der Förderung reflexiven Umgangs mit digitalen religiösen Angeboten. Ich gehe bei den folgenden Ausführungen davon aus, dass ein professioneller Einsatz digitaler Medien die Qualität des Islamunterrichts verbessern sowie junge Muslim*innen darin unterstützen kann, den Umgang mit digitalen Medien reflexiv und kritisch zu gestalten. Zu Beginn des Beitrags werden entsprechende Herausforderungen digitaler Bildung im religiösen Kontext thematisiert. Darauf aufbauend folgen didaktische Überlegungen, die im dritten Abschnitt anhand eines Beispiels konkretisiert werden.

## 1 Kinder und Jugendliche in den digitalen Zeiten

Laut aktuellen und repräsentativen Studien zum Mediennutzungsverhalten von Kindern (vgl. MPFS 2019) und Jugendlichen (vgl. MPFS 2020) sind in praktisch allen Familien digitale Geräte und demnach auch ein Internetzugang vorhanden. Was Kinder zwischen sechs und dreizehn Jahren betrifft, so besitzt jedes zweite Kind ein eigenes Smartphone oder Handy. Auch wenn Kinder mit einem sehr breiten Medienrepertoire aufwachsen und Fernsehen, Bücherlesen, das regelmäßige Treffen von Freund*innen, Spielen drinnen und draußen sowie Sport weiterhin zu den häufigsten Aktivitäten gehören, sind etwa zwei Drittel aller

Kinder auch Internetnutzer*innen. Dabei gehört die Nutzung von Suchmaschinen und das Anschauen von YouTube-Videos – mittlerweile das unter Kindern beliebteste Internetportal – zu den regelmäßigen Onlineaktivitäten. 10 % begegnen ungeeigneten und 5 % unangenehmen sowie angsteinflößenden Inhalten im Internet, damit sind v. a. gewalttätige, extremistische sowie pornografische Inhalte gemeint (vgl. MPFS 2019, S. 81–84).

Was die Jugendlichen zwischen 12 und 19 Jahren anbelangt, so gibt es in dieser Altersgruppe keine »Offliner« mehr. Fast jede*r von ihnen (99 %) besitzt ein eigenes und internetfähiges Smartphone. Das am liebsten genutzte Onlineangebot ist YouTube, gefolgt von Instagram und WhatsApp. Internet gilt auch als Informationsmedium, dafür wird v. a. auf Suchmaschinen wie Google oder Videorecherchen auf YouTube zurückgegriffen (vgl. MPFS 2020, S. 66–70). Die Alltagswirklichkeit von Jugendlichen ist generell durch digitale Strukturen geprägt, damit bewältigen sie u. a. die für dieses Alter typischen Entwicklungsaufgaben (wie z. B. Beziehungsgestaltung, Berufswahl, Übernahme von Geschlechterrollen etc.) bzw. können ihre Identitäten facettenreicher ausbilden, da sie ihre Wünsche und Interessen sowohl im lokalen als auch globalen Austausch erkunden (vgl. Filipović 2013). Die Digitalisierung unterstützt junge Menschen auch darin, Beziehungen zu initiieren, zu pflegen und auch einen größeren Freundes- und Bekanntenkreis zu verwalten. So wie Kinder begegnen allerdings auch Jugendliche sowohl Positivem als auch Negativem im Internet, wobei hier Hass und Cybermobbing stark zunehmen (vgl. MPFS 2020, S. 69 f.).

Betrachtet man die angeführten Entwicklungen aus einer religionspädagogischen Perspektive heraus, dann kann resümiert werden: Wer heutzutage religiös bilden möchte, muss auch wissen, wie digitale Medien funktionieren und digitale Kommunikationsprozesse verlaufen. Dabei sind sowohl Chancen als auch Grenzen sowie Gefahren digitaler Medien zu analysieren und für die religiöse Bildung fruchtbar zu machen.

## 2 Digitale Medien als Herausforderung für den Islamunterricht

Der aktuelle medienpädagogische Diskurs thematisiert die Bedeutung der Bildung durch und über digitale Medien (vgl. Heinen/Kerres 2017). Digitale Bildung ist im Strategiepapier der Kultusministerkonferenz (KMK) ab der Primarstufe als verbindlich bestimmt und digitale Medien sind im Unterricht im Sinne neuer »Erfahrungs- und Lernmöglichkeiten« zu integrieren. Darüber hinaus sollen Kompetenzen gefördert werden, »die eine kritische Reflexion in Bezug auf den Umgang mit Medien und über die digitale Welt ermöglichen« (KMK 2016, S. 6 f.). Dafür wird von der KMK ein umfassendes Kompetenzmodell vorgelegt, das jene Kenntnisse, Fähigkeiten und Fertigkeiten umfasst, die ein sachgerechtes, selbstbestimmtes, kreatives und sozial verantwortliches Handeln in der medial geprägten Lebenswelt ermöglichen sollen. Dabei beschreibt die Medienkompetenz auch die Fähigkeit, sich verantwortungsbewusst in der digitalen Welt bewegen, die Wechselwirkung zwischen digitaler und materieller Welt begreifen und neben den Potenzialen auch die Gefahren von digitalen Medien erkennen zu können (KMK 2016, S. 15–19).[1] Diese Aufgabe bezieht sich auf alle Fächer und nimmt dementsprechend alle Fachdidaktiken in die Pflicht. Für die Didaktik des Islamunterrichts stellt sich in diesem Zusammenhang die Frage: Welche Aufgabe kommt der religiösen Bildung zu?

Zum einen geht es darum, didaktische Möglichkeiten zu reflektieren, aus denen sich ein qualitativer Mehrwert für den Islamunterricht schöpfen lässt. Aus der didaktischen Perspektive betrachtet können digitale Medien selbstständige und kooperative Lernprozesse unterstützen, die höhere zeitlich-örtliche sowie soziale Flexibilität ermöglichen. Digitale Medien können zudem alltagsnahe und authentische Probleme in Lernsituationen umwandeln (z. B. mithilfe von Videos). Auf diese Art und Weise lässt sich ein direkter Bezug zur Lebenswelt der Schüler*innen herstellen, was per se den Transfer neuen Wissens und Könnens in den Alltag unterstützen kann. Neue Formen interaktiver Diskursprozesse, die in einem pädagogischen Rahmen Verstehens- und Verständigungsprozesse unterstützen können, können medial optimiert werden (vgl. auch Tuhčić/Topalović 2017).

Zum anderen geht es um die Förderung eines reflexiven Umgangs mit den digitalen Angeboten im Internet. Dabei ist Digitalisierung weniger als ein technisches, sondern vielmehr als ein soziales und ethisches Phänomen zu betrachten. Mithilfe digitaler Medien steht das Individuum in einer direkten Kommunikation

---

1 Das Kompetenzmodell der KMK umfasst folgende sechs Bereiche: 1) Suchen, Verarbeiten und Aufbewahren (Suchen und Filtern, Auswerten und Bewerten, Speichern und Abrufen); 2) Kommunizieren und Kooperieren (Interagieren, Daten teilen, Zusammenarbeiten, Umgangsregeln kennen und einhalten, an der Gesellschaft aktiv teilhaben); 3) Produzieren und Präsentieren (Entwickeln und Produzieren, Weiterverarbeiten und Integrieren, rechtliche Vorgaben beachten); 4) Schützen und sicher Agieren (sicher in digitalen Umgebungen agieren, persönliche Daten und Privatsphäre schützen, Gesundheit schützen, Natur und Umwelt schützen); 5) Problemlösen und Handeln (technische Probleme lösen, Werkzeuge bedarfsgerecht einsetzen, eigene Defizite ermitteln und nach Lösungen suchen, digitale Werkzeuge und Medien zum Lernen, Arbeiten und Problemlösen nutzen, Algorithmen erkennen und formulieren); 6) Analysieren und Reflektieren (Medien analysieren und bewerten, Medien in der digitalen Welt verstehen und reflektieren) (vgl. KMK 2017, S. 16 ff.).

mit anderen Individuen oder Gruppen und dies über lokale und regionale Grenzen hinaus. Die jungen Menschen treten dabei nicht primär als passive Akteur*innen auf, sondern gestalten die digitale Welt mit. Eine wichtige Aufgabe religiöser Bildung kann darin bestehen, die in den digitalen Welten gemachten Erfahrungen in die soziale Wirklichkeit zu transferieren und im Islamunterricht zum Gegenstand kritischer Reflexion zu machen. Denn eine große Gefahr durch eine Fixierung auf die digitale Welt bestehe darin, das Gefühl für die Dynamik der realen Welt zu verlieren und folglich eine Abkopplung beider Lebenswelten zu riskieren.

Mithilfe digitaler Medien erweitern sich Räume für theologische Diskurse. Die jungen Menschen greifen dabei auf neue Formen von Kommunikation und Reflexion religiöser Fragen zurück. Dies ist nicht immer negativ zu betrachten, insofern sich dadurch neue Möglichkeiten religiöser Erfahrungen und inhaltlicher Wissensaneignung ergeben. Junge Menschen können dabei interessenbedingt nach Inhalten recherchieren, ihre Fragen stellen, sich zeit- und ortsunabhängig am Diskurs beteiligen, ihr eigenes Wissen und eigene Erfahrungen einbringen etc. D. h., sie haben die Möglichkeit zeitlich flexibel, eigenen Interessen und Wünschen folgend, einen Diskurs mitzuprägen und damit auch mitzugestalten, woraus sich nicht nur persönlichkeitsbildende Erfahrungen, sondern auch neue religiöse Erkenntnisse ergeben können. Die Potenziale digitaler Medien beziehen sich außerdem nicht lediglich auf die Wissensaneignung, sondern können beispielsweise genauso für die Initiierung friedensstiftender Aktionen unter jungen Menschen genutzt werden, die u. a. zum Reflexionsgegenstand im Islamunterricht gemacht werden können. Dies kann am folgenden Beispiel aufgezeigt werden: Als vor wenigen Jahren in Kopenhagen ein Terroranschlag auf eine Synagoge verübt wurde und sich die Nachricht rasch in den Medien verbreitete, rief eine Initiative junger Muslim*innen in Oslo zur Solidarität mit jüdischen Mitbürger*innen auf. Schnell versammelte sich eine große Gruppe von Menschen, die einen »Friedensring« um die Synagoge als deren Schutz bildete. Eine 17-jährige muslimische Mitinitiatorin hielt dabei eine Rede, in der sie u. a. festhielt, dass Solidarität selbstverständlich sein müsse und dass sie es als religiöse Pflicht empfinde, für ein friedliches Zusammenleben einzustehen.[2] Sowohl diese Haltung als auch die damit verbundene Handlung stehen für ein Religionsverständnis, das zum Frieden und zur Anerkennung von Vielfalt aufruft und sich mit einer pluralen Gesellschaft in Einklang befindet.

Es sind allerdings mit den digitalen Medien auch gleichzeitig Risiken verbunden. Denn auf der anderen Seite des Netzes lauern gleichfalls Gefahren, zu-

---

2   Vgl. dazu die Berichterstattung: https://taz.de/Muslimisch-juedische-Solidaritaet/!5019340/ (Zugriff am 05.09.2022).

mal junge Menschen bewusst und gezielt in ein entsprechendes religiöses Verständnis gelenkt werden können. So konnte beispielsweise der Islamwissenschaftler Mahmud El-Wereny in seiner Analyse deutschsprachiger Webseiten salafistischer Prägung aufzeigen, dass gerade salafistische Gruppierungen die digitale Welt als Verbreitungsplattform für ihre Botschaften nutzen, womit digitale Medien zugleich für die Mobilisierung und Rekrutierung neuer Anhänger*innen genutzt werden. Die dort behandelten Themen sind zumeist in einer attraktiven Weise auf die Interessen und Bedürfnisse junger Menschen zugeschnitten (vgl. El-Wereny 2020, S. 213–222). In den meisten Fällen allerdings vertreten die Inhalte »ein verkrustetes, veraltetes Islamverständnis, das sich […] gegen die Demokratie, […] gegen Frauen, Nichtmuslime sowie andere Muslime richtet, die ihre Sicht nicht teilen« (El-Wereny 2020, S. 216) und somit von El-Wereny als »radikalisierungsfördernd« (S. 217) bewertet werden. Im Vergleich zu den Webseiten, die eher einen gemäßigten und liberalen Islam vertreten, sind die (radikal)salafistischen Angebote »in der Überzahl und […] dominieren auch die deutschsprachigen Informationsangebote über den Islam« (El-Wereny 2020, S. 220). Dass eine solche Ideologie auf die jungen Menschen Einfluss nehmen kann, konnte der Gefängnisseelsorger Ramazan Demir aufzeigen, der während seiner Arbeit mit islamistisch orientierten Gefangenen Manipulationen radikalislamischer Gruppierungen aufdecken konnte. So wies er darauf hin, wie die fehlende systematische Wissensvermittlung und die lückenhafte Aufnahme von theologischem Wissen zu einer einseitigen Überzeugung und gravierenden Verkürzungen in der Betrachtung der allgemeinen Zielsetzungen des Islam und folglich zu manipulierbaren theologischen Positionen führen können (vgl. Demir 2017, S. 145–194). Dazu ein Beispiel neueren Datums: Es geht um die Ermordung des französischen Lehrers Samuel Paty durch einen Jugendlichen. Der Grund für die Tötung lag darin, dass der Lehrer Muhammad-Karikaturen in seinem Unterricht gezeigt und thematisiert hatte. Der junge Mann, der diese Tat beging, gehörte allerdings nicht zu den Schüler*innen des Lehrers. Er ließ sich zu dieser Tat im Internet anstiften, wo u. a. von radikalen Gruppierungen zur Ermordung des Lehrers aufgerufen wurde. Von Freund*innen und Bekannten als stiller Teenager beschrieben, scheint sich seine Radikalisierung mithilfe digitaler Medien rasch vollzogen zu haben.[3]

Ein weiteres und erwähnenswertes Problem, das damit in Zusammenhang steht, ist, dass die muslimischen Mainstream-Gemeinden im Vergleich zu den

---

3 Vgl. dazu die Berichterstattung: https://www.spiegel.de/politik/ausland/frankreich-mord-an-samuel-paty-die-rasante-radikalisierung-des-abdoullah-a-a-08daa1d1-90ee-45b3-8678-b4e553bbaaa3 (Zugriff am 05.09.2022).

salafistischen Gruppierungen – wie die Osnabrücker Wissenschaftler Rauf Ceylan und Michael Kiefer bereits vor Jahren bemerkten – kaum Kompetenzen und Strukturen aufweisen, um junge Muslim*innen digital erreichen zu können (vgl. Ceylan/Kiefer 2013, S. 93). Außerdem betreffen die Gefahren in den digitalen Welten nicht nur die Radikalisierung, sondern genauso Spiel- und Internetsucht, die Begegnung mit gewalttätigen und pornografischen Inhalten, mit Fake News etc. In den letzten Jahren haben v. a. Hass im Netz bzw. Cybermobbing unter jungen Menschen stark zugenommen (vgl. MPFS 2019, S. 81–84; MPFS 2020, S. 69 f.).

Diese (neuen) Entwicklungen bedürfen eines Rahmens, in dem junge Menschen sowohl positive wie auch negative Erfahrungen unter pädagogischer Begleitung reflektieren können. Hier kommt dem schulischen Islamunterricht eine wesentliche Rolle zu. Dieser eröffnet den Raum, um über fachspezifische Potenziale und Risiken des Digitalen zu reflektieren, und kann somit junge Menschen für einen souveränen Umgang mit ihren religiösen Erfahrungen in den digitalen Welten befähigen. Im Islamunterricht kann dabei ein gemeinsamer Deutungshorizont auf der Ebene von Inhalt und der von Beziehung entstehen. Denn die neuen Medien sind kaum in der Lage, den für schulische Lehr- und Lernprozesse notwendigen Interaktionspartner zu ersetzen. Geht man davon aus, dass Ausgangs- und Endpunkt des sozialen Lehr- und Lerncharakters die gemeinsamen Handlungen sind (vgl. auch Topalović, in diesem Band), dann wirft das die Frage auf, wie in Bezug auf die Neuen Medien Kommunikations- und Interaktionsprozesse im schulischen Unterricht gestaltet werden können (vgl. Giest/Lompscher 2006, S. 85–90). Denn selbst wenn es mithilfe digitaler Medien gelingt, sich Wissen außerhalb schulischer Lehr- und Lernprozesse anzueignen, ersetzt dies in keiner Weise notwendige Interaktions- und Reflexionsprozesse, in denen Schüler*innen Feedback erhalten, zum Nachdenken angeregt bzw. zu einer tiefergründigen Analyse motiviert werden. All diese Prozesse sind Bestandteile des Lehrens und Lernens und weisen u. a. auf die Unersetzbarkeit pädagogischer und didaktischer Begleitung. Um an dieser Stelle an den Soziologen Hartmut Rosa anzuknüpfen: Die Modi der Welterfahrung und Weltaneignung werden niemals individuell bestimmt, sondern sind »in einem erheblichen Maße kollektive soziale Verhältnisse« (Rosa 2016, S. 20). Übertragen auf die religiöse Bildung bedeutet dies, Begegnung und Begleitung mit und durch eine vertrauensvolle und kompetente Lehrperson.

In diesem Zusammenhang hebe ich eine Reihe von daraus folgenden Herausforderungen für den Islamunterricht hervor[4]: Erstens steht die Frage nach dem

---

4   Die angeführten Aspekte beziehen sich allgemein auf die Bildung, können jedoch fachspezifisch konkretisiert und formuliert werden (vgl. auch Leven/Palkowitsch-Kühl 2020, S. 132).

*Vertrauen* im Mittelpunkt von Reflexionen im Islamunterricht *(Wem kann ich vertrauen?)* – dies angesichts der vielfältigen Kommunikations- und Erfahrungsmöglichkeiten in den digitalen Welten. Vor dem Hintergrund der Tatsache, dass im Islam keine unmittelbare Lehramtsautorität existiert, sondern vielmehr eine diskursive Gelehrsamkeit, sind die einzelnen Individuen aufgefordert, ein Mindestmaß an Kompetenzen im Umgang mit der Religion bzw. mit der eigenen Religiosität zu erwerben (vgl. Badawia 2019a, S. 296). Dies bezieht sich genauso auf den Umgang mit religiösen Inhalten und Erfahrungen in digitalen Welten. Zweitens stellt sich die Frage nach der selbstbestimmten *Positionierung (Wie positioniere ich mich?)* angesichts unterschiedlicher Meinungen und Positionen, die im Internet anzutreffen sind. Drittens wirft sich die Frage nach der *Verantwortung (Welchen Beitrag leiste ich?)* angesichts vielfältiger Potenziale aber auch Gefahren in den digitalen Medien für Individuum und den sozialen Frieden in der Gesellschaft auf. Das Letztgenannte bezieht sich v. a. auf das islamisch-ethische Regulativ individueller und kollektiver Verantwortung *(amāna)*, das Gute und das Gemeinwohl *(maṣlaḥa)* zu unterstützen (vgl. Badawia 2018, S. 243).

## 3 Digitale Bildung im Islamunterricht

### 3.1 Digitales Lernen: Forschungsstand, Chancen und Perspektiven

Der Einsatz digitaler Medien im Unterricht ist mit dem Anspruch verbunden, die Qualität von Lehr- und Lernprozessen zu verbessern. Angesichts der Tatsache, dass digitale Medien im Leben der Schüler*innen eine bedeutende Rolle einnehmen, wird davon ausgegangen, dass sich mit dem Einsatz digitaler Medien die Lernmotivation und das Lerninteresse steigern könnten. Nicht selten werden darin auch neue Möglichkeiten zu individualisierten und differenzierten Lernprozessen gesehen. Die empirischen Untersuchungen haben solche Annahmen bisher nur teilweise bestätigen können. Interesse und Motivation können zwar steigen, jedoch nach einer bestimmten Zeit auch wieder abnehmen. Entscheidend sind die Selbststeuerung und die Freiheit im Lernprozess (vgl. Schaumburg 2020). Die Schlussfolgerungen von bisher durchgeführten Studien legen nahe, dass digitale Medien »nur *ein* Element des Unterrichts« sind, positive Effekte liegen in einer Wechselwirkung mit weiteren Unterrichtsmerkmalen sowie didaktischen Kompetenzen der Lehrkräfte. Die schulischen Rahmenbedingungen sowie das Vorwissen der Schüler*innen, die generell unterschiedlich sein können, spielen im Lernprozess genauso eine wichtige Rolle (vgl. Schaumburg 2020, S. 13).

Theorie und Praxis des Einsatzes von digitalen Medien im Islamunterricht stellen ein neues Forschungsfeld dar. Eine eigene Studie mit den Islamlehrkräften in Österreich gewährt einen ersten Überblick über die Einstellungen von Islamlehrkräften zu den digitalen Medien (vgl. Tuhčić/Topalović 2020). Dabei wurden mittels eines Fragebogens 158 Islamlehrkräfte befragt, die in Österreich Islamische Religion an öffentlichen Schulen unterrichten. Die Untersuchung bezog sich auf alle Islamlehrkräfte, unabhängig davon, in welcher Schulstufe bzw. Schulform diese einen Islamunterricht erteilen.

Grundsätzlich offenbaren die Ergebnisse Folgendes (vgl. Tuhčić/Topalović 2020, S. 206–208): Unabhängig davon, in welcher Schulform die Islamlehrkräfte unterrichten, zeigt sich bei den Befragten eine positive Haltung gegenüber digitalen Medien. Damit ist die Erwartung verbunden, Interesse und Motivation unter Schüler*innen durch eine methodisch abwechslungsreiche Gestaltung des Unterrichts zu steigern (vgl. Tuhčić/Topalović 2020, S. 206). Der Einsatz überwiegt allerdings im Bereich der Vermittlungsprozesse, digitale Medien werden dafür genutzt, Inhalte des Unterrichts zu präsentieren (z. B. mithilfe von Videos, PowerPoint-Präsentationen etc.; vgl. Tuhčić/Topalović 2020, S. 207). Für die schüler*innenorientierten Lernprozesse werden digitale Medien dagegen weniger genutzt. Die häufigste Angabe fällt auf »Internetrecherchen« sowie auf die »Gestaltung der Präsentationen/Referate« (Tuhčić/Topalović 2020, S. 207). Auch wenn die Verknüpfung von Inhalt und Bild im Rahmen visueller und auditiver Präsentationen einen positiven Lerneffekt erwirken könnte (vgl. exemplarisch Herzig 2014; Schaumburg 2020), liegt der Mehrwert digitaler Medien doch mehr in den individualisierten und kooperativen Lernprozessen. In diesem Zusammenhang konnte die Studie einen Mangel nachweisen, wodurch sich für den Islamunterricht ein didaktischer Nachholbedarf ergibt (vgl. Tuhčić/Topalović 2020, S. 208). Denn die Hinwendung vom Lehren zum Lernen im kompetenzorientierten Unterricht bedeutet schließlich, Lernumgebungen zu gestalten und aktive, selbstständige und reflexive Lernprozesse zu fördern (vgl. Topalović 2019, S. 39–43). Digitale Medien ermöglichen in diesem Zusammenhang selbstgesteuerte Lernprozesse, die u. a. auch unabhängig von Zeit und Ort stattfinden können, die unterschiedlichen und vielfältigen Angebote in der digitalen Welt wahrnehmen und für den Lernprozess nutzen zu können. Dies gestattet zugleich den Zugang zu diversen inhaltlichen Ressourcen und auch vielfältige Möglichkeiten der sozialen Vernetzung, nicht zu unterschätzen sind außerdem die digitalen Werkzeuge, die allesamt Lernprozesse unterstützen können. Digitale Medien eröffnen aufgrund ihrer Struktur Kommunikations- und Erfahrungsräume, die eine Einbindung aller Lernenden im Unterricht ermöglichen, was gleichzeitig mit Teilhabe- und Interaktionschancen zusammenhängt. Dadurch offenbaren sich nicht nur vielfältige Einsatzmöglichkeiten, sondern auch die Potenziale für die Förderung kritischer und reflexiver Umgangsweisen mit digitalen Medien (vgl. exemplarisch Kerres 2012; Schmidt 2015; Zumbach 2021). Voraussetzung dafür ist allerdings eine kompetente und didaktische Begleitung durch die Lehrperson im Islamunterricht.

Was die Frage der Förderung eines kritischen Umgangs mit digitalen Medien im Islamunterricht angeht, sind die Islamlehrkräfte eindeutig: 87 % sehen dies als Aufgabe des Islamunterrichts, lediglich 13 % sind hier anderer Meinung (vgl. Tuhčić/Topalović 2020, S. 208). Das ist vor dem Hintergrund des zuvor Diskutierten prinzipiell zu begrüßen und auch ein empirischer Beleg dafür, dass der Islamunterricht als ein pädagogischer Ort für die Förderung von Medienkompetenzen bei Kindern und Jugendlichen wahrzunehmen ist.

## 3.2 Eine Didaktik zur Reflexion digitaler Erfahrungen

Wie bisher argumentiert, besteht die Aufgabe religiöser Bildung darin, einen selbstbestimmten und kritischen Umgang mit digitalen Medien zu fördern, damit sich junge Menschen reflexiv mit der digitalen Welt auseinandersetzen können. Dabei geht es weniger darum, dass sich Schüler*innen technische Fertigkeiten aneignen, sondern vielmehr um die Förderung jener Kompetenzen, die einen kritischen und reflexiven Umgang mit digitalen Medien ermöglichen. Als didaktisches Unterrichtsmaterial eignen sich neben digitalen Inhalten genauso unterschiedliche lebensweltliche Erfahrungen von Schüler*innen, die u. a. unmittelbar in der digitalen Welt erfahrbar sind. Ferner bedarf es didaktischer Designs, die eine systematische Auseinandersetzung mit digitalen Inhalten bzw. digitalen Erfahrungen ermöglichen (vgl. Topalović 2018).

Dafür wurde bereits an einer anderen Stelle folgende didaktische Struktur mit der Intention erarbeitet, unterschiedliche Kompetenzdimensionen bei den Schüler*innen zu fördern (vgl. Topalović, in diesem Band; Topalović 2019; Topalović/Tuhčić 2023): 1) An erster Stelle steht eine Frage bzw. eine Situation im Mittelpunkt des unterrichtlichen Geschehens; 2) die Wahrnehmung von Antworten, Phänomenen etc., die die Antwortfindung bzw. Lösung unterstützen können *(Wahrnehmungskompetenz)*; 3) kritische Analyse solcher Antworten, Phänomene etc. *(Deutungskompetenz)*; 4) die Reflexion noch offener Fragen und möglicher Lösungsvorschläge *(Dialog- und Kommunikationskompetenz)*; 5) die Formulierung von Schlussfolgerungen und argumentativer Begründung *(Urteilskompetenz)*; 6) Erkenntnisgewinnung mit möglichen Handlungsoptionen *(Gestaltungskompetenz)*. Am Anfang vom Lehr- und Lernprozess steht also eine Frage, ein Phänomen etc., dass einer kritischen Analyse unterzogen werden soll.

Ein erster konkreter Ansatz besteht darin, selbstständig und/oder in der Gruppe darüber zu reflektieren. In diesem Schritt erfolgt eine kritische und mehrperspektivische Annäherung an die Thematik. Das kritische Hinterfragen von Erfahrungen, Vorstellungen, Phänomenen etc. möchte sowohl Unterschiede und Gemeinsamkeiten als auch Positives und Negatives sichtbar machen, was in einem Lehr- und Lernprozess diskutiert werden kann. Am (vorläufigen) Ende des Lernprozesses werden die Ergebnisse präsentiert, anschließend folgen gemeinsame Reflexionen über Erkenntnisgewinnwege und Handlungsoptionen, die eine selbstbestimmte Positionierung unterstützen.

## 4 Beispiel für den Islamunterricht

### 4.1 Flipped-Classroom – als didaktisch-methodisches Konzept

In der Nutzung digitaler Medien im schulischen Unterricht geht es prinzipiell um das Ausschöpfen jener Möglichkeiten, die die didaktische Interaktion zwischen Lehrenden und Lernenden fördern und lernwirksamer gestalten. Der Einsatz von digitalen Medien sollte außerdem immer einen »Mehrwert« in der Gestaltung von Lehr- und Lernprozessen anstreben und den Schüler*innen neue Lernmöglichkeiten und Lernerfahrungen ermöglichen. Dafür wurde das didaktische Unterrichtskonzept »Flipped Classroom« (»Umgedrehtes Klassenzimmer«) entwickelt (vgl. Kück 2016), das hier als Beispiel angewendet wird.

Beim Flipped Classroom wird die klassische Lehrer*innen-Schüler*innen-Rollenverteilung umgeworfen, das didaktische Prinzip lautet: Den Unterrichtsstoff zu Hause erarbeiten und im Klassenzimmer vertiefen. Die Schüler*innen werden in eine neue Thematik mithilfe von Erklär- oder Lernvideos eingeführt, die zu Hause beliebig oft angeschaut und bearbeitet werden können. Die Lehrperson nutzt anschließend den Präsenzunterricht, um mit den Schüler*innen über die Inhalte des Videos zu sprechen und zu reflektieren. Für ein solches Vorgehen spricht aus lernpsychologischer Sicht v. a. die Tatsache, dass die Lernenden zum einen die Geschwindigkeit der Inhaltsvermittlung ihrem eigenen Lerntempo besser anpassen können, zum anderen im Präsenzunterricht mehr Zeit für gezielte Unterstützung und Feedback bei der Aufgaben- bzw. Problemlösung zur Verfügung steht. In der Studie von Wagner, Gegenfurtner und Urhanne (2021) wurde mithilfe der Metaanalyse die Effektivität von Flipped Classroom untersucht. Dabei wurde der Frage nachgegangen, ob und wie Flipped Classroom sich auf den Lernerfolg von Schüler*innen der Sekundarstufe auswirken kann. Die Ergebnisse zeigen, dass die Schüler*innen insgesamt von diesem didaktischen Konzept profitieren, es konnte ein deutlicher Wissenszuwachs nachgewiesen werden. Die Studienautor*innen resümieren, dass sich der Unterricht nach dem Flipped Classroom-Ansatz für den Lernprozess auszahlt und eine wirksame Alternative bzw. Ergänzung zu den traditionellen Unterrichtskonzepten darstellt.

Eine Unterrichtseinheit nach Flipped Classroom könnte wie folgt gestaltet werden: Die Schüler*innen bekommen ein Lernvideo, schauen sich dieses zu Hause an und erarbeiten die dazugestellten Lernaufgaben. In der Unterrichtsstunde können die Schüler*innen in Gruppen aufgeteilt werden, um die Ergebnisse ihrer Hausarbeit zu besprechen. Die Lehrperson betreut die Gruppenarbeiten und unterstützt so den Arbeits- und Lernprozess. Im Anschluss präsentieren die Gruppen im Plenum die wichtigsten Ergebnisse, eine gemeinsame Reflexion findet ebenso statt.

## 4.2 Thema: Umgang mit religiöser und weltanschaulicher Vielfalt

Bei der Gestaltung des Zusammenlebens in einer von Vielfalt und Pluralismus geprägten Gesellschaft wird Religionen eine Rolle beigemessen, den gesellschaftlichen Frieden zu stiften. In der Schule als Lernort, an dem sich wie kaum anderswo im öffentlichen Raum Menschen unterschiedlicher religiöser und weltanschaulicher Einstellungen und Überzeugungen begegnen, wird die Frage der religiösen Bildung besonders virulent. Die Schüler*innen erleben im Rahmen schulischer Lehr- und Lernprozesse zum Teil sehr unterschiedliche Deutungshorizonte und haben die Möglichkeit, sich mit religiösen und/oder weltanschaulichen Wissensbeständen interaktiv auseinanderzusetzen und dabei zu erfahren, wie multiperspektivische Zugänge aussehen können. Ein weiteres Ziel solcher Interaktionen ist es, die Schüler*innen bei der Entwicklung interreligiöser und pluralitätsfähiger Kompetenzen zu begleiten.[5] Im Kontext von schulischen Lehr- und Lernprozessen nehmen demnach junge Menschen unterschiedliche religiöse und weltanschauliche Deutungen wahr und reflektieren diese. Die Förderung solcher Kompetenzen zielt auf die Wahrnehmung einer pluralen Gesellschaft und unterschiedlicher Weltdeutungen ab und ist auf den Umgang mit diesen im Alltag – im Sinne des friedlichen Zusammenlebens – bezogen.

---

5  Mit der interreligiösen Kompetenz verbindet Schambeck die Fähigkeit, angemessen mit der Vielzahl an Religionen umzugehen (vgl. Schambeck 2013, S. 56). Die Pluralitätskompetenz umfasst wiederum die Fähigkeit, das eigene Umfeld »aus mehreren unterschiedlichen Perspektiven auch empathisch wahrzunehmen und deuten zu können« (Wermke 2012, S. 97).

## 4.3 Sure al-Kāfirūn – als inhaltlicher Baustein

In der klassischen und modernen Koranexegese ist man sich einig, dass die koranischen Verse nach dem Grundsatz der kontextgebundenen Exegese gedeutet und verstanden werden sollen (vgl. Fatić 2017; Badawia/Topalović 2020). Dies bezieht sich auch und v. a. auf die Sure 109, al-Kāfirūn.[6] Diese Sure bietet sich gut als inhaltlicher Baustein im Islamunterricht an und dies aus mehreren Gründen: Zum einen handelt es sich bei ihr um eine kurze Sure, die in der Regel von einer bestimmten Anzahl an muslimischen Kindern und Jugendlichen entweder zu Hause oder im Moscheeunterricht auswendiggelernt wird – in der Regel der arabische Text ohne die Bedeutung. Zum anderen spricht sie ein wichtiges Thema an, die Reflexion der Sure und ihrer Bedeutung könnte zum Erwerb interreligiöser und pluralitätsfähiger Kompetenzen führen. Und schließlich behandelt die Sure den theologisch komplexen und äußerst sensiblen Begriff *kufr*, der ins Deutsche oft und vereinfachend mit »Unglauben« übersetzt wird. Obwohl der Begriff »Ungläubiger«, so Badawia, »weder anthropologisch noch theologisch in den Primärquellen des Islam begründet oder vertretbar ist, hat er sich im öffentlichen Diskurs und sogar unter Muslimen so weit verbreitet, dass er zum festen ›Vokabular muslimischer Jugendlicher‹ geworden ist«. Bedenklich wird es v. a. dann, »wenn sie [die muslimischen Jugendlichen] unreflektiert über Mitmenschen anderer Glaubensrichtungen reden und sie reflexartig als ›ungläubig‹ bezeichnen, ja sogar beschimpfen« (Badawia 2019b, S. 227). Und dies, obwohl die koranische Botschaft die Vielfalt religiöser, konfessioneller und weltanschaulicher Orientierungen als Ausdruck göttlicher Weisheit bestätigt (vgl. im Koran K 10:99; K 11:118; K 49:13 u. a.).

Eine kontextgebundene Koranexegese erfordert in der Regel die historische *(asbāb an-nuzūl)*, die sprachliche und die kontextuelle Analyse (vgl. Fatić 2017). Die Sure al-Kāfirūn hat einen konkreten Offenbarungsanlass, der für die Interpretation ausschlaggebend ist. Es waren die Polytheisten von Mekka, die trotz ihrer konsequenten Ablehnung des Korans mit dem Propheten Muhammad eine Vereinbarung aushandeln wollten: So sollte Muhammad ab und zu ihrem Götzenglauben folgen, worauf sie im Gegenzug angeboten haben, hin und wieder Allāh (den monotheistischen Gott des Islam) anzubeten. Darauf erfolgte die Offenbarung der Sure (vgl. Ibn Kesir 2002, S. 1539). Was die sprachliche Bedeutung des Begriffs *kufr* betrifft, kann im koranischen Kontext keineswegs

---

6 Diese Sure lautet: »*Sag: (1) O ihr Kafirun! (2) Ich verehre nicht, was ihr verehrt, (3) und ihr verehrt nicht, was ich verehre. (4) Und ich verehre nicht, was ihr (bisher immer) verehrt habt, (5) und ihr verehrt nicht, was ich verehre. (6) Ihr habt eure Religion, und ich die meine.*«

von Unglauben gesprochen werden. Nach dem Theologen Elsayed Elshahed weist *kufr* auf eine »Religion« bzw. auf einen Glauben und nicht auf einen »Unglauben« hin. Vor dem Hintergrund des Offenbarungsanlasses bezeichnet er alle nicht-islamischen Religionen, im Sinne von »Andersgläubige« und nicht »Ungläubige« (vgl. Elshahed 2019, S. 130 f.). In diesem Sinne wird entsprechend dem koranischen Text deutlich, dass der im ersten Vers unternommene Aufruf »kafirun« die Angehörigen einer anderen Religion anspricht und demzufolge als Andersgläubige und eben nicht als Ungläubige bezeichnet (vgl. auch Badawia 2019b, S. 230–233). Eine Ablehnung der Menschen mit anderen religiösen und weltanschaulichen Einstellungen und Überzeugungen würde zudem den zentralen Prinzipien des Korans widersprechen, der die Muslim\*innen zum Dialog und Kennenlernen (K 49:13) sowie zur Unterstützung im Guten (K 5:2; K 22:40) auffordert und letztendlich sogar die Schmähung dessen verbietet, was anderen Menschen heilig und bedeutsam ist (K 6:108).

Die Erlangung des Verständnisses über die Deutungskomplexität von koranischen Inhalten, in der, wie oben aufgezeigt, sowohl Text als auch Kontext sowie die gegenwärtigen gesellschaftlichen (Lebens-)Verhältnisse eine bedeutende Rolle spielen, bedarf eines Rahmens, in dem die Inhalte des Korans systematisch und in einem kritisch-kommunikativen Prozess analysiert werden. Das wichtigste Ziel religiöser Bildung ist es dabei, den Menschen in seiner Kompetenz zu bestärken und ihn bei der Entwicklung einer solchen zu begleiten, um ihn zum Umgang mit dem hohen Anspruch koranischer Inhalte zu qualifizieren und gegen dogmatische Vereindeutigungsangebote zu immunisieren. Die systematische Entwicklung und Einübung von Kompetenzen im Umgang mit dem Koran ist dabei ein elementarer Bestandteil eines Bildungsprozesses (vgl. dazu Badawia/Topalović 2020, S. 255–257).

## 4.4. Didaktisch-methodische Gestaltung des Islamunterrichts

Mithilfe einer kontextgebundenen Korananalyse wird von der Lehrkraft ein Erklärvideo zur Sure al-Kāfirūn erstellt – unterschiedliche Apps können heutzutage den Produktionsprozess von Erklärvideos deutlich vereinfachen. Dabei soll das Video nicht nur zur Inhaltsvermittlung dienen, sondern auch die Schüler\*innen mithilfe von Anforderungssituationen mit alltäglichen Problem- und Konfliktfeldern konfrontieren. Beim Erklärvideo handelt es sich um ein Lehrformat, dass innerhalb kürzester Zeit abstrakte Konzepte und komplexe Sachverhalte an eine bestimmte Zielgruppe vermitteln kann. Die Studie von Krämer und Böhrs konnte belegen, dass Erklärvideos nicht nur den Wissensstand der Nutzer\*innen verbessern, sondern auch das Beteiligungs- und Aktivierungspotenzial steigern (vgl. Krämer/Böhrs 2017). Das nachfolgende Beispiel bezieht sich auf den Sekundarstufenbereich.

Nach dem didaktischen Konzept Flipped Classroom bekommen die Schüler*innen im ersten Schritt ein Erklärvideo zur Sure al-Kāfirūn, schauen sich dieses zu Hause an – oder als Alternative am Anfang einer Unterrichtsstunde – und erarbeiten die dazugestellten Lernaufgaben. Dabei können folgende Aufgabenstellungen hilfreich sein: *Wer wird in den Versen angesprochen? In welchem Kontext wurde die Sure offenbart? Kennst du weitere Verse des Korans, in denen das Thema angesprochen wird? Stelle die Verse gegenüber und analysiere. Wie würdest du die Bedeutung des Begriffs »kufr« mit eigenen Worten beschreiben? Stelle die Sure ins Verhältnis zu gegenwärtigen Lebensrealitäten. Welche (neuen) Erkenntnisse ergeben sich daraus?* Anschließend werden die Schüler*innen in der Präsenzphase in Gruppen aufgeteilt. Es folgt ein Austausch zum Video und zu den inhaltlichen Erkenntnissen aus dem Video. Dabei versucht jede Gruppe, in wenigen Worten die zentralen Ergebnisse zusammenzufassen und vorzustellen. Im nächsten Schritt bekommen die Gruppen unterschiedliche Aufgaben, die sie zu bearbeiten haben: Eine Gruppe[7] recherchiert beispielsweise über Meinungen im Internet, die zum Begriff *kufr* auffindbar sind. Dabei stellt sie diese den eigenen Ergebnissen aus dem Video gegenüber und reflektiert darüber. Eine andere Gruppe erarbeitet beispielsweise die zentrale Bedeutung der Sure in wenigen und gut begründeten Sätzen und verfasst dies für die Präsentation in Form mehrerer Tweets. Eine andere Gruppe wiederum beschäftigt sich mit dem Zusammenleben in einer von Vielfalt und Pluralismus geprägten Gesellschaft und erarbeitet vor dem Hintergrund der Sure ethische Handlungsoptionen. Diese können in Form von Videos, Podcasts etc. festgehalten und anschließend präsentiert werden. Die Aufgaben können je nach Klassengröße optimiert bzw. erweitert werden. Im Anschluss präsentieren die Gruppen im Plenum die Ergebnisse, eine gemeinsame Reflexion über die Lösungsvorschläge und mögliche Handlungsoptionen findet statt.

## 5 Resümee

Aufgrund der zunehmenden Digitalisierung und Relevanz digitaler Medien für religiöse Bildung wurden im Beitrag didaktische Reflexionen angestellt. Nach der Analyse digitaler Herausforderungen im Kontext religiöser Bildung

---

7   Die Größe sowie die Anzahl der Gruppen hängen von der Anzahl der Schüler*innen in der jeweiligen Klasse ab.

wurden didaktische Optionen vorgestellt und mithilfe eines Beispiels veranschaulicht. Die Darstellung erhebt keinen Anspruch auf Vollständigkeit, vielmehr wurden didaktische Perspektiven reflektiert, die digitale Bildung im Islamunterricht unterstützen können. Diese gilt es sowohl theoretisch als auch praktisch weiterzudenken, um den religionsdidaktischen Diskurs in dieser Frage innerhalb der jungen Disziplin der Islamischen Fachdidaktik stärker zu etablieren.

## Literatur

Badawia, T. (2018): Islamischer Unterricht in der pluralen Gesellschaft – Reflexionen zum Umgang mit dem eigenen Wahrheitsanspruch im Islam. In: A. K. Weilert/P. W. Hildmann (Hg.): Religion in der Schule. Zwischen individuellem Freiheitsrecht und staatlicher Neutralitätsverpflichtung (S. 235–252). Tübingen.

Badawia, T. (2019a): »Sapere aude« – Anmerkungen zur religiösen Mündigkeit aus einer islamischen Perspektive. In: J. Sautermeister/E. Zwick (Hg.): Religion und Bildung: Antipoden oder Weggefährten? Diskurse aus historischer, systematischer und praktischer Sicht (S. 293–308). Paderborn.

Badawia, T. (2019b): Gläubige – Ungläubige – Andersgläubige. Pluralitätssensible Differenzierungen wider einfache Übersetzungen theologischer Konzepte. In: W. Haußmann/A. Roth/ S. Schwarz/C. Tribula (Hg.): EinFach Übersetzen: Theologie und Religionspädagogik in der Öffentlichkeit und für die Öffentlichkeit (S. 227–237). Stuttgart.

Badawia, T./Topalović, S. (2020): Möglichkeiten und Grenzen der Prävention durch die Institutionalisierung islamischer Bildung. In: S. E. Hößl/L. Jamal/F. Schellenberg (Hg.): Islam, Islamismus und politische Bildung (S. 246–262). Bonn.

Ceylan, R./Kiefer, M. (2013): Salafismus. Fundamentalistische Strömungen und Radikalisierungsprävention. Wiesbaden.

Demir, R. (2017): Unter Extremisten. Ein Gefängnisseelsorger blickt in die Seelen radikaler Muslime. Wien.

Elshahed, E. (2019): Europa und seine Muslime. Koexistenz im Schatten von Verschwörungstheorien. Wien.

El-Wereny, M. (2020): Radikalisierung im Cyberspace. Die virtuelle Welt des Salafismus im deutschsprachigen Raum – ein Weg zur islamistischen Radikalisierung? Bielefeld.

Fatić, A. (2017): Nastanak i razvoj tematskog tefsira. In: Z. Adilović (Hg.): Zbornik radova 21 (S. 35–50). Sarajevo.

Filipović A. (2013): Individualismus – vernetzt. Katechetische Blätter – Zeitschrift für religiöses Lernen in Schule und Gemeinde (KatBl), 138, 164–196.

Giest, H./Lompscher, J. (2006): Lerntätigkeit – Lernen aus kultur-historischer Perspektive. Ein Beitrag zur Entwicklung einer neuen Lernkultur im Unterricht. Berlin.

Heinen, R./Kerres, M. (2017): »Bildung in der digitalen Welt« als Herausforderung für die Schule. Die Deutsche Schule, 109 (2), 128–145.

Herzig, B. (2014): Wie wirksam sind digitale Medien im Unterricht? https://www.bertelsmann-stiftung.de/fileadmin/files/BSt/Publikationen/GrauePublikationen/Studie_IB_Wirksamkeit_digitale_Medien_im_Unterricht_2014.pdf (Zugriff am 19.04.2021).

Ibn Kesir (2002): Tefsir Ibn-Kesir. Sarajevo.

Kerres, M. (2012): Mediendidaktik. Konzeption und Entwicklung mediengestützter Lernangebote. Oldenbourg.

KMK – Kulturministerkonferenz (2016): Bildung in der digitalen Welt. Strategie der Kultusministerkonferenz. https://www.kmk.org/fileadmin/pdf/PresseUndAktuelles/2018/Digitalstrategie_2017_mit_Weiterbildung.pdf (Zugriff am 30.09.2020).

Krämer, A./Böhrs, S. (2017): How Do Consumers Evaluate Explainer Videos? An Empirical Study on the Effectiveness and Efficiency of Different Explainer Video Formats. Journal of Education and Learning, 6 (1), 254–266.

Kück, A. (2016): Den Unterricht umdrehen. Das Konzept »Flipped Classroom« in der Praxis. Pädagogik, 6, 20–22.

Leven, E-M./Palkowitsch-Kühl, J. (2020): Schülerinnen und Schüler in ihrer digitalen Welt. In: U. Kropač/U. Riegel (Hg.): Handbuch Religionsdidaktik (S. 127–133). Stuttgart.

MPFS (2019): KIM-Studie: Kindheit, Internet, Medien. Stuttgart.

MPFS (2020): JIM-Studie: Jugend, Information, Medien. Stuttgart.

Rosa, H. (2016): Resonanz. Eine Soziologie der Weltbeziehung, Berlin.

Schambeck, M. (2013): Interreligiöse Kompetenz. Göttingen.

Schaumburg, H. (2020): Was wissen wir über digitale Medien im Unterricht? Aktuelle Ergebnisse und Erkenntnisse. Friedrich Jahresheft, 38, 10–11.

Schmidt, S. (2015): Der digitale Mehrwert. Chancen und Herausforderungen von digitalen Medienformaten für den Unterricht. Computer + Unterricht, 98, 8–11.

Topalović, S. (2018): Digitales Lernen im schulischen Unterricht – SchülerInnen sind bereit. LehrerInnen auch? In: D. Lindner/E. Stadnik/S. Gabriel/T. Krobath (Hg.): Kindergärten, Schulen und Hochschulen. Aktuelle Fragen, Diskurse und Befunde zu pädagogischen Handlungsfeldern (S. 261–278). Wien.

Topalović, S. (2019): Der kompetenzorientierte Unterricht – Bausteine zur Entwicklung einer Didaktik für den islamischen Religionsunterricht. HIKMA – Zeitschrift für Islamische Theologie und Religionspädagogik, 10 (1), 26–48.

Topalović, S./Tuhčić. A (2023): Der Islamunterricht updated. Didaktische Antwort auf die Digitalisierung. Erscheint in: I. Nord (Hg.): Religionsdidaktik reloaded? Zur digitalen Transformation im diversitätsorientierten Religionsunterricht. Praxishandbuch für die Sekundarstufe I und II. Berlin.

Tuhčić, A./Topalović, S. (2017): Lernen und Lehren mit Neuen Medien im islamischen Religionsunterricht. Österreichisches Religionspädagogisches Forum (ÖRF), 25, 97–106.

Tuhčić, A./Topalović, S. (2020). »Digital lehren und lernen«. Studie zur Nutzung digitaler Medien im islamischen Religionsunterricht. Österreichisches Religionspädagogisches Forum (ÖRF), 28 (1), 197–211.

Wagner, M./Gegenfurtner, A./Urhanne, D. (2021): Effectiveness of the Flipped Classroom on Student Achievement in Secondary Education: A Meta-Analysis. Zeitschrift für Pädagogische Psychologie, 35 (1), 11–31.

Wermke, M. (2012): Der Beitrag der evangelischen Religionspädagogik zum Projekt Europa. In: M. Schreiner (Hg.): Aufwachsen in Würde. Die Hildesheimer Barbara-Schadeberg-Vorlesungen (S. 91–100). Münster.

Zumbach, J. (2021): Digitales Lehren und Lernen. Stuttgart.

# Ästhetisches Lernen – ein didaktischer Ansatz mit Potenzial

Dorothea Ermert

Die Islamische Religionspädagogik sieht sich als jüngstes Fach im Kanon der bekenntnisgebundenen Nachbardisziplinen nach wie vor mit der Herausforderung konfrontiert, kindgerechte didaktische und methodische Konzepte anstelle überkommener, der reinen Stoffvermittlung dienender Lehrformen zu entwickeln und zu implementieren (vgl. Ermert 2019, S. 33). Erste Schritte in diese Richtung sind mittlerweile getan, wozu die Orientierung an bewährten ebenso wie an jüngeren »didaktischen Ansätzen und Konzeptionen, die in der evangelischen und katholischen Religionspädagogik der aktuelle Stand bezüglich eines subjektorientierten Religionsunterrichts sind« (Ulfat 2021, S. 89), beiträgt. Da diese Entwicklung bisher jedoch noch nicht auf allen didaktischen Feldern mit derselben Intensität vorangetrieben wurde, bedarf es nach wie vor weiterer Anstrengungen, um noch vorhandene Defizite zu überwinden. So stellt Kiefer (2005) in der Anfangszeit des jungen Fachs fest, dass emotionale und körperliche Belange in der Schulpraxis nur unzureichend berücksichtigt würden (Kiefer 2005, S. 148), und bemängelt das Fehlen entsprechender fachmethodischer Konzepte, »die ein mehrdimensionales Lernen mit allen Sinnen« ermöglichen (Kiefer 2005, S. 48). In der Zwischenzeit ist das Bewusstsein für die beschriebene Problematik gewachsen, sodass erste Betrachtungen zum didaktischen Ansatz des *Ästhetischen Lernens* vorliegen, die nach Möglichkeiten suchen, die sinnliche und emotionale Komponente angemessen im islamischen Religionsunterricht (IRU) zu berücksichtigen (vgl. Ermert 2017, 2019).

Vor diesem Hintergrund soll der vorliegende Artikel das vielversprechende, jedoch im Bereich der Islamischen Religionspädagogik bisher noch wenig bekannte Konzept vorstellen. Zur theoretischen Grundlegung wird zunächst in groben Zügen die Verortung Ästhetischen Lernens in der allgemeinen Grundschulpädagogik und der Religionspädagogik skizziert, gefolgt von der Darstellung der unterschiedlichen Herangehensweisen und der Klärung der Begrifflichkeiten. Die kritische Diskussion des Konzepts bezieht ausdrücklich Überlegungen zu seiner Anwendbarkeit im IRU ein. Anschließend wird der Bezug zur Praxis durch konkrete Handlungsempfehlungen hergestellt und am Beispiel der Moschee als Unterrichtsgegenstand Ästhetischen Lernens im IRU konkretisiert.

## 1 Zum theoretischen Hintergrund Ästhetischen Lernens

### 1.1 Ausgangslage

Die Pädagogik der 1970er Jahre ist weitgehend durch die Priorisierung des rationalen Erkenntnisgewinns geprägt. Ab den späten 1980er Jahren jedoch setzt ein Umdenken ein, das die Schüler*innen[1] als Ganzes in den Blick nimmt und die Entwicklung der Erziehungswissenschaften entscheidend beeinflusst. So

> »werden Ende der 1980er und zu Beginn der 1990er-Jahre verstärkt Positionen und Fragestellungen zur Leiblichkeit menschlicher Existenz, zur Funktion und Bedeutung von Sinnen und Sinnlichkeit, zur Ästhetik und damit Probleme und Chancen ästhetischer Bildung und Erziehung diskutiert.« (Bender 2010, S. 13)

In der Folge ergeben sich zunächst neue Impulse für die Kunsterziehung und »einen neuen musisch-ästhetischen Lernbereich für die Fächer Kunst, Musik und Sport« (Staudte 1993, S. 7). Über diesen fachlich eingegrenzten Bereich hinaus rückt ästhetische Erziehung ab auch »als fächerübergreifendes und fächerverbindendes Prinzip des Lernens in der Grundschule« (Staudte 1993, S. 7) verstärkt in den Fokus, wobei es möglichst alle Bereiche der Grundschule durchziehen soll. Beabsichtigt wird mit dieser pädagogischen Neuausrichtung, »die Notwendigkeiten planvoller Wissensvermittlung mit dem Rhythmus kindlichen Erlebens, Denkens und Handelns in Einklang zu bringen« (Staudte 1993, S. 8). Für die Umsetzung im Unterricht bedeutet das eine stärkere Schüler*innenorientierung, die Kinder mit ihren Anliegen und Interessen ernst nimmt und »ihre subjektiv wichtigen Erfahrungen und sinnlich konkreten eigenen Lernwege wieder zur Grundlage der abstrahierenden Lernprozesse« macht (Staudte 1993, S. 8).

Auf dem Gebiet der christlichen Religionspädagogik vollziehen sich vergleichbare Entwicklungen. Altmeyer (2009) konstatiert, dass im Gefolge der »Omnipräsenz ästhetischer Fragestellungen und Ansätze« der 1990er Jahre die »Forderung einer ästhetischen Wende auch in der Praktischen Theologie und

---

[1] »Schülerinnen und Schüler« wird im weiteren Verlauf des Beitrags durch SuS abgekürzt.

Religionspädagogik angekommen« sei (Altmeyer 2009, S. 356). Einerseits soll ästhetisch orientierter Religionsunterricht in seiner widerständigen Facette, die sich aus »einem postmodernen Krisenbewusstsein« speist, einen Beitrag dazu leisten, den »destruktiven Tendenzen der Moderne (Warenästhetik, Beschleunigung, Materialismus, Ausbeutung, Zerstörung der Natur …)« entgegenzuwirken (Mendl 2011, S. 160). Auf der anderen Seite werden Entwicklungen, wie kognitive »Verengung, Veroberflächlichung und Beschleunigung«, als äußerst kritisch für schulische Bildungsprozesse im Allgemeinen angesehen (Mendl 2011, S. 160). Hilger (2010) zufolge ist es wichtig, »die sinnenhafte Wahrnehmung von Welt und Leben und die sinnliche Dimension von Religion und Glaube« (Hilger 2010, S. 334) zu betrachten und auf diese Weise ästhetische Erfahrung zu ermöglichen, um die beschriebene Problematik zu überwinden (vgl. Hilger 2010, S. 334). Neben Hilger setzen sich weitere katholische und protestantische Religionspädagog*innen – mit dem didaktischen Ansatz des Ästhetischen Lernens auseinander, woran der hohe Stellenwert deutlich wird, der »dem Ästhetischen derzeit in Theorie und Praxis beigemessen« wird (Gärtner 2013, S. 118).

## 1.2 Ansätze und Begrifflichkeiten

Bei Ästhetischem Lernen handelt es sich um einen komplexen Begriff, der aufgrund seiner Verwendung im Rahmen unterschiedlicher Fachtraditionen und der jeweils damit verbundenen Verständnisse von *Ästhetik, Ästhetischer Bildung* und *Ästhetischer Erziehung* unterschiedlich eingegrenzt wird. Tatsächlich gibt es weder eine »allgemeingültige Definition der »Ästhetischen Bildung« (Klepacki/Zirfas 2012, S. 68) noch einen allgemeinen Konsens hinsichtlich des Begriffs (vgl. Hilger 2006, S. 43). Klepacki und Zirfas (2012) weisen darauf hin, dass

> »die Ästhetik im wörtlichen Sinn erst seit den 1750er Jahren – begründbar durch Alexander Gottlieb Baumgartens (1714–1762) Schrift Aesthetica (2 Bde. 1750–1758) – zur Entfaltung kam, ein Nachdenken über Ästhetik jedoch seit der griechischen Antike belegbar ist.« (Klepacki/Zirfas 2012, S. 68)

Porzelt (2009) stellt heraus, dass *Ästhetisches Lernen* ebenso wie ethisches und religiöses Lernen den komplexeren Lerndimensionen zuzurechnen sei (vgl. Porzelt 2009, S. 39).

Auf dem Gebiet der Allgemeinen Pädagogik definieren Dietrich, Krinninger und Schubert (2013) den Begriff, indem sie die vielfältigen Aspekte möglichst umfassend integrieren. Demzufolge wird »Ästhetische Bildung« einerseits

»als Oberbegriff für alle pädagogischen Praxen genutzt, die einzelne ästhetische Felder (Kunst, Musik, Literatur, Theater etc.) zum Gegenstand haben, er wird zum anderen verwendet als Grundbegriff bildungstheoretischer Diskurse, in denen es um Fragen der Persönlichkeitsbildung in und durch ästhetische Erfahrungen geht. In diesem Verständnis bezieht sich ästhetische Bildung nicht nur auf Kunst und Kultur, sondern thematisiert auch allgemeinere Aspekte eines ästhetischen Ich-Weltverhältnisses, vor allem unter der Frage von Wahrnehmung und Sinnlichkeit.« (Dietrich/Krinninger/Schubert 2013, S. 9)

Bezogen auf die christliche Religionspädagogik weist Mendl (2011) darauf hin, dass

»der Alltagsbegriff des Ästhetischen insofern als missverständlich [erscheint], als er häufig eingeengt auf das ästhetisch Schöne betrachtet wird; erkenntnistheoretisch und religionspädagogisch bedeutet das Postulat nach einem ästhetischen Lernen weitaus mehr.« (Mendl 2011, S. 160)

Dieses »Mehr« äußert sich in einer Vielfalt von schulischen Aktivitäten, die z. T. stark divergieren und dennoch »in Theorie und Praxis« dem Begriff »Ästhetisches Lernen« zugerechnet werden (vgl. Gärtner 2012, S. 76).

»Hierzu können bewusste Sinnesübungen im Wald ebenso zählen wie die Auseinandersetzung mit einem Popsong, einem Gedicht oder einem Werk der bildenden Kunst. Das Ausmalen von Kopiervorlagen zu biblischen Geschichten wird teilweise hierunter ebenso gefasst wie die leibliche Inszenierung eines Psalms oder die Erkundung eines Kirchenraums.« (Gärtner 2012, S. 76)

Um einen Überblick über das Spektrum der unterschiedlichen Ansätze Ästhetischen Lernens zu gewinnen, sollen im Folgenden die drei Kategorien *wahrnehmungs-, kunst-* und *performativ-orientiertes Lernen* nach Gärtner (2012) als Orientierung dienen.

### 1.2.1 Wahrnehmungsorientiertes Lernen
*Wahrnehmungsorientierte Ansätze* richten sich Gärtner (2012) zufolge »an der antiken Dreiteilung aisthesis, poiesis und katharsis« aus (Gärtner 2012, S. 77).
Das griechische *aisthesis* steht in seiner ursprünglichen Wortbedeutung (»sinnliche Wahrnehmung«) für die wahrnehmend-rezeptive Dimension Äs-

thetischen Lernens (vgl. Mendl 2011, S. 161). Demnach wird die Bedeutung der sinnlichen Wahrnehmung »als besondere Form der Erkenntnis und im Gegensatz zur geistigen Erkenntnis, die im Griechischen mit dem Wort *gnósis* bezeichnet wird« (Porzelt 2009, S. 39), gewürdigt. Bitter (2002) folgt Kants auf *aisthesis* aufbauendem Ästhetikverständnis und leitet davon Ästhetische Bildung als »Erkennen-Lernen des sinnlich Wahrnehmbaren« (Bitter 2002, S. 234) ab. Daraus ergibt sich dann »die Empfehlung einer ausdrücklichen *Sinnenbildung* durch Sinnenschulung, die sich auf alle Bereiche des sinnlich Wahrnehmbaren bezieht. Ästhetische Bildung versteht sich so als erkenntniskritische Bildung« (Bitter 2002, S. 234). Auch Hilger (2006) greift den erkenntnistheoretischen Aspekt auf und bezieht sich auf Baumgarten, der »alle jene Sinneseindrücke, die nicht von mathematisch-logischen Wissenschaften erfasst werden, [rehabilitiert] und ihre unersetzliche Bedeutung anerkennt« (Hilger 2006, S. 43). Aus den Überlegungen schlussfolgert er:

»Wenn Sinnestätigkeit also Grundlage von Erkenntnis ist, dann muss jeder Unterricht die Dimension des Ästhetischen und damit auch die sinnliche Erkenntnis nicht nur berücksichtigen, sondern bewusst pflegen. Neben einer sog. distanziert wissenschaftlichen Erkenntnis bzw. Rationalität ist ästhetische Erkenntnis bzw. Rationalität ein davon unterscheidbarer Weg der Erkenntnis und Weltzuwendung, der neben dem Sinnlichen die Emotionen und die persönlichen Vorlieben sowie Abneigungen und Stellungnahmen nicht verdrängt, sondern diese in die Reflexion mit einbezieht. Angezielt wird also eine Integration von Sinnlichkeit und Rationalität.« (Hilger 2010, S. 235)

*Poiesis* bezeichnet die gestaltend-produktive Dimension Ästhetischen Lernens (vgl. Mendl 2011, S. 161), in der die SuS ihren inneren Bildern und Vorstellungen konkret handelnd Ausdruck verleihen. Hilger (2006) zählt hierzu Tätigkeiten wie »das Spielen, Musizieren, Malen, Plastizieren, Erzählen, Textgestalten und die rhythmische Bewegung« (Hilger 2006, S. 43). Darüber hinaus bezieht er ausdrücklich auch die ästhetische Gestaltung des eigenen Lebensumfeldes mit ein, wozu im privaten Bereich z. B. Aspekte wie »Wahl der Frisur, der Kleidung, Wohnraumgestaltung, Gestalten eines Festes, eines Essens, von Beziehungen, von Zeit etc.« gehören. Doch auch der öffentliche Bereich, wie »Religion, Politik, Ökonomie und Gesellschaft« (Hilger 2006, S. 43), gehört dazu, sodass ästhetisches Gestalten auch »die Möglichkeiten, Wirklichkeit neu und menschlicher zu gestalten« (Hilger 2006, S. 43), einschließt. Diese Stufe ist von entscheidender Bedeutung, da sie über das Wahrnehmend-Rezeptive hinausgeht und bereits auf die dritte Dimension Ästhetischen Lernens, die *Katharsis*, verweist (vgl. Hilger 2010, S. 336).

*Katharsis* meint die urteilend-kommunikative Dimension Ästhetischer Bildung (vgl. Mendl 2011, S. 161). Diese darf sich nicht in Wahrnehmung und Gestalten erschöpfen, sondern verlangt nach reflexiver Betrachtung, um bei den SuS ein kritisches Bewusstsein »für manipulative Verwendungsmöglichkeiten von Kunst im engeren Sinne und von anderen ästhetischen Mitteln, wie z. B. von Werbung und Propaganda« (Hilger 2014, S. 69), zu fördern. Indem die Lernenden für die Wahrnehmung von Unterschieden sensibilisiert werden, sollen sie ästhetische Urteilsfähigkeit erwerben, die sie in die Lage versetzt, »zwischen Besserem und Schlechterem, Humanerem und Inhumanerem, Erstrebenswertem und zu Vermeidendem zu unterscheiden« (Hilger 2010, S. 336).

Die Aktualität einer Ästhetischen Bildung, die »Rationalität und Aufklärung als konstitutive Elemente, die den Prozess des ästhetischen Erfahrens mit bedingen, tragen und verändern« (Hilger 2010, S. 336) einschließt und »somit Stellungnahme und Parteinahme« (Hilger 2010, S. 336) meint, ist gerade in der heutigen Zeit, die von zahlreichen Umbrüchen gekennzeichnet ist, sicherlich gegeben.

### *1.2.2 Kunstorientiertes Lernen*

Gärtner (2012, S. 77) schreibt kunstorientiertem Lernen ein eher enggefasstes zugrundeliegendes Ästhetikverständnis zu. Bei dieser Form *Ästhetischen Lernens* steht die Auseinandersetzung mit Kunstwerken unterschiedlicher Art von bildender Kunst über Musik bis hin zu Literatur etc. im Vordergrund, denen der Status eines »locus theologicus« (Gärtner 2012, S. 77) zugeschrieben wird, »eines Ortes also, der für Glaube und Theologie Erkenntnisse birgt« (Gärtner 2012, S. 77). Demnach dienen Objektivationen künstlerischer Ausdrucksarten als Vehikel für theologische Erkenntnis, die »über die Rezeption von Kunst den Betrachtenden Erfahrungen eröffnet, die zu solchen Erkenntnissen führen können« (Gärtner 2012, S. 77). Abgeleitet von einem eingeschränkten Verständnis von *Ästhetik* »als ›Wissenschaft vom Schönen‹ oder gar als ›Philosophie der Kunst‹« (Bitter 2002, S. 234) wird die Aufgabe von Ästhetischer Bildung darin gesehen, »das Schöne, vor allem das Kunstschöne – als harmonisch Zusammengefügtes (Komposition!) mitten in einer zerstückelten Wirklichkeit – aufzusuchen, wahrzunehmen und verstehen zu lernen« (Bitter 2002, S. 234). Dies schließt auch die Begehung und Betrachtung sakraler Räume[2] mit ein, deren Wirkung wie folgt beschrieben wird:

---

2   Sakralraumpädagogik oder auch Kirchenraumpädagogik ist eng mit Ästhetischem Lernen verbunden, wird aber dennoch auch häufig als gesondertes didaktisches Konzept behandelt.

»Wenn heute vom Trend einer ›Ästhetisierung des Religiösen‹ die Rede ist, wird darunter der Weg zur Religion über die Wahrnehmungen von kunstvollen Manifestationen des Glaubens und der Religionen verstanden. Ein Gang durch die Säulenmoschee in Cordoba kann beispielsweise ebenso eine religiöse Erfahrung evozieren wie die Betrachtung einer gotischen Glasmalerei in Chartres oder das stille Innehalten in der modernen Kirche von Ronchamps des Architekten Le Corbusier. Solche Räume bleiben nicht stumm, von ihnen gehen Kraftlinien und Botschaften aus: Der Raum wird zur Botschaft.« (Renz/Leimgruber 2005, S. 244 f.)

### *1.2.3 Performatives Lernen*

Der performative Ansatz setzt an der Beobachtung an, dass viele Kinder und Jugendliche in der heutigen Zeit nicht mehr »über eine ausgeprägte religiöse Praxis und ein dezidiertes religiöses Wissen« (Mendl 2011, S. 180) verfügen.[3] Diese Situation, die aus dem sogenannten »Traditionsabbruch« resultiert, »erfordert einen veränderten Präsentationsmodus religiöser Ausdrucksformen« (Mendl 2011, S. 180). Da »Religion nicht rein rational zugänglich, sondern raumleiblich – und dabei auch ästhetisch erfahrbar und begreifbar« (Gärtner 2012, S. 78) ist, hält der performative Zugang eine »Erweiterung des methodischen Repertoires des Religionsunterrichts um Inszenierungen, die religiöse Ausdrucksformen bzw. Darstellungen im Unterricht präsentieren« (Grethlein 2012, S. 98), bereit. Grethlein (2012) zufolge evoziert der performative Ansatz, »durch seine Einbeziehung der affektiven und pragmatischen Dimension recht intensive Lernprozesse« (Grethlein 2012, S. 102). Neben dem Erlebnischarakter von Religion zielen performative Lernformen weniger auf eine unterweisende »Einführung in den Glauben« als vielmehr auf das »Verstehen von Religion« (Mendl 2011, S. 180).

---

Da Moscheen keine sakralen Räume wie z. B. Kirchen sind, wird ihre unterrichtliche Behandlung häufig unter dem Stichwort »außerschulische Lernorte« aufgeführt.

3 Diese Beobachtung kann man zurzeit nur für den Bereich der christlichen Religionspädagogik gelten lassen. Eine unreflektierte Übertragung auf die Islamische Religionspädagogik und den IRU sollte nicht erfolgen, da generalisierende Aussagen dieser Art dem Stand des noch jungen Fachs mit einer aufgrund unterschiedlich vollzogener Säkularisierungsprozesse äußerst heterogen zusammengesetzten Schüler*innenschaft nicht gerecht werden. Empirische Forschungen zur Untersuchung eines solchen möglichen, aber nicht notwendigerweise stattfindenden bzw. stattgefundenen Traditionsabbruchs bei muslimischen Kindern und Jugendlichen stellen m. E. ein Forschungsdesiderat dar.

## 2 Kritische Diskussion des Konzepts

Der didaktische Ansatz des Ästhetischen Lernens wurde und wird in der christlichen Religionspädagogik überwiegend positiv betrachtet, wobei jedoch durchaus auch kritische Stimmen zu Wort kommen. In der Islamischen Religionspädagogik wiederum wird Ästhetisches Lernen derzeit weniger intensiv diskutiert, da im Vergleich zu anderen didaktischen und methodischen Konzepten erst in jüngerer Zeit überhaupt eine wissenschaftliche Auseinandersetzung damit stattfindet. Daher stützen sich die folgenden Ausführungen weitgehend auf Beobachtungen und Erfahrungen der christlichen Denominationen, werden allerdings an gegebener Stelle durch die islampädagogische Perspektive ergänzt.

Als Ausgangspunkt der Überlegungen mag der von Hilger (2010) beschriebene Missstand dienen, demzufolge Religionsunterricht ebenso wie andere Schulfächer dazu neigt,

> »ein entsinnlichtes Wissen in den Köpfen der Kinder und Jugendlichen anzuhäufen, das letztlich wirkungslos bleibt und keine Relevanz für Lebensdeutung und Weltverstehen besitzt, weil es nicht biographisch und lebensweltlich situiert ist und somit distanziertes Wissen bleibt.« (Hilger 2010, S. 334)

Ästhetisches Lernen begegnet dem Phänomen dieser »rationalistischen Engführung religiöser Bildung« (Hilger 2010, S. 334), indem es »die sinnenhafte Wahrnehmung von Welt und Leben und die sinnliche Dimension von Religion und Glaube in den Blick« (Hilger 2010, S. 334) nimmt. Den SuS wird dadurch ästhetische Erfahrung ermöglicht, die durch die Schulung der sinnlichen Wahrnehmung und Ausdrucksfähigkeit zur Ausbildung einer ästhetischen Urteilsfähigkeit führt. Die Wertschätzung der sinnlichen Wahrnehmung dient als »Impuls zu einer integralen Sinnenschulung auf dem Weg zu einer vernehmenden Vernunft«, die durch einen »Habitus der Aufmerksamkeit« dazu beiträgt, die »alltäglichen Ertaubungen und Erblindungen (mit ihren personalen und sozialen Folgen)« (Bitter 2002, S. 237) zu überwinden. Bei der Wahrnehmungsschulung geht es nicht um ein isoliertes Training der Sinnesorgane, sondern über den Weg der Sinnenschulung vielmehr um das Fördern von Interesse, Aufmerksamkeit und Achtsamkeit gegenüber den Mitmenschen (vgl. Hilger 2010, S. 239). Demgegenüber steht bei einem Verkümmern der Wahrnehmungsfähigkeit zu befürchten, »dass vieles fraglos hingenommen und die Vorstellungskraft geschwächt wird« (Hilger 2010, S. 239).

In diesen Argumenten äußert sich ein ethischer Anspruch, der die Mitmenschen über die persönlichen Befindlichkeiten hinaus in den Fokus des Denkens und Handelns stellt. Islampädagogisch sind diese Reflexionen gut anschlussfähig, da die gute Behandlung der Mitmenschen, angefangen von den Eltern, nahen Verwandten und Nachbarn bis hin zu Waisen und Bedürftigen sowohl koranisch verankert ist (K 4:36) als auch durch den Propheten gefordert und vorgelebt wurde.[4] Hinsichtlich der curricularen Voraussetzungen sei exemplarisch auf das Hessische Kerncurriculum verwiesen, das die Bedeutung der sozialen Wahrnehmungsfähigkeit »als Grundlage für die Entwicklung sozialer Kompetenz« (Hessisches Kultusministerium o. J., S. 8) betont, durch die die SuS »die Fähigkeit und Bereitschaft, in sozialen Beziehungen zu leben und diese aktiv mitzugestalten« (Hessisches Kultusministerium o. J., S. 9), erlangen. Eben diese soziale Wahrnehmungsfähigkeit und soziale Kompetenz kann u. a. durch Ästhetisches Lernen angebahnt werden.

In der christlichen Religionspädagogik sind zum Teil weitere hohe Erwartungen mit dem Ansatz verbunden, bis hin zu der Vorstellung von einer »Art Wundermittel für eine zeitgemäße Glaubenskommunikation« (Gärtner 2012, S. 76). Demnach gilt Ästhetisches Lernen als

»ganzheitlich und erfahrungsgesättigt, ermöglicht Erfahrungen von Transzendenz, Differenz und Alterität, unterstützt meditative Angebote, sensibilisiert die Wahrnehmung, ist zeitdiagnostisch, knüpft an die Lebenswelt der SchülerInnen an, fördert nachhaltiges Lernen und ist nicht selten bei SchülerInnen eine beliebte Abwechslung zur Textarbeit.« (Gärtner 2012, S. 76)

Die pädagogische Bedeutung des didaktischen Ansatzes liegt in der heutigen Zeit, die von »einer wortreich gewordenen Kommunikation und einer medial vermittelten Bilderflut, die geradezu erschlagen und aufnahmeunfähig machen können« (Renz/Leimgruber 2005, S. 244), gekennzeichnet ist, auch in einer Entschleunigung der Lernprozesse. Ebenso ist der Stellenwert des *Ästhetischen Lernens* für das Erlernen der jeder Religion eigenen ästhetischen Signatur nicht zu vernachlässigen: Diese »konkretisiert sich in poetischer Sprache, Riten, Symbolen und künstlerischen Ausdrucksformen« (Mendl 2011, S. 160). Für den Bereich des IRU stellt Ermert (2019) fest:

---

4   Die Pflichtabgabe *(zakāh)* als eine der fünf Säulen des Islam sowie die freiwillige Abgabe *(ṣadaqa)* können in diesem Zusammenhang ebenfalls als mögliche Felder ästhetisch-ethischen Lernens behandelt werden.

»Da gerade die Tradition bzw. Traditionen kulturell geformt sind und sich auf der ästhetisch-sinnlichen Ebene äußern, bietet sich an dieser Stelle an, die Schülerinnen und Schüler mit den künstlerischen Zeugnissen bekannt zu machen.« (Ermert 2019, S. 47)

Der Islam als »Religion der Schönheit« (Marx 2011, S. 81) hat von seinen Anfängen bis in die heutige Zeit vielfältige künstlerische und musikalische Ausdrucksformen entwickelt, sodass die Lehrkräfte hinsichtlich der Umsetzung im Unterricht aus einem reichen Fundus schöpfen können.

Trotz der positiven Entwicklung, die Ästhetisches Lernen aus einem »Schattendasein« als eher schmückendes Beiwerk hin zu einem vollwertigen Beitrag zu religiösem Lernen durchlaufen hat, äußert Gärtner die Notwendigkeit, »eine ehrliche und kritische Zwischenbilanz zu ziehen, um ggf. ästhetisches Lernen neu ausrichten zu können« (Gärtner 2012, S. 76). Demnach kann Ästhetisches Lernen problematisch werden, wenn z. B. der theologische Gehalt des Unterrichtsgegenstandes zugunsten des pädagogischen Anliegens in den Hintergrund tritt und »religiöse Bildung weitgehend in religiöser Erfahrung auf- bzw. unterzugehen« droht (Gärtner 2012, S. 79).

Für die Islamische Religionspädagogik bleibt zunächst das Anliegen, den didaktischen Ansatz in größerem Umfang bekannt zu machen, um das Potenzial für die praktische Umsetzung im Unterricht zu nutzen und dann aus der eigenen islambezogenen Erfahrung heraus Rückschlüsse auf die Anwendbarkeit und eventuell notwendig werdende Adaptionen zu ziehen. Gegenüber der christlichen Religionspädagogik sind größere Herausforderungen hinsichtlich der Verhältnisbestimmung von Religion und Kunst bzw. Religion und Musik zu erwarten, da diese sich erfahrungsgemäß je nach befolgter Rechtsschule oder gelebter Tradition als konflikträchtig erweisen kann (vgl. Ermert 2019, S. 41). So positionieren sich die Gelehrten diesbezüglich »in einer Bandbreite zwischen freudiger, spirituell begründeter Bejahung und fast völliger Ablehnung von Kunst und Musik« (Ermert 2019, S. 41). Lehrkräften, die sich im gelebten Schulalltag bezüglich der Zulässigkeit bzw. Unzulässigkeit von Kunst und Musik gegebenenfalls gegenüber Eltern und SuS positionieren müssen, sei daher dringend angeraten, sich intensiv mit den theologischen Diskursen über das sogenannte Bilder- und Musikverbot[5] im Islam auseinanderzusetzen, um sich

---

5 Diese Begriffe werden durch die häufig anzutreffende unreflektierte Verwendung in öffentlichen Medien bis hin zu wissenschaftlicher Literatur z. T. absolut gesetzt und verstanden, woraus der Eindruck entsteht, dass es sich um ein generelles Verbot handle. Die theologische Auseinandersetzung ist jedoch vielschichtiger und sollte daher von den Lehrkräften in ihrer Unterrichtsvorbereitung berücksichtigt werden.

argumentativ abzusichern und ihr pädagogisches Handeln fundiert begründen zu können (vgl. Ermert 2019, S. 43).

Angesichts der pädagogischen Chancen, die Ästhetisches Lernen eröffnet, und angesichts des reichhaltigen kulturellen Erbes des Islam, durch das den Kindern und Jugendlichen die schönen Seiten ihrer Religion nähergebracht und bewusst werden, überwiegen die Vorteile des didaktischen Ansatzes bei Weitem. Mit der intensiven Wahrnehmungsschulung und Reflexion der gewonnenen Eindrücke ist auch eine Sensibilisierung der SuS für plurale Ausformungen der Glaubenspraxis zu erwarten, die die Akzeptanz für innerislamische Glaubensvielfalt fördern kann. Die gezielte Einbeziehung der unterschiedlichen Sinneskanäle bei Wahrnehmung und Gestaltung fördert die Emotionalität und das kreative Potenzial der Kinder und Jugendlichen. Die damit verbundenen affektiven und motivationalen Aspekte eröffnen ihnen im Gegensatz zu einem katechetisch angelegten Unterricht einen positiven und freudvollen Zugang zu ihrer Religion (vgl. Ermert 2019, S. 48).

## 3 Konkrete Handlungsempfehlungen für die Praxis

Die Fülle der Möglichkeiten, Formen Ästhetischen Lernens im IRU einzusetzen, ist schier unerschöpflich. Die folgende Auswahl an Überlegungen soll den Einstieg in das z. T. noch als Neuland empfundene Gebiet erleichtern.

Zunächst bietet es sich an, die Curricula der jeweiligen Bundesländer auf Aspekte Ästhetischen Lernens »abzuklopfen«. Wird der didaktische Ansatz als solcher benannt? Gibt es, vielleicht unter anderen Formulierungen, »versteckte« Hinweise, die nur entsprechend gedeutet werden wollen? Am Beispiel des Hessischen Kerncurriculums für den Islamischen Religionsunterricht für die Primarstufe (vgl. Hessisches Kultusministerium o. J., S. 18), das hier stellvertretend für die Gesamtheit der mittlerweile vorhandenen Curricula angeführt wird, werden unterschiedliche Arten der Verortung Ästhetischen Lernens deutlich.

Explizit werden drei Kontexte von Ästhetik bzw. Ästhetischem Lernen benannt (vgl. Ermert 2019, S. 44 f.). Dabei handelt es sich zum einen um das Inhaltsfeld »Koran und Sunna«, demzufolge »die Rezitation des Korans ein spirituelles, ästhetisches Erlebnis« darstellt, die »durch das laute und künstlerisch-ästhetische Vortragen des Korans« (Hessisches Kultusministerium o. J., S. 18) eine große Wirkung auf die Gläubigen ausübt. Zum anderen wird im Kompetenzbereich »Gestalten und handeln« für das Ende der Jahrgangsstufe 4 gefordert, »dass die Lernenden in der Lage sein sollen, in und außerhalb des Unterrichts ästhetisch-religiöse Ausdrucksformen anwenden und darüber mit anderen diskutieren zu können« (Hessisches Kultusministerium o. J., S. 45). SuS der Realschule sollten am Ende der 6. Jahrgangsstufe gemäß der Synopse »ästhetisch-religiöse Ausdrucksformen differenzieren, bewerten und in der Gemeinschaft anwenden« (Hessisches Kultusministerium o. J., S. 39) können.

Implizit finden sich Hinweise auf Ästhetisches Lernen teilweise in einigen Kompetenzbereichen (vgl. Ermert 2019, S. 45), die mit den zuvor beschriebenen Dimensionen nach Hilger übereinstimmen, wie z. B.:

> »*Wahrnehmen und beschreiben:* Die Lernenden nehmen in ihrem Alltag religiöse Phänomene wahr. Der Religionsunterricht gibt ihnen Raum zu konzentrierter, gesammelter Wahrnehmung, zum Erleben und Entdecken mit allen Sinnen: sehen, hören, fühlen, riechen und schmecken.« (Hessisches Kultusministerium o. J., S. 15)

Prinzipiell können alle vorkommenden Unterrichtsthemen so aufbereitet werden, dass möglichst viele Sinneskanäle der Kinder und Jugendlichen adressiert werden. »Denkbar ist beispielsweise der Einsatz eines Lernkoffers, der Neugierde auf den Inhalt und damit die Entdeckerfreude der Kinder weckt« (Ermert 2019, S. 46). Zur Unterrichtsvorbereitung stellt die Lehrkraft in diesem Fall die benötigten Utensilien zu einem Themenbereich zusammen, falls nicht schon fertige Lernkoffer dazu an der Schule vorgehalten werden.[6] Zum Ritualgebet beispielsweise können den SuS Gebetsteppich, Gebetskette, Koran und Lesepult, ein orientalischer Duft etc. angeboten werden, damit sie ihre Wahrnehmung an den vielfältigen Objekten schulen sowie ihre Eindrücke und Empfindungen gemeinsam reflektieren können. Auch von den Kindern mitgebrachte entsprechende Gegenstände können unterrichtlich behandelt werden. Durch Malen, Zeichnen, Basteln usw. können die SuS produktiv werden und ihrer Kreativität freien Lauf lassen.

Der Kompetenzbereich »Kommunizieren und teilhaben« schließt hieran an: »Sie [die Lernenden] werden mit Ausdrucksformen des Glaubens in Gesten, Symbolen und Feiern vertraut und nehmen an religiösen Ausdrucksformen, wie z. B. dem Beten, Anteil« (Hessisches Kultusministerium o. J., S. 16).

---

6 Tatsächlich ist das Angebot an fertigen Materialien für den IRU derzeit noch gering, sodass den Lehrkräften ziemlich viel Eigeninitiative abverlangt wird. Wünschenswert wäre es, zunehmend ansprechende und qualitativ hochwertige Unterrichtsmaterialien zu entwickeln, die sowohl inhaltlich fundiert als auch ästhetisch gestaltet sind.

## 4 Die Moschee als Unterrichtsgegenstand *Ästhetischen Lernens* im IRU

Am Beispiel der Moschee als Unterrichtsgegenstand sollen im Folgenden die Möglichkeiten der Umsetzung *Ästhetischen Lernens* im IRU ausgelotet werden. Das Thema ist curricular mit den Aspekten »Gebet«, »Gemeinschaftsgebet am Freitag«, »Gebete im Ramadan und an den islamischen Festtagen« sowie »interreligiösem Lernen« assoziiert. Bei dem häufig auf die Sachebene reduzierten Thema konzentriert sich unterrichtliche Behandlung vorwiegend auf bestimmte Aspekte, wie z. B. Aufbau, Ausstattung und Funktion einer Moschee. Im Sinne der vorhergehenden Ausführungen zum *Ästhetischen Lernen* gestaltet sich der hier gewählte Zugang anders und wird wie folgt begründet.

Der unter ästhetischen Gesichtspunkten äußerst vielfältige und interessante Unterrichtsgegenstand eignet sich für SuS der verschiedenen Schulformen und kann stärker wahrnehmungsorientiert oder auch kunstorientiert akzentuiert entsprechend den Voraussetzungen der jeweiligen Zielgruppen behandelt werden. Angesichts der starken Wirkung sakraler Räume[7] auf ihre Betrachter*innen soll die direkte Begegnung der SuS mit dem Lernort Moschee in Form einer Exkursion erfolgen. Diese Vorgehensweise wird auch durch den »Bildungs- und Erziehungsplan für Kinder von 0 bis 10 Jahren in Hessen« (2007/2019) als eines der Ziele von Religionsunterricht gestützt: »Die Wirkung sakraler Räume kennen lernen, die die Erfahrung von Geborgenheit, Gemeinschaft, Ruhe, Konzentration, Perspektivenwechsel und Horizonterweiterung vermitteln«.[8] Die Atmosphäre einer Moschee teilt sich letztendlich nicht über die visuelle Wahrnehmung beim Betrachten von Bildern oder beim Anschauen von Filmen mit. Auch der auditive Zugang über das Vorlesen von Texten über die Moschee kann nicht den persönlichen Eindruck ersetzen, sondern nur Sachinformationen vermitteln. Die anderen Sinne, also Tast-, Geruchs- und Geschmackssinn, können bei diesem Thema im Klassenraum ebenfalls nicht adäquat einbezogen werden. Nur der tatsächliche physische Besuch einer Moschee kann den Kindern und Jugendlichen durch die Aktivierung möglichst vieler bzw. aller Sinne eine solche Vielfalt an Eindrücken verschaffen, dass über die sinnlich-leibliche Wahrnehmung ästhetische Erfahrung und günstigstenfalls auch spirituelle Erfahrung mit den damit verbundenen Emotionen erwächst oder doch zumindest angebahnt wird.

---

7 Vgl. Fußnote 3 dieses Beitrags.
8 Siehe dazu: Hessisches Ministerium für Soziales und Integration/Hessisches Kultusministerium 2007/2019, S. 81.

## 4.1 Sachhintergrund

Die Geschichte der Moschee ist eng mit der Biografie des Propheten verbunden und reicht fast 1400 Jahre zurück (vgl. Korn 2012, S. 8). Die Moschee bietet vor allem den räumlichen Rahmen für das Freitagsgebet und die Freitagspredigt, das fünfmalige Ritualgebet, die Festgebete, die zusätzlichen Gebete in den Nächten des Ramadans, Predigten und Ansprachen, aber darüber hinaus auch für die religiöse Unterweisung von Erwachsenen und Kindern, Korankurse und Versammlungen. Somit erfüllt sie eine wichtige Funktion bei der religiösen Sozialisation von muslimischen Kindern und Jugendlichen und trägt zu ihrer Identitätsbildung bei.

Im Verlauf der Geschichte und der geografischen Ausbreitung des Islam entstanden prächtige Beispiele der Moscheebauarchitektur in allen Kernländern des islamischen Kulturraums, während in Deutschland repräsentative Exemplare eher rar sind.[9] Die meisten Moscheen hierzulande sind äußerlich kaum als solche zu erkennen, da sie, im Gegensatz zu den genannten Beispielen, nicht über Minarett(e) oder Kuppeldächer verfügen. So findet man nach wie vor sogenannte »Hinterhof-Moscheen« oder auch gewöhnliche Gebäude, die entsprechend umfunktioniert wurden.[10]

Im Zwischenbereich, oft direkt nach dem Eingang, können die Schuhe ausgezogen und auf Regalen abgestellt werden. Auch gibt es hier nach Geschlechtern getrennte Waschräume, in denen die Vorbereitung auf das rituelle Gebet durch die Waschung vorgenommen wird. Die häufig praktizierte Geschlechtertrennung erstreckt sich z. T. bis in den Gebetsraum hinein, der durch Raumteiler oder Vorhänge unterteilt wird, oder hat die Absonderung der Frauen und Mädchen in einem separaten Raum zur Folge.

Hinsichtlich der Innenausstattung des Gebetsraums finden sich länderübergreifend typische Gestaltungsmerkmale und Elemente. Hierzu gehört die Gebetsnische *(mihrāb)*, die in Richtung der Kaaba in Mekka ausgerichtet ist und den Gläubigen die Gebetsrichtung *(qibla)* anzeigt. Auf der Predigtkanzel *(minbar)*, die zumeist rechts von der Gebetsnische platziert ist, hält der*die Vorbeter*in (Imam) die Freitags- bzw. Festtagspredigt. Der Boden ist mit Teppichen oder Teppichboden ausgelegt, die durch markante Linien oder optisch getrennte aneinandergereihte symbolische Gebetsnischen die Aufstellung der

---

9  In Hamburg, Köln, Duisburg-Marxloh und Mannheim finden sich ansprechende Beispiele.
10 Die Geschichte der Moscheen in Deutschland kann an dieser Stelle nicht näher ausgeführt werden. Insbesondere in den Sekundarstufen könnte dieser Teilaspekt jedoch unterrichtlich behandelt werden, z. B. unter den Aspekten von Migration, Integration, Beheimatung, Identität usw.

Gläubigen zum Gebet erleichtern. Des Weiteren zählen Koranlesepulte *(rahle)* und Gebetsketten *(tasbīḥ)* zum Inventar einer Moschee.

## 4.2 Zielsetzungen und didaktisch-methodische Überlegungen

Die Zielsetzungen der Exkursion basieren auf den zuvor aufgeführten curricularen Vorgaben und werden entlang der Dimensionen Ästhetischen Lernens formuliert. Demnach sollen die SuS auf der Ebene der *aisthesis*
- die unterschiedlichen Bereiche der Moschee (Außenbereich, Eingangs- und Zwischenbereich, Innenbereich) und ihre Gestaltungselemente wahrnehmen und beschreiben können,
- Männer- und Frauenbereich mit ihren Gestaltungselementen wahrnehmen und beschreiben können,
- auditive, haptische, olfaktorische und gustatorische Eindrücke wahrnehmen und beschreiben können.

Prinzipiell kann ein Moscheebesuch als Einführung in eine Unterrichtseinheit dienen, aber auch zu einem späteren Zeitpunkt bis hin zum Ende der Einheit als Vertiefung des Unterrichtsstoffs umgesetzt werden. Im vorliegenden Beispiel wird der Unterrichtsgang, der nicht unter einer Doppelstunde umfassen sollte, an den Anfang der Einheit gesetzt, um ein subjektbezogenes entdeckendes Lernen zu ermöglichen und den Kindern die Gelegenheit zu einer nur in geringem Maße gelenkten Begegnung mit dem außerschulischen Lernort zu geben. Auf diese Weise können sie mithilfe der sinnlich-leiblich-räumlichen Wahrnehmung, je nach Vorwissen und dem Grad ihrer bisherigen religiösen Sozialisation, entweder erste Erfahrungen mit dem Unterrichtsgegenstand machen oder ihnen eigentlich Bekanntes neu, sozusagen noch einmal »mit anderen Augen und Ohren« und einem anderen Bewusstsein, wahrnehmen. Auf dieser Basis werden später die anderen Dimensionen *Ästhetischen Lernens* entfaltet und in Beziehung zueinander gesetzt, sodass ein nachhaltiger Lernerfolg eintreten kann.

Nach Auswahl einer geeigneten Moschee und der Anmeldung des Besuchs sollte die Lehrkraft vorbereitend den SuS die zu beachtenden Verhaltensweisen vermitteln, die dem Ort und den sich dort aufhaltenden Gläubigen angemessen sind. Dazu gehört, sich leise zu verhalten und nicht herumzurennen, die Schuhe vor dem Betreten des Innenraums auszuziehen und ordentlich in die Schuhregale zu stellen, nicht vor eventuell Betenden zu stehen oder zu gehen und den Anweisungen des Imams Folge zu leisten. Bei der konkreten Umsetzung dürfte in Deutschland der erste Eindruck von einer Moschee überwiegend visuell erfolgen, da im Gegensatz zu Ländern, in denen der Gebetsruf fünfmal am Tag zu hören ist, dieser hier nicht erlaubt und daher auch nicht vernehmbar ist.[11] Das bedeutet, dass die Kinder bzw. Jugendlichen kurz vor oder beim Betreten des Vorhofs der Moschee selbige wahrnehmen. Von außen nach innen fortschreitend werden visuell erfassbare Gestaltungsmerkmale der Moschee sowie auditive, haptische, olfaktorische und gustatorische Eindrücke wahrgenommen, wie in der folgenden Tabelle dargestellt.

Tab. 1: Unterrichtsskizze für einen Moscheebesuch

| Unterrichtsphase | Wahrnehmungskanal | Wahrnehmungsobjekte und Eindrücke |
|---|---|---|
| Erkundung Außenbereich | visuell | architektonische Gestaltungsmerkmale (Vorhof bzw. Gartenbereich; Minarett, Name der Moschee; kalligrafisch gestaltete Schriftzüge, farbige Kacheln, Ornamente …) |
| | | subjektiver Eindruck (auf Anhieb als Moschee erkennbar/»Hinterhofmoschee«; repräsentativ/bescheiden; einladend/abschreckend; »schön«/»hässlich«[12]…) |
| Erkundung Zwischenbereich | visuell | Schuhregal(e); Bereich(e) für die rituelle Waschung; evtl. Teestube |
| Erkundung Innenbereich | visuell | architektonische Gestaltungsmerkmale (Männerbereich/Frauenbereich, ihre Anordnung im Raum und ihre Ausstattung; Gebetsnische …) |
| | | Objekte (Kanzel; Koranlesepult; Teppich; Gebetskette …) |

---

11 In jüngster Zeit gibt es erste vorsichtige Versuche, z. B. in Köln, den Gebetsruf zum Freitagsgebet unter Berücksichtigung der Lärmschutzverordnung für die Dauer von wenigen Minuten zuzulassen, vgl. https://www.zdf.de/nachrichten/panorama/islam-gebetsruf-moschee-koeln-100.html (Zugriff am 01.06.2022).

12 Der bekannte Ausspruch »Schönheit liegt im Auge des Betrachters« verweist auf die subjektive Qualität des ästhetischen Eindrucks. Es geht also an dieser Stelle nicht um festgelegte Kategorien von Schönheit im Sinne des »Goldenen Schnitts«, sondern um das individuelle Erleben und Gefallen bzw. Nichtgefallen der Eindrücke. In einem Unterrichtsgespräch, welches in den Verlauf der Exkursion eingebettet werden oder auch in einer Folgestunde stattfinden kann, bietet es sich an, mit den SuS intensiv über genau diese Eindrücke und persönlichen Bewertungen zu reflektieren und dabei sowohl Gemeinsamkeiten als auch Unterschiede herauszuarbeiten.

| Unterrichtsphase | Wahrnehmungskanal | Wahrnehmungsobjekte und Eindrücke |
|---|---|---|
| | auditiv | akustischer Gesamteindruck des Innenraums (Gebetsruf; Gebet; Koranrezitation; evtl. unterschiedliche Sprachen der Anwesenden …) |
| | haptisch | Moscheeteppich; Kanzel; Koranlesepult; Gebetskette … |
| | olfaktorisch | Duft von ätherischen Ölen; Rosenwasser … |
| | gustatorisch | evtl. Datteln; evtl. kleiner Imbiss … |

Falls die SuS sich nicht spontan äußern sollten, kann die Lehrkraft offene Fragen zur Unterstützung stellen, die in einen lebendigen Austausch münden sollten, wie z. B.:
- Was hast du wahrgenommen?
- Wie bzw. wonach hat es sich angefühlt?

An dieses erste Unterrichtsgespräch kann, falls zeitlich möglich, noch in der Moschee die Dimension der Reflexion und Urteilsbildung *(Katharsis)* angeschlossen werden. Andernfalls kann sie auch in die nachfolgende reguläre Unterrichtsstunde verlagert werden. Zur reflexiven Zielsetzung gehört, dass die SuS
- ihre subjektiven Eindrücke schildern und sich darüber mit den anderen austauschen können,
- Gemeinsamkeiten und Unterschiede ihrer persönlichen Kriterien für Schönheit benennen können,
- ihre Beobachtungen kritisch reflektieren können, Empathie entwickeln und nach Lösungsmöglichkeiten suchen.

Zur Anregung der SuS sind als offene Fragen z. B. denkbar:
- Wie hast du dich in der Moschee gefühlt?
- Wie hat dir … gefallen?
- Kannst du erklären, was dir daran gefallen bzw. nicht gefallen hat?
- Wie hast du dich gefühlt, als du … gesehen/gehört/berührt/gerochen/geschmeckt hast?

Die Eindrücke durch die gemachten Wahrnehmungen und erfahrenen Erlebnisse verlangen, wie bereits zuvor erwähnt, nach dem gestalterischen Ausdruck *(poiesis)*. Noch während der Exkursion können die SuS z. B. Fotos von der Moschee machen, auf denen sie den Gesamteindruck oder auch Ausschnitte von Räumlichkeiten bzw. Objekte festhalten. Diese können in einer späteren Stunde der Einheit als Grundlage für eine Fotocollage oder auch für ein Moscheeheftchen dienen, in dem noch einmal die relevanten Aspekte zur Vertiefung und Ergebnissicherung des Unterrichtsgegenstandes individuell gestaltet werden können. Alternativ können die SuS auch ihre »eigene« Moschee malen bzw. zeichnen, sei es als Einzelbild oder als Deckblatt für besagtes Heftchen. Der Fantasie sind hier keine Grenzen gesetzt. Das Moscheeheftchen kann, je nach Altersstufe und Schreibfertigkeit der Kinder, die Gegenstände mit der einfachen Bezeichnung enthalten oder ergänzende Infotexte, die den Gegenstand und seine Funktion erläutern. Als spielerische Variante der Ergebnissicherung kann auch ein Moschee-Memory, z. B. in Partner*innenarbeit, angefertigt werden, für das Paare von Bild- und Begriffskärtchen gestaltet werden.

Zur Förderung der taktilen Wahrnehmung und zur Stärkung der feinmotorischen Fähigkeiten können im Grundschulbereich selbst jüngere Kinder Gebetsketten aus Holzperlen nach ihrem eigenen Geschmack basteln. Ab dem 3. oder 4. Schuljahr können die SuS ein Ornament abzeichnen oder auch selbst entwerfen. Auch das Basteln einer Moschee aus Schuhkarton nach Anleitung ist in dieser Altersstufe für die mittlerweile feinmotorisch versierteren Kinder möglich.

## 5 Fazit

*Ästhetisches Lernen* ist ein didaktischer Ansatz, der aufgrund seiner vielfältigen Facetten und methodischen Zugänge geeignet scheint, das Spektrum der Islamischen Religionspädagogik zu bereichern. Es trägt dazu bei, einer kognitiven Verengung des Unterrichts vorzubeugen, indem auf sinnlicher Wahrnehmung basierende Erkenntnisse als gleichberechtigt anerkannt werden. Durch die Einbeziehung der sinnlich-leiblichen Dimension werden die emotionalen und affektiven Bedürfnisse der SuS angemessen berücksichtigt, was zu ihrer stärkeren Motivation, einem positiven Lernklima sowie der besseren Verankerung des Wissens beiträgt. Der Lehrkraft eröffnen sich zahlreiche Möglichkeiten, den Unterricht interessant zu gestalten und über die Verschränkung der verschiedenen Dimensionen des wahrnehmungsbasierten Ansatzes Aufmerksamkeit, Reflexionsfähigkeit und Empathie der SuS zu fördern. Um das Konzept für den Einsatz im IRU langfristig tragfähig zu machen, bedarf es der theoretischen Weiterentwicklung mit Blick auf die spezifischen Bedingungen des islamtheologischen Hintergrunds. Die konkrete Umsetzung in der Unterrichtspraxis führt dann zu Erfahrungen, die wiederum empirisch zu erforschen und zu evaluieren sind, um anhand der Ergebnisse den Ansatz gegebenenfalls zu modifizieren und zu verstetigen.

## Literatur

Altmeyer, S. (2009): Ästhetische Wende der Religionspädagogik? Trierer Theologische Zeitschrift, 118, 356–366.

Bitter, G. (2002): Ästhetische Bildung. In: G. Bitter/R. Englert/G. Müller/K. E. Nipkow (Hg.): Neues Handbuch religionspädagogischer Grundbegriffe (S. 237–238). München.

Ermert, D. (2017): Ästhetisches Lernen durch Musik. In: Y. Sarıkaya/F.-J. Bäumer (Hg.): Aufbruch zu neuen Ufern: Aufgaben, Problemlagen und Profile einer Islamischen Religionspädagogik im europäischen Kontext (S. 319–327). Münster (= Studien zur Islamischen Theologie und Religionspädagogik 2).

Ermert, D. (2019): Lernen mit allen Sinnen – Ästhetisches Lernen im IRU. In: Y. Sarıkaya/D. Ermert/E. Öger-Tunç (Hg.): Islamische Religionspädagogik: didaktische Ansätze für die Praxis (S. 33–49). Münster (= Studien zur Islamischen Theologie und Religionspädagogik 4).

Gärtner, C. (2012): Überschätzt und hinderlich? Ästhetisches Lernen im Religionsunterricht. In: L. Rendle (Hg.): Glaube, der verstehbar wird… Kommunikabilität des Glaubens als religionsdidaktische Herausforderung. 7. Arbeitsforum für Religionspädagogik, 20.-22. März 2012 (S. 75–88). Donauwörth.

Gärtner, C. (2013): Wie pädagogisch ist das Ästhetische und wie ästhetisch ist die Religionspädagogik? In: S. Altmeyer/G. Bitter/J. Theis (Hg.): Religiöse Bildung – Optionen, Diskurse, Ziele (S. 115–126). Stuttgart.

Grethlein, C. (2012): Learning by doing? Elemente gelebten Glaubens im Religionsunterricht. Zum Ansatz einer performativen Religionsdidaktik. In: L. Rendle (Hg.): Glaube, der verstehbar wird… Kommunikabilität des Glaubens als religionsdidaktische Herausforderung. 7. Arbeitsforum für Religionspädagogik, 20.-22. März 2012 (S. 89–105). Donauwörth.

Hilger, G. (2006): Ästhetisches Lernen und religiöse Bildung in der Grundschule. In: G. Hilger/W.-H. Ritter (Hg.): Religionsdidaktik Grundschule (S. 42–50). München.

Hilger, G. (2010): Ästhetisches Lernen. In: G. Hilger/S. Leimgruber/H.-G. Ziebertz (Hg.): Religionsdidaktik. Ein Leitfaden für Studium, Ausbildung und Beruf (6. Aufl.; S. 334–343). München.

Hilger, G. (2014): Ästhetische Bildung – ein unverzichtbarer Blick auf religiöses Lernen. In: G. Hilger/W.-H. Ritter/K. Lindner/H. Simojoki/E. Stögbauer (Hg.): Religionsdidaktik Grundschule. Handbuch für die Praxis des katholischen und evangelischen Religionsunterrichts (S. 67–77). München.

Kiefer, M. (2005): Islamkunde in deutscher Sprache in Nordrhein-Westfalen. Kontext, Geschichte, Verlauf und Akzeptanz eines Schulversuchs. Münster.

Kiefer, M. (2010): Islamische Religionspädagogik und Theologie im Konstruktionsprozess. Hikma. Zeitschrift für Islamische Theologie und Religionspädagogik, 1 (1), 21–31.

Klepacki, L./Zirfas, J. (2012): Die Geschichte der Ästhetischen Bildung. In: H. Bockhorst/V.-I. Reinwand/W. Zacharias (Hg.): Handbuch Kulturelle Bildung (S. 68–77). München.

Krinninger, D./Schubert, V./Dietrich, D. (2013): Einführung in die Ästhetische Bildung. Weinheim.

Marx, M. J. (2011): Die Religion der Schönheit. Die besondere Ästhetik des Islam entspringt einem Bilderverbot. In: D. Pieper/R. Traub (Hg.): Der Islam. 1400 Jahre Glaube, Krieg und Kultur (S. 81–91). München.

Mendl, H. (2011): Religionsdidaktik kompakt. Für Studium, Prüfung und Beruf. München.

Porzelt, B. (2013): Grundlegung religiöses Lernen (2., durchgesehene Aufl.). Bad Heilbrunn.
Staudte, A. (1993): Im Spiel zwischen Sinnlichkeit und Vernunft. Die ästhetische Dimension des Lernens. In: Staudte, A. (Hg.): Ästhetisches Lernen auf neuen Wegen (S. 7–18). Weinheim/Basel.
Ulfat, F. (2021): Religionsunterricht in muslimischer Perspektive. In: U. Kropač/U. Riegel (Hg.): Handbuch Religionsdidaktik (S. 85–91). Stuttgart.

# Anikonismus im islamischen Religionsunterricht. Ein Beitrag zur Bilderdidaktik unter besonderer Beachtung der heterogenen Schüler*innenschaft im islamischen Religionsunterricht

Osman Kösen

## 1 Einleitung und Problemstellung

Bilder, Symbole und Zeichen sind wichtige und unabdingbare Instrumente für die Gestaltung eines kompetenzorientierten islamischen Religionsunterrichts. Dabei wird von vielen Gelehrt*innen, muslimischen Laien wie auch vielen nichtmuslimischen Beobachter*innen von einem pauschalen Verbot der Darstellung beseelter Wesen (d. h. Menschen, Tiere, Engel usw.) ausgegangen, welches irrtümlicherweise häufig mit dem noch viel pauschaleren Begriff des »Bilderverbots« bezeichnet wird. Da ein solches auf sprachlicher Ebene keinen Unterschied zwischen beseelten und nichtbeseelten Entitäten macht, das häufig als gegeben vorausgesetzte islamische Tabu sich aber ausschließlich auf beseelte Wesen bezieht, soll im Rahmen dieses Artikels in Ermangelung eines deutschsprachigen funktionalen Äquivalents auf den Anglizismus des *Anikonismus* (engl. *aniconism*) zurückgegriffen werden. Dieser Begriff bezieht sich auf eine sozial, kulturell und/oder religiös institutionalisierte Abwesenheit bzw. Missbilligung von Ikonen bzw. figürlichen Symbolen.

Anikonismus gilt weithin als »orthodoxe« islamische Position und wird vor allem unter Rückgriff auf zahlreiche prophetische Aussagen (Hadithe) begründet und gerechtfertigt, während der Koran selbst keine eindeutige Positionierung zu einem solchen Tabu erkennen lässt. Während viele dieser Hadithe sich darauf beschränken, die Erstellung von figürlichen Darstellungen (*taṣwīr*[1]) zu verdammen sowie den Erstellern dieser Bildnisse (*muṣawir*, Pl. *muṣawirūn*) mit Höllenstrafen zu drohen, scheinen einige andere Hadithe die Interpretation nahezulegen, dass

---

[1] Im modernen Hocharabisch wird *taṣwīr* vor allem mit der Bedeutung »Fotografie« bzw. »fotografieren« verwendet, was aufgrund eines wohl primär sprachlich bedingten technischen Missverständnisses möglicherweise auch Grund dafür sein könnte, dass einige saudische salafistische Gelehrte Fotografien im Rahmen ihres Anikonismus als verboten erklärten. Eine Haltung, der die meisten salafistischen Gelehrten der letzten Jahre jedoch zunehmend widersprechen.

nicht primär das Anfertigen bildlicher Darstellungen Grund des Verbotes ist, sondern vielmehr eine menschliche Selbstanmaßung, sich selbst als Schöpfer*in und Erschaffer*in zu verstehen, während diese Eigenschaften eigentlich Gott allein vorbehalten sind. Diese Deutung wird zwar von einigen Theolog*innen geteilt, gleichzeitig zeigen sich aber nach wie vor Haltungen unter Gelehrt*innen, muslimischen Laien wie auch in der nichtmuslimischen Öffentlichkeit als dominant, die von einem pauschalen Anikonismus, gar von einer Pflicht zum Ikonoklasmus (Ikonen- bzw. Bildniszerstörung) ausgehen. Diese Uneinigkeit mag aufgrund ihrer Vielfältigkeit und Ambiguität zwar von manchen als Segen gesehen werden, sie stellt den islamischen Religionsunterricht jedoch vor ganz eigene Probleme.

Welche Positionen innerhalb der islamischen Gelehrsamkeit und muslimischen Geschichte sollen den Schüler*innen in welcher Form präsentiert werden bzw. welche davon sollen das didaktische Handeln der Lehrenden leiten? Wie realistisch ist es, in einer Welt, die voller kunstvoll produzierter Bilder ist, an einem pauschalen Anikonismus festzuhalten? Wie angemessen ist es, in einer solchen Welt und einer multireligiösen und pluralen Gesellschaft Ikonoklasmus als Ideal zu vertreten? Welche Rolle soll oder kann der islamische Religionsunterricht hier einnehmen, um die Schüler*innen zur Entwicklung einer religiösen Mündigkeit in dieser Frage zu ermutigen, ohne sie vorab in eine Richtung zu drängen? Wie viele und welche Bilder sind in Klassenverbänden, in denen unterschiedliche religiöse Befindlichkeiten gegenüber deren Erlaubtheit oder Verwerflichkeit bestehen, zu verwenden? Soll oder kann überhaupt im Rahmen des Unterrichts auf bildliche Darstellungen verzichtet werden? Gibt es einen Unterschied zwischen »profanen« und »religiösen« Bildern im islamischen Religionsunterricht?

Der vorliegende Beitrag beabsichtigt wahrlich nicht, diese Fragen erschöpflich zu behandeln, da es für jede dieser einer eigenen Abhandlung bedürfte. Vielmehr ist es das Ansinnen dieses Artikels, einen grundlegenden ersten Einblick in den scheinbar komplexen Rahmen einer islamischen Bilderdidaktik zu bieten, der sich der Beantwortung dieser Fragen widmet. Dieser Rahmen beinhaltet primär das theologische Fundament aus schiitischer und sunnitischer Perspektive und möchte zugleich einen Beitrag zur Heterogenität der muslimischen Schüler*innenschaft am Beispiel des Bilderverbots leisten. Dabei soll die Betonung auf dem diskursiven Charakter liegen, da es kein absolutes und eindeutiges Bilderverbot innerhalb der islamischen Gelehrsamkeit gibt und Bilder sich zugleich zum unumgänglichen Instrument des Unterrichts entwickelt haben. Folglich ist dieses Thema von elementarer Bedeutung für die Islamische Fachdidaktik und muss von islamischen Religionspädagog*innen mit theologisch-diskursivem Charakter und lebensweltorientierter Haltung angegangen werden.

## 2 Die theologische Diskussion um Bilder zwischen Anikonismus, Ikonoklasmus und ästhetisch-materieller Kultur muslimischer Zivilisationen

### 2.1 Anikonismus und Islamische Theologie (zwischen schiitisch-sunnitischem Diskurs)

Eine besondere Problematik der religionspädagogischen Beschäftigung im engeren Sinne stellen dabei die anikonistischen und/oder ikonoklastischen Hadithfragmente dar. Insgesamt zeigt sich, dass es an gangbaren und praktikablen Ansätzen einer »Hadithpädagogik bzw. -didaktik« derzeit ebenfalls noch mangelt. Dieses Grundproblem zeigt sich auch oft noch im einschlägigen Studium der Islamischen Theologie als solcher, wo Hadithhermeneutik häufiger ebenfalls noch stiefmütterlich behandelt wird.

Anikonische Überlieferungen finden sich sowohl in den sunnitischen als auch den schiitischen Hadithkorpora; in beiden werden die entsprechenden Aussagen in überwältigender Menge dem Propheten Muhammad selbst zugeschrieben (vgl. Paret 1970, S. 271–273). Bemerkenswert ist hierbei jedoch, dass besonders in der Schia anikonische Tendenzen nicht nur stark zurückgingen, sondern teilweise sogar einer Art gemäßigter Ikonodulie wichen.

Eindeutig scheint, dass zumindest in Koranmanuskripten sowie in Räumen, die primär religiösen Funktionen dienten (v. a. Moscheen) zu keinem Zeitpunkt beseelte Wesen abgebildet oder in figürlicher Form ausgestellt waren (vgl. Taeschner 1955, S. 47), wobei ein Hadith – über den im folgenden noch näher zu sprechen sein wird – suggeriert, dass bis zur Zerstörung der Kaaba im Jahre 69 n. H. eine Statue von Maria mit Christuskind in der Kaaba aufgestellt verblieb, welche vom Propheten Muhammad sogar explizit vor jeglicher Zerstörung ausgenommen worden sein soll (vgl. Creswell 1946, S. 160).

In der Moderne gewannen sowohl Bildnissen grundsätzlich positiv gesinnte als auch ihnen scharf ablehnend gegenüberstehende Haltungen unter den Rechtsgelehrten – besonders den sunnitischen – an Raum. Während besonders sunnitische Reformgelehrte, wie etwa Muḥammad ʿAbdūh (gest. 1905; vgl. Gruber 2017, S. 41) und später auch ganz besonders Ṭaha Ǧābir al-ʿAlwānī (gest. 2016), Bilder sowie Bildnisse[2] unter der Prämisse verteidigten, dass mit ihnen keine Anbetung (Ikonolatrie) bzw. kein Götzendienst (*širk,* Idolatrie) verbunden sei, regte sich unter dem Gros der Kontrahenten der bildlichen Darstellung eine

---

2 Bildnisse sind gleichermaßen Bilder, die größtenteils eine Person in Form eines Kunstwerks darstellen.

besonders intensive Ablehnung, die in ihrer schärfsten Ausprägung nicht nur sämtliche Darstellungen beseelter Wesen, sondern sogar auch die Aufnahme von Fotos und Videos komplett verbot (vgl. Gruber 2017, S. 41).

## 2.2 Bilder in der ästhetischen-materiellen Kultur muslimischer Zivilisationen

Besonders aus dem persischen sowie indopersischen Raum sind unzählige, oft auch mehrere Jahrhunderte alte Malereien enthalten, die den Propheten Muhammad zeigen – mit verdecktem Gesicht oder auch unverdeckt.[3] Interessanterweise setzt sich erst ab dem 16. Jahrhundert in diesen Malereien die Tendenz durch, das Gesicht des Propheten zu verschleiern und durch andere visuelle Marker, z. B. eine goldene Aureole, optisch von den restlichen dargestellten Menschen abzuheben (vgl. Gruber 2017, S. 36 f.). Generell lässt sich anhand der genauen künstlerischen Darstellung des Propheten häufig ablesen, in welchem Kontext diese Malereien entstanden und welche Funktionen sie erfüllen sollten; so sollte in manchen Darstellungen der menschliche Charakter Muhammads, in anderen der Universalcharakter der islamischen Verkündigung und in wieder anderen sein herausgehobener Status über sämtliche Geschöpfe betont werden (vgl. Gruber 2017, S. 35 f.). Diese Malereien wurden sowohl von Schiit*innen als auch Sunnit*innen produziert, historisch am häufigsten wohl vor allem im persischen, indopersischen sowie türkisch-osmanischen Raum (vgl. Gruber 2017, S. 34–52).

Auch außerhalb muslimischer Zivilisationen sind bildliche Darstellungen islamischer Figuren zu finden, wie etwa eine figürliche Darstellung des Propheten Muhammad in einer Reihe der »Great Lawgivers of the Middle Ages« (dt. »Große Rechtsgeber des Mittelalters«) an der Gebäudefassade des Supreme Court der Vereinigten Staaten in Washington, D. C. Interessanterweise war es ausgerechnet ein sunnitischer Rechtsgelehrter, nämlich der seit 1983 in den USA lebende reformorientierte Ṭaha Ǧābir al-ʿAlwānī (gest. 2016), welcher im Jahre 2000 diese Darstellung mit einem öffentlichen Lob würdigte (vgl. Gruber 2017, S. 45).

---

3   Für eine Auswahl muslimischer Malereien überwiegend persischer bzw. iranischer Provenienz aus mehreren Jahrhunderten Kunstgeschichte siehe etwa Gruber (2017, S. 34–52).

## 2.3 Ikonodulie, Islamische Theologie und muslimische Frömmigkeit

Während die sunnitische Gelehrsamkeit eine überwiegend starke Ablehnung von Bildern, besonders im religiösen Gebrauch, einnahm – wenngleich die populäre Frömmigkeit, schöngeistig-künstlerische Kreise sowie imperiale Ästhetiken sich dem nicht immer vorbehaltlos anschlossen –, zeigt der innerschiitische Diskurs diesbezüglich eine historische Besonderheit. So lassen sich hier nicht nur bis heute unter schiitischen Gelehrten relativ wohlwollende Positionen zur Erlaubtheit von bildlichen Darstellungen beseelter Wesen finden, sondern schließlich auch gewisse Formen einer gemäßigten Ikonodulie (»Bilderverehrung«). Sayyid ʿAlī as-Sīstānī[4] erlaubt etwa explizit nicht nur die cineastische Verkörperung von Propheten und den zwölf Imamen, sondern auch deren bildliche und figürliche Darstellung, sofern die Bilder in »Hochachtung und Respekt« (as-Sīstānī 2021) angefertigt wurden und die »heiligen Bilder in den Köpfen [der Betrachter] nicht beeinträchtigen« (as-Sīstānī 2021; vgl. auch Gruber 2017, S. 44). In einer anderen Auskunft aus dem Jahr 2018 betonte er, dass es jedoch nicht zulässig sei, sich den Propheten oder die Imame physisch identisch mit ihren populären Darstellungen vorzustellen (vgl. Shafaqna – Shia News Association 2018). Derartige Positionen sind nicht nur heute, sondern auch historisch innerhalb der zwölferschiitischen Gelehrsamkeit weitverbreitet, weshalb es nicht ungewöhnlich ist, in zwölferschiitischen Moscheen auf bildliche Darstellungen der zwölf Imame, darunter vor allem von ʿAlī und seinen beiden Söhnen, zu treffen. Dies wird den Zwölferschiiten besonders, aber nicht ausschließlich, von salafistischer Seite insofern zum Vorwurf gemacht, als diese symbolisch-verbildlichte Verehrung religiöser Figuren als Ikonolatrie (»Bilderanbetung«) und damit auch als *širk*, als Idolatrie (»Götzendienst«), missverstanden wird. Dabei besteht der Sinn derartiger Bilder nicht darin, diese als identische Abbilder historischer bzw. kerygmatischer Figuren zu verstehen, geschweige denn, ihnen Göttlichkeit (*ʾulūhiyya*) zuzuschreiben. Vielmehr können diese Bilder als ein Versuch gesehen werden, anhand optischer Sinne einen persönlichen Bezug zu den wichtigsten religiösen Figuren des (zwölferschiitischen) Islam herzustellen und damit den spirituellen Bezug zu Gott zu stärken. Entsprechend sind derartige Devotionalien heutzutage in vielen schiitischen Haushalten, besonders im Irak, Iran und Libanon, weitverbreitet (vgl. Gruber 2017, S. 44).

---

4   Sīstānī ist einer der wichtigsten zwölferschiitischen Gelehrten global. Er gilt als sehr moderate und vermittelnde Stimme zwischen den Schiiten und Sunniten im Irak.

Eine etwas anders gelagerte, aber durchaus vergleichbare Nebendiskussion wäre auch die Frage nach der Erlaubtheit der Verehrung materieller Artefakte, welche zwar nicht wie Ikonen zum Zwecke der Verehrung geschaffen wurden, denen jedoch ein ganz ähnlicher spirituell-sentimentaler Wert und Sinn beigemessen wird, wie im Falle der zwölferschiitischen Tendenz zur Ikonodulie. Die Rede ist hier von oft – aber nicht ausschließlich – populärreligiösen und/oder sufistischen Formen der Reliktverehrung, etwa die Verehrung von Gegenständen, die angeblich vom Propheten Muhammad bzw. von den Sufi-Heiligen, den *auliyā'*, gebraucht wurden oder diesen gehörten. Inwiefern unterscheiden sich diese beiden Formen der symbolisch-materialisierten Verehrung qualitativ? Ergibt sich ein entscheidender Unterschied dadurch, dass das eine Relikt bewusst zum Zwecke der Verehrung erzeugt wurde, oder auch dadurch, wem dieses Relikt gehörte? Diese Fragen sind keineswegs banal und müssen besonders auch im Kontext eines sowohl sunnitische als auch schiitische Schüler*innen unterschiedlicher kultureller wie sozialer Hintergründe inkludierenden islamischen Religionsunterrichts theologisch wie auch pädagogisch gut reflektiert werden.

## 2.4 Prophetendarstellungen und Karikaturen als Spezialproblem des islamischen Religionsunterrichts

Bemerkenswert ist, dass besonders seit der Karikaturendebatte von 2005 – ausgelöst durch die Veröffentlichung von sogennanten »Muhammad-Karikaturen« in der dänischen Zeitung »Jyllands Posten« – der Diskurs um die (Nicht-)Erlaubtheit von Darstellungen des bzw. der Propheten eine kaum zu leugnende und sehr weitläufige Radikalisierung erfahren hat; dies wohlgemerkt auf beiden Seiten dieses Diskurses. Es ist kein Zufall, dass besonders dieser Diskurs immer wieder von Rattenfänger*innen auf beiden Seiten instrumentalisiert wird, um entweder einerseits den Islam und die Muslim*innen als rückständig, intolerant, gewaltbereit und Feind*innen jeder aufgeklärten Demokratie zu porträtieren oder andererseits die Mär eines geplanten, internationalen Kriegs gegen den Islam von Seiten der Nichtmuslim*innen zu kolportieren.

Dass es in den letzten Jahren immer wieder zu weiteren problematischen Entgleisungen und nicht duldbaren Positionen kam, ist nicht nur menschlich tragisch, sondern auch speziell für den islamischen Religionsunterricht von größter Bedeutung, wie nicht zuletzt am Beispiel des Lehrers Samuel Paty (gest. 2020) deutlich wurde. Dieser wurde im Rahmen von einem islamistisch motivierten Vergeltungsschlag eines Jugendlichen brutal enthauptet, da er im Rahmen einer Unterrichtsstunde zum Thema »Meinungsfreiheit« mit den Schüler*innen u. a. über »Muhammad-Karikaturen« diskutieren wollte, welche er zu diesem Zweck zeigte. Er hatte den muslimischen Schüler*innen dabei sogar zuvor die Wahl eröffnet, der Unterrichtsstunde fernzubleiben bzw. mit voriger Ankündigung den Blick abwenden zu dürfen. Zwar lässt sich nicht leugnen, dass »Muhammad-Karikaturen« eindeutig den Zweck verfolgen, religiöse Gefühle zu verletzen, es lässt sich jedoch ebenso nicht leugnen, dass auch innermuslimisch der Diskurs um die Unzulässigkeit solcher Karikaturen politisch manipuliert wird. Dass dem so ist, lässt sich von kaum jemandem übersehen, der anlässlich irgendwelcher Veröffentlichungen solcher Karikaturen beliebige arabische oder iranische Staatssender anschaut. Dabei wird auch besonders gern willfährig übersehen, dass zwar verächtliche Bilder der Propheten aus religiöser Sicht nie legitimiert wurden, aber die bildlichen Darstellungen von Propheten – vor allem auch von Muhammad selbst – keineswegs vollkommen marginalisierte historische Randphänomene darstellten. Aus einem auf jeden Fall geltenden Verbot der Verächtlichmachung der Propheten und einem weitgehenden Verbot vieler Gelehrt*innen jeglicher Darstellungen wird so ein absolutes, überzeitliches Verbot aller Gelehrt*innen ohne Einschränkung, was das Gefühl des Tabubruches und damit auch den Hass ins Unermessliche steigert. Umso schwieriger ist es hier, besonders für islamische Religionslehrer*innen, die eine gewisse Vorbild- und Repräsentant*innenrolle für ihre muslimischen Schüler*innen übernehmen, einen Weg zu finden, sich in diesem höchst aufgeladenen Diskurs, in dem die unterschiedlichsten politischen, ideologischen und religiösen Interessen unversöhnlich aufeinandertreffen, manövrieren zu können.

## 3 Fazit: Die Omnipräsenz der Bilder oder islamischer Religionsunterricht als frömmelnde Filterblase?

Wir leben in einer Zeit, in der künstlich wie ebenso kunstvoll geschaffene Bilder aller Art ubiquitär sind: Historische Gemälde in Museen und deren Replika in Privatwohnungen, Zeichentrickserien, Comics und Mangas aus aller Welt in nahezu jedem bundesdeutschen Kinderzimmer, Zeichnungen und Image-Fotos auf vielen T-Shirts und schließlich auch ein sehr reiches Bilderrepertoire in den meisten Schulbüchern jüngeren Datums. Es ist keine Überraschung, dass sich in diesem Zusammenhang eine eigene Bild- und sogar Fotopädagogik ausgebildet hat, die sich der Frage widmet, wie Bilder bzw. Fotos optimal im Rahmen des Bildungsauftrags der pädagogischen Arbeit eingesetzt werden können. Wie häufig von einer *religious literacy,* einer »religiösen Alphabetisierung«, gesprochen wird, soll auch gezielt eine *visual literacy,* eine »visuelle Alphabetisierung« bei den Schüler\*innen gefördert werden, um Bilder als visuelle Symbole nicht nur passiv zu konsumieren, sondern sich mit diesen in ihrem Entwicklungsprozess auf einer ganzheitlichen – auch kritisch-reflexiven – Ebene auseinandersetzen zu können. An vielen Stellen lässt sich eine Grenze zur Symboldidaktik kaum treffend markieren, da Symbole überwiegend von visuellen – auch virtuell-visuellen, d. h. nicht physisch-materialisierten – Bildern leben. Die Ausarbeitung einer dezidiert islamischen Bild- bzw. Symboldidaktik steht derzeit noch aus, entsprechend wenige Ansatzpunkte lassen sich hierzu aktuell finden, aber das vielgestaltige Verhältnis islamischer bzw. muslimischer Strömungen zu Ikonografie, Ikonodulie, Anikonismus und Ikonoklasmus kann nicht als Begründungsvorwand benutzt werden, um eine eigene kritische Reflexion im Rahmen der Islamischen Religionspädagogik abzuwehren.

Die religiösen Befindlichkeiten der Schüler\*innen sind unbedingt zu respektieren, weshalb auch ein behutsames und ausgewähltes Vorgehen in Bezug auf die Verwendung und Auswahl von Bildmaterial zu beachten ist. Während es sicher ist, anzunehmen, dass der überwältigende Anteil der Schüler\*innen mit muslimischem Hintergrund alltäglich, d. h. auch zu Hause, fortwährend mit Bildmaterial konfrontiert wird, lassen sich dennoch häufiger derartige Unkenrufe vernehmen, die die Verwendung von Bildern von beseelten Wesen im islamischen Religionsunterricht als nicht hinnehmbar brandmarken, da dies ihrer Sicht nach in den islamischen Primärquellen eindeutig verboten werde. Auf Seiten mancher islamischer Religionspädagog\*innen regen sich in der Reaktion hierauf entsprechend Vorbehalte bis Ängste vor der Verwendung von (»zu viel«) Bildmaterial.

Doch wem ist mit einer solchen Reaktion geholfen? Wie sollen sich die Schüler\*innen in einer Welt zurechtfinden, in der der islamische Religionsunterricht eine insulare Scheinwelt darstellt, die keinen oder kaum Rückbezug auf die kaum vermeidbare Außenwelt, die sie umgibt, bietet? Würde ein solcher Religionsunterricht nicht viel mehr der Gewissensberuhigung der Eltern und mancher Gemeindevertreter\*innen dienen als dem Erziehungsauftrag, der als Erwartung an ihn gestellt wird? Es ist daher unabdingbar, dass die Lehrkräfte diesem Auftrag nachkommen und dies gerade unter Zuhilfenahme von Methoden und Materialien leisten, die in der Lebenswelt der Schüler\*innen weitverbreitet, wenn nicht sogar ubiquitär sind. Dabei sollte jedoch eben im gleichen Sinne darauf zu achten sein, nicht um der Provokation willen zu handeln, sondern Augenmaß zu behalten, indem die Zielgruppen der Schüler\*innen, der Eltern und der muslimischen Gemeinden ausreichend individuell beachtet werden. So oder so wird es nicht vermeidbar sein, dass die Schüler\*innen mit Bildern konfrontiert werden, die für das Alter der Kinder nicht angemessen sind – dies ganz besonders in Zeiten, in denen bereits 75 % (!) der 10- bis 11-Jährigen und sage und schreibe 95 % der 12- bis 13-Jährigen ein eigenes Smartphone besitzen (vgl. Statista 2020). Dabei wird die fehlende kritische Medienkompetenz wie auch die kaum steuerbare Verfügbarkeit von jugendgefährdenden Bildern zwar immer wieder kritisiert, eine Handhabe dagegen erscheint jedoch kaum möglich. Inwiefern es sich hierbei also teilweise um der Frömmelei wegen künstlich angeheizter Diskurse handelt, die sich viel drängenderen Problemen unserer Zeit verweigern, bleibt jedem selbst überlassen, zu beurteilen.

Wenngleich die Ausrichtung auf individuelle Bedarfe der Schüler*innenschaft, der Eltern und der Gemeinden sinnvoll erscheint, wirkt es auch schwierig, sich einseitig den Bedürfnissen einer bestimmten Sektion der Schüler*innen anzupassen und die Befindlichkeiten anderer völlig zu vernachlässigen, wenn sich diese in einem Klassenverband in einer zahlenmäßigen Minderheit befinden. Zwar weist einerseits bislang die Mehrzahl der muslimischen Schüler*innen einen sunnitischen Hintergrund auf, weshalb es hier empfehlenswert erscheint, besonders von Darstellungen von religiösen Figuren, wie den Propheten, abzusehen. Andererseits aber ist es problematisch, die lange schiitische Tradition wie auch historisch-gesamtislamische Tradition in die andere Richtung symbolisch dadurch unter den Tisch fallen zu lassen, dass nicht einmal verbal auf deren Existenz oder religiöse Legitimität eingegangen wird.

Ein derartiges Vorgehen könnte schließlich dazu führen, dass etwa besonders schiitische Schüler*innen, die bildlichen Darstellungen wichtiger religiöser Figuren von zu Hause kennen, sich in ihrer religiösen Identität als Muslim*innen nicht ernst genommen und akzeptiert fühlen oder sogar den Eindruck erhalten, dass ihre religiöse Tradition häretisch sei. Besonders auch mögliche, häufig bereits subtil bestehende Abwertungsdynamiken im sunnitisch-schiitischen Dialog könnten durch eine Nichtbehandlung des Themas ungewollt von Lehrkräften verstärkt werden. Dies ist nicht nur im Kontext eines denominationsübergreifenden islamischen Religionsunterrichts jedoch unter allen Umständen zu vermeiden. Zu betonen ist dabei auch, dass sunnitische Schüler*innen in diesem Kontext dazu aufgerufen werden können, sich im islamischen Religionsunterricht einmal abseits ihrer eigenen Gesichtsgrenzen mit schiitischen Ansichten zu beschäftigen bzw. die innerislamische Vielfalt kennenzulernen. Dies wäre allerdings angesichts der homogenen Moscheegemeinden, die meist nach Sprache, Herkunft und Konfession arbeiten, ein historisches Projekt im Rahmen des islamischen Religionsunterrichts in Deutschland.

Insgesamt sollte aber auch vor einer Essenzialisierung der Schüler*innen als sunnitisch oder schiitisch – und damit in einer ganz bestimmten Weise zu betrachten und zu behandeln – gewarnt werden. Nicht nur, dass auch sunnitisch wie schiitisch geprägte Schüler*innen ganz mannigfaltige eigene Vorstellungen mitbringen, sondern es ist auch so, dass sie mehr sind als ein bestimmtes Label, das man ihnen aufdrückt.

## Literatur

as-Sīstānī, Sayyid ʿAlī (2021): Questions & Answers >> Pictures. https://www.sistani.org/english/qa/01282/ (Zugriff am 06.09.2021).

Badat, B. (2021): Mit Bildern und Figuren in den Islamischen Religionsunterricht – Muslimische Standpunkte zur figürlichen Darstellung: Debatten, Herausforderungen und Anregungen für den Religionsunterricht. In: F. Ulfat/A. Ghandour (Hg.): Islamische Bildungsarbeit in der Schule. Theologische und didaktische Überlegungen zum Umgang mit ausgewählten Themen im Islamischen Religionsunterricht (S. 189–212). Wiesbaden.

Creswell, K. A. C. (1946): The Lawfulness of Painting in Early Islam. Ars Islamica, 11/12, 159–166.

Goldziher, I. (1920): Zum islamischen Bilderverbot. ZDMG, 74 (2), 288.

Gruber, C. (2017): Images of the Prophet Muhammad: Brief Thoughts on Some European-Islamic Encounters. In: S. Fotouhi/E. Zeiny (Hg.): Seen and Unseen. Visual Cultures of Imperialism (S. 34–52). Leiden/Boston.

Paret, R. (1970): Das islamische Bilderverbot und die Schia (Nachtrag). ZDMG, 120 (2), 271–273.

Seker, N. (2013): Bilderverbot und bildende Kunst im Urteil des Quran und der klassischen muslimischen Gelehrsamkeit. Eine Spurensuche. In: B. Schröder/H. H. Behr/D. Krochmalnik (Hg.): »Du sollst Dir kein Bildnis machen«. Bilderverbot und Bilddidaktik im jüdischen, christlichen und islamischen Religionsunterricht (S. 119–143). Berlin.

Shafaqna – Shia News Association (2018): Drawing, Painting, and Portraits Attributed to the Infallible Imams (a.s.): The Fatwas of Grand Ayatullah Sistani. https://en.shafaqna.com/63304/drawing-painting-and-pictures-attributed-to-the-infallible-imams-a-s-the-fatwas-of-grand-ayatullah-sistani/ (Zugriff am 06.09.2021).

Statista (2020): Smartphone-Besitz bei Kindern und Jugendlichen in Deutschland im Jahr 2019 nach Altersgruppe. https://de.statista.com/statistik/daten/studie/1106/umfrage/handybesitz-bei-jugendlichen-nach-altersgruppen/ (Zugriff am 07.09.2021).

Taeschner, F. (1955): Ein Beitrag zur Frage des islamischen Verbotes der Abbildung lebender Wesen, insbesondere im sakralen Bereich. Die Welt des Islams, 4 (1), 47–50.

Turki, M. (2018): Bilderverbot im Islam. Ästhetische und politische Auswirkungen. In: S. Seitz/A. Graneß/G. Stenger (Hg.): Facetten gegenwärtiger Bildtheorie. Interkulturelle und interdisziplinäre Perspektiven (S. 287–304). Wiesbaden.

Zirker, Hans: »Bildlosigkeit und Bildhaftigkeit Gottes im Islam«. https://duepublico2.uni-due.de/servlets/MCRFileNodeServlet/duepublico_derivate_00011048/is_gott_bild.pdf (Zugriff am 07.09.2021).

# »Was heißt es denn für dich, gläubig zu sein?« Das didaktische Konzept einer »bedeutungszentrierten Religiositätsbildung« (BZRB)

Jörg Imran Schröter

## 1 Der theoretische Rahmen

Aus verschiedenen Anlässen, aber gerade auch mit Blick auf die aktuelle Entwicklung und weitere Profilbildung der Islamischen Religionspädagogik und Fachdidaktik des Islam im europäischen Kontext, stellt sich immer wieder die entscheidende Frage: »Wie religiös sind eigentlich die Muslim*innen (noch)?«

Im Gegensatz zu der gängigen Säkularisierungsthese der 1960er Jahre, dass mit zunehmender Bildung und »Zivilisierung« Religiosität abnähme und langsam, aber sicher, zumindest aus dem öffentlichen Raum verschwinden würde, kam es seit den 1990er Jahren zur allgegenwärtigen Rede einer »neuen Sichtbarkeit von Religion«. So wurde mit der These von der De-Privatisierung der Religion die Frage aufgeworfen, ob auch in Deutschland und Europa die Religion in den öffentlichen Raum zurückkehre (vgl. Casanova 2013) und welche Implikationen das haben könnte. Dennoch bleibt es in der aktuellen Forschung fraglich, ob das Narrativ einer »Wiederkehr des Religiösen« (Bayerl 2017; vgl. dazu auch Zapf/Hidalgo/Hildmann 2018) haltbar ist oder nicht vielmehr doch die Säkularisierung weiter voranschreitet (dazu auch Gabriel 2003).

Zumindest für den Islam erfuhr die Säkularisierungsthese durch die Publikation von Michael Blumes Sachbuch »Islam in der Krise« (2017) wieder überraschend Aufwind. Blume stellte darin die These auf, dass der Islam sich weltweit nur noch zwischen Radikalisierung oder stillem Rückzug befände, was meines Erachtens mit Blick auf eine wachsende Zahl junger formal hoch gebildeter Muslim*innen in Europa, die sich selbst als religiös verstehen und sich gleichzeitig positiv engagiert in die Gesellschaft einbringen (vgl. Schröter 2020), noch kritisch zu überprüfen wäre.

Die Frage nach der Religiosität insbesondere von muslimischen Jugendlichen und jungen Erwachsenen ist gleichwohl von hoher pädagogischer Relevanz. Denn eine Lehre der Islamischen Theologie und Religionspädagogik, wie sie jüngst in Deutschland an verschiedenen Hochschulen eingerichtet wurde, genauso wie auch im islamischen Religionsunterricht an Schulen, hängen letztlich von der reflektierten Beurteilung der gegebenen Voraussetzungen ab, denen der gesamte Bildungsprozess unterliegt (vgl. Schröter 2018, S. 23). So ist es für die religionspädagogische Arbeit nicht unerheblich, zu wissen, wie religiös überhaupt muslimische Schüler*innen und Studierende in unseren Bildungsinstitutionen sind (vgl. dazu auch Kap. »Religiöse Einstellungen« in Schweitzer/Ulfat/Mattern 2022).

Hierbei ergibt sich die Frage, woran denn Religiosität festgemacht werden kann. Äußerliche Kriterien taugen dazu nur sehr bedingt, denn es bleibt dabei ungeklärt, aus welchen Gründen sich etwas »Religiöses« zeigt oder geäußert wird. Ein vermeintlicher Indikator von Religiosität, wie beispielsweise »Gebetshäufigkeit« (*prayer frequency*; vgl. El-Menouar 2014), bleibt nahezu nichtssagend, solange nicht auch dazu gesagt wird, warum – aus welcher Motivation und in welcher Bedeutungsdimension – gebetet oder auch nicht gebetet wird. Dabei ist es gerade für die pädagogische Arbeit durchaus von Bedeutung, ob sich jemand etwa aus Angst vor Strafe religiös verhält oder aus hingebungsvoller Gottesliebe oder aber, um zu einer bestimmten Peergroup zu gehören. Es geht also für die Bestimmung von Religiosität keineswegs etwa nur darum, ob jemand religiöse Handlungen vollzieht oder nicht, sondern vielmehr darum, mit welcher Haltung und Einstellung, aus welchen Gründen und in welcher Bedeutungsdimension jemand diese vollzieht oder auch nicht. Somit wandelt sich die vorgenannte Frage mit Blick auf die hier vorgestellte Didaktik einer »bedeutungszentrierten Religiositätsbildung« (BZRB) zu der eigentlich zu stellenden Frage: »Was heißt es denn für dich, gläubig zu sein?«

## 1.1 Forschungsstand und Hintergrund zur Entwicklung des Konzepts

Bei unterschiedlichen Anlässen, wie Fortbildungen für islamische Religionslehrkräfte, Seminarveranstaltungen für muslimische Studierende und mit Schüler*innen im islamischen Religionsunterricht sowie bei Vorträgen in Moscheegemeinden, habe ich immer wieder die offene Frage gestellt, was es für einen (jeweils individuell) bedeutet, gläubig zu sein. Im Laufe der Vertiefung der spontanen Befragungen kam es zu weiteren konkreteren Fragestellungen, die sich aus den Rückmeldungen ergaben:
- Lässt sich das individuelle Verständnis von Religiosität klassifizieren?
- Gibt es eine Hierarchie der Religiositätsverständnisse?
- Welches Religiositätsverständnis wäre gesellschaftlich wünschenswert? (Welches aber unerwünscht bis hin zu gefährlich?)
- Ließe sich ein »besseres« Religionsverständnis lehren?

Für die Auseinandersetzung mit Religiosität gelten in der Religionssoziologie bis heute die »fünf Dimensionen religiöser Bindung« (engl. *religious commitment*) von Glock (1972) als Standard, doch geben diese keine konkrete Auskunft über die innere Bedeutungsdimension bzw. Motivation, die jeweils hinter den Glock'schen Dimensionen steht. In der aktuellen Forschung zur Religiosität wird gern der Ansatz von Huber »Zentralität und Inhalt« (2003) zugrunde gelegt, doch auch dieser Ansatz ermöglicht keine ausreichenden Möglichkeiten von Erkenntnissen zu einem »Niveau der Religiosität«. Der Religionsmonitor 2017, der wie seine Vorgängerbefragungen auf die Kerndimensionen von Religiosität in Anlehnung an das Konzept von Huber zurückgreift (2009, S. 31 f.), unterscheidet beispielsweise zur Religiosität von Muslim\*innen die Frage »Wie häufig beten Sie persönliche Gebete wie das Duʿā?« von der Frage »Wie häufig beten Sie das Pflichtgebet Salāt?« (Halm/Sauer 2017, S. 35). Doch trotz dieser Differenzierung von Gebetsweisen kann die Häufigkeit keine Auskunft über die zugrunde liegende Intention geben, mit der jeweils mehr oder weniger gebetet wird. Dazu bedürfte es eines typologischen Systems, das die Bedeutungsdimensionen aufzeigen kann, die als Motivationen hinter religiösen Phänomenen stehen. Ein Versuch in diese Richtung wurde in der Religionspsychologie bereits mit dem frühen Messinstrument der »Religious Orientation Scale« (ROS) von Allport und Ross (1967) unternommen, das in Variationen auch heute noch Anwendung findet. Zentral ist dabei die Unterscheidung von »intrinsischer« und »extrinsischer« Religiosität, also die Unterscheidung, ob Religion als Selbstwert betrachtet wird oder als Mittel zu etwas anderem dient, wie beispielsweise Zugehörigkeit oder Trost. Im Fokus stand dabei die *social desirability,* also gesellschaftliche »Erwünschtheit« oder besser »Wünschenswertigkeit« von Religion für die Gesellschaft (vgl. Donahue 1985, S. 400–419). Die Hypothesen und Ergebnisse dieser Forschung stehen ganz im Geiste amerikanisch geprägten Christentums des vergangenen Jahrhunderts und müssten auf ihre aktuelle Gültigkeit und Relevanz auch für islamische Religiosität zuerst überprüft werden. Gleichwohl ist die Frage nach einer gesellschaftlich wünschenswerten Religiosität im Sinne psychischer Gesundheit und einer möglichen positiven gesellschaftlichen Partizipation gerade mit Blick auf die steigende Anzahl von Muslim\*innen in Deutschland wichtig. Es geht dabei mit dem Angebot eines islamischen Religionsunterrichts an öffentlichen Schulen nicht zuletzt um ein religionspädagogisches Anliegen im Rahmen staatlicher Schulbildung.

In ihrer Studie zur religiösen Sozialisation in muslimischen Familien entwickelte Uygun-Altunbaş eine Typologie religiöser Erziehungsvorstellungen (2017). Dabei nennt sie Anhänger\*innen eines religiösen Erziehungstyps, der nach Sinn und Orientierung strebt, »Idealisten« (Uygun-Altunbaş 2017, S. 155–

167), solche, bei denen die Einhaltung von religiösen Vorschriften von zentraler Bedeutung ist, »Ritualisten« (Uygun-Altunbaş 2017, S. 168–175), solche, bei denen Identität und Persönlichkeit im Vordergrund stehen, »Identitätssucher« (Uygun-Altunbaş 2017, S. 176–183) und schließlich jene, die sich vor allem ethischen Grundsätzen verpflichtet fühlen, »Ethiker« (Uygun-Altunbaş 2017, S. 184–201). Eventuell ließen sich daran auch analog Typen von religiösen »Stilen« entwickeln.

Im Kontext Österreichs wurde aus empirischen Analysen eine Typologie von Praxisformen muslimischer Religiosität gebildet, die zwischen einer »bewahrenden Religiosität«, einer »pragmatischen Religiosität«, einer »offenen Religiosität«, einer »Religiosität als kulturelle Gewohnheit« und einer »ungebundenen Restreligiosität« unterscheidet (Kolb 2017, S. 77). Gerade im Bereich der islamischen Pädagogik können solche Typenbildungen bereits hilfreich für die Analyse der vorfindlichen Lehr- und Lernvoraussetzungen sein. Hilfreich erscheint mir auch die Bildung von Polen in einem religiösen Wertesystem – beispielsweise »Reflexion/Kritikfähigkeit« vs. »Bewahrung von Tradition« – zu sein, wie sie etwa von Zimmer, Ceylan und Stein (2017, S. 358) in Anlehnung an entsprechende Vorarbeiten (vgl. Zimmer et al. 2017, S. 358) vorgenommen wurde.

Jedoch bedarf – meines Erachtens nach – der pädagogische Zugang als Grundlage für eine kompetenz- und damit zielorientierte Religionsdidaktik (vgl. Hemel 1988, S. 674) der hierarchischen Auseinandersetzung mit Religiosität, also der nicht unproblematischen Frage nach einer »besseren« bzw. »höher entwickelten« Religiosität, wie sie in den Stufen der religiösen Entwicklung bei Oser und Gmünder (1984) und den »Stufen des Glaubens« bei Fowler (2000) angelegt ist.

Diese Entwicklungstheorien müssen jedoch hinsichtlich ihrer Kompatibilität mit nicht-christlichem Glauben, hier insbesondere im muslimischen Kontext, untersucht werden. Unter den zahlreichen Skalen, die zur Messung von Religiosität entwickelt wurden (Überblick dazu in Maiello 2007, S. 28–31), gibt es inzwischen auch nicht wenige spezifische Skalen für muslimische Religiosität (vgl. Sahin 2013, S. 69–72), wie beispielsweise die »Muslim Religiosity Scale«, die »Sahin-Francis Scale of Attitudes towards Islam« oder das »Muslim Subjectivity Interview Schedule« und viele andere (eine gute Übersicht dazu in Abu-Raiya/Hill 2014, S. 24–27). So wurden auch in muslimisch geprägten Gesellschaften, wie beispielsweise in Pakistan und im Iran, in der Vergangenheit bereits Untersuchungen unternommen, die zeigen, dass religiöse Bindungen je nach ihrer Beschaffenheit sowohl positive als auch negative Auswirkungen auf die mentale Gesundheit haben können, wobei insgesamt die positiven Aspekte von Religiosität mit Blick auf seelische Bewältigungen überwiegen (vgl. Ghorbani 2016, S. 626).

Dabei muss einem bewusst sein, dass sämtliche Stufenmodelle und damit auch Skalen, denen Stufenmodelle zugrunde liegen, inzwischen der Kritik unterworfen wurden und kaum mehr in wissenschaftlicher Redlichkeit von »Stufen« gesprochen werden kann. So spricht etwa Streib nicht mehr von »Stufen der Glaubensentwicklung«, sondern von »religiösen Stilen« (2001, S. 149). Die Kritik der Stufenlogik ist dabei nachvollziehbar und ergibt allemal auch im gängigen islamischen Verständnis von Phasen und Übergängen auf dem Weg eines religiösen Voranschreitens, etwa vom bloßen »Nachahmen« *(taqlīd)* bis hin zur vollständigen Verinnerlichung der Glaubenswahrheiten als unerschütterliche Gewissheit *(al-yaqīn),* wie es insbesondere in der Literatur der islamischen Mystik und der mystischen Koranauslegung gern dargestellt wird, Sinn (Goldziher 1970, S. 254 f.), auch wenn hier häufig im klassischen Sprachbild von »Stufen« gesprochen wird (z. B. »Muḥammad al-Ġazzālīs Lehre von den Stufen zur Gottesliebe«, vgl. Gramlich 1984).

Auf der Grundlage von Kohlbergs Theorie in Verbindung mit Eriksons entwicklungspsychologischem Modell und auch Gebsers »Bewusstseinsphänomenologie« wurde im Bereich der christlichen Spiritualität ein spiralisches Modell entwickelt (Küstenmacher/Haberer/Küstenmacher 2015), das sich mit entsprechender Vorsicht und entsprechenden Modifikationen vielleicht auch auf religiöse Haltungen im Islam übertragen lassen könnte. Entlang der dort genannten »religiös-spirituellen Entwicklungsstufen« ließe sich dann eventuell auch eine Likert-Skala mit Items erstellen, die Aufschluss darüber geben könnten, was sich als innere Motivation hinter religiösen Haltungen verbirgt.

Beispielsweise:
- »Der Glaube an Gott hilft mir, den Tag zu überstehen.«
- »Mit meiner Religion gehöre ich zu einer starken Gemeinschaft.«
- »Mein Glaube ist anderen Glaubensvorstellungen überlegen.«
- »Mein Glaube bedeutet auch, mich moralisch richtig zu verhalten.«
- »Mein Glaube bringt mir auch Vorteile in dieser Welt.«
- »Ich bediene mich auch meines Verstandes und gelange damit zu meinem Glauben.«
- »Eine Spur Gottes findet sich in allen Religionen.«
- »In Glaubensdingen muss man manches auch aus unterschiedlichen Blickwinkeln betrachten.«

Ein Messinstrument mit solchen Items würde auch in einer quantitativen empirischen Forschung – bei aller bereits angesprochenen Vorsicht hierarchischer

Dignität von Religiosität – zu einer »qualitativen« Aussage über ein religiöses Niveau gelangen können.

## 1.2 Ergebnisse einer explorativen Vorstudie als Grundlage für eine kritische Diskussion des Konzepts

Im Zusammenhang einer größer angelegten Studie (Schröter/Calmbach 2020), bei der es vorrangig um die Engagementbereitschaft von jungen Muslim\*innen ging, wurde am Institut für Islamische Theologie/Religionspädagogik der Pädagogischen Hochschule Karlsruhe hinsichtlich der Religiosität von jungen Muslim\*innen eine explorative Vorstudie unter Leitung des Autors in Zusammenarbeit mit Marc Calmbach vom SINUS-Institut (Berlin) durchgeführt. Bevor die Befragung ins Feld ging, wurde ein leitfadenbasierter qualitativer kommunikativer Pre-Test mit 32 Respondent\*innen durchgeführt (face-to-face). Bei der Stichprobenstruktur wurde nach Stadt und Land differenziert, nach dem formalen Bildungsgrad sowie nach den Altersgruppen »14–19-Jährige« und »20–34-Jährige«. Die anschließende standardisierte Befragung erfolgte über die CAWI-Methode (»Computer-Assisted Web Interviewing«). Die durchschnittliche Beantwortungszeit lag bei ca. 20 Minuten.

Das Sampling wurde durch die Einladung zur Studienteilnahme der Pädagogischen Hochschule Karlsruhe über folgende Kanäle und Organisationen gewonnen:

- E-Mail-Verteiler der Robert Bosch Stiftung aus bereits durchgeführten bzw. geförderten Projekten mit jungen Muslim\*innen, wie dem Förderprogramm »YALLAH – Junge Muslime engagieren sich«, islamischen Jugendorganisationen, muslimischen Pfadfindern, »JUMA – jung, muslimisch, aktiv« und dem Rat muslimischer Studierender & Akademiker (RAMSA),
- zivilgesellschaftliche Akteure, wie »Aktionsbündnis muslimischer Frauen«, »Zukunftsforum Islam«, muslimische Akademien und Bildungswerke,
- Islamisch-theologische Institute an deutschen Universitäten (Osnabrück, Münster, Frankfurt, Gießen, Paderborn, Erlangen-Nürnberg und Tübingen) und die Standorte für Islamische Religionspädagogik an Pädagogischen Hochschulen in Baden-Württemberg (Karlsruhe und Ludwigsburg),
- Verteiler der Katholischen Akademie Hohenheim-Stuttgart; insbesondere aus Projekten wie »Junge Muslime als Partner«,
- Rückgriff auf vorhandene berufliche und private Netzwerke zu Lehrkräften im islamischen Religionsunterricht,
- muslimische Vereine und Dachverbände.

Von der so gewonnenen Stichprobe, bei der eine nicht-repräsentative Stichprobe von 786 jungen Muslim*innen (zwischen 14 und 34 Jahren) befragt wurde, hatten 53 % das Gymnasium besucht, 18 % die Gesamtschule und 9 % eine Berufsfachschule, 9 % die Realschule und 3 % die Hauptschule. Ganze 44 % der Befragten waren Studierende. Dabei waren 68 % weiblich und 32 % männlich. Das Durchschnittsalter lag bei 24 Jahren. Der Anteil derjenigen mit deutscher Staatsbürgerschaft lag bei etwa 80 %.

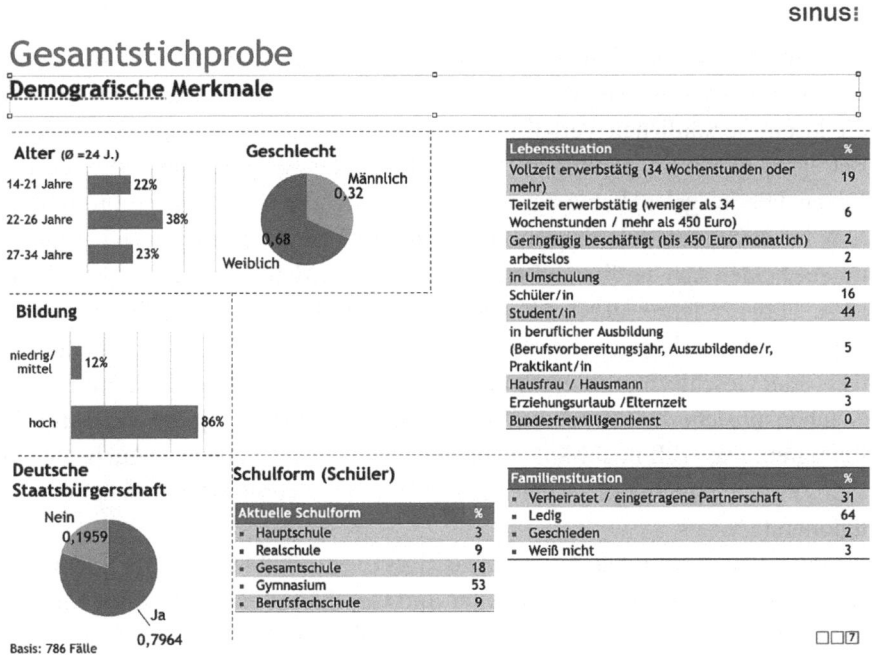

Abb. 1: Überblick über die Stichprobe

Die Befragung wurde im Zeitraum zwischen dem 12. Februar und dem 8. April 2019 durchgeführt. Dabei zeigte sich, dass überwiegend nur junge Muslim*innen mit einer formal sehr hohen Bildung an der Studie teilgenommen hatten und das Sample auch durch den Zugriff über Hochschulkanäle und Projekte eher einer spezifischen Gruppe angehörte, die nicht als repräsentativ für die Gesamtheit junger Muslim*innen in Deutschland gesehen werden kann. Deshalb versteht sich die Studie als »explorative Vorstudie«, die für repräsentative Daten noch einmal größer und breiter angelegt werden müsste. Um bei diesem Übergewicht an formal hoch gebildeten Muslim*innen zu aussagekräftigeren Ergebnissen zu kommen, hat man sich für die Auswertung auf diese Gruppe beschränkt.

Die folgenden wichtigsten Ergebnisse aus dieser Teilstichprobe, die für die Islamische Religionspädagogik relevant sind, sollen hier zusammengefasst vorgestellt und kritisch untersucht werden.

## 2 Zusammenschau der zentralen Ergebnisse mit Blick auf die Relevanz und auch die Herausforderungen für die Islamische Religionspädagogik

Das persönliche Verhältnis zur Religion wurde in der Studie anhand von sieben Statements abgefragt, von denen die Befragten die Aussage auszuwählen hatten, die ihrem persönlichen Verhältnis zum Islam am ehesten entspricht. 78 % der Befragten gaben an, gläubig zu sein und sich der Religion eng verbunden zu fühlen. Hierbei gab es keine signifikanten Alters- oder Geschlechterunterschiede. 13 % bezeichneten sich als gläubig, legen den Islam aber individuell aus. Hier unterscheiden sich die älteren Befragten (16 %) von den jüngeren (14 bis 21 Jahre: 12 %, 22 bis 26 Jahre: 10 %). 6 % geben an, zwar gläubig zu sein, aber ihrer Religion auch kritisch gegenüber zu stehen. Hierbei gab es keine signifikanten Alters- oder Geschlechterunterschiede. In dem Sample zeigten sich allerdings eine Glaubensunsicherheit (0 %) und Areligiosität (1 %) als völlig untypisch für die Befragten. Das trifft unabhängig von Demografie und Milieu zu. Auch versteht sich so gut wie niemand als spirituellen Menschen abseits der bestehenden Religionen (1 %).

Zusammenfassend lässt sich sagen, dass die große Mehrheit der Stichprobe sich dem Islam unabhängig von Alter und Geschlecht eng verbunden fühlt. Einige verstehen sich als gläubig, legen ihre Religion aber individuell aus, doch zeigen die Befragten keinerlei Glaubensunsicherheit und kaum eine explizite Glaubensdistanz.

Die biografische Dimension von Religion wurde anhand von acht Items abgefragt, von denen die Befragten das auf sie zutreffendste auswählen sollten. Vier dieser Statements messen dabei verschiedene Grade der Religionsverbundenheit. Fasst man alle Befragten zusammen, die eines dieser vier Items der Religionsverbundenheit gewählt haben, zeigt sich: Fast alle (96 %) fühlen sich heute dem Islam verbunden. Die Religion spielt in dieser Gruppe biografisch aber eine unterschiedliche Rolle. Der größte Teil (33 %) der Stichprobe fühlt sich heute mehr denn je der eigenen Religion verbunden (»Zweimalgeborene«). Bei 28 % hat sich die Religionsverbundenheit über die Zeit nie verändert. Man war also schon immer religiös (»Loyale«). 22 % der Befragten können als »Rückkehrer*innen« oder »Schwanker*innen« bezeichnet werden, da es in ihrem Leben auch Zeiten gab, in denen sie der Religion nicht verbunden waren. 13 % sind zwar religionsverbunden, aber die Bindung hat nachgelassen (»Indifferente«). Fasst man diejenigen Befragten zusammen, die sich Religion noch nie (»Ferne«: 0,4 %), heute weniger denn je (»Entfremdete«: 0,7 %) oder nur derzeit nicht verbunden fühlen, es aber für die eigene Zukunft nicht kategorisch ausschließen (»Unentschiedene«: 0,4 %) möchten, zeigt sich: Sie machen zusammen nur einen Bruchteil von 1,6 % der Stichprobe aus. So lässt sich sagen, dass so gut wie alle Befragten sich ihrer Religion eng verbunden fühlen, wobei es aber deutliche Unterschiede in der jeweiligen Glaubensbiografie gibt.

Die breite Mehrheit der Befragten lässt unabhängig von Alter und Geschlecht keinen Zweifel offen, wie wichtig ihnen der persönliche Glaube ist (volle Zustimmung auf einer 4er-Antwortskala): 81 % erklären, dass der Glaube ihnen inneren Halt bietet. 73 % sind völlig überzeugt, dass ihr Glaube sie grundsätzlich friedfertig macht. Für 66 % ist es unbestritten, dass der Glaube für sie die Lebensgrundlage bildet. Betrachtet man bei diesen Aussagen nicht nur die volle, sondern auch die eingeschränkte Zustimmung (»trifft eher zu«), so sind es jeweils sogar mindestens 90 %, die hier zustimmen. Die Befragten sind somit ihrem Glauben tief verbunden. Er liefert Halt und Orientierung und stiftet Sinn. Gleichzeitig ist aber auch festzustellen, dass der sinnstiftende Aspekt von religiöser Gebundenheit mit einer hohen Ehrfurcht vor der göttlichen Autorität bis hin zu Angst vor göttlicher Strafe einhergeht. Insgesamt zeigen die jüngeren Befragten noch mehr Ehrfurcht vor der göttlichen Autorität, doch ungefähr die Hälfte aller Befragten akzeptiert unmissverständlich (Antwortkategorie »trifft voll und ganz zu«) die göttliche Autorität. Jeweils 57 % erklären, dass sie versuchen, den göttlichen Gesetzen zu gehorchen und dass sie sich vor der Strafe Allahs fürchten. 49 % betonen, dass ihr Glaube für sie Gesetz und Ordnung ist. So schlägt sich die starke Glaubensverbundenheit auch in einer überzeugtreligiösen Lebensführung nieder. Unabhängig von Alter und Geschlecht ist eine religiöse Lebensführung für die allermeisten Befragten eine Selbstverständlichkeit (Basis volle Zustimmung auf einer 4er-Skala). 88 % erklären, dass Alkohol für sie tabu ist. 71 % sagen, dass es voll und ganz auf sie zutrifft, sich *halal* zu ernähren.

Genauso konsequent wird der Religiosität in der Familie eine hohe Bedeutung zugeschrieben. Die ausgeprägte religiöse Überzeugung wird auch darin deutlich, dass sie eine wichtige Rolle bei der Partner*innenwahl und der Kindererziehung spielt: 72 % sagen, dass der Partner bzw. die Partnerin dieselben religiösen Überzeugungen teilen sollte wie man selbst. Die befragten Frauen stimmen dem dabei noch deutlich stärker zu als die Männer (81 % vs. 53 %). Für 71 % ist es zweifelsfrei wichtig, dass die eigenen Kinder in der eigenen religiösen Tradition erzogen werden. Nichtsdestotrotz ist es 51 % egal, ob die eigenen Freund\*innen muslimisch sind oder nicht – nur 3 % legen hier wirklich Wert darauf. Auch stimmen nur 7 % voll und ganz zu, dass sie sich bemühen, andere von der eigenen Religion zu überzeugen. Interessant ist dabei, dass zwar ein Drittel der Befragten den Islam als anderen Glaubensvorstellungen überlegen ansieht, doch bei aller Identifikation mit dem Islam sich nur eine Minderheit den Anhänger\*innen anderer Religionen überlegen (8 %) fühlt. So sind zwar 62 % der Befragten im Großen und Ganzen der Ansicht, dass der Islam anderen Glaubensvorstellungen überlegen ist, doch gleichzeitig stimmen auch 82 % der Aussage zu (volle und eingeschränkte Zustimmung), dass im Kern alle Religionen gleich sind. Diese Befunde spiegeln einerseits ein proaktives Bekenntnis zum Islam, zeigen andererseits aber auch eine deutliche Skepsis gegenüber religiösem Extremismus. So sind 85 % fest der Überzeugung, dass islamische Extremisten dem Islam schaden. Weitere 9 % stimmen dem im Großen und Ganzen zu. Dem steht ein kleiner Teil gegenüber, der anderer Meinung ist (6 %). Signifikante Alters-, Geschlechter- oder Milieuunterschiede zeigen sich hier keine. Nur ein Bruchteil der Befragten zeigt Verständnis für den radikalen Islam und die Vereinbarkeit von Religion und Gewalt: Fasst man beide Zustimmungskategorien zusammen, so sagen lediglich 11 %, Verständnis dafür zu haben, dass sich junge Menschen dem radikalen Islam zuwenden und nur 9 %, dass Gewalt und Religion miteinander vereinbar seien. Blickt man nur auf die volle Zustimmung zu diesen Aussagen, so sind es sogar nur 2 % bzw. 3 %. Dem stehen aber jeweils ca. 90 % gegenüber, die kein Verständnis für fundamentalistische Positionen haben und die Gewalt und Religion für unvereinbar erachten. Dennoch muss gerade auch dieses Ergebnis im anschließenden Kapitel kritisch reflektiert werden.

Zusätzlich zu dieser Zusammenschau einiger für die pädagogische Perspektive relevanter Ergebnisse ist hier noch hinzuzufügen, dass jeweils mehr als 40 % uneingeschränkt erklären, dass sie sich in ihrer religiösen Gemeinschaft geborgen fühlen und dass ihnen die Zugehörigkeit zu dieser Gemeinschaft wichtig ist. Nimmt man diejenigen hinzu, die sagen, dass dies auf sie »eher zutrifft« (34 % bzw. 38 %), so sind es sogar jeweils ca. drei Viertel, die der Gemeinschaft der Gläubigen bzw. der Zugehörigkeit zu ihr eine große Bedeutung zuschreiben. Geschlechterunterschiede zeigen sich hier keine, allerdings spielt die religiöse Gemeinschaft für die jüngeren Befragten (ca. 51 % bei den 14–21-Jährigen) eine (noch) größere Rolle als für die älteren (ca. 35 % bei den 27–34-Jährigen). Der größte Teil der Befragten fühlt sich in der religiösen Gemeinschaft geborgen. Unabhängig von Alter und Geschlecht hegen die allermeisten der hoch gebildeten Muslim\*innen in Deutschland keinen Zweifel (Antwortkategorie »trifft voll und ganz zu«), dass ihr Leben in Allahs Händen liegt (81 %) und dass Allah sie schützt und behütet (87 %). Bei aller Hingabe an Allah bewahren sich viele Befragte aber auch eine kritisch-rationale Perspektive auf ihre Religion: 50 % sagen, dass es voll und ganz auf sie zutrifft, ihrer Religion nicht blind zu folgen, sondern sie auch zu hinterfragen. Weitere 37 % stimmen eingeschränkt zu, somit stehen im Großen und Ganzen 87 % der jungen Muslim*innen ihrem Glauben nicht unkritisch gegenüber.

## 3 Kritische Sichtung der Ergebnisse

Diese hier erhobenen Daten zu jungen, überwiegend formal hoch gebildeten Muslim*innen bedürfen einer klärenden Untersuchung im Sinne einer pädagogisch-didaktischen Bedingungsanalyse. Sicherlich ist die Lehr- und Lernsituation in einem islamischen Religionsunterricht und auch in Lehrveranstaltungen der Islamischen Theologie und Religionspädagogik an Hochschulen von einer breiten Heterogenität geprägt, doch können die vorliegenden Ergebnisse zumindest für eine Facette der Schüler*innen- und Studierendenschaft aus dem Spektrum wichtige Auskünfte geben. Die Ergebnisse lassen sich auch nicht »eins zu eins« auf die Gesamtheit der Muslim*innen in Deutschland übertragen, insbesondere weil der Zugriff auf das Sampling bereits in konfessionell-religiös geprägten Kontexten erfolgte. Hier wäre eine breiter angelegte und repräsentative Studie erforderlich, die etwa, wie die bereits genannte Kolb-Studie (2017), Muslim*innen auch außerhalb konfessioneller Strukturen befragt. Doch mit Blick auf die hier vorliegenden Erkenntnisse wäre zumindest für das Sample festzustellen, nun allgemein formuliert, dass für die (hochschul)didaktische Ausgangssituation nicht entweder von einem »stillen Rückzug« oder aber von einer Radikalisierung hinsichtlich der Religion auszugehen ist, wie die eingangs erwähnte These von Michael Blume es behauptet.

Die Erhebung zeigt vielmehr, dass so gut wie alle Befragten sich stark mit ihrer Religion identifizieren. Sie zeigen eine tiefe Glaubensverbundenheit und großes Gottvertrauen. Es steht für die Befragten in dieser Stichprobe außer Frage, dass sie Allahs Schutz und Liebe genießen, und ihr Glaube gibt ihnen Sinn, Halt und Orientierung. Die Identifikation mit der Gemeinschaft der Gläubigen (vor Ort) ist für fast alle Befragten wichtig. Man sucht und findet hier Geborgenheit. Die ausgeprägte Religiosität der Befragten ist keine reine »Kopfsache«, sondern manifestiert sich in einer überzeugt-religiösen Lebensführung bzw. Alltagspraxis. So halten sich fast alle Befragten nach eigener Auskunft an die islamischen Speisevorschriften und den Alkoholverzicht. Pädagogisch bedenklich ist allerdings, dass die überwiegend überzeugt-religiöse Lebensführung für mehr als die Hälfte der Befragten mit einer Angst vor göttlicher Strafe einhergeht. Zuerst wäre hier zu differenzieren, ob es sich tatsächlich um Angst handelt, die immer irrational ist und allzu leicht nicht nur im Bereich des Islam, sondern auch in vielen anderen religiösen und nicht-religiösen Kontexten geschürt wird, um bestimmte Verhaltensweisen zu erzwingen (Nordbruch 2020, RISE-Projekt). Davon zu unterscheiden wäre eine Gottesfurcht *(timor Domini)*, die schon in den Psalmen Davids als »Anfang aller Weisheit« (Psalm 111,10) besungen wird. Sie ließe sich in einem neueren Verständnis als »Gottesbewusstsein« übersetzen, so wie etwa im Islam der zentrale Begriff der *taqwā* (engl. »mindfulness of God«, »awareness of God«, »piety«; siehe Badawi/Abdel Haleem 2008, S. 1043) mal als reine Pflichtbefolgung, mal als liebendes Gottvertrauen begriffen wird (vgl. Schröter 2018, S. 65). Pädagogisch wichtig ist, dass es sich hierbei um eine intrinsische »liebende« Motivation handelt und nicht um das Ergebnis einer »Angstpädagogik« oder »Schwarzen Pädagogik«, wie sie exemplarisch der Münsteraner islamische Religionspädagoge Mouhanad Khorchide beschreibt (2012, S. 40).

Es ist den Befragten aber tatsächlich wichtig, nicht als unkritische Anhänger*innen. des Islam missverstanden zu werden: Die Allermeisten erklären daher, ihrer Religion nicht blind zu folgen, sondern sie auch zu hinterfragen. Bei aller Verbundenheit mit dem Islam und dem Wunsch nach Fortschreibung religiöser Traditionen ist ein religiöses Dominanz- bzw. Missionierungsbestreben keine Mainstream-Position. Dem »radikalen Islam« erteilen fast alle eine klare Absage. Dennoch muss gefragt werden, warum auch unter einem nur geringen Teil der Befragten zumindest ein Verständnis dafür besteht, dass sich junge Menschen dem radikalen Islam zuwenden und teilweise sogar Religion und Gewalt für vereinbar halten. Letztlich geht es hier nicht um Prozentzahlen, die gleichwohl gering sind, sondern um Grundsätzliches. Denn gerade im gegenwärtigen und auch für die Zukunft noch andauernden »Atomzeitalter« (vgl. Jaspers 1958; Anders 1994), in dem die Notwendigkeit von Friedensarbeit fundamental besteht, sollte sich eine geradezu naive Vorstellung, Konflikte mit Gewalt lösen zu können, nicht halten dürfen.

Für die hier vorgenommene pädagogische Perspektive kann daher nicht übersehen werden, dass es auch in der bildungsmäßig recht elitären Stichprobe einen Bedarf an einer weiteren Vertiefung und Verinnerlichung der eigenen Religiosität in Richtung einer noch stärker intrinsischen Motivation und grundsätzlich gewaltfreien Glaubensbekundung gibt.

## 4 Konkrete Handlungsempfehlungen für die Praxis

Hinsichtlich der Religiosität junger Muslim*innen in Deutschland ist aus pädagogischer Warte für unseren Zusammenhang entscheidend, wie Religiosität zur Resilienz einerseits und zur gesellschaftlichen Partizipation andererseits positiv nutzbar gemacht werden kann. Dazu müssen gerade die Bemühungen für eine Integration des Islam an Schulen durch das Angebot von islamischem Religionsunterricht weiter vorangebracht werden. Sie sind meines Erachtens ein Schlüssel für die positive Partizipation von Muslim*innen in Deutschland (Schröter 2017a, S. 131). Dabei muss betont werden, dass ein Religionsunterricht an der staatlichen Institution Schule ein gesamtgesellschaftliches Interesse der allgemeinen Wohlfahrt und nicht etwa jenseits gerichtete Heilserwartungen zum Ziel hat. So bildet es inzwischen auch den Konsens in der aktuellen Islamischen Religionspädagogik, dass das Bildungsziel eines islamischen Religionsunterrichts nicht in einer reinen »Glaubensmission« liegen kann (vgl. exemplarisch Ucar 2008, S. 110 f.). Es kann daher nicht sein, dass islamischer Religionsunterricht einen rein katechetischen Unterricht darstellt, in dem Koransuren oder Glaubensinhalte unreflektiert auswendig gelernt werden würden. Vielmehr geht es um die Entfaltung des Subjekts zu religiöser Mündigkeit – einer Mündigkeit im doppelten Sinne von Sprachfähigkeit und Selbstbestimmung. Eine solche kann insbesondere dann erreicht werden, wenn das Subjekt selbst im Mittelpunkt des Religionsunterrichts steht (Schweitzer/Ulfat/Mattern 2022, S. 154 f.) bzw. die erlebte individuelle Erfahrung der Subjekte den Ausgangspunkt für eine »Adaptive Islamische Religionsdidaktik« (Dafir 2013, S. 108–111) bildet.

Gleichzeitig muss immer wieder auch auf den gesellschaftlichen Kontext, in dem der Islam heute steht und gelebt wird, Bezug genommen werden. Denn Islam ist nicht nur ein individuelles Bekenntnis, sondern ein gesellschaftspolitisches Thema in Europa und der Welt. Dabei kann und darf nicht außer Acht gelassen werden, dass die primären Quellen des Islam im historischen Kontext kriegerischer Auseinandersetzungen stehen, die auch an vielen Textstellen ihren Widerhall finden. Die aktuelle Islamische Theologie ringt an vielen Orten und insbesondere dort, wo sie jetzt in Deutschland eingerichtet wurde, um eine komplexe kontextbezogene Hermeneutik, um dem Fundamentalismus eines wortwörtlichen Quellenverständnisses entgegenzuwirken und eine historisch-kritische Koranauslegung voranzubringen (vgl. Özsoy 2020, S. 140–143). So hat beispielsweise der an der Pädagogischen Hochschule Karlsruhe promovierte Wiener Theologe und Imam, Abualwafa Mohammed, in seiner Doktorarbeit aufgezeigt, wie auch scheinbare Gewaltverse, wie etwa der »Schwertvers«

(K 9:5), durch die Berücksichtigung ihres Kontextes im Koran selbst und im weiteren Offenbarungszusammenhang sowie unter Anwendung übergeordneter koranisch-ethischer Prinzipien *(maqāṣid al-qur'ān)* für die Auslegung durchaus anders verstanden werden können – in einer Lesart, die Gewaltlosigkeit begründet und einen Beitrag zur gesellschaftlichen Integration und zur Friedenssicherung leisten kann (Mohammed 2020).

Eine solche Kontextualisierung und zeitgemäße Lesart des Korans kann in einem islamischen Religionsunterricht vermittelt werden, wenn der Unterricht Anleitung dazu gibt, von einem wortwörtlichen Verständnis zu einer übertragenen Bedeutung der Quellentexte für hier und heute zu gelangen. Dieser hermeneutische Prozess kann sich dabei als Durchgang einer »bedeutungszentrierten Religiositätsbildung« (BZRB) vollziehen. Mit dieser pädagogisch-didaktischen Grundhaltung soll versucht werden, immer zum jeweiligen Bedeutungsgehalt des Unterrichtsstoffs für die einzelnen Schüler*innen vorzudringen. Von einem solchen, notwendigerweise reflektierenden Vorgehen und einem auch zur Selbstreflexion führenden Prozess darf erhofft werden, dass sie zu einem stärker intrinsischen und damit auch gesamtgesellschaftlich »wünschenswerten« Religiositätsverständnis führen.

## 5 Die didaktische Umsetzung des Konzepts anhand eines Beispiels

Mit der Einführung des islamischen Religionsunterrichts an öffentlichen Schulen in verschiedenen Bundesländern in Deutschland entwickelt sich analog dazu auch eine eigene Religionspädagogik und -didaktik an den entsprechenden Hochschulstandorten (vgl. Lange 2014, S. 19–22). Als übergeordnete Aufgabe ist dabei die Anknüpfung traditioneller muslimischer religiöser Wissenstradierung an die Rahmenbedingungen und pädagogischen Standards im Kontext von Schule in Deutschland zu sehen. In einem vorweggenommenen historischen Rückblick ließe sich wahrscheinlich sagen, dass wir uns damit hier und heute in der Zeit einer »islamischen Bildungsreform« befinden. Der Wandel von einem katechetischen Unterricht, wie er in der christlichen Religionspädagogik in Deutschland seit den 1970er Jahren vollzogen wurde, hin zu einem umfassenderen und gleichzeitig differenzierteren Verständnis von religiöser Bildung und Erziehung steht aktuell an und muss dabei nicht nur in Analogie, sondern auch nach Maßgabe der eigenen Glaubenslehre und Tradition umgesetzt werden.

Bei allen Verdiensten christlicher Religionspädagogik, deren sich auch die islamische Pädagogik und Didaktik gern bedient, ist nicht zu vergessen, dass als Begründung oft genug christologische bzw. trinitarisch-theologische Überlegungen ins Feld geführt werden, auf die im Namen des Islam nun nicht rekurriert werden kann. Als prominentes Beispiel mag hier die viel beschworene »Korrelationsdidaktik« bzw. »Verschränkungsdidaktik« dienen, deren Prinzipien auch für einen islamischen Religionsunterricht gelten mögen, im Falle der Übertragung aber autochthon zu begründen wären (siehe Bodenstein 2011, S. 56–59).

Exemplarisch für ein genuin islamisches Prinzip soll für unseren Kontext hier der Hadith »Die Handlungen [bemessen sich] nur nach den Intentionen« (dt. al-Nawawī/Schöller/Ibn Daqīq al-ʿĪd 2007, S. 13) angeführt werden, der auch im Hinblick auf den Erwerb und die Weitergabe religiösen Wissens sowie auch für die religiöse Praxis eine wichtige Geltung hat. Mit dem Fokus auf eine jeder Haltung und Handlung zugrunde liegenden Intention und damit Motivation stellt sich so auch theologisch die Frage nach der inneren Bedeutungsdimension religiösen Verhaltens; im Beispiel eben nicht die Frage: »Betest du?« oder »Wie oft betest du?«, sondern: »Aus welchen Beweggründen betest du oder auch nicht?«

Um sich nun pädagogisch-didaktisch dieser auch islamisch-theologisch maßgeblichen Frage zuzuwenden, müssen nicht nur äußere Religionspraxen und Rituale gelehrt, sondern deren Bedeutungsgehalte erkannt, bewusstgemacht, erklärt und vertieft werden. Hieraus ergibt sich das Konzept der »bedeutungszentrierten Religiositätsbildung« (BZRB).

Als ein Beispiel für diesen Ansatz möchte ich das wenig bekannte Kommunikationsspiel »The Top 5 For Life«[1] vorstellen, das vielleicht sogar unbewusst oder zumindest nicht explizit pädagogisch reflektiert genau das Prinzip einer Bedeutungszentrierung in der religiösen Bildung und Erziehung spielerisch umsetzt.

Die bekannten »fünf Säulen des Islam« werden hier nicht einfach nur beigebracht, erklärt oder abgefragt, sondern über Bildkarten assoziativ erschlossen. Eher merkwürdige und irritierende Bilder, wie zum Beispiel eine Sonnenblume im Schnee, sollen den Gesprächs- und Denkanlass dazu geben, zu welcher der fünf Säulen des Islam das Bild passen könnte. Selbstverständlich gibt es dabei kein »Richtig« oder »Falsch«, aber dafür genau den gesuchten Zugang zu einer individuellen Deutung und Bedeutung. So könnte eine Antwort lauten: »Für mich gehört diese Blume im Schnee zu ›Gebet‹, weil es manchmal für mich so ist, dass ich irgendwie aufblühe, wenn ich bete, obwohl ich mich gerade ganz schlecht und einsam gefühlt habe…«. Für jemand anderen passt diese Bildkarte eher zu »Almosen geben« oder »Fasten«. Auf alle Fälle sind die Erklärungen zu

---

1 Copyright 2012 by Cube & Orbit.

der je eigenen Entscheidung höchst interessant und eröffnen allen Beteiligten tiefere Einblicke in den möglichen Bedeutungsgehalt der religiösen Riten und Pflichten, weit über Sachwissen und nachahmende Praxis hinaus.

Für eine solche Bedeutungszentrierung in der religiösen Bildung wird im Anschluss und in Anlehnung daran zukünftig gerade auch eine islamische Symboldidaktik weiterzuentwickeln sein, da die Bedeutung von Symbolen und Symbolhandlungen bzw. das wissende Verständnis dafür unter Muslim*innen sonst zunehmend verblassen oder gar ganz zu schwinden drohen könnte. Die Zugehörigkeit zu einer Religion würde dabei zu einem rein kulturellen »Hintergrundrauschen« oder zur etikettenhaften Selbstzuschreibung einer Identität, die dann auch im Sinne Maaloufs (2003) gefährlich oder »mörderisch« werden kann. Nicht zuletzt vor den aktuellen Herausforderungen entgrenzter oder eher »entwurzelter« Religiosität (Roy 2010) ist daher eine Bedeutungsorientierung in der religiösen Bildung eine dringende Notwendigkeit, weil sie zu einer intrinsischen Verwurzelung im Glauben führen kann und gleichzeitig damit die begründete Hoffnung gibt, extrinsischen Motivationen hinter nur oberflächlich religiös verbrämten Ideologien entgegenzuwirken.

## Literatur

Abu-Raiya, H./Hill, P. C. (2014): Appraising the state of measurement of Islamic religiousness. Psychology of Religion and Spirituality, 6 (1), 22–32.

al-Nawawī, I./Schöller, M./Daqīq al-ʿĪd, M. Ibn (2007): Das Buch der Vierzig Hadithe. Kitāb al-Arbaʿīn mit dem Kommentar von Ibn Daqīq al-ʿĪd. Frankfurt a. M.

Anders, G. (1994): Die Antiquiertheit des Menschen. 1: Über die Seele im Zeitalter der zweiten industriellen Revolution (Nachdr. der 7., unveränd. Aufl. der Orig.-Ausg). München (= Beck'sche Reihe 319).

Badawi, E. M./Abdel Haleem, M. (2008): Arabic-English Dictionary of Qur'anic Usage. Handbook of Oriental Studies, Section 1: the Near and Middle East, Vol. 85. Leiden/Boston.

Bayerl, M. (2017): Die Wiederkehr des Religiösen? München.

Bodenstein, M. C. (2011): Koranische Rückbeziehung religionsdidaktischer Konzepte. Zeitschrift für Islamische Studien, 1 (2), 55–62.

Casanova, J. (2013): Europas Angst vor der Religion. Berlin.

Donahue, M. J. (1985): Intrinsic and extrinsic religiousness. Review and meta-analysis. Journal of Personality and Social Psychology, 48 (2), 400–419.

El-Menouar, Y. (2014): The Five Dimensions of Muslim Religiosity. Results of an Empirical Study. methods, data, analyses, 8 (1), 53–78.

Fowler, J. W. (2000): Stufen des Glaubens: Die Psychologie der menschlichen Entwicklung und die Suche nach Sinn. Gütersloh.

Gabriel, K. (2003): Säkularisierung und öffentliche Religion. Religionssoziologische Anmerkungen mit Blick auf den europäischen Kontext. Jahrbuch für Christliche Sozialwissenschaften, Bd. 44, 13–36.

Ghazzālī, A. H./Gramlich, R. (1984): Muḥammad al-Ġazzālīs Lehre von den Stufen zur Gottesliebe: Die Bücher 31–36 seines Hauptwerkes. Wiesbaden.

Ghorbani, N. W. (2014): Measuring Muslim Spirituality: Relationships of Muslim Experiential Religiousness with Religious and Psychological Adjustment in Iran. Journal of Muslim Mental Health, 8 (1), S. 12–19.

Goldziher, I. (1970): Die Richtungen der Islamischen Koranauslegung. (An der Universität Upsala gehaltene Olaus-Petri-Vorlesungen). Leiden.

Halm, D./Sauer, M. (2017): Religionsmonitor 2017. Muslime in Europa – Integriert, aber nicht akzeptiert? Gütersloh.

Hemel, U. (1988): Ziele religiöser Erziehung. Beiträge zu einer integrativen Theorie. Frankfurt a. M.

Huber, S. (2003): Zentralität und Inhalt. Ein neues Multidimensionales Messmodell der Religiosität. Berlin.

Huber, S. (2009): Der Religionsmonitor 2008. Strukturierende Prinzipien, operationale Konstrukte, Auswertungsstrategien. In: Bertelsmann Stiftung (Hg.): Woran glaubt die Welt? Analysen und Kommentare zum Religionsmonitor 2008 (S. 17–52). Gütersloh.

Jaspers, K. (1958): Die Atombombe und die Zukunft des Menschen: politisches Bewusstsein in unserer Zeit. München/Zürich (=Serie Piper 237).

Khorchide, M. (2012): Islam ist Barmherzigkeit. Grundzüge einer modernen Religion. Freiburg i. B.

Kolb, J. (2017): Religiöse Praxisformen junger MuslimInnen in Österreich im Alltag. Virtualisierungstendenzen, religiöse Bricolage und der Prozesscharakter des religiösen Lebens. Österreichisches Religionspädagogisches Forum, 25 (1), 74–87.

Küstenmacher, M./Haberer, T./Küstenmacher, W. T. (2015): Gott 9.0. Wohin unsere Gesellschaft spirituell wachsen wird (6. Aufl.). Gütersloh.

Lange, A.-K. (2014): Islamische Theologie an staatlichen Hochschulen. 1. Aufl. Schriften zum Bildungs- und Wissenschaftsrecht, Band 15. Baden-Baden.

Maalouf, A. (2003): Mörderische Identitäten. Nachdr. d. Orig. Ausgabe. Frankfurt a. M.

Maiello, C. (2007): Messung und Korrelate von Religiosität. Münster.

Mohammed, A. (2020): Der Koran und seine Bedeutungsebenen für das Hier und Jetzt. Zeitgemäße theologisch-didaktische Annäherungen am Beispiel des Begriffs Dschihad. Berlin.

Nordbruch, G. (2020): Angst vor der Strafe Gottes? Zum Umgang mit Bestrafungsängsten und religiöser Angstpädagogik in der Bildungsarbeit. https://rise-jugendkultur.de/artikel/angst-vor-der-strafe-gottes/ (Zugriff am 24.01.2022).

Oser, F./Gmünder, P. (1984): Der Mensch: Stufen seiner religiösen Entwicklung: ein strukturgenetischer Ansatz. Köln.

Özsoy, Ö. (2020): Zur Frage einer historisch-kritischen Koranauslegung. In: J. I. Schröter (Hg.): Islamdidaktik. Praxishandbuch für Sekundarstufe I und II (S. 140–144). Berlin.

Roy, O. (2010): Heilige Einfalt: Über die politischen Gefahren entwurzelter Religionen. München.

Sahin, A. (2013): New directions in Islamic education: Pedagogy & identity formation. Markfield.

Schröter, J. I. (2017a): Aspekte religiöser Bildung in Deutschland. Die Einführung des Islamischen Religionsunterrichts und dessen interreligiöse Implikationen. In: A. Ritter/J. I. Schröter/C. Tosun (Hg.): Religiöse Bildung und interkulturelles Lernen. Ein ErasmusPlusProjekt mit Partnern aus Deutschland, Liechtenstein und der Türkei (S. 127–138). Münster.

Schröter, J. I. (2017b): Islam & Reformation. Bibel und Liturgie in kulturellen Räumen, 90 (3), 232–237.

Schröter, J. I. (2018): Islamischer Religionsunterricht an öffentlichen Schulen in Deutschland. In: I. J. Schröter (Hg.): Fachdidaktik/Islam-Didaktik: Praxishandbuch für die Sekundarstufe I und II. (S. 12–35). Berlin.

Schröter, J. I./Calmbach, M. (2020): Engagementbereitschaft bildungsnaher muslimischer Jugendlicher und junger Erwachsener in Deutschland. Ergebnisse einer quantitativen Studie des Instituts für islamische Theologie/Religionspädagogik der Pädagogischen Hochschule Karlsruhe in Kooperation mit dem SINUS-Institut Berlin. Karlsruhe.

Schröter, J.I. (2021): Muss der Koran im Mittelpunkt des islamischen Religionsunterrichts stehen? In: P. Freudenberger-Lötz/A. Wiemer/E. J. Korneck/A. Südland/G. Wagensommer/P. Müller/A. Müller-Friese (Hg.): Bibel – Didaktik – Unterricht: Exegetische und religionspädagogische Perspektiven: Festschrift für Peter Müller und Anita Müller-Friese zum 70. Lebensjahr (S. 260–271). Kassel.

Schweitzer, F./Ulfat, F./Mattern, A. J. (2022): Dialogisch – kooperativ – elementarisiert: interreligiöse Einführung in die Religionsdidaktik aus christlicher und islamischer Sicht. Göttingen.

Ucar, B. (2008): Didaktik, Methodik und Inhalte eines Islamischen Religionsunterrichts in Deutschland. Versuch einer Grundlagendarstelllung und künftige Forschungsaufgaben. In: H. H. Behr/M. Rohe/H. Schmid (Hg.): Den Koran zu lesen genügt nicht! Fachliches Profil und realer Kontext für ein neues Berufsfeld: auf dem Weg zum Islamischen Religionsunterricht (S. 105–121). Berlin/Münster.

Uygun-Altunbaş, A. (2017): Religiöse Sozialisation in muslimischen Familien: Eine vergleichende Studie. Bielefeld.

Wissner, G./Nowack, R./Schweitzer, F./Boschki, R./Gronover, M. (Hg.) (2020): Jugend – Glaube – Religion II: Neue Befunde – vertiefende Analysen – didaktische Konsequenzen. Münster.

Zapf, H./Hidalgo, O./Hildmann, P. W. (Hg.) (2018): Das Narrativ von der Wiederkehr der Religion. Wiesbaden.

Zimmer, V./Ceylan, R./Stein, M. (2017): Religiosität und religiöse Selbstverortung muslimischer Religionslehrer/innen sowie Lehramtsanwärter/innen in Deutschland. Theo-Web, 16 (2), 347–367.

# Concept Cartoons im islamischen Religionsunterricht – Theorie und Praxis

Ryan Hennawi

Anfang der 1990er Jahre entwickelten Brenda Keogh und Stuart Naylor Concept Cartoons als Antwort auf die Notwendigkeit, Unterrichtseinheiten gemäß konstruktivistischer Lerntheorien unter besonderer Berücksichtigung von Schüler*innenvorstellungen zu gestalten. Als Concept Cartoon bezeichnet man Bilder, welche

> »Gruppen von Menschen [zeigen], die über ein alltägliches Phänomen mit naturwissenschaftlicher Dimension diskutieren. In Sprechblasen sind sowohl wissenschaftlich akzeptierte Perspektiven als auch gängige Alltagsvorstellungen zu lesen. Die einzelnen Aussagen erscheinen gleichwertig, auf den ersten Blick plausibel und sind nicht immer eindeutig richtig oder falsch.« (Lembens/Steininger 2013, S. 22)

Durch eine comicartige Darstellung und Konfrontation mit mehreren, unterschiedlichen Antworten im Cartoon wird ein kognitiver Konflikt generiert. Das könnte zum einen dazu führen, dass bisherige (und neue) Vorstellungen kritisch hinterfragt werden, andererseits kann es die (Lern-)Motivation, die richtige Lösung herausfinden zu wollen, steigern. Durch Diskussion soll ein Weg zur Problemlösung gefunden werden, welcher als *Follow-up* beschritten wird.

Concept Cartoons gibt es als Unterrichtsmaterial bereits für die naturwissenschaftlichen Fächer Mathematik, Bewegung und Sport sowie Englisch als Fremdsprache. Gleichzeitig eignen sie sich auch für den islamischen Religionsunterricht (IRU). Denn die Entwickler Keogh und Naylor (2013, S. 9) sind selbst der Meinung, dass es »prinzipiell möglich ist, sie für alle Fächer zu erstellen, in denen die Möglichkeit alternativer Konzepte und gegensätzlicher Gesichtspunkte besteht.« Spätestens mit dem Erscheinen der Schulbuchreihe »Islamstunde« für die Sekundarstufe I in Österreich hat das Konzept auch in den IRU Einzug gefunden. Der folgende Beitrag soll neben einem Überblick über dessen Entstehung nun auch den Einsatz von Concept Cartoons im IRU veranschaulichen.

# 1 Concept Cartoons als didaktisches Konzept

## 1.1 Entstehung und Entwicklung

Mit der Entstehung des Konstruktivismus als Lerntheorie Mitte der 1980er Jahre war es nicht länger haltbar, davon auszugehen, dass Schüler*innen als unbeschriebene Blätter in die Klasse kommen (vgl. Kabapınar 2005, S. 136). Nun fühlen sich viele Lehrer*innen dem Konstruktivismus verpflichtet, finden es aber schwierig, ihn in die Praxis umzusetzen (vgl. Keogh/Naylor 1996).

Eine weitere Schwierigkeit, die Lehrkräfte bei der Umsetzung konstruktivistischer Ansätze erfahren, ist die Trennung der beiden Phasen der Erhebung *(elicitation)* von Schüler*innenideen und der Umstrukturierung *(restructuring)* ebendieser (vgl. Keogh/Naylor 1999, S. 443). Obwohl bekannt war, dass die Phase der Erhebung bei Lernenden ein Hinterfragen ihres Denkens provozieren kann, wurden diese beiden Phasen lange Zeit als voneinander getrennt und verschieden beschrieben (vgl. Keogh/Naylor 1999, S. 443). Eine konstruktivistisch-didaktische Revolution gelang nun Keogh und Naylor, indem sie mit den von ihnen erfundenen Concept Cartoons die Erhebung und die Umstrukturierung miteinander verbanden.

Ihren Ursprung haben Concept Cartoons im Jahr 1992 (vgl. Keogh/Naylor 1999, S. 431). Die beiden Erfinder*innen geben an, dass der Zweck ihrer Erfindung darin lag, Schüler*innenvorstellungen »hervorzulocken« *(to elicit)*, ihr Denken herauszufordern und Lernende in der Entwicklung ihres Verständnisses zu unterstützen. Das Hervorlocken sollte in erster Linie dadurch zustande kommen, dass die Lernenden zu einer Diskussion angeregt werden und im Rahmen dieser ihre Vorstellungen zum Ausdruck bringen (vgl. Keogh/Naylor 1999).

Konkret bestehen Concept Cartoons aus Bildern mit mehreren gezeichneten Personen, die zu einer Frage bezüglich eines alltäglichen, scheinbar einfach einzuschätzenden naturwissenschaftlichen Phänomens unterschiedliche Antworten vorbringen. Dabei ist das Phänomen bildlich dargestellt (vgl. Borgmann 2005, S. 83).

## 1.2 Aufbau und Struktur

Concept Cartoons sind in vertraute Situationen eingebettet, um Lernende über die Wissenschaft, die ihren alltäglichen Erfahrungen zugrunde liegt, zum Nachdenken zu bringen; dadurch kommt den Ideen, mit denen es sich auseinanderzusetzen gilt, eine zentrale Bedeutung zu (vgl. Keogh/Naylor 1999, S. 432). Vom

Prinzip her Multiple-Choice-Tests ähnlich, haben Concept Cartoons aber diesen gegenüber doch den Vorteil, dass

> »[d]urch die Personifizierung verschiedener Erklärungen und die an Cartoons angelehnte grafische Darstellung eines Problems aus dem Alltag der Lernenden […] ein Alltagsbezug geschaffen [wird], der durch einfache multiple-choice Fragen nicht gegeben wäre.« (Bertsch 2008, S. 60)

Die Abbildung von gewöhnlichen Charakteren, die gewöhnliche Dinge tun, dient vor allem dazu, »die Inhalte mit der eigenen Erfahrung zu verknüpfen«. Im Gegensatz zu Multiple Choice-Fragen geht es »hier nicht darum, ›die richtige Antwort‹ zu finden, sondern darum, zum Nachdenken anzuregen. Concept Cartoons dienen somit als Gesprächsanlässe« (Borgmann 2005, S. 85).

Für eine intensivere Auseinandersetzung mit den Concept Cartoons ist es förderlich, wenn ihre Inhalte auf den ersten Blick banal erscheinen und Lernende erst auf den zweiten Blick erkennen, dass sie die richtige Antwort doch nicht so schnell identifizieren können (vgl. Borgmann 2005, S. 86). Umso wichtiger ist es, dass die dargebotenen Antwortmöglichkeiten als gleichberechtigt wahrgenommen werden und nicht auf den ersten Blick als erkennbar falsch oder dumm dargestellt sind (vgl. Borgmann 2005, S. 85, S. 87). Des Weiteren soll der Textanteil relativ gering sein (vgl. Kabapınar 2005, S. 137), Fachbegriffe sollten vermieden und Informationen möglichst durch Bilder vermittelt werden (vgl. Borgmann 2005, S. 85). Für Themen des IRU ist es freilich nicht immer einfach, Inhalte grafisch darzustellen, da viele Themen abstrakt oder schlicht kaum greifbar sind. Eine Diskussion zwischen den abgebildeten Charakteren kann aber helfen, um zu einem Thema hinzuführen.

## 1.3 Anwendung von Concept Cartoons im IRU

Zunächst soll der klassische Einsatz dargestellt werden, für den Concept Cartoons besonders gut geeignet sind:

> »Concept Cartoons eignen sich in besonderem Maße als Unterrichtseinstiege […]. Sie helfen, Schülervorstellungen bewusst zu machen, bereits vorhandenes Wissen zu aktivieren und zu festigen, Neugierde zu wecken, eine fragende Haltung zu erzeugen und damit den Weg zu verstehendem Lernen zu ebnen.« (Lembens/Steininger 2013, S. 22)

Als Beispiel für einen solchen Unterrichtseinstieg soll hier ein Concept Cartoon aus dem Schulbuch »Islamstunde 6« zum Thema »Das rituelle Gebet« herangezogen werden. Die Unterüberschrift »Warum bete ich (nicht)?« impliziert bereits, dass es sich hier nicht um eine Scheindebatte, also um ein Entweder-Oder handeln soll, sondern um einen offenen und kritischen Austausch.

**Abb. 1:** Concept Cartoon aus dem Lehrwerk »Islamstunde 6«

Laut Keogh und Naylor (1999, S. 433) läuft eine Unterrichtseinheit mit Concept Cartoons typischerweise wie folgt ab:
- eine kurze Einführung in die Tätigkeit;

- eine Einladung an die Schüler*innen, über den Concept Cartoon nachzudenken und in Gruppen zu diskutieren, was sie denken und warum;
- je nach Sachlage Interaktion und Eingreifen der Lehrperson während der Lehrsequenz;
- praktische Untersuchung oder Recherche, um den Ideen der Schüler*innen in angemessener Form nachzugehen, von der Lehrperson nur so viel wie nötig angeregt und unterstützt;
- die gesamte Klasse teilt und hinterfragt Gedanken im Plenum.

Nach einer Einführung in das Thema bekommen die Schüler*innen den Concept Cartoon präsentiert. »Als Projektion kann der Cartoon zunächst der gesamten Klasse präsentiert werden. Für die Diskussion in Kleingruppen sollte er jeder Gruppe als Ausdruck vorliegen« (Lembens/Steininger 2013, S. 23). Beides lässt sich einfach arrangieren: Da die Bücher über die Lernplattform »scook«[1] des Herausgeberverlags als E-Books abrufbar sind (vgl. dazu auch Tuhčić/Topalović 2017, S. 103), lassen sich sämtliche Inhalte einfach per Beamer für die gesamte Klasse projizieren. Für die spätere Verwendung können die Schüler*innen die Concept Cartoons in der gedruckten Version ihres Schulbuchs nachsehen.

Zu Beginn werden die Schüler*innen beispielsweise angeregt, eine der Sprechblasen zu wählen und zu lesen. Dabei stimmen die Schüler*innen den einzelnen Aussagen anfangs und in der Regel entweder zu oder sie lehnen die Aussage ab. Um jedoch eine fruchtbare Diskussion im Klassenraum entstehen zu lassen, sollte verhindert werden, dass vorschnell »richtige« bzw. »falsche« Antworten identifiziert werden. Als Lehrkraft könnte man in solchen Fällen nachhaken und im Zusammenhang mit dem Beispiel insbesondere das *Warum* in den Vordergrund rücken bzw. danach fragen, warum diese oder jene Meinung vertreten wird. Es sei hier auch anzumerken, dass im Grunde genommen jede der Sprechblasen richtig bzw. falsch sein kann – auch wenn sie nicht der Orthopraxie entsprechen sollte.

### *1.3.1 Kognitiver Konflikt*
Obwohl Concept Cartoons zur Diskussion anregen sollen, kann eine kurze Zeit der individuellen Reflexion nützlich sein (vgl. Horlock 2012, S. 54; vgl. Kabapınar 2005, S. 144). Es kommt dadurch zu einer wichtigen Lernphase, die zwar keine

---

[1] Bei »scook« handelt es sich um eine Online-Plattform des Schulbuchverlages »Veritas«. Auf der Plattform sind vor allem E-Books zu finden sowie weitere Materialien und Hilfestellungen für einen multimedialen Unterricht (vgl. scook.at).

eigene Unterrichtsphase darstellt, als Lernphase aber umso wichtiger ist. Die Schüler*innen sind in der Situation, sich ernsthaft Gedanken über Vorstellungen machen zu müssen, über die sie vorher vielleicht kaum nachgedacht haben; Concept Cartoons können dabei effektiv kognitive Konflikte hervorrufen. Diese sind umso wahrscheinlicher, wenn es keine offensichtlich richtige oder falsche bzw. nicht nur eine einzige richtige Antwort gibt (vgl. Keogh/Naylor 2013, S. 6).

Posner et al. beschreiben als Voraussetzung für einen Konzeptwechsel die »Unzufriedenheit mit der bisherigen Vorstellung, während die neue Ansicht einleuchtender, glaubhafter und fruchtbarer ist« (Posner zit. n. Keogh/Naylor 1999, S. 442). Keogh und Naylor führen sechs Studien an, die belegen, wie Concept Cartoons Irrmeinungen der Schüler*innen nicht nur herausfordern, sondern auch dazu beitragen können, sie zu differenzieren (vgl. Keogh/Naylor 2013, S. 7).

Der Erfolg ist dabei einerseits in der Metakognition zu suchen, nicht aber zuletzt in der gemeinschaftlichen Konstruktion von Gedanken. Denn »[d]ie Aussagen in den Sprechblasen bieten Anlass zur Diskussion, zusätzlich muss zunächst abgeklärt werden, ob diese Aussagen [...] korrekt bzw. angemessen sind« (Lembens/Steininger 2013, S. 26).

### 1.3.2 Partner*innen- bzw. Gruppendiskussion

Die Schüler*innen gehen anschließend in Kleingruppen, um sich über ihre Gedanken auszutauschen. Eine solche Einheit lebt im Grunde von Interaktionen: »Ein dialogischer Unterrichtsstil[2], formative Evaluation und eine interaktive Lernumgebung sind für den effektiven Einsatz von Concept Cartoons zentral« (Keogh/Naylor 2013, S. 9). Sie können Diskussionen unter Schüler*innnen auslösen, besonders wenn diese unterschiedliche Meinungen haben, wodurch Lehrkräfte sich wertvolles Feedback über den Kenntnisstand der Schüler*innen einholen und zugleich auch kritische Vorstellungen ansprechen können (aber noch nicht korrigieren sollen; vgl. Chin/Teou 2009, S. 1308).

Hier ist ein wichtiger Vorteil der Concept Cartoons anzusprechen: Kabapınar zufolge seien sie dazu geeignet, Schüler*innenmeinungen zu erheben, ohne dass sie während der Diskussion durch die Ideen anderer beeinflusst würden. Es gebe keine Zurückhaltung aus Angst, eine falsche Meinung zu äußern, da die Schüler*innen nicht die Urheber*innen der Aussagen sind und sich mit ihrer Meinung hinter die Charaktere stellen können (vgl. Kabapınar 2005, S. 140).

---

2  *Dialogic teaching styles:* Dialogic teaching zielt darauf ab, das Gespräch für Lehr- und Lernzwecke so effektiv wie möglich zu nutzen, indem sich Lehrkraft und Lernende fortwährend unterhalten (vgl. University of Cambridge – The Faculty of Education o. J.).

Generell sehen Carr et al. die Konversation als wichtigstes Charakteristikum eines Zugangs (zum in diesem Fall) naturwissenschaftlichen Unterricht (vgl. Carr et al. zit. n. Keogh/Naylor 1999, S. 443). Bei Concept Cartoons wurde nun festgestellt, dass die Diskussionen länger anhielten als üblich und deren Qualität auch höher war. Zudem brachten sich nun auch solche Schüler*innen ein, die sonst eher zurückhaltend waren und ihre persönliche Meinung nicht äußerten[3] – die Schüler*innen hätten ihren Spaß daran, im Unterricht »streiten« zu dürfen (vgl. Keogh/Naylor 1999, S. 443).[4] Diese Aktivität der Schüler*innen ist von besonderem Wert, da sie dadurch in einen Prozess des *Self* bzw. *Peer Assessment* eingebunden sind, bei dem sie über ihr eigenes und das Verständnis der anderen urteilen (vgl. Chin/Teou 2009, S. 1310). Darüber hinaus kann auf diese Weise die Argumentationsfähigkeit der Schüler*innen gefördert werden (vgl. Chin/Teou 2009, S. 1310; vgl. Keogh/Naylor 2013, S. 5).[5] Balim et al. (Balim/Inel/Evrekli 2008, S. 188) kommen in einer Studie zu dem interessanten Ergebnis, dass der Einsatz von Concept Cartoons in keinem Unterschied in Bezug auf die Leistung der Schüler*innen resultiere, dafür aber einen bedeutenden Unterschied ausmache, was die Kompetenz im Bereich des erforschenden Lernens betreffe.[6] Letztere wird sicher durch die Gruppenaktivität gefördert – aber nicht nur durch das Diskutieren, sondern auch durch das gemeinsame Forschen.

Im IRU wird es zunehmend wichtiger, nicht – wie bisher – zu fragen, *was* richtig oder falsch ist, sondern auch die Frage nach dem »Warum« in den Mittelpunkt des unterrichtlichen Geschehens zu stellen. »Im nächsten Schritt gilt es zu entscheiden, welche weiteren Informationen zur Beantwortung der Frage gesucht und ausgewertet werden sollen« (Lembens/Steininger 2013, S. 26).

---

3   Eine Lehrerin meint: »Man kann schnell sagen, welche Aussage nicht stimmt, auch wenn man die richtige Antwort nicht weiß. Dadurch gewinnen die SchülerInnen Selbstbewusstsein« (Kanya 2012, S. 19).

4   Lembens zitiert eine Schülerin, die am Projekt »Sparkling Science« teilnahm: »Die Unterstufenschüler haben viel diskutiert und hatten auch mehr Spaß als im normalen Unterricht. Sie haben versucht, sich voll und ganz in die Sache einzubringen« (Lembens 2013, S. 3).

5   »Logisches Denken und Argumentieren werden gefördert und wenig erklärungsmächtige Alltagskonzepte können ›entlarvt‹ werden […]. Die Lerner erfahren dabei, wie wichtig Daten, Fakten und Belege sind, wenn es darum geht, Vermutungen oder Hypothesen zu bestätigen und Argumente zu untermauern« (Lembens/Steininger 2013, S. 23). Keogh und Naylor merken an, dass, auch wenn die Begründungen, die die Schüler*innen für ihre Meinungen nennen, nicht immer wissenschaftlich zutreffend sind, doch ein deutlicher Trend in Richtung Wissenschaftlichkeit erkennbar ist (vgl. Keogh/Naylor 1999, S. 439).

6   Umgekehrt kommen Evrekli, Inel und Balim (2011) in einer Studie zu dem Ergebnis, dass der Einsatz von Concept Cartoons (und *mind maps*) zwar eine signifikante Auswirkung auf Motivation und Leistung der Schüler*innen habe, nicht jedoch auf deren Einstellung und Kompetenz im erforschenden Lernen.

### 1.3.3 Das »Follow-up«

Es sollte jetzt das Follow-up folgen, bei dem nachgeforscht bzw. einer Sache auf den Grund gegangen wird. Trotz aller genannten Vorteile sind die bisherigen Diskussionen aber kein Selbstzweck; Keogh und Naylor hatten bei zwei Fallstudien den »überwältigenden« Eindruck, dass sich die Schüler*innen positiv an den Diskussionen über die Concept Cartoons beteiligten, »mit dem starken Bedürfnis, ihr Verständnis durch Untersuchungen und Nachforschung zu überprüfen« (Keogh/Naylor 1999, S. 442). Stellte beim herkömmlichen naturwissenschaftlichen Unterricht das Nachforschen und Experimentieren den Höhepunkt dar, so ist die Motivation dazu durch den kognitiven Konflikt und die vorherige Diskussion nun intrinsisch.[7] Zum motivationalen Aspekt kommt noch hinzu, dass die Schüler*innen im Rahmen der Diskussion noch zusätzliche Fragen stellen, die eine Grundlage für weiteres Nachforschen bieten (vgl. Fenske/Klee/Lutter 2011, S. 47). »Es können Internet- oder Literaturrecherchen, Expert*inneninterviews oder Experimente folgen, um den Sachverhalt zufriedenstellend aufzuklären« (Lembens/Steininger 2013, S. 24).

Keogh und Naylor (1999, S. 440) nennen allerdings zwei Negativbeispiele, wobei im einen Fall die Gruppe nur zögerlich zum praktischen Teil überging und Hinweise, die einen Wandel in ihrer Denkweise hervorrufen sollte, ignorierte; im anderen begnügte sie sich damit, weiter zu diskutieren, und verblieb bis zur abschließenden Plenumsdiskussion aufgeschlossen, was nun das Ergebnis sei.

Der IRU steht hier vor der Herausforderung, dass die Möglichkeiten des Nachforschens nicht immer einfach sind. Zum einen behandelt der Gegenstand größtenteils Themen, zu denen keine praktischen Versuche gemacht werden können, zum anderen verschließen sich den allermeisten Schüler*innen allein sprachlich die (arabischen) Primärquellen Koran und Sunna bzw. es sei hier vor allem auf die sprachliche Komplexität der Originalquellen verwiesen (vgl. dazu Rochdi 2014). Es besteht jedoch die Möglichkeit, Übersetzungen und Sekundärquellen – unter Begleitung der Lehrkraft – heranzuziehen; letztendlich verfolgt der IRU ja das Ziel, die Schüler*innen zur eigenen Urteilsbildung zu befähigen.

Interessant ist eine Studie von Fenske, Klee und Lutter (2011, S. 47), die sich damit befasst, wie mithilfe von Concept Cartoons Urteile von Schüler*innen im Fach Sozialkunde *(social science education)* hervorgerufen und analysiert

---

7   Bertsch sieht den kognitiven Konflikt nicht bereits bei der Konfrontation mit kontroversen Meinungen oder bei der Diskussion, sondern erst nach dem Experiment: »Diese Vorstellungen können sie anschließend durch eigenes Experimentieren oder mit dem Beobachten eines Versuches verifizieren oder falsifizieren. Sobald die eigene Beobachtung nicht mit der eigenen Vorhersage übereinstimmt, entsteht ein kognitiver Konflikt, auf dessen Basis Konzeptwechsel entstehen können« (Bertsch 2008, S. 39).

werden können: Außer dem Meinungsaustausch ließ diese Studie kein Follow-up erkennen. Aber auch Kabapınar, die vom naturwissenschaftlichen Unterricht spricht, gibt an, dass nicht alle Concept Cartoons Anlass für eine praktische Arbeit böten, sondern nur jene, die ein entsprechendes Phänomen behandeln (vgl. Kabapınar 2005, S. 144).

Beim Thema »Das rituelle Gebet« wäre ein mögliches Follow-up, die Schüler*innen Verse aus dem Koran heraussuchen zu lassen, welche das Thema behandeln und kritisch zu analysieren. Freilich wird das Zeit in Anspruch nehmen. Deshalb sei hier ergänzt, dass sich der Einsatz von Concept Cartoons nicht immer auf eine Unterrichtseinheit beschränken muss, sondern mehrere Einheiten begleiten kann. Dieses Follow-up wäre (in verschiedenen Formen) auch als Hausaufgabe bis zur nächsten Stunde denkbar.

### 1.3.4 Diskussion im Plenum

Zu guter Letzt werden die Gedanken und Ergebnisse im Plenum ausgetauscht. Resultate werden präsentiert sowie evaluiert und es wird gemeinsam eine Lösung (oder auch mehrere) konstruiert. Diese Phase darf nicht zu kurz kommen, sie kann mitunter sogar länger dauern als die vorangegangenen – nicht nur wegen der erhöhten Zahl an Diskussionsbeteiligten. Um sie nicht abwürgen zu müssen, muss für sie daher genügend Zeit eingeplant werden.

Aus der eigenen Erfahrung kann berichtet werden, dass die Plenumsdiskussionen interessante Erkenntnisse hervorrufen können. Beispielsweise sagte ein Schüler, er bete, weil er sich dann besser fühle. Die bewusst initiierte Verbindung zu der Sprechblase: »Ich bete nicht, weil ich im Gebet nichts spüre«, wies der Schüler zwar zurück, es entstand aber eine interessante Diskussion über die verschiedenen Zugänge zum Gebet und darüber, dass es eben nicht nur Mittel zum Zweck oder gar ein rein mechanischer Ablauf formaler Handlungen sei. Auch zur Frage des zeitlichen Aufwands, dass für ein rituelles Gebet benötigt wird, können spannende Diskussionen entstehen. Solche Diskussionen tragen insbesondere dazu bei, dass hier die Vorstellungen der Schüler*innen im Mittelpunkt der Diskussion stehen und eine Verbindung zu ihrer Lebenswelt einfacher zu gestalten ist. Dass das rituelle Gebet zu den fünf Säulen des Islam gehört, ist den allermeisten Schüler*innen in Verbindung mit eigenen Erfahrungen bekannt. Concept Cartoons helfen nun, dieses theoretische Wissen zu hinterfragen, zu dekonstruieren und von einem ganz praktischen Standpunkt aus neu zu rekonstruieren.

### 1.3.5 Weitere Anwendungsmöglichkeiten

Concept Cartoons eignen sich auch dazu, Diskussionen in normalen Lehreinheiten anzuregen, zum Nachforschen zu ermutigen und das Verständnis der

Schüler*innen herauszufordern, oder einfach dazu, den Kenntnisstand zu erheben. Daneben gibt es aber noch ein breites Spektrum an weiteren Einsatzmöglichkeiten (vgl. Keogh/Naylor 1999, S. 441), etwa zur Festigung am Ende einer Unterrichtseinheit (vgl. Mikolajova/Zidova 2009, S. 2; vgl. Lembens/Steininger 2013, S. 24) oder als Hausaufgabe (vgl. Keogh/Naylor 2013, S. 6)[8]. Die Lehrkraft kann Schüler*innen entweder Concept Cartoons erstellen lassen (vgl. Lembens 2013, S. 2)[9] oder diese auch als Überprüfung eines Sachverhalts einsetzen (vgl. Lembens/Steininger 2013, S. 24; Dyke/Adamson/Howley/Penstein Rosé 2013, S. 243).

## 1.4 Fazit

Auch wenn Concept Cartoons ursprünglich für den naturwissenschaftlichen Unterricht konzipiert waren, haben sie gemeinsam mit der Schulbuchreihe »Islamstunde« ab dem fünften Band Einzug in den islamischen Religionsunterricht gefunden und ergänzen nun das vorhandene Repertoire an Unterrichtsmaterial/-methoden. In der Buchreihe finden sich Concept Cartoons zu weiteren Themen, wie beispielsweise zu Natur und Umwelt in Gefahr, Armut, Pilgerfahrt, Nationalismus und Rassismus innerhalb der muslimischen Community, Fasten im Monat Ramadan, dem Thema »Tod« etc. Es lassen sich also auch komplexe Themen in einen Concept Cartoon verpacken. Von einem unterschiedlichen Niveau der Schüler*innen kann mehr als bei anderen Methoden profitiert werden; mangelnde Kenntnisse oder Fehlvorstellungen hingegen werden aufgefangen und können besser angepasst werden.

Auch wenn Concept Cartoons leicht handzuhaben sind und keiner besonderen Einführung bedürfen, wird doch ersichtlich, dass nicht nur sie selbst gut durchdacht sein müssen, sondern auch deren Einsatz in einer Unterrichts-

---

8   Im Vereinigten Königreich, in Russland und Schweden wurden sie sogar in größerem Rahmen in Transportsystemen verwendet, um die Bevölkerung zur Auseinandersetzung mit wissenschaftlichen Fragestellungen in ihrer alltäglichen Umgebung anzuregen. Horlock berichtet, seine Schüler*innen seien hochmotiviert und vorbereitet zur nächsten Stunde erschienen (vgl. Horlock 2012, S. 6). Diese Wirkung soll sogar bei Junglehrer*innen in Ausbildung aufgetreten sein, welche sich noch nach Lehrveranstaltungen Gedanken zu den Fragen machten und in einigen Fällen sogar praktische Untersuchungen anstellten (vgl. de Boo/Feasey/Keogh 2001, S. 139).

9   Die Schüler*innen fanden beide Vorgänge bereichernd: »Die Concept Cartoons dann letztendlich wirklich zu entwerfen, war wahrscheinlich der beste und lustigste Teil am ganzen Projekt. Vielleicht auch, weil wir gesehen haben, was letztendlich aus der ganzen Arbeit wird. Ich bin sehr zufrieden mit unserem Endergebnis!« (Lembens 2013, S. 3); »Vor allem das Führen eines Interviews empfand ich als extrem hilfreichen Lernzuwachs, da man das wahrscheinlich noch oft benötigen wird, aber nicht so leicht lernt« (Lembens 2013, S. 2).

stunde (vgl. Kabapınar 2005, S. 144). Besonders wichtig ist jedoch auch die Rolle der Lehrperson, von deren Fähigkeit der Erfolg des Einsatzes in großem Maße abhängt.

## Literatur

Balim, A. G./Inel, D./Evrekli, E. (2008): The Effects of the Using of Concept Cartoons in Science Education on Students' Academic Achievements and Enquiry Learning Skill Perceptions. Elementary Education Online, 7 (1), 188–202.

Bertsch, C. (2008): Forschend begründendes Lernen im naturwissenschaftlichen Unterricht: Wege zu einer naturwissenschaftlichen Grundbildung am Übergang Primar/Sekundarstufe am Beispiel von Unterrichtsmaterialien zum Thema Fotosynthese. Innsbruck.

Borgmann, M. (2005): Evaluation Synthesis zu Angeboten der Wissenschaftskommunikation im Rahmen der Evaluation des »Jahrs der Technik 2004«. Köln.

Carr, M./Barker, M./Bell, B./Biddulph, F./Jones, A./Kirkwood, V./Pearson, J./Symington, D. (1994): The constructivist paradigm and some implications for science content and pedagogy. In: P. J. Fensham/R. F. Gunstone/R. T. White (Hg.) (1994): The Content of Science: a constructivist approach to its teaching and learning (S. 147–160). London.

Chin, C./Teou, L.-Y. (2009): Using Concept Cartoons in Formative Assessment. Scaffolding students' argumentation. International Journal of Science Education, 31 (10), 1307–1332.

de Boo, M./Feasey, R./Keogh, B./Naylor, S. (2001): Formative Assessment Using Concept Cartoons: Initial Teacher Training in the UK. In: H. Behrendt/H. Dahncke/R. Duit/W. Gräber/M. Komorek/A. Kross/P. Reiska (Hg.): Research in science education – past, present, and future (S. 137–142). Dordrecht.

Driver, R./Oldham, V. (1986): A constructivist approach to curriculum development. Studies in Science Education, 13, 105–122.

Dyke, G./Adamson, D./Howley, I./Penstein Rosé, C. (2013): Enhancing Scientific Reasoning and Explanation Skills with Conversational Agents. IEEE Transactions on Learning Technologies, 6 (3), 240–247.

Evrekli, E./Inel, D./Balim, A. G. (2011): A Research on the Effects of Using Concept Cartoons and Mind Maps in Science Education. Journal of Science and Mathematics Education, 5 (2), 58–85.

Fenske, F./Klee, A./Lutter, A. (2011): Concept-Cartoons as a Tool to Evoke and Analyze Pupils Judgments in Social Science Education. Journal of Social Science Education, 10 (3), 46–52.

Horlock, J. (2012): What will your students be talking about this summer? Talking sport and fitness using Concept Cartoons. School Science Review, 345, 49–54.

Kabapınar, F. (2005): Effectiveness of Teaching via Concept Cartoons from the Point of View of Constructivist Approach. Educational Sciences: Theory & Practice, 5 (1), 135–146.

Kanya, E. (2012): Wie Lernen gelingt: Alltagswissen als Lernhindernis. univie, 12 (1), 19–20.

Keogh, B./Naylor, S. (1996): Teaching and learning in science: a new perspective. British Educational Research Association Conference. Lancaster.

Keogh, B./Naylor, S. (1999): Concept cartoons, teaching and learning in science. An evaluation. International Journal of Science Education, 21 (4), 431–446.

Keogh, B./Naylor, S. (2013): Concept Cartoons: what have we learnt? Journal of Turkish Science Education, 10 (1), 3–11.

Lembens, A. (2013): Verstehendes Lernen durch Concept Cartoons. »Concept-Cartoons« als Erhebungsinstrument von Alltagsvorstellungen und als Unterrichtimpuls im schüler/innenorientierten Chemie-Unterricht: Projektergebnisse. https://www.sparklingscience.at/_Resources/

Persistent/34d54dfa3dc1605fc914868a0df6eaa81dca63a5/03_124_Concept_Cartoons_Projektergebnisse.pdf (Zugriff am 01.06.2022).

Lembens, A./Steininger, R. (2013): Warum wird Wein »sauer«? Concept Cartoons als Gesprächsanlässe im kompetenzorientierten Chemieunterricht. Naturwissenschaften im Unterricht – Chemie, 24 (133), 22–36.

Needham, R. (1987): Teaching Strategies for Developing Understanding in Science. Leeds.

Posner, G. J. (1982): Accommodation of a scientific conception: toward a theory of conceptual change. Science Education, 66, 211–227.

Rochid, A. (2014): »Steht da auch was für mich drin?« – Zur Koranarbeit im islamischen Religionsunterricht. In: G. Solgun-Kaps (Hg.): Islam. Didaktik für die Grundschule (S. 98–110). Berlin.

Tuhčić, A./Topalović, S. (2017): Lernen und Lehren mit Neuen Medien im islamischen Religionsunterricht. Österreichisches Religionspädagogisches Forum (ÖRF), 25 (1), 97–106.

# Islamunterricht im Diskurs – Ertrag, Aussicht und Perspektive

Tarek Badawia / Said Topalović

In der Einleitung war uns als Herausgebern besonders wichtig, die Dynamik des Diskurses um die Religionspädagogik und Fachdidaktik des schulischen Islamunterrichts zu betonen. Mit Dynamik wird u. a. Bewegung, gegenseitige Einflussnahme und Abhängigkeit von einwirkenden Kräften und entwicklungsfördernder Diskursivität assoziiert. Es würde jedem Sachverstand widersprechen, bei einem solch dynamischen Diskurs um den Islamunterricht an dieser Stelle ein Schlusswort setzen zu wollen. Die vorgestellten theoretischen und praktischen Ideen und Ansätze wollen zur kritischen Auseinandersetzung, zur diskursiven Vertiefung und weiterführenden Erforschung neuer Fragestellungen einladen. Die aktuelle Diskursphase um den Islamunterricht könnte man – aus eigener Erfahrung und Beobachtung – wie folgt markieren: Der Islamunterricht ist zwar in der schulischen *Organisationsstruktur* angekommen, im Bereich religionspädagogischer und fachdidaktischer *Profilbildung* ist allerdings noch einiges aufzuholen bzw. nachzulegen. Vor diesem Hintergrund blicken wir an dieser Stelle in zweierlei Richtung: auf Ertrag und Aussicht.

Wir haben in der Einleitung ebenfalls betont, dass sich dieser Band in eine Reihe von Publikationen und Herausgeber*innenschaften, die seit etwa 15 Jahren kontinuierlich erscheinen, mit dem Anspruch einreiht, einen wissenschaftlichen Beitrag zur theoretischen Fundierung und praktischen Ausgestaltung islamischer Bildungsprozesse v. a. im schul-pädagogischen Bereich zu leisten. Damit dies in Wissenschaft und Praxis nachhaltig gelingen kann, bedarf es auf der Strukturebene der Entfristung von bisherigen Modellversuchen des Islamunterrichts, bedarfsorientierter flächendeckender Ausweitung sowie der Sicherstellung von dafür notwendigen Ressourcen. Vor diesem Hintergrund kann dieser Band auch als Appell an Politik, Administration und Vertretung der Zivilgesellschaft verstanden werden, die Aussichten auf Qualitätssicherung und -steigerung in Wissenschaft und Praxis des Islamunterrichts durch attraktive Arbeitsbedingungen und Einhaltung von professionellen Standards bei der Einstellung von Personal zu verbessern.

Die in diesem Band versammelten Autor*innen aus Wissenschaft und Praxis beleuchten in ihren Beiträgen anhand von verschiedenen disziplinären Zugängen, Problemanzeigen, Thesen, Analysen und Praxiserfahrungen Facetten des Diskurses rund um den Islamunterricht. Sie gestalten den Diskurs, indem sie weiterhin zur Thematisierung von Profil und Praxis des Islamunterrichts an staatlichen Schulen anregen. Im Vergleich zur bisher dominanten Strukturdebatte – so die Ausgangsüberlegung in der Einleitung – geht mit den hier publizierten religionspädagogischen und fachdidaktischen Ansätzen und Konzeptionen ein produktiver Konstruktionsprozess von religionspädagogischem Wissen über islamisch-religiöse Lehr-Lern-Prozesse einher. Dieses Wissen soll im ursprünglichen Sinne des Diskurses in Umlauf wissenschaftlicher Diskursivität gebracht werden. Diese Dynamik von Wissenskonstruktion und Diskursivität hat v. a. für die wissenschaftliche Weiterentwicklung der Islamischen Religionspädagogik etwas Kreatives gezeigt, zu dem mit diesem Band angeregt werden soll.

Ferner hat die Dynamik des Handlungsfeldes »Islamunterricht an staatlichen Schulen« in Deutschland im Laufe der letzten zwei Jahrzehnte – wie die Beiträge mehrfach belegen – etwas Unikates erschaffen, was die Wissenschaftlichkeit der Islamischen Religionspädagogik geprägt hat. Es ist auf keinen Fall ausschließlich die Fachwissenschaft einer wie auch immer definierten herkömmlichen »Theologie des Islam«, die das Fachprofil des Islamunterrichts an staatlichen Schulen bestimmt (hat). Eine aussichtsreiche Dynamik der Profilbildung bestimmt – wie die Beiträge mehrfach belegen – eine Reihe von konstitutiven Spannungen und Polaritäten wie u. a. von Geschichte und Gegenwart, Tradition und Innovation, Innen- und Außenperspektive, Positionalität und Pluralität, Allgemeiner Didaktik und Fachdidaktik, Zustimmung und Kritik, Subjektivität und Sozialität. Die Aufnahme solcher konstitutiven Spannungen in den Prozess der Gegenstandsbestimmung, Wissens- und Profilbildung des schulischen Islamunterrichts ermöglicht zum einen eine differenzierte Betrachtung von möglichen Widerspruchskonstellationen der Gegenwart, welche v. a. die divergierenden Erwartungen an eine religiöse Bildung in der staatlichen Schule angeht. Zum anderen kennzeichnen solche Spannungen und Polaritäten das pädagogische Handeln in der Moderne und haben deshalb auch zwangsläufig unmittelbare Auswirkungen auf die Gestaltung religiöser Bildungsprozesse in einer religiös und weltanschaulich pluralen Gesellschaft.

Allen vertretenen Ansätzen und Konzepten ist gemeinsam, den Fokus auf das lernende Subjekt und seine Entfaltungsmöglichkeiten im Kontext von Islamunterricht zu schärfen, ohne die Selbstverortung in einem für Religionen auszeichnenden gemeinschaftlichen Kollektiv zu riskieren. Am Beispiel des

Spannungsfeldes von Tradition und Innovation bezieht sich die Frage nach dem Fachprofil des schulischen Islamunterrichts auf die zentrale Bedeutung religiöser Bildungstradition des Islam. Islamische Religionspädagog*innen können auf eine lange, entwicklungsdynamische Bildungstradition zurückgreifen. Allerdings gilt es – wie die Beiträge deutlich machen – in aller Konsequenz, die Historizität dieser Tradition zu reflektieren und das lernende Subjekt zu einem kompetenten Umgang mit den historischen Quellen zu befähigen. Eine Religionspädagogik des Islam würde sonst selbst ihrem eigenen Anspruch auf Zukunftsgestaltung widersprechen, wenn sie dem Spannungsfeld von (Offenbarungs-)Geschichte und Lebenswirklichkeit junger Muslim*innen in der Gegenwart nicht genügend Aufmerksamkeit schenkt. Allen Beiträgen sind auf der methodischen Ebene wichtige Impulse für implizite pädagogisch-hermeneutische Leistung zu entnehmen, die zu weiterführenden methodischen und methodologischen Forschungen im Rahmen der Islamischen Religionspädagogik anregen können.

Aufmerksamkeit gilt es, auch der Lebenswirklichkeit junger Muslim*innen zu schenken, denn eine der religionspädagogischen und didaktischen Herausforderungen für die Islamische Religionspädagogik liegt darin, die Rolle des Islam bzw. religiöser Bildung außerhalb der *klassisch* so bezeichneten islamischen Länder bzw. außerhalb einer *klassischen* Lehr-Lern-Kultur des Islam *neu* zu definieren und bildungsgemäß zu konstruieren. In diesem neuen Kulturraum werfen sich methodologische Fragen u. a. nach dem Verhältnis von Theologie und Pädagogik, nach dem Verhältnis von Freiheit und Zwang oder nach dem Verhältnis von Text und Kontext auf. Solche Verhältnisbestimmungen tangieren Grundfragen und Grundstrukturen religionspädagogischen Denkens und Handelns im neuen Kontext und bestimmen konsequenterweise auch die inhaltliche Ausrichtung des neuen Faches.

Die Beiträge zum »Islamunterricht im Kontext« (Teil I) regen vor dem Hintergrund dieser Überlegung an, einer kritischen Spurensuche in eigener Bildungstradition nachzugehen. Diese Tradition muss neu gelesen und in dem Sinne gedeutet werden, dass sie als epistemologische Quelle für die Selbstbestimmung des neuen Faches entdeckt werden kann. Einer historischen Religionspädagogik des Islam fiele die Aufgabe zu, die Entstehungsgeschichte von Bildungsideen aufzuarbeiten und darauf aufbauend, die Plausibilität historisch gewachsener Grundlagen religiöser Bildung und Sozialisation in der Gegenwart kritisch zu überprüfen. Ansatzweise konnte anhand vielfältiger religionspädagogischer Überlegungen sowie anthropologischer, sozialwissenschaftlicher und bildungstheoretischer Zugänge zum genuinen Gegenstand einer modernen Religionspädagogik des Islam gezeigt werden, dass sich dieser

Forschungsschwerpunkt immer noch in einem Anfangsstadium befindet und extrem viel Potenzial für weitere Grundlagenforschungen aufweist.

Der Blick auf die islamisch-religiöse Bildung (auf den Islamunterricht) aus der Perspektive der christlichen Religionspädagogik und aus der Perspektive der Allgemeinen Didaktik eröffnet für Gegenwart und Zukunft der Islamischen Religionspädagogik Denkhorizonte, in denen sie ihre eigene Begründungslogik nicht nur nach innen, sondern auch nach außen plausibilisieren muss. Ihren heutigen Stand – v. a. im deutschsprachigen Raum – hat die Islamische Religionspädagogik weitgehend strukturellen und ideellen Hilfeleistungen aus der christlichen Religionspädagogik und der Allgemeinen Didaktik zu verdanken. Daher haben diese »Geburtshelferinnen« ihren berechtigten Platz in der Genealogie dieses Faches sowie einen sicheren Platz in jedem Diskurs um Gegenwart und Zukunft der Islamischen Religionspädagogik. Denn sie haben nicht nur die Gründungsphase mitbestimmt. Sie bestimmen weiterhin zum einen die Anschlussfähigkeit der Islamischen Religionspädagogik an Fragen der interreligiösen Bildung und des friedlichen Zusammenlebens der Religionen in unserer Gesellschaft, zum anderen die Anschlussfähigkeit der Islamischen Religionspädagogik an Grundfragen der allgemeinen Bildung und Didaktik. Gerade hierzu sind Islamische Religionspädagogik und Didaktik gefordert, die Polarität von Verbundenheit und Selbstentfaltung durch die Erarbeitung entsprechender theoretischer und praktischer Ansätze und Konzepte auszuhandeln. Vor allem die Autor*innen zum »Islamunterricht im Ansatz« (Teil 2) gehen mit unterschiedlichen Ansätzen vor und stellen damit eine sicherlich noch ausbaufähige Vielfalt an Gestaltungs- und Entfaltungsmöglichkeiten der Islamischen Religionspädagogik vor. Die Rede von Ansatz im Plural ist bewusst gewählt und für die Zukunftsaussichten des Faches maßgebend. Denn die Islamische Religionspädagogik lebt von der Vielfalt ihrer Ansätze und muss sich bewusst mit dieser Vielfalt identifizieren. Wir regen mit Blick auf die vorgestellten Ansätze und Konzepte an, sich von dem dogmatischen Standpunkt zu verabschieden, dass es *die* Islamische Religionspädagogik oder *die* Islamische Religionsdidaktik gibt.

Der Blick auf die aktuellen Publikationen bestätigt die junge Disziplin der Islamischen Religionspädagogik und ihre Fachdidaktik in ihrem doppelten Entwicklungsprozess sowohl in der Adaption als auch in der selbstständigen Theoriebildung. Auch wenn diese Beobachtung lediglich wenige Jahre alt ist, zeigt vor allem der Abschnitt zum »Islamunterricht im fachdidaktischen Konzept« (Teil 3) deutlich, dass bei der Theoriebildung Islamischer Religionspädagogik und Didaktik zum einen elementare Ideen der islamisch-religiösen Bildung zunehmend fachdidaktisch reflektiert und konzeptionell umgesetzt werden. Zum anderen gewinnen die Wahrnehmung der Lebenswelten und Problemlagen junger Muslim*innen sowie die Aufnahme empirischer Analysen für die didaktische Theoriebildung zunehmend an Relevanz und sind bei fachdidaktischen Konzeptionsarbeiten konstitutiv. Die vorgestellten Konzepte – auch bewusst im Plural zu betrachten – legen konzeptionell vor, wie mit der Polarität von Adaption und Modifikation in der Islamischen Fachdidaktik operiert werden kann.

Ein wichtiges Anliegen, das uns zur Herausgeberschaft dieses Bandes angetrieben hat, war, Studierenden der Islamischen Religionspädagogik und Fachdidaktik Einblicke in diesen dynamischen Diskurs zu gewähren, sie mit einer Perspektivenvielfalt religionspädagogischer Theoriebildung und fachdidaktischer Konzeptentwicklung vertraut zu machen. Die Zukunft dieses Faches hängt auch maßgebend von der Zielgruppe der angehenden Religionspädagog*innen ab. Denn die hier vorgestellten Gedanken haben nur dann eine Chance, die zukünftige Praxis zu gestalten, wenn eine interessierte und engagierte junge Generation sie kritisch rezipiert und weiterentwickelt.

# Autor*innen

Prof. Dr. *Tarek Badawia* ist Inhaber des Lehrstuhls für Islamisch-Religiöse-Studien mit Schwerpunkt Islamische Religionspädagogik/Religionslehre am Department für Islamisch-Religiöse-Studien der Friedrich-Alexander-Universität Erlangen-Nürnberg.

*Bernd Ridwan Bauknecht* ist Religionspädagoge und Lehrkraft für den islamischen Religionsunterricht in Bonn.

*Dorothea Ermert* ist Doktorandin und wissenschaftliche Mitarbeiterin an der Professur für Islamische Theologie und ihre Didaktik an der Universität Gießen.

*Déborah Kathleen Grün* ist Doktorandin und wissenschaftliche Mitarbeiterin an der Professur für Islamische Theologie und ihre Didaktik an der Universität Gießen.

*Ryan Hennawi* ist Doktorand und Projektmitarbeiter am Zentrum für Islamische Theologie der Universität Tübingen und islamischer Religionslehrer an Gymnasien.

Prof. Dr. *Tuba Isik* ist Professorin für Islamische Religionspädagogik und Praktische Theologie an der Humboldt-Universität zu Berlin.

Dr. *Naciye Kamcili-Yildiz* ist abgeordnete Lehrkraft für besondere Aufgaben und Mitarbeiterin am Seminar für Islamische Theologie an der Universität Paderborn.

*Marcel Klapp* ist wissenschaftlicher Mitarbeiter am Zentrum für Islamische Theologie an der Universität Münster.

Prof. Dr. *Karl Klement* war Professor für Unterrichtswissenschaft und Didaktik an der Pädagogischen Hochschule Niederösterreich und der Universität Wien.

*Osman Kösen* ist Religionspädagoge und islamischer Religionslehrer in Hannover.

*Michael Kramer* ist wissenschaftlicher Mitarbeiter am Institut für Katechetik und Religionspädagogik der Universität Graz.

Prof. Dr. *Georg Langenhorst* ist Inhaber des Lehrstuhls für Didaktik des katholischen Religionsunterrichts und für Religionspädagogik an der Universität Augsburg.

*Mevlida Mešanović* ist wissenschaftliche Mitarbeiterin am Institut für Katechetik und Religionspädagogik der Universität Graz.

*Agnes Moser* ist wissenschaftliche Mitarbeiterin am Institut für Katechetik und Religionspädagogik der Universität Graz.

*Amin Rochdi* war mehrere Jahre als Fachseminarleiter am Hamburger Landesinstitut für Lehrerbildung und Schulentwicklung tätig. Seit 2021 ist er Geschäftsführer der Stiftung Sunnitischer Schulrat in Baden-Württemberg.

Prof. Dr. *Yasar Sarıkaya* ist Professor für Islamische Theologie und ihre Didaktik an der Justus-Liebig-Universität Gießen.

Prof. Dr. *Jörg Imran Schröter* ist Juniorprofessor und Leiter des Instituts für Islamische Theologie und Religionspädagogik an der Pädagogischen Hochschule Karlsruhe.

Prof. Dr. *Friedrich Schweitzer* ist Inhaber des Lehrstuhls für Praktische Theologie und Religionspädagogik an der Universität Tübingen.

Prof. Dr. *Dina Sijamhodžić-Nadarević* ist Professorin für Pädagogik an der Fakultät für Islamwissenschaften der Universität Sarajevo.

Dr. *Said Topalović* ist wissenschaftlicher Mitarbeiter am Lehrstuhl für Islamisch-Religiöse-Studien mit Schwerpunkt Islamische Religionspädagogik/Religionslehre am Department für Islamisch-Religiöse-Studien der Friedrich-Alexander-Universität Erlangen-Nürnberg.

Prof. Dr. *Cemal Tosun* ist Professor für Religionspädagogik an der Fakultät für Theologie der Universität von Ankara.

Dr. *Mehmet Hilmi Tuna* ist Senior Scientist am Institut für Islamische Theologie und Religionspädagogik der Universität Innsbruck.

*Hakan Turan* ist Oberstudienrat an einem Stuttgarter Gymnasium und in der Aus- und Fortbildung der Lehrkräfte für das allgemeinbildende Gymnasium in Islamischer Religionslehre tätig.

*Eva Wenig* ist Doktorandin und wissenschaftliche Mitarbeiterin am Institut für Katechetik und Religionspädagogik der Universität Graz.

Prof. Dr. *Wolfgang Weirer* ist Professor für Religionspädagogik und Fachdidaktik Religion am Institut für Katechetik und Religionspädagogik der Universität Graz.

*Şenol Yağdı* ist islamischer Religionslehrer an öffentlichen Wiener Gymnasien, wissenschaftlicher Mitarbeiter an der Universität Graz und Lehrbeauftragter am Institut für Islamisch-Theologische Studien an der Universität Wien.